Andersen
Sämtliche Märchen

Hans Christian Andersen
Sämtliche Märchen

in zwei Bänden
1. Band

Parkland Verlag Stuttgart

Vollständige Ausgabe in zwei Bänden,
aus dem Dänischen übertragen von Thyra Dohrenburg,
herausgegeben von Erling Nielsen,
mit den Illustrationen von Vilhelm Pedersen und Lorenz Frølich

ISBN 3-88059-065-6
Alle Rechte, einschließlich die des fotomechanischen
Nachdrucks, beim Originalverlag. Berechtigte
Lizenzausgabe des Parkland Verlags Stuttgart.
© 1976 Transitbooks AG Zürich.
Schutzumschlag und Einband Dieter Seebe, Stuttgart.

Das Feuerzeug

Ein Soldat kam auf der Landstraße dahermarschiert: Eins, zwei! Eins, zwei! er hatte seinen Tornister auf dem Rücken und einen Säbel an der Seite, denn er war im Krieg gewesen, und nun wollte er nach Hause. Da traf er eine alte Hexe auf der Landstraße; sie war wirklich abscheulich, ihre Unterlippe hing ihr bis auf die Brust hinab. Sie sagte: „Guten Abend, Soldat! du hast aber einen feinen Säbel und einen großen Tornister. Du bist ein richtiger Soldat! Nun sollst du so viel Geld haben, wie du willst!"

„Vielen Dank, du alte Hexe!" sagte der Soldat.

„Kannst du den großen Baum sehen?" sagte die Hexe und zeigte auf den Baum, der neben ihnen stand. „Der ist innen ganz hohl! Da kletterst du jetzt auf die Spitze, dann siehst du ein Loch, durch das du nach unten rutschen kannst und tief in den Baum hineinkommst. Ich binde dir einen Strick um den Leib, damit ich dich wieder hochziehen kann, wenn du mich rufst!"

„Was soll ich denn unten im Baum?" fragte der Soldat.

„Geld holen!" sagte die Hexe. „Du mußt wissen, wenn du auf den Boden des Baumes kommst, dann bist du in einem großen Gang, der ist ganz hell, denn da brennen über hundert Lampen. Dann siehst du drei Türen, du kannst sie aufschließen, der Schlüssel steckt. Gehst du in die erste Kammer hinein, dann siehst du mitten im Raum eine große Truhe, auf der sitzt ein Hund; der hat ein Paar Augen, so groß wie Teetassen, aber daraus brauchst du dir nichts zu machen! Ich gebe dir meine blaugewürfelte Schürze mit, die kannst du auf dem Fußboden ausbreiten. Gehe nun schnell hin und nimm den Hund hoch, setze ihn auf meine Schürze, mach die Truhe auf und nimm so viele Geldstücke heraus, wie du willst. Sie sind allesamt aus Kupfer; möchtest du aber lieber Silber haben, dann gehst du in das nächste Zimmer; da sitzt aber ein Hund, der hat ein Paar Augen, so groß wie Mühlräder; aber daraus brauchst du dir nichts zu machen, setz ihn auf meine Schürze und nimm dir von dem Geld! Möchtest du dagegen Gold haben, kannst du auch das bekommen, und zwar so viel, wie du tragen kannst, wenn du in die dritte Kammer gehst. Aber der Hund, der dort auf der Geldtruhe sitzt, der hat zwei Augen, jedes so groß wie der Runde Turm. Das ist ein richtiger Hund, kannst du mir glauben! Aber daraus brauchst du dir nichts zu machen! Setz ihn nur einfach auf meine Schürze, dann tut er dir nichts, und nimm du aus der Truhe so viel Gold, wie du willst!"

„Das wäre gar nicht so dumm!" sagte der Soldat. „Aber was muß ich dir geben, du alte Hexe? Denn etwas willst du wohl auch davon haben, denke ich!"

„Nein", sagte die Hexe, „nicht einen einzigen Schilling will ich haben. Du sollst für mich nur ein altes Feuerzeug mitbringen, das meine Großmutter vergessen hat, als sie das letztemal da unten war!"

„Soso! Dann bind mir den Strick um den Leib!" sagte der Soldat.

„Hier ist er!" sagte die Hexe. „Und hier ist meine blaugewürfelte Schürze."

Nun kletterte der Soldat auf den Baum, ließ sich in das

Loch hineinplumpsen und stand, wie die Hexe gesagt hatte, unten in dem großen Gang, wo die vielen hundert Lampen brannten.

Nun machte er die erste Tür auf. Uh! dort saß der Hund mit den Augen, so groß wie Teetassen, und stierte ihn an.

„Du bist ein braver Kerl!" sagte der Soldat, setzte ihn auf die Schürze der Hexe und nahm so viele Kupfermünzen, wie er in seiner Tasche unterbringen konnte, schloß dann die Truhe, setzte den Hund wieder drauf und ging in das zweite Zimmer. Ei! da saß der Hund mit Augen, so groß wie Mühlräder.

„Du solltest mich nicht immerzu anschauen!" sagte der Soldat. „Die Augen könnten dir davon weh tun!" und dann setzte er den Hund auf die Schürze der Hexe; als er aber das viele Silbergeld in der Truhe sah, schmiß er alles Kupfergeld, das er hatte, weg und füllte seine Tasche und seinen Tornister bloß mit Silber. Nun ging er in die dritte Kammer! – Nein, das war gräßlich! Der Hund d drinnen hatte wirklich zwei Augen, so groß wie der Runde Turm! und die liefen ihm im Kopf herum wie Räder!

„Guten Abend!" sagte der Soldat und griff an die Mütze, denn so einen Hund hatte er noch nie gesehen. Als er sich ihn aber ein bißchen angesehen hatte, dachte er, nun mag es ja genug sein, hob ihn auf den Fußboden hinunter und machte die Truhe auf. Nein, du lieber Himmel! was da für eine Menge Gold drin war! Dafür könnte er ganz Kopenhagen und die Zuckerschweinchen der Kuchenfrauen kaufen, alle Zinnsoldaten, Peitschen und Schaukelpferde, die es in der Welt gab! Ja, da war wirklich Geld! Nun warf der Soldat alles Silbergeld, mit dem er seine Taschen und seinen Tornister gefüllt hatte, fort und nahm statt dessen Gold, ja alle Taschen, der Tornister, die Mütze und die Stiefel wurden gefüllt, so daß er kaum gehen konnte! Nun hatte er Geld! Den Hund setzte er wieder auf die Truhe, schlug die Tür zu und rief dann durch den Baum hinauf: „Zieh mich nun hinauf, du alte Hexe!"

„Hast du das Feuerzeug mit?" fragte die Hexe.

„Ach, richtig!" sagte der Soldat, „das hätte ich ganz

vergessen", und nun ging er hin und holte es. Die Hexe zog ihn herauf, und er stand wieder auf der Landstraße, die Taschen, Stiefel, den Tornister und die Mütze voller Geld.

„Was willst du nun mit diesem Feuerzeug?" fragte der Soldat.

„Das geht dich gar nichts an!" sagte die Hexe, „du hast jetzt Geld bekommen! Gib mir nur das Feuerzeug!"

„Schnickschnack!" sagte der Soldat, „du sagst mir jetzt gleich, was du damit willst, oder ich ziehe meinen Säbel und haue dir den Kopf ab!"

„Nein!" sagte die Hexe.

Da hieb ihr der Soldat den Kopf ab. Da lag sie! aber er knüpfte all sein Geld in ihre Schürze, nahm sie wie ein Bündel auf den Rücken, steckte das Feuerzeug in die Tasche und ging schnurstracks in die Stadt.

Es war eine schöne Stadt, und in dem schönsten Gasthof stieg er ab, verlangte die allerbesten Zimmer und das Essen, das er gern mochte, denn jetzt war er reich, da er so viel Geld hatte.

Der Hausknecht, der seine Stiefel putzen mußte, meinte allerdings, das seien doch ein Paa sonderbare alte Stiefel, die so ein reicher Herr habe, aber er hatte sich noch keine neuen gekauft; am nächsten Tag bekam er Stiefel zum Ausgehen und feine Kleider. Nun war der Soldat ein vornehmer Herr geworden, und die Leute erzählten ihm von all der Pracht, die es in ihrer Stadt gebe, und von ihrem König, und was für eine wunderhübsche Prinzessin seine Tochter sei.

„Wo kann man sie sehen?" fragte der Soldat.

„Die kann man gar nicht sehen!" sagten alle miteinander. „Sie wohnt in einem großen, kupfernen Schloß, mit sehr vielen Mauern und Türmen rundherum! Keiner außer dem König darf bei ihr ein und aus gehen, weil geweissagt worden ist, daß sie einen ganz gemeinen Soldaten heiraten wird, und das gefällt dem König nicht."

„Die würde ich gern mal sehen!" dachte der Soldat, aber das wurde ihm ja gar nicht erlaubt.

Nun lebte er sehr vergnügt, ging ins Theater, fuhr in

Kongens Have* und schenkte den Armen sehr viel Geld, und das war hübsch von ihm! Er wußte noch aus früheren Zeiten, wie schlimm es war, keinen Schilling zu besitzen! Er war jetzt reich, hatte feine Kleider und fand nun viele Freunde, die alle sagten, er sei ein guter Kerl, ein richtiger Kavalier, und das gefiel dem Soldaten wohl! Da er aber täglich Geld ausgab und keines wiederbekam, so hatte er zuletzt nicht mehr als zwei Schilling übrig und mußte aus den schönen Zimmern ausziehen, in denen er gewohnt hatte, in eine winzig kleine Kammer, ganz oben unterm Dach, mußte selber seine Stiefel putzen und sie mit einer Stopfnadel flicken, und keiner von seinen Freunden kam zu ihm, denn es waren so viele Treppen zu steigen.

Es war ein ganz dunkler Abend, und er konnte sich nicht einmal eine Kerze kaufen, aber da fiel ihm ein, daß ein Lichtstümpfchen in dem Feuerzeug lag, welches er aus dem hohlen Baum mitgenommen hatte, in den ihm die Hexe hinuntergeholfen hatte. Er holte das Feuerzeug und den Kerzenstummel hervor, aber kaum schlug er Feuer und die Funken sprühten von dem Feuerzeug auf, da sprang die Tür auf, und der Hund, der Augen hatte, so groß wie Teetassen, und den er in dem Baum unten gesehen hatte, stand vor ihm und sagte: „Was befiehlt mein Herr?"

„Nanu!" sagte der Soldat, „das ist ja ein ulkiges Feuerzeug; kann ich so einfach bekommen, was ich haben will? Verschaff mir etwas Geld!" sagte er zu dem Hund, und wupps, war der weg, wupps, war er wieder da und trug einen großen Beutel mit Geldstücken in seiner Schnauze.

Jetzt wußte der Soldat, was das für ein wunderbares Feuerzeug war! Schlug er einmal, dann kam der Hund, der auf der Truhe mit dem Kupfergeld saß, schlug er zweimal, dann kam der, welcher das Silbergeld hatte, und schlug er dreimal, kam der, welcher Gold hatte. – Nun zog der Soldat wieder in die schönen Zimmer hinunter, legte die guten Kleider an, und flugs kannten ihn alle seine Freunde wieder, und sie hatten ihn so gern.

Da dachte er einmal: Es ist doch zu lächerlich, daß man

* Königsgarten (Anmerkung d. Übers.).

diese Prinzessin nicht sehen darf! Sie soll ganz wunderschön sein, sagen sie alle miteinander! Aber was nützt es, wenn sie immer da drinnen in dem großen, kupfernen Schloß mit den vielen Türmen sitzt. – Kann ich sie denn gar nicht zu sehen bekommen? – Wo ist jetzt mein Feuerzeug? Und dann schlug er Feuer, und wupps, kam der Hund mit Augen, so groß wie Teetassen.

„Es ist allerdings mitten in der Nacht", sagte der Soldat, „aber ich möchte so riesig gern die Prinzessin sehen, nur ein Augenblickchen!"

Der Hund war gleich zur Tür hinaus, und ehe der Soldat es dachte, sah er ihn wieder mit der Prinzessin, sie saß auf des Hundes Rücken und schlief und war so wunderschön, daß ein jeder sehen konnte, sie war eine richtige Prinzessin; der Soldat konnte es gar nicht lassen, er mußte sie küssen, denn er war ein richtiger Soldat.

Der Hund lief nun mit der Prinzessin wieder zurück, aber als es Morgen war und der König und die Königin beim Tee waren, erzählte die Prinzessin, sie habe in der Nacht einen so seltsamen Traum gehabt von einem Hund und einem Soldaten. Sie sei auf dem Hunde geritten, und der Soldat habe sie geküßt.

„Das ist ja eine feine Geschichte!" sagte die Königin.

Nun sollte in der nächsten Nacht eine von den alten Hofdamen am Bett der Prinzessin wachen, um zu sehen, ob es ein richtiger Traum wäre oder was es sonst sein könnte.

Den Soldaten verlangte es ganz schrecklich danach, die wunderschöne Prinzessin wiederzusehen, und nun kam nachts der Hund, nahm sie und lief, so sehr er konnte, aber die alte Hofdame zog sich Wasserstiefel über und lief ebenso schnell hinterdrein; als sie nun sah, daß sie in einem großen Haus verschwanden, dachte sie, nun weiß ich, wo es ist, und machte mit einem Stück Kreide ein großes Kreuz an das Tor. Dann ging sie nach Hause und legte sich schlafen, und der Hund kam auch mit der Prinzessin zurück. Als er aber sah, daß an das Tor, wo der Soldat wohnte, ein Kreuz gemacht war, nahm er auch ein Stück Kreide und setzte an alle Tore der ganzen Stadt ein Kreuz, und daran hatte er klug getan, denn jetzt konnte ja die Hofdame das richtige Tor nicht finden, da nun an allen Kreuze waren.

Am Morgen früh kamen der König und die Königin, die alte Hofdame und alle Offiziere, um zu sehen, wo die Prinzessin gewesen war!

„Dort ist es!" sagte der König, als er das erste Tor mit einem Kreuz sah.

„Nein, es ist dort, mein guter Mann!" sagte die Königin, die das zweite Tor mit einem Kreuz sah.

„Aber da ist eins und da ist eins!" sagten sie alle miteinander; wohin sie blickten, waren Kreuze an den Toren. So mußten sie doch wirklich einsehen, es nützte nichts, daß sie suchten.

Aber die Königin war eine sehr kluge Frau, die mehr konnte als in der Kutsche fahren. Sie nahm ihre große, goldene Schere, zerschnitt ein großes Stück Seide und nähte nun einen kleinen hübschen Beutel; den füllte sie mit kleinen, feinen Buchweizenkörnern, band ihn der Prinzessin auf den Rücken, und als das getan war, schnitt sie ein kleines Loch in den Beutel, so daß die Körner auf dem ganzen Weg, den die Prinzessin entlangkam, herausrieseln konnten.

Nachts kam der Hund nun wieder, nahm die Prinzessin auf seinen Rücken und lief mit ihr zum Soldaten, der sie so liebhatte und so gern ein Prinz gewesen wäre, damit er sie zur Frau bekommen könnte.

Der Hund merkte gar nicht, wie die Grützekörner rieselten vom Schloß bis hin zum Fenster des Soldaten, wo er mit der Prinzessin an der Hauswand hinauflief. Morgens konnten der König und die Königin sehen, wo ihre Tochter gewesen war, und da holten sie den Soldaten und steckten ihn ins Loch.

Da saß er. Uh, wie war es hier finster und langweilig, und dann sagten sie zu ihm: „Morgen wirst du gehenkt." Das zu hören war kein Spaß, und sein Feuerzeug hatte er daheim im Gasthof vergessen. Am Morgen konnte er zwischen den eisernen Stangen in dem kleinen Fenster hindurch sehen, wie die Leute aus der Stadt hinauseilten, um zuzugucken, wie er gehenkt würde. Er hörte die Trommeln und sah die Soldaten marschieren. Alle Menschen rannten dahin; auch ein Schusterlehrling mit Schurzfell und Pantoffeln war dabei, der trabte in solchem Galopp, daß der eine Pantoffel ab- und bis zur Mauer hinflog, wo der Soldat zwischen den eisernen Stangen hindurchguckte.

„Ei, du Schusterjunge! Du brauchst dich gar nicht so zu beeilen", sagte der Soldat zu ihm, „es geht doch nicht los, bevor ich nicht da bin! Aber möchtest du nicht hinlaufen, wo ich gewohnt habe, und mir mein Feuerzeug holen? Du bekommst auch vier Schillinge! Aber du mußt die Beine in die Hand nehmen!" Der Schusterlehrling wollte gern die vier Schillinge haben und sauste los nach dem Feuerzeug, gab es dem Soldaten und – ja, nun werden wir aber was hören!

Außerhalb der Stadt war ein großer Galgen gemauert worden. Rundherum standen die Soldaten und viele hunderttausend Menschen. Der König und die Königin saßen auf einem wunderbaren Thron dem Richter und dem ganzen Rat gegenüber.

Der Soldat stand schon oben auf der Leiter, aber als sie ihm den Strick um den Hals schlingen wollten, sagte er, man gestatte doch einem Sünder immer, bevor er seine Strafe erleide, daß ihm ein harmloser Wunsch erfüllt werde. Er wollte so gern eine Pfeife Tabak rauchen, es wäre doch die letzte Pfeife, die er in dieser Welt rauchen würde.

Dazu wollte nun der König nicht nein sagen, und so holte denn der Soldat sein Feuerzeug heraus und schlug Feuer: eins, zwei, drei! Und nun standen alle Hunde da, der eine mit Augen, so groß wie Teetassen, der mit Augen, so groß wie Mühlräder, und der, welcher Augen hatte, so groß wie der Runde Turm.

„Helft mir nun, daß ich nicht gehenkt werde!" sagte der Soldat, und da gingen die Hunde auf die Richter und den ganzen Rat los, nahmen einen bei den Beinen und einen bei der Nase und warfen sie viele Klafter hoch in die Luft, so daß sie herunterfielen und sich ganz zuschanden schlugen.

„Ich will nicht!" sagte der König, aber der größte Hund

nahm ihn wie auch die Königin und warf sie hinter all den anderen drein; da erschraken die Soldaten, und alle Leute riefen: „Kleiner Soldat, du sollst unser König sein und die reizende Prinzessin haben!"

Dann setzten sie den Soldaten in des Königs Kutsche, und alle drei Hunde tänzelten voraus und riefen: „Hurra!" und die Jungen pfiffen durch die Finger, und die Soldaten präsentierten das Gewehr. Die Prinzessin kam aus dem kupfernen Schloß heraus und wurde Königin, und das gefiel ihr gut! Die Hochzeit dauerte acht Tage, und die Hunde saßen mit bei Tisch und machten große Augen.

Der kleine Claus und der grosse Claus

Es gab in einem Ort zwei Männer, die beide ganz denselben Namen hatten, beide hießen sie Claus, aber der eine besaß vier Pferde und der andere nur ein einziges Pferd; um sie nun auseinanderhalten zu können, nannte man den, der vier Pferde hatte, den großen Claus, und den, der nur ein Pferd hatte, den kleinen Claus. Nun werden wir hören, wie es den beiden erging, denn das ist eine richtige Geschichte!

Die ganze Woche über mußte der kleine Claus für den großen Claus pflügen und ihm sein einziges Pferd borgen; dann half ihm der große Claus wiederum mit allen seinen vieren, aber nur einmal in der Woche, und zwar sonntags. Hei! wie ließ der kleine Claus seine Peitsche über alle fünf Pferde hinwegknallen, sie waren ja jetzt sozusagen sein an diesem einen Tag. Die Sonne schien so schön, und alle Glocken im Kirchturm läuteten zur Kirche, die Leute waren fein geputzt und gingen mit dem Gesangbuch unter dem Arm, um den Pfarrer predigen zu hören, und sie sahen dem kleinen Claus zu, der mit fünf Pferden pflügte, und er war so vergnügt, daß er wieder mit der Peitsche knallte und rief: „Hüh! alle meine Pferde!"

„Das darfst du nicht sagen", sagte der große Claus, „dir gehört ja nur das eine Pferd!"

Als aber wieder welche vorbeigingen, die zur Kirche

wollten, vergaß der kleine Claus, daß er es nicht sagen durfte, und rief: „Hüh, alle meine Pferde!"

„Ja, nun bitte ich dich, es zu lassen!" sagte der große Claus. „Wenn du es nämlich noch einmal sagst, dann hau ich dein Pferd vor den Kopf, daß es tot liegenbleibt, dann ist es aus mit ihm!"

„Ich sag es wahrhaftig nicht wieder!" sagte der kleine Claus, aber als Leute vorüberkamen und ihm einen guten Tag zunickten, da wurde er so vergnügt und fand, es sehe doch großartig aus, daß er fünf Pferde habe, um damit seinen Acker zu pflügen, und rief: „Hüh, alle meine Pferde!"

„Ich werd dir deine Pferde hühen!" sagte der große Claus und holte den Pflockhammer und haute das einzige Pferd vom kleinen Claus vor den Kopf, daß es hinstürzte und ganz tot war.

„Ach, nun habe ich gar kein Pferd mehr!" sagte der kleine Claus und begann zu weinen. Dann zog er dem Pferd die Haut ab, nahm sie und ließ sie gut im Winde trocknen, steckte sie dann in einen Sack, den er auf den Nacken nahm, und ging zur Stadt, um seine Pferdehaut zu verkaufen.

Er hatte einen so langen Weg zu gehen, mußte durch einen großen, finsteren Wald, und nun kam ein furchtbares Unwetter; er verirrte sich ganz und gar, und bis er auf den rechten Weg kam, war es Abend und viel zu weit, um zur Stadt zu kommen oder wieder heim, bevor es Nacht wurde.

Dicht am Wege lag ein großer Bauernhof. Die Außenläden waren vor die Fenster geschoben, aber oben konnte das Licht doch durchschimmern. Dort darf ich sicher die Nacht über bleiben, dachte der kleine Claus und ging hin, um anzuklopfen.

Die Bäuerin machte auf, als sie aber hörte, was er wollte, sagte sie, er solle machen, daß er wegkomme, ihr Mann sei nicht zu Hause, und sie nehme keinen Fremden auf.

„Nun, dann muß ich eben draußen schlafen", sagte der kleine Claus, und die Bäuerin machte die Tür vor ihm zu.

Nahebei stand ein großer Heudiemen, und zwischen diesem und dem Haus war ein kleiner Schuppen mit einem flachen Strohdach.

„Dort oben kann ich schlafen!" sagte der kleine Claus, als er das Dach sah. „Das ist ja ein wunderbares Bett, der Storch fliegt hoffentlich nicht herunter und beißt mich in die Beine." Denn oben auf dem Dach stand ein lebendiger Storch, der hatte dort sein Nest.

Nun kletterte der kleine Claus auf den Schuppen hinauf, wo er sich hin und her wälzte, um wirklich gut zu liegen. Die Holzläden vor den Fenstern schlossen oben nicht, und daher konnte er in die Stube schauen.

Dort war ein großer Tisch mit Wein und Braten und ganz herrlichem Fisch gedeckt, die Bäuerin und der Küster saßen da und speisten und sonst gar niemand anders, und sie schenkte ihm ein, und er machte sich über den Fisch her, denn der war nach seinem Sinn.

„Wer doch auch etwas davon hätte!" sagte der kleine Claus und streckte den Kopf ganz bis zum Fenster vor. Gott, was für einen schönen Kuchen sah er drinnen stehen! O ja, das war ein Festschmaus!

Da hörte er jemanden auf der Landstraße angeritten kommen, auf das Haus zu, es war der Mann der Bäuerin, der heimkehrte.

Er war ein so guter Mann, aber er hatte eine wunderliche Krankheit, er konnte es nie ertragen, Küster zu sehen; kam ihm ein Küster vor die Augen, wurde er ganz wütend. Das war auch der Grund, weshalb der Küster gekommen war, um die Frau zu besuchen, weil er wußte, daß der Mann nicht zu Hause war. Und die gute Frau setzte ihm darum das schönste Essen vor, das sie hatte; als sie nun den Mann kommen hörten, erschraken sie sehr, und die Frau forderte den Küster auf, in eine große leere Truhe zu kriechen, die in der Ecke stand; das tat er, denn er wußte ja, daß der arme Mann es nicht vertragen konnte, Küster zu sehen. Die Frau versteckte geschwind all das schöne Essen und den Wein in ihrem Backofen, denn hätte der Mann es gesehen, dann hätte er sicherlich gefragt, was das heißen solle.

„Ach ja!" seufzte der kleine Claus oben auf dem Schuppen, als er all das Essen verschwinden sah.

„Ist da einer oben?" fragte der Bauersmann und guckte zu dem kleinen Claus hinauf. „Weshalb liegst du da? Komm lieber mit hinein in die Stube!"

Dann erzählte der kleine Claus, wie er sich verirrt habe, und bat, ob er die Nacht über dableiben dürfe.

„Ja gewiß", sagte der Bauersmann, „aber erst einmal wollen wir uns doch ein wenig stärken!"

Die Frau empfing die beiden sehr freundlich, deckte einen langen Tisch und setzte ihnen eine große Schüssel Grütze vor. Der Bauersmann war hungrig und aß mit wirklichem Appetit, aber der kleine Claus mußte immerfort an den schönen Braten, den Fisch und den Kuchen denken, er wußte ja, das stand alles im Ofen.

Unter den Tisch zu seinen Füßen hatte er seinen Sack mit der Pferdehaut gelegt, denn wir wissen ja, mit der war er von Hause fortgegangen, um sie in der Stadt zu verkaufen. Die Grütze wollte ihm gar nicht munden, und da trat er auf seinen Sack, und die trockene Haut im Sack quietschte ganz laut.

„Pscht!" sagte der kleine Claus zu seinem Sack, trat aber gleichzeitig wieder drauf, und dann quietschte der viel lauter als vorher.

„Nanu! Was hast du in deinem Sack?" fragte der Bauer.

„Oh, das ist ein Zauberer!" sagte der kleine Claus. „Er sagt, wir sollten keine Grütze essen, er hat den ganzen Ofen mit Braten und Fisch und Kuchen vollgehext."

„Was?" sagte der Bauer und machte flugs den Ofen auf, wo er all das schöne Essen sah, welches die Frau dort versteckt hatte, von dem er aber nun meinte, daß es der Zauberer für sie hergehext habe. Die Frau getraute sich nicht, etwas zu sagen, sondern stellte sogleich das Essen auf den Tisch, und nun aßen sie vom Fisch wie auch vom Braten und vom Kuchen. Jetzt trat der kleine Claus abermals auf seinen Sack, so daß die Haut quietschte.

„Was sagt er jetzt?" fragte der Bauer.

„Er sagt", antwortete der kleine Claus, „daß er auch drei

Flaschen Wein für uns hergehext habe, die stünden drüben in der Ecke neben dem Ofen!" Nun mußte die Frau den Wein hervorholen, den sie versteckt hatte, und der Bauersmann trank und wurde ganz lustig; so einen Zauberer, wie ihn der kleine Claus im Sack hatte, wollte er doch gar zu gerne haben.

„Kann er auch den Teufel hervorhexen?" fragte der Bauer. „Den würde ich gern mal sehen, denn jetzt bin ich lustig!"

„Ja", sagte der kleine Claus, „mein Zauberer kann alles, was ich verlange. Nicht wahr, du"? fragte er und trat auf den Sack, so daß es quietschte. „Kannst du hören, daß er ja sagt? Aber der Teufel sieht so garstig aus, es ist schon besser, man sieht ihn sich nicht an!"

„Oh, ich habe gar keine Furcht! Wie mag er wohl aussehen?"

„Ja, er sieht leibhaftig aus wie ein Küster!"

„Huh!" sagte der Bauer, „das wär garstig! Ihr müßt wissen, ich kann es nämlich nicht vertragen, Küster zu sehen; aber das ist nun einerlei; ich weiß ja, es ist der Teufel, dann finde ich mich besser drein. Jetzt habe ich Courage! Aber er darf mir nicht zu nahe kommen."

„Nun werde ich meinen Zauberer fragen!" sagte der kleine Claus, trat auf den Sack und hielt sein Ohr daran.

„Was sagt er?"

„Er sagt, Ihr könnt hingehen und die Truhe aufmachen, die dort in der Ecke steht, dann seht Ihr den Teufel, wie er sich da duckt, aber Ihr müßt den Deckel festhalten, damit er nicht entwischt."

„Wollt Ihr mir helfen, den Deckel festzuhalten?" sagte der Bauer und ging zur Truhe, wo die Frau den richtigen Küster versteckt hatte, der da saß und solche Furcht hatte.

Der Bauer hob den Deckel ein wenig an und guckte darunter: „Huh!" schrie er und fuhr zurück. „O ja, jetzt hab ich ihn gesehen, er sah genauso aus wie unser Küster! nein, das war schrecklich!"

Da mußte eins drauf getrunken werden, und nun tranken sie noch bis tief in die Nacht hinein.

„Den Zauberer mußt du mir verkaufen!" sagte der Bauer. „Fordere dafür, soviel du willst! Ja, ich gebe dir gleich einen ganzen Scheffel Geld!"

„Nein, das kann ich nicht!" sagte der kleine Claus. „Denk doch, wieviel Nutzen ich von diesem Zauberer haben kann!"

„Ach, ich hätte ihn doch gar zu gern", sagte der Bauer und bettelte und bettelte.

„Ja", sagte der kleine Claus dann schließlich, „da du so gut gewesen bist, mir heute nacht Obdach zu gewähren, mag es denn sein. Du bekommst den Zauberer für einen

Scheffel Geld, aber ich will den Scheffel gehäuft voll haben."

„Das sollst du haben", sagte der Bauer, „aber die Truhe da drüben mußt du mitnehmen, ich will sie nicht eine Stunde hier im Hause haben, man kann nicht wissen, ob er nicht noch drinsitzt."

Der kleine Claus gab dem Bauer seinen Sack mit der gedörrten Haut und bekam dafür einen ganzen Scheffel Geld, und zwar hoch gehäuft. Der Bauersmann schenkte ihm sogar noch einen großen Schubkarren, auf dem er das Geld und die Truhe wegfahren konnte.

„Leb wohl!" sagte der kleine Claus, und dann fuhr er mit seinem Geld und der großen Truhe los, in der noch immer der Küster saß.

Jenseits des Waldes war ein großer, tiefer Bach, das Wasser floß so schnell dahin, daß man kaum gegen die Strömung schwimmen konnte; es war eine große neue Brücke darüber gelegt worden, der kleine Claus hielt mitten darauf an und sagte ganz laut, damit der Küster in der Truhe es hören sollte: „Nein, was soll ich denn mit der blöden Truhe? Die ist so schwer, als wären Steine drin! ich werde ganz müde davon, sie weiter zu fahren, ich will sie darum in den Bach werfen, schwimmt sie dann zu mir nach Haus, dann ist es gut, und tut sie es nicht, dann soll es mir auch recht sein."

Jetzt nahm er die Truhe mit der einen Hand und hob sie ein wenig an, so als wollte er sie ins Wasser hinunterstürzen.

„Nein, laß das!" rief der Küster drinnen in der Truhe, „laß mich bloß hinaus!"

„Huh!" sagte der kleine Claus und tat so, als hätte er Furcht. „Er sitzt noch immer da drinnen! Da muß ich sie schleunigst in den Bach befördern, damit er ertrinken kann!"

„O nein, o nein!" rief der Küster, „ich gebe dir einen ganzen Scheffel Geld, wenn du es sein läßt!"

„Ja, das ist eine andere Sache!" sagte der kleine Claus und machte die Truhe auf. Der Küster kletterte gleich heraus und stieß die leere Truhe ins Wasser hinunter und ging zu seinem Hause, wo der kleine Claus einen ganzen Scheffel Geld bekam, einen hatte er ja vorher von dem Bauersmann bekommen, nun hatte er denn seinen ganzen Schubkarren voller Geld!

„Siehe da, das Pferd habe ich doch ganz gut bezahlt bekommen!" sagte er bei sich, als er in seine eigene Stube heimgekommen war, und kippte alles Geld auf einen großen Haufen mitten im Raum. „Da wird sich der große Claus ärgern, wenn er erfährt, wie reich ich durch mein einziges Pferd geworden bin, aber ich will es ihm doch nicht geradezu sagen!"

Jetzt schickte er einen Knecht zu dem großen Claus, um sich ein Scheffelmaß auszuborgen.

„Was er mit dem wohl will!" dachte der große Claus und schmierte Pech unter den Boden, damit etwas hängenblieb von dem, was gemessen wurde, und das tat es dann auch, denn als er den Scheffel zurückerhielt, hingen drei neue silberne Achtschillingstücke daran.

„Was ist das?" sagte der große Claus und lief sofort zu dem kleinen hinüber: „Wo hast du all das viele Geld her?"

„Oh, das ist für meine Pferdehaut, ich hab sie gestern abend verkauft!"

„Das ist wahrhaftig gut bezahlt!" sagte der große Claus, lief geschwind nach Hause, nahm eine Axt und haute alle seine vier Pferde vor den Kopf, zog ihnen die Haut ab und fuhr damit in die Stadt.

„Häute! Häute! wer will Häute kaufen!" rief er durch die Straßen.

Alle Schuhmacher und Gerber kamen angelaufen und fragten, was er dafür haben wolle.

„Einen Scheffel Geld für jede!" sagte der große Claus.

„Bist du verrückt?" sagten sie alle miteinander. „Denkst du, wir haben das Geld scheffelweise?"

„Häute, Häute! wer will Häute kaufen!" rief er wieder, aber allen, die fragten, was die Häute kosteten, entgegnete er: „Einen Scheffel Geld."

„Er macht sich über uns lustig!" sagten sie alle miteinander, und dann nahmen die Schuhmacher ihre Kniriemen und die Gerber ihr Schurzfell und fingen an, auf den großen Claus loszudreschen.

„Häute! Häute!" äfften sie ihn nach. „Ja, wir werden dir die Haut versohlen, daß es rote Striemen gibt! Hinaus aus der Stadt mit ihm!" schrien sie, und der große Claus mußte sich eilen, sosehr er konnte, so war er noch nie verdroschen worden.

„So!" sagte er, als er nach Hause kam. „Das werde ich dem kleinen Claus heimzahlen, dafür schlag ich ihn tot."

Aber daheim bei dem kleinen Claus war die alte Großmutter gestorben; sie war allerdings so gehässig und böse gegen ihn gewesen, aber er war trotzdem ganz traurig und nahm die tote Frau und legte sie in sein warmes Bett, vielleicht wurde sie doch wieder lebendig; dort sollte sie die ganze Nacht liegen, er selber wollte in der Ecke sitzen und auf einem Stuhl schlafen, das hatte er schon manchmal getan.

Als er nun nachts da saß, ging die Tür auf, und der große Claus kam mit seiner Axt herein: er wußte wohl, wo das Bett vom kleinen Claus stand, ging geradeswegs drauf zu und haute die tote Großmutter vor den Kopf, alldieweil er glaubte, es sei der kleine Claus.

„Siehst du!" sagte er, „jetzt wirst du mich nicht mehr hinters Licht führen!" Und dann ging er wieder nach Hause.

„Das ist doch ein schlimmer, böser Mann!" sagte der kleine Claus, „da wollte er mich totschlagen, es war nur gut für die alte Mutter, daß sie schon tot war, sonst hätte er ihr den Garaus gemacht!"

Nun zog er der alten Großmutter die Sonntagskleider an, borgte sich ein Pferd von seinem Nachbarn, spannte es vor den Wagen und setzte die alte Großmutter auf den hinteren Sitz, so daß sie nicht hinausfallen konnte, wenn er anfuhr, und nun rollten sie durch den Wald von dannen; als die Sonne aufging, waren sie vor einem großen Gasthaus angekommen, hier hielt der kleine Claus an und ging hinein, um sich etwas zu stärken.

Der Gastwirt hatte viel, viel Geld, er war auch ein sehr guter Mann, aber jähzornig, so als wäre Pfeffer und Tobak in ihm.

„Guten Morgen!" sagte er zum kleinen Claus. „Du bist heute zeitig in den Sonntagsstaat gekommen!"

„Ja, ich will in die Stadt mit meiner alten Großmutter, sie sitzt draußen auf dem Wagen, ich kann sie nicht in die Stube reinkriegen. Würdet Ihr ihr nicht ein Glas Met bringen, aber Ihr müßt ordentlich laut sprechen, sie hört nämlich nicht so gut."

„Doch, das tue ich!" sagte der Gastwirt und schenkte ein großes Glas Met ein, mit dem er zu der toten Großmutter hinausging, die im Wagen aufrecht hingesetzt worden war.

„Hier ist ein Glas Met von Ihrem Sohn!" sagte der Gastwirt. Aber die tote Frau sagte natürlich kein Wort, sondern saß ganz still da.

„Hört Ihr nicht!" schrie der Wirt so laut, wie er konnte. „Hier ist ein Glas Met von Ihrem Sohn!"

Er schrie noch einmal dasselbe und dann noch einmal, als sie sich aber gar nicht vom Fleck rührte, wurde er zornig und warf ihr das Glas mitten ins Gesicht, so daß der Met ihr über die Nase herunterrann und sie rücklings im Wagen umfiel, denn sie war ja nur aufrecht hingesetzt und nicht festgebunden worden.

„Nanu!" rief der kleine Claus, rannte aus der Tür und griff den Gastwirt an der Brust. „Nun hast du meine Großmutter getötet! Sieh nur, da ist ein großes Loch in ihrer Stirn!"

„Oh, das ist aber ein Unglück!" rief der Wirt und schlug die Hände zusammen. „Es kommt alles von meinem Jähzorn! Lieber kleiner Claus, ich will dir einen ganzen Scheffel Geld geben und deine Großmutter begraben lassen, als wäre es meine eigene, aber schweig bloß still, denn sonst schlagen sie mir den Kopf ab, und das ist so ekelhaft."

So bekam der kleine Claus einen ganzen Scheffel Geld, und der Gastwirt begrub die alte Großmutter, als wäre es seine eigene.

Als nun der kleine Claus wieder mit dem vielen Geld nach

Hause kam, schickte er sogleich seinen Knecht zu dem großen Claus hinüber, um ihn zu bitten, ob er nicht sein Scheffelmaß borgen dürfe.

„Was?" sagte der große Claus. „Habe ich ihn nicht totgeschlagen? Da muß ich doch selber nachsehen!" Und dann ging er selber mit dem Scheffel zu dem kleinen Claus hinüber.

„Ih, wo hast du denn all das Geld her?" fragte er und sperrte die Augen richtig auf, als er sah, was noch alles dazugekommen war.

„Du hast meine Großmutter totgeschlagen und nicht mich!" sagte der kleine Claus. „Die habe ich nun verkauft und einen Scheffel Geld dafür bekommen!"

„Das ist wahrhaftig gut bezahlt!" sagte der große Claus und eilte heim, nahm eine Axt und schlug sogleich seine alte Großmutter tot, legte sie in den Wagen, fuhr in die Stadt, wo der Apotheker wohnte, und fragte, ob der einen toten Menschen kaufen wolle.

„Wer ist es, und wo habt Ihr den her?" fragte der Apotheker.

„Es ist meine Großmutter", sagte der große Claus. „Ich habe sie totgeschlagen, für einen Scheffel Geld!"

„Gott behüte!" sagte der Apotheker. „Ihr verplappert Euch ja! Sagt doch so etwas nicht, das kann Euch den Kopf kosten!" – Und nun sagte er ihm richtig Bescheid, was er schrecklich Böses getan hätte und was für ein schlechter Mensch er wäre und daß er bestraft werden müßte; der große Claus bekam nun einen solchen Schrecken, daß er aus der Apotheke hinausrannte und spornstreichs auf den Wagen sprang, auf die Pferde lospeitschte und nach Hause fuhr, aber der Apotheker und alle Leute meinten, er sei verrückt, und ließen ihn fahren, wohin er wollte.

„Das will ich dir heimzahlen!" sagte der große Claus, als er auf der Landstraße war! „Ja, das werd ich dir heimzahlen, kleiner Claus!" Und nun nahm er, sobald er nach Hause gekommen war, den größten Sack, den er finden konnte, ging zum kleinen Claus hinüber und sagte: „Nun hast du mich wieder hinters Licht geführt! Zuerst habe ich meine

Pferde totgeschlagen, dann meine alte Großmutter! Das ist alles deine Schuld, aber niemals sollst du mich wieder hinters Licht führen!" Und dann packte er den kleinen Claus um den Leib und steckte ihn in seinen Sack, nahm ihn auf den Rücken und rief ihm zu: „Jetzt gehe ich und ertränke dich!"

Es war ein weites Stück zu gehen, ehe er zum Bach kam, und der kleine Claus war nicht so leicht zu tragen. Der Weg führte dicht an der Kirche vorbei, die Orgel spielte, und die Leute drinnen sangen ganz wunderhübsch; da stellte der große Claus seinen Sack mit dem kleinen Claus dicht neben der Kirchentür ab und dachte, es könnte ganz gut sein, hineinzugehen und erst einen Choral zu hören, ehe er weiterginge; der kleine Claus konnte ja nicht heraus, und die Leute waren alle in der Kirche; so ging er hinein.

„Ach ja! ach ja!" seufzte der kleine Claus drinnen im Sack; er drehte und drehte sich, aber es war ihm nicht möglich, das Band aufzukriegen; da kam gerade ein alter Viehtreiber an, mit schlohweißem Haar und mit einem großen Knotenstock in der Hand; er trieb eine ganze Trift Kühe und Stiere vor sich her, sie rannten gegen den Sack, in dem der kleine Claus saß, so daß der umkippte.

„Ach ja!" seufzte der kleine Claus, „ich bin so jung und muß schon ins Himmelreich!"

„Und ich armer Tropf", sagte der Viehtreiber, „bin so alt und kann noch nicht hineinkommen!"

„Mach den Sack auf!" rief der kleine Claus. „Krieche an meiner Statt hinein, dann kommst du sofort ins Himmelreich!"

„Ja, das möchte ich gar zu gern!" sagte der Viehtreiber und machte dem kleinen Claus den Sack auf, und der sprang sogleich hinaus.

„Würdest du dann das Vieh versorgen?" sagte der alte Mann und kroch nun in den Sack, den der kleine Claus zuband; und dann zog er mit allen Kühen und Stieren seines Weges.

Kurz darauf kam der große Claus aus der Kirche, er nahm wieder seinen Sack auf den Rücken, fand allerdings, der sei so leicht geworden, denn der alte Viehtreiber war nicht mehr als halb so schwer wie der kleine Claus. „Wie ist er leicht zu tragen jetzt! Ja, das kommt sicher daher, weil ich ein Kirchenlied gehört habe!" Dann ging er zum Bach, der tief und groß war, warf den Sack mit dem alten Viehtreiber ins Wasser und rief hinter ihm drein, denn er meinte ja, es sei der kleine Claus: „Siehst du! nun wirst du mich nicht mehr hinters Licht führen!"

Dann ging er heimwärts, aber als er dorthin kam, wo die Wege sich kreuzten, traf er den kleinen Claus, der mit all seinem Vieh dahinzog.

„Was", sagte der große Claus, „habe ich dich nicht ertränkt?"

„Doch", sagte der kleine Claus, „du hast mich vor einer halben Stunde in den Bach geworfen!"

„Aber wo hast du all das schöne Vieh her?" fragte der große Claus.

„Das ist Seevieh!" sagte der kleine Claus. „Ich werde dir die ganze Geschichte erzählen, und ich danke dir auch sehr, daß du mich ertränkt hast; nun bin ich obenauf, bin wirklich reich, das kannst du mir glauben! – Ich hatte solche Furcht, als ich im Sack drinnen lag, und der Wind pfiff mir um die Ohren, als du mich von der Brücke in das kalte Wasser warfst. Ich bin gleich bis auf den Grund gesunken, aber ich habe mich nicht gestoßen, denn dort unten wächst das feinste weiche Gras. Da bin ich draufgefallen, und gleich wurde der Sack aufgemacht, und die schönste Jungfrau, in schneeweißen Kleidern und mit einem grünen Kranz um das Haar, nahm mich bei der Hand und sagte: ‚Bist du da der kleine Claus? Da hast du fürs erste einmal etwas Vieh! eine Meile weiter den Weg hinauf steht noch eine ganze Trift, die ich dir schenken will!' Nun sah ich, daß der Bach eine große Landstraße für die Meerleute war. Unten auf dem Grunde gingen und fuhren sie geradeswegs von der See her bis tief ins Land hinein, bis dorthin, wo der Bach endigt. Da waren so viele schöne Bäume und das frischeste Gras, und die Fische, die im Wasser schwammen, die huschten mir um die Ohren, ebenso wie hier die Vögel

in der Luft. Was waren da für feine Leute, und was war da
für Vieh, es weidete an Gräben und Zäunen!"

„Aber weshalb bist du gleich wieder zu uns heraufgegangen?" fragte der große Claus. „Das hätte ich nicht getan,
wenn es dort unten so wunderbar wär!"

„Doch", sagte der kleine Claus, „das habe ich ja gerade
ganz pfiffig angefangen! Du hörst ja doch, was ich dir sage:
die Meerjungfrau sagte, eine Meile weiter den Weg hinauf
– und mit Weg meint sie ja den Fluß, denn woanders kann
sie nicht hinkommen – stehe noch eine ganze Trift Vieh für
mich. Aber ich weiß, welche Windungen der Bach macht,
bald hierhin, bald dorthin, es ist ja ein großer Umweg, nein,
da kürzt man viel mehr ab, wo man es kann, wenn man hier
an Land geht und querfeldein wieder zum Bach treibt,
dadurch spare ich ja fast eine halbe Meile und komme
geschwinder zu meinem Meervieh!"

„Oh, du bist ein glücklicher Mann!" sagte der große
Claus. „Meinst du, ich bekomme auch Meervieh, wenn
ich auf den Grund des Baches komme?"

„Doch, das sollte ich meinen!" sagte der kleine Claus.
„Aber ich kann dich nicht im Sack zum Bache tragen, du

bist mir zu schwer, wenn du selber hingehst und dann in den Sack kriechst, dann werde ich dich mit dem größten Vergnügen hineinwerfen."

„Vielen Dank!" sagte der große Claus. „Falls ich aber kein Meervieh kriege, wenn ich da hinunterkomme, dann verprügele ich dich, das kannst du mir glauben!"

„O nein, sei nicht so arg!" Und dann gingen sie zum Bach. Als das Vieh, welches durstig war, das Wasser sah, rannte es, sosehr es konnte, um zum Trinken hinunterzukommen.

„Schau, wie es sich beeilt!" sagte der kleine Claus. „Es sehnt sich danach, wieder auf den Grund hinunterzukommen!"

„Ja, hilf mir jetzt erst mal!" sagte der große Claus, „denn sonst kriegst du Prügel!" Und dann kroch er in den großen Sack, der quer auf dem Rücken von einem der Stiere gelegen hatte. „Tu einen Stein hinein, denn ich fürchte sonst, daß ich nicht untergehe!" sagte der große Claus.

„Das wird schon gehen!" sagte der kleine Claus, tat aber doch einen großen Stein in den Sack, zog das Band fest zu und stieß nun gegen den Sack: Platsch! da lag der große Claus draußen im Bach und sank sogleich auf den Grund.

„Ich fürchte, er findet das Vieh nicht!" sagte der kleine Claus und trieb alsdann heimwärts, was er hatte.

DIE PRINZESSIN AUF DER ERBSE

Es war einmal ein Prinz, der wollte sich eine Prinzessin suchen, aber es sollte eine richtige Prinzessin sein. So reiste er denn rund um die ganze Welt, um so eine zu finden, aber allüberall war etwas auszusetzen. Prinzessinnen gab es genug, ob es aber richtige Prinzessinnen waren, dahinter konnte er nicht ganz kommen, immer war da etwas, was nicht ganz richtig war. So kam er wieder nach Hause und war so traurig, denn er wollte so gern eine wirkliche Prinzessin haben.

Eines Abends war ein fürchterliches Wetter; es blitzte und donnerte, der Regen strömte hernieder, es war ganz schrecklich! Da pochte es ans Stadttor, und der alte König ging hin, um aufzumachen.

Draußen stand eine Prinzessin. Aber, du lieber Gott, wie sah sie aus von dem Regen und dem Unwetter! Das Wasser lief ihr an Haaren und Kleidern herunter, und es lief in die Schuhspitze hinein und aus dem Hacken heraus, und dann sagte sie, sie sei eine wirkliche Prinzessin.

„Ja, das werden wir schon noch erfahren!" dachte die

alte Königin, aber sagen tat sie nichts, ging ins Schlafgemach, nahm alles Bettzeug weg und legte eine Erbse auf den Boden des Bettes, darauf nahm sie zwanzig Matratzen, legte sie oben auf die Erbse, und dann noch zwanzig Eiderdaunenbetten auf die Matratzen drauf.

Dort sollte nun die Prinzessin in der Nacht schlafen.

Morgens wurde sie gefragt, wie sie geschlafen habe.

„Oh, schrecklich schlecht!" sagte die Prinzessin. „Ich habe die ganze Nacht fast kein Auge zugetan! Gott weiß, was in dem Bett gewesen ist? Ich habe auf etwas Hartem gelegen, so daß ich am ganzen Körper braun und blau bin! Es ist ganz schrecklich!"

Da konnten sie sehen, daß sie eine richtige Prinzessin war, weil sie durch die zwanzig Matratzen und die zwanzig Eiderdaunenbetten die Erbse gefühlt hatte. So empfindlich konnte niemand sein, außer einer wirklichen Prinzessin.

Der Prinz nahm sie also zur Frau, denn nun wußte er, daß er eine richtige Prinzessin hatte, und die Erbse kam in die Kunstgemächer, wo sie noch zu sehen ist, falls niemand sie weggenommen hat.

Seht, das war eine richtige Geschichte!

DIE BLUMEN DER KLEINEN IDA

„Meine armen Blumen sind ganz tot!" sagte die kleine Ida. „Die waren gestern abend so schön, und nun hängen alle Blätter verwelkt herab. Weshalb tun sie das?" fragte sie den Studenten, der auf dem Sofa saß: denn ihn hatte sie sehr gern, er konnte die allerschönsten Geschichten und schnitt so drollige Bilder aus: Herzen mit kleinen Frauen darin, die tanzten; Blumen und große Schlösser, an denen die Türen geöffnet werden konnten; es war ein lustiger Student! „Warum sehen die Blumen heute so schlecht aus?" fragte sie wieder und zeigte ihm einen großen Strauß, der ganz verwelkt war.

„Ja, weißt du, was ihnen fehlt?" sagte der Student, „die Blumen waren heute nacht zum Ball, und darum lassen sie die Köpfe hängen!"

„Aber die Blumen können doch nicht tanzen!" sagte die kleine Ida.

„Doch", sagte der Student, „wenn es dunkel wird und wir anderen schlafen, dann springen sie lustig umher; fast jede Nacht gehen sie zum Ball!"

„Können denn Kinder nicht mit auf den Ball kommen?"

„Doch", sagte der Student, „winzigkleine Gänseblümchen und Maiblumen!"

„Wo tanzen die feinsten Blumen?" fragte die kleine Ida.

„Bist du nicht oftmals zum Tor hinausgegangen bei dem großen Schloß, wo der König im Sommer wohnt, wo der wunderbare Garten ist mit den vielen Blumen? Du hast ja die Schwäne gesehen, die zu dir hinschwimmen, wenn du ihnen Brotkrumen geben willst. Da draußen wird aber Ball abgehalten, kannst du mir glauben!"

„Ich war gestern mit meiner Mutter da draußen im Garten!" sagte Ida. „Aber alle Blätter waren von den Bäumen ab, und da waren gar keine Blumen mehr! wo sind die? Im Sommer habe ich so viele gesehen!"

„Die sind drinnen im Schloß!" sagte der Student. „Weißt du, sobald der König und alle Hofleute hier in die Stadt ziehen, laufen die Blumen sogleich vom Garten ins Schloß hinauf und sind lustig. Das solltest du sehen! Die beiden allerschönsten Rosen setzen sich auf den Thron, und dann sind sie König und Königin. – All die roten Hahnenkämme stellen sich daneben auf und stehen da und verbeugen sich, sie sind die Kammerjunker. – Dann kommen all die hübschesten Blumen, und dann ist großer Ball, die blauen Veilchen sind kleine Seekadetten, die tanzen mit Hyazinthen und Krokussen, die sie mit Fräulein anreden! Die Tulpen und die großen, gelben Lilien, das sind alte Damen, die passen auf, daß fein getanzt wird und daß es vornehm zugeht!"

„Aber", fragte die kleine Ida, „ist da keiner, der den Blumen etwas tut, weil sie im Schloß des Königs tanzen?"

„Da gibt es niemanden, der so recht etwas davon weiß!" sagte der Student. „Mitunter, des Nachts, kommt zwar der alte Schloßverwalter, der dort draußen achtgeben soll, er hat ein großes Schlüsselbund bei sich, aber sowie die Blumen die Schlüssel rasseln hören, werden sie ganz still, verbergen sich hinter den langen Vorhängen und stecken nur den Kopf hervor. ‚Ich kann es riechen, hier drinnen sind Blumen!' sagt der alte Schloßverwalter, aber er kann sie nicht sehen."

„Das ist drollig!" sagte die kleine Ida und klatschte in die Hände. „Aber kann ich die Blumen auch nicht sehen?"

„Doch", sagte der Student, „denk nur daran, wenn du wieder dort hinauskommst, daß du dann durch das Fenster schaust, dann siehst du sie sicher. Das habe ich heute getan, da lag eine lange, gelbe Osterglocke auf dem Sofa und räkelte sich, es war eine Hofdame!"

„Können auch die Blumen vom Botanischen Garten da hinauskommen? Können sie den langen Weg gehen?"

„Ja, das kannst du mir glauben!" sagte der Student. „Wenn sie nämlich wollten, dann könnten sie fliegen. Hast du nicht die hübschen Schmetterlinge gesehen, die roten, gelben und weißen, die sehen fast so aus wie Blumen, sie sind auch welche gewesen, die sind vom Stengel hoch in die Luft gesprungen und haben da mit den Blättern geschlagen, als ob es kleine Flügel wären, und dann sind sie geflogen. Und da sie sich gut betragen haben, durften sie auch am Tag umherfliegen, brauchten nicht wieder nach Hause zu kommen und still auf dem Stengel zu sitzen, und so wurden aus den Blättern zuletzt richtige Flügel. Das hast du ja selber gesehen! Es kann im übrigen gut möglich sein, daß die Blumen im Botanischen Garten niemals draußen im Schloß des Königs gewesen sind oder wissen, daß es nachts dort so lustig ist. Darum will ich dir jetzt etwas sagen, dann wird er sich sehr wundern, der botanische Professor, der nebenan wohnt, du kennst ihn ja wohl? Wenn du in seinen Garten kommst, mußt du einer von den Blumen erzählen, daß draußen im Schloß großer Ball ist, dann sagt die es all den anderen weiter, und dann fliegen sie davon. Kommt dann der Professor in den Garten, dann ist keine einzige Blume mehr da, und er kann gar nicht verstehen, wo sie geblieben sind."

„Aber wie kann die Blume es den anderen erzählen? Die Blumen können doch nicht sprechen!"

„Nein, das können sie allerdings nicht!" antwortete der Student. „Aber dann machen sie Pantomime! Hast du nicht schon gesehen, wenn es windig ist, dann nicken die Blumen und bewegen all die grünen Blätter; das ist genauso deutlich, wie wenn sie sprächen!"

„Kann denn der Professor die Pantomimen verstehen?" fragte Ida.

„Ja, das kannst du glauben! Er kam eines Morgens in seinen Garten hinunter und sah eine große Brennessel dastehen und vor einer schönen roten Nelke mit den Blättern Pantomime machen. Sie sagte: ‚Du bist so reizend, und ich habe dich so gern!' Aber dergleichen mag der Professor nun gar nicht, und er schlug der Brennessel gleich über die Blätter, die sind nämlich deren Finger, aber da verbrannte er sich, und seit der Zeit getraute er sich niemals wieder, eine Brennessel anzufassen."

„Das ist drollig!" sagte die kleine Ida und lachte.

„Was soll das heißen, dem Kind so etwas weiszumachen!" sagte der grämliche Kanzleirat, der zu Besuch gekommen war und auf dem Sofa saß; er konnte den Studenten gar nicht leiden und murrte immer, wenn er sah, wie dieser die wunderlichen, lustigen Bilder ausschnitt: bald einen Mann, der an einem Galgen hing und ein Herz in der Hand hielt, denn er war ein Herzensdieb, bald eine alte Hexe, die auf einem Besen ritt und ihren Mann auf der Nase hatte; das mochte der Kanzleirat nicht, und dann sagte er, ebenso wie jetzt: „Was soll das heißen, dem Kind so etwas weiszumachen! das ist die dumme Phantasie!"

Aber die kleine Ida fand es trotzdem so drollig, was der Student von ihren Blumen erzählte, und sie dachte viel darüber nach. Die Blumen ließen den Kopf hängen, weil sie müde waren, nachdem sie die ganze Nacht getanzt hatten, sie waren bestimmt krank. So ging sie mit ihnen zu all ihrem anderen Spielzeug, das auf einem feinen Tischchen stand, und die ganze Schublade war voller prächtiger Dinge. Im Puppenbett lag ihre Puppe, Sophie, und schlief, aber die kleine Ida sagte zu ihr: „Du mußt nun aber aufstehen, Sophie, und dich damit begnügen, heute nacht in der Schublade zu schlafen, die armen Blumen sind krank, und darum müssen sie in deinem Bett schlafen, vielleicht werden sie dann gesund!" Und dann hob sie die Puppe hoch, aber die sah so eigensinnig aus und sagte kein Wort, denn sie war böse, weil sie nicht in ihrem Bett bleiben durfte.

Nun legte Ida die Blumen ins Puppenbett, zog die kleine Decke um sie herum hoch und sagte, sie sollten hübsch stille liegen, dann würde sie ihnen Tee machen, damit sie wieder gesund würden und morgen aufstehen könnten. Und sie zog die Vorhänge dicht um das kleine Bett zusammen, damit die Sonne ihnen nicht in die Augen schiene.

Den ganzen Abend mußte sie an all das denken, was der Student ihr erzählt hatte, und als sie selbst ins Bett gehen sollte, mußte sie erst hinter die Vorhänge schauen, die vor den Fenstern hingen, wo ihre Mutter die schönen Blumen stehen hatte, sowohl Hyazinthen als auch Tulpen, und dann flüsterte sie ganz leise: „Ich weiß wohl, ihr geht heute nacht zum Ball!" Aber die Blumen taten so, als verstünden sie nichts, und rührten kein Blatt; aber die kleine Ida wußte, was sie wußte.

Als sie ins Bett gekommen war, lag sie lange wach und dachte daran, wie wunderschön es sein müßte, die herrlichen Blumen draußen im Schloß des Königs tanzen zu sehen. „Ob meine Blumen wirklich mit dabeigewesen sind?" Aber dann schlief sie ein. Mitten in der Nacht wachte sie wieder auf, sie hatte von den Blumen und dem Studenten geträumt, auf den der Kanzleirat schalt und sagte, er mache ihr etwas weis. Im Schlafzimmer, wo Ida schlief, war es ganz still; das Nachtlämpchen brannte drüben auf dem Tisch, und ihre Eltern schliefen.

„Ob meine Blumen nun in Sophies Bett schlafen?" sagte sie bei sich. „Wie gern wüßte ich das!" Sie richtete sich ein wenig auf und sah zur Tür, die halb offenstand, dort drinnen lagen die Blumen und all ihr Spielzeug. Sie horchte, und da war es ihr, als hörte sie, daß drinnen in der Stube Klavier gespielt wurde, aber ganz leise, und so hübsch, wie sie es nie zuvor gehört hatte.

„Jetzt tanzen sicher alle Blumen da drinnen!" sagte sie. „O Gott, wie gern würde ich das doch sehen!" Aber sie traute sich nicht aufzustehen, dann weckte sie ihre Eltern. „Wenn sie doch nur hier hereinkämen!" sagte sie, aber die

Blumen kamen nicht, und die Musik fuhr fort, so hübsch zu spielen, da konnte sie es gar nicht lassen, denn es war zu herrlich, sie schlüpfte aus ihrem Bettchen und ging ganz leise zur Tür und guckte in die Stube. Nein, wie war es lustig, was sie da erblickte.

Drinnen war gar keine Nachtlampe, und trotzdem war es ganz hell, der Mond schien durch das Fenster mitten ins Zimmer hinein, es war fast so, als wäre es Tag. Die Hyazinthen und Tulpen standen alle in zwei langen Reihen in der Stube, es waren gar keine mehr im Fenster, dort standen leere Töpfe; unten auf dem Fußboden tanzten alle Blumen reizend im Kreise herum, machten eine richtige Kette und hielten einander an den langen grünen Blättern, wenn sie sich herumdrehten. Aber drüben am Klavier saß eine große gelbe Lilie, die die kleine Ida im Sommer bestimmt gesehen hatte, denn sie erinnerte sich noch genau, wie der Student sagte: „Nein, wie die Fräulein Line ähnlich sieht!" Aber da lachten sie ihn alle miteinander aus; nun fand Ida wirklich auch, daß die lange, gelbe Blume dem Fräulein ähnlich sah. Und sie machte es beim Spielen auch genauso, bald legte sie ihr längliches gelbes Gesicht auf die eine Seite, bald auf die andere und nickte den Takt zu der wunderbaren Musik. Die kleine Ida bemerkte gar niemand. Jetzt sah sie einen großen blauen Krokus mitten auf den Tisch springen, wo das Spielzeug stand, zum Puppenbett gehen und die Vorhänge beiseite ziehen, dort lagen die kranken Blumen, aber diese erhoben sich sogleich und nickten zu den anderen hinunter, daß sie auch mittanzen wollten. Das alte Räuchermännchen, dem die Unterlippe abgebrochen war, stand auf und verbeugte sich vor den feinen Blumen, sie sahen gar nicht krank aus, sie sprangen hinunter mitten unter die anderen und waren sehr vergnügt.

Da war es, als fiele irgend etwas vom Tisch. Ida schaute hin, es war die Fastnachtsrute, die heruntergesprungen war, die meinte auch, sie gehöre mit zu den Blumen. Sie war auch sehr hübsch, und oben dran saß eine kleine Wachspuppe, die hatte genau solch einen breiten Hut auf dem Kopf, wie ihn der Kanzleirat trug. Die Fastnachtsrute sprang auf ihren drei roten Holzbeinen mitten unter die Blumen und stampfte tüchtig, denn sie tanzte Mazurka; und diesen Tanz konnten die anderen Blumen nicht, weil sie so leicht waren und nicht stampfen konnten.

Die Wachspuppe auf der Fastnachtsrute wurde mit einem Male groß und lang, wirbelte über den Papierblumen im Kreise herum und rief ganz laut: „Was soll das heißen, dem Kind so etwas weiszumachen! Das ist die dumme Phantasie!" Und dann sah die Wachspuppe ganz genauso aus wie der Kanzleirat mit dem breiten Hut, sah ganz genauso gelb und grämlich aus. Aber die Papierblumen schlugen ihr über die dünnen Beine, und da schrumpfte sie wieder ein und wurde eine winzigkleine Wachspuppe. Es war drollig anzuschauen! Die kleine Ida konnte sich das Lachen nicht verbeißen. Die Fastnachtsrute tanzte immer fort, und der Kanzleirat mußte mittanzen, es nützte nichts, ob er sich groß und lang machte oder die kleine gelbe Wachspuppe mit dem großen schwarzen Hute blieb. Da legten die anderen Blumen Fürbitte für ihn ein, besonders die, die im Puppenbett gelegen hatten, und nun ließ die Fastnachtsrute es sein. Im selben Augenblick klopfte es ziemlich kräftig drinnen in der Schublade, wo Idas Puppe Sophie neben so vielem anderen Spielzeug lag. Der Räuchermann rannte zur Tischkante, legte sich längelang auf den Bauch und konnte die Schublade ein klein wenig herausziehen. Da richtete Sophie sich auf und sah sich ganz erstaunt im Kreise um. „Hier scheint Ball zu sein!" sagte sie. „Weshalb hat mir keiner was gesagt?"

„Möchtest du mit mir tanzen?" sagte der Räuchermann.

„Na, du bist mir gerade fein genug zum Tanzen!" sagte sie und kehrte ihm den Rücken. Dann setzte sie sich auf die Schublade und dachte, daß sicher eine von den Blumen kommen und sie auffordern würde, aber es kam keine, da hüstelte sie: „hm, hm, hm!" aber trotzdem kam nicht eine. Der Räuchermann tanzte nun ganz allein, und das war nicht so übel!

Als nun keine von den Blumen Sophie zu sehen schien, ließ sie sich von der Schublade auf den Fußboden niederplumpsen, und das machte großen Lärm; alle Blumen kamen auch rund um sie herum angelaufen und fragten, ob sie sich weh getan habe, und sie waren alle so reizend zu ihr, besonders die Blumen, die in ihrem Bett geschlafen hatten; aber sie hatte sich gar nicht weh getan, und Idas Blumen bedankten sich alle für das schöne Bett und waren so nett zu ihr, zogen sie in die Mitte des Zimmers, wo der Mond schien, tanzten mit ihr, und alle anderen Blumen bildeten einen Kreis um sie. Nun war Sophie zufrieden; und sie sagte, sie dürften gern ihr Bett behalten, es mache ihr gar nichts aus, im Schubkasten zu schlafen.

Aber die Blumen sagten: „Wir danken dir vielmals, aber wir können nicht so lange leben! Morgen sind wir ganz tot; aber sag der kleinen Ida, sie soll uns draußen im Garten begraben, wo der Kanarienvogel liegt, dann wachsen wir im Sommer wieder und werden viel schöner!"

„Nein, ihr dürft nicht sterben!" sagte Sophie, und dann küßte sie die Blumen. Im selben Augenblick ging die Saaltür auf, und eine große Menge wunderschöne Blumen kamen hereingetanzt. Ida konnte gar nicht begreifen, wo sie hergekommen waren, es waren bestimmt all die Blumen draußen vom Königsschloß. Allen voran gingen zwei herrliche Rosen, und die hatten goldene Krönchen auf, das waren ein König und eine Königin, dann kamen die reizendsten Levkojen und Nelken, und die grüßten nach allen Seiten. Sie hatten Musik mit dabei, große Mohnblumen und Päonien bliesen auf Erbsenschoten, so daß sie ganz rote Köpfe hatten. Die blauen Glockenblumen und die kleinen weißen Schneeglöckchen läuteten, als hätten sie Schellen um. Es war eine lustige Musik. Dann kamen sehr viele andere Blumen, und die tanzten alle miteinander, die blauen Veilchen und die roten Maßliebchen, die Gänseblümchen und die Maiglöckchen. Und alle Blumen küßten sich, es war lieblich anzuschauen!

Schließlich sagten die Blumen sich gute Nacht, da schlich auch die kleine Ida wieder in ihr Bett, wo sie von allem träumte, was sie gesehen hatte.

Als sie am nächsten Morgen aufgestanden war, ging sie geschwind an den kleinen Tisch, um nachzusehen, ob die

Blumen noch da waren, sie zog die Vorhänge an dem kleinen Bett beiseite. Ja, da lagen sie alle miteinander, aber sie waren ganz verwelkt, viel mehr als gestern. Sophie lag in der Schublade, wo sie sie hingelegt hatte, sie sah sehr verschlafen aus.

„Weißt du noch, was du mir sagen solltest!" sagte die kleine Ida, aber Sophie sah ganz dumm aus und sagte kein Wort.

„Du bist gar nicht lieb", sagte Ida, „und dabei haben sie doch alle mit dir getanzt." Dann nahm sie eine kleine Pappschachtel, auf der niedliche Vögel gezeichnet waren, die machte sie auf und legte die toten Blumen hinein. „Das soll euer niedlicher Sarg sein", sagte sie, „und wenn nachher die norwegischen Vettern herkommen, dann sollen sie mithelfen, euch draußen im Garten zu begraben, damit ihr im Sommer wachsen könnt und noch viel schöner werdet!"

Die norwegischen Vettern waren zwei frische Jungen, sie hießen Jonas und Adolf. Ihr Vater hatte ihnen zwei neue Flitzbogen geschenkt, und die hatten sie mitgebracht, um sie Ida zu zeigen. Sie erzählte ihnen von den armen Blumen, die gestorben waren, und dann durften sie sie begraben. Beide Jungen gingen vorauf mit den Flitzbogen über der Schulter, und die kleine Ida ging hinterdrein mit den toten Blumen in der niedlichen Schachtel. Draußen im Garten wurde ein kleines Grab geschaufelt; Ida küßte zuerst die Blumen, legte sie dann mit der Schachtel in die Erde, und Adolf und Jonas schossen mit den Flitzbogen über das Grab, denn Gewehre oder Kanonen hatten sie nicht.

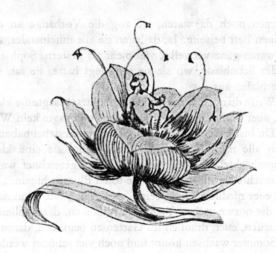

DÄUMELINCHEN

Es war einmal eine Frau, die so gern ein kleines Kindchen haben wollte, aber sie wußte gar nicht, wo sie es herbekommen sollte. Da ging sie denn zu einer alten Hexe und sagte zu ihr: „Ich möchte von Herzen gern ein kleines Kind haben, willst du mir nicht sagen, wo ich eines herbekommen kann?"

„O ja, das werden wir schon schaffen!" sagte die Hexe. „Da hast du ein Gerstenkorn, es ist gar keines von der Art, wie sie auf dem Acker des Bauern wachsen oder wie es die Hühner zu fressen bekommen. Tu es in einen Blumentopf, dann sollst du mal sehen!"

„Vielen Dank!" sagte die Frau und gab der Hexe zwölf Schillinge, ging alsdann nach Haus, pflanzte das Gerstenkorn ein, und sogleich sproß eine wunderschöne, große Blume auf, die sah genauso aus wie eine Tulpe, aber die Blütenblätter waren ganz dicht geschlossen, so als wäre sie noch eine Knospe.

„Es ist eine reizende Blume!" sagte die Frau und küßte sie auf die schönen, roten und gelben Blätter, aber als sie sie gerade küßte, gab es in der Blume einen großen Knall, und sie öffnete sich. Es war eine richtige Tulpe, das konnte man jetzt sehen, aber mitten in der Blüte auf einem grünen Stuhl saß ein winzigkleines Mädchen, so fein und liebreizend. Sie war nicht größer als ein Daumen, und darum wurde sie Däumelinchen geheißen.

Sie bekam eine hübsch lackierte Walnußschale als Wiege, blaue Veilchenblätter waren ihre Matratzen und ein Rosenblatt ihr Oberbett; dort schlief sie nachts, aber tagsüber spielte sie auf dem Tisch, wo die Frau einen Teller hingestellt hatte, um den sie einen ganzen Kranz von Blumen gelegt hatte, die ihre Stengel ins Wasser steckten; hier schwamm ein großes Tulpenblatt, und auf diesem durfte Däumelinchen sitzen und von der einen Seite des Tellers zur anderen fahren: sie hatte zwei weiße Roßhaare zum Rudern. Das sah sehr hübsch aus. Sie konnte auch singen, oh, so fein und süß, wie man es hier nie vernommen hatte.

Eines Nachts, als sie in ihrem schönen Bett lag, kam eine häßliche Kröte zum Fenster hereingeschlüpft; eine Scheibe war entzwei. Die Kröte war so garstig, groß und naß, sie hüpfte geradeswegs auf den Tisch hinunter, wo Däumelinchen lag und unter dem roten Rosenblatt schlief.

„Das wäre eine prächtige Frau für meinen Sohn!" sagte die Kröte, und dann ergriff sie die Walnußschale, in der Däumelinchen schlief, und hüpfte mit ihr durch die Scheibe davon, hinunter in den Garten.

Hier floß ein großer, breiter Bach, aber am Ufer war es sumpfig und schlammig; hier wohnte die Kröte mit ihrem Sohn. Uh! der war auch garstig und abscheulich, glich seiner Mutter ganz und gar. „Koax, koax, brekke-ke-kex!" war alles, was er sagen konnte, als er das süße kleine Mädchen in der Walnußschale sah.

„Red nicht so laut, sonst wird sie wach!" sagte die alte Kröte, „sie könnte uns immer noch davonlaufen, denn sie ist so leicht wie ein Schwanenflaum! Wir wollen sie in den Bach setzen auf eines der breiten Mummelblätter; für sie ist das, da sie so leicht und klein ist, ganz wie eine Insel! Dort kann sie nicht weglaufen, während wir die Staatsstube unten unter dem Schlamm herrichten, wo ihr wohnen und es euch traulich machen sollt!"

Draußen im Bach wuchsen sehr viele Mummeln mit den breiten, grünen Blättern, die aussehen, als schwämmen sie oben auf dem Wasser. Das Blatt, welches am weitesten entfernt war, das war auch das allergrößte. Dort schwamm die alte Kröte hin und setzte die Walnußschale mit Däumelinchen darauf.

Das kleine Dingelchen erwachte ganz früh am Morgen, und als sie sah, wo sie war, begann sie bitterlich zu weinen. Denn auf allen Seiten des großen, grünen Blattes war Wasser, sie konnte gar nicht an Land kommen.

Die alte Kröte saß unten im Schlamm und schmückte ihre Stube mit Schilf und gelben Mummeln – es sollte hier wirklich hübsch für die neue Schwiegertochter werden – und schwamm darauf mit dem garstigen Sohn zum Blatt hinaus, wo Däumelinchen stand, sie wollten ihr feines Bett holen, das sollte ins Brautgemach gestellt werden, ehe sie selber hinkam. Die alte Kröte machte vor ihr im Wasser einen tiefen Knicks und sagte: „Hier siehst du meinen Sohn, er wird dein Mann, und ihr werdet so schön unten im Schlamme wohnen!"

„Koax-koax-brekke-ke-kex!" war alles, was der Sohn sagen konnte.

Dann nahmen sie das reizende Bettchen und schwammen damit fort, aber Däumelinchen saß ganz allein auf dem grünen Blatt und weinte, denn sie wollte nicht bei der abscheulichen Kröte wohnen oder ihren häßlichen Sohn zum Manne haben. Die kleinen Fische, die unten im Wasser schwammen, hatten anscheinend die Kröte gesehen und hatten gehört, was sie sagte. Daher steckten sie die Köpfe heraus, sie wollten sich doch das kleine Mädchen ansehen. Sobald sie sie erblickten, fanden sie sie so süß, und es tat ihnen sehr leid, daß sie zu der garstigen Kröte hinunter sollte. Nein, das durfte niemals geschehen. Sie scharten sich unten im Wasser um den grünen Stengel, der das Blatt hielt, auf dem sie stand, nagten mit den Zähnen den Stengel durch, und nun schwamm das Blatt den Bach hinab, fort mit Däumelinchen, weit fort, wo die Kröte nicht hinkommen konnte.

Däumelinchen fuhr an so vielen Orten vorbei, und die kleinen Vögel saßen in den Büschen, sahen sie und sangen:

„Was für ein süßes Jungfräulein!" Das Blatt schwamm mit ihr immer weiter und weiter fort; so reiste Däumelinchen außer Landes.

Ein hübscher kleiner weißer Schmetterling flog fortwährend rund um sie herum und setzte sich zuletzt auf das Blatt, denn er mochte Däumelinchen sehr gern; und sie war sehr froh, denn nun konnte die Kröte sie nicht erreichen, und überall, wo sie dahinfuhr, war es so schön. Die Sonne glänzte auf dem Wasser, es war wie das herrlichste Gold. Da nahm Däumelinchen ihr Miederband, knüpfte das eine Ende um den Schmetterling, das andere Ende des Bandes machte sie am Blatt fest. Nun fuhr es viel rascher dahin und sie mit ihm, denn sie stand ja auf dem Blatt.

In diesem Augenblick kam ein großer Maikäfer angeflogen, der erblickte sie, und im Nu faßte er sie mit seinen Krallen um ihre schlanke Mitte und flog mit ihr auf den Baum hinauf, aber das grüne Blatt schwamm den Bach hinab, und der Schmetterling flog mit, denn er war am Blatt festgebunden und konnte nicht loskommen.

Gott, wie erschrak das arme Däumelinchen, als der Maikäfer mit ihr auf den Baum flog, aber am traurigsten war sie doch wegen des schönen, weißen Schmetterlings, den sie am Blatt angebunden hatte: falls er nun nicht loskommen konnte, mußte er ja verhungern. Aber das verfing bei dem Maikäfer nicht. Er setzte sich mit ihr auf das größte grüne Blatt auf dem Baume, gab ihr das Süße von den Blumen zu essen und sagte, sie sei so reizend, obwohl sie gar nicht einem Maikäfer ähnlich sei. Nachher kamen alle anderen Maikäfer, die auf dem Baum wohnten, und machten einen Besuch. Sie sahen sich Däumelinchen an, und die Maikäferfräulein zogen die Fühlhörner kraus und sagten: „Sie hat aber nicht mehr als zwei Beine, das sieht dürftig aus." – „Sie hat keine Fühlhörner!" sagten sie. „Sie ist so schlank um die Mitte, pfui! sie sieht genauso aus wie ein Mensch! Wie ist sie häßlich!" sagten alle Maikäferweibchen; und dabei war Däumelinchen doch so reizend! Das fand auch der Maikäfer, der sie geraubt hatte, da aber alle anderen sagten, sie sei häßlich, glaubte er es zuletzt auch und wollte sie gar nicht mehr haben! Sie mochte gehen, wohin sie wollte. Sie flogen mit ihr vom Baum herunter und setzten sie auf ein Gänseblümchen. Dort weinte sie, weil sie so häßlich war, daß die Maikäfer sie nicht haben wollten, und dabei war sie doch das Hübscheste, was man sich vorstellen konnte, so fein und rein wie das schönste Rosenblatt.

Den ganzen Sommer über lebte das arme Däumelinchen ganz allein in dem großen Wald. Sie flocht sich ein Bett aus Grashalmen und hängte es unter ein großes Huflattichblatt. So konnte sie nicht naß werden, wenn es regnete. Sie zupfte sich das Süße aus den Blumen und aß es und trank vom Tau, der jeden Morgen auf den Blättern lag. So vergingen der Sommer und der Herbst, aber nun kam der Winter, der kalte, lange Winter. Die Vögel, die ihr so schön vorgesungen hatten, flogen alle ihres Wegs, die Bäume und Blumen verwelkten, das große Huflattichblatt, unter dem sie gewohnt hatte, rollte sich zusammen und war nur ein gelber, welker Stengel, und es fror sie ganz schrecklich, denn ihre Kleider waren zerrissen, und sie war selber so fein und klein, das arme Däumelinchen, sie mußte sich zu Tode frieren. Es begann zu schneien, und jede Schneeflocke, die auf sie fiel, war so, als würfe man eine ganze Schaufel voll auf uns; denn wir sind groß, und sie war nur einen Daumen lang. So wickelte sie sich denn in ein welkes Blatt, aber das wollte nicht wärmen, sie bebte vor Kälte.

Gleich außerhalb des Waldes, wo sie nun hingekommen war, lag ein großes Kornfeld, aber das Korn war längst fort, nur die kahlen, dürren Stoppeln staken aus der gefrorenen Erde hervor. Die waren für sie ein richtiger Wald, wenn sie hindurchging, oh, sie zitterte so sehr vor Kälte. Da kam sie zur Tür der Feldmaus. Es war ein kleines Loch unter den Getreidestoppeln. Hier hauste die Feldmaus traulich und schön, hatte die ganze Stube voller Korn, eine prächtige Küche und Speisekammer. Das arme Däumelinchen stellte sich innen an die Tür, wie ein richtiges armes Bettlerkind, und bat um ein Stückchen Gerstenkorn, denn sie hatte zwei Tage lang kein bißchen gegessen.

„Du armes Kleines", sagte die Feldmaus – denn sie war im Grunde eine gute alte Feldmaus –, „komm du nur in meine warme Stube und iß mit mir!"

Da ihr nun das Däumelinchen gut gefiel, sagte sie: „Du kannst den Winter über gern bei mir bleiben, aber du mußt meine Stube fein sauber halten und mir Geschichten erzählen, die mag ich nämlich sehr gern", und Däumelinchen tat, was die gute alte Feldmaus verlangte, und es ging ihr nun wirklich gut.

„Nun bekommen wir wohl bald Besuch!" sagte die Feldmaus. „Mein Nachbar pflegt mich jeden Tag in der Woche zu besuchen. Er hat es noch besser in seiner Behausung als ich, hat große Säle und trägt so einen schönen schwarzen Sammetpelz. Könntest du den nur zum Manne bekommen, dann wärest du gut versorgt. Aber er kann nicht sehen. Du mußt ihm die schönsten Geschichten erzählen, die du kennst!"

Aber das war nicht nach Däumelinchens Herzen, sie wollte den Nachbarn gar nicht haben, denn der war ein Maulwurf. Er kam in seinem schwarzen Sammetpelz und machte seinen Besuch. Er sei sehr reich und sehr gelehrt, sagte die Feldmaus, seine Behausung war auch mehr als zwanzigmal so groß wie die der Feldmaus, und Gelehrsamkeit, die hatte er, aber die Sonne und die hübschen Bäume konnte er gar nicht leiden, von denen redete er schlecht, denn er hatte sie nie gesehen. Däumelinchen mußte singen, und sie sang „Maikäfer flieg!" und „Der Mönch geht durch die Auen", und da verliebte sich der Maulwurf in sie, wegen der hübschen Stimme, aber er sagte nichts, er war solch ein besonnener Mann.

Er hatte sich kürzlich einen langen Gang durch die Erde gegraben von seinem Haus zu ihrem, auf dem durften die Feldmaus und Däumelinchen spazierengehen, wann sie wollten. Aber er sagte ihnen, sie dürften keine Furcht vor dem toten Vogel haben, der auf dem Gange liege. Es war ein ganzer Vogel mit Federn und Schnabel, der wohl vor kurzem erst gestorben war, als der Winter anfing, und nun vergraben worden war, genau da, wo der Maulwurf seinen Gang gemacht hatte.

Der Maulwurf nahm ein Stück faules Holz ins Maul, das leuchtet im Dunkeln wie Feuer, und ging nun voraus und leuchtete ihnen in dem langen, dunklen Gang. Als sie dorthin kamen, wo der tote Vogel lag, stieß der Maulwurf mit seiner breiten Nase gegen die Decke und hob die Erde hoch, so daß ein großes Loch entstand, durch welches das

Licht hereinscheinen konnte. Mitten im Gang lag eine tote Schwalbe, die hübschen Flügel lagen fest an den Seiten an, die Beine und der Kopf waren unter dem Gefieder versteckt; der arme Vogel war bestimmt vor Kälte gestorben. Er dauerte Däumelinchen sehr, sie liebte all die Vögelchen sehr, sie hatten ihr ja den ganzen Sommer über so hübsch vorgesungen und gezwitschert, aber der Maulwurf stieß mit seinen kurzen Beinen nach ihm und sagte: „Nun piept er nicht mehr! Es muß ein Elend sein, als kleiner Vogel geboren zu sein! Gottlob, daß keines meiner Kinder einer wird, so ein Vogel hat ja nichts weiter als sein Kwiwitt und muß im Winter verhungern!"

„Ja, das mögt Ihr als vernünftiger Mann wohl sagen", sagte die Feldmaus. „Was hat der Vogel von all seinem Kwiwitt, wenn der Winter kommt? Er muß hungern und frieren. Aber es soll ja auch immer gleich nach was aussehen!"

Däumelinchen sagte nichts, aber als die beiden anderen dem Vogel den Rücken kehrten, bückte sie sich, schob die Federn weg, die über seinem Kopf lagen, und küßte ihn auf die geschlossenen Augen. „Vielleicht war es der, welcher mir im Sommer so schön vorgesungen hat!" dachte sie. „Wieviel Freude hat er mir bereitet, der liebe, süße Vogel!"

Der Maulwurf verstopfte nun das Loch, durch das der Tag hindurchschimmerte, und begleitete die Damen nach Hause. Aber in der Nacht konnte Däumelinchen gar nicht einschlafen, da stand sie aus ihrem Bett auf und flocht aus Heu eine große, hübsche Decke, und die trug sie hinunter und breitete sie über den toten Vogel aus, legte weiche Baumwolle, die sie in der Stube der Feldmaus gefunden hatte, an den Seiten des Vogels entlang, damit er in der kalten Erde warm liege.

„Leb wohl, du hübscher kleiner Vogel", sagte sie, „leb wohl und vielen Dank für deinen schönen Gesang im Sommer, als alle Bäume grün waren und die Sonne uns so warm beschien!" Dann legte sie ihren Kopf auf die Brust des Vogels, erschrak aber im selben Augenblick sehr, denn es war, als ob irgend etwas da drinnen pochte. Es war das

Herz des Vogels. Der Vogel war nicht tot, er lag in einem
todesähnlichen Schlaf und hatte sich nun aufgewärmt, und
das Leben kehrte zurück.

Im Herbst fliegen alle Schwalben in die heißen Länder,
wenn aber eine sich verspätet, dann friert sie so sehr, daß
sie wie tot niederfällt, liegenbleibt, wo sie hinfällt, und der
kalte Schnee legt sich auf sie.

Däumelinchen zitterte richtig, so sehr war sie erschrocken,
denn der Vogel war ja groß, sehr groß gegen sie, die sie nur
einen Daumen lang war, aber sie nahm doch allen Mut zusammen, stopfte die Baumwolle dichter um die arme
Schwalbe und holte ein Blatt von der Krauseminze, das
sie selbst als Oberbett gehabt hatte, und legte es dem Vogel
über den Kopf.

In der nächsten Nacht schlich sie wieder zu ihm hinunter, und da war er ziemlich lebendig, aber ganz erschöpft,
er konnte nur einen Augenblick seine Augen aufmachen
und Däumelinchen ansehen, die mit einem Stück faulem
Holz in der Hand dastand, denn eine andere Laterne hatte
sie nicht.

„Ich danke dir, du süßes kleines Kind!" sagte die kranke
Schwalbe zu ihr. „Ich habe mich so schön aufgewärmt! bald
bekomme ich meine Kräfte zurück und kann wieder fliegen, draußen in dem warmen Sonnenschein!"

„Oh!" sagte sie, „es ist draußen so kalt, es schneit und
friert! bleib du in deinem warmen Bett, ich werde dich
schon pflegen!"

Sie brachte nun der Schwalbe Wasser in einem Blütenblatt, und die trank und erzählte ihr, wie sie sich den einen
Flügel an einem Dornstrauch gerissen und deshalb nicht
so schnell hätte fliegen können wie die anderen Schwalben,
die dann fortgeflogen waren, weit fort in die heißen Länder.
Sie war zuletzt auf die Erde heruntergefallen, aber an
mehr erinnerte sie sich nicht und wußte überhaupt nicht,
wie sie hierhergekommen war.

Sie blieb nun den ganzen Winter hier unten, und Däumelinchen war gut zu ihr und hatte sie so gern; weder der
Maulwurf noch die Feldmaus erfuhren auch nur das

geringste davon, denn sie konnten ja die arme, bedauernswerte Schwalbe nicht leiden.

Sowie das Frühjahr kam und die Sonne das Erdreich erwärmte, bis tief hinein, nahm die Schwalbe Abschied von Däumelinchen, die das Loch öffnete, das der Maulwurf obendrüber gemacht hatte. Die Sonne schien so schön zu ihnen herein, und die Schwalbe fragte, ob Däumelinchen nicht mit ihr kommen wolle, sie könnte auf ihrem Rücken sitzen, sie würden weit in den grünen Wald hineinfliegen. Aber Däumelinchen wußte, sie würde die alte Feldmaus betrüben, wenn sie sie einfach verließe.

„Nein, ich kann nicht!" sagte Däumelinchen. „Leb wohl! leb wohl! Du gutes, süßes Mädchen!" sagte die Schwalbe und flog in den Sonnenschein hinaus. Däumelinchen sah ihr nach, und das Wasser trat ihr in die Augen, denn sie hatte die arme Schwalbe so gern.

„Kwiwitt! kwiwitt!" sang der Vogel und flog in den grünen Wald hinein.

Däumelinchen war sehr betrübt. Sie durfte überhaupt nicht in den warmen Sonnenschein hinausgehen; das Korn, das auf dem Acker über dem Haus der Feldmaus gesät war, wuchs auch in die Höhe, es war für das kleine Mädchen, das ja nur einen Daumen lang war, ein ganzer, dichter Wald.

„Nun mußt du im Sommer deine Aussteuer nähen!" sagte die Feldmaus zu ihr, denn nun hatte der Nachbar, der langweilige Maulwurf in dem schwarzen Sammetpelz, um ihre Hand angehalten. „Du mußt etwas in Kisten und Kästen haben! Du mußt etwas zum Sitzen und zum Liegen haben, wenn du des Maulwurfs Frau wirst!"

Däumelinchen mußte die Spindel drehen, und die Feldmaus dang vier Spinnen, die mußten Tag und Nacht spinnen und weben. Jeden Abend kam der Maulwurf auf Besuch und redete dann immer davon, daß, wenn der Sommer zu Ende sei, die Sonne nicht mehr annähernd so heiß scheine – sie verbrannte ja jetzt die Erde, wie zu Stein; ja, wenn der Sommer zu Ende wäre, dann sollte die Hochzeit mit Däumelinchen sein. Aber sie war gar nicht erfreut, denn sie machte sich nichts aus dem langweiligen Maulwurf. Jeden Morgen, wenn die Sonne aufging, und jeden Abend, wenn sie unterging, schlich sie sich zur Tür, und wenn dann der Wind die Wipfel des Korns auseinanderbog, so daß sie den blauen Himmel sehen konnte, dachte sie daran, wie hell und schön es dort draußen sei, und wünschte so sehr, daß sie die liebe Schwalbe wiedersähe; aber die kam nie mehr, die war sicher weit fortgeflogen in den schönen grünen Wald.

Als es nun Herbst wurde, hatte Däumelinchen ihre ganze Aussteuer fertig.

„In vier Wochen wirst du Hochzeit feiern!" sagte die Feldmaus zu ihr. Aber Däumelinchen weinte und sagte, sie wolle den langweiligen Maulwurf nicht haben.

„Schnickschnack!" sagte die Feldmaus. „Sei nicht so widerborstig, denn sonst beiße ich dich mit meinem weißen Zahn! Du bekommst doch einen schönen Mann! So einen schwarzen Sammetpelz hat nicht einmal die Königin! Er hat Küche und Keller voll. Dank du dem lieben Gott für ihn!"

So sollten sie denn Hochzeit feiern. Der Maulwurf war schon gekommen, um Däumelinchen abzuholen, sie sollte mit ihm tief unter der Erde wohnen, niemals in die warme Sonne hinauskommen, denn die konnte er nicht leiden. Das arme Kind war so traurig, sie mußte nun der schönen Sonne Lebewohl sagen, die sie bei der Feldmaus doch immerhin von der Tür aus hatte sehen dürfen.

„Lebe wohl, du helle Sonne!" sagte sie und streckte die Arme hoch in die Luft, ging auch ein kleines Stückchen vor das Haus der Feldmaus; denn nun war das Korn abgeerntet, und hier standen nur die dürren Stoppeln. „Lebe wohl, lebe wohl!" sagte sie und schlang ihre kleinen Arme um ein rotes Blümchen, das dort stand. „Grüß die kleine Schwalbe von mir, falls du sie siehst!"

„Kwiwitt, kwiwitt!" machte es in diesem Augenblick über ihrem Kopfe. Sie blickte hinauf, es war die kleine Schwalbe, die gerade vorüberkam. Als sie Däumelinchen sah, freute sie sich sehr. Däumelinchen erzählte ihr, wie ungern sie den garstigen Maulwurf zum Manne haben wollte und daß sie dann ganz tief unter der Erde wohnen sollte, wo die Sonne niemals hinschiene. Sie konnte sich nicht helfen, sie mußte darüber weinen.

„Nun kommt der kalte Winter", sagte die kleine Schwalbe, „ich fliege weit fort in die heißen Länder, möchtest du mit mir kommen? Du kannst auf meinem Rücken sitzen. Binde dich nur mit deinem Miederband fest, dann fliegen wir von dem garstigen Maulwurf und seiner dunklen Stube fort, weit fort über die Berge in die heißen Länder, wo die Sonne schöner scheint als hier, wo immer Sommer ist und wunderbare Blumen sind. Flieg nur mit mir, du liebes, kleines Däumelinchen, das mir das Leben gerettet hat, als ich fast erfroren in dem finsteren Erdkeller lag!"

„Ja, ich will mit dir ziehen!" sagte Däumelinchen und setzte sich auf den Rücken des Vogels, mit den Füßen auf dessen ausgestreckten Flügeln, band ihren Gürtel an einer der kräftigsten Federn fest, und dann flog die Schwalbe hoch in die Luft hinauf, über Wald und über See, hoch über die großen Berge hin, wo immer Schnee liegt, und Däumelinchen fror es in der kalten Luft, aber da kroch sie unter das warme Gefieder des Vogels und steckte nur den kleinen Kopf heraus, um all die Herrlichkeit unter sich zu sehen.

So kamen sie zu den heißen Ländern. Dort schien die Sonne viel heller als hier, der Himmel war zweimal so hoch, und an Gräben und Zäunen wuchsen die köstlichsten grünen und blauen Weintrauben. In den Wäldern hingen Zitronen und Apfelsinen, hier duftete es von Myrthen und Krauseminzen, und auf der Landstraße rannten die niedlichsten Kinder umher und spielten mit großen, buntfarbigen Faltern. Aber die Schwalbe flog noch weiter, und es wurde schöner und schöner. Unter den herrlichsten grünen Bäumen an dem blauen See stand ein schimmernd weißes Marmorschloß aus alten Zeiten. Der Wein rankte sich um die hohen Säulen herum nach oben; hoch droben gab es viele Schwalbennester, und in einem von diesen wohnte die Schwalbe, die Däumelinchen trug.

„Hier ist mein Haus!" sagte die Schwalbe. „Willst du dir nun aber selbst eine der prächtigsten Blumen aussuchen, die dort unten wachsen, dann werde ich dich dort absetzen, und du wirst es so schön dort haben, wie du es dir wünschen magst!"

„Das ist wunderbar!" sagte sie und klatschte in die kleinen Hände.

Dort lag eine große, weiße Marmorsäule, die zu Boden gestürzt und in drei Teile zerbrochen war, aber zwischen diesen wuchsen die schönsten weißen Blumen. Die Schwalbe flog mit Däumelinchen hinunter und setzte sie auf eines der breiten Blütenblätter. Aber wie erstaunte sie! Dort mitten in der Blüte saß ein kleiner Mann, ganz weiß und durchsichtig, als wäre er aus Glas; er hatte die hübscheste goldene Krone auf dem Kopf und die schönsten hellen Flügel an den Schultern, er war selber nicht größer als Däumelinchen. Er war der Engel der Blume. In jeder Blüte wohnte so ein kleiner Mann oder eine Frau, dieser aber war der König über sie alle.

„Gott, wie ist er schön!" flüsterte Däumelinchen der Schwalbe zu. Der kleine Prinz erschrak sehr vor der Schwalbe, denn die war ja der reinste Riesenvogel gegen ihn, der so klein und fein war, aber als er Däumelinchen sah, freute er sich sehr, sie war das allerschönste Mädchen, das er bis jetzt gesehen hatte. Darum nahm er sich die goldene Krone vom Kopf und setzte sie auf ihren, fragte, wie sie heiße und ob sie seine Frau werden wolle; dann sollte sie die Königin über alle Blumen werden. Ja, das war wirklich ein Mann, anders als der Sohn der Kröte und der Maulwurf mit dem schwarzen Sammetpelz. Sie sagte daher „Ja" zu dem schönen Prinzen, und von jeder Blume kam eine Dame oder ein Herr, so reizend, daß es eine Lust war. Jedes brachte Däumelinchen ein Geschenk, aber das beste von allem waren ein Paar schöne Flügel von einer großen, weißen Fliege: diese wurden an Däumelinchens Rücken befestigt, und nun konnte sie auch von Blüte zu Blüte fliegen: da war nun eitel Freude, und die kleine Schwalbe saß oben in ihrem Nest und sang ihnen vor, so gut sie konnte, denn sie hatte Däumelinchen so gern und hätte sich am liebsten nie von ihr getrennt.

„Du sollst nicht Däumelinchen heißen!" sagte der Engel der Blume zu ihr, „das ist ein häßlicher Name, und du bist so wunderhübsch. Wir möchten dich Maja nennen!"

„Leb wohl! leb wohl!" sagte die kleine Schwalbe und flog wieder aus den heißen Ländern fort, weit weg, zurück nach Dänemark; dort hatte sie ein kleines Nest über dem Fenster, wo der Mann wohnt, der Märchen erzählen kann, dem sang sie ihr „kwiwitt, kwiwitt", da haben wir die ganze Geschichte her.

Der unartige Junge

Es war einmal ein alter Dichter, so ein richtig guter alter Dichter. Eines Abends, als er daheim saß, kam draußen ein fürchterliches Wetter auf. Der Regen strömte hernieder, aber der alte Dichter saß schön warm an seinem Ofen, wo das Feuer brannte und die Äpfel brutzelten.

„Die Ärmsten, die in diesem Wetter draußen sind, haben doch sicher keinen trockenen Faden am Leibe!" sagte er, denn er war solch ein guter Dichter.

„Oh, mach mir auf! Mich friert so, und ich bin ganz naß!" rief draußen ein kleines Kind. Es weinte und klopfte an die Tür, während der Regen niederströmte und der Wind an allen Fenstern rüttelte.

„Du armes Ding!" sagte der alte Dichter und ging, um die Tür zu öffnen. Da stand ein kleiner Junge; der war ganz nackt, und das Wasser troff aus seinem langen, blonden Haar. Er zitterte vor Kälte, wäre er nicht eingelassen worden, dann hätte er in dem Unwetter sicher umkommen müssen.

„Du armer Kleiner!" sagte der alte Dichter und nahm ihn bei der Hand. „Komm du zu mir, ich werde dich schon noch warm kriegen! Wein sollst du haben und einen Apfel, denn du bist ein prächtiger Junge!"

Das war er auch. Seine Augen sahen aus wie zwei lichte Sterne, und obwohl ihm das Wasser aus seinen hellen Haaren troff, lockte es sich dennoch sehr hübsch. Er sah aus wie ein kleiner Engel, war aber ganz blaß vor Kälte und zitterte am ganzen Leibe. In der Hand hatte er einen feinen Flitzbogen, den hatte aber der Regen ganz verdorben; alle Farben an den schönen Pfeilen waren durch die Nässe ineinandergelaufen.

Der alte Dichter setzte sich an den Ofen, nahm den kleinen Jungen auf seine Knie, wrang ihm das Wasser aus den Haaren, wärmte seine Hände zwischen seinen eigenen und kochte süßen Wein für ihn; nun erholte der Junge sich, bekam rote Backen, sprang auf den Fußboden hinunter und umtanzte den alten Dichter.

„Du bist ein lustiger Junge!" sagte der Alte. „Wie heißt du?"

„Ich heiße Amor!" erwiderte er. „Kennst du mich nicht? Dort liegt mein Flitzbogen! Mit dem schieße ich, das kannst du mir glauben! Sieh nur, jetzt wird draußen das Wetter wieder gut, der Mond scheint!"

„Aber dein Flitzbogen ist kaputt!" sagte der alte Dichter.

„Das ist schlimm!" sagte der kleine Junge, hielt ihn hoch und sah sich ihn an. „Oh, der ist ganz trocken, der hat gar keinen Schaden genommen. Die Sehne sitzt ganz straff, jetzt werd ich sie ausprobieren!" Dann spannte er den Bogen, legte einen Pfeil darauf, zielte und schoß dem guten alten Dichter mitten ins Herz: „Da kannst du nun sehen, daß mein Flitzbogen nicht kaputt ist!" sagte er, lachte ganz laut und rannte davon. Dieser unartige Junge! einfach auf den alten Dichter zu schießen, der ihn in die warme Stube eingelassen hatte, so gut zu ihm gewesen war und ihm den schönen Wein und den besten Apfel gegeben hatte.

Der gute Dichter lag auf der Erde und weinte, er war wirklich mitten ins Herz geschossen worden, und dann sagte er: „Pfui, was ist der Amor für ein unartiger Junge! Das werde ich allen lieben Kindern erzählen, damit sie sich in acht nehmen und niemals mit ihm spielen, denn er tut ihnen Übles an!"

Alle die lieben Kinder, Mädchen und Knaben, denen er es

erzählte, nahmen sich gewaltig in acht vor dem schlimmen Amor, aber der schlug ihnen allen ein Schnippchen, denn er ist so schlau! Wenn die Studenten von der Vorlesung kommen, läuft er neben ihnen her, in einem schwarzen Rock und mit einem Buch unter dem Arm. Sie erkennen ihn gar nicht, und dann nehmen sie ihn unter den Arm und meinen, er sei auch ein Student, aber dann sticht er ihnen mit dem Pfeil in die Brust. Wenn die Mädchen vom Pfarrer kommen und wenn sie konfirmiert werden, dann ist er auch hinter ihnen her. Ja, er ist allezeit hinter den Leuten her! Er sitzt in dem großen Kronleuchter im Theater und brennt lichterloh, so daß die Leute meinen, es sei eine Lampe, aber hinterher verspüren sie etwas anderes. Er läuft in Kongens Have und auf dem Wall umher! Ja, er hat einmal deinem Vater und deiner Mutter mitten ins Herz geschossen! Frag sie nur, dann wirst du hören, was sie sagen. Ja, er ist ein schlimmer Junge, dieser Amor, dem solltest du lieber aus dem Wege gehen! Er ist hinter allen Leuten her! Denk nur, er hat sogar einen Pfeil auf die alte Großmutter abgeschossen, aber das ist lange her, das ist vorübergegangen! doch so etwas vergißt sie nie. Pfui, dieser schlimme Amor! Nun kennst du ihn aber, weißt, was für ein unartiger Junge er ist.

Der Wandergefährte

Der arme Johannes war sehr traurig, denn sein Vater war sehr krank und mußte sterben. Es war niemand weiter in der kleinen Stube außer den beiden, die Lampe auf dem Tisch war am Verlöschen, und es war sehr spät abends.

„Du warst ein guter Sohn, Johannes!" sagte der kranke Vater. „Der Herrgott wird dir sicher in der Welt weiterhelfen!" und er sah ihn mit ernsten, milden Augen an, holte tief Luft und starb. Es war ganz so, als ob er schliefe. Aber Johannes weinte, nun hatte er niemanden mehr auf der Welt, weder Vater noch Mutter, Schwester oder Bruder. Der arme Johannes! Er kniete am Bett nieder und küßte die Hand seines toten Vaters, er weinte viele heiße Tränen, aber schließlich fielen seine Augen zu, und er schlief ein, mit dem Kopf auf der harten hölzernen Bettkante.

Da träumte er einen sonderbaren Traum: Er sah, wie Sonne und Mond sich vor ihm verneigten, und er sah seinen Vater wieder frisch und gesund und hörte ihn lachen, wie er immer lachte, wenn er so recht fröhlich war. Ein schönes Mädchen, mit einer goldenen Krone auf ihrem langen, wunderhübschen Haar, reichte Johannes die Hand, und sein Vater sagte: „Siehst du, was für eine Braut du bekommen hast! Sie ist die Schönste in der ganzen Welt." Da erwachte er, und all das Schöne war fort, sein Vater lag tot und kalt im Bett, es war gar niemand bei ihnen; der arme Johannes!

In der Woche darauf wurde der Tote begraben. Johannes ging dicht hinter dem Sarge her, konnte den guten Vater nun nicht mehr sehen, der ihn so sehr geliebt hatte; er hörte, wie man Erde auf den Sarg warf, sah nun die letzte Ecke davon, aber mit der nächsten Schaufel, die hinuntergeworfen wurde, war auch diese verschwunden. Da war es gerade, als bräche ihm das Herz, so traurig war er. Rings um ihn sang man einen Choral, das klang so schön, und Johannes traten die Tränen in die Augen, er weinte, und das tat ihm gut in seinem Leid. Die Sonne schien schön auf die grünen Bäume, gerade als wollte sie sagen: „Du darfst nicht so traurig sein, Johannes! Kannst du sehen, wie schön blau der Himmel ist? Dort oben ist jetzt dein Vater und bittet den lieben Gott, daß es dir immer wohlergehen möge!"

„Ich will immer gut sein", sagte Johannes, „dann komme ich auch in den Himmel zu meinem Vater, und was für eine Freude wird es sein, wenn wir uns wiedersehen! Wieviel wird es dann geben, was ich ihm erzählen kann; und er wird mir wiederum so viele Dinge zeigen, mich so vieles von all dem Herrlichen im Himmel lehren, ebenso wie er es mich hier auf Erden lehrte. Oh, was für eine Freude wird das sein!"

Johannes stellte es sich so lebhaft vor, daß er lächeln mußte, während die Tränen ihm noch über die Wangen liefen. Die kleinen Vögel saßen oben in den Kastanienbäumen und zwitscherten: „Kwiwitt, kwiwitt!" Sie waren ganz fröhlich, obwohl sie mit auf der Beerdigung waren, aber sie wußten sicher, daß der tote Mann nun oben im Himmel war, Flügel hatte, weit schöner und größer als die ihren, daß er jetzt glücklich war, weil er hier auf Erden gut gewesen war, und darüber freuten sie sich. Johannes sah, wie sie von den grünen Bäumen fortflogen, weit hinaus in die Welt, und er hatte nun auch eine solche Lust mitzufliegen. Aber zuerst schnitzte er ein großes hölzernes

Kreuz, um es auf seines Vaters Grab zu setzen. Und als er es abends hinbrachte, war das Grab mit Sand und Blumen geschmückt; das hatten Fremde getan, denn sie hatten den lieben Vater, der jetzt tot war, sehr gern gehabt.

Früh am nächsten Morgen packte Johannes sein kleines Bündel, verwahrte in seinem Gürtel sein ganzes Erbteil, das waren fünfzig Reichstaler und ein paar Silberschillinge, damit wollte er in die Welt hinauswandern. Aber vorher ging er auf den Friedhof zu seines Vaters Grab, betete sein Vaterunser und sagte: „Lebe wohl, lieber Vater! Ich will immer ein guter Mensch sein, und dann darfst du doch sicher den lieben Gott bitten, daß es mir wohlergehen möge!"

Draußen auf dem Felde, wo Johannes entlangging, standen alle Blumen frisch und schön im warmen Sonnenschein, und sie nickten im Winde, gerade als wollten sie sagen: „Willkommen im Grünen! Ist es hier nicht hübsch?" Aber Johannes wandte sich noch einmal um, um zu der alten Kirche zurückzuschauen, wo er als kleines Kind getauft worden war, wo er jeden Sonntag mit seinem alten Vater zum Gottesdienst gegangen war und sein Kirchenlied gesungen hatte; da sah er hoch oben in einer der Turmluken den Kirchenwichtel stehen mit seiner kleinen roten, spitzen Mütze, er beschattete mit dem gekrümmten Arm sein Gesicht, da die Sonne ihn sonst geblendet hätte. Johannes nickte ihm zum Abschied zu, und das Wichtelchen schwang seine rote Mütze, legte die Hand aufs Herz und warf ihm viele Kußhände zu, um zu zeigen, wieviel Gutes es ihm wünsche und daß seine Reise wirklich glücklich sein möge.

Johannes stellte sich vor, wieviel Schönes er nun in der weiten, prächtigen Welt zu sehen bekommen würde, und ging weiter und weiter fort, so weit, wie er nie zuvor gewesen war. Er kannte die Orte gar nicht, durch die er kam, oder die Menschen, denen er begegnete, nun war er weit fort unter Fremden.

In der ersten Nacht mußte er sich in einem Heuschober auf dem Felde zum Schlafen niederlegen, ein anderes Bett hatte er nicht. Aber das fand er gerade wunderschön. Der König konnte kein prächtigeres haben. Das ganze Feld mit dem Bach, dem Heuschober und dann dem blauen Himmel darüber war gerade ein wunderschönes Schlafgemach. Das grüne Gras mit den kleinen roten und weißen Blumen war der Teppich, die Holundersträucher und die wilden Rosenhecken waren Blumensträuße, und als Waschschüssel hatte er den ganzen Bach mit dem klaren, frischen Wasser, an dem das Schilf sich verneigte und guten Abend wie auch guten Morgen wünschte. Der Mond war wie eine große Nachtlampe hoch oben unter der blauen Decke, und die steckte die Vorhänge nicht in Brand. Johannes konnte ganz ruhig schlafen, und das tat er auch, er erwachte erst wieder, als die Sonne aufging und alle Vögelchen ringsumher sangen: „Guten Morgen! guten Morgen! Bist du nicht auf?"

Die Glocken läuteten zur Kirche, es war Sonntag; die Leute gingen, um den Pfarrer predigen zu hören, und Johannes ging mit ihnen, sang einen Choral und hörte Gottes Wort, und ihm war so, als wäre er in seiner alten Kirche, wo er getauft worden war, und hätte mit seinem Vater die Lieder gesungen.

Draußen auf dem Friedhof waren sehr viele Gräber, und auf einigen wuchs das Gras ganz hoch. Da dachte Johannes an seines Vaters Grab, das auch einmal so aussehen würde wie diese, da er es jetzt nicht jäten und schmücken konnte. Er hockte sich darum hin und rupfte das Gras aus, richtete die Holzkreuze wieder auf, die umgefallen waren, und legte die Kränze, die der Wind von den Gräbern fortgeweht hatte, wieder an ihren Platz zurück, und dabei dachte er: Vielleicht tut einer das gleiche an meines Vaters Grab, jetzt, da ich es nicht tun kann!

Vor dem Friedhofstor stand ein alter Bettler und stützte sich auf seine Krücke. Johannes schenkte ihm die Silbermünzen, die er hatte, und ging dann glücklich und vergnügt fürbaß in die weite Welt hinaus.

Gegen Abend kam ein furchtbares Gewitter. Johannes beeilte sich, um unter Dach zu kommen, aber es war bald finstere Nacht. Da kam er endlich an eine kleine Kirche, die ganz einsam oben auf einer Anhöhe lag; die Tür war zum Glück angelehnt, und er schlüpfte hinein: hier wollte er bleiben, bis das Unwetter sich gelegt hatte.

„Hier will ich mich in eine Ecke setzen!" sagte er. „Ich bin ziemlich müde und kann es wohl nötig haben, ein wenig zu rasten." So setzte er sich denn hin, faltete die Hände und sprach sein Abendgebet, und ehe er sich's versah, schlief er und träumte, während es draußen blitzte und donnerte.

Als er wieder erwachte, war es tiefe Nacht, aber das Gewitter hatte sich verzogen, und der Mond schien durch die Fenster zu ihm herein. Mitten in der Kirche stand ein offener Sarg mit einem toten Mann darin, denn der war noch nicht begraben. Johannes hatte gar keine Furcht, denn er hatte ein gutes Gewissen, und er wußte wohl, daß die Toten niemandem etwas tun; es sind die Lebenden, schlechte Menschen, die Böses tun. Zwei solche lebendigen schlechten Menschen standen dicht neben dem toten Mann, der hier in die Kirche gestellt worden war, ehe er ins Grab gelegt werden sollte, sie wollten ihm Böses antun, ihn nicht in seinem Sarg liegen lassen, sondern ihn zur Kirchentür hinauswerfen, den armen toten Mann.

„Weshalb wollt ihr das tun?" fragte Johannes. „Das ist böse und schlecht, laßt ihn schlafen in Jesu Namen!"

„Ach Schnickschnack!" sagten die beiden abscheulichen Menschen, „er hat uns betrogen! er schuldet uns Geld, er konnte es nicht zahlen, und nun ist er obendrein gestorben, nun bekommen wir nicht einen Schilling; deshalb wollen wir richtig Rache nehmen, er soll wie ein Hund vor der Kirchentür liegen!"

„Ich habe nicht mehr als fünfzig Reichstaler!" sagte Johannes. „Das ist mein ganzes Erbteil, aber das will ich euch gern geben, wenn ihr mir ehrlich versprecht, den armen toten Mann in Frieden zu lassen. Ich werde schon noch zurechtkommen ohne das Geld; ich habe gesunde, kräftige Gliedmaßen, und der Herrgott wird mir immer helfen."

„Ja", sagten die häßlichen Menschen, „wenn du so einfach seine Schuld bezahlen willst, dann werden wir ihm schon nichts tun, dessen kannst du sicher sein!" Und dann nahmen sie das Geld, welches Johannes ihnen gab, lachten so richtig laut über seine Güte und gingen ihrer Wege. Aber Johannes legte den Leichnam wieder ordentlich in den Sarg, faltete ihm die Hände, sagte Lebewohl und ging ganz zufrieden durch den großen Wald.

Ringsum, wo der Mond zwischen den Bäumen hindurchscheinen konnte, sah er die reizenden kleinen Elfen gar lustig spielen; sie ließen sich nicht stören, sie wußten sicherlich, daß er ein guter, harmloser Mensch war. Und es sind nur die bösen Leute, die die Elfen nicht sehen dürfen. Manche von ihnen waren nicht größer als ein Finger und hatten ihr langes blondes Haar mit goldenen Kämmen hochgesteckt. Zwei und zwei schaukelten sie auf den großen Tautropfen, die auf den Blättern lagen und auf dem hohen Gras. Mitunter kullerte der Tropfen herunter, dann fielen sie zwischen die langen Grashalme, und nun gab es ein Lachen und Lärmen unter den anderen kleinen Wesen. Es war furchtbar lustig! Sie sangen, und Johannes erkannte ganz genau all die schönen Lieder wieder, die er als kleiner Junge gelernt hatte. Große, bunte Spinnen mit silbernen Kronen auf dem Kopf mußten von der einen Hecke zur anderen lange Hängebrücken und Paläste spinnen, die, als der feine Tau darauffiel, in dem hellen Mondschein aussahen wie schimmerndes Glas. In dieser Weise dauerte es fort, bis die Sonne aufging. Nun krochen die Elfchen in die Blütenknospen, und der Wind verfing sich in ihren Brücken und Schlössern, die jetzt als große Spinnweben durch die Lüfte flogen.

Johannes war nun aus dem Wald herausgekommen, als eine kräftige Männerstimme hinter ihm rief: „Hallo, Kamerad! wohin geht die Reise?"

„In die weite Welt hinaus!" sagte Johannes. „Ich habe weder Vater noch Mutter, bin ein armer Geselle, aber der Herrgott wird mir wohl helfen!"

„Ich will auch in die weite Welt hinaus!" sagte der Fremde. „Wollen wir beiden uns zusammentun?"

„Ja gewiß!" sagte Johannes, und nun gingen sie zusammen weiter. Es dauerte nicht lange, und sie faßten Zuneigung zueinander, denn sie waren beide gute Menschen. Aber Johannes merkte wohl, daß der Fremde viel klüger war als er, er war fast durch die ganze Welt gekommen und wußte von allem möglichen zu erzählen, was es da gibt.

Die Sonne stand schon hoch, als sie sich unter einen großen Baum setzten, um ihr Frühstück zu essen. Im selben Augenblick kam eine alte Frau an. Oh, sie war sehr alt und ging ganz krumm, stützte sich auf einen Krückstock und trug auf ihrem Rücken ein Bündel Reisig, das sie sich im Wald gesammelt hatte. Ihre Schürze war hochgebunden, und Johannes sah, daß drei große Ruten aus Farnen und Weidenzweigen daraus hervorstaken. Als sie ganz dicht bei ihnen war, rutschte sie mit einem Fuß aus, sie fiel hin und stieß einen lauten Schrei aus, denn sie hatte sich das Bein gebrochen, die arme alte Frau.

Johannes wollte sogleich, daß sie sie nach Hause trügen, dorthin, wo sie wohnte, aber der Fremde machte seinen Ranzen auf, holte eine Büchse heraus und sagte, er habe hier eine Salbe, die ihr Bein sofort heil und gesund machen würde, so daß sie allein nach Hause gehen könne, und zwar so, als hätte sie sich nie das Bein gebrochen. Aber dafür wollte er auch, daß sie ihm die drei Ruten schenkte, die sie in ihrer Schürze hatte.

„Das ist gut bezahlt!" sagte die Alte und nickte ganz sonderbar mit dem Kopf. Sie wollte ihre Ruten nicht so sehr gern hergeben, aber es war ja auch nicht gerade schön, mit dem gebrochenen Bein dazuliegen; so schenkte sie ihm die Ruten, und kaum hatte er die Salbe auf das Bein gestrichen, da stand die alte Mutter auf und ging viel besser als vordem. Das brachte diese Salbe zuwege. Aber die war auch in der Apotheke nicht zu bekommen.

„Was willst du mit diesen Ruten?" fragte Johannes jetzt den Wandergefährten.

„Das sind drei feine Sträuße!" sagte er, „die hab ich gerade gern, denn ich bin ein wunderlicher Kauz!"

Dann gingen sie noch ein ganzes Stück weiter.

„Ih, da oben zieht aber was herauf!" sagte Johannes und zeigte geradeaus; „das sind ja furchtbar dicke Wolken!"

„Nein", sagte der Wandergefährte, „das sind keine Wolken, das sind die Berge. Die herrlichen, hohen Berge, wo man ganz über die Wolken hinauskommt, in die frische Luft! Glaube mir, das ist herrlich. Morgen sind wir sicher ganz weit in der Welt draußen!"

Es war nicht so nahe, wie es aussah; sie brauchten einen ganzen Tagemarsch, ehe sie zu den Bergen kamen, wo die schwarzen Wälder bis an den Himmel hinanwuchsen und wo Steine lagen, so groß wie eine ganze Stadt. Es würde wahrlich eine schwierige Wanderung werden, bis man ganz hinüberkam, aber darum kehrten Johannes und der Wandergefährte auch in einem Wirtshaus ein, um gut auszuruhen und Kräfte für den morgigen Marsch zu sammeln.

Unten in der großen Schankstube des Gasthauses waren sehr viele Menschen versammelt, denn dort war ein Mann, der ein Puppenspiel vorführte. Er hatte gerade sein kleines Theater aufgestellt, und die Leute saßen rundherum, um sich das Stück anzusehen, aber ganz vorn hatte ein alter, dicker Schlachter Platz genommen, und obendrein den allerbesten Platz; sein großer Bullenbeißer – uh, der sah aber bissig aus! – saß neben ihm und machte Augen, genau wie alle anderen.

Nun begann das Schauspiel, und es war ein hübsches Schauspiel mit einem König und einer Königin, die saßen auf dem feinsten Thron, hatten goldene Kronen auf dem Kopf und an den Kleidern lange Schleppen, denn das konnten sie sich leisten. Die niedlichsten Holzpuppen mit Glasaugen und großen Knebelbärten standen an allen Türen und machten sie auf und zu, damit frische Luft in die Stube kommen konnte. Es war wirklich ein wunderhübsches Stück, und es war gar nicht traurig, aber als die Königin gerade aufstand und über die Bühne ging, da – ja, der liebe Gott mag wissen, was sich der große Bullenbeißer dachte –, aber da der dicke Schlachter ihn nicht festhielt, machte er einen Satz mitten auf die Bühne, packte die

Königin um ihren schlanken Leib, so daß es „knick knack" machte! Es war ganz furchtbar!

Der arme Mann, der das ganze Schauspiel vorführte, erschrak sehr und trauerte um seine Königin, denn sie war die allerhübscheste Puppe, die er besaß, und nun hatte der widerwärtige Bullenbeißer ihr den Kopf abgebissen. Als aber die Leute nachher weggingen, sagte der Fremde, der, welcher mit Johannes zusammen gekommen war, er werde sie schon wieder heilmachen; und dann holte er seine Büchse hervor und bestrich die Puppe mit der Salbe, mit der er der armen alten Frau geholfen hatte, als die das Bein gebrochen hatte. Kaum war die Puppe eingeschmiert worden, da war sie sofort wieder heil, ja, sie konnte sogar von allein alle ihre Glieder bewegen, man brauchte gar nicht an der Schnur zu ziehen. Die Puppe war wie ein lebendiger Mensch, nur daß sie nicht reden konnte. Der Mann, der das kleine Puppentheater hatte, war so froh, nun brauchte er diese Puppe gar nicht festzuhalten, die konnte ja von selber tanzen. Das konnte keine von den anderen.

Als es dann Nacht wurde und alle Leute im Gasthaus ins Bett gegangen waren, seufzte irgendeiner ganz schrecklich schwer und fuhr so lange fort, bis sie alle aufstanden, um zu sehen, wer das sein könnte. Der Mann, der das Schauspiel gegeben hatte, ging zu seinem kleinen Theater, denn dort drinnen war es, wo jemand seufzte. Alle Holzpuppen lagen durcheinander, der König und alles Gefolge, und die waren es, die so jämmerlich seufzten und mit den großen Glasaugen starrten, denn die wollten so gern ein wenig eingeschmiert werden, ebenso wie die Königin, damit sie sich auch von selber bewegen konnten. Die Königin sank auf ihre Knie nieder und reichte ihre wunderschöne goldene Krone hin, während sie bat: „Nimm die nur, aber schmiere meinen Gemahl und meine Hofleute ein!" da mußte der arme Mann, dem das Theater und alle Puppen gehörten, weinen, denn sie dauerten ihn wirklich; er versprach dem Wandergefährten sofort, daß er ihm alles Geld geben wollte, das er am nächsten Abend für seine Vorführung bekäme, wenn er nur vier, fünf von seinen feinsten

Puppen einschmieren würde. Aber der Wandergefährte sagte, er verlange gar nichts weiter als den großen Säbel, den er an seiner Seite habe, und als er den bekommen hatte, schmierte er sechs Puppen ein, die gleich tanzten, und zwar so reizend, daß alle Mägde, die lebendigen Menschenmägde, die zusahen, anfingen mitzutanzen. Der Kutscher und die Köchin tanzten, der Kellner und das Stubenmädchen, alle Gäste und die Kohlenschaufel und die Feuerzange; aber diese beiden fielen um, als sie gerade die ersten Sprünge machten – o ja, es war eine fidele Nacht.

Am nächsten Morgen verließen Johannes und sein Wandergefährte sie alle und gingen die hohen Berge hinan und durch die großen Tannenwälder. Sie kamen so hoch hinauf, daß die Kirchtürme tief unter ihnen zuletzt wie kleine rote Beeren aussahen, unten in all dem Grün, und sie konnten ganz weit sehen, viele, viele Meilen weit, wo sie nie gewesen waren! – So viel Schönes von der wunderbaren Welt hatte Johannes noch nie auf einmal geschaut, und die Sonne schien so warm vom frischen, blauen Himmel, er hörte auch drinnen zwischen den Bergen die Jäger auf dem Waldhorn blasen, so schön und so feierlich, daß ihm vor Freude die Tränen in die Augen traten, und er konnte es nicht lassen, er mußte es aussprechen: „Du guter Herrgott! ich könnte dich küssen, weil du so gut zu uns allen bist und uns all die Herrlichkeit geschenkt hast, die es in der Welt gibt!"

Der Wandergefährte stand auch da mit gefalteten Händen und blickte über den Wald und die Städte im warmen Sonnenschein. Da tönte es mit einemmal über ihren Köpfen wunderbar schön, sie blickten nach oben: ein großer, weißer Schwan schwebte in der Luft, der war so schön und sang, wie sie nie zuvor einen Vogel hatten singen hören. Aber sein Gesang wurde immer leiser, er neigte den Kopf und sank ganz langsam zu ihren Füßen nieder, wo er tot dalag, der schöne Vogel.

„Zwei so schöne Flügel", sagte der Wandergefährte, „so weiß und groß wie die, die der Vogel hat, sind Geld wert, die will ich mitnehmen! Siehst du nun, wie gut es war, daß ich einen Säbel bekam?" und dann hieb er dem toten

Schwan mit einem Schlag beide Flügel ab, die wollte er behalten.

Sie wanderten nun viele, viele Meilen weit über die Berge, bis sie schließlich eine große Stadt vor sich sahen, mit über hundert Türmen, die im Sonnenschein wie Silber glänzten; mitten in der Stadt stand ein prächtiges Marmorschloß, mit rotem Golde gedeckt, und hier wohnte der König.

Johannes und der Wandergefährte wollten nicht gleich in die Stadt hineingehen, sondern blieben im Gasthaus vor der Stadt, damit sie sich ein wenig schmuck machen könnten, denn sie wollten fein aussehen, wenn sie in die Stadt kämen. Der Wirt erzählte ihnen, der König sei ein sehr guter Mann, der keinem Menschen etwas tue, weder dem einen noch dem anderen, aber seine Tochter, ja, Gott bewahre! – die sei eine böse Prinzessin. Schönheit besitze sie genug, keine konnte so schön und reizend sein wie sie, aber was nützte das, sie war eine schlimme, böse Hexe, die schuld daran war, daß so viele feine Prinzen ihr Leben hatten lassen müssen. Sie hatte allen Menschen erlaubt, um ihre Hand anzuhalten; ein jeder konnte kommen, ob er ein Prinz war oder ein Bettler, das war ganz einerlei. Er mußte nur drei Dinge raten, die sie ihn fragte, konnte er das, dann wollte sie ihn heiraten, und er sollte König über das ganze Land sein, wenn ihr Vater stürbe; konnte er aber diese drei Dinge nicht raten, dann ließ sie ihn henken oder köpfen, so arg und böse war die schöne Prinzessin. Ihr Vater, der alte König, war so traurig darüber, aber er konnte ihr nicht verbieten, so böse zu sein, denn er hatte einmal gesagt, er wolle nicht das geringste mit ihren Freiern zu tun haben, sie könne ganz so tun, wie sie wolle. Jedesmal, wenn ein Prinz ankam und raten sollte, um die Prinzessin zu bekommen, konnte er nicht damit zurechtkommen, und dann wurde er gehenkt oder geköpft; man hatte ihn ja beizeiten gewarnt, er konnte das Freien ja bleiben lassen. Der alte König war so traurig über all das Leid und Elend, daß er mit allen seinen Soldaten einen ganzen Tag im Jahr auf den Knien lag und betete, daß die Prinzessin gut werden möge, aber das wollte sie gar nicht. Die alten Frauen, die Branntwein tranken, färbten diesen ganz schwarz, ehe sie ihn tranken, auf diese Weise trauerten sie, und mehr konnten sie nicht tun.

„Die abscheuliche Prinzessin!" sagte Johannes, „sie sollte wirklich etwas mit der Rute haben, das wäre ihr ganz gesund. Wäre ich doch der alte König, sie würde rote Striemen am Leibe haben!"

Da hörten sie mit einem Male Leute draußen hurra rufen. Die Prinzessin kam vorbei, und sie war wirklich so schön, daß alle Leute vergaßen, wie böse sie war, darum riefen sie hurra. Zwölf schöne Jungfräulein, alle in weißseidenen Kleidern und mit einer goldenen Tulpe in der Hand, ritten auf kohlschwarzen Rappen neben ihr. Die Prinzessin selber hatte ein schneeweißes Roß, mit Diamanten und Rubinen geschmückt, ihr Reitkleid war aus purem Golde, und die Peitsche, die sie in der Hand hielt, sah aus, als wäre sie ein Sonnenstrahl; die goldene Krone auf dem Haupt schimmerte wie kleine Sterne droben vom Himmel, und der Mantel war aus mehr als tausend wunderschönen Schmetterlingsflügeln genäht; dennoch war sie viel schöner als all ihre Kleider.

Als Johannes sie erblickte, wurde er so rot im Gesicht wie das rote Blut, und er konnte kaum ein Wort sagen. Die Prinzessin sah ja genauso aus wie das schöne Mädchen mit der goldenen Krone, von dem er in jener Nacht geträumt hatte, als sein Vater starb. Er fand sie wunderbar schön und konnte nichts dafür, er mußte sie liebgewinnen. Es sei bestimmt nicht wahr, sagte er, daß sie eine böse Hexe sei, welche die Leute henken oder köpfen lasse, wenn sie nicht raten konnten, was sie von ihnen verlangte. „Einem jeden ist es ja erlaubt, um ihre Hand anzuhalten, selbst dem ärmsten Bettler, ich will doch aufs Schloß hinaufgehen, denn ich kann es nicht sein lassen!"

Alle sagten zu ihm, er solle das nicht tun, es würde ihm bestimmt genauso ergehen wie allen anderen. Der Wandergefährte riet ihm auch davon ab, aber Johannes meinte, es gehe sicher gut, putzte seine Schuhe und bürstete seinen

Rock, wusch sich Gesicht und Hände, kämmte sein schönes, blondes Haar und ging dann ganz allein in die Stadt hinein und aufs Schloß.

„Herein!" sagte der alte König, als Johannes an die Tür klopfte. Johannes klinkte auf, und der alte König, in Schlafrock und gestickten Pantoffeln, kam ihm entgegen, die goldene Krone hatte er auf dem Kopf, das Zepter in der einen Hand und den goldenen Apfel in der anderen. „Warte mal eben!" sagte er und steckte den Apfel unter den Arm, damit er Johannes die Hand reichen konnte. Sobald er aber hörte, daß er ein Bewerber sei, begann er so sehr zu weinen,

daß das Zepter wie auch der Apfel zu Boden fielen, und er mußte sich die Tränen mit seinem Schlafrock trocknen. Der arme alte König.

„Laß es bleiben!" sagte er, „es ergeht dir übel, ebenso wie allen anderen. Schau nur mal her!" Dann führte er Johannes in den Lustgarten der Prinzessin, da sah es schrecklich aus! Oben an jedem Baum hingen drei, vier Königssöhne, die um die Prinzessin angehalten, aber nicht die Dinge hatten raten können, die sie ihnen aufgegeben hatte. Immer wenn der Wind wehte, klapperten alle Gebeine, so daß die Vögel erschraken und nie in den Garten zu kommen wagten; alle Blumen waren an Menschenknochen hochgebunden, und in den Blumentöpfen steckten Totenköpfe und grinsten. Das war allerdings ein Garten für eine Prinzessin!

„Hier kannst du's sehen!" sagte der alte König, „es wird dir so ergehen wie allen anderen, die du hier siehst, laß es daher lieber sein. Du machst mich wirklich unglücklich, denn ich nehme es mir so sehr zu Herzen!"

Johannes küßte dem guten alten König die Hand und sagte, es werde sicher gut gehen, denn er liebe die schöne Prinzessin so sehr.

Da gerade kam die Prinzessin selber mit allen ihren Damen in den Schloßhof hereingeritten, sie gingen darum zu ihr hinaus und sagten guten Tag. Sie war so reizend, gab Johannes die Hand, und er liebte sie noch mehr als vorher, sie konnte bestimmt keine schlimme, böse Hexe sein, wie alle Leute von ihr sagten. Sie gingen in den Saal hinauf, und die kleinen Pagen boten ihnen Eingemachtes und Pfeffernüsse an, aber der alte König war so traurig, daß er gar nichts essen konnte, und die Pfeffernüsse waren ihm auch zu hart.

Es wurde nun bestimmt, daß Johannes am nächsten Morgen wieder aufs Schloß kommen sollte, dann würden die Richter und der ganze Rat versammelt sein und zuhören, wie er mit dem Raten zurechtkäme. Kam er gut damit zurecht, dann mußte er noch zweimal kommen, aber es war noch nie einer dagewesen, der das erstemal richtig geraten hatte, und dann mußten sie das Leben lassen.

Johannes war gar nicht traurig, wenn er daran dachte, wie es ihm ergehen würde, er war geradezu vergnügt, dachte nur an die schöne Prinzessin und glaubte ganz gewiß, daß der liebe Gott ihm schon noch helfen werde, aber wie, das wußte er nicht, und er wollte auch nicht daran denken. Er tänzelte auf der Landstraße dahin, als er zum Gasthaus zurückging, wo der Wandergefährte auf ihn wartete.

Johannes konnte gar nicht aufhören zu erzählen, wie reizend die Prinzessin zu ihm gewesen war und wie schön sie war. Er sehnte schon sehr den nächsten Tag herbei, wo er aufs Schloß gehen und sein Glück im Raten versuchen sollte.

Aber der Wandergefährte schüttelte den Kopf und war ganz betrübt. „Ich habe dich so gern!" sagte er. „Wir hätten noch lange beisammen sein können, und nun muß ich dich schon verlieren! Du armer, lieber Johannes, ich könnte wirklich weinen, aber ich will dir die Freude nicht verderben an dem letzten Abend, den wir vielleicht beisammen sind. Wir wollen lustig sein, richtig lustig; morgen, wenn du fort bist, darf ich weinen!"

Alle Leute drinnen in der Stadt hatten sogleich erfahren, daß ein neuer Freier zur Prinzessin gekommen war, und daher herrschte große Betrübnis. Das Schauspielhaus wurde geschlossen, alle Kuchenfrauen banden schwarzen Flor um ihre Zuckerschweinchen, der König und die Priester knieten in der Kirche nieder, es war eine solche Betrübnis, denn es konnte ja Johannes nicht besser ergehen, als es allen anderen Freiern ergangen war.

Gegen Abend machte der Wandergefährte eine große Terrine Punsch und sagte zu Johannes, nun wollten sie richtig lustig sein und auf das Wohl der Prinzessin trinken. Als aber Johannes zwei Glas getrunken hatte, wurde er so müde, es war ihm nicht möglich, die Augen aufzuhalten, er mußte einschlafen. Der Wandergefährte hob ihn ganz sacht vom Stuhl hoch und legte ihn aufs Bett, und als es finstere Nacht geworden war, nahm er die beiden großen Flügel, die er dem Schwan abgehackt hatte, band sie an den Schultern fest, die größte Rute, welche er von der alten

Frau bekommen hatte, die gefallen war und das Bein gebrochen hatte, steckte er in seine Tasche. Er machte das Fenster auf und flog über die Stadt hin, bis ganz zum Schloß, wo er sich in einen Winkel setzte, oben unterhalb des Fensters, das ins Schlafgemach der Prinzessin führte!

Es war überall in der Stadt ganz still. Jetzt schlug die Uhr drei Viertel zwölf, das Fenster ging auf, und die Prinzessin flog in einem großen, weißen Mantel und mit langen, schwarzen Fittichen über die Stadt hin, zu einem hohen Berg hinaus; aber der Wandergefährte machte sich unsichtbar, so daß sie ihn gar nicht sehen konnte, flog hinterdrein und peitschte die Prinzessin mit seiner Rute, so daß tüchtig Blut kam, wo er hinschlug. Uh, das war eine Fahrt durch die Luft! Der Wind verfing sich in ihrem Mantel, der nach allen Seiten abstand, wie ein großes Schiffssegel, und der Mond schien hindurch.

„Wie es hagelt! wie es hagelt!" sagte die Prinzessin bei jedem Schlag, den sie mit der Rute bekam, und das war ihr ganz gesund. Endlich kam sie zum Berg hinaus und klopfte an. Es grollte genau wie Donner, als der Berg sich auftat, und die Prinzessin ging hinein, der Wandergefährte kam mit, denn keiner konnte ihn sehen, er war unsichtbar. Sie gingen durch einen großen, langen Gang, wo die Wände ganz wundersam funkelten, es waren über tausend glühende Spinnen, die an den Wänden auf und nieder liefen und wie Feuer leuchteten. Jetzt kamen sie in einen großen Saal, aus Silber und Gold erbaut. Blumen, so groß wie Sonnenblumen, rote und blaue, glänzten von den Wänden. Aber niemand durfte diese Blumen pflücken, denn die Stengel waren abscheuliche giftige Schlangen, und die Blumen waren Feuer, das ihnen aus dem Rachen lohte. Die ganze Decke war mit blitzenden Glühwürmchen und himmelblauen Fledermäusen bedeckt, die mit den dünnen Flügeln flatterten, es sah ganz wundersam aus. Mitten im Saal stand ein Thron, der von vier Pferdegerippen getragen wurde, die hatten Zaumzeug aus den roten Feuerspinnen, der Thron selbst war aus milchweißem Glas, und die Kissen zum Sitzen waren kleine schwarze Mäuse, die einander in den Schwanz bissen. Oben drüber war ein Dach aus rosa Spinnweben, mit den niedlichsten kleinen grünen Fliegen besetzt, die wie Edelsteine glitzerten. Mitten auf dem Thron saß ein alter Troll mit einer Krone auf dem häßlichen Kopf und einem Zepter in der Hand. Er küßte die Prinzessin auf die Stirn, ließ sie neben sich auf dem kostbaren Throne sitzen, und nun hob die Musik an. Große schwarze Grillen spielten auf der Mundharmonika, und die Eule haute sich selber auf den Bauch, denn sie hatte keine Trommel. Es war ein seltsames Konzert. Kleine schwarze Wichtelchen mit einem Irrlicht auf der Mütze tanzten im Saal herum. Niemand konnte den Wandergefährten sehen, er hatte sich dicht hinter den Thron gestellt und hörte und sah alles. Die Hofleute, die jetzt auch hereinkamen, waren sehr fein und vornehm, aber wer richtig hinsah, merkte wohl, wie es mit ihnen bestellt war. Sie waren nichts weiter als Besenstiele mit Kohlköpfen darauf, in die der Troll Leben hineingehext und denen er gestickte Kleider gegeben hatte. Aber das war ja auch ganz einerlei, sie wurden nur zum Schmuck verwandt.

Als man nun etwas getanzt hatte, erzählte die Prinzessin dem Troll, daß sie einen neuen Freier bekommen habe, und fragte daher, wonach sie ihn wohl am nächsten Morgen fragen sollte, wenn er aufs Schloß käme.

„Hör zu!" sagte der Troll, „ich will dir etwas sagen! Du sollst etwas ganz Leichtes nehmen, dann kommt er nämlich gar nicht drauf. Denk du an deinen einen Schuh. Das rät er nicht. Laß ihm dann den Kopf abhauen, vergiß aber nicht, wenn du morgen nacht wieder zu mir herauskommst, mir seine Augen zu bringen, denn die will ich essen!"

Die Prinzessin machte einen tiefen Knicks und sagte, sie werde die Augen nicht vergessen. Der Troll schloß nun den Berg auf, und sie flog wieder heimwärts, aber der Wandergefährte folgte ihr und prügelte sie ganz gehörig mit der Rute, so daß sie laut über das heftige Hagelwetter stöhnte und sich beeilte, sosehr sie konnte, um durch das Fenster in ihr Schlafgemach zu kommen. Der Wandergefährte aber flog zum Gasthof zurück, wo Johannes noch immer schlief, schnallte seine Flügel ab und legte sich nun auch ins Bett, denn er mußte wirklich müde sein.

Es war ganz früh am nächsten Morgen, als Johannes erwachte, der Wandergefährte stand auch auf und erzählte, er habe in der Nacht einen sehr merkwürdigen Traum gehabt von der Prinzessin und ihrem Schuh, und trug ihm daher auf, unter allen Umständen zu fragen, ob die Prinzessin nicht etwa an ihren Schuh gedacht habe. Denn das war es ja, was er von dem Troll im Berg drinnen gehört hatte, er wollte aber Johannes nichts davon erzählen, er trug ihm nur auf zu fragen, ob sie an ihren Schuh gedacht habe.

„Ich kann ebensogut nach dem einen wie nach dem anderen fragen", sagte Johannes, „vielleicht ist es ganz richtig, was du geträumt hast; denn ich glaube nun einmal immer: der Herrgott wird mir schon helfen! Ich möchte mich aber doch von dir verabschieden, denn wenn ich verkehrt rate, dann sehe ich dich nie wieder!"

Dann küßten sie sich, und Johannes ging in die Stadt und aufs Schloß. Der ganze Saal war voll von Menschen, die Richter saßen auf ihren Sesseln und hatten Eiderdaunenkissen hinter dem Kopf, denn sie hatten soviel zu überlegen. Der alte König erhob sich und wischte sich die Augen mit einem weißen Taschentuch. Nun trat die Prinzessin ein – sie war noch viel schöner als gestern – und begrüßte sie alle sehr liebevoll, aber Johannes reichte sie die Hand und sagte: „Guten Morgen, du!"

Jetzt mußte Johannes raten, woran sie gedacht hatte. Gott, wie sah sie ihn freundlich an, aber kaum hörte sie ihn das eine Wort „Schuh" sagen, da wurde sie schneeweiß im Gesicht und zitterte am ganzen Leibe, aber es nützte ihr nichts, denn er hatte richtig geraten!

Du liebe Zeit! wie freute sich der alte König. Er schoß Kobolz, daß es nur so seine Art hatte, und alle Leute klatschten ihm und Johannes, der nun das erstemal richtig geraten hatte, lauten Beifall.

Der Wandergefährte freute sich ebenfalls, als er erfuhr, wie gut es abgelaufen war; aber Johannes legte seine Hände zusammen und dankte dem lieben Gott, der ihm sicherlich auch die beiden anderen Male wieder helfen würde. Am nächsten Tag sollte schon wieder geraten werden.

Der Abend verlief genauso wie der gestrige. Als Johannes schlief, flog der Wandergefährte hinter der Prinzessin her zum Berg hinaus und verprügelte sie noch heftiger als das vorige Mal, denn jetzt hatte er zwei Ruten genommen. Niemand bekam ihn zu Gesicht, und er hörte alles. Die Prinzessin wollte an ihren Handschuh denken, und dies erzählte er Johannes, so als wäre es ein Traum gewesen; Johannes konnte nun leicht richtig raten, und im Schloß war die Freude groß. Der ganze Hof schoß Kobolz, genauso wie sie es den König beim erstenmal hatten tun sehen; aber die Prinzessin lag auf dem Sofa und wollte kein einziges Wort sagen. Nun kam es darauf an, ob Johannes das drittemal richtig raten würde. Ging es gut, dann sollte er ja die schöne Prinzessin haben und das ganze Königreich erben, wenn der alte König starb; riet er verkehrt, dann mußte er sein Leben lassen, und der Troll aß seine schönen blauen Augen.

Am Abend vorher ging Johannes früh ins Bett, sprach sein Abendgebet und schlief dann ganz getrost ein; aber der Wandergefährte schnallte die Flügel auf seinen Rücken, legte sich den Säbel um und nahm alle drei Ruten mit und flog nun zum Schloß.

Es war stockfinstere Nacht, es stürmte, so daß die Dachziegel von den Häusern flogen, und die Bäume im Garten, an denen die Knochengerippe hingen, schwankten wie Schilf im Winde; es blitzte alle Augenblicke, und der Donner grollte so, daß es nur wie ein einziges Krachen war, das die ganze Nacht dauerte. Jetzt flog das Fenster auf, und die Prinzessin schwebte heraus. Sie war so bleich wie eine Tote, aber sie lachte über das Unwetter, fand es noch nicht schlimm genug, und ihr weißer Mantel wirbelte in der Luft herum wie ein großes Schiffssegel, aber der Wandergefährte peitschte sie so sehr mit seinen drei Ruten, daß das Blut auf den Boden tropfte und sie zuletzt kaum noch weiterfliegen konnte. Endlich kam sie zu dem Berg.

„Es stürmt und hagelt", sagte sie, „noch nie bin ich in solchem Wetter draußen gewesen."

„Man kann auch zuviel des Guten kriegen!" sagte der Troll. Nun erzählte sie ihm, daß Johannes auch das zweitemal richtig geraten hatte. Tat er das nun auch morgen, so hatte er gewonnen, und sie konnte niemals wieder zum Berg hinauskommen, würde niemals solche Trollkünste machen können wie bisher; darum war sie ganz traurig.

„Er darf es nicht erraten!" sagte der Troll. „Ich werde schon noch etwas ersinnen, woran er nie gedacht hat! Oder aber er ist ein größerer Zauberer als ich. Aber nun wollen wir vergnügt sein!" und dann nahm er die Prinzessin bei den Händen, und sie tanzten mit all den kleinen Wichtelchen und Irrwischen herum, die in der Stube waren; die roten Spinnen sprangen ebenso lustig an den Wänden auf und ab. Es sah aus, als sprühten die Feuerblumen Funken. Die Eule schlug die Trommel, die Grillen piepsten, und die schwarzen Heuschrecken bliesen auf der Mundharmonika. Es war ein lustiger Ball!

Als sie nun lange genug getanzt hatten, mußte die Prinzessin nach Hause, denn sonst würde man sie vielleicht im Schloß vermissen. Der Troll sagte, er werde sie schon begleiten, dann seien sie doch noch so lange beisammen.

Sie flogen nun in dem Unwetter dahin, und der Wandergefährte schlug seine drei Ruten auf ihrem Rücken kaputt. Noch nie war der Troll in solch einem Hagelwetter draußen gewesen. Vor dem Schloß verabschiedete er sich von der Prinzessin und flüsterte ihr im selben Augenblick zu: „Denk an meinen Kopf!" aber der Wandergefährte hörte es trotzdem, und als die Prinzessin gerade durch das Fenster in ihr Schlafgemach schlüpfte und der Troll wieder umkehren wollte, packte er ihn an seinem langen schwarzen Bart und hieb ihm mit dem Säbel seinen widerwärtigen Trollkopf dicht über den Schultern ab, so daß der Troll es nicht einmal selber zu sehen bekam. Den Rumpf warf er den Fischen im See vor, aber den Kopf tunkte er nur ins Wasser und knüpfte ihn alsdann in sein seidenes Taschentuch, nahm ihn mit nach Hause ins Gasthaus und legte sich dann schlafen.

Am nächsten Morgen übergab er Johannes das Taschentuch, sagte aber, er dürfe es nicht aufknüpfen, bis die Prinzessin ihn frage, woran sie nun gedacht habe.

Es waren so viele Menschen in dem großen Saal auf dem Schloß, daß sie so dicht nebeneinander standen wie Radieschen, die zu einem Bund zusammengenommen sind. Die Ratsherren saßen auf ihren Sesseln mit den weichen Kopfkissen, und der alte König hatte neue Kleider an, die goldene Krone und das Zepter waren blankgeputzt, es sah ganz wunderhübsch aus; aber die Prinzessin war ganz blaß und hatte ein kohlschwarzes Kleid an, so, als ob sie zum Begräbnis gehen wollte.

„Woran habe ich gedacht?" sagte sie zu Johannes, und sogleich band er das Taschentuch auf und erschrak selber sehr, als er den abscheulichen Trollkopf sah. Alle Menschen ergriff ein Schauder, denn er war schrecklich anzusehen, aber die Prinzessin saß da wie ein Bild aus Stein und konnte kein Wort sagen: schließlich erhob sie sich und reichte Johannes die Hand, denn er hatte ja richtig geraten; sie sah weder den einen noch den anderen an, sondern seufzte ganz tief: „Nun bist du mein Herr! Heute abend feiern wir Hochzeit!"

„Das gefällt mir!" sagte der alte König, „so soll es sein!" Alle Leute riefen hurra, die Wachtparade machte Musik auf den Straßen, die Glocken läuteten, und die Kuchenfrauen nahmen den schwarzen Flor von ihren Zuckerschweinchen, denn jetzt herrschte Frohsinn. Drei ganze gebratene Ochsen, mit Enten und Hühnern gefüllt, wurden mitten auf den Markt gestellt, jeder konnte sich ein Stück abschneiden; aus den Springbrunnen sprudelte der herrlichste Wein heraus, und kaufte man beim Bäcker eine Schillingbrezel, dann bekam man sechs große Wecken dazu, und zwar Wecken mit Rosinen darin.

Abends war die ganze Stadt festlich erleuchtet, und die Soldaten schossen mit Kanonen und die Jungen mit Knallerbsen, und oben im Schloß wurde gegessen und getrunken, angestoßen und herumgehüpft, alle vornehmen Herren und schönen Fräulein tanzten miteinander. Man konnte es weithin hören, wie sie sangen:

> Viel hübsche Mädchen sind heut hier!
> Du sollst sie schwenken, sollst sie drehn!
> Beim Tambourmarsch die Beine rühr
> Und laß kein hübsches Mädchen stehn!
> Wir tanzen und stampfen und knallen,
> Daß die Sohlen von den Stiefeln fallen!

Aber die Prinzessin war ja noch immer eine Hexe und mochte Johannes gar nicht; das bedachte der Wandergefährte wohl, und daher gab er Johannes drei Federn von den Schwanenfittichen und eine kleine Flasche mit Tropfen darin, dann sagte er zu ihm, er solle einen großen Bottich, mit Wasser gefüllt, neben das Brautbett stellen lassen, und wenn nun die Prinzessin ins Bett steige, solle er ihr einen kleinen Puff geben, damit sie ins Wasser falle, wo er sie dreimal untertauchen solle, nachdem er zuvor die Federn und die Tropfen hineingetan habe. Dann würde sie von ihrer Verwünschung erlöst sein und ihn mit der Zeit sehr liebhaben.

Johannes tat alles, was der Wandergefährte ihm geraten hatte. Die Prinzessin schrie ganz laut, als er sie ins Wasser tauchte, und zappelte unter seinen Händen als ein großer kohlschwarzer Schwan mit funkelnden Augen; als sie zum zweitenmal an die Oberfläche kam, war der Schwan weiß, bis auf einen einzigen schwarzen Ring, den er um den Hals hatte. Johannes betete fromm zum Herrgott und ließ das Wasser zum drittenmal über den Vogel spülen, und im selben Augenblick war dieser in die schönste Prinzessin verwandelt. Sie war noch schöner als vorher und dankte ihm mit Tränen in ihren wunderbaren Augen, daß er die Verzauberung von ihr genommen hatte.

Am nächsten Morgen kam der alte König mit seinem ganzen Hofstaat, und es gab ein Gratulieren bis weit in den Tag hinein. Zuallerletzt kam dann der Wandergefährte, er

hatte seinen Stock in der Hand und den Ranzen auf dem Rücken. Johannes küßte ihn wieder und wieder, sagte, er dürfe nicht fortziehen, er solle bei ihm bleiben, denn ihm verdanke er ja sein ganzes Glück. Aber der Wandergefährte schüttelte den Kopf und sagte mild und freundlich: „Nein, jetzt ist meine Zeit um. Ich habe nur meine Schuld bezahlt. Erinnerst du dich des toten Mannes, dem die bösen Menschen Unglimpf antun wollten? Du gabst alles, was du besaßest, damit er Ruhe in seinem Grab habe. Der Tote bin ich!"

Und im Nu war er fort.

Die Hochzeit dauerte nun einen ganzen Monat lang, Johannes und die Prinzessin waren einander sehr zugetan, und der alte König verlebte noch manchen fröhlichen Tag und ließ ihre kleinen Kinder auf seinen Knien hoppereiter machen und mit seinem Zepter spielen; aber Johannes war König über das ganze Reich.

Die kleine Meerjungfrau

Weit draußen auf dem Meer ist das Wasser ganz blau, wie die Blütenblätter der schönsten Kornblume, und ganz durchsichtig, wie das reinste Glas, aber es ist sehr tief, tiefer, als eine Ankerkette reicht, viele Kirchtürme müßten übereinandergesetzt werden, um vom Grunde bis über das Wasser zu reichen. Dort unten wohnen die Meerleute.

Nun soll man doch ja nicht glauben, daß dort nur kahler, weißer Sandboden ist! Nein, da wachsen die wunderlichsten Bäume und Pflanzen, deren Stengel und Blätter so biegsam sind, daß sie sich bei der geringsten Bewegung des Wassers rühren, ganz als wären sie lebendig. Alle Fische, kleine und große, huschen zwischen den Zweigen hindurch, ebenso wie hier oben die Vögel durch die Luft. An der allertiefsten Stelle liegt das Schloß des Meerkönigs, die Mauern sind aus Korallen und die langen, spitzen Fenster aus dem allerklarsten Bernstein, aber das Dach sind Muschelschalen, die sich öffnen und schließen, je nachdem wie das Wasser geht und kommt. Das sieht wunderbar aus; denn in jeder liegen schimmernde Perlen; eine einzige wäre eine große Pracht in der Krone einer Königin.

Der Meerkönig dort unten war seit vielen Jahren Witwer, aber seine alte Mutter führte ihm den Haushalt; sie war eine kluge Frau, aber stolz auf ihren Adel, daher hatte sie immer zwölf Austern auf ihrem Schwanz, die anderen Vornehmen durften nur sechs tragen. – Sonst verdiente sie viel Lob, namentlich weil sie die kleinen Meerprinzessinnen so liebte, die Töchter ihres Sohnes. Es waren sechs prächtige Kinder, aber die Jüngste war die schönste von allen überhaupt, ihre Haut war so schier und rosig wie ein Rosenblatt, ihre Augen waren so blau wie der tiefste See, aber ebenso wie alle übrigen hatte sie keine Füße, der Rumpf endete in einem Fischschwanz.

Den lieben langen Tag hindurch konnten sie unten im Schloß spielen, in den großen Sälen, wo aus den Wänden richtige Blumen wuchsen. Die großen Bernsteinfenster wurden geöffnet, und dann schwammen die Fische zu ihnen herein, genauso wie bei uns die Schwalben hereinfliegen, wenn wir aufmachen. Aber die Fische schwammen geradeswegs zu den kleinen Prinzessinnen hin, aßen aus ihrer Hand und ließen sich streicheln.

Vor dem Schloß draußen lag ein großer Garten mit feuerroten und dunkelblauen Bäumen, die Früchte glänzten wie Gold und die Blüten wie brennendes Feuer, da sie fortwährend Stengel und Blätter bewegten. Die Erde selbst war der feinste Sand, aber blau wie Schwefellohe. Über dem Ganzen dort unten lag ein wundersam blauer Schein, man hätte eher meinen sollen, man stünde hoch oben in der Luft und könnte nur den Himmel über und unter sich erblicken, als daß man auf dem Meeresgrunde stünde. Bei Windstille konnte man die Sonne erkennen, sie sah aus wie eine Purpurblüte, aus deren Kelch das ganze Licht strömte.

Die kleinen Prinzessinnen hatten jede ihren kleinen Platz im Garten, wo sie graben und pflanzen konnten, wie sie selber wollten. Eine gab ihrem Blumenflecken die Gestalt eines Walfischs, einer anderen gefiel es besser, wenn der ihre einer kleinen Meerjungfrau ähnlich war, aber die Jüngste machte ihren ganz rund wie die Sonne und hatte nur Blumen darauf, die rot glühten wie diese. Sie war ein seltsames Kind, still und nachdenklich, und während die anderen Schwestern die wunderlichsten Dinge als Schmuck gebrauchten, die sie von gestrandeten Schiffen bekamen, wollte sie außer den rosenroten Blumen, die der Sonne hoch droben ähnlich waren, nur ein schönes Marmorstandbild haben. Es war ein hübscher Knabe, aus dem weißen,

reinen Stein gehauen, der bei einer Strandung auf den Meeresgrund geraten war. Neben das Standbild pflanzte sie eine rosenrote Trauerweide, die wuchs herrlich und ließ ihre frischen Zweige darüberhängen, bis auf den blauen Sandboden hernieder, wo der Schatten violett erschien und sich genauso wie die Zweige bewegte; es sah aus, als spielten Wipfel und Wurzeln, ob sie einander küssen könnten.

Für die kleine Meerjungfrau gab es keine größere Freude, als von der Menschenwelt droben zu hören; die alte Großmutter mußte alles erzählen, was sie von Schiffen und Städten, Menschen und Tieren wußte, vor allem kam es ihr wunderbar schön vor, daß oben auf der Erde die Blumen dufteten, das taten die auf dem Meeresgrund nicht, und daß die Wälder grün waren und die Fische, die man zwischen den Zweigen sah, so laut und herrlich singen konnten, daß es eine Lust war. Das waren die Vögelchen, die die Großmutter Fische nannte, denn sonst würden die Meerjungfrauen sie nicht verstanden haben, da sie keine Vögel gesehen hatten.

„Wenn ihr euer fünfzehntes Jahr vollendet habt", sagte die Großmutter, „dann bekommt ihr die Erlaubnis, aus dem Meer aufzutauchen, im Mondschein auf den Felsen zu sitzen und die großen Schiffe zu sehen, die vorüberfahren, auch Wälder und Städte werdet ihr sehen!" Im kommenden Jahr wurde die eine der Schwestern fünfzehn Jahre alt, aber die anderen? Ja, eine war immer ein Jahr jünger als die nächste, und die Jüngste von ihnen hatte demnach noch fünf ganze Jahre vor sich, ehe sie vom Meeresgrund heraufkommen und sehen durfte, wie es bei uns aussieht. Aber die eine versprach immer der nächsten, ihr zu erzählen, was sie am ersten Tag gesehen und am schönsten gefunden hatte; denn ihre Großmutter erzählte ihnen nicht genug, da gab es so viel, wonach sie sich erkundigen mußten.

Keine war so voller Sehnsucht wie die Jüngste, gerade sie, die noch am längsten warten mußte und die so still und nachdenklich war. Manche Nacht stand sie am offenen Fenster und schaute durch das dunkelblaue Wasser, wo die Fische mit ihren Flossen und Schwänzen klatschten, nach oben. Mond und Sterne konnte sie sehen, allerdings glänzten sie ganz schwach, aber durch das Wasser sahen sie viel größer aus als vor unserem bloßen Auge; glitt dann so etwas wie eine schwarze Wolke unter ihnen dahin, dann wußte sie, es war entweder ein Walfisch, der über sie hinwegschwamm, oder auch ein Schiff mit vielen Menschen.

Die dachten sicher nicht daran, daß eine süße kleine Meerjungfrau hier unten stand und ihre weißen Hände nach dem Kiel ausstreckte.

Nun war die älteste Prinzessin fünfzehn Jahre alt und durfte zum Meeresspiegel hinaufsteigen.

Als sie zurückkehrte, hatte sie hundert Dinge zu berichten. Aber am schönsten, sagte sie, wäre es, im Mondschein auf einer Sandbank in der ruhigen See zu liegen und die große Stadt dicht an der Küste zu sehen, wo die Lichter glänzten wie Hunderte von Sternen; die Musik und den Lärm und die Geräusche von Wagen und Menschen zu hören, die vielen Kirchen und Turmspitzen zu sehen und zu hören, wie die Glocken läuteten; eben weil sie nicht dorthin kommen konnte, sehnte sie sich am allermeisten nach diesen Dingen.

Oh! wie hörte da die jüngste Schwester zu. Und wenn sie dann abends an dem offenen Fenster stand und durch das dunkelblaue Wasser nach oben schaute, dachte sie an die große Stadt mit all dem Lärm und den Geräuschen, und dann war ihr so, als könnte sie die Kirchenglocken bis zu sich herunter läuten hören.

Im Jahre darauf durfte die zweite Schwester durch das Wasser nach oben steigen und hinschwimmen, wohin sie wollte. Sie tauchte empor, als die Sonne eben unterging, und diesen Anblick fand sie am schönsten. Der ganze Himmel habe ausgesehen wie Gold, sagte sie, und die Wolken, ja deren Schönheit könne sie gar nicht genug beschreiben! Rot und violett waren sie über ihr dahingesegelt, aber viel schneller als sie flog, wie ein langer weißer Schleier, ein Schwarm wilder Schwäne über das Wasser, auf dem die Sonne lag; sie schwamm auf sie zu, aber die Sonne sank, und der Rosenschimmer auf der Meeresoberfläche und den Wolken erlosch.

Im Jahre darauf kam die dritte Schwester nach oben, sie war die kühnste von allen, daher schwamm sie einen breiten Fluß hinauf, der ins Meer floß. Herrliche grüne Anhöhen mit Weinranken sah sie, Schlösser und Höfe schauten zwischen prächtigen Wäldern hervor; sie hörte alle die

Vögel singen, und die Sonne schien so warm, daß sie oftmals unter Wasser tauchen mußte, um ihr glühendes Gesicht zu kühlen. In einer kleinen Bucht traf sie einen ganzen Schwarm von kleinen Menschenkindern. Ganz nackt liefen sie ins Wasser und plantschten drin herum. Sie wollte mit ihnen spielen, aber die rannten erschrocken davon. Und dann kam ein kleines, schwarzes Tier, das war ein Hund, aber sie hatte nie zuvor einen Hund gesehen; der bellte sie so schrecklich an, daß ihr angst wurde und sie ins offene Meer hinausstrebte, aber nie konnte sie die prächtigen Wälder, die grünen Hügel und die reizenden Kinder vergessen, die auf dem Wasser schwimmen konnten, obwohl sie keinen Fischschwanz hatten.

Die vierte Schwester war nicht so keck, sie blieb mitten auf dem wilden Meer und erzählte, eben das sei das Schönste: man konnte viele Meilen weit um sich blicken, und der Himmel darüber war genauso wie eine große Glasglocke. Schiffe hatte sie gesehen, aber weit weg, sie sahen aus wie Mantelmöwen, die drolligen Delphine hatten Kobolz geschossen, und die großen Walfische hatten Wasser aus ihren Nasenlöchern in die Höhe gespritzt, daß es ringsum ausgesehen hatte wie hundert Springbrunnen.

Nun kam die Reihe an die fünfte Schwester. Ihr Geburtstag war gerade im Winter, und daher sah sie, was die anderen das erstemal nicht gesehen hatten. Die See wirkte ganz grün, und rundum schwammen große Eisberge, jeder sehe aus wie eine Perle, sagte sie, und sei doch weit größer als die Kirchtürme, die die Menschen erbauten. In den wundersamsten Gestalten traten sie auf und blinkten wie Diamanten. Sie hatte sich auf einen von den größten gesetzt, und alle Segler kreuzten voller Schrecken in weitem Bogen um den Platz herum, wo sie saß und den Wind in ihrem langen Haar wehen ließ. Aber gegen Abend überzog sich der Himmel mit Wolken, es blitzte und donnerte, während die finstere See die großen Eisblöcke hochhob, so daß sie im Licht der roten Blitze funkelten. Auf allen Schiffen holte man die Segel ein, es herrschten Angst und Grauen, aber sie saß ruhig auf ihrem schwimmenden Eisberg und sah, wie der blaue Blitzstrahl im Zickzack in die schimmernde See einschlug.

Wenn eine der Schwestern das erstemal an die Oberfläche kam, war sie immer begeistert von dem Neuen und Schönen, das sie erblickte. Da sie aber jetzt, als erwachsene Mädchen, die Erlaubnis hatten, nach oben zu steigen, wann sie wollten, wurde es ihnen gleichgültig, es verlangte sie wieder nach Hause, und nach Verlauf eines Monats sagten sie, bei ihnen unten wäre es doch am allerschönsten und es wäre so behaglich daheim.

Manche Abendstunde faßten die fünf Schwestern einander an und stiegen in einer Reihe über das Wasser empor. Herrliche Stimmen hatten sie, schöner als irgendein Mensch, und wenn ein Sturm heraufzog und sie vermuten konnten, daß Schiffe untergehen würden, schwammen sie vor den Schiffen her und sangen so herrlich davon, wie schön es auf dem Meeresgrunde sei, und sagten den Seeleuten, sie sollten sich nicht davor fürchten, dort hinunterzukommen. Aber die Seeleute konnten die Worte nicht verstehen, sie meinten, es sei der Sturm, und sie bekamen auch die Schönheit dort unten nicht zu Gesicht, denn wenn das Schiff sank, dann ertranken die Menschen und kamen nur als Tote zum Schloß des Meerkönigs.

Wenn nun die Schwestern abends, Arm in Arm, hoch durch das Meer nach oben stiegen, dann stand die kleine Schwester ganz allein und schaute ihnen nach, und es war, als müßte sie weinen, aber die Meerjungfrau hat keine Tränen, und so leidet sie viel mehr.

„Ach, wäre ich doch fünfzehn Jahre alt!" sagte sie. „Ich weiß, ich werde die Welt dort oben und die Menschen, die dort oben ihr Haus bauen, liebgewinnen!"

Endlich war sie fünfzehn Jahre alt.

„Siehst du, nun haben wir dich auch so weit", sagte ihre Großmutter, die alte Königinwitwe. „Komm, laß dich schmücken, ebenso wie deine anderen Schwestern!" und sie setzte ihr einen Kranz von weißen Lilien aufs Haar, aber jedes Blütenblatt war eine halbe Perle; und die Alte ließ acht Austern sich an dem Schwanz der Prinzessin festklemmen, damit man ihre hohe Abkunft erkennen konnte.

„Es tut so weh!" sagte die kleine Meerjungfrau.

„Ja, fürs Feinsein muß man leiden!" sagte die Alte.

Oh! sie hätte so gern diese ganze Pracht abgeschüttelt und den Kranz abgelegt, ihre roten Blumen im Garten standen ihr viel besser zu Gesicht, aber sie wagte es jetzt nicht zu tun. „Auf Wiedersehen!" sagte sie und stieg nun leicht und hell wie eine Blase durch das Wasser nach oben.

Die Sonne war eben untergegangen, als die Meerjungfrau den Kopf über die Wasseroberfläche hob. Aber alle Wolken schimmerten noch wie Rosen und Gold, und mitten in der blaßrosa Luft strahlte der Abendstern hell und schön. Die Luft war mild und frisch und das Meer ganz glatt. Dort lag ein großes Schiff mit drei Masten, ein einziges Segel nur war gesetzt, denn es rührte sich kein Wind, und überall in den Tauen und auf den Rahen saßen Matrosen. Musik und Gesang ertönten, und als der Abend immer dunkler wurde, wurden Hunderte von buntfarbigen Lichtern angezündet; sie sahen aus, als wehten die Flaggen aller Nationen in der Luft. Die kleine Meerjungfrau schwamm ganz dicht an ein Kajütenfenster heran. Und jedesmal, wenn das Wasser sie in die Höhe hob, konnte sie durch die spiegelblanken Scheiben sehen, wo eine Menge geputzte Menschen standen, aber der Schönste war der junge Prinz mit den großen, schwarzen Augen, er war gewiß nicht viel älter als sechzehn Jahre, es war sein Geburtstag, und das war der Grund für die ganze Pracht. Die Matrosen tanzten an Deck, und als der junge Prinz heraustrat, gingen über hundert Raketen in die Luft, die glänzten wie der lichte Tag, so daß die kleine Meerjungfer sehr erschrak und unter Wasser tauchte, aber sie steckte den Kopf bald wieder heraus, und da sah es aus, als ob alle Sterne des Himmels auf sie niederfielen. Niemals hatte sie solche Feuerkünste erblickt. Große Sonnen drehten sich im Kreise, prächtige Feuerfische schwangen sich durch die blaue Luft, und alles glänzte von der reinen, stillen See wider. Auf dem Schiff selbst war es so hell, daß man das kleinste Tau sehen konnte, um wie vieles leichter die Menschen. Oh, wie schön war der junge Prinz, und er drückte den Männern die Hand, lachte und lächelte, während die Musik durch die herrliche Nacht klang.

Es wurde spät, aber die kleine Meerjungfrau konnte die Augen nicht von dem Schiff wenden und von dem schönen Prinzen. Die bunten Lichter wurden gelöscht, die Raketen stiegen nicht mehr in die Luft, es ertönten auch keine Kanonenschüsse mehr, aber tief drunten im Meer summte und brummte es. Sie saß inzwischen auf dem Wasser und schaukelte auf und nieder, so daß sie in die Kajüte hineinsehen konnte. Aber das Schiff begann schneller zu fahren, ein Segel nach dem anderen entfaltete sich, jetzt wurde der Seegang stärker, große Wolken zogen herauf, es blitzte in der Ferne. Oh, es kam ein schreckliches Unwetter auf. Darum holten die Matrosen die Segel ein. Das große Schiff tanzte mit rasender Geschwindigkeit auf dem wilden Meer. Die Wasser erhoben sich wie große schwarze Berge, die auf die Masten niederstürzen wollten, aber das Schiff tauchte wie ein Schwan zwischen den hohen Wellen unter und ließ sich abermals auf die sich türmenden Wasser heben. Die kleine Meerjungfrau fand, dies sei einmal eine lustige Fahrt, aber das fanden die Seeleute nicht, das Schiff ächzte und knarrte, die dicken Planken bogen sich unter den heftigen Stößen, die die Seen dem Schiff versetzten, der Mast brach mitten durch, so als wäre er ein Schilfrohr, und das Schiff schlingerte, während das Wasser in den Rumpf eindrang. Nun sah die kleine Meerjungfrau, daß sie in Gefahr waren, sie mußte sich selber vor Planken und Holzstücken vom Schiff in acht nehmen, die auf dem Meer trieben. Einen Augenblick lang war es so kohlrabenschwarz, daß sie nicht das geringste erkennen konnte, aber wenn es dann blitzte, wurde es wieder so hell, daß sie alle auf dem Schiff erkannte. Jeder wankte dahin, so gut er konnte; vor allem suchte sie nach dem jungen Prinzen, und sie sah ihn, als das Schiff auseinanderbrach, ins tiefe Meer sinken. Zuerst freute sie sich sehr, denn nun kam er zu ihr herunter, aber dann fiel ihr ein, daß die Menschen nicht im Wasser leben konnten und daß er nicht, es sei denn als Toter, in ihres Vaters Schloß kommen konnte. Nein, sterben, das durfte er nicht; deshalb schwamm sie zwischen Planken und Balken, die in der See trieben, hindurch und vergaß ganz und gar, daß diese sie zerschmettern konnten, sie tauchte tief unter Wasser und stieg wieder zwischen den Wogen hoch empor und kam schließlich zu dem jungen Prinzen, der in der stürmischen See kaum noch schwimmen konnte, seine Arme und Beine fingen an zu ermüden, die schönen Augen schlossen sich, er hätte sterben müssen, wäre nicht die kleine Meerjungfrau dazugekommen. Sie hielt seinen Kopf über Wasser und ließ sich dann mit ihm von den Wogen treiben, wohin die wollten.

In der Frühe war das Unwetter vorüber, von dem Schiff war kein Splitter mehr zu sehen, die Sonne erhob sich rot und leuchtend aus dem Wasser, es war gerade, als käme dadurch Leben in die Wangen des Prinzen, aber die Augen blieben geschlossen; die Meerjungfrau küßte seine hohe, wunderschöne Stirn und strich sein nasses Haar zurück, sie fand, er sehe dem Marmorstandbild unten in ihrem kleinen Garten ähnlich, sie küßte ihn abermals und wünschte nur, er würde lebendig.

Nun sah sie vor sich das Festland, hohe, blaue Berge, auf deren Gipfeln der weiße Schnee glänzte, als lägen dort Schwäne; unten an der Küste waren schöne grüne Wälder, und ganz vorn lag eine Kirche oder ein Kloster, das wußte sie nicht recht, aber ein Gebäude war es. Zitronen- und Apfelsinenbäume wuchsen dort im Garten, und vor dem Tor standen hohe Palmen. Das Meer bildete hier eine kleine Bucht, die spiegelglatt, aber sehr tief war, bis ganz zum Felsen hin, wo der feine, weiße Sand angespült war. Hierhin schwamm sie mit dem schönen Prinzen, legte ihn auf den Sand, sorgte vor allem dafür, daß der Kopf hoch im warmen Sonnenschein lag.

Jetzt läuteten die Glocken in dem großen, weißen Gebäude, und durch den Garten kamen viele junge Mädchen. Da schwamm die kleine Meerjungfrau weiter hinaus hinter einige große Steine, die aus dem Wasser aufragten, legte sich Meeresschaum auf ihr Haar und ihre Brust, so daß niemand ihr Gesicht sehen konnte. Und nun paßte sie auf, wer zu dem armen Prinzen hinging.

Es dauerte nicht lange, da kam ein junges Mädchen dorthin, sie schien sehr zu erschrecken, aber nur einen Augenblick, dann holte sie mehr Menschen, und die Meerjungfrau sah, daß das Leben in den Prinzen zurückkehrte und daß er alle um sich her anlächelte, aber ihr da draußen lächelte er nicht zu, er wußte ja auch nicht, daß sie ihn gerettet hatte, ihr war nun so traurig zumute, daß sie, als er in das große Gebäude geführt wurde, voller Leid ins Wasser niedertauchte und heimwärts zog zu ihres Vaters Schloß.

Immer war sie still und nachdenklich gewesen, aber nun wurde sie es sehr viel mehr. Die Schwestern fragten sie, was sie das erstemal dort oben erblickt habe, aber sie erzählte nichts.

Manchen Abend und manchen Morgen stieg sie dort empor, wo sie den Prinzen verlassen hatte. Sie sah, wie die Früchte des Gartens reiften und gepflückt wurden, sie sah, wie der Schnee auf den hohen Bergen schmolz, aber den Prinzen sah sie nicht, und darum kehrte sie stets nur noch betrübter heim. Es war ihr einziger Trost, dort in dem kleinen Garten zu sitzen und ihre Arme um das schöne Marmorstandbild zu schlingen, das dem Prinzen ähnlich war, aber ihre Blumen pflegte sie nicht, sie wuchsen wie in einer Wildnis über die Wege und verflochten ihre langen Stengel und Blätter mit den Ästen der Bäume, so daß es hier dunkel war.

Zuletzt konnte sie es nicht länger aushalten und erzählte es einer ihrer Schwestern, und dann erfuhren es sogleich alle übrigen, aber auch niemand weiter als sie und noch zwei andere Meerjungfrauen, die es nicht weitersagten, außer ihren besten Freundinnen. Eine von ihnen wußte, wer der Prinz war, sie hatte auch die Pracht auf dem Schiff gesehen, wußte, wo er her war und wo sein Königreich lag.

„Komm, Schwesterchen!" sagten die anderen Prinzessinnen, und indem sie einander die Arme um die Schultern legten, stiegen sie in einer langen Reihe aus dem Meere auf, und zwar dort, wo sie wußten, daß des Prinzen Schloß lag.

Dies war aus einer hellgelben, glitzernden Gesteinsart errichtet, mit großen Marmortreppen, eine führte bis ins Meer hinab. Prächtige vergoldete Kuppeln erhoben sich über dem Dach, und zwischen den Säulen, die das ganze Bauwerk umgaben, standen marmorne Figuren, die ganz lebendig wirkten. Durch das klare Glas der hohen Fenster sah man in die prächtigsten Säle, wo köstbare seidene Vorhänge und Decken aufgehängt und alle Wände mit großen Gemälden geziert waren, die anzuschauen eine wahre Freude war. Mitten in dem größten Saal plätscherte ein großer Springbrunnen, die Strahlen schossen bis hoch unter die Glaskuppel an der Decke, durch die die Sonne auf das Wasser schien und auf die schönen Pflanzen, die hier in dem großen Becken wuchsen.

Jetzt wußte sie, wo er wohnte, und manchen Abend oder manche Nacht kam sie über das Wasser hierher; sie schwamm viel näher ans Land heran, als eine von den anderen es je gewagt hatte, ja, sie schwamm ganz in den schmalen Kanal hinein unter dem prachtvollen Marmor-Balkon, der einen langen Schatten über das Wasser warf. Hier saß sie und betrachtete den jungen Prinzen, welcher meinte, er wäre ganz allein in dem hellen Mondschein.

Sie sah ihn manchen Abend bei Musik in seinem prächtigen Boot fahren, an dem die Flaggen wehten; sie guckte zwischen dem grünen Schilf hindurch, und wehte der Wind ihren langen, silberweißen Schleier hoch und jemand sah es, dann dachten sie, es sei ein Schwan, der die Schwingen hob.

Sie hörte manche Nacht, wenn die Fischer mit ihren Laternen draußen auf dem Wasser waren, daß sie viel Gutes von dem jungen Prinzen erzählten, und sie freute sich, daß sie ihm das Leben gerettet hatte, als er halbtot auf den Wogen dahintrieb, und sie dachte daran, wie fest sein Kopf an ihrer Brust geruht hatte und wie innig sie ihn dann geküßt hatte; er wußte gar nichts davon, konnte nicht einmal von ihr träumen.

Immer lieber gewann sie die Menschen, immer mehr hatte sie den Wunsch, zu ihnen emporsteigen zu können; die Menschenwelt kam ihr viel größer vor als ihre eigene. Sie konnten ja auf Schiffen über das Meer hinfliegen, auf die hohen Berge droben über den Wolken steigen, und die Länder, die sie besaßen, dehnten sich mit Wäldern und Feldern weiter, als sie blicken konnte. Da gab es so viel, was sie gern gewußt hätte, aber die Schwestern konnten nicht auf all das Antwort geben, darum fragte sie die alte Großmutter, und die kannte gut die höhere Welt, die sie sehr richtig die Lande über dem Meer nannte.

„Wenn die Menschen nicht ertrinken", fragte die kleine Meerjungfrau, „bleiben sie dann immer am Leben, sterben sie nicht wie wir hier unten im Meer?"

„Doch", sagte die Alte, „sie müssen auch sterben, und ihre Lebenszeit ist sogar kürzer als die unsere. Wir können dreihundert Jahre alt werden, aber wenn wir dann aufhören, hier zu leben, dann werden wir nur zu Schaum auf dem Wasser, haben nicht einmal ein Grab hier unten unter unseren Lieben. Wir besitzen keine unsterbliche Seele, wir erhalten das Leben nie wieder zurück, wir sind genauso wie das grüne Schilf; ist es erst geschnitten, dann kann es nicht wieder grünen! Die Menschen dagegen haben eine Seele, die immer lebt, die lebt, wenn der Körper zu Erde geworden ist; sie steigt hinauf in die helle Luft, hinauf zu den funkelnden Sternen! So wie wir aus dem Meer auftauchen und die Länder der Menschen schauen, so tauchen sie zu unbekannten, herrlichen Gegenden empor, die wir niemals zu sehen bekommen."

„Weshalb bekamen wir keine unsterbliche Seele?" sagte die kleine Meerjungfrau traurig. „Ich würde alle meine hundert Jahre hergeben, die ich noch vor mir habe, um nur einen einzigen Tag ein Mensch zu sein und dann teilzuhaben an der himmlischen Welt!"

„Daran darfst du nicht immer denken!" sagte die Alte, „wir sind viel glücklicher und besser daran als die Menschen dort oben!"

„Ich muß also sterben und als Schaum auf dem Meer

schwimmen, kann nicht die Musik der Wellen hören, nicht die herrlichen Blumen schauen und die rote Sonne! Kann ich denn gar nichts tun, um eine ewige Seele zu erlangen?"

„Nein!" sagte die Alte, „nur wenn ein Mensch dich so liebgewänne, daß du ihm mehr bedeutetest als Vater und Mutter, wenn er mit all seinem Denken und seiner Liebe an dir hinge und den Priester seine rechte Hand in deine legen ließe mit dem Gelübde, treu zu sein hier und bis in alle Ewigkeit, dann glitte seine Seele in deinen Leib hinüber, und du hättest auch teil am Glück der Menschen. Er gäbe dir eine Seele und behielte dennoch seine eigene. Aber das kann nimmer geschehen! Was hier im Meer gerade schön ist, dein Fischschwanz, das finden sie droben auf der Erde häßlich, sie verstehen es nun mal nicht besser, dort muß man zwei ungeschlachte Säulen haben, die sie Beine nennen, um schön zu sein!"

Da seufzte die kleine Meerjungfrau und blickte traurig auf ihren Fischschwanz.

„Laß uns fröhlich sein", sagte die Alte, „hüpfen und springen wollen wir die dreihundert Jahre, die wir zu leben haben, das ist immerhin eine ganz erkleckliche Zeit, nachher kann man sich um so zufriedener in seinem Grab ausruhen. Heute abend haben wir Hofball!"

Das war auch eine Pracht, wie man sie auf Erden niemals sieht. Wände und Decke in dem großen Tanzsaal waren aus dickem, aber durchsichtigem Glas. Mehrere hundert riesige Muschelschalen, rosenrot und grasgrün, standen auf allen Seiten in Reihen nebeneinander, mit einem blau brennenden Feuer, das den ganzen Saal erhellte und durch die Wände leuchtete, so daß die See draußen ganz hell war: man konnte all die unzähligen Fische sehen, große und kleine, die gegen die Glaswand schwammen, an manchen glänzten die Schuppen purpurrot, an anderen sahen sie aus wie Silber und Gold. – Mitten durch den Saal floß ein breiter Strom, und auf diesem tanzten Wassermänner und Meerfrauen zu ihrem eigenen, schönen Gesang. So herrliche Stimmen haben die Menschen auf der Erde nicht. Die kleine Meerjungfrau sang am schönsten von allen, und man klatschte ihr Beifall; und einen Augenblick lang war sie von Herzen froh, denn sie wußte, sie hatte die schönste Stimme von allen auf der Erde und im Meer.

Aber bald mußte sie doch wieder an die Welt droben denken. Sie konnte den schönen Prinzen und ihren Kummer, daß sie nicht, wie er, eine unsterbliche Seele besitze, nicht vergessen. Darum schlich sie sich aus ihres Vaters Schloß, und während drinnen Gesang und Fröhlichkeit herrschten, saß sie traurig in ihrem kleinen Garten. Da hörte sie ein Waldhorn durch das Wasser erklingen, und sie dachte: „Nun fährt er sicherlich dort oben, er, den ich lieber habe als Vater und Mutter, er, dem ich mit all meinen Gedanken anhange und in dessen Hand ich das Glück meines Lebens legen möchte. Alles werde ich wagen, um ihn und eine unsterbliche Seele zu erringen! Während meine Schwestern dort drinnen in meines Vaters Schloß tanzen, will ich zur Meerhexe gehen, vor ihr habe ich immer solche Furcht gehabt, aber sie kann vielleicht raten und helfen!"

Nun ging die kleine Meerjungfrau aus ihrem Garten fort auf die brausenden Strudel zu, hinter welchen die Hexe wohnte. Diesen Weg war sie noch nie gegangen, hier wuchsen keine Blumen, kein Seegras, nur der kahle graue Sandboden erstreckte sich bis zu den Strudeln, wo das Wasser wie sausende Mühlräder rundherum wirbelte und alles, was es zu fassen bekam, mit sich in die Tiefe riß. Mitten durch diese zermalmenden Wirbel mußte sie gehen, um in den Bereich der Meerhexe zu gelangen, und hier gab es ein langes Stück keinen anderen Weg als über heiß brodelnden Schlamm, den nannte die Hexe ihr Torfmoor. Dahinter lag ihr Haus inmitten eines seltsamen Waldes. Alle Bäume und Sträucher waren Polypen, halb Tier und halb Pflanze, sie sahen aus wie hundertköpfige Schlangen, die aus dem Erdboden wuchsen, alle Äste waren lange, schleimige Arme mit Fingern wie sich schlängelnde Würmer, und Glied für Glied bewegten sie sich von der Wurzel bis zur äußersten Spitze. Alles, was sie im Meer erwischen konnten, umschlangen sie und ließen es nie wieder los. Die kleine Meerjungfrau blieb ganz erschrocken draußen stehen. Ihr Herz klopfte vor Angst, fast wäre sie umgekehrt, aber dann dachte sie an den Prinzen und die Seele des Menschen, und da bekam sie Mut. Sie band ihr langes, wehendes Haar fest um ihren Kopf, damit die Polypen es nicht packen konnten, die Hände legte sie beide über ihrer Brust zusammen und flog so, wie der Fisch durchs Wasser fliegen kann, mitten zwischen den häßlichen Polypen dahin, die ihre biegsamen Arme und Finger nach ihr ausreckten. Sie sah, daß jeder von ihnen etwas hielt, das er ergriffen hatte, hundert kleine Arme umklammerten es fest wie mit starken eisernen Banden. Menschen, die auf See umgekommen und in die Tiefe gesunken waren, schauten als weiße Knochengerippe zwischen den Armen der Polypen hervor. Schiffsruder und Kästen hielten sie fest. Gerippe von Landtieren und eine kleine Meerjungfrau, die sie gefangen und erwürgt hatten, das war ihr beinahe das schrecklichste.

Nun kam sie an einen großen, glitschigen Platz im Walde, wo sich große, fette Wassernattern tummelten und ihren garstigen, weißgelben Bauch zeigten. Mitten auf dem Platz war ein Haus errichtet, aus den weißen Knochen Gestrandeter, dort saß die Meerhexe und ließ eine Kröte von ihrem Munde fressen, ebenso wie die Menschen einen kleinen Kanarienvogel Zucker essen lassen. Die häßlichen, fetten Wassernattern nannte sie ihre kleinen Küken und ließ sie auf ihrer großen, schwammigen Brust sich schlängeln.

„Ich weiß schon, was du willst!" sagte die Meerhexe. „Du bist schön dumm! Trotzdem sollst du deinen Willen haben, denn der wird dich ins Unglück bringen, meine wunderfeine Prinzessin. Du möchtest gern deinen Fischschwanz lossein und statt dessen zwei Stümpfe haben zum Gehen, genauso wie die Menschen, damit der junge Prinz sich in dich verliebt und du ihn kriegst und mit ihm eine unsterbliche Seele!" gleichzeitig lachte die Hexe so laut und garstig, daß die Kröte und die Nattern auf den Boden fielen und sich dort umherwälzten. „Du kommst gerade zur rechten Zeit", sagte die Hexe, „wenn die Sonne morgen aufgeht, könnte ich dir nicht mehr helfen, bevor nicht ein Jahr um ist. Ich werde dir einen Trunk bereiten, mit diesem mußt du, ehe die Sonne aufgeht, an Land schwimmen, dich dort ans Ufer setzen und ihn trinken, dann teilt sich dein Schwanz und schrumpft ein, zu etwas, was die Menschen hübsche Beine nennen, aber es tut weh, es ist, als ginge das scharfe Schwert durch dich hindurch. Alle, die dich sehen, werden sagen, du seiest das reizendste Menschenkind, das sie gesehen haben! Du behältst deinen schwebenden Gang, keine Tänzerin kann schweben wie du, aber bei jedem Schritt, den du machst, ist es, als trätest du auf ein scharfes Messer, so daß dein Blut fließen muß. Willst du dies alles erdulden, dann werde ich dir helfen!"

„Ja", sagte die kleine Meerjungfrau mit bebender Stimme und dachte an den Prinzen und daran, daß sie eine unsterbliche Seele erringen wollte.

„Aber vergiß nicht", sagte die Hexe, „hast du erst menschliche Gestalt angenommen, dann kannst du niemals wieder eine Meerjungfrau werden! Du kannst nie mehr durch das Wasser zu deinen Schwestern und deines Vaters Schloß herniedersteigen, und gewinnst du nicht die Liebe des Prinzen, so daß er um deinetwillen Vater und Mutter vergißt und den Priester eure Hände ineinanderlegen läßt, so daß ihr Mann und Frau werdet, dann erhältst du keine unsterbliche Seele! An dem ersten Morgen, nachdem er mit einer anderen Hochzeit gehalten hat, da muß dein Herz brechen, und du wirst zu Schaum auf dem Wasser."

„Ich will es", sagte die kleine Meerjungfrau und war blaß wie eine Tote.

„Aber mich mußt du auch bezahlen!" sagte die Hexe, „und es ist nicht wenig, was ich fordere. Du hast die herrlichste Stimme von allen hier unten auf dem Grunde des Meeres, mit der glaubst du wohl ihn verzaubern zu können, aber diese Stimme mußt du mir geben. Das Beste, was du besitzt, möchte ich für meinen kostbaren Trank haben! Mein eigenes Blut muß ich dir ja da hineintun, damit der Trank scharf werden kann wie ein zweischneidiges Schwert!"

„Aber wenn du meine Stimme nimmst", sagte die kleine Meerjungfrau, „was behalte ich dann noch übrig?"

„Deine liebreizende Gestalt", sagte die Hexe, „deinen schwebenden Gang und deine sprechenden Augen, mit diesen wirst du schon noch ein Menschenherz betören können. Nun, hast du den Mut verloren? Strecke deine kleine Zunge heraus, dann schneide ich sie ab, als Bezahlung, und du erhältst den kräftigen Trank!"

„So sei es denn!" sagte die kleine Meerjungfrau, und die Hexe setzte ihren Kessel auf, um den Zaubertrank zu kochen. „Reinlichkeit ist eine gute Sache!" sagte sie und scheuerte den Kessel mit den Nattern, die sie zu einem Knäuel zusammenband; dann ritzte sie sich selber die Brust und ließ ihr schwarzes Blut hineinträufeln, der Dampf nahm die seltsamsten Gestalten an, so daß einem angst und bange werden mußte. Alle Augenblicke tat die Hexe neue Sachen in den Kessel, und als es ordentlich kochte, klang es, wie wenn das Krokodil weint. Schließlich war der Trank fertig, er sah aus wie das klarste Wasser.

„Hier hast du ihn!" sagte die Hexe und schnitt der kleinen Meerjungfrau die Zunge ab, und nun war sie stumm, konnte weder singen noch sprechen.

„Falls die Polypen nach dir greifen, wenn du durch meinen Wald zurückgehst", sagte die Hexe, „so spritze nur einen einzigen Tropfen von diesem Trank auf sie, dann zerspringen ihre Arme und Finger in tausend Stücke!" Aber das brauchte die kleine Meerjungfrau nicht, die Polypen zogen sich erschrocken vor ihr zurück, als sie den schimmernden Trank sahen, der in ihrer Hand glänzte wie ein funkelnder Stern. So kam sie schnell durch den Wald, das Moor und die brausenden Strudel.

Sie konnte ihres Vaters Schloß sehen; die Fackeln in dem großen Tanzsaal waren gelöscht, dort drinnen schlief sicherlich alles, aber sie wagte es nicht, sie aufzusuchen, nun da sie stumm war und für immer von ihnen fortgehen wollte. Es war, als sollte ihr das Herz vor Leid brechen. Sie schlich sich in den Garten, nahm von jedem Blumenbeet ihrer Schwestern eine Blume, warf tausend Kußhände zum

Schlosse hin und stieg durch die dunkelblaue See nach oben.

Die Sonne war noch nicht hervorgekommen, als sie das Schloß des Prinzen sah und die prächtige Marmortreppe hinanstieg. Der Mond glänzte wunderbar hell. Die kleine Meerjungfrau trank den brennend scharfen Trank, und es war, als ginge ihr ein zweischneidiges Schwert durch den feinen Leib, sie wurde ohnmächtig davon und lag wie tot da. Als die Sonne über das Meer schien, erwachte sie, und

sie fühlte einen brennenden Schmerz, aber ihr gegenüber stand der reizende junge Prinz, er heftete seine kohlschwarzen Augen auf sie, so daß sie die ihren niederschlug und sah, daß ihr Fischschwanz fort war und daß sie die hübschesten weißen kleinen Beine hatte, die ein Mädchen nur haben konnte, aber sie war ganz nackt, darum hüllte sie sich in ihr dichtes, langes Haar. Der Prinz fragte, wer sie sei und wie sie hergekommen sei, und sie sah ihn sanft und doch so traurig mit ihren dunkelblauen Augen an, sprechen konnte sie ja nicht. Da nahm er sie bei der Hand und führte sie ins Schloß hinein. Jeder Schritt, den sie machte, war, wie die Hexe ihr vorausgesagt hatte, als träte sie auf spitze Pfrieme und scharfe Messer, aber das erduldete sie gern. An der Hand des Prinzen stieg sie so leicht wie eine Luftblase empor, und er und alle wunderten sich über ihren anmutigen, schwebenden Gang.

Kostbare Kleider aus Seide und Musselin bekam sie an, im Schloß war sie die Schönste von allen, aber sie war stumm, konnte weder singen noch sprechen. Wunderschöne Sklavinnen, in Seide und Gold gekleidet, kamen und sangen dem Prinzen und seinen königlichen Eltern vor; eine sang schöner als alle anderen, und der Prinz klatschte in die Hände und lächelte ihr zu, da wurde die kleine Meerjungfrau traurig, sie wußte, sie selbst hatte viel schöner gesungen! Sie dachte: Oh, er sollte nur wissen, daß ich, um bei ihm sein zu können, für alle Ewigkeit meine Stimme fortgegeben habe!

Nun tanzten die Sklavinnen anmutige, schwebende Tänze zu der herrlichsten Musik, da hob die kleine Meerfrau ihre schönen, weißen Arme, richtete sich auf den Zehenspitzen auf und schwebte durch den Raum, tanzte, wie noch keiner getanzt hatte; bei jeder Bewegung wurde ihre Schönheit noch sichtbarer, und ihre Augen rührten tiefer ans Herz als der Gesang der Sklavinnen.

Alle waren davon begeistert, vor allem der Prinz, der sie sein kleines Findelkind nannte, und sie tanzte immer mehr, obwohl es ihr jedesmal, wenn ihr Fuß die Erde berührte, so war, als träte sie auf scharfe Messer. Der Prinz sagte, sie solle für alle Zeiten bei ihm bleiben, und sie durfte vor seiner Tür auf einem samtenen Kissen schlafen.

Er ließ ihr eine Männertracht nähen, damit sie ihn zu Pferde begleiten konnte. Sie ritten durch die duftenden Wälder, wo die grünen Zweige ihr gegen die Schultern schlugen und die Vögelchen hinter den frischen Blättern sangen. Sie kletterte mit dem Prinzen auf die hohen Berge hinauf, und obwohl ihre feinen Füße bluteten, so daß die anderen es sehen konnten, lachte sie dennoch darüber und folgte ihm, bis sie die Wolken unter sich segeln sahen, als wären sie ein Schwarm Vögel, der in fremde Länder zog.

Daheim auf des Prinzen Schloß, wenn nachts die anderen schliefen, ging sie auf die breite Marmortreppe hinaus; und es kühlte ihre brennenden Füße, wenn sie in dem kalten Meerwasser stand, und dann dachte sie an die dort unten in der Tiefe.

Eines Nachts kamen ihre Schwestern Arm in Arm, sie sangen so kummervoll, als sie auf dem Wasser schwammen, und sie winkte ihnen zu, und sie erkannten sie und erzählten, wie traurig sie sie alle gemacht habe. Allnächtlich besuchten sie sie seitdem, und eines Nachts sah sie weit draußen die alte Großmutter, die viele Jahre lang nicht über Wasser gewesen war, und den Meerkönig mit seiner Krone auf dem Haupt, sie streckten die Hände nach ihr aus, wagten sich aber nicht so nahe ans Land wie die Schwestern.

Von Tag zu Tag wurde sie dem Prinzen lieber, er hatte sie lieb, wie man ein gutes, liebes Kind liebhat, aber sie zu seiner Königin zu machen, kam ihm gar nicht in den Sinn, und seine Frau mußte sie werden, sonst erhielt sie keine unsterbliche Seele, sondern würde an seinem Hochzeitsmorgen zu Schaum auf dem Meere werden.

„Hast du mich nicht von allen am liebsten?" schienen die Augen der kleinen Meerjungfrau zu sagen, wenn er sie in seine Arme nahm und sie auf ihre schöne Stirn küßte.

„Doch, du bist mir am liebsten", sagte der Prinz, „denn du hast das beste Herz von allen, du bist mir am meisten zugetan, und du gleichst einem jungen Mädchen, das ich einstmals sah, aber sicher nie mehr wiederfinde. Ich war auf einem Schiff, das unterging, die Wogen trieben mich an Land, nahe bei einem heiligen Tempel, wo mehrere junge Mädchen Dienst taten, die jüngste dort fand mich am Strand und rettete mir das Leben, ich sah sie nur zweimal; sie wäre die einzige, die ich in dieser Welt lieben könnte, aber du gleichst ihr, du verdrängst fast ihr Bild aus meiner Seele. Sie gehört zu dem heiligen Tempel, und darum hat mein gutes Glück dich mir gesandt, nie wollen wir uns trennen!" – „Ach, er weiß nicht, daß ich ihm das Leben gerettet habe!" dachte die kleine Meerjungfrau. „Ich trug ihn über die See zum Walde hin, wo der Tempel steht, ich saß hinter dem Gischt und sah nach, ob nicht Menschen kämen. Ich sah das schöne Mädchen, das er lieber hat als mich!" und die Meerjungfrau seufzte tief, weinen konnte sie nicht. „Das Mädchen gehört dem heiligen Tempel an, hat er gesagt, sie kommt nie in die Welt hinaus, sie begegnen sich nicht mehr, ich bin bei ihm, sehe ihn jeden Tag, ich werde ihn pflegen, ihn lieben, ihm mein Leben weihen!"

„Aber jetzt wird der Prinz heiraten und die schöne Tochter des Nachbarkönigs bekommen!" erzählte man, „das ist der Grund, weshalb er ein so prächtiges Schiff ausrüstet. Der Prinz fährt fort, um sich die Länder des Nachbarkönigs anzusehen, ein großes Gefolge nimmt er mit." Aber die kleine Meerjungfrau schüttelte den Kopf und lachte, sie kannte die Gedanken des Prinzen viel besser als all die anderen. „Ich muß fahren!" hatte er zu ihr gesagt, „ich soll mir die schöne Prinzessin ansehen, meine Eltern verlangen es, aber mich zwingen, sie als meine Braut heimzuführen, das wollen sie nicht! Ich kann sie nicht lieben! Sie gleicht nicht dem schönen Mädchen im Tempel, dem du gleichst, sollte ich einmal eine Braut erwählen, dann wärest eher du es, mein stummes Findelkind mit den sprechenden Augen!" Und er küßte ihren roten Mund, spielte mit ihrem langen Haar und legte seinen Kopf an ihr Herz, so daß es von Menschenglück und einer unsterblichen Seele träumte.

„Du fürchtest dich doch nicht vor dem Meer, mein stummes Kind?" sagte er, als sie auf dem prächtigen Schiffe standen, das sie in die Länder des Nachbarkönigs führen sollte; und er erzählte ihr von Sturm und Meeresstille, von seltsamen Fischen in der Tiefe und was der Taucher dort gesehen hatte, und sie lächelte bei seiner Erzählung, sie wußte ja besser als irgendein anderer über den Meeresgrund Bescheid.

In der mondhellen Nacht, wenn bis auf den Steuermann, der am Ruder stand, alle schliefen, saß sie an der Reling des Schiffes und starrte durch das klare Wasser hinunter, und sie meinte ihres Vaters Schloß zu erblicken. Hoch oben stand die alte Großmutter mit der silbernen Krone auf dem Haupt und starrte durch die reißende Strömung zum Schiffskiel hinauf. Da kamen ihre Schwestern über das Wasser, sie starrten sie kummervoll an und rangen ihre weißen Hände, sie winkte ihnen zu, lächelte und wollte erzählen, daß es ihr in allem gut gehe und daß sie glücklich sei, aber der Schiffsjunge näherte sich ihr, und die Schwestern tauchten unter, so daß er in dem Glauben blieb, das Weiße, welches er gesehen hatte, sei Gischt auf den Wogen gewesen.

Am nächsten Morgen segelte das Schiff in den Hafen vor des Nachbarkönigs Stadt hinein. Alle Kirchenglocken läuteten, und von den hohen Türmen wurde mit Posaunen geblasen, während die Soldaten mit wehenden Fahnen und blinkenden Bajonetten dastanden. Jeder Tag brachte ein Fest. Bälle und Gesellschaften folgten aufeinander, aber die Prinzessin war noch nicht da, sie wurde weit fort in einem heiligen Tempel erzogen, erzählte man, dort lernte sie alle königlichen Tugenden. Endlich traf sie ein.

Die kleine Meerjungfrau stand da, begierig darauf, ihre Schönheit zu sehen; und sie mußte es zugeben, eine anmutigere Gestalt hatte sie nie geschaut. Die Haut war ganz fein und rosig, und hinter den langen, dunklen Augenwimpern lächelten ein Paar schwarzblaue, treue Augen!

„Du bist es", sagte der Prinz, „du, die du mich errettet hast, als ich wie eine Leiche am Strande lag!" und er nahm seine errötende Braut fest in die Arme. „Oh, ich bin ja so glücklich!" sagte er zu der kleinen Meerjungfrau. „Das Schönste, worauf ich nie hätte hoffen dürfen, ist mir erfüllt worden. Du wirst dich über mein Glück freuen, denn du hast mich von allen am liebsten!" Und die kleine Meerjungfrau küßte seine Hand, und sie meinte schon zu spüren, wie ihr Herz brach. Sein Hochzeitsmorgen würde ihr ja den Tod bringen und sie in Schaum auf dem Meer verwandeln.

Alle Kirchenglocken läuteten, die Herolde ritten in den Straßen umher und verkündeten das Eheverlöbnis. Auf allen Altären brannten duftende Öle in kostbaren silbernen Lampen. Die Priester schwenkten Räuchergefäße, und Braut und Bräutigam reichten einander die Hände und erhielten den Segen des Bischofs. Die kleine Meerjungfrau stand in Seide und Gold dabei und trug die Brautschleppe, aber ihre Ohren vernahmen nicht die festliche Musik, ihre Augen sahen nicht die fromme Zeremonie, sie dachte an ihre Todesnacht, an all das, was sie in dieser Welt verloren hatte.

Noch am selben Abend gingen Braut und Bräutigam an Bord des Schiffes, die Kanonen ertönten, alle Fahnen flatterten, und mitten auf dem Schiff war ein königliches Zelt errichtet, aus Gold und Purpur und mit den herrlichsten Pfühlen, hier sollte das Brautpaar in der stillen, kühlen Nacht schlafen.

Die Segel bauschten sich im Wind, und das Schiff glitt leicht und ohne viel Bewegung über die klare See.

Als es dunkelte, wurden bunte Lampen angezündet, und die Seeleute tanzten lustige Tänze an Deck. Die kleine Meerjungfrau mußte daran denken, wie sie das erstemal aus dem Meer aufgetaucht war und die gleiche Pracht und Freude gesehen hatte. Und sie drehte sich im Tanz, schwebte, wie die Schwalbe schwebt, wenn sie verfolgt wird, und alle jubelten ihr Bewunderung zu, niemals hatte sie so herrlich getanzt. Es schnitt ihr wie mit scharfen Messern in die feinen Füße, aber sie fühlte es nicht; es schnitt ihr schmerzlicher ins Herz. Sie wußte, es war der letzte Abend, daß sie ihn sah, um dessentwillen sie ihre Familie und ihre Heimat verlassen hatte, ihre wunderbare Stimme hergegeben und täglich unendliche Qualen erduldet hatte, ohne daß er auch nur mit einem Gedanken daran gedacht hätte. Es war die letzte Nacht, daß sie atmete, die gleiche Luft atmete wie er, das tiefe Meer und den sternenblauen Himmel erblickte;

eine ewige Nacht ohne Gedanken und Traum harrte ihrer, die keine Seele besaß, keine erringen konnte. Und auf dem Schiff war eitel Freude und Fröhlichkeit bis weit über Mitternacht, sie lachte und tanzte mit dem Todesgedanken in ihrem Herzen. Der Prinz küßte seine liebreizende Braut, und sie spielte mit seinem schwarzen Haar, und Arm in Arm gingen sie in dem prächtigen Zelt zur Ruhe.

Es wurde ruhig und still auf dem Schiff, nur der Steuermann stand am Ruder, die kleine Meerjungfrau legte ihre weißen Arme auf die Reling und blickte gen Osten der Morgenröte entgegen, der erste Sonnenstrahl, das wußte sie, würde sie töten. Da sah sie ihre Schwestern aus dem Meer emporsteigen, sie waren bleich wie sie; ihr langes, wunderbares Haar wehte nicht mehr im Winde, es war abgeschnitten.

„Wir haben es der Hexe geschenkt, auf daß sie dir Hilfe bringe, damit du in dieser Nacht nicht stirbst! Sie hat uns ein Messer gegeben, hier ist es! Siehst du, wie scharf? Ehe die Sonne aufgeht, mußt du es dem Prinzen ins Herz stoßen, und wenn dann sein warmes Blut auf deine Füße spritzt, dann wachsen sie zu einem Fischschwanz zusammen, und du wirst wieder Meerjungfrau, kannst zu uns ins Wasser herabsteigen und deine dreihundert Jahre leben, ehe du zu totem, salzigem Meerschaum wirst. Eil dich! einer muß sterben, er oder du, bevor die Sonne aufgeht! Unsere alte Großmutter trauert, so daß ihr das weiße Haar ausgegangen ist, wie das unsere durch die Schere der Hexe fiel. Töte den Prinzen und kehre zurück! Eil dich, siehst du den roten Streifen am Himmel? In wenigen Minuten steigt die Sonne empor, und dann mußt du sterben!" und sie stießen einen seltsam tiefen Seufzer aus und versanken in den Wogen.

Die kleine Meerjungfrau zog den Purpurvorhang vom Zelt fort, und sie sah die liebliche Braut mit ihrem Kopf an des Prinzen Brust schlummern, und sie beugte sich hinab, küßte ihn auf seine schöne Stirn, blickte zum Himmel auf, wo die Morgenröte immer heller leuchtete, blickte auf das scharfe Messer und heftete wieder die Augen auf den Prinzen, der im Traum den Namen seiner Braut nannte, er hatte nur für sie allein Sinn, und das Messer zitterte in der Hand

der Meerjungfrau – aber da warf sie es weit in die Wogen hinaus, sie glänzten rot auf, wo es hinfiel, es sah aus, als sickerten Blutstropfen aus dem Wasser. Noch einmal sah sie mit halb gebrochenem Blick den Prinzen an, stürzte sich dann vom Schiff hinab ins Meer, und sie fühlte, wie ihr Körper sich in Schaum auflöste.

Da stieg die Sonne aus dem Meer auf, die Strahlen fielen mild und warm auf den todeskalten Meerschaum, und die kleine Meerjungfrau fühlte nichts vom Tode, sie sah die helle Sonne, und oben über ihr selber schwebten Hunderte von durchsichtigen, lieblichen Wesen; sie konnte durch sie hindurch die weißen Segel des Schiffes und die roten Wolken des Himmels sehen, ihre Stimmen waren Musik, aber so ganz Geist, daß kein menschliches Ohr sie vernehmen konnte, ebenso wie kein irdisches Auge sie erblicken konnte. Sie schwebten ohne Flügel kraft ihrer eigenen Leichtigkeit durch die Lüfte. Die kleine Meerjungfrau sah, daß sie einen Körper besaß wie jene, er erhob sich mehr und mehr aus dem Schaum.

„Zu wem komme ich?" fragte sie, und ihre Stimme klang wie die der anderen Wesen, wie ein Hauch, so daß keine irdische Musik sie wiedergeben könnte.

„Zu den Töchtern der Luft!" erwiderten die anderen.

„Die Meerjungfrau hat keine unsterbliche Seele, kann sie niemals erlangen, es sei denn, sie erringt eines Menschen Liebe! Von einer fremden Macht hängt ihr ewiges Leben ab. Die Töchter der Luft haben auch keine ewige Seele, aber sie können sich selbst durch gute Taten eine schaffen. Wir fliegen in die heißen Länder, wo die laue Pestluft die Menschen tötet. Dort fächeln wir Kühlung. Wir tragen den Duft der Blumen durch die Lüfte und senden Erquickung und Heilkraft. Wenn wir uns dreihundert Jahre bestrebt haben, soviel Gutes zu tun, wie wir zu tun vermögen, erhalten wir eine unsterbliche Seele und haben teil am ewigen Glück der Menschen. Du arme kleine Meerjungfrau hast mit deinem ganzen Herzen nach dem gleichen gestrebt wie wir, du hast gelitten und geduldet, dich zu der Welt der Luftgeister emporgeschwungen, nun kannst du dir selbst durch gute Taten in dreihundert Jahren eine unsterbliche Seele erringen."

Und die kleine Meerjungfrau hob ihre hellen Arme zu Gottes Sonne empor, und zum ersten Male spürte sie Tränen. – Auf dem Schiff war wieder Lärm und Leben, sie sah den Prinzen mit seiner schönen Braut nach ihr suchen, wehmütig starrten sie auf den wogenden Schaum, als wüßten sie, daß sie sich in die Wogen gestürzt hatte. Unsichtbar küßte sie die Stirn der Braut, lächelte ihm zu und stieg mit den anderen Kindern der Luft hinauf auf die rosarote Wolke, die in den Lüften segelte.

„In dreihundert Jahren schweben wir so in Gottes Reich hinein!"

„Auch früher können wir dorthin kommen!" flüsterte eine. „Unsichtbar schweben wir in die Häuser der Menschen, wo Kinder sind, und mit jedem Tag, an dem wir ein gutes Kind finden, das seinen Eltern Freude macht und ihre Liebe verdient, verkürzt Gott unsere Probezeit. Das Kind weiß nicht, wann wir durch die Stube fliegen, und wenn wir dann aus Freude darüber lächeln, da wird uns eins von den dreihundert Jahren erlassen, sehen wir aber ein unartiges und böses Kind, dann müssen wir Tränen der Trauer weinen; und jede Träne fügt zu unserer Probezeit einen Tag hinzu."

Des Kaisers neue Kleider

Vor vielen Jahren lebte ein Kaiser, der hübsche neue Kleider so über die Maßen liebte, daß er all sein Geld dafür ausgab, recht sehr geputzt zu werden. Er machte sich nichts aus seinen Soldaten, machte sich nur etwas aus Theater oder Spazierfahrten im Walde, weil er dann seine neuen Kleider zeigen konnte. Er hatte für jede Stunde des Tages einen Frack, und wie man von einem König sagt: Er ist im Rat, so sagte man hier immer: Der Kaiser ist im Kleiderschrank!

In der großen Stadt, in der er wohnte, ging es sehr vergnüglich zu, täglich kamen viele Fremde, eines Tages kamen zwei Betrüger; sie gaben sich als Weber aus und sagten, sie verstünden den schönsten Stoff zu weben, den man sich denken könne. Nicht allein wären die Farben und das Muster außerordentlich schön, sondern die Kleider, die aus diesem Stoff genäht würden, hätten die erstaunliche Eigenschaft, daß sie für jeden Menschen unsichtbar blieben, der nicht für sein Amt tauge oder auch ungebührlich dumm sei.

„Das müssen ja wunderbare Kleider sein", dachte der

Kaiser, „wenn ich die anhabe, könnte ich ja dahinterkommen, welche Männer in meinem Reich nicht für das Amt taugen, das sie innehaben; ich kann die Klugen von den Dummen unterscheiden; ja, dieser Stoff muß sofort für mich gewebt werden!" und er gab den beiden Betrügern viel Geld an die Hand, damit sie mit ihrer Arbeit beginnen sollten.

Sie stellten auch zwei Webstühle auf, taten, als ob sie arbeiteten, aber sie hatten nicht das geringste auf dem Webstuhl. Frischweg verlangten sie die feinste Seide und das prächtigste Gold; das steckten sie in ihren eigenen Beutel und arbeiteten an den leeren Webstühlen, und zwar bis tief in die Nacht hinein.

„Nun möchte ich doch wirklich wissen, wie weit die mit ihrem Zeug sind!" dachte der Kaiser, aber ihm war ordentlich ein bißchen wunderlich ums Herz, wenn er daran dachte, daß derjenige, der dumm war oder gar nicht für sein Amt paßte, das Zeug nicht sehen konnte, nun meinte er allerdings, er brauche um sich selbst keine Sorge zu haben, aber er wollte doch zuerst jemanden hinschicken, der nachsehen sollte, wie es stünde. Alle Menschen in der ganzen Stadt wußten, welch seltsame Kraft der Stoff hatte, und jeder war darauf erpicht, zu sehen, wie schlecht oder dumm sein Nachbar sei.

„Ich schicke meinen alten, ehrlichen Minister zu den Webern!" dachte der Kaiser. „Er kann am besten sehen, wie der Stoff sich ausnimmt, denn er hat Verstand, und keiner paßt besser für sein Amt als er!"

So ging denn der alte, brave Minister in den Saal, wo die beiden Betrüger saßen und an den leeren Webstühlen arbeiteten. „Gott im Himmel!" dachte der alte Minister und sperrte die Augen auf, „ich kann ja nichts sehen!" Aber das sagte er nicht.

Beide Betrüger forderten ihn auf, er möge so gut sein und näher treten, und fragten, ob es nicht ein schönes Muster und herrliche Farben seien. Dann zeigten sie auf den leeren Webstuhl, und der arme alte Minister sperrte die Augen immer weiter auf, aber er konnte nichts sehen, denn es war nichts da. „Herrgott!" dachte er, „sollte ich dumm sein? Das habe ich nie gedacht, und das darf kein Mensch erfahren! Sollte ich für mein Amt nicht taugen? Nein, es geht nicht, daß ich erzähle, ich könnte den Stoff nicht sehen!"

„Nun, Sie sagen nichts darüber!" sagte der eine, der webte.

„Oh, es ist wunderhübsch! ganz allerliebst!" sagte der alte Minister und blickte durch seine Brille. „Dies Muster und diese Farben! – Ja, ich werde dem Kaiser sagen, daß es mir ganz besonders gefällt!"

„Nun, das freut uns!" sagten die beiden Weber, und nun nannten sie die Farben beim Namen und das seltsame Muster. Der alte Minister hörte gut zu, damit er dasselbe sagen konnte, wenn er zum Kaiser nach Hause käme, und das tat er.

Nun forderten die Betrüger mehr Geld, mehr Seide und Gold, welches sie zum Weben brauchten. Sie steckten alles in ihre eigenen Taschen, auf den Webstuhl kam kein Fädchen, aber sie fuhren fort wie vorher, an dem leeren Webstuhl zu weben.

Der Kaiser schickte bald wieder einen braven Beamten hin, der sich ansehen sollte, wie es mit dem Weben ginge und ob der Stoff bald fertig wäre. Es erging ihm genauso wie dem Minister, er guckte und guckte, da aber nichts da war außer den leeren Webstühlen, konnte er nichts sehen.

„Ja, ist es nicht ein hübsches Stück Stoff?" sagten die beiden Betrüger und zeigten und erklärten das wunderbare Muster, das gar nicht da war.

„Dumm bin ich nicht!" dachte der Mann, „aber dann ist es also mein gutes Amt, zu dem ich nicht tauge. Das wäre wirklich komisch, aber da darf man sich nichts anmerken lassen!" und dann lobte er den Stoff, den er nicht sah, und versicherte sie seiner Freude über die schönen Farben und das wundervolle Muster. „Ja, es ist ganz allerliebst!" sagte er zum Kaiser.

Alle Menschen in der Stadt redeten von dem prach.vollen Stoff.

Nun wollte der Kaiser selber ihn sehen, während er noch

auf dem Webstuhl war. Mit einer ganzen Schar auserwählter Männer, unter welchen die beiden alten braven Beamten waren, die vorher dagewesen waren, ging er zu den listigen Betrügern, die nun aus aller Kraft woben, aber ohne Garn und Faden.

„Ja, ist es nicht magnifique!" sagten die beiden braven Beamten. „Belieben Euer Majestät sich anzusehen, welches Muster, welche Farben...!" und dann zeigten sie auf den leeren Webstuhl; denn sie glaubten, die anderen könnten wahrscheinlich den Stoff sehen.

„Was ist das?" dachte der Kaiser, „ich sehe nichts! Das ist ja furchtbar, bin ich dumm? Tauge ich nicht dazu, Kaiser zu sein? Das wäre das Schrecklichste, was mir zustoßen könnte!" – „Oh, es ist sehr hübsch", sagte der Kaiser, „es findet meinen allerhöchsten Beifall!" und er nickte befriedigt und betrachtete den leeren Webstuhl: er wollte nicht sagen, daß er nichts sehen könne. Das ganze Gefolge, welches er bei sich hatte, guckte und guckte, es kam aber nicht mehr dabei heraus als bei allen anderen, sie sagten jedoch ebenso wie der Kaiser: „Oh, es ist wunderschön!" und sie rieten ihm, die Kleider aus diesem neuen prächtigen Stoff zum erstenmal bei der großen Prozession anzuziehen, die bevorstand. „Es ist magnifique! bezaubernd, excellent!" ging es von Mund zu Mund, und man war allenthalben herzlich erfreut darüber. Der Kaiser überreichte jedem von den Betrügern einen Orden, den sie ins Knopfloch hängen sollten, und den Titel eines Webjunkers.

Die ganze Nacht vor dem Vormittag, da die Prozession stattfinden sollte, blieben die Betrüger auf und hatten über sechzehn Kerzen brennen. Die Leute konnten sehen, daß sie große Eile hatten, des Kaisers neue Kleider fertigzubekommen. Sie taten so, als nähmen sie den Stoff vom Webrahmen, sie schnitten in der Luft mit großen Scheren zu, sie nähten mit Nähnadeln ohne Faden und sagten schließlich: „Seht, nun sind die Kleider fertig!"

Der Kaiser mit seinen vornehmsten Kavalieren kam selbst dorthin, und beide Betrüger hoben den einen Arm hoch, so als hielten sie etwas, und sagten: „Seht, hier sind die Beinkleider! Hier ist der Frack! Hier der Mantel!" und so immer fort. „Es ist so leicht wie Spinnweben! Man sollte meinen, man habe nichts am Leibe, aber das ist gerade das Gute daran!"

„Ja!" sagten alle Kavaliere, aber sie konnten nichts sehen, denn da war nichts.

„Möchten nun Euer Kaiserliche Majestät allergnädigst belieben, Ihre Kleider auszuziehen!" sagten die Betrüger. „Dann ziehen wir Ihnen die neuen an, hier drüben vor dem großen Spiegel!"

Der Kaiser zog alle seine Kleider aus, und die Betrüger taten nun so, als zögen sie ihm jedes Stück von den neuen an, die genäht sein sollten, und sie griffen ihm um den Leib und taten so, als bänden sie etwas fest, das war die Schleppe. Und der Kaiser wandte und drehte sich vor dem Spiegel.

„Gott, wie gut es kleidet! Wie wunderbar es sitzt!" sagten alle. „Welch ein Muster! welche Farben! Es ist ein kostbares Gewand!"

„Draußen stehen sie mit dem Thronhimmel, der bei der Prozession über Euer Majestät getragen werden soll!" sagte der Oberzeremonienmeister.

„Ja, ich bin so weit!" sagte der Kaiser. „Sitzt es nicht gut?" und dann drehte er sich noch einmal vor dem Spiegel! Denn es sollte so aussehen, als betrachtete er sich so richtig in seinem Staat.

Die Kammerherren, die die Schleppe tragen sollten, tasteten mit den Händen über den Fußboden hin, so als nähmen sie die Schleppe hoch; sie gingen und taten so, als hielten sie etwas in die Höhe, sie durften andere nicht merken lassen, daß sie nichts sehen konnten.

Und dann ging der Kaiser unter dem schönen Thronhimmel in der Prozession, und alle Menschen auf der Straße und in den Fenstern sagten: „Gott, wie unvergleichlich sind des Kaisers neue Kleider! Was für eine wunderbare Schleppe hat er am Frack! Wie göttlich sie sitzt!" Keiner wollte es sich anmerken lassen, daß er nichts sehen konnte, dann hätte er ja für sein Amt nicht getaugt oder wäre sehr dumm gewesen. Keines von des Kaisers Kleidern hatte jemals soviel Anklang gefunden.

„Aber er hat ja gar nichts an!" sagte ein kleines Kind. „Herr Gott, hört die Stimme des Unschuldigen!" sagte der Vater; und einer flüsterte es dem anderen zu, was das Kind gesagt hatte.

„Er hat nichts an, sagt da ein kleines Kind, er hat nichts an!"

„Er hat ja nichts an!" rief zuletzt das ganze Volk. Und den Kaiser schauderte es, denn er fand, sie hätten recht, aber er dachte nun: „Jetzt muß ich die Prozession durchhalten." Und dann hielt er sich noch stolzer, und die Kammerherren gingen hinterdrein und trugen die Schleppe, die gar nicht da war.

Die Galoschen des Glücks

I

Ein Anfang

Es war in Kopenhagen auf der Östergade in einem der Häuser nicht weit vom Kongens Nytorv, da fand eine große Gesellschaft statt, denn die muß man zwischendurch mal geben, dann ist es getan, und dann kann man wieder eingeladen werden. Die eine Hälfte der Gesellschaft saß schon an den Spieltischen, und die andere Hälfte wartete darauf, was bei dem: „ja, nun müssen wir sehen, daß wir uns was ausdenken!" der Frau des Hauses herauskam. So weit war man, und es ging mit der Unterhaltung so leidlich. Unter anderem kam die Rede auch auf das Mittelalter. Einzelne hielten es für eine viel bessere Zeit als die unsere, ja, Justizrat Knap vertrat diese Ansicht so eifrig, daß die Hausfrau ihm sofort recht gab, und beide ereiferten sich nun gegen Örsteds Worte im Jahrbuch über alte und neue Zeiten, in dem unser Zeitalter im wesentlichen obenangesetzt wird. Der Justizrat hielt die Zeit des Königs Hans für die schönste und allerglücklichste.

Bei all dem Gerede für und gegen, das nur einen Augenblick durch die Zeitung unterbrochen wurde, die kam – in der stand aber nichts Lesenswertes –, wollten wir ins vordere Zimmer gehen, wo Überzeug, Stöcke, Regenschirme und Galoschen abgelegt waren. Hier saßen zwei Mägde, eine junge und eine alte; man hätte meinen sollen, daß sie gekommen wären, um ihre Herrschaft abzuholen, irgendein altes Fräulein oder eine Witwe, sah man aber genauer hin, dann war einem bald klar, daß es keine gewöhnlichen Dienstmägde waren, dazu waren ihre Hände zu fein, ihre Haltung und die ganze Art der Bewegungen zu königlich, denn das war sie, und die Kleidung hatte auch einen ganz eigentümlich kühnen Schnitt. Es waren zwei Feen, die jüngere war zwar nicht das Glück selber, sondern eine der Kammermägde von dessen Kammerjungfern, die die kleineren Gaben des Glücks austragen, die ältere sah tiefernst aus, sie war das Leid, dies macht immer in höchsteigener Person seine Wege selber, dann wußte es nämlich, sie wurden ausgeführt.

Sie erzählten sich, wo sie an diesem Tage gewesen waren; die, welche das Kammermädchen der Kammerjungfer des Glücks war, hatte bis jetzt nur ein paar unbedeutende Wege erledigt, sie habe, sagte sie, einen neuen Hut vor einem Regenschauer bewahrt, einem redlichen Mann einen Gruß von einer vornehmen Null überbracht und dergleichen mehr, was sie aber noch vor sich hatte, war etwas ganz Ungewöhnliches.

„Ich muß jedoch berichten", sagte sie, „daß heute mein Geburtstag ist, und zu dessen Ehren sind mir ein Paar Galoschen anvertraut worden, die ich der Menschheit überbringen muß. Diese Galoschen haben die Eigenschaft, daß jeder, der sie anzieht, unverzüglich an dem Ort oder in der Zeit ist, wo er am liebsten sein möchte, ein jeglicher Wunsch im Hinblick auf die Zeit oder den Ort wird sogleich erfüllt, und auf diese Weise wird der Mensch endlich einmal glücklich auf Erden!"

„Ja, das meinst du!" sagte das Leid. „Er wird höchst unglücklich und segnet den Augenblick, da er seine Galoschen wieder los ist!"

„Wo denkst du hin!" sagte die andere, „jetzt stelle ich sie hier an die Tür, einer nimmt die verkehrten und wird der Glückliche!"

Seht, so war diese Unterhaltung.

2

Wie es dem Justizrat erging

Es war spät, Justizrat Knap, in die Zeit von König Hans vertieft, wollte nach Hause, und nun war es ihm beschieden, daß er an Stelle seiner Galoschen die des Glücks anzog und auf die Östergade hinaustrat; aber er war durch die Zauberkraft der Galoschen in die Zeit des Königs Hans zurückversetzt, und daher trat sein Fuß mitten in den Schlamm und Morast auf der Straße, alldieweil es zu jenen Zeiten noch kein Straßenpflaster gab.

„Das ist ja furchtbar, wie matschig es hier ist!" sagte der Justizrat. „Der ganze Bürgersteig ist weg, und alle Laternen sind gelöscht!"

Der Mond stand noch nicht hoch genug, die Luft war außerdem ziemlich schwer, so daß alles ringsherum im Dunkel verschwamm. An der nächsten Ecke hing indes eine Laterne vor einem Madonnenbildnis, aber die gab so gut wie kein Licht, er bemerkte sie erst, als er genau darunter stand und sein Blick auf das gemalte Bild mit der Mutter und dem Kinde fiel.

„Das wird", dachte er, „ein Kunstsalon sein, wo sie vergessen haben, das Schild hereinzunehmen!"

Zwei Menschen in der Tracht jener Zeit gingen an ihm vorbei.

„Wie sehen die denn aus! Die sind sicherlich von einem Maskenfest gekommen!"

Mit einemmal ertönten Trommeln und Pfeifen, helle Fackeln brannten; der Justizrat blieb stehen und sah jetzt einen seltsamen Zug vorüberkommen. Ganz vorn ging ein ganzer Trupp von Trommlern, die ihr Instrument ganz nett bearbeiteten, ihnen folgten Trabanten mit Bogen und Armbrüsten. Der Vornehmste im Zuge war ein geistlicher

Herr. Erstaunt fragte der Justizrat, was dies zu bedeuten habe und wer dieser Mann sei.

„Das ist der Bischof von Seeland!" entgegnete man ihm.

„Herrgott, was fällt dem Bischof ein?" seufzte der Justizrat und schüttelte den Kopf, der Bischof konnte es jedoch unmöglich sein. Während er hierüber nachgrübelte, ging der Justizrat, ohne nach rechts und links zu schauen, durch die Östergade und über den Höjbroplatz. Die Brücke zum Schloßplatz war nicht zu finden, er unterschied ein niedriges Flußufer und stieß hier endlich auf ein paar Männer, die mit einem Boot dalagen.

„Möchte der Herr zum Holm übergesetzt werden?" fragten sie.

„Zum Holm?" sagte der Justizrat, der ja nicht wußte, in welchem Zeitalter er umherspazierte, „ich möchte nach Christianshavn in die Lille Torvegade!"

Die Männer sahen ihn an.

„Sagen Sie mir nur, wo die Brücke ist!" sagte er. „Es ist eine Schande, daß keine Laternen angezündet sind, und dann ist hier ein Matsch, als ginge man durch ein Moor!"

Je länger er mit den Bootsleuten sprach, desto unverständlicher wurden sie ihm.

„Ich verstehe eure Bornholmer Mundart nicht!" sagte er schließlich zornig und kehrte ihnen den Rücken. Die Brücke konnte er nicht finden; ein Geländer gab es auch nicht. „Es ist ein Skandal, wie es hier aussieht!" sagte er. Nie hatte er sein Zeitalter jämmerlicher gefunden als an diesem Abend. „Ich glaube, ich nehme eine Droschke!" dachte er, aber wo waren die Droschken? Es war keine zu erblicken. „Ich muß zum Kongens Nytorv zurückgehen, dort halten wohl Wagen, sonst komme ich ja nie nach Christianshavn hinaus!"

Nun ging er also zur Östergade und war fast ganz bis an deren Ende gelangt, als der Mond hervorkam.

„Herrgott, was ist das für ein Gestell, das sie dort errichtet haben!" sagte er, als er Österport erblickte, das zu jener Zeit seinen Platz am Ende der Östergade hatte.

Endlich fand er dann eine Pforte, und durch diese kam

er auf unseren Nytorv hinaus, aber der war eine große Wiese; vereinzelte Sträucher staken heraus, und quer durch die Wiese lief ein breiter Kanal oder Strom. Auf dem gegenüberliegenden Ufer lagen einige schäbige Holzschuppen für die halländischen Schiffer, nach welchen die Stelle den Namen Hallandsrücken hatte.

„Entweder sehe ich eine Fata Morgana, wie man es nennt, oder ich bin betrunken!" jammerte der Justizrat. „Was ist das nur! was ist das nur?"

Er kehrte wieder um in dem festen Glauben, er sei krank; als er in die Straße hineinkam, schaute er sich die Häuser genauer an, die meisten waren aus Fachwerk, und viele hatten nur ein Strohdach.

„Nein, mir ist gar nicht wohl!" seufzte er. „Und ich habe doch nur ein Glas Punsch getrunken; aber ich kann es nicht vertragen! Und es war auch ganz und gar verkehrt, uns Punsch und warmen Lachs zu geben; das werde ich auch der Frau Agentin sagen! Ob ich nicht zurückgehe und ihnen erzähle, wie es mir geht? Aber es ist so peinlich! Und ob sie überhaupt noch auf sind?"

Er suchte nach dem Haus, aber das war nicht zu finden.

„Das ist ja furchtbar, ich kann die Östergade nicht wiedererkennen! Nicht ein Laden ist hier! Alte, elende Hütten sehe ich, als ob ich in Roskilde oder in Ringsted wäre! Ach, ich bin krank! Es hat keinen Zweck, sich zu genieren! Aber wo in aller Welt ist nur das Haus von dem Agenten? Das ist nicht mehr dasselbe! Aber drinnen sind immerhin noch Leute auf; ach! ich bin ganz bestimmt krank!"

Nun kam er an eine halboffene Tür, durch deren Spalt das Licht herausfiel. Es war eine Herberge aus jener Zeit, eine Art Bierhaus. Die Stube hatte das Aussehen der holsteinischen Gaststuben. Allerlei Gäste, bestehend aus Schiffern, Kopenhagener Bürgern und ein paar gelehrten Männern, saßen hier bei ihrem Becher in tiefem Gespräch und hatten kaum acht auf den Eintretenden.

„Verzeihung", sagte der Justizrat zur Wirtin, die auf ihn zukam, „mir ist so furchtbar schlecht geworden! Könnten Sie mir nicht eine Droschke nach Christianshavn besorgen!"

Die Frau sah ihn an und schüttelte den Kopf; dann redete sie ihn auf deutsch an. Der Justizrat nahm an, sie könne die dänische Sprache nicht, und brachte daher seinen Wunsch auf deutsch vor. Dies zusammen mit seinem Anzug bestärkte die Frau darin, daß er Ausländer sein müsse; daß er sich unwohl fühlte, begriff sie schnell und reichte ihm daher einen Becher Wasser, allerdings ziemlich brackig, es war draußen vom Brunnen.

Der Justizrat stützte seinen Kopf in die Hand, holte tief Luft und grübelte über all das Seltsame um sich her nach.

„Ist das ‚*Der Tag*' von heute abend?" fragte er, um nur etwas zu sagen, als er die Frau ein großes Stück Papier wegräumen sah.

Sie verstand nicht, was er meinte, reichte ihm aber das Blatt hin, es war ein Holzschnitt, der eine Lufterscheinung zeigte, die in der Stadt Köln beobachtet worden war.

„Es ist sehr alt!" sagte der Justizrat und wurde ganz munter, weil er so ein altes Stück fand. „Wie sind Sie nur zu diesem seltenen Blatt gekommen? Das ist sehr interessant, obwohl das ganze eine Fabel ist! Man erklärt solche Lufterscheinungen damit, daß es ein Nordlicht ist, welches man gesehen hat; vermutlich entstehen sie durch Elektrizität!"

Diejenigen, die zunächst saßen und seine Rede hörten, sahen ihn erstaunt an, und einer von ihnen stand auf, zog ehrerbietig den Hut und sagte mit der ernsthaftesten Miene: „Ihr seid gewiß ein sehr gelehrter Mann, Monsieur!"

„O nein!" erwiderte der Justizrat, „ich kann nur über dies und jenes mitreden, wie man es können muß!"

„*Modestia* ist eine schöne Tugend!" sagte der Mann. „Im übrigen muß ich zu Eurer Rede sagen, *mihi secus videtur*, indessen suspendiere ich hier gern mein *judicium*!"

„Darf ich fragen, mit wem zu sprechen ich das Vergnügen habe?" fragte der Justizrat.

„Ich bin Baccalaureus in der Heiligen Schrift!" erwiderte der Mann.

Diese Antwort genügte dem Justizrat, der Titel entsprach hier der Tracht; er ist sicher, dachte er, ein alter

Dorfschulmeister, ein wunderlicher Kauz, wie man sie noch oben in Jütland finden kann.

„Hier ist zwar kein *locus docendi*", begann der Mann, „jedoch bitte ich, Ihr möget Euch die Mühe machen und reden! Ihr habt ein großes Wissen über die Alten verraten!"

„O ja, gewiß!" antwortete der Justizrat, „ich pflege alte, nützliche Schriften zu lesen, aber ich mag auch die neueren gern, nur nicht die ‚Alltagsgeschichten', davon haben wir im wirklichen Leben genug!"

„Alltagsgeschichten?" fragte unser Baccalaureus.

„Ja, ich meine diese neuen Romane, die es gibt."

„Oh", lächelte der Mann, „in diesen ist dennoch viel Klugheit enthalten, und sie werden bei Hofe gelesen; der König schätzt insonderheit den Roman über den Herrn Iffven und den Herrn Gaudian, der von der Tafelrunde des Königs Artus und seiner Recken handelt, er hat mit seinen hohen Herren darüber gescherzt*!"

„Ja, den habe ich noch nicht gelesen!" sagte der Justizrat, „das muß ein ganz neuer sein, den Heiberg herausgegeben hat!"

„Nein", erwiderte der Mann, „der ist nicht von Heiberg herausgegeben, sondern von Godfred von Gehmen."

„Das ist der Verfasser?" sagte der Justizrat, „das ist ein sehr alter Name! Das ist ja der erste Buchdrucker, den es in Dänemark gegeben hat!"

„Ja, das ist unser erster Buchdrucker!" sagte der Mann. Auf diese Weise ging es ganz gut. Nun sprach einer der guten Bürgersleute von der schwarzen Pestilenz, die vor zwei Jahren geherrscht habe, und meinte die vom Jahre 1484, der Justizrat nahm an, es wäre von der Cholera die Rede, und so ging die Unterhaltung ganz gut vonstatten.

---

* Holberg erzählt in seiner *Geschichte vom Reiche Dänemark*, daß König Hans eines Tages, als er im Roman über König Artus gelesen hatte, mit dem bekannten Otto Rud scherzte, den er sehr liebte: „Herr Iffvent und Herr Gaudian, die ich in diesem Buche finde, sind bemerkenswerte Ritter gewesen, solche Ritter findet man heutzutage nicht mehr!" Worauf Otto Rud erwiderte: „Wenn es solche Recken gäbe wie König Artus, dann würde es auch viele Ritter geben wie Herrn Iffvent und Herrn Gaudian!"

Der Piratenkrieg 1490 lag so kurze Zeit zurück, daß man ihn streifen mußte, die englischen Piraten hätten die Schiffe auf der Reede geraubt, sagten sie; und der Justizrat, der sich in die Ereignisse von 1801 so richtig eingelebt hatte, stimmte herzhaft mit ein gegen die Engländer. Die übrige Unterhaltung verlief indessen nicht so glatt, alle Augenblicke schauten sie sich mit Leichenbittermiene an; der gute Baccalaureus war viel zu unwissend, und die einfachsten Äußerungen des Justizrats klangen ihm wiederum zu kühn und zu phantastisch. Sie sahen einander an, und wurde es zu schlimm, dann redete der Baccalaureus lateinisch, weil er meinte, dann besser verstanden zu werden, aber es nützte trotzdem nichts.

„Wie steht es mit Ihnen?" fragte die Wirtin und zupfte den Justizrat am Ärmel; jetzt kehrte ihm sein Bewußtsein zurück, denn während er geredet hatte, hatte er all das ganz vergessen, was voraufgegangen war.

„Herr Gott, wo bin ich!" sagte er, und ihn schwindelte, wenn er daran dachte.

„Klarett wollen wir trinken! Met und Bremer Bier", rief einer der Gäste, „und Ihr müßt mittrinken!"

Zwei Mägde kamen herein, die eine hatte zwei Farben an der Haube*. Sie schenkten ein und knicksten. Dem Justizrat lief es eiskalt den Rücken herunter.

„Was ist das nur! Was ist das nur!" sagte er, aber er mußte mit ihnen trinken. Sie nahmen den guten Mann nicht schlecht hoch, er war ganz verzweifelt, und als einer von ihnen sagte, er sei betrunken, zweifelte er keineswegs an des Mannes Worten, sondern bat sie, ihm eine Droschke zu verschaffen, und dann meinten sie, er rede moskowitisch.

Noch nie war er in einer so rohen und niederen Gesellschaft gewesen. „Man könnte denken, das Land sei zum Heidentum zurückgekehrt", meinte er, „es ist der schrecklichste Augenblick meines Lebens!" aber im selben Augenblick kam ihm der Gedanke, er könnte sich unter den Tisch ducken, zur Tür hinkriechen und dann versuchen hinaus-

---

* In jener Zeit das Merkmal für die leichten Mädchen (A. d. Ü).

zuschlüpfen. Aber als er gerade am Ausgang war, merkten die anderen, was er vorhatte, sie packten ihn an den Beinen, und da, zu seinem Glück, gingen die Galoschen ab und – mit ihnen der ganze Zauber.

Der Justizrat sah vor sich ganz deutlich eine helle Laterne brennen, und hinter dieser lag ein großes Haus; er kannte dies und die Nachbarhäuser, es war die Östergade, so wie wir alle sie kennen, er lag mit den Beinen in Richtung auf einen Torweg, und gerade gegenüber saß der Wächter und schlief.

„Du großer Gott, habe ich hier auf der Straße gelegen und geträumt?" sagte er. „Ja, dies ist die Östergade! Wie wunderbar hell und bunt! Es ist aber schrecklich, wie dies Glas Punsch auf mich gewirkt haben muß!"

Zwei Minuten später saß er in einer Droschke, die ihn nach Christianshavn fuhr. Er dachte an die Angst und die Not, die er ausgestanden hatte, und pries von Herzen die glückliche Wirklichkeit, unsere Zeit, die mit allen ihren Mängeln dennoch viel besser war als die, in der er jüngst gewesen war, und seht, das war vernünftig vom Justizrat!

3
Das Abenteuer des Wächters

„Da liegen wahrhaftig ein Paar Galoschen!" sagte der Wächter. „Die gehören sicherlich dem Lieutenant, der dort oben wohnt. Sie liegen gleich neben der Tür!"

Gern hätte der ehrliche Mann geläutet und sie abgeliefert, denn oben war noch Licht, aber er wollte die anderen Leute im Hause nicht wecken, und darum ließ er es.

„Es muß ein schöner Schutz sein, wenn man so ein Paar Dinger anhat!" sagte er. „Ihr Leder ist so schmiegsam!" Sie paßten an seine Füße. „Wie ist es doch komisch in der Welt! Nun könnte er in sein schönes Bett gehen, aber er denkt nicht dran! Auf und nieder trippelt er im Zimmer; er ist ein glücklicher Mensch, er hat weder Weib noch Gören! Jeden Abend geht er auf Gesellschaft, ich wünschte, ich wäre er, ja, dann wäre ich ein glücklicher Mann!"

Kaum hatte er seinen Wunsch ausgesprochen, da fingen die Galoschen, die er angezogen hatte, an zu wirken, der Wächter ging in die ganze Person und das Denken des Lieutenants über. Nun stand er oben im Zimmer und hielt zwischen den Fingern ein kleines, rosarotes Stück Papier, auf dem ein Gedicht geschrieben stand, ein Gedicht vom Herrn Lieutenant selber; denn wer ist nicht einmal in seinem Leben in der Stimmung gewesen zu dichten; und schreibt man dann den Gedanken nieder, dann hat man den Vers. Hier stand geschrieben:

„Wär ich doch reich!" ich oft gebetet habe,
Vor langen Jahren, als ich noch ein Knabe.
Wär ich doch reich, dann würd ich Offizier
Mit Uniform und Helm, ein stolzer Reiter.
Es kam die Zeit, da wurd ich Offizier,
Doch wurd ich niemals reich, nein, leider.
Mir half der Herrgott weiter.

Einst saß ich froh und jung zur Abendstund,
Ein Mägdlein von sieben Jahren küßt' meinen Mund.
Denn ich war reich an Sagen und an Mären.
Geld hatt ich keins, doch mein Gemüt war heiter,
Das Mädchen wollte nichts als nur die Mären.
Ja, das war Reichtum, nur an Gold nicht, leider.
Der Herrgott bringt mich weiter.

„Wär ich doch reich", so bet ich immerdar.
Heut ist das Mädchen mehr als sieben Jahr.
Schön ist sie, klug und liebenswert.
Ich bin kein gegen Liebesschmerz Gefeiter,
Und sie – sie weiß nicht, wie ich sie begehrt.
Denn ich bin arm und daher stumm, ja leider.
Gott hilft nicht weiter.

Wär ich an Trost und Ruhe reich und satt,
Mein Kummer käme nicht auf dieses Blatt.
Verstehst du mich? Erleuchtet dich kein Licht?
Dann nimm dies als Gedicht aus unser beider
Jugend, und hoffentlich verstehst du's nicht.
Denn ich bin arm, die Zukunft düster, leider!
Gott sei dein Begleiter.

Ja, solche Verse schreibt man, wenn man verliebt ist, aber ein besonnener Mann läßt sie nicht drucken. Lieutenant, Liebe und Verlangen, das ist ein Dreieck, oder, meinetwegen, das ist die Hälfte von des Glücks zerbrochenem Würfel. Dies fühlte der Lieutenant auch, und daher lehnte er den Kopf an den Fensterrahmen und seufzte ganz tief: „Der arme Wächter draußen auf der Straße ist viel glücklicher als ich! Er kennt nicht das, was ich Entbehrung nenne! Er hat ein Heim, eine Frau und Kinder, die weinen über seinen Kummer, freuen sich über seine Freude! oh, ich wäre glücklicher, als ich bin, könnte ich geradeswegs in ihn übergehen, denn er ist glücklicher als ich!"

Im selben Augenblick war der Wächter wieder Wächter, denn kraft der Galoschen des Glücks war er der Lieutenant, aber wie wir gesehen haben, fühlte er sich nun noch viel weniger zufrieden und wäre am liebsten das gewesen, was er eigentlich war. Also war der Wächter wieder Wächter.

„Das war ein gräßlicher Traum!" sagte er, „aber komisch war er schon. Mir war, ich sei der Lieutenant dort oben gewesen, und das war gar kein Vergnügen. Ich entbehrte Mutter und die Gören, die mir immer schier die Augen ausküssen möchten!"

Er saß wieder da und nickte, der Traum wollte ihm nicht so recht aus dem Kopf, die Galoschen hatte er noch an den Füßen. Eine Sternschnuppe huschte gerade über den Himmel.

„Futsch ist sie!" sagte er. „Es gibt trotzdem genug davon! Ich hätte wohl Lust, diese Dinger ein wenig aus der Nähe zu sehen, namentlich den Mond, denn der verschwindet einem doch nicht so zwischen den Händen.

Wenn wir sterben, hat der Student gesagt, für den meine Frau die große Wäsche macht, fliegen wir von einem Stern zum anderen. Es ist gelogen, aber fein wäre es. Könnte ich doch einen kleinen Sprung da hinauf machen, der Leib könnte dann ruhig hier unter der Treppe bleiben!"

Seht, es gibt nun aber auf der Welt gewisse Dinge, die auszusprechen man vorsichtig sein muß, aber noch vorsichtiger sollte man namentlich dann sein, wenn man die Galoschen des Glücks an den Füßen hat. Hört nur, wie es dem Wächter erging.

Was uns Menschen anbetrifft, so kennen wir ja fast alle die Geschwindigkeit durch Dampfkraft, wir haben sie entweder auf der Eisenbahn oder mit dem Schiff übers Meer erprobt; aber dieses Zeitmaß ist wie die Wanderung des Faultieres oder der Marsch der Schnecke gegenüber der Geschwindigkeit, die das Licht hat; es fliegt neunzehn Millionen Mal schneller als der beste Wettläufer, und dennoch ist die Elektrizität noch schneller. Der Tod ist ein elektrischer Schlag, den wir ins Herz bekommen; auf den Schwingen der Elektrizität fliegt die befreite Seele. Acht Minuten und einige Sekunden braucht das Sonnenlicht für eine Reise von über zwanzig Millionen Meilen; mit der Schnellpost der Elektrizität braucht die Seele noch weniger Minuten, um den gleichen Flug zu machen. Die Entfernung zwischen den Himmelskörpern ist für sie nicht größer, als es für uns in ein- und derselben Stadt die Entfernungen zwischen den Häusern unserer Freunde sind, selbst wenn diese ziemlich dicht beieinander liegen, indessen kostet uns dieser elektrische Schlag ins Herz den Gebrauch des Körpers hier unten, falls wir nicht, wie der Wächter hier, die Galoschen des Glücks anhätten.

In wenigen Sekunden war der Wächter die zweiundfünfzigtausend Meilen zum Mond gefahren, der, wie man weiß, aus einem Stoff gemacht ist, der viel leichter als unsere Erde und etwa das ist, was wir weichen, frischgefallenen Schnee nennen würden. Er befand sich auf einem der unzählig vielen Ringberge, die wir von Dr. Mädlers großer Karte vom Mond her kennen; denn die kennst du doch? Innen fiel der Ringberg ganz steil in einen Kessel ab, eine ganze dänische Meile lang; dort unten lag eine Stadt, die aussah wie Eiweiß in einem Glas Wasser, ebenso weich und genauso mit Türmen und Kuppeln und sichelförmigen Balkons, die durchsichtig waren und in der dünnen Luft schwankten; unsere Erde schwebte wie eine große, feuerrote Kugel über seinem Kopf.

Da gab es eine Unmenge Lebewesen, und alle waren sicherlich das, was wir Menschen nennen würden, aber sie sahen ganz anders aus als wir; sie hatten auch eine Sprache, aber niemand kann ja verlangen, daß des Wächters Seele sie verstehen sollte, dennoch konnte sie es.

Des Wächters Seele verstand sehr gut die Sprache der Mondbewohner. Sie unterhielten sich über unsere Erde und bezweifelten, daß sie bewohnt sein könne, die Luft dort müsse zu dick sein, als daß irgendein vernünftiges Mondgeschöpf darin leben könnte. Sie waren der Meinung, daß allein der Mond Lebewesen habe, der war der eigentliche Weltkörper, wo das alte Weltenvolk wohnte.

Aber wir begeben uns wieder zur Östergade hinab und schauen, wie es dem Leib des Wächters ergeht.

Leblos saß dieser auf der Treppe, der Wächterstab war ihm aus der Hand gefallen, und die Augen schauten zum Mond hinauf nach der braven Seele, die dort oben herumging.

„Wie spät ist es, Wächter?" fragte ein Vorübergehender. Wer aber keine Antwort gab, das war der Wächter; da zwackte der Mann ihn ganz sacht an der Nase, und nun war es aus mit dem Gleichgewicht, der Leib lag da, so lang er war, der Mensch war ja tot. Der, der ihn gezwackt hatte, bekam einen großen Schreck; der Wächter war tot, und tot blieb er. Es wurde angezeigt, und es wurde davon geredet, und früh am Morgen trug man den Leib ins Krankenhaus.

Es konnte nun für die Seele ein ganz netter Spaß werden, falls sie zurückkam und aller Wahrscheinlichkeit nach den Leib in der Östergade suchte, ihn aber nicht fand. Wahrscheinlich lief sie dann zuerst zum Polizeiamt, später ins Einwohnermeldeamt – auf daß von dort aus unter abhanden gekommenen Sachen nach ihm geforscht würde – und schließlich ins Krankenhaus. Jedoch können wir ganz getrost sein, daß die Seele schlauer ist, wenn sie auf eigene Faust unterwegs ist, nur der Leib macht sie dumm.

Wie gesagt, des Wächters Leib kam ins Krankenhaus, wurde dort in die Säuberungsstube gebracht, und das erste, was man hier tat, war natürlich, die Galoschen herunterzuziehen, und nun mußte die Seele zurück; sie steuerte sofort zum Leib hin, und mit einemmal kam Leben in den Mann. Er versicherte, es sei die schrecklichste Nacht seines Lebens gewesen. Nicht um zwei Mark wolle er noch einmal dergleichen durchmachen, aber nun war es ja überstanden.

Er wurde am selben Tag wieder entlassen, aber die Galoschen blieben im Krankenhaus.

4
Ein Haupt-Moment. Eine Deklamationsnummer
Eine höchst ungewöhnliche Reise

Jeder Kopenhagener weiß heute, wie der Eingang zum Frederiks-Hospital in Kopenhagen aussieht, da aber vermutlich auch einige Nichtkopenhagener diese Geschichte lesen, müssen wir eine kurze Beschreibung geben.

Das Hospital ist von der Straße durch ein ziemlich hohes Gitter getrennt, dessen dicke Eisenstangen so weit auseinanderstehen, daß man sich erzählt, sehr dünne Kandidaten

hätten sich hindurchgezwängt und auf diese Weise außerhalb ihre kleinen Visiten gemacht. Der Körperteil, den hinauszupraktizieren am schwierigsten war, das war der Kopf; hier, wie so oft in der Welt, waren also die kleinen Köpfe am glücklichsten daran. Dies mag genug sein als Einleitung.

Einer der jungen Volontäre, von dem man nur in körperlicher Hinsicht sagen konnte, er habe einen großen Kopf, hatte gerade an diesem Abend Dienst; der Regen strömte, jedoch ungeachtet beider Hindernisse mußte er hinaus, nur eine Viertelstunde, und er fand, daß es sich nicht lohnte, das dem Pförtner mitzuteilen, wenn man durch die Eisenstangen schlüpfen konnte. Da lagen die Galoschen, die der Wächter vergessen hatte; daß es die des Glücks sein könnten, daran dachte er am wenigsten; sie konnten in diesem Wetter gerade richtig sein, er zog sie über, nun handelte es sich darum, ob er sich hindurchquetschen konnte, nie zuvor hatte er es versucht. Da stand er nun.

„Gebe Gott, daß ich den Kopf nach draußen kriege!" sagte er, und obwohl der Kopf sehr dick und groß war, glitt er sogleich leicht und glücklich hindurch, das mußten die Galoschen bewerkstelligt haben; aber nun mußte der Leib mit hinaus, da stand er nun.

„Uh, ich bin zu dick!" sagte er. „Ich hatte gedacht, der Kopf wäre das schlimmste! Ich komme nicht durch!"

Nun wollte er schleunigst den Kopf zurückziehen, aber das ging nicht. Den Hals konnte er bequem bewegen, aber das war auch alles. Sein erstes Gefühl war, daß er wütend wurde, das zweite, daß die Laune ganz bis unter Null sank. Die Galoschen des Glücks hatten ihn in die schrecklichste Lage versetzt, und zu seinem Unglück fiel es ihm nicht ein, sich frei zu wünschen, nein, er handelte vielmehr und kam nicht vom Fleck. Der Regen strömte hernieder, kein Mensch war auf der Straße zu sehen. An die Torglocke konnte er nicht heranreichen, wie sollte er nur loskommen. Er sah voraus, daß er hier bis zum frühen Morgen stehen würde. Da mußte man dann einen Schmied holen lassen, der die eisernen Stangen durchfeilte, aber das ging nicht so geschwind, die ganze Besserungsanstalt gerade gegenüber würde auf die Beine kommen, ganz Nyboder*, auftauchen, um ihn am Pranger stehen zu sehen, ein Auflauf würde

*Reihenhäuser, die Christian IV. für die Angehörigen der Marine Anfang des 17. Jh. bauen ließ (Anmerkung d. Übers.).

entstehen, ganz anders als bei der Riesenagave im vorigen Jahr. „Hu! das Blut steigt mir zu Kopf, ich werde noch verrückt! – Ja, ich werde verrückt! Oh, wäre ich bloß wieder frei, dann geht es wohl vorüber!"

Seht, das hätte er ein bißchen eher sagen sollen. Kaum war der Gedanke ausgesprochen, da hatte er den Kopf frei und stürzte nun hinein, ganz verstört von dem Schrecken, den ihm die Galoschen des Glücks versetzt hatten.

Hiermit dürfen wir nicht etwa glauben, daß das Ganze vorbei gewesen wäre, nein – es kommt noch schlimmer.

Die Nacht verging und auch der folgende Tag, niemand holte die Galoschen ab.

Abends sollte eine Vorstellung in dem kleinen Theater in der Kannikestræde stattfinden. Das Haus war gesteckt voll; unter den Deklamationsnummern wurde ein neues Gedicht aufgesagt. Wir hören es uns an. Der Titel lautete:

Großmutters Brille

Meiner Großmutter Klugheit ist bekannt.
In der „guten alten Zeit" hätte man sie verbrannt.
Sie weiß, was sich tut und was uns winkt,
Was das kommende Jahr an Ereignissen bringt.
Ja, bis in die „Vierziger" schaut sie hinein.
Sie leugnet's, doch das ist nur zum Schein.
Was wird nun im nächsten Jahre geschehen
An seltsamen Dingen? Wie gern würd ich sehen,
Wie's mir ergeht, wie der Kunst und dem Land.
Aber Großmutter nicht ein Quentchen gestand.
Da setzt ich ihr zu, und sieh, es hatt Zweck;
Erst schwieg sie, dann schalt sie und drehte sich weg.
Für mich war's 'ne Predigt in alle Winde.
Nichts versagt sie ihrem Hätschelkinde!

„Dies eine Mal dein Verlangen ich stille",
Hub sie an und reichte mir ihre Brille.
„Jetzt gehe, wohin es dir beliebt,
An einen Ort, wo's viel Leute gibt.

Stell dich so auf, daß du im Gedränge
Durch meine Brille überblickst die Menge.
Wie ein Spiel Karten wird sie sofort
Da vor dir liegen, glaub mir aufs Wort!
Aus ihm kannst du dann die Zukunft ersehen!"

Ich sagte danke und wollte schnell gehen.
Da fragt ich mich, wo ich die meisten find?
Auf Langelinie? Huh, da geht immer ein Wind!
Auf Östergade? Sinkt im Schmutze man ein!
Doch im Theater? Ja, das wäre fein!
Die Abendunterhaltung kommt mir gelegen,
Für viele ist sie ein rechter Segen!
Hier bin ich, seh Menschen in Hülle und Fülle!
'Ist's erlaubt, so nehme ich Großmutters Brille,
Um so zu prüfen – ach nein, Sie dürfen nicht gehen! –,
Ob Sie wie ein Kartenspiel aussehen,
Aus dem ich lese, was uns schenkt die Zeit.
Ihr Schweigen ich mir als Zustimmung deut.
Zum Dank beteilige ich Sie an der Prophetie,
Wir sind ja hier alle von derselben Partie.
Ich sage wahr: Ihnen, mir und dem Land!
Und erzähl, was aus Karten uns bekannt!
(Und nun setzt er sich die Brille auf.)

Doch! richtig, nein, daß ich nicht lache!
Oh, könnt ich Ihnen zeigen diese lustige Sache!
Hier sind so viele Herren beisammen,
Auch eine ganze Reihe von Damen.
Das Schwarze da, ja, das ist Treff und Pik.
Nun habe ich bald einen Überblick! –
Die Dame Pik dort mit dem Schwergewicht,
Die hat ihr Trachten auf den Karoknecht gericht'.
Oh, diese Schau mich fast berauscht!
Hier liegt Geld ins Haus, wie ich erlauscht.
Und viele Gäste, die von „drüben" kommen.
Das hätten wir nicht so gern vernommen.
Wie steht's mit den Ständen denn? Laßt mal sehen!

Oh, ich fürchte, da wird noch viel Zeit vergehen.
Wenn ich jetzt klatschte, schad ich der Zeitung,
Der beste Knochen ist erst in Vorbereitung!
Und das Theater selbst? Die Neuheiten? Geschmack und
Nein, da verderb ich's mit der Direktion!   [Ton?
Doch meine Zukunft? Wie sich's für mich fügt,
Mir, das verstehen Sie doch, zunächst am Herzen liegt.
Ich sehe –! Ja, das sag ich Ihnen nicht,
Sie werden's schon erfahren, wenn's geschicht.
Nun suchen wir den Glücklichsten unter Ihnen.
Der Glücklichste? Wer ist das wohl hier drinnen?
Das ist doch – nein, das lieber nicht.
Es kann geschehen, daß ihn der Haber sticht.
Wer wird am längsten leben? Denkt bloß an!
Dergleichen viel übler noch ausgehen kann.
Ob ich nochmal anfange? – Nein! – Ja? nein! – Ja? nein!
Ja? Ich weiß selber weder aus noch ein!
Ich sorg mich, Sie gar zu leicht zu kränken,
Doch wüßt ich gern, was Sie sich da so denken.
Ich möcht Ihnen leihn meine Sehergabe.
Wie meinen? Wie beliebt? Ringsum ich habe
Ungläubige vor Augen, die da meinen,
Das Ganze zerinne ja doch in ein Nichts,
Und sagen, am rechten Ernste gebricht's!
Sie meinen, Sie hör'n nichts als Kling und Klang!
Nun gut, ich bin still denn und sage Dank!
Ich rufe Ihnen lebewohl zu, Verehrte!
Und Ihre Meinung nach Gebühr ich werte!

Das Gedicht wurde ausgezeichnet vorgetragen, und der Vortragende hatte großen Erfolg. Unter den Zuschauern war der Volontär aus dem Hospital, der sein Abenteuer am Abend vorher vergessen zu haben schien, die Galoschen hatte er an, denn die waren nicht abgeholt worden, und da es auf der Straße matschig war, konnten sie ihm ja gute Dienste leisten.

Das Gedicht gefiel ihm gut.

Die Idee beschäftigte ihn sehr, er hätte gern solch eine

Brille gehabt, vielleicht, wenn man sie richtig anwandte, konnte man den Menschen bis ins Herz schauen, das sei eigentlich interessanter, meinte er, als zu sehen, was im nächsten Jahr geschehen würde, denn das erführe man schon noch, das andere dagegen niemals. „Ich kann mir nun die ganze Reihe von Herren und Damen dort auf der ersten Bank vorstellen – könnte man ihnen in die Brust schauen, ja, da müßte doch ein Eingang sein, eine Art Laden; na, wie meine Augen dann in den Läden herumgucken würden, bei der Dame dort fände ich sicher ein großes Modegeschäft! Bei der da ist der Laden leer, doch könnte er es nötig haben, reingemacht zu werden. Aber es gibt sicher auch solide Läden. Ach ja!" seufzte er. „Ich weiß einen, in dem ist alles solide, aber da ist schon ein Ladengehilfe, der ist das einzig Schlechte an dem ganzen Laden! Aus dem einen oder anderen würde es rufen: ‚Bitte tretet näher!' Ja, wenn ich doch näher treten könnte, wie ein lieber kleiner Gedanke durch die Herzen geht!"

Seht, das genügte für die Galoschen, der ganze Volontär schrumpfte zusammen, und es begann eine höchst ungewöhnliche Reise mitten durch die Herzen auf der ersten Zuschauerreihe. Das erste Herz, durch das er kam, war das einer Dame. Aber auf der Stelle meinte er, er sei im orthopädischen Institut, wie man das Haus nennt, wo der Doktor die Knoten der Menschen wegmacht und die Leute wieder gerade werden, dort war er in dem Raum, wo die Gipsabgüsse der verwachsenen Gliedmaßen an der Wand hängen; jedoch war der Unterschied hier der, daß sie draußen im Institut weggemacht werden, sowie der Patient hinkommt, aber hier im Herzen waren sie weggemacht und aufbewahrt worden, während die guten Leute weg waren. Es waren Abgüsse von Freundinnen, ihre leiblichen und geistigen Fehler, die hier aufbewahrt wurden.

Schnell war er in einem anderen Frauenherzen, aber dies kam ihm vor wie eine große, heilige Kirche. Die weiße Taube der Unschuld schwebte über dem Hochaltar; wie gern wäre er niedergekniet, aber er mußte weiter, ins nächste Herz hinein, noch aber hörte er die Orgeltöne, und er selber schien ein neuer und besserer Mensch geworden zu sein, fühlte sich nicht unwürdig, das nächste Heiligtum zu betreten, das eine armselige Dachkammer zeigte mit einer kranken Mutter; aber durch das offene Fenster strahlte Gottes warme Sonne herein, herrliche Rosen nickten von dem kleinen Holzkasten auf dem Dach, und zwei himmelblaue Vögel sangen von kindlicher Freude, während die kranke Mutter den Segen auf ihre Tochter herabflehte.

Nun kroch er auf Händen und Füßen durch einen überfüllten Schlachterladen, hier fand er Fleisch und nichts als Fleisch vor, dies war das Herz eines reichen, geachteten Mannes, dessen Name sicher im *„Wegweiser"* steht.

Nun war er im Herzen von dessen Gemahlin, das war ein alter, verfallener Taubenschlag; das Bildnis des Mannes wurde als Wetterhahn benutzt, dieser stand mit den Türen in Verbindung, und so gingen sie auf und zu, sobald der Mann sich drehte.

Darauf gelangte er in einen Spiegelsaal wie den, den wir auf Schloß Rosenborg haben, aber die Spiegel vergrößerten in unglaublichem Maße. Mitten im Raum saß, wie ein Dalai-Lama, das unbedeutende Ich der Person, verwundert über seine eigene Größe.

Danach meinte er, sich in einer engen Nadelbüchse zu befinden, voller spitziger Nadeln. „Dies ist bestimmt das Herz einer alten Jungfer!" mußte er denken, aber das war nicht der Fall, es war ein ganz junger Militär mit mehreren Orden, eben gerade, wie man sagt, ein Mann von Herz und Geist.

Ganz betäubt kam der aberwitzige Volontär aus dem letzten Herzen in der Reihe, er vermochte nicht seine Gedanken zu ordnen, meinte aber, es sei seine viel zu starke Phantasie, die mit ihm durchgegangen wäre.

„Herr Gott", seufzte er, „ich fange bestimmt an, verrückt zu werden! Hier drinnen ist es auch unverzeihlich heiß! Das Blut steigt mir zu Kopf!" und nun erinnerte er sich des großen Ereignisses am Abend vorher, wie sein Kopf zwischen den Eisenstangen am Hospital festgesessen hatte. „Da hab ich es mir sicher geholt!" meinte er. „Dem muß ich rechtzeitig vorbeugen. Ein russisches Bad wäre vielleicht gut. Läge ich doch schon auf dem obersten Brett!"

Und dann lag er auf dem obersten Brett im Dampfbad, aber er lag da mit allen Sachen, mit Stiefeln und Galoschen, die heißen Wassertropfen von der Decke tropften ihm ins Gesicht.

„Hu!" schrie er und sauste hinunter, um ein Brausebad zu nehmen. Der Mann, der bediente, stieß ebenfalls einen lauten Schrei aus, als er einen angekleideten Menschen hier drinnen sah.

Der Volontär bewahrte indessen so viel Fassung, daß er ihm zuflüsterte: „Es gilt eine Wette!" aber das erste, was er tat, als er in sein eigenes Zimmer kam, war, daß er sich ein großes, spanisches Fliegenpflaster ins Genick legte und eins am Rücken entlang, damit die Verrücktheit herausgezogen würde.

Am nächsten Morgen hatte er aber einen blutigen Rücken, das war der Gewinn, den er von den Galoschen des Glücks hatte.

5

Die Verwandlung des Kopisten

Der Wächter, den wir sicher nicht vergessen haben, erinnerte sich indes der Galoschen, die er gefunden und ins Hospital mitgebracht hatte; er holte sie ab, aber da weder der Lieutenant noch irgend jemand anders auf der Straße sich zu ihnen bekannte, wurden sie auf der Polizeibehörde abgegeben.

„Die sehen aus, als wären es meine eigenen Galoschen!" sagte einer der Herren Kopisten, während er den Fund betrachtete und neben seine eigenen stellte. „Es gehört mehr als ein Schuhmacherauge dazu, sie auseinanderzuhalten!"

„Herr Kopist!" sagte ein Wachtmeister, der mit einigen Papieren hereinkam.

Der Kopist drehte sich um und sprach mit dem Mann; als sie aber fertig waren und er sich die Galoschen ansah, war er sich völlig im unklaren darüber, ob es die rechts oder die links waren, die ihm gehörten. „Es müssen die sein, die naß sind!" dachte er; aber das war gerade verkehrt, denn das waren die des Glücks; aber warum sollte nicht auch die Polizei sich irren! Er zog sie an, steckte einige Papiere in die Tasche, nahm andere unter den Arm, zu Haus mußten sie durchgelesen und abgeschrieben werden; aber nun war es gerade Sonntagvormittag, und das Wetter war gut. „Ein Spaziergang nach Frederiksberg hinaus", dachte er, „könnte mir gut tun!" und dann ging er hinaus.

Einen stilleren und fleißigeren Menschen als diesen jungen Mann konnte es nicht geben, wir gönnen ihm von Herzen diesen kleinen Spaziergang, der war ganz bestimmt höchst bekömmlich für ihn nach dem vielen Sitzen. Zu Anfang ging er nur so dahin, ohne an etwas zu denken, daher hatten die Galoschen keine Gelegenheit, ihre Zauberkraft zu beweisen.

In der Allee traf er einen Bekannten, einen jungen Dichter, der ihm erzählte, daß er am nächsten Tag seine Sommerreise antreten wolle.

„Na, wollen Sie nun wieder los!" sagte der Kopist. „Sie sind aber auch ein glücklicher, freier Mensch. Sie können fliegen, wohin Sie wollen, wir anderen haben eine Fessel am Bein!"

„Aber sie ist am Brotbaum festgemacht!" entgegnete der Dichter. „Sie brauchen sich um den morgigen Tag nicht zu sorgen, und werden Sie alt, dann bekommen Sie Pension!"

„Sie haben es aber besser!" sagte der Kopist, „dazusitzen und zu dichten, das ist doch ein Vergnügen. Die ganze Welt sagt Ihnen Angenehmes, und dann sind Sie Ihr eigener Herr! O ja, Sie sollten es probieren, auf dem Gericht über den trivialen Sachen zu sitzen!"

Der Dichter schüttelte den Kopf, der Kopist schüttelte auch den Kopf, jeder bestand auf seiner Meinung, und dann gingen sie auseinander.

„Es sind eigentümliche Leute, diese Poeten!" sagte der Kopist. „Ich würde es zu gern mal probieren, in solch eine Natur zu schlüpfen, selber ein Poet zu sein, ich bin überzeugt, ich würde nicht solche winselnden Verse schreiben wie die anderen! – Das ist so recht ein Frühlingstag für einen Dichter! Die Luft ist so ungewöhnlich klar, die Wolken sind so schön, und das Grün hat einen Duft! Ja, seit Jahren habe ich es nicht so empfunden wie in diesem Augenblick!"

Wir merken bereits, daß er Dichter geworden ist; es fiel nicht gerade in die Augen, denn es ist eine törichte Vorstellung, wenn man sich einen Dichter anders denkt als andere Menschen, unter diesen kann es viel poetischere Naturen geben, als manch großer, anerkannter Dichter es ist; der Unterschied ist dann nur der, daß der Dichter ein besseres Gedächtnis hat, er kann die Idee und das Gefühl festhalten, bis sie klar und deutlich ins Wort übergegangen sind, das können die anderen nicht. Aber von einer Alltagsnatur in eine begabte überzugehen, ist immer eine Wandlung, und die hatte der Kopist nun vollzogen.

„Der köstliche Duft!" sagte er, „wie sehr erinnert er mich an die Veilchen bei Tante Lone! Ja, das war, als ich ein kleiner Knabe war! Herrgott, daran habe ich seit langen Zeiten nicht gedacht! Das gute alte Mädchen! Sie wohnte dort drüben hinter der Börse. Immer hatte sie einen Zweig oder ein paar grüne Reiser im Wasser, der Winter mochte so streng sein, wie er wollte. Die Veilchen dufteten, während ich die angewärmten Kupfermünzen an die zugefrorene Scheibe legte und Gucklöcher machte. Es war eine feine Aussicht. Draußen auf dem Kanal waren die Schiffe eingefroren, von der ganzen Mannschaft verlassen, eine krächzende Krähe war nun die ganze Besatzung. Wenn dann aber das Frühjahr kam, dann war man dort emsig beschäftigt; unter Gesang und Hurrarufen zersägte man das Eis. Die Schiffe wurden geteert und getakelt, dann fuhren sie in fremde Lande; ich bin hiergeblieben und muß immer hierbleiben, immer auf der Polizeibehörde sitzen und zusehen, wenn die anderen sich einen Paß holen, um ins Ausland zu fahren, das ist mein Los! O ja!" seufzte er tief, hielt aber mit einemmal inne. „Herrgott, was fällt mir denn ein! so habe ich bisher noch nie gedacht oder gefühlt!

Das muß die Frühlingsluft sein! Es ist beängstigend und angenehm zugleich!" Er fühlte in der Tasche nach seinen Papieren. „Diese bringen mich auf andere Gedanken!" sagte er und ließ die Augen über die erste Seite schweifen. *„Frau Sigbrith, Orginal-Tragödie in fünf Akten"*, las er. „Was ist das? Und das ist ja meine eigene Handschrift. Hab ich diese Tragödie geschrieben? *Die Intrige auf dem Wall oder Der Bußtag, ein Vaudeville.* – Aber wo hab ich das denn her? Man muß mir das in die Tasche gesteckt haben. Hier ist ein Brief?" Ja, der war von der Theaterdirektion, die Stücke waren abgelehnt worden, und der Brief selber war keineswegs höflich im Ausdruck. „Hm! hm!" sagte der Kopist und setzte sich auf eine Bank; seine Gedanken waren so lebhaft, sein Herz ganz weich; unwillkürlich griff er nach einer der nächsten Blumen, es war eine schlichte kleine Gänseblume; was der Botaniker uns erst in vielen Vorlesungen sagt, verkündete diese in einer Minute, sie erzählte die Mythe von ihrer Geburt, sie erzählte von der Macht des Sonnenlichts, sie streckte ihre feinen Blätter aus und zwang sie zu duften, da dachte er an die Kämpfe des Daseins, die auf ebensolche Art Gefühle in unserer Brust erwecken. Luft und Licht waren die Buhlen der Blume, aber das Licht war der Bevorzugte, dem Lichte drehte sie sich zu, wenn es fortging, dann rollte sie die Blätter zusammen und schlief in den Armen der Luft. „Es ist das Licht, welches mich schmückt!" sagte die Blume; „aber die Luft läßt dich atmen!" flüsterte die Dichterstimme.

Dicht daneben stand ein Junge und schlug mit seinem Stecken in einen schlammigen Graben. Die Wassertropfen spritzten zwischen den grünen Ästen hoch, und der Kopist dachte an die Millionen von unsichtbaren Tieren, die in den Tropfen zu einer Höhe hinaufgeschleudert wurden, die, an ihrer Größe gemessen, für sie das gleiche war, als wenn wir hoch über die Wolken hinausgewirbelt würden. Als der Kopist daran dachte und an die ganze Verwandlung, die mit ihm vor sich gegangen war, lächelte er: „Ich schlafe und träume! merkwürdig ist es dennoch! wie man doch natürlich träumen kann und dabei selber weiß, daß es nur ein Traum ist. Wenn ich mich doch nur morgen daran erinnerte, wenn ich aufwache; nun finde ich, ich bin ganz ungewöhnlich frisch! Ich habe einen klaren Blick für alles, fühle mich ganz klar im Kopf, aber ich bin überzeugt, wenn ich mich morgen an irgend etwas erinnere, dann ist es Unsinn, das habe ich schon manchmal erfahren! Es ist mit all dem Klugen und Prächtigen, das man im Traum hört und sagt, wie mit dem Gold der Unterirdischen: Hält man es eben in Händen, dann ist es reich und herrlich, aber bei Tage besehen sind es nur Steine und welke Blätter. – Ach", seufzte er ganz wehmütig und betrachtete die singenden Vögel, die überaus vergnügt von Ast zu Ast hüpften, „die haben es viel besser als ich! Fliegen ist eine wunderbare Kunst, glücklich der, der damit geboren ist! Ja, sollte ich in etwas übergehen dann müßte es so eine kleine Lerche sein!"

Im selben Augenblick schrumpften die Rockschöße und Ärmel zu Flügeln zusammen, die Kleider wurden Federn und die Galoschen Krallen; er merkte es ganz genau und lachte innerlich: „So, nun kann ich ja sehen, daß ich träume! aber so albern habe ich es bisher noch nie getan!" und er flog zu den grünen Ästen hinauf und sang, aber im Lied lag keine Poesie, denn die Dichternatur war verschwunden; die Galoschen konnten, wie jeder, der etwas gründlich machen will, nur eines zur Zeit tun, er hatte Dichter sein wollen, das war er geworden, nun wollte er ein kleiner Vogel sein, aber als er dies wurde, hörte die vorige Eigenart auf.

„Das ist wirklich fein", sagte er, „tagsüber sitze ich in der Polizeibehörde zwischen den solidesten Aktenstücken, nachts kann ich träumen, daß ich als Lerche im Frederiksberg Have umherfliege, darüber könnte man wahrhaftigen Gotts ein ganzes Volksstück schreiben!"

Nun flog er ins Gras hinab, drehte den Kopf nach allen Seiten und schlug mit dem Schnabel auf die biegsamen Grashalme, die im Verhältnis zu seiner jetzigen Größe groß aussahen wie die Palmenzweige Nordafrikas.

Es dauerte nur einen Augenblick, und da wurde es kohlrabenschwarze Nacht um ihn; ein, wie ihm vorkam, ungeheurer Gegenstand wurde auf ihn geworfen, es war eine große Schirmmütze, die ein Junge von Nyboder über den Vogel warf, eine Hand langte darunter und griff den Kopisten um Rücken und Flügel, daß er piepste, in seinem ersten Schrecken rief er laut: „Du unverschämter Grünschnabel! Ich bin Kopist in der Polizeibehörde!" aber das klang für den Jungen nur wie: „pieps, pieps, pieps!" Er gab dem Vogel eins über den Schnabel und stapfte von dannen.

In der Allee begegnete er zwei Schuljungen der gebildeten Klasse, das heißt ihrer Herkunft nach: in geistiger Hinsicht gehörten sie zur untersten Klasse. Sie erwarben den Vogel für acht Schillinge, und auf diese Weise kam der Kopist nach Kopenhagen in das Haus einer Familie in der Gothersgade.

„Es ist gut, daß ich träume!" sagte der Kopist, „sonst würde ich wütend werden, verdammt noch mal! Erst war ich Poet, nun bin ich eine Lerche! Ja, es war aber die Poetennatur, die aus mir dies kleine Tier machte! Das ist aber eine jämmerliche Angelegenheit, namentlich wenn man ein paar Jungen in die Hände gerät. Ich möchte doch wirklich wissen, wie dies abläuft."

Die Jungen brachten ihn in eine sehr elegante Stube; eine dicke, lachende Dame ging ihnen entgegen, aber sie war keineswegs erfreut darüber, daß der gewöhnliche Feldvogel, wie sie die Lerche nannte, mit hereinkam, doch wollte sie es für heute hingehen lassen, und sie durften ihn in das leere Bauer stecken, das am Fenster stand: „Es macht vielleicht unserm Poppi Spaß!" fügte sie hinzu und lachte einem großen, grünen Papageien zu, der in dem prachtvollen Messingbauer vornehm auf seinem Ring schaukelte. „Poppi hat heute Geburtstag", sagte sie dumm und naiv, „darum will der kleine Feldvogel gratulieren!"

Poppi antwortete mit keiner Silbe, sondern schaukelte vornehm hin und her, dagegen begann ein hübscher Kanarienvogel, der letzten Sommer aus seinem warmen, duftenden Vaterland hierhergebracht worden war, laut zu singen.

„Schreihals!" sagte die Frau des Hauses und warf ein weißes Taschentuch über das Bauer.

„Piep, piep", seufzte der, „es ist schreckliches Schneewetter!" und mit diesem Seufzer verstummte er.

Der Kopist oder, wie die Hausfrau sagte, der Feldvogel kam in ein kleines Bauer dicht neben dem Kanarienvogel, nicht weit vom Papageien. Den einzigen menschlichen Satz, den Poppi zusammenhängend plappern konnte und der oft ziemlich komisch klang, war: „Nein, laßt uns doch Menschen sein!" Alles übrige, was er schrie, war genauso unverständlich wie das Zwitschern des Kanarienvogels, nur nicht für den Kopisten, der nun selber ein Vogel war; er verstand die Gefährten nur zu gut.

„Ich bin unter der grünen Palme und dem blühenden Mandelbaum geflogen", sang der Kanarienvogel, „ich bin mit meinen Geschwistern über die prächtigen Blumen und den glasklaren See geflogen, wo die Pflanzen auf dem Grunde nickten. Ich habe auch viele schöne Papageien gesehen, die die lustigsten Geschichten erzählten, ganz lange und ganz viele."

„Das waren wilde Vögel", erwiderte der Papagei, „die hatten keine Bildung. Nein, laßt uns doch Menschen sein! –

Warum lachst du nicht? Wenn die gnädige Frau und der ganze Besuch darüber lachen können, dann kannst du es auch. Es ist ein großer Mangel, keinen Geschmack am Lustigen zu finden. Nein, laßt uns doch Menschen sein!"

„Oh, weißt du noch, die hübschen Mädchen, die unter dem ausgespannten Zelt neben den blühenden Bäumen tanzten? Weißt du noch, die süßen Früchte und den kühlenden Saft in den wildwachsenden Kräutern?"

„O ja!" sagte der Papagei, „aber hier geht es mir viel besser! Ich habe gutes Essen und gehöre zur Familie. Ich weiß, ich bin ein guter Kopf, und mehr verlange ich nicht. Laßt uns doch Menschen sein! Du bist eine Dichterseele, wie man es nennt, ich hab ein gründliches Wissen und Witz, du hast Genie, aber keine Besonnenheit, gehst in diesen lauten Naturklängen auf, und darum deckt man dich zu. Das erlauben sie sich mir gegenüber nicht, nein, denn ich habe sie etwas mehr gekostet, ich imponiere mit dem Schnabel und kann einen ‚Witz! Witz! Witz!' machen. Nein, laßt uns doch Menschen sein!"

„Oh, mein warmes, blühendes Vaterland!" sang der Kanarienvogel, „ich will von deinen dunkelgrünen Bäumen singen, von deinen stillen Meeresbuchten, wo die Zweige den hellen Wasserspiegel küssen, von dem Jubel meiner leuchtenden Brüder und Schwestern singen, wo die ‚Pflanzenquellen der Wüste*' wachsen!"

„Laß doch bloß dies Gewinsel!" sagte der Papagei. „Sag etwas, worüber man lachen kann! Lachen ist das Zeichen des höchsten geistigen Standpunktes. Sieh doch, ob ein Hund oder ein Gaul lachen kann! Nein, weinen kann er, aber lachen, das ist allein dem Menschen beschieden. Ho, ho, ho!" lachte Poppi und fügte seinen Witz hinzu: „Laßt uns doch Menschen sein."

„Du kleiner grauer dänischer Vogel", sagte der Kanarienvogel. „Du bist auch gefangen! In deinen Wäldern ist es sicher kalt, aber dort herrscht doch Freiheit, flieg hinaus! Sie haben vergessen, hinter dir zuzumachen; das oberste Fenster steht offen. Flieg, flieg!"

* Kakteen.

Und das tat der Kopist, wupps, war er hinaus aus dem Bauer; im selben Augenblick knarrte die halbgeöffnete Tür zum nächsten Zimmer, und geschmeidig, mit grünen, funkelnden Augen, schlich die Hauskatze herein und machte Jagd auf ihn. Der Kanarienvogel flatterte im Käfig, der Papagei klatschte mit den Flügeln und rief: „Laßt uns doch Menschen sein!" Der Kopist bekam einen Todesschreck und flog durch das Fenster von dannen, über Häuser und Straßen; schließlich mußte er sich ein wenig ausruhen.

Das gegenüberliegende Haus hatte etwas Vertrautes; ein Fenster stand offen, er flog hinein, es war sein eigenes Zimmer, er setzte sich auf den Tisch.

„Laßt uns doch Menschen sein!" sagte er, ohne darüber nachzudenken, was er sagte, er machte es dem Papageien nach, und im selben Augenblick war er Kopist, aber er saß auf dem Tisch.

„Der Himmel bewahr mich", sagte er, „wie bin ich hierhergekommen und so tief eingeschlafen! Ich hatte aber auch einen unruhigen Traum. Die ganze Geschichte war lauter dummes Zeug!"

6
Das Beste, was die Galoschen brachten

Am Tage darauf, zu früher Morgenstunde, als der Kopist noch im Bett lag, klopfte es an seine Tür; es war der Nachbar vom selben Stockwerk, ein Student, der Theologie studierte; er trat ein.

„Leih mir deine Galoschen", sagte er, „es ist so naß im Garten, aber die Sonne scheint schön, ich wollte noch eine Pfeife dort unten rauchen."

Er zog die Galoschen an und war bald unten im Garten, in dem ein Pflaumen- und ein Birnbaum standen. Selbst ein so kleiner Garten wie dieser wird im inneren Kopenhagen als eine große Herrlichkeit betrachtet.

Der Student ging auf dem Gartenweg auf und nieder;

es war erst sechs Uhr; draußen von der Straße erklang ein Posthorn.

„Oh, reisen! reisen!" rief er aus, „es ist doch das größte Glück der Welt! es ist das höchste Ziel meiner Wünsche! Dann würde diese Unruhe, die ich in mir fühle, still werden. Aber weit fort müßte es sein! Ich möchte die herrliche Schweiz sehen, durch Italien reisen und..."

Ja, gut war es, daß die Galoschen sogleich wirkten, sonst wäre er viel zu weit herumgekommen, was ihn selbst wie auch uns anbetrifft. Er reiste. Er war mitten in der Schweiz, aber mit acht anderen zusammen im Innersten einer Postkutsche zusammengepfercht. Kopfweh hatte er, müde im Nacken fühlte er sich, und das Blut war ihm in die Beine hinabgesunken, die anschwollen, so daß die Stiefel drückten. Er schwebte in einem Zustand zwischen Schlaf und Wachen. In der rechten Tasche hatte er den Kreditbrief, in der linken Tasche den Paß und auf der Brust, in einen kleinen Lederbeutel eingenäht, einige Louisdor. In jedem Traum ward ihm kundgetan, daß die eine oder andere von diesen Kostbarkeiten verlorengegangen sei; und darum fuhr er wie im Fieber hoch, und die erste Bewegung, die die Hand machte, beschrieb ein Dreieck von rechts nach links und zur Brust hinauf, um nachzufühlen, ob auch alles da war oder nicht. Regenschirme, Stöcke und Hüte schaukelten oben über ihm im Netz und verwehrten so ziemlich die Aussicht, die höchst imposant war. Er schaute verstohlen danach aus, während das Herz sang, was zum mindesten *ein* Dichter, den wir kennen, in der Schweiz gesungen, aber bis heute nicht hat drucken lassen:

> Ja, hier ist's so schön, wie das Herz es gewollt.
> Ich schau zum Montblanc, meinem Lieben.
> Hätt das Geld nur gereicht, wie es gesollt,
> Ach, lange noch wär ich geblieben!

Groß, ernst und dunkel war die ganze Natur rundum. Die Tannenwälder erschienen wie Heidekrauthügel auf den hohen Felsen, deren Gipfel vom Gewölk verhüllt waren; jetzt begann es zu schneien, es ging ein kalter Wind.

„Uh!" seufzte er. „Wären wir doch erst auf der anderen Seite der Alpen, dann wäre Sommer, und dann hätte ich Geld auf meinen Kreditbrief abgehoben. Durch die Angst, die ich darum habe, genieße ich die Schweiz gar nicht so. Oh, wäre ich nur auf der anderen Seite!"

Und dann war er auf der anderen Seite. Tief in Italien drinnen war er, zwischen Florenz und Rom. Der Trasimenische See lag im Abendschein wie loderndes Gold zwischen den dunkelblauen Bergen; hier, wo Hannibal den Flaminius schlug, hielten nun die Weinreben einander friedlich an den grünen Fingern; anmutige, halbnackte Kinder hüteten eine Herde kohlschwarzer Schweine unter einer Gruppe duftender Lorbeerbäume an der Straße. Könnten wir dies Gemälde nur richtig wiedergeben, alle würden jubeln: „Herrliches Italien!" aber das sagte weder der Theologe noch ein einziger von seinen Reisegefährten drinnen im Wagen des Vetturins.

Tausende von giftigen Fliegen und Mücken flogen zu ihnen herein, vergeblich peitschten sie mit einem Myrthenzweig um sich, die Fliegen stachen trotzdem; es war nicht ein Mensch im Wagen, dessen Gesicht nicht aufgequollen und von Bissen blutig war. Die armen Pferde sahen aus wie Aas, die Fliegen saßen in großen Fladen an ihnen, und es half nur für einen Augenblick, wenn der Kutscher abstieg und die Tiere abschabte. Nun sank die Sonne, eine kurze, aber eisige Kälte lief durch die ganze Natur, es war gar nicht angenehm; aber die Berge und Wolken ringsum nahmen die schönste grüne Farbe an, so hell, so schimmernd. – Ja, geht selbst hin und seht es euch an, es ist besser, als die Beschreibung zu lesen! Es hatte nicht seinesgleichen; das fanden die Reisenden auch, aber – der Magen war leer, der Körper müde, alles Verlangen des Herzens richtete sich auf ein Nachtquartier; aber wie würde das sein? Man schaute viel sehnsüchtiger danach aus als nach der schönen Natur.

Die Straße führte durch einen Olivenhain, es war, als führe man in der Heimat zwischen knorrigen Weiden dahin, hier lag das einsame Gasthaus. Ein Dutzend bettelnde Krüppel hatten sich davor hingelagert, der gesündeste unter ihnen sah aus wie „des Hungers ältester Sohn, der großjährig geworden ist*", die anderen waren entweder blind, hatten lahme Beine und krochen auf Händen, oder sie hatten Schrumpfarme mit fingerlosen Händen. Es war das reinste Elend, aus den Lumpen hervorgezerrt. *„Eccellenza, miserabili!"* stöhnten sie und streckten die siechen Glieder aus. Die Wirtin selbst, in bloßen Füßen, mit ungemachtem Haar und nur mit einer schmutzigen Bluse bekleidet, nahm die Gäste in Empfang. Die Türen waren mit Bindfaden zusammengebunden; die Fußböden in den Zimmern waren mit Ziegeln gepflastert und halb aufgerissen. Fledermäuse flogen unter der Decke hin und her, und der Gestank hier drinnen ... !

„Ja, möchte Sie unten im Stall decken!" sagte einer der Reisenden. „Dort unten weiß man doch, was man einatmet!"

Die Fenster wurden geöffnet, damit etwas frische Luft hereinkommen konnte, aber schneller als diese kamen die verdorrten Arme herein und das ewige Winseln: *„Miserabili, Eccellenza!"* Auf den Wänden stand alles mögliche geschrieben, die Hälfte war gegen die bella Italia.

Das Essen wurde aufgetragen; es gab eine Wassersuppe, mit Pfeffer und ranzigem Öl gewürzt, und dann noch ein-

* Snarleyyow.

mal das gleiche Öl im Salat; verdorbene Eier und gebratene Hahnenkämme waren die Prachtgerichte, selbst der Wein hatte einen Beigeschmack, es war eine richtige Mixtur.

Zur Nacht wurden die Koffer vor der Tür aufgestellt, einer der Reisenden hielt Wache, während die anderen schliefen; der Theologe war der Wachthabende; oh, wie stickig war es hier drinnen! Die Hitze war drückend, die Mücken schwirrten und stachen, die *miserabili* draußen winselten im Schlaf.

„Ja, reisen ist ganz schön!" seufzte der Student, „hätte man nur keinen Leib! könnte dieser ruhen und der Geist dafür fliegen. Wo ich hinkomme, gibt es einen Mangel, der einem das Herz abdrückt; etwas Besseres als das Gegenwärtige möchte ich haben, ja, etwas Besseres, das Beste, aber wo und was ist das? Ich weiß im Grunde wohl, was ich möchte, ich möchte zu einem glücklichen Ziel gelangen, dem glücklichsten von allen!"

Und kaum war das Wort ausgesprochen, da war er im Elternhaus. Die langen, weißen Gardinen hingen vor dem Fenster, und mitten im Raum stand der schwarze Sarg, in diesem lag er in seinem stillen Todesschlaf, sein Wunsch war erfüllt: der Leib ruhte, der Geist wanderte. Preise keinen glücklich, bevor er nicht in seinem Grabe ist, so lauteten Solons Worte, hier wurde die Bestätigung erneuert.

Jeder Leichnam ist die Sphinx der Unsterblichkeit; auch die Sphinx hier in dem schwarzen Sarg beantwortete uns nicht, was der Lebende zwei Tage vorher niedergeschrieben hatte:

Du starker Tod, nur Grauen weckt dein Schweigen,
Und deine Spuren sind des Kirchhofs Gruben,
Muß sich die Jakobsleiter des Gedankens neigen?
Steh ich als Gras nur auf in deinen Stuben?

Die Welt sieht nimmer unsere größten Schmerzen,
Du, einsam bis zu deinen letzten Tagen,
Im Leben drückt oft sehr viel mehr die Herzen
Als nur die Erde, die dein Sarg muß tragen.

Zwei Gestalten bewegten sich im Zimmer; wir kennen sie beide: es waren die Fee des Leids und die Abgesandte des Glücks; sie neigten sich über den Toten.

„Siehst du!" sagte das Leid, „welches Glück haben wohl deine Galoschen der Menschheit gebracht?"

„Sie haben zum mindesten ihm, der hier schlummert, ein dauerndes Glück gebracht!" entgegnete die Freude.

„O nein!" sagte das Leid; „er ging selbst von hinnen, er wurde nicht gerufen! Seine geistige Kraft hienieden war nicht groß genug, um die Schätze hier zu heben, die er laut seiner Bestimmung heben muß! Ich werde ihm eine Wohltat erweisen!"

Und sie zog ihm die Galoschen von den Füßen; da war der Todesschlaf zu Ende, der Wiedererstandene richtete sich auf. Das Leid verschwand, aber auch die Galoschen; es hat sie sicherlich für sein Eigentum gehalten.

Die Gänseblume

Nun hör mal zu!

Draußen auf dem Lande, dicht an der Straße, lag ein Landhaus; du hast es bestimmt selber einmal gesehen! Vorn ist ein kleiner Garten mit Blumen und einem Zaun, der gestrichen ist; dicht dabei am Graben, inmitten des schönsten grünen Grases wuchs eine kleine Gänseblume; die Sonne beschien sie so warm und schön wie die großen reichen Prachtblumen drinnen im Garten, und daher wuchs sie von Stunde zu Stunde. Eines Morgens stand sie voll entfaltet da, mit ihren kleinen, schimmernd weißen Blütenblättern, die gleich Strahlen rund um die kleine gelbe Sonne im Innern sitzen. Ihr kam gar nicht der Gedanke, daß kein Mensch sie dort im Grase sähe und daß sie eine arme, verachtete Blume wäre. Nein, sie war fröhlich, sie wandte sich unmittelbar der warmen Sonne zu, blickte zu ihr empor und hörte der Lerche zu, die in den Lüften sang.

Das Gänseblümchen war so glücklich, als wäre ein großer Feiertag, und dabei war nur Montag; alle Kinder waren in der Schule; während sie auf ihren Bänken saßen und etwas lernten, saß sie auf ihrem kleinen grünen Stengel und lernte auch von der warmen Sonne und allem rundherum, wie gut Gott ist, und sie fand so recht, daß die kleine

Lerche deutlich und schön von allem sang, was sie in der Stille fühlte; und die Gänseblume sah mit einer Art Ehrerbietung zu dem glücklichen Vogel auf, der singen und fliegen konnte, war aber gar nicht betrübt, weil sie selber dies nicht konnte. „Ich sehe und höre ja!" dachte sie. „Die Sonne bescheint mich, und der Wind küßt mich! Oh, wie bin ich doch reich bedacht worden!"

Innerhalb des Zaunes standen so viele steife, vornehme Blumen. Je weniger Duft sie hatten, desto stolzer reckten sie sich in die Höhe. Die Päonien blähten sich auf, um größer zu sein als eine Rose, aber die Größe tut es gar nicht! Die Tulpen hatten die allerhübschesten Farben, und das wußten sie ganz gut und hielten sich so gerade, damit man es noch besser sehen konnte. Sie beachteten die junge Gänseblume draußen gar nicht, aber diese sah um so mehr zu ihnen hin und dachte: „Wie sind sie reich und wunderbar! Ja, zu denen fliegt sicher der prächtige Vogel hinab und besucht sie! Gott sei Dank, daß ich hier so ganz in der Nähe stehe, so bekomme ich doch die Pracht zu sehen!" Und als sie dies gerade dachte, „tirili", da kam die Lerche angeflogen, aber nicht zu Päonien und Tulpen, nein, hinunter ins Gras zu dem armen Gänseblümchen, das vor lauter Freude so erschrak, daß es gar nicht mehr wußte, was es denken sollte.

Der kleine Vogel umtänzelte es und sang: „Ih, wie weich ist doch das Gras! Und sieh nur da, was für eine niedliche kleine Blume mit Gold im Herzen und Silber auf dem Kleid!" Der gelbe Punkt in der Gänseblume sah ja auch aus wie Gold, und die kleinen Blütenblätter außen herum waren glänzend weiß.

Wie glücklich die kleine Gänseblume war, nein, das kann kein Mensch begreifen! Der Vogel küßte sie mit seinem Schnabel, sang ihr vor und flog dann wieder in die blaue Luft hinauf. Es dauerte bestimmt eine ganze Viertelstunde, ehe die Blume sich wieder gefaßt hatte. Halb schüchtern und doch von Herzen froh blickte sie zu den Blumen im Garten hinüber; die hatten ja die Ehre und Glückseligkeit mit angesehen, die ihr widerfahren war, die mußten ja begreifen, welche Freude es war. Aber die Tulpen standen noch einmal so steif wie vorher, und außerdem bekamen sie ein ganz spitzes Gesicht und wurden ganz rot, denn sie hatten sich geärgert. Die Päonien bekamen ganz dicke Köpfe, buh! es war gut, daß sie nicht reden konnten, sonst hätte das Gänseblümchen eine ordentliche Standrede bekommen. Die arme kleine Blume konnte wohl sehen, daß sie nicht in guter Stimmung waren, und das tat ihr ganz ungemein leid. Im selben Augenblick kam eine Magd in den Garten mit einem großen Messer, ganz scharf und funkelnd, sie ging schnurstracks auf die Tulpen zu und schnitt eine nach der anderen ab. „Uh!" seufzte das Gänseblümchen, „das ist ja schrecklich, nun ist es vorbei mit ihnen!" Dann ging die Magd mit den Tulpen fort. Die Gänseblume war froh, daß sie draußen im Grase stand und eine kleine, armselige Blume war; sie war richtig dankbar dafür, und als die Sonne unterging, faltete sie ihre Blätter zusammen, schlief ein und träumte die ganze Nacht von der Sonne und dem kleinen Vogel.

Am nächsten Morgen, als die Blume wieder glücklich alle weißen Blätter gleich kleinen Armen in die Luft und ins Licht ausstreckte, erkannte sie die Stimme des Vogels, aber was er sang, war gar traurig. Ja, die gute Lerche hatte allen Grund dazu, sie war gefangen worden und saß nun in einem Käfig dicht am offenen Fenster. Sie sang davon, wie es ist, frei und glücklich umherzufliegen, sang von dem jungen, grünen Korn auf dem Felde und von der herrlichen Reise, die sie mit ihren Flügeln hoch hinauf in die Lüfte machen konnte. Der arme Vogel war in keiner guten Stimmung, gefangen saß er da im Käfig.

Die kleine Gänseblume hatte so sehr den Wunsch, zu helfen, aber wie sollte sie das anstellen? Ja, es war schwierig, darauf zu kommen. Sie vergaß ganz und gar, wie hübsch alles ringsum war; wie warm die Sonne schien und wie wunderhübsch weiß ihre Blätter aussahen; ach, sie konnte nur an den gefangenen Vogel denken, für den sie überhaupt nicht imstande war, etwas zu tun.

Da kamen gerade zwei kleine Knaben aus dem Garten;

der eine hatte ein Messer in der Hand, groß und scharf wie das, mit dem die Magd die Tulpen abgeschnitten hatte. Sie gingen geradeswegs auf die kleine Gänseblume zu, die gar nicht begreifen konnte, was sie wollten.

„Hier können wir ein schönes Stück Gras für die Lerche herausschneiden!" sagte der eine Junge und begann ein Viereck einzuschneiden, rund um das Gänseblümchen herum, so daß es mitten auf der Grassode stand.

„Reiß die Blume ab!" sagte der andere Junge, das Gänseblümchen zitterte ordentlich vor Angst, denn abgerissen zu werden hieß ja das Leben einzubüßen, und jetzt wollte sie so gern am Leben bleiben, wo sie mit der Grassode zusammen ins Bauer zu der gefangenen Lerche kommen sollte.

„Nein, laß sie sitzen!" sagte der andere Junge. „Sie ist so'n hübscher Schmuck!" Und so blieb sie denn sitzen und kam mit ins Bauer zu der Lerche.

Aber der arme Vogel klagte laut über seine verlorene Freiheit und klatschte mit den Flügeln gegen die Eisendrähte des Käfigs. Die kleine Gänseblume konnte nicht reden, kein tröstendes Wort sagen, wie gern sie auch gewollt hätte. So verging der ganze Vormittag.

„Hier ist kein Wasser!" sagte die gefangene Lerche, „die sind alle aus und haben vergessen, mir auch nur ein Tröpfchen zu trinken zu geben! Mein Hals ist trocken und brennt, in mir drinnen ist Feuer und Eis, und die Luft ist so schwer! Ach, ich muß dahinscheiden, fort von dem warmen Sonnenschein, von dem frischen Grün, von all der Herrlichkeit, die Gott erschaffen hat!" und dann bohrte sie ihren kleinen Schnabel in die kühle Grassode, um sich dadurch ein wenig zu erquicken; da fiel ihr Auge auf das Gänseblümchen, und der Vogel nickte ihm zu, küßte es mit dem Schnabel und sagte: „Du mußt auch hier drinnen verwelken, du arme kleine Blume. Dich und den kleinen grünen Flecken Gras hat man mir für die ganze Welt gegeben, die ich draußen hatte! Jeder kleine Grashalm soll mir ein grüner Baum sein, jedes deiner weißen Blätter eine duftende Blüte. Ach, ihr erzählt mir nur, wieviel ich verloren habe!"

„Wer ihn doch trösten könnte!" dachte die Gänseblume,

aber sie konnte kein Blatt rühren; jedoch der Duft, der den feinen Blättern entströmte, war viel stärker, als man ihn sonst bei dieser Blume findet; das merkte auch der Vogel, und obwohl er vor Durst verschmachtete und in seiner Qual die grünen Grashalme abriß, rührte er die Blume gar nicht an.

Es wurde Abend, und noch kam niemand und brachte dem armen Vogel auch nur einen Tropfen Wasser; da streckte er seine schönen Flügel aus, schüttelte sie krampfhaft, sein Gesang wurde zu einem wehmütigen „Piep, piep", der kleine Kopf neigte sich zu der Blume hin, und des Vogels Herz brach vor Entbehrung und Sehnsucht; da konnte die Blume nicht, wie am Abend zuvor, ihre Blätter zusammenfalten und schlafen, sie hing siech und trauernd auf die Erde nieder.

Erst am nächsten Morgen kamen die Knaben, und als sie sahen, daß der Vogel tot war, weinten sie, weinten viele Tränen und schaufelten ihm ein schönes Grab, das mit Blütenblättern ausgeschmückt wurde. Des Vogels Leiche kam in eine hübsche, rote Schachtel, königlich sollte er begraben werden, der arme Vogel! Als er am Leben war und sang, da vergaßen sie ihn, ließen ihn im Käfig sitzen und Mangel leiden, jetzt ward ihm Prunk zuteil und viele Tränen.

Aber die Grassode mit der Gänseblume wurde in den Staub auf der Landstraße geworfen, niemand dachte an sie, und dabei hatte sie doch am meisten Mitgefühl mit dem kleinen Vogel gehabt und hatte ihm so gern helfen wollen!

Der standhafte Zinnsoldat

Es waren einmal fünfundzwanzig Zinnsoldaten, sie waren alle Brüder, denn sie waren von einem alten Zinnlöffel geboren worden. Das Gewehr hielten sie im Arm und das Gesicht geradeaus; rot und blau, ganz wunderbar war die Uniform. Das allererste, was sie in dieser Welt hörten, als der Deckel von der Schachtel genommen wurde, in der sie lagen, war das Wort: „Zinnsoldaten!" Das rief ein kleiner Junge und klatschte in die Hände; er hatte sie bekommen, denn es war sein Geburtstag, und er stellte sie nun auf dem Tisch auf. Ein Soldat glich dem anderen wie aus dem Gesicht geschnitten, nur ein einziger war ein wenig anders; der hatte nur ein Bein, denn er war zuletzt gegossen worden, und da war nicht mehr genügend Zinn dagewesen! der stand jedoch genauso fest auf seinem einen wie die anderen auf ihren zweien, und gerade er sollte sich hervortun.

Auf dem Tisch, wo sie aufgestellt waren, stand viel anderes Spielzeug. Was aber am meisten auffiel, das war ein wunderbares Schloß aus Pappe. Durch die kleinen Fenster konnte man bis in die Säle schauen. Draußen standen kleine Bäume um einen kleinen Spiegel herum, der aussehen sollte wie ein See; darauf schwammen Schwäne aus Wachs und spiegelten sich. Es war alles wunderhübsch, aber das Hübscheste war doch eine kleine Jungfrau, die mitten in der offenen Schloßtür stand. Sie war auch aus Papier ausgeschnitten, aber sie hatte einen Rock an aus ganz durchsichtigem Linon und ein schmales blaues Bändchen über den Schultern, ganz wie ein Gewand. Mitten darauf saß eine glitzernde Paillette, genauso groß wie ihr ganzes Gesicht. Die kleine Jungfrau streckte ihre beiden Arme aus, denn sie war eine Tänzerin, und dann hob sie das eine Bein so hoch in die Luft, daß der Zinnsoldat es gar nicht finden konnte und meinte, sie habe nur ein Bein genau wie er.

„Das wäre eine Frau für mich!" dachte er. „Aber sie ist sehr vornehm, sie wohnt in einem Schloß, ich habe nur eine Schachtel, und in die müssen wir uns zu fünfundzwanzig Mann teilen, das ist kein Ort für sie! Ich muß immerhin sehen, daß ich mich mit ihr bekannt mache!" und dann legte er sich, so lang wie er war, hinter eine Schnupftabakdose, die auf dem Tische stand; von dort konnte er sich so richtig die kleine feine Dame anschauen, die fortgesetzt auf einem Bein stand, ohne aus dem Gleichgewicht zu kommen.

Als es Abend wurde, kamen alle anderen Zinnsoldaten in ihre Schachtel, und die Leute im Haus gingen ins Bett. Nun begann das Spielzeug zu spielen, sie spielten Besuch haben, Krieg führen und Ball geben; die Zinnsoldaten rasselten in der Schachtel, denn sie wollten dabeisein, aber sie konnten den Deckel nicht aufkriegen. Der Nußknacker schoß Kobolz, und der Griffel machte Unfug auf der Tafel; es war ein Lärm, daß der Kanarienvogel wach wurde und mitzureden begann, und zwar in Versen. Die beiden einzigen, die sich nicht vom Fleck rührten, waren der Zinnsoldat und die kleine Tänzerin; sie hielt sich ganz kerzengerade auf der Zehenspitze, beide Arme nach den Seiten ausgestreckt; er war ebenso standhaft auf seinem einen Bein, seine Augen ließen überhaupt nicht von ihr.

Jetzt schlug die Uhr zwölf, und schnapp, da sprang der Deckel der Schnupftabakdose auf, aber es war kein Tabak darin, nein, sondern ein kleiner, schwarzer Troll, das war ein ganz kunstvolles Stück.

„Zinnsoldat", sagte der Troll, „wirst du wohl deine Augen im Zaum halten!"

Aber der Zinnsoldat tat, als hörte er es nicht.

„Ja, wart nur bis morgen!" sagte der Troll.

Als es nun Morgen wurde und die Kinder aufstanden, da wurde der Zinnsoldat ins Fenster gestellt, und ob es nun der Troll war oder ob es zog, das Fenster flog mit einemmal auf, und der Soldat stürzte kopfüber vom dritten Stock hinunter. Das ging mit schrecklicher Geschwindigkeit, er streckte das Bein gerade in die Luft und blieb auf der Mütze stehen, mit dem Bajonett unten zwischen den Pflastersteinen.

Die Dienstmagd und der kleine Junge kamen sogleich herunter, um zu suchen; aber obwohl sie fast auf ihn getreten wären, konnten sie ihn doch nicht sehen. Hätte der Zinnsoldat gerufen: Hier bin ich! dann hätten sie ihn wohl gefunden, aber er fand, daß es sich nicht gehöre, laut zu schreien, da er in Uniform war.

Nun begann es zu regnen, die Tropfen fielen immer dichter, einer auf den anderen, es wurde ein tüchtiger Guß; als es vorüber war, kamen zwei Gassenjungen.

„Guck mal!" sagte der eine; „da liegt ein Zinnsoldat! Der will segeln gehen!"

Und dann machten sie aus einer Zeitung ein Boot, setzten den Zinnsoldaten mitten hinein, und nun segelte er den Rinnstein hinunter. Die Jungen liefen beide nebenher und klatschten in die Hände. Gott behüte, was waren in dem Rinnstein bloß für Wellen und was für eine Strömung! Ja, es hatte ja auch gegossen. Das Papierboot wippte auf und nieder, und zwischendurch drehte es sich so geschwind, daß es dem Zinnsoldaten durch und durch ging. Aber er blieb standhaft, verzog keine Miene, sah geradeaus und hielt das Gewehr im Arm.

Mit einemmal trieb das Boot unter ein langes Rinnsteinbrett; da wurde es so finster, als wäre er in seiner Schachtel.

„Wo ich jetzt wohl hinkomme!" dachte er. „Ja, ja, daran

ist der Troll schuld! Ach, säße doch das kleine Fräulein hier im Boot, dann könnte es ruhig noch mal so finster sein!"

In diesem Augenblick kam eine große Wasserratte, die unter dem Rinnsteinbrett wohnte.

„Hast du einen Paß?" fragte die Ratte. „Her mit dem Paß!"

Aber der Zinnsoldat schwieg still und hielt das Gewehr noch fester. Das Boot fuhr dahin und die Ratte hinterdrein. Huh! Wie die mit den Zähnen knirschte und Reisern und Stroh zurief: „Haltet ihn! haltet ihn! er hat keinen Zoll bezahlt, er hat keinen Paß vorgezeigt!"

Aber die Strömung wurde immer stärker, der Zinnsoldat konnte vorn schon das Tageslicht erblicken, dort, wo die Bohle aufhörte, aber er hörte auch ein brausendes Geräusch, das einen tapferen Mann wohl erschrecken konnte; denkt nur, der Rinnstein stürzte, dort wo die Bohle zu Ende war, in einen großen Kanal hinab, für ihn war das genauso gefährlich, als wenn wir einen großen Wasserfall hinunterführen.

Nun war er schon so nahe, daß er nicht mehr anhalten konnte. Das Boot flitzte hinaus, der arme Zinnsoldat hielt sich so steif, wie er konnte, niemand sollte ihm nachsagen, daß er auch nur mit den Augen gezwinkert hätte. Das Boot trudelte drei-, viermal rundherum und war bis an den Rand mit Wasser gefüllt, es mußte sinken; der Zinnsoldat stand bis zum Hals im Wasser, und immer tiefer sank das Boot; das Papier weichte mehr und mehr auf, nun ging das Wasser dem Soldaten über den Kopf – da dachte er an die kleine liebliche Tänzerin, die er nimmermehr sehen würde, und es klang in des Zinnsoldaten Ohr:

„Fahre, fahre, Kriegersmann!
Mußt den Tod erleiden!"

Nun ging das Papier entzwei, und der Zinnsoldat stürzte hindurch – wurde aber im selben Augenblick von einem großen Fisch verschlungen.

Nein, wie dunkel war es hier drinnen! Hier war es noch

schlimmer als unter dem Rinnsteinbrett, und dann war es so eng; aber der Zinnsoldat war standhaft und lag, so lang wie er war, mit dem Gewehr im Arm.

Der Fisch raste umher, er machte die allerfurchtbarsten Bewegungen. Schließlich wurde er ganz still, es schoß durch ihn hindurch wie ein Blitzstrahl. Das Licht schien ganz hell, und einer rief laut: „Zinnsoldat!" Der Fisch war gefangen, auf den Markt gebracht und verkauft worden und in die Küche hinaufgekommen, wo die Magd ihn mit einem großen Messer aufschnitt. Sie faßte mit zwei Fingern den Soldaten um den Leib und trug ihn in die Stube, wo alle einen so merkwürdigen Mann sehen wollten, der im Bauch eines Fisches umhergereist war; aber der Zinnsoldat war gar nicht stolz. Man stellte ihn auf den Tisch und dort – nein, wie kann es doch wunderlich zugehen in der Welt! –, der Zinnsoldat war in ganz derselben Stube, in der er vorher gewesen war, er sah dieselben Kinder wieder, und das Spielzeug stand auf dem Tisch: das wunderbare Schloß mit der lieblichen kleinen Tänzerin; sie hielt sich noch immer auf dem einen Bein und hatte das andere hoch in der Luft, sie war auch standhaft; das rührte den Zinnsoldaten, er war nahe daran, Zinn zu weinen, aber das gehörte sich nicht. Er schaute sie an, und sie schaute ihn an, aber sie sagten nichts.

In diesem Augenblick nahm einer der kleinen Jungen den Soldaten und warf ihn in den Ofen, und er hatte gar keinen Anlaß dazu; es war bestimmt der Troll in der Dose, der schuld daran war.

Der Zinnsoldat stand ganz beleuchtet da und fühlte eine Hitze, die furchtbar war, aber ob sie von dem richtigen Feuer kam oder von der Liebe, das wußte er nicht. Die Farben waren ganz von ihm abgegangen, ob es auf der Reise geschehen war oder vom Kummer kam, konnte keiner sagen. Er sah die kleine Jungfrau an, sie sah ihn an, und er fühlte, er schmolz, aber noch stand er standhaft da mit dem Gewehr im Arm. Da ging eine Tür auf, der Wind ergriff die Tänzerin, und sie flog wie eine Sylphide geradeswegs in den Ofen hinein zum Zinnsoldaten, flammte in einer Lohe auf und war weg; da schmolz der Zinnsoldat zu einem Klumpen. Und als die Magd am nächsten Tag die Asche ausleerte, fand sie ihn. Er war ein kleines zinnernes Herz geworden; von der Tänzerin hingegen war nur die Paillette übrig, und die war kohlschwarz verbrannt.

DIE WILDEN SCHWÄNE

Weit fort von hier, dort, wo die Schwalben hinfliegen, wenn bei uns Winter ist, wohnte ein König; der hatte elf Söhne und eine Tochter, Elisa. Die elf Brüder, Prinzen waren sie, gingen mit dem Stern auf der Brust und dem Säbel an der Seite in die Schule; sie schrieben auf goldenen Tafeln mit diamantenen Griffeln und lernten ebensogut auswendig wie inwendig, man konnte sogleich hören, daß sie Prinzen waren. Die Schwester Elisa saß auf einem kleinen Schemel aus Kristall und hatte ein Bilderbuch, das um das halbe Königreich gekauft worden war.

Oh, diesen Kindern ging es so gut, aber so sollte es nicht bleiben!

Ihr Vater, welcher König über das ganze Land war, heiratete eine böse Königin, die den armen Kindern gar nicht wohlwollte; schon am ersten Tag konnten sie es sehr gut merken. Im ganzen Schloß war ein prächtiges Fest, und dann spielten die Kinder: es kommt Besuch; aber statt daß sie wie sonst so viel Kuchen und Bratäpfel bekamen, wie man heranschaffen konnte, gab sie ihnen nur Sand in einer Teetasse und sagte, sie könnten so tun, als wäre das etwas.

Die Woche drauf gab sie die kleine Schwester Elisa aufs Land zu Bauersleuten, und es dauerte nicht lange, da hatte sie dem König so viel über die armen Prinzen eingeredet, daß er sich gar nichts mehr aus ihnen machte.

„Fliegt ihr nur in die Welt hinaus und schlagt euch allein durch!" sagte die böse Königin; „fliegt als große Vögel ohne Stimme!" Aber sie konnte es nun doch nicht so arg treiben, wie sie gern gewollt hätte; sie wurden elf wunderbare wilde Schwäne. Mit einem sonderbaren Schrei flogen sie zu den Schloßfenstern hinaus über den Park und den Wald.

Es war noch ganz früh am Morgen, als sie dort vorüberkamen, wo die Schwester Elisa in der Stube des Bauern lag und schlief; hier schwebten sie über das Dach hinweg, drehten ihre langen Hälse und schlugen mit den Fittichen, aber niemand hörte oder sah es! Sie mußten wieder weiter, hoch zu den Wolken empor, weit in die weite Welt hinaus, dort flogen sie in einen großen, dunklen Wald hinein, der sich bis zum Strand erstreckte.

Die arme kleine Elisa stand in der Stube des Bauern und spielte mit einem grünen Blatt, ein anderes Spielzeug hatte sie nicht; und sie machte ein Loch ins Blatt, schaute hindurch zur Sonne auf, und da war es ihr so, als sähe sie die hellen Augen ihrer Brüder, und jedesmal, wenn die warmen Sonnenstrahlen auf ihre Wange schienen, dachte sie an alle ihre Küsse.

Ein Tag verging ganz wie der andere. Wehte der Wind durch die hohen Rosenhecken vor dem Hause, dann flüsterte er den Rosen zu: „Wer ist wohl schöner als ihr?" Aber die Rosen schüttelten die Köpfe und sagten: „Das ist Elisa!" Und saß die alte Frau sonntags in der Tür und las in ihrem Kirchengesangbuch, dann wandte der Wind die Blätter um und sagte zu dem Buch: „Wer ist wohl frömmer als du?"- „Das ist Elisa!" sagte das Liederbuch, und was die Rosen und das Liederbuch sagten, war die lautere Wahrheit.

Als sie fünfzehn Jahre alt war, sollte sie nach Hause kommen; und als die Königin sah, wie schön sie war, wurde sie ihr gram und haßte sie; am liebsten hätte sie sie in einen wilden Schwan verwandelt, ebenso wie die Brüder, aber das getraute sie sich nicht sogleich, da ja der König seine Tochter sehen wollte.

In früher Morgenstunde ging die Königin ins Bad, es war aus Marmor erbaut und mit weichen Pfühlen und den schönsten Decken ausgeschmückt, und sie nahm drei Kröten, drückte ihnen einen Kuß auf und sagte zu der einen: „Setz dich auf Elisas Kopf, wenn sie ins Bad kommt, damit sie so stumpf wird wie du! - Setz dich auf ihre Stirn", sagte sie zu der anderen, „daß sie garstig wird wie du, so daß ihr Vater sie nicht erkennt! - Ruhe an ihrem Herzen", flüsterte sie der dritten zu, „laß sie ein böses Gemüt bekommen, so daß sie dadurch Qualen leidet!" Dann setzte sie die Kröten in das klare Wasser, das sofort eine grünliche Farbe annahm, rief nach Elisa, entkleidete sie und ließ sie ins Wasser steigen, und als sie tauchte, setzte sich die eine Kröte in ihr Haar, die zweite auf ihre Stirn und die dritte auf die Brust, aber Elisa schien es gar nicht zu merken; als sie sich aufrichtete, schwammen drei rote Mohnblüten auf dem Wasser; wären die Tiere nicht giftig gewesen und von der Hexe geküßt worden, dann wären sie in rote Rosen verwandelt worden, aber Blumen wurden sie immerhin, weil sie auf ihrem Kopf und an ihrem Herzen geruht hatten; sie war zu fromm und unschuldsvoll, als daß der Zauber Macht über sie gewinnen konnte.

Als die böse Königin das sah, rieb sie sie mit Walnußsaft ein, so daß sie ganz schwarzbraun wurde, strich auf das schöne Antlitz eine stinkende Salbe und ließ das herrliche Haar sich verfilzen. Es war unmöglich, die schöne Elisa wiederzuerkennen.

Als daher ihr Vater sie sah, erschrak er sehr und sagte, dies sei nicht seine Tochter; auch wollte niemand sonst sie erkennen, außer dem Kettenhund und den Schwalben, aber das waren arme Tiere, und die hatten nichts zu sagen.

Da weinte die arme Elisa und dachte an ihre elf Brüder, die alle fort waren. Traurig schlich sie sich aus dem Schloß, ging den ganzen Tag über Feld und Moor in den großen Wald hinein. Sie wußte gar nicht, wo sie hin wollte, aber ihr war so trübselig zumute, und sie sehnte sich nach ihren Brüdern, sie waren gewiß auch wie sie in die Welt hinausgejagt worden, sie wollte sie suchen und finden.

Nur kurze Zeit war sie im Walde gewesen, als die Nacht hereinbrach; sie war ganz und gar von Weg und Steg abgekommen; da legte sie sich auf das weiche Moos, sprach ihr Abendgebet und lehnte den Kopf gegen einen Baumstumpf. Es war so still, die Luft war ganz mild, und ringsum im Gras und auf dem Moos funkelten wie ein grünes Feuer Hunderte von Johanniswürmchen. Als sie mit der Hand sacht einen der Zweige berührte, fielen die leuchtenden Insekten gleich Sternschnuppen auf sie nieder.

Die ganze Nacht träumte sie von ihren Brüdern; sie spielten wieder als Kinder, schrieben mit diamantenen Griffeln auf goldene Tafeln und besahen sich das wunderschöne Bilderbuch, das das halbe Reich gekostet hatte; aber auf die Tafel schrieben sie nicht wie früher nur Nullen und Striche, nein, die kühnsten Taten, die sie vollbracht hatten, alles, was sie erlebt und gesehen hatten; und im Bilderbuch war alles lebendig, die Vögel sangen, und die Menschen traten aus dem Buch heraus und redeten mit Elisa und ihren Brüdern, aber wenn sie die Seite umwandte, sprangen sie sofort wieder hinein, damit die Bilder nicht durcheinanderkämen.

Als sie erwachte, stand die Sonne schon ganz hoch; sie konnte sie allerdings nicht sehen, die hohen Bäume breiteten ihre Äste dicht und fest aus, aber die Strahlen schillerten dort draußen wie ein schwankendes goldenes Gespinst; es war da ein Duft von all dem Grün, und die Vögel wollten sich fast auf ihre Schultern setzen. Sie hörte das Wasser plätschern, hier waren viele große Quellen, die alle in einen Teich mündeten, wo der schönste Sandboden war. Allerdings wuchsen dichte Sträucher rundherum, aber an einer Stelle hatten die Hirsche eine große Lücke ausgetreten, und hier ging Elisa bis ans Wasser, das so klar war, daß sie, wenn der Wind nicht Äste und Sträucher berührt hätte, so daß sie sich bewegten, hätte meinen müssen, sie seien unten auf den Grund gemalt, so deutlich spiegelte sich dort jedes Blatt, ob nun die Sonne hindurchschien oder ob es ganz im Schatten lag.

Sobald sie ihr eigenes Gesicht sah, war sie sehr erschrokken, so braun und garstig war es, aber als sie ihre Hand naß machte und sich Augen und Stirn rieb, schimmerte die weiße Haut wieder hindurch; da legte sie alle ihre Kleider ab und ging in das frische Wasser hinaus; ein schöneres Königskind, als sie es war, gab es nicht auf dieser Welt.

Als sie wieder angezogen war und ihr langes Haar geflochten hatte, ging sie zu dem sprudelnden Quell, trank aus der hohlen Hand und wanderte tief in den Wald hinein, ohne selber zu wissen wohin. Sie dachte an ihre Brüder, dachte an den lieben Gott, der sie gewiß nicht verlassen würde; er ließ die wilden Holzäpfel wachsen, um den Hungrigen zu speisen, er zeigte ihr einen solchen Baum, die Äste strotzten von Früchten, hier hielt sie ihr Mittagsmahl, stellte Stützen unter die Äste und ging nun in den finstersten Teil des Waldes hinein. Hier war es so still, daß sie ihre eigenen Schritte hörte, jedes welke Blättchen hörte, das sich unter ihrem Fuß krümmte; hier war kein Vogel zu erblicken, kein Sonnenstrahl konnte durch das große, dichte Astwerk dringen; die hohen Stämme standen so nahe beieinander, daß es ihr, wenn sie geradeaus blickte, so vorkam, als ob ein Balkenzaun dicht hinter dem anderen sie rings umschlösse; oh, hier herrschte eine Einsamkeit, die sie nie zuvor gekannt hatte.

Die Nacht war ganz finster, kein einziges kleines Glühwürmchen leuchtete aus dem Moos, traurig legte sie sich nieder, um zu schlafen; da war es ihr, als teilten sich die Äste über ihr und als blickte der Herrgott mit milden Augen auf sie nieder; und Engel schauten über seinem Kopf und unter seinen Armen hervor.

Als sie morgens erwachte, wußte sie nicht, ob sie das geträumt hatte oder ob es wirklich so gewesen war.

Sie ging einige Schritte weiter, da begegnete sie einer alten Frau mit Beeren in ihrem Korb, die Alte schenkte ihr welche. Elisa fragte sie, ob sie nicht elf Prinzen durch den Wald habe reiten sehen.

„Nein", sagte die Alte, „aber ich habe gestern elf Schwäne mit goldenen Kronen auf dem Kopfe hier in der Nähe den Bach hinunterschwimmen sehen!"

Und sie führte Elisa ein Stück weiter an einen Abhang; unterhalb von diesem wand sich ein Bach dahin; die Bäume an seinen Ufern streckten einander ihre langen, dicht belaubten Äste entgegen, und wo sie wegen ihres natürlichen Wuchses nicht zusammenkommen konnten, da hatten sie die Wurzeln aus dem Erdreich herausgerissen und neigten sich über das Wasser, die Äste ineinander verflochten.

Elisa verabschiedete sich von der Alten und ging am Bach entlang, bis an die Stelle, wo er zu dem großen, offenen Strand hinausfloß.

Das ganze herrliche Meer lag vor dem jungen Mädchen; aber nicht ein Segler erschien dort draußen, nicht ein Schiff war zu erblicken, wie sollte sie nur weiterkommen? Sie betrachtete die unzähligen Steinchen am Ufer, das Wasser hatte sie alle rund geschliffen. Glas, Eisen, Steine, alles, was hier angespült worden war, hatte seine Gestalt vom Wasser erhalten, das jedoch viel weicher war als ihre feine Hand. „Es rollt unermüdlich fort, und dadurch glättet sich das Harte; ich will ebenso unermüdlich sein! Ich danke euch für eure Lehre, ihr klaren, rollenden Wogen; dereinst, das sagt mir mein Herz, werdet ihr mich zu meinen lieben Brüdern bringen!"

Auf dem angespülten Tang lagen elf weiße Schwanenfedern; sie tat sie zu einem Strauß zusammen, Wassertropfen lagen auf ihnen, ob es Tau war oder Tränen, konnte niemand erkennen. Einsam war es am Strand, aber sie spürte es nicht; denn das Meer bot eine ewige Abwechslung, ja, in nur wenigen Stunden mehr, als die Süßwasserseen im Lande einem in einem ganzen Jahr zeigen konnten. Kam eine große schwarze Wolke, dann war es, als wollte die See sagen: „Ich kann auch finster aussehen." Und dann wehte der Wind, und die Wogen kehrten das Weiße nach oben; schimmerten aber die Wolken rot und der Wind schlummerte, dann war das Meer wie ein Rosenblatt; jetzt wurde es grün, dann weiß, aber wie still es auch dalag in seiner Ruhe, so war am Strande dennoch immer eine sanfte Bewegung; das Wasser hob sich leise wie die Brust eines schlafenden Kindes.

Als die Sonne im Untergehen war, sah Elisa elf wilde Schwäne mit goldenen Kronen auf dem Kopf dem Lande zufliegen, sie schwebten dahin, einer hinter dem anderen; es sah aus wie ein langes weißes Band. Da stieg Elisa den Abhang hinauf und verbarg sich hinter einem Busch; die Schwäne ließen sich in ihrer Nähe nieder und klatschten mit ihren großen, weißen Fittichen.

Kaum war die Sonne ins Meer gesunken, da fiel plötzlich das Schwanengefieder ab, und dort standen elf schöne Prinzen, Elisas Brüder. Sie stieß einen lauten Schrei aus; denn obwohl sie sich sehr verändert hatten, wußte sie, daß sie es waren, fühlte sie, daß sie es sein mußten; und sie lief in ihre Arme, nannte sie beim Namen, und sie waren ganz glückselig, als sie ihre kleine Schwester sahen und wiedererkannten, die jetzt so groß und wunderschön war. Sie lachten, und sie weinten, und bald waren sie sich darüber einig, wie böse ihre Stiefmutter gegen sie alle gewesen war.

„Wir Brüder", sagte der Älteste, „fliegen als wilde Schwäne, solange die Sonne am Himmel steht; wenn sie untergegangen ist, erhalten wir unsere menschliche Gestalt zurück; daher müssen wir immer darauf achtgeben, daß wir bei Sonnenuntergang Grund unter den Füßen haben; fliegen wir dann nämlich oben unter den Wolken, müssen wir als Menschen in die Tiefe stürzen. Hier wohnen wir nicht, jenseits des Meeres liegt ein ebenso schönes Land wie dieses, aber der Weg dorthin ist weit, wir müssen über das große Meer, und es gibt keine Insel auf unserem Wege, wo wir übernachten könnten, nur ein einsamer kleiner Fels ragt mitten aus dem Wasser dort draußen empor; der ist nicht größer, als daß wir dicht nebeneinander darauf rasten könnten; ist starker Seegang, dann spritzt das Wasser hoch über uns hinweg; aber dennoch danken wir unserem Herrgott dafür. Dort übernachten wir in unserer menschlichen Gestalt, ohne diesen Fels könnten wir niemals unser liebes Vaterland wiedersehen, denn zwei der längsten Tage des Jahres brauchen wir für unseren Flug. Nur einmal im Jahr ist es uns vergönnt, unsere Heimat zu besuchen, elf Tage dürfen wir hierbleiben, über diesen großen Wald hinfliegen, von wo wir das Schloß erblicken können, in dem wir geboren sind und in dem unser Vater wohnt, von wo wir den hohen Turm der Kirche sehen können, bei der unsere Mutter begraben liegt. – Hier finden wir, daß Bäume und Sträucher mit uns verwandt sind; hier laufen die wilden Pferde über die Ebenen, wie wir es in unserer Kindheit sahen; hier singt der Köhler die alten Lieder, nach denen wir als Kinder getanzt haben; hier ist unser Vaterland, hier zieht es uns her, und hier haben wir dich gefunden, du liebes Schwesterlein! Noch zwei Tage dürfen wir hierbleiben, dann müssen wir fort übers Meer in ein schönes Land, das aber nicht unser Vaterland ist! Wie können wir dich mitnehmen? Wir haben weder Schiff noch Boot!"

„Wie kann ich euch nur erlösen?" sagte die Schwester.

Und sie redeten fast die ganze Nacht miteinander, nur wenige Stunden wurde geschlummert.

Elisa erwachte beim Geräusch der Schwanenflügel, die über sie hinwegrauschten. Die Brüder waren wieder verwandelt, und sie flogen in großen Kreisen und zuletzt weit fort, aber einer von ihnen, der jüngste, blieb da; und der Schwan legte seinen Kopf auf ihren Schoß, und sie streichelte seine weißen Fittiche; den ganzen Tag waren sie zusammen. Gegen Abend kamen die anderen zurück, und als die Sonne weg war, standen sie in ihrer natürlichen Gestalt da.

„Morgen fliegen wir von hier fort, dürfen erst nach einem ganzen Jahr zurückkehren, aber dich können wir nicht einfach so verlassen! Hast du den Mut mitzukommen? Mein Arm ist stark genug, dich durch den Wald zu tragen, sollten dann nicht unser aller Flügel so stark sein, daß wir mit dir übers Meer fliegen können?"

„Ja, nehmt mich mit!" sagte Elisa.

Die ganze Nacht brachte sie damit zu, ein Netz aus der biegsamen Weidenrinde und dem zähen Schilf zu flechten, und es wurde groß und kräftig; auf dieses Netz legte sich Elisa, und als nun die Sonne aufging und die Brüder in wilde Schwäne verwandelt wurden, ergriffen sie das Netz mit ihren Schnäbeln und flogen mit der lieben Schwester, die noch schlief, hoch zu den Wolken empor. Die Sonnenstrahlen fielen auf ihr Gesicht; daher flog einer der Schwäne über ihrem Kopf, damit seine breiten Flügel Schatten spenden konnten.

Sie waren weit vom Land entfernt, als Elisa erwachte; sie meinte noch zu träumen, so seltsam kam es ihr vor, hoch in den Lüften über das Meer getragen zu werden. Neben ihr lagen ein Zweig mit köstlichen, reifen Beeren und ein Bund wohlschmeckender Wurzeln; die hatte der jüngste von den Brüdern gesammelt und neben sie gelegt, und sie lächelte ihm dankbar zu, denn sie merkte, er war es, der dicht über ihrem Kopfe flog und mit den Flügeln Schatten spendete.

Sie waren so hoch oben, daß das erste Schiff, welches sie unter sich sahen, wie eine weiße Möwe wirkte, die auf dem Wasser lag. Eine große Wolke stand hinter ihnen, es war ein ganzer Berg, und auf dieser sah Elisa ihren eigenen Schatten und die der elf Schwäne, die so riesengroß dahinflogen. Es war ein Gemälde, prächtiger, als sie jemals eines gesehen hatte. Als aber die Sonne allmählich höher stieg und die Wolke hinter ihnen zurückblieb, verschwand das schwebende Schattenbild.

Den ganzen Tag flogen sie wie ein sausender Pfeil durch die Lüfte, aber trotzdem ging es langsamer als sonst, da sie jetzt die Schwester zu tragen hatten. Ein Unwetter zog herauf, der Abend kam näher; voller Bangen sah Elisa die Sonne sinken, und noch war der einsame Fels im Meer nicht zu erblicken. Es kam ihr so vor, als ob die Schwäne stärker mit den Flügeln schlugen. Ach! es war ihre Schuld, daß sie nicht schnell genug vorwärts kamen; wenn die Sonne weg war, dann würden sie zu Menschen werden, ins Meer stürzen und ertrinken. Da betete sie aus tiefstem Herzen zum Herrgott, aber noch sah sie keinen Felsen. Die schwarze Wolke kam näher, die starken Windstöße kündeten Sturm an, die Wolken wirkten wie eine einzige, große drohende Woge, die sich, so fest wie Blei, vorwärts schob; Blitz auf Blitz flammte auf.

Jetzt war die Sonne dicht am Rande des Meeres. Elisas Herz bebte; da schossen die Schwäne nach unten, so schnell, daß sie zu fallen meinte; aber nun schwebten sie wieder, die Sonne war halb ins Meer gesunken; da erst erkannte sie den kleinen Fels unter sich, er sah nicht größer aus als ein Seehund, der den Kopf aus dem Wasser steckt. Die Sonne sank sehr schnell, jetzt war sie nur wie ein Stern; da berührte Elisas Fuß festen Boden, die Sonne erlosch gleich dem letzten Funken von brennendem Papier; Arm in Arm sah sie die Brüder um sich herum stehen; aber mehr Platz als nur gerade für sie und die Brüder war auch nicht da. Die See schlug gegen den Fels und ging wie ein Regenschauer über sie hinweg, der Himmel leuchtete wie ein ständig loderndes Feuer, und der Donner grollte Schlag auf Schlag; aber die Schwester und die Brüder hielten einander an den Händen und sangen ein Kirchenlied, aus dem sie Trost und Mut schöpften.

In der Morgendämmerung war die Luft rein und still; sobald die Sonne aufstieg, flogen die Schwäne mit Elisa von der Insel fort. Das Meer war noch immer stark bewegt; und als sie hoch oben in der Luft waren, sah es so aus, als wäre der weiße Gischt auf der schwarzgrünen See Millionen von Schwänen, die auf dem Wasser schwammen.

Als die Sonne höher stieg, sah Elisa vor sich, halb in der Luft schwebend, ein Gebirgsland mit glitzernden Eismassen auf den Bergen, und mitten darauf erstreckte sich ein Schloß, das sicher viele Meilen lang war, mit kühnen Säulengängen, einer über dem anderen; unten schwankten Palmenhaine und Prachtblumen, groß wie Mühlräder. Sie fragte, ob dies das Land sei, zu dem sie hin sollte, aber die Schwäne schüttelten den Kopf, denn was sie sah, war das herrliche, immer wechselnde Wolkenschloß der Fata Morgana. Dort hinein durften sie keinen Menschen bringen. Elisa starrte es an; da stürzten Berge, Wälder und Schloß ein, und nun standen zwanzig stolze Kirchen da, alle einander gleich, mit hohen Türmen und spitzen Fenstern. Sie meinte die Orgel tönen zu hören, aber es war das Meer, welches sie hörte. Jetzt war sie ganz nahe bei den Kirchen, da verwandelten sich diese in eine ganze Flotte, die unter ihr dahinsegelte. Sie blickte nieder, und es war nichts als Meeresdunst, der über das Wasser hintrieb. Ja, einen ewigen Wechsel hatte sie vor Augen, und nun sah sie das richtige Land, in das sie wollten. Dort erhoben sich die schönen blauen Berge mit Zedernwäldern, Städten und Schlössern. Lange bevor die Sonne unterging, saß sie auf dem Berg vor einer großen Höhle, die mit feinen grünen Schlingpflanzen überwachsen war; es sah aus, als wären es gestickte Decken.

„Nun wollen wir sehen, was du heute nacht hier träumst!"
sagte der jüngste Bruder und zeigte ihr ihr Schlafgemach.

„Wenn ich doch nur träumen wollte, wie ich euch erlösen kann!" sagte sie, und dieser Gedanke beschäftigte sie sehr lebhaft. Sie bat Gott innig um seine Hilfe, ja, selbst im Schlafe fuhr sie in ihrem Gebet fort; da war es ihr so, als flöge sie hoch in die Lüfte hinauf, zum Wolkenschloß der Fata Morgana, und die Fee kam ihr entgegen, so schön und leuchtend; und dennoch glich sie ganz der alten Frau, die ihr im Walde Beeren geschenkt und ihr von den Schwänen mit den goldenen Kronen erzählt hatte.

„Deine Brüder können erlöst werden!" sagte sie. „Aber hast du Mut und Ausdauer? Zwar ist das Meer weicher als deine feinen Hände und formt dennoch die harten Steine um, aber es empfindet nicht den Schmerz, wie ihn deine Finger empfinden würden; es hat kein Herz, leidet nicht die Angst und Qual, die du ertragen mußt. Siehst du diese Brennessel, die ich in meiner Hand halte? Davon wachsen viele rund um die Höhle, in der du schläfst; nur diese dort und die, welche auf den Gräbern des Kirchhofs sprießen, sind brauchbar, das merke dir. Du mußt sie pflücken, obwohl sie dir Blasen auf deine Haut brennen; brich die Nesseln mit deinen Füßen, da erhältst du Flachs; aus diesem mußt du elf Panzerhemden zwirnen und stricken, mit langen Ärmeln, wirf diese über die elf wilden Schwäne, dann ist der Zauber gebrochen. Aber denke immer daran, von dem Augenblick, da du diese Arbeit beginnst und bis sie vollbracht ist, und wenn inzwischen Jahre hingehen, darfst du nicht sprechen; das erste Wort, welches du sprichst, fährt als ein tötender Dolch durch das Herz deiner Brüder; an deiner Zunge hängt ihr Leben. Dies alles merke dir!"

Und im selben Augenblick berührte sie ihre Hand mit der Nessel; die war wie loderndes Feuer. Elisa erwachte davon. Es war hellichter Tag, und dicht neben dem Platz, wo sie geschlafen hatte, lag eine Nessel wie jene, die sie im Traum gesehen hatte. Da fiel sie auf ihre Knie nieder, dankte dem Herrgott und ging aus der Höhle, um mit ihrer Arbeit zu beginnen.

Mit den feinen Händen griff sie in die häßlichen Nesseln, sie waren wie Feuer; große Blasen brannten sie ihr auf Hände und Arme, aber gern wollte sie das erdulden, könnte sie ihre lieben Brüder erlösen. Sie brach jede Nessel mit ihren nackten Füßen und zwirnte den grünen Flachs.

Als die Sonne untergegangen war, kamen die Brüder, und sie erschraken, als sie sie so stumm fanden; sie glaubten, es sei ein neuer Zauber von der bösen Stiefmutter; als sie aber ihre Hände sahen, begriffen sie, was sie um ihretwillen tat, und der jüngste Bruder weinte, und wo seine Tränen hinfielen, da empfand sie keine Schmerzen, da gingen die brennenden Blasen weg.

Die Nacht brachte sie mit ihrer Arbeit zu, denn sie hatte keine Ruhe, bis sie nicht die lieben Brüder erlöst hatte; den ganzen folgenden Tag, während die Schwäne fort waren, saß sie in ihrer Einsamkeit, aber nie war ihr die Zeit so schnell verflogen. Ein Panzerhemd war schon fertig, nun fing sie das nächste an.

Da erklangen Jagdhörner zwischen den Bergen. Ihr wurde ganz bange; der Ton kam näher, sie hörte Hunde bellen; erschrocken zog sie sich in die Höhle zurück, band die Nesseln, die sie gesammelt und gehechelt hatte, zu einem Bündel zusammen und setzte sich darauf.

Plötzlich kam ein großer Hund aus dem Gebüsch gesprungen und gleich noch einer und wieder einer: sie bellten laut, liefen zurück und kamen wieder zum Vorschein. Es dauerte nur wenige Minuten, da standen alle Jäger draußen vor der Höhle, und der schönste unter ihnen war der König des Landes, er trat auf Elisa zu, nie hatte er ein schöneres Mädchen gesehen.

„Wo bist du hergekommen, du liebliches Kind!" sagte er. Elisa schüttelte den Kopf, sie durfte ja nicht sprechen, es galt ihrer Brüder Rettung und Leben; und sie versteckte ihre Hände unter der Schürze, auf daß der König nicht sähe, was sie leiden mußte.

„Komm mit mir!" sagte er, „hier darfst du nicht bleiben! Bist du so gut, wie du schön bist, so will ich dich in Samt und Seide kleiden, dir die goldene Krone aufs Haupt setzen, und du sollst in meinem reichsten Schloß Wohnung und Heimat finden!" – Und damit hob er sie auf sein Roß; sie weinte, rang die Hände, aber der König sagte: „Ich will nur dein Glück! Dereinst wirst du mir dafür Dank sagen!" und dann sauste er zwischen den Bergen von dannen und hielt sie vorn auf seinem Rosse fest, und die Jäger trabten hinterdrein.

Als die Sonne unterging, lag die prächtige Königsstadt mit Kirchen und Kuppeln vor ihnen, und der König führte

sie aufs Schloß, wo in den hohen Marmorsälen große Springbrunnen plätscherten, wo an den Wänden und Dekken Gemälde prangten, aber sie hatte kein Auge dafür, sie weinte und trauerte; willenlos ließ sie sich von den Frauen königliche Kleider anziehen, Perlen ins Haar flechten und feine Handschuhe über die verbrannten Finger ziehen.

Wie sie dastand in all ihrer Pracht, war sie so blendend schön, daß der Hof sich noch tiefer vor ihr verneigte und der König sie zu seiner Braut erkor, obwohl der Erzbischof den Kopf schüttelte und flüsterte, das schöne Waldmädchen sei gewiß eine Hexe, sie blende die Augen und betöre das Herz des Königs.

Aber der König hörte nicht darauf, ließ die Musik erschallen, die köstlichsten Speisen auftragen, die anmutigsten Mädchen sie umtanzen, und sie wurde durch duftende Gärten in prächtige Säle geführt; aber kein Lächeln trat auf ihre Lippen oder in ihre Augen, das Leid stand da zu lesen als ewiges Erbteil und Eigen. Jetzt öffnete der König ein kleines Gemach dicht daneben, wo sie schlafen sollte; es war mit kostbaren grünen Teppichen geschmückt und glich ganz und gar der Höhle, in der sie gewesen war; auf dem Fußboden lag das Bündel Flachs, das sie aus den Nesseln gesponnen hatte, und unter der Decke hing das Panzerhemd, das fertiggestrickt war; all dies hatte einer der Jäger als etwas Kurioses an sich genommen.

„Hier kannst du dich in deine ehemalige Wohnung zurückträumen!" sagte der König. „Hier ist die Arbeit, die dich dort in Anspruch genommen hat; nun, inmitten all deiner Pracht, wird es dir Spaß machen, an jene Zeit zurückzudenken."

Als Elisa das sah, was ihrem Herzen so nahestand, zuckte ein Lächeln um ihren Mund, und das Blut kehrte in ihre Wangen zurück; sie dachte an die Erlösung ihrer Brüder, küßte des Königs Hand, und er drückte sie ans Herz und ließ alle Kirchenglocken das Hochzeitsfest verkünden. Das liebliche stumme Mädchen aus dem Walde war die Königin des Landes.

Da flüsterte der Erzbischof dem König böse Worte ins

Ohr, die drangen jedoch nicht bis ins Herz hinein, die Hochzeit sollte stattfinden, der Erzbischof selber mußte ihr die Krone aufs Haupt setzen, und er drückte mit böser Absicht den schmalen Reif fest auf ihre Stirn nieder, so daß es weh tat; um ihr Herz jedoch lag ein schwererer Reif, der Kummer um ihre Brüder; sie fühlte nicht die körperliche Pein. Ihr Mund war stumm, ein einziges Wort würde ja ihre Brüder das Leben kosten, aber in ihren Augen lag eine tiefe Liebe zu dem guten, schönen König, der alles tat, um sie zu erfreuen. Aus tiefstem Herzen war sie ihm gut, von Tag zu Tag mehr; oh, wenn sie sich ihm doch nur anvertrauen dürfte, ihm von ihrem Leid erzählen! aber stumm mußte sie sein, stumm mußte sie ihr Werk vollbringen. Darum schlich sie nachts von seiner Seite fort, ging in das kleine Kämmerlein, das hergerichtet war wie die Höhle, und sie strickte ein Panzerhemd nach dem anderen fertig; als sie aber das siebente anfing, hatte sie keinen Flachs mehr.

Auf dem Kirchhof, das wußte sie, wuchsen die Nesseln, die sie brauchte, aber sie mußte sie selber pflücken; wie sollte sie dort hinauskommen!

„Oh, was ist der Schmerz in meinen Fingern gegen die Qual, die mein Herz erleidet!" dachte sie, „ich muß es wagen! Der Herrgott wird seine Hand nicht von mir abziehen!" Mit einer Herzensangst, als wäre es eine böse Tat, die sie vorhatte, schlich sie in der mondhellen Nacht in den Garten, ging durch die langen Alleen, auf die einsamen Straßen hinaus bis zum Kirchhof. Dort sah sie auf einem der breitesten Grabsteine einen Kreis von Lamien sitzen, garstige Hexen, die zogen ihre Lumpen aus, als wollten sie baden, und dann gruben sie mit den langen, dürren Fingern in den frischen Gräbern, holten die Leichen heraus und fraßen deren Fleisch. Elisa mußte dicht an ihnen vorbei, und sie hefteten ihre bösen Augen auf sie, aber sie betete nur, sammelte die brennenden Nesseln und trug sie heim aufs Schloß.

Nur ein einziger Mensch hatte sie erspäht, der Erzbischof, er war auf, wenn die anderen schliefen; nun hatte er doch recht behalten in dem, was er vermutete: daß mit der Königin nicht alles so war, wie es sein sollte; sie war eine Hexe, deshalb hatte sie den König und das ganze Volk betört.

Im Beichtstuhl erzählte er dem König, was er gesehen hatte und was er befürchtete, und als die harten Worte von seiner Zunge kamen, schüttelten die geschnitzten Heiligenbilder die Köpfe, als wollten sie sagen: „Es ist nicht an dem, Elisa ist unschuldig!" Aber der Erzbischof legte es anders aus, meinte, sie zeugten gegen sie, sie schüttelten die Köpfe wegen ihrer Sünde. Da rollten zwei schwere Tränen über des Königs Wangen, er ging nach Hause mit Zweifeln in seinem Herzen; und nachts tat er so, als schliefe er, aber es kam kein ruhiger Schlaf in seine Augen, er merkte, wie Elisa aufstand, und allnächtlich wiederholte sie dies, und jedesmal folgte er leise hinterdrein und sah, daß sie in ihrem Kämmerlein verschwand.

Von Tag zu Tag wurde seine Miene finsterer. Elisa sah es, begriff aber nicht, weshalb, aber es flößte ihr Angst ein, und wie litt sie doch in ihrem Herzen um der Brüder willen! Auf den königlichen Samt und Purpur rannen ihre salzigen Tränen, sie lagen darauf wie glitzernde Diamanten, und alle, die die reiche Pracht schauten, wünschten sich, Königin zu sein. Bald war sie indessen mit ihrer Arbeit am Ende, nur noch ein Panzerhemd fehlte; aber Flachs hatte sie auch nicht mehr und keine einzige Nessel. Einmal, nur dieses letzte Mal, mußte sie daher auf den Kirchhof hinaus und einige Handvoll pflücken. Sie dachte voll Angst an die einsame Wanderung und an die schrecklichen Lamien; aber ihr Wille war fest wie ihr Vertrauen zum Herrgott.

Elisa ging, aber der König und der Erzbischof folgten ihr, sie sahen sie beim Gittertor auf den Kirchhof verschwinden, und als sie sich diesem näherten, saßen auf dem Grabstein die Lamien, wie Elisa sie gesehen hatte, und der König wandte sich ab; denn er meinte, daß die, deren Kopf noch an diesem Abend an seiner Brust geruht hatte, eine von ihnen wäre.

„Das Volk muß sie richten!" sagte er, und das Volk richtete, sie solle in den roten Flammen verbrannt werden. Von den prächtigen Königssälen wurde sie in ein dunkles, feuchtes Loch geführt, wo der Wind durch das vergitterte Fenster hereinpfiff; an Stelle von Samt und Seide gaben sie ihr das Bündel Nesseln, das sie gesammelt hatte, darauf mochte sie ihren Kopf legen; die harten, brennenden Panzerhemden, die sie gestrickt hatte, sollten das Bett und die Decke sein, aber nichts Lieberes konnten sie ihr gewähren, sie nahm ihre Arbeit wieder auf und betete zu ihrem Herrgott. Draußen sangen die Straßenjungen Spottlieder auf sie; keine Seele spendete ihr mit einem liebevollen Worte Trost.

Da rauschte gegen Abend dicht am Gitter ein Schwanenfittich, es war der jüngste der Brüder, er hatte die Schwester gefunden; und sie schluchzte laut vor Freude, obwohl sie wußte, daß die Nacht, die jetzt kam, möglicherweise die letzte war, die sie zu leben hatte; aber nun war ja die Arbeit auch fast vollbracht, und ihre Brüder waren hier.

Der Erzbischof kam, um die letzte Stunde bei ihr zu verbringen, das hatte er dem König versprochen, aber sie schüttelte den Kopf, bat ihn mit Blicken und Mienen, er möge gehen; in dieser Nacht mußte sie ja ihre Arbeit vollenden, sonst wäre alles nutzlos gewesen, alles, Schmerz, Tränen und die schlaflosen Nächte; der Erzbischof ging fort und gab ihr böse Worte, aber die arme Elisa wußte, sie war unschuldig, und setzte ihre Arbeit fort.

Die Mäuslein liefen auf dem Erdboden herum, sie schleppten die Nesseln bis vor ihre Füße, um immerhin ein wenig zu helfen, und die Drossel setzte sich neben das Gitter des Fensters und sang die ganze Nacht, so lustig sie konnte, damit sie den Mut nicht verlöre.

Es war noch im Morgengrauen, erst in einer Stunde würde die Sonne aufgehen, da standen die elf Brüder am Tor des Schlosses und forderten, vor den König geführt zu werden; das könne nicht geschehen, war die Antwort, es sei ja noch Nacht, der König schlafe und dürfe nicht geweckt werden. Sie baten, sie drohten, die Wache kam, ja, selbst der König trat heraus und fragte, was dies zu bedeuten habe; da kam im selben Augenblick die Sonne heraus, und es waren keine Brüder mehr zu sehen, aber über das Schloß flogen elf weiße Schwäne dahin.

Zum Stadttor hinaus strömte das ganze Volk, es wollte sehen, wie die Hexe verbrannt wurde. Ein elender Gaul zog den Karren, auf dem sie saß; man hatte ihr einen Kittel aus grobem Sackleinen angezogen; ihr wunderbares langes Haar hing aufgelöst um den schönen Kopf, ihre Wangen waren totenblaß, ihre Lippen bewegten sich sacht, während die Finger den grünen Flachs zwirnten; nicht einmal auf dem Wege zu ihrem Tod legte sie die angefangene Arbeit nieder, die zehn Panzerhemden lagen zu ihren Füßen, an dem elften strickte sie; der Pöbel höhnte ihrer.

„Seht die Hexe, wie sie murmelt! Kein Gesangbuch hat sie in Händen, nein, sie sitzt da mit ihrem leidigen Gaukelspiel, reißt es ihr fort und zerfetzt es in tausend Stücke!"

Und sie drängten sich alle um sie und wollten es zerreißen; da kamen elf weiße Schwäne geflogen, sie setzten sich auf dem Karren rund um sie herum und schlugen mit ihren großen Fittichen. Da wich der Haufe voller Grauen zurück.

„Dies ist ein Zeichen des Himmels! Sie ist sicher unschuldig!" flüsterten viele, aber sie wagten es nicht laut zu sagen.

Nun nahm der Henker sie bei der Hand, da warf sie schleunigst die elf Hemden über die Schwäne, und es standen elf wunderherrliche Prinzen da, aber der jüngste hatte einen Schwanenflügel an Stelle seines einen Armes, denn es fehlte ein Ärmel an seinem Panzerhemd, den hatte sie nicht fertigbekommen.

„Nun darf ich sprechen!" sagte sie. „Ich bin unschuldig!"

Und das Volk, welches sah, was da geschehen war, verneigte sich vor ihr wie vor einer Heiligen, aber sie sank den Brüdern leblos in die Arme, so hatten Spannung, Angst und Schmerz auf sie gewirkt.

„Ja, unschuldig ist sie!" sagte der älteste Bruder, und nun berichtete er alles, was geschehen war, und während er sprach, verbreitete sich ein Duft wie von Millionen Rosen, denn jeder Holzscheit auf dem Scheiterhaufen hatte Wurzeln geschlagen und Reiser getrieben, da stand ein duftender Strauch, ganz hoch und breit, mit roten Rosen daran; zuoberst saß eine Blüte, weiß und glänzend, die leuchtete wie ein Stern; die brach der König und heftete sie auf Elisas Brust, da erwachte sie mit Frieden und Glückseligkeit in ihrem Herzen.

Und die Kirchenglocken läuteten alle von selbst, und die Vögel kamen in großen Schwärmen; es war ein Hochzeitszug zum Schloß zurück, wie ihn noch kein König je gesehen hatte.

Der Paradiesgarten

Es war einmal ein Königssohn, keiner hatte so viele und so schöne Bücher wie er; alles, was in dieser Welt geschehen war, konnte er in ihnen lesen und auf prächtigen Bildern sehen. Über jedes Volk und jedes Land gaben sie Bescheid, wo aber der Paradiesgarten zu finden war, darüber stand da nicht ein Wort; und gerade der war es, an den er am meisten dachte.

Seine Großmutter hatte ihm erzählt, als er noch ganz klein war, aber mit der Schule anfangen sollte, daß jede Blume im Paradiesgarten der süßeste Kuchen sei, die Staubfäden der feinste Wein; auf einer stand Geschichte, auf einer anderen Geographie oder das Einmaleins, man brauchte nur Kuchen zu essen, dann konnte man seine Aufgabe; je mehr man aß, desto mehr nahm man an Geschichte, Geographie oder dem Einmaleins in sich auf.

Das glaubte er damals; als er aber größer wurde, mehr lernte und viel gescheiter wurde, erkannte er, daß es eine viel größere Herrlichkeit im Paradiesgarten geben müsse.

„Oh, weshalb hat Eva nur vom Baum der Erkenntnis gepflückt, weshalb aß Adam von der verbotenen Frucht! Das hätte ich sein sollen, dann wäre es nicht geschehen! Niemals wäre die Sünde in die Welt gekommen!"

Das sagte er damals, und das sagte er noch, als er siebzehn Jahre alt war! Der Paradiesgarten erfüllte sein ganzes Denken.

Eines Tages erging er sich im Wald; er war allein, denn daran hatte er die meiste Freude.

Der Abend kam, die Wolken zogen sich zusammen, es kam ein Regen, als wäre der ganze Himmel eine einzige Schleuse, aus der die Wasser stürzten; es war so finster, wie es sonst nur des Nachts im tiefsten Brunnen ist. Bald rutschte er im nassen Gras aus, bald fiel er über die glatten Steine, die aus dem Felsgrund aufragten. Alles troff von Wasser, der arme Prinz hatte keinen trockenen Faden mehr am Leibe. Er mußte über große Gesteinsblöcke klettern, wo das Wasser aus dem hohen Moose quoll. Er war nahe daran umzusinken, da vernahm er ein wunderliches Sausen, und vor sich sah er eine große, erleuchtete Höhle. Mittendrin loderte ein Feuer, daß man einen Hirsch daran braten konnte, und das wurde auch getan; der prachtvollste Hirsch mit seinen hohen Geweihspitzen stak auf einem Spieß und wurde zwischen zwei umgehauenen Tannenbäumen langsam herumgedreht. Eine ältliche Frau, groß und stark, als wäre sie ein verkleidetes Mannsbild, saß am Feuer und warf ein Stück Holz nach dem anderen hinein.

„Komm du nur näher!" sagte sie. „Setz dich ans Feuer, damit deine Kleider trocknen können!"

„Hier zieht es gewaltig!" sagte der Prinz und setzte sich auf den Erdboden.

„Das wird noch schlimmer, wenn meine Söhne nach Hause kommen!" antwortete die Frau. „Du bist hier in der Höhle der Winde, meine Söhne sind die vier Winde der Welt. Kannst du das verstehen?"

„Wo sind deine Söhne?" fragte der Prinz.

„Ja, ja es ist nicht leicht, eine Antwort zu geben, wenn man dumm gefragt wird!" sagte die Frau. „Meine Söhne sind selbständig, die spielen Treibeball mit den Wolken dort oben in der großen Stube!" und dann zeigte sie in die Luft.

„Ah, so!" sagte der Prinz. „Ihr sprecht im übrigen ziemlich barsch und seid nicht so sanft wie die Frauenzimmer, die ich sonst um mich sehe!"

„Ja, die haben wohl auch nichts weiter zu tun! Ich muß hart sein, wenn ich meine Jungen im Zaum halten will! Aber das kann ich, wenn sie auch steife Nacken haben! Siehst du die vier Säcke, die dort an der Wand hängen? Vor denen sind sie ebenso bange, wie du es vor der Rute hinterm Spiegel warst. Ich kann die Jungen zusammenbiegen, sage ich dir, und dann kommen sie in den Sack; da machen wir keine Umstände! Da sitzen sie dann und dürfen sich so lange nicht draußen herumtreiben, wie ich es für gut befinde. – Aber da haben wir den einen!"

Es war der Nordwind, der mit eisiger Kälte eintrat, große Hagelkörner hüpften über den Erdboden, und die Schneeflocken stöberten rundum. Er hatte Bärenfellhosen und ein ebensolches Wams an; eine Kappe aus Seehundsfell ging ihm ganz über die Ohren; lange Eiszapfen hingen ihm im Bart, und ein Hagelkorn nach dem anderen kullerte ihm von seinem Wamskragen herunter.

„Gehen Sie nicht gleich ans Feuer", sagte der Prinz. „Sie bekommen so leicht Frost im Gesicht und an den Händen!"

„Frost!" sagte der Nordwind und lachte ganz laut. „Frost! das ist just mein größtes Vergnügen! Was bist du denn aber für ein Spinnenbein? Wie kommst du in die Höhle der Winde?"

„Er ist mein Gast!" sagte die Alte, „und bist du mit dieser Erklärung nicht zufrieden, dann wirst du in den Sack gesteckt! Nun weißt du meine Meinung!"

Siehe da, das half, und der Nordwind berichtete, wo er herkam und wo er fast einen ganzen Monat lang gewesen war.

„Vom Polarmeer komme ich!" sagte er. „Ich bin auf der Bäreninsel gewesen, mit den russischen Walroßfängern. Ich habe oben auf der Ruderpinne gesessen und geschlafen, als sie vom Nordkap wegsegelten! Wenn ich zwischendurch ein wenig wach wurde, flog mir der Sturmvogel um die Beine! Das ist ein komischer Vogel, der macht einen schnellen Schlag mit den Flügeln, und dann hält er sie regungslos ausgestreckt und hat trotzdem genügend Geschwindigkeit!"

„Sei nun bloß nicht so weitschweifig!" sagte die Mutter der Winde. „Und dann bist du zur Bäreninsel gekommen!"

„Es ist wunderbar! Das ist ein Tanzboden, flach wie ein Teller! Halb geschmolzener Schnee mit Moos, scharfe Steine und die Gerippe von Walrossen und Eisbären lagen da herum, die sahen aus wie die Arme und Beine von Riesen, mit schimmeligem Grün bedeckt. Man sollte meinen, die Sonne habe nie auf sie geschienen. Ich blies ein bißchen in den Nebel hinein, damit man den Schuppen sehen konnte: es war ein Haus, aus Wrackteilen errichtet und mit Walroßhaut bespannt; die Fleischseite war nach außen gekehrt, die war ganz rot und grün; auf dem Dach saß ein lebendiger Eisbär und brummte. Ich ging zum Strand, sah mir die Vogelnester an, betrachtete die nackten Jungen, die schrien und den Rachen aufsperrten; da blies ich in die tausend Kehlen hinein, und sie lernten, den Schnabel zuzumachen. Ganz unten wälzten sich die Walrosse umeinander gleich lebendigen Eingeweiden oder Riesenmaden mit Schweinsköpfen und ellenlangen Zähnen!"

„Du erzählst gut, mein Sohn!" sagte die Mutter. „Mir läuft das Wasser im Munde zusammen, wenn ich dir zuhöre!"

„Dann ging es zum Fang! Die Harpune wurde dem Walroß in die Brust gepflanzt, so daß der dampfende Blutstrahl wie ein Springbrunnen hoch über das Eis spritzte. Da dachte ich auch an mein Spiel! Ich blies tüchtiger und ließ meine Segler – die felshohen Eisberge – die Schiffe einklemmen; hui, wie man pfiff und wie man schrie, aber ich pfiff lauter! Die toten Walroßleiber, Kisten und Tauwerk mußten sie aufs Eis schmeißen. Ich schüttelte das Schneegestöber über sie aus und ließ sie mit den eingeklemmten Fahrzeugen gen Süden treiben mitsamt der

Beute, damit sie dort Salzwasser zu kosten bekämen. Die kommen nie wieder zur Bäreninsel!"

„Dann hast du Böses getan!" sagte die Mutter der Winde.

„Was ich Gutes getan habe, können die anderen erzählen!" sagte er. „Aber da haben wir unseren Bruder aus dem Westen, den mag ich von allen am liebsten, er schmeckt nach der See und bringt eine gesegnete Kälte mit!"

„Ist es der kleine Zephir?" fragte der Prinz.

„Ja, gewiß ist es Zephir!" sagte die Alte. „Aber er ist durchaus nicht so klein. In alter Zeit war er ein hübscher Junge, aber das ist jetzt vorbei!"

Er sah aus wie ein Wilder, aber er hatte eine Klappmütze auf, um sich nicht weh zu tun. In der Hand hatte er eine Keule aus Mahagoni, die hatte er in den amerikanischen Mahagoniwäldern abgehauen. Das Feinste war gerade gut genug!

„Wo kommst du her?" fragte seine Mutter.

„Aus den Waldeinöden", sagte er, „wo die dornigen Lianen einen Zaun zwischen den Bäumen bilden, wo die Wasserschlange im nassen Gras liegt und die Menschen nicht nötig zu sein scheinen!"

„Was hast du da gemacht?"

„Ich habe mir den tiefen Fluß angesehen, sah, wie er vom Felsen niederstürzte, zu Staub wurde und zu den Wolken aufflog, um den Regenbogen zu tragen. Ich sah den wilden Büffel im Fluß schwimmen, aber die Strömung riß ihn mit sich; er trieb mit den Schwärmen der Wildenten, die in die Lüfte aufflogen, wo das Wasser hinabstürzte; der Büffel mußte hinab, das gefiel mir, und ich ließ es stürmen, daß die uralten Bäume abwärts schifften und ganz und gar zu Spänen wurden."

„Und weiter hast du nichts ausgerichtet?" fragte die Alte.

„Ich habe in den Savannen Kobolz geschossen, ich habe die wilden Pferde gestreichelt und Kokosnüsse geschüttelt! O gewiß, ich kann Geschichten erzählen! Aber man darf nicht alles sagen, was man weiß. Das kennst du ja, meine Alte!" und dann küßte er seine Mutter, daß sie beinahe hintenüber gefallen wäre; er war in der Tat ein wilder Bursche.

Nun kam der Südwind mit Turban und flatterndem Beduinenmantel.

„Hier drinnen ist es mächtig kalt!" sagte er und warf Kloben aufs Feuer. „Man kann merken, daß der Nordwind zuerst gekommen ist."

„Hier ist es so heiß, daß man einen Eisbären braten könnte!" sagte der Nordwind.

„Du bist selber ein Eisbär!" erwiderte der Südwind.

„Wollt ihr in den Sack gesteckt werden?" fragte die Alte. „Setz dich dort auf den Stein und erzähle, wo du gewesen bist."

„In Afrika, Frau Mutter!" erwiderte er. „Ich war mit den Hottentotten auf Löwenjagd im Kaffernland! Was da auf der Ebene für Gras wächst, grün wie die Olive! Dort tanzte das Gnu, und der Strauß lief um die Wette mit mir, aber ich bin doch schneller auf den Beinen. Ich kam in die Wüste mit dem gelben Sand; dort sieht es aus wie auf dem Meeresgrund. Ich traf eine Karawane! die schlachteten ihr letztes Kamel, um Wasser zum Trinken zu haben, aber was sie bekamen, war nur wenig. Die Sonne sengte von oben, und der Sand glühte von unten. Keine Grenze hatte die weite Wüste. Da habe ich mich in dem feinen, losen Sand getummelt und ihn zu großen Säulen aufgewirbelt, das war ein Tanz! Du hättest sehen sollen, wie bedrückt das Dromedar dastand, und der Kaufmann zog den Kaftan über den Kopf. Er warf sich vor mir nieder wie vor Allah, seinem Gott. Nun sind sie begraben, über ihnen allen steht eine Pyramide aus Sand, wenn ich die einmal fortwehe, dann wird die Sonne die weißen Gebeine bleichen, dann können die Reisenden sehen, hier sind früher schon Menschen gegangen; sonst würde man es in der Wüste nicht glauben!"

„Du hast also nur Böses getan!" sagte die Mutter. „Marsch in den Sack!" und ehe er sich's versah, hatte sie den Südwind um den Leib gepackt und in den Sack gesteckt, der kullerte auf dem Erdboden herum, aber sie setzte sich auf ihn, und nun mußte er stilliegen.

„Sie hat aber forsche Jungen!" sagte der Prinz.

„Ja, schon", erwiderte sie, „und zügeln kann ich sie! Da haben wir den vierten!"

Es war der Ostwind, er war wie ein Chinese gekleidet.

„Na, kommst du aus der Ecke!" sagte die Mutter. „Ich dachte, du wärest im Paradiesgarten gewesen."

„Dort fliege ich erst morgen hin!" sagte der Ostwind. „Morgen sind es hundert Jahre her, seit ich dort war! Jetzt komme ich aus China, wo ich um den porzellanenen Turm getanzt bin, so daß alle Glocken klangen. Unten auf der Straße bekamen die Beamten Prügel; Bambusrohre wurden auf ihren Schultern zerschlissen, und da waren Leute vom ersten bis zum neunten Grade, die schrien: ‚Vielen Dank, mein väterlicher Wohltäter!' aber sie meinten es nicht, und ich läutete die Glocken und sang tsing-tsang-tsu!"

„Du bist ein Wildfang!" sagte die Alte. „Es ist gut, daß du morgen in den Paradiesgarten kommst, es ist immer nützlich für deine Bildung! Trinke tüchtig aus der Quelle der Weisheit und bring eine kleine Flasche voll für mich mit nach Hause!"

„Das werde ich tun!" sagte der Ostwind. „Aber weshalb hast du nun meinen Bruder aus dem Süden in den Sack gesteckt? Heraus mit ihm! Er soll mir vom Vogel Phönix erzählen; von dem Vogel möchte die Prinzessin im Paradiesgarten immer hören, wenn ich alle hundert Jahre dort Besuch mache. Binde den Sack auf! Dann bist du meine alte, liebste Mutter, und ich schenke dir zwei Taschen voll Tee, so grün und frisch, als hätte ich ihn an Ort und Stelle gepflückt!"

„Nun, wegen des Tees und weil du mein Lieblingskind bist, werde ich den Sack aufmachen!" das tat sie, und der Südwind kroch heraus, aber er sah ganz beschämt aus, weil der fremde Prinz zugesehen hatte.

„Hier hast du ein Palmenblatt für die Prinzessin!" sagte der Südwind. „Dies Blatt hat der alte Vogel Phönix, der einzige, den es auf der Welt gab, mir geschenkt; er hat mit dem Schnabel seine ganze Lebensbeschreibung hineingeritzt, die hundert Jahre, die er gelebt hat; nun kann sie es selber lesen. Ich habe gesehen, wie der Vogel Phönix selber sein Nest anzündete und darin saß und verbrannte, wie die Frau eines Hindu. Wie die dürren Reiser knisterten, da war ein Rauch und ein Duft! Zuletzt ging alles in Flammen auf, der alte Vogel Phönix wurde zu Asche, aber sein Ei lag glühend rot im Feuer, es platzte mit einem großen Knall, und das Junge flog heraus, nun ist dieses Herrscher über alle Vögel und der einzige Vogel Phönix in der Welt. Er hat ein Loch in das Palmenblatt gestochen, welches ich dir gab, das ist sein Gruß an die Prinzessin!"

„Laßt uns nun essen!" sagte die Mutter der Winde. Und nun setzten sich alle hin und aßen den gebratenen Hirsch, und der Prinz saß neben dem Ostwind, und deshalb freundeten sie sich rasch an.

„Höre, erzähl mir doch mal", sagte der Prinz, „was ist das für eine Prinzessin, von der hier soviel geredet wird, und wo liegt der Paradiesgarten?"

„Ho, ho!" sagte der Ostwind, „möchtest du hin? Ja, dann flieg nur morgen mit mir! Aber eins muß ich dir doch sagen, seit Adams und Evas Zeiten ist dort kein Mensch gewesen. Die kennst du doch sicher aus der biblischen Geschichte!"

„Ja gewiß!" sagte der Prinz.

„Damals, als sie vertrieben wurden, versank der Paradiesgarten in die Erde, aber er behielt seinen warmen Sonnenschein, seine milde Luft und all seine Herrlichkeit. Die Königin der Feen wohnt darin; dort liegt die Insel der Glückseligkeit, wo der Tod nie hinkommt, wo es köstlich ist! Setz dich morgen auf meinen Rücken, dann nehme ich dich mit; ich denke, es läßt sich wohl machen. Aber nun darfst du nicht mehr reden, denn ich möchte schlafen!"

Und dann schliefen sie allesamt.

Zu früher Stunde erwachte der Prinz und war nicht wenig verdutzt, daß er schon hoch oben über den Wolken war. Er saß auf dem Rücken des Ostwindes, der ihn ganz brav festhielt; sie waren so hoch in den Lüften, daß Wälder und Felder, Flüsse und Seen so aussahen wie auf einer großen erleuchteten Landkarte.

„Guten Morgen!" sagte der Ostwind. „Du kannst aber ruhig noch ein bißchen schlafen, auf dem Flachland unter uns ist nicht viel zu sehen. Es sei denn, du hättest Lust, Kirchen zu zählen; sie stehen wie Kreidetupfen unten auf dem grünen Brett." Es waren Felder und Wiesen, die er das grüne Brett nannte.

„Es war unhöflich, daß ich mich von deiner Mutter und deinen Brüdern nicht verabschiedet habe!" sagte der Prinz.

„Wenn man schläft, ist man entschuldigt!" sagte der Ostwind, und dann flogen sie noch rascher dahin; man konnte es an den Wipfeln der Wälder hören, wenn sie darüber hinfuhren, alle Äste und Blätter raschelten; man konnte es am Meer und den Seen hören; denn wo sie flogen, türmten sich die Wogen höher, und die großen Schiffe tauchten tief ins Wasser ein, gleich schwimmenden Schwänen.

Gegen Abend, als es dunkel wurde, sah es ergötzlich aus über den großen Städten; dort unten brannten die Lichter, bald hier, bald dort; es war gerade so, wie wenn man ein Stück Papier verbrennt und die vielen kleinen Feuerfunken sieht, die wie Kinder sind, die aus der Schule kommen*. Und der Prinz klatschte in die Hände, aber der Ostwind sagte ihm, er solle das lassen und sich lieber festhalten, sonst könnte er leicht hinunterfallen und an einer Kirchturmspitze hängenbleiben.

Der Adler in den schwarzen Wäldern flog wahrlich leicht, aber der Ostwind flog leichter. Der Kosak auf seinem kleinen Pferd jagte über die Ebene, aber der Prinz jagte ganz anders dahin.

„Nun kannst du den Himalaja sehen!" sagte der Ostwind. „Es ist das höchste Gebirge in Asien, bald müssen wir nun im Paradiesgarten sein!" Dann hielten sie sich südlicher, und bald duftete es von Gewürzen und Blumen. Feigen und Granatäpfel wuchsen wild, und die wilde Weinrebe trug blaue und rote Trauben. Hier ließen sich die

---

* Ein im dänischen Volksmund gebräuchliches Bild: Gemeint ist, daß die Funken einer nach dem anderen verlöschen, wie die Kinder eines nach dem anderen die Schule verlassen (Anm. d. Übers.).

beiden zur Erde nieder und räkelten sich in dem weichen Gras, wo die Blumen dem Winde zunickten, als wollten sie sagen: „Aufs neue willkommen!"

„Sind wir jetzt im Paradiesgarten?" fragte der Prinz.

„O nein!" entgegnete der Ostwind, „aber bald kommen wir hin. Siehst du die Gebirgswand dort und die große Höhle, vor der die Weinranken wie große, grüne Gardinen niederhängen? Durch die müssen wir hindurch! Hülle dich in deinen Mantel, hier brennt die Sonne, aber ein Schritt, und es ist eisig kalt. Der Vogel, der an der Höhle vorüberstreicht, ist mit der einen Schwinge hier draußen im heißen Sommer und mit der anderen drinnen im kalten Winter!"

„So ist das der Weg zum Paradiesgarten?" fragte der Prinz.

Nun gingen sie in die Höhle hinein; hu! wie war es hier eisig kalt, aber es dauerte nicht lange. Der Ostwind breitete seine Flügel aus, und die leuchteten wie das hellste Feuer; nein, was für Höhlen! Die großen Gesteinsblöcke, von denen das Wasser niedertroff, hingen in den seltsamsten Gestalten über ihnen; bald war es so eng, daß sie auf Händen und Füßen kriechen mußten, bald so hoch und weiträumig wie im Freien. Hier sah es aus wie in einer Grabkapelle mit stummen Orgelpfeifen und zu Stein gewordenen Fahnen.

„Wir gehen wohl auf dem Weg des Todes zum Paradiesgarten?" fragte der Prinz, aber der Ostwind erwiderte kein Wort, zeigte nach vorn, und das herrlichste blaue Licht strahlte ihnen entgegen; die Steinblöcke über ihnen wurden mehr und mehr zu einem Nebel, der zuletzt so hell war wie eine weiße Wolke im Mondenschein. Nun waren sie in der schönsten milden Luft, so frisch wie auf den Bergen, so duftend wie von den Rosen des Tales.

Hier strömte ein Fluß dahin, so durchsichtig wie die Luft selber, und die Fische waren wie Silber und Gold; purpurrote Aale, die jedesmal, wenn sie sich krümmten, blaue Feuerfunken sprühten, schillerten unten im Wasser, und die breiten Wasserrosenblätter hatten die Farben des Regenbogens; die Blüte selbst war eine rotgelbe flammende Lohe, der das Wasser Nahrung gab, ebenso wie das Öl der Lampe das stete Brennen ermöglicht! Eine feste Brücke aus Marmor, aber so kunstvoll und fein durchbrochen, als wäre sie aus Spitzen und Glasperlen gemacht, führte über das Wasser zur Insel der Glückseligkeit, wo der Paradiesgarten blühte.

Der Ostwind hob den Prinzen auf seine Arme und trug ihn hinüber. Da sangen Blumen und Blätter die schönsten Lieder aus seiner Kindheit, aber so über die Maßen herrlich, wie keine menschliche Stimme singen kann.

Waren es Palmen oder riesige Wasserpflanzen, die hier wuchsen? So saftvolle und hohe Bäume hatte der Prinz nie zuvor geschaut. In langen Kränzen hingen die wundersamsten Schlingpflanzen herunter, wie sie nur am Rand der alten Heiligenbücher in Farben und Gold abgebildet sind oder sich dort durch die Anfangsbuchstaben winden. Es waren die seltsamsten Zusammensetzungen von Vögeln, Blumen und Schnörkeln. Im Grase dicht daneben stand ein Schwarm von Pfauen mit auseinandergebreiteten, glänzenden Schwanzfächern. O doch, es war wirklich so! Als der Prinz sie aber berührte, merkte er, daß es keine Tiere waren, sondern Pflanzen. Es waren die großen Ampferstauden, die hier wie herrliche Pfauenschweife glänzten. Löwe und Tiger sprangen gleich geschmeidigen Katzen zwischen den grünen Sträuchern umher, die wie die Blüten des Ölbaums dufteten, und der Löwe und der Tiger waren zahm, die wilde Holztaube, schimmernd wie die schönste Perle, klatschte mit ihren Flügeln dem Löwen auf die Mähne, und die Antilope, die sonst so scheu ist, stand da und nickte mit dem Kopf, als wollte sie auch gern mitspielen.

Nun kam die Fee des Paradieses; ihre Kleider glänzten wie die Sonne, und ihr Antlitz war mild wie das einer glücklichen Mutter, wenn sie sich so recht über ihr Kind freut. Sie war so jung und schön, und die lieblichsten Mädchen, jedes mit einem flimmernden Stern im Haar, begleiteten sie.

Der Ostwind überreichte ihr das beschriebene Blatt vom Vogel Phönix, und ihre Augen glänzten vor Freude; sie nahm den Prinzen bei der Hand und führte ihn in ihr Schloß, dessen Wände in solchen Farben prangten wie die prächtigsten Tulpenblätter, wenn man sie gegen die Sonne hält, die Decke war selber eine große, strahlende Blüte, und je mehr man zu ihr hinaufstarrte, desto tiefer erschien ihr Kelch. Der Prinz trat ans Fenster und blickte durch eine der Scheiben, da sah er den Baum der Erkenntnis mit der

Schlange, und Adam und Eva standen dicht daneben. „Sind sie denn nicht vertrieben worden?" fragte er, und die Fee lächelte und erklärte ihm, daß die Zeit auf jede Scheibe ihr Bild in dieser Weise eingebrannt habe, aber nicht, wie man es sonst zu sehen pflegt, nein, es war Leben darin; die Blätter der Bäume regten sich, die Menschen kamen und gingen, wie in einem Spiegelbild. Und er blickte durch eine andere Scheibe, und da sah er Jakobs Traum, wo die Leiter bis in den Himmel ging und die Engel mit großen Fittichen auf und nieder schwebten. Ja, alles, was in dieser Welt geschehen war, lebte und bewegte sich auf den Fensterscheiben; so kunstvolle Gemälde vermochte nur die Zeit einzubrennen.

Die Fee lächelte und führte ihn in einen Saal, groß und hoch, dessen Wände sahen aus wie transparente Gemälde, und die Gesichter darauf waren eines immer schöner als das andere; das waren Millionen von Glücklichen, die lächelten und sangen, daß alles zu einer Melodie zusammenklang; die allerobersten waren so klein, daß sie kleiner als die kleinste Rosenknospe erschienen, wenn sie als ein Punkt aufs Papier gezeichnet wird. Und mitten im Saal stand ein großer Baum mit hängenden üppigen Zweigen; goldene Äpfel, große und kleine, hingen wie Apfelsinen zwischen den grünen Blättern. Das war der Baum der Erkenntnis, von dessen Frucht Adam und Eva gegessen hatten. Von jedem Blatt tropfte ein schimmernder roter Blutstropfen herab; es war, als weinte der Baum blutige Tränen.

„Komm, wir wollen ins Boot steigen!" sagte die Fee. „Draußen auf dem rauschenden Wasser wollen wir Erfrischungen zu uns nehmen! Das Boot wiegt sich, kommt jedoch nicht von der Stelle, aber alle Länder der Erde ziehen an unserem Auge vorbei." Und es war seltsam zu sehen, wie die ganze Küste sich bewegte. Da kamen die hohen, schneebedeckten Alpen mit Wolken und schwarzen Tannen, das Horn erklang mit tiefer Wehmut, und der Hirte jodelte so schön im Tal. Jetzt neigten die Bananenbäume ihre langen, hängenden Äste über das Boot, kohlschwarze Schwäne schwammen auf dem Wasser, und die seltsamsten Tiere und Pflanzen erschienen am Strande; das war Neu-Holland, der fünfte Erdteil, der mit Ausblick auf die blauen Berge vorüberzog. Man hörte den Gesang der Priester und sah den Tanz der Wilden zum Klang der Trommel und elfenbeinernen Tuba. Die Pyramiden Ägyptens, die bis in die Wolken ragten, umgestürzte Säulen und Sphinxe, halb unterm Sand begraben, segelten vorbei. Das Nordlicht flammte über den Gletschern des Nordens, es war ein Feuerwerk, das keiner nachmachen konnte. Der Prinz war ganz glückselig, ja, er sah hundertmal mehr, als was wir hier berichten.

„Und ich kann für immer hierbleiben?" fragte er.

„Das hängt von dir selber ab!" erwiderte die Fee. „Falls du dich nicht, so wie Adam, dazu verleiten läßt, das Verbotene zu tun, kannst du für immer bleiben!"

„Ich werde die Äpfel am Baum der Erkenntnis nicht anrühren!" sagte der Prinz. „Hier gibt es Tausende von Früchten, schön wie jene!"

„Prüfe dich selbst, und bist du nicht stark genug, dann ziehe mit dem Ostwind, der dich herbrachte; er fliegt jetzt zurück und kommt erst nach hundert Jahren wieder; die Zeit wird dir an diesem Ort vergehen, als wären es nur hundert Stunden, aber für die Versuchung und Sünde ist dies eine lange Zeit. Jeden Abend, wenn ich von dir gehe, muß ich dir zurufen: ‚Komm mit!' Ich muß dir mit der Hand winken, aber bleibe zurück. Geh nicht mit, denn sonst wird dein Verlangen mit jedem Schritt größer: du kommst in den Saal, wo der Baum der Erkenntnis wächst; ich schlafe unter seinen duftenden, hängenden Ästen; du wirst dich über mich neigen, und ich muß lächeln; drückst du aber einen Kuß auf meinen Mund, dann versinkt das Paradies tief in die Erde, und es ist für dich verloren. Der scharfe Wüstenwind wird dich umbrausen, der kalte Regen von deinem Haare triefen. Leid und Mühsal werden dein Erbteil sein."

„Ich bleibe hier!" sagte der Prinz, und der Ostwind küßte ihn auf die Stirn und sagte: „Sei stark, dann sind wir nach hundert Jahren aufs neue hier vereint! Lebe wohl! Lebe wohl!" Und der Ostwind entfaltete seine großen Flügel, sie leuchteten wie das flimmernde Getreide zur Erntezeit oder das Nordlicht im kalten Winter. „Lebe wohl! Lebe wohl!" erklang es von Blumen und Bäumen. Störche und Pelikane flogen in Reihen wie flatternde Bänder und geleiteten ihn bis zur Grenze des Gartens.

„Nun beginnen unsere Tänze!" sagte die Fee. „Zum Schluß, wenn ich mit dir tanze, wirst du, sobald die Sonne sinkt, sehen, daß ich dir zuwinke, du wirst hören, wie ich dir zurufe: ‚Komm mit!' Aber tue es nicht! Hundert Jahre lang muß ich es allabendlich wieder holen; jedesmal, wenn die Zeit um ist, gewinnst du mehr Kraft, zuletzt denkst du nicht mehr daran. Heute abend ist es das erstemal; nun habe ich dich gewarnt!"

Und die Fee führte ihn in einen großen Saal aus weißen, durchsichtigen Lilien, die gelben Staubfäden einer jeden waren eine kleine goldene Harfe, deren Saiten erklangen und wie Flöten tönten. Die schönsten Mädchen, schwebend und schlank, in wallenden Flor gekleidet, so daß man die herrlichen Gliedmaßen sah, schwebten in Tänzen dahin und sangen davon, wie herrlich es sei zu leben, daß sie nimmer sterben wollten und daß der Paradiesgarten ewig blühen möge.

Und die Sonne ging unter, der ganze Himmel war ein einziges Gold, das den Lilien den Schimmer der köstlichsten Rose verlieh, und der Prinz trank von dem schäumenden Wein, den die Mädchen ihm reichten, und er empfand eine Glückseligkeit wie nie zuvor; er sah, wie der Hintergrund des Saales sich öffnete; der Baum der Erkenntnis stand in einem Glanz, der sein Auge blendete; der Gesang von dort klang weich und wundersam, wie die Simme seiner Mutter, und es war, als sänge sie: „Mein Kind! mein geliebtes Kind!"

Da winkte die Fee und rief gar liebreich: „Komm mit! Komm mit!" Und er stürzte auf sie zu, vergaß sein Gelübde, vergaß es schon am ersten Abend, und sie winkte und lächelte. Der Duft, der würzige Duft ringsum wurde stärker, die Harfen ertönten viel wundersamer, und es war, als ob die Millionen von lächelnden Häuptern im Saale, in dem der Baum wuchs, nickten und sängen: „Alles muß man kennen! Der Mensch ist der Herr der Erde!" Und es waren nun nicht mehr blutige Tränen, die von den Blättern am Baum der Erkenntnis niederfielen, es waren rote, funkelnde Sterne, wie ihm schien. „Komm mit! komm mit!" erklangen die bebenden Töne, und mit jedem Schritt brannten des Prinzen Wangen heißer, sein Blut bewegte sich stärker. „Ich muß!" sagte er. „Es ist doch keine Sünde, kann es nicht sein! Weshalb nicht der Schönheit und Freude folgen? Schlafen will ich sie sehen! Es ist doch nichts verloren, wenn ich sie nur nicht küsse, und das tue ich nicht, ich bin stark, ich habe einen festen Willen!"

Und die Fee warf ihr strahlendes Gewand ab, bog die Zweige zurück, und alsbald war sie dort drinnen verborgen.

„Noch habe ich nicht gesündigt", sagte der Prinz, „und tue es auch nicht." Und dann bog er die Zweige zur Seite; da schlief sie schon, herrlich, wie nur die Fee im Paradiesgarten es sein kann; sie lächelte im Traum, er neigte sich über sie und sah Tränen an ihren Wimpern zittern.

„Weinst du meinetwegen?" flüsterte er. „Weine nicht, du herrliches Weib! Nun begreife ich erst das Glück des Paradieses, es strömt durch mein Blut, durch mein Denken. Die Kraft des Cherubs und sein ewiges Leben spüre ich in meinem irdischen Leib, laß ewige Nacht um mich sein, eine Minute wie diese ist Reichtum genug!" und er küßte die Träne von ihrem Auge, sein Mund berührte den ihren.

Da ertönte ein Donnerschlag, so tief und schrecklich, wie ihn keiner je zuvor vernommen hatte, und alles stürzte ein: die schöne Fee, das blühende Paradies versanken, es sank so tief, so tief, der Prinz sah es in die schwarze Nacht versinken; wie ein kleiner, flimmernder Stern glänzte es in weiter Ferne. Todeskälte rann durch seine Glieder, er schloß die Augen und lag lange da wie tot.

Der kalte Regen fiel auf sein Antlitz, der scharfe Wind umwehte seinen Kopf, da kehrten seine Gedanken zurück. „Was habe ich getan!" seufzte er. „Ich habe gesündigt wie Adam! Gesündigt, so daß das Paradies tief hinabgesunken ist!" und er öffnete die Augen, den Stern in weiter Ferne, den Stern, welcher funkelte wie das versunkene Paradies, sah er noch immer – es war der Morgenstern am Himmel.

Er richtete sich auf und war in dem großen Wald dicht bei der Höhle der Winde, und die Mutter der Winde saß an seiner Seite; sie sah zornig aus und hob ihren Arm hoch.

„Schon am ersten Abend!" sagte sie. „Das dachte ich mir! Ja, wärest du mein Junge, du kämest jetzt in den Sack!"

„Da kommt er hinein!" sagte der Tod; der war ein kräftiger alter Mann mit einer Sense in der Hand und mit großen schwarzen Flügeln. „In den Sarg wird er gelegt, aber nicht jetzt, ich zeichne ihn nur, laß ihn nun noch eine Weile in der Welt umherwandern, seine Sünde büßen, besser und besser werden! – Ich komme dereinst. Wenn er es dann am wenigsten erwartet, stecke ich ihn in den großen Sarg, stelle diesen auf meinen Kopf und fliege hinauf zu dem Stern; auch dort blüht der Paradiesgarten, und ist er gut und fromm, dann darf er dort eintreten; ist aber sein Denken böse und das Herz noch voller Sünde, dann versinkt er mit dem Sarge tiefer, als das Paradies gesunken ist, und alle tausend Jahre nur hole ich ihn wieder, auf daß er tiefer versinke oder auf dem Stern bleibe, dem funkelnden Stern dort oben!"

Der fliegende Koffer

Es war einmal ein Kaufmann, der war so reich, daß er die ganze Straße und fast noch eine kleine Gasse dazu mit Silbergeld hätte pflastern können; aber das tat er nicht, er wußte sein Geld auf andere Weise zu verwenden; gab er einen Schilling aus, erhielt er einen Taler zurück; so ein Kaufmann war er – und dann starb er.

Der Sohn bekam nun all das Geld, und er lebte lustig, ging jede Nacht zum Maskenfest, machte Papierdrachen aus den Reichstalerscheinen und warf die Goldmünzen an Stelle flacher Steine über die Wasserfläche, daß sie hopsten, so konnte das Geld schnell alle werden, und das wurde es; zuletzt besaß er nichts weiter als vier Schillinge und hatte keine andere Kleidung als ein Paar Pantoffeln und einen alten Schlafrock. Nun kümmerten sich seine Freunde nicht mehr um ihn, da sie ja nicht mehr mit ihm über die Straße gehen konnten, nur einer von ihnen, der ihm gut war, schickte ihm einen alten Koffer und sagte: „Pack ein!" Ja, das war ganz gut und schön, aber er hatte nichts einzupacken, so setzte er sich selber in den Koffer.

Das war ein absonderlicher Koffer. Sobald man auf das Schloß drückte, konnte der Koffer fliegen; das tat er, wupps, flog er mit ihm durch den Schornstein hinaus, hoch über die Wolken, immer weiter fort; es knackste im Boden, und er bekam große Angst, daß der Koffer entzweigehen könnte, dann hätte er nämlich einen ganz netten Sturz getan! Gott bewahre uns! Und nun kam er ins Türkenland. Den Koffer versteckte er im Wald unter den welken Blättern und ging alsdann in die Stadt; das konnte er ruhig tun, denn bei den Türken gingen ja alle, genau wie er, in Schlafrock und Pantoffeln. Da begegnete er einer Amme mit einem kleinen Kind. „Hör einmal, Türkenamme!" sagte er, „was ist das für ein großes Schloß hier nahe bei der Stadt, die Fenster liegen so hoch!"

„Dort wohnt des Königs Tochter!" sagte sie. „Es ist ihr geweissagt worden, daß sie durch einen Liebsten unglücklich würde, und darum darf niemand zu ihr, außer wenn der König und die Königin dabei sind."

„Danke!" sagte der Kaufmannssohn, und dann ging er in den Wald hinaus, setzte sich in seinen Koffer, flog auf das Dach und kroch durchs Fenster zur Prinzessin hinein.

Sie lag auf dem Sofa und schlief; sie war so lieblich, daß der Kaufmannssohn ihr einen Kuß geben mußte; sie erwachte und erschrak sehr, aber er sagte, er sei der Türkengott, der durch die Luft zu ihr gekommen sei, und das gefiel ihr gut.

So saßen sie denn beieinander, und er erzählte ihr Geschichten von ihren Augen: sie seien die schönsten dunklen Seen, und die Gedanken schwämmen darin gleich Meerjungfrauen; und er erzählte von ihrer Stirn: die sei ein Schneeberg mit den prächtigsten Sälen und Bildern, und er erzählte vom Storch, der die niedlichen kleinen Kinder bringe.

O ja, es wären schöne Geschichten! Dann hielt er um die Hand der Prinzessin an, und sie sagte sogleich ja.

„Aber Sie müssen am Sonnabend herkommen", sagte sie, „dann sind der König und die Königin bei mir zum Tee. Sie werden sehr stolz darauf sein, daß ich den Türkengott bekomme, aber sehen Sie zu, daß Sie ein wirklich schönes Märchen können, denn das lieben meine Eltern besonders;

meine Mutter möchte es moralisch und vornehm haben und mein Vater lustig, so daß man lachen kann!"

„Ja, ich bringe kein anderes Hochzeitsgeschenk mit als ein Märchen!" sagte er, und dann trennten sie sich, aber die Prinzessin schenkte ihm einen Säbel, der mit goldenen Münzen besetzt war, und vor allem die konnte er gut gebrauchen.

Nun flog er fort, kaufte sich einen neuen Schlafrock und saß draußen im Wald und dichtete ein Märchen; es mußte bis zum Sonnabend fertig sein, und das ist gar nicht so leicht.

Dann war er fertig, und dann war Sonnabend.

Der König, die Königin und der ganze Hof warteten mit Tee bei der Prinzessin. Er wurde ganz reizend empfangen!

„Würden Sie nun ein Märchen erzählen?" sagte die Königin, „eines, das tiefsinnig ist und belehrend!"

„Über das man aber doch lachen kann!" sagte der König.

„Ja, schon!" sagte er und erzählte: nun muß man aber gut zuhören!

„Es waren einmal ein Bund Schwefelhölzer, die waren ganz außerordentlich stolz darauf, weil sie von hoher Herkunft waren; ihr Stammbaum, das heißt die große Kiefer, von der jedes ein kleines Hölzchen war, war ein großer, alter Baum im Wald gewesen. Die Schwefelhölzer lagen jetzt auf dem Wandbrett zwischen einem Feuerzeug und einem alten eisernen Kochtopf, und denen erzählten sie aus ihrer Jugend. ‚Ja, als wir auf dem grünen Zweig waren', sagten sie, ‚da waren wir aber wirklich auf einem grünen Zweig! Jeden Morgen und Abend Diamanttee, das war der Tau, den ganzen Tag hatten wir Sonnenschein, wenn die Sonne schien, und all die kleinen Vögel mußten uns Geschichten erzählen. Wir konnten wohl merken, daß wir auch reich waren, denn die Laubbäume, die hatten nur im Sommer etwas an, aber unsere Familie konnte sich Sommer und Winter grüne Kleider leisten. Doch dann kamen die Holzhauer, das gab eine große Revolution, und unsere Familie wurde auseinandergerissen; der Stammherr bekam eine Stellung als Großmast auf einem prachtvollen Schiff, das um die ganze Erde segeln konnte, wenn es wollte, die anderen Äste kamen anderswohin, und wir haben nun den Beruf, der gemeinen Menge das Licht anzuzünden; deshalb sind wir vornehmen Leute hier in die Küche gekommen.'

‚Ja, bei mir ist es nun anders!' sagte der eiserne Kochtopf, neben dem die Schwefelhölzer lagen. ‚Kaum daß ich ins Leben hinausgekommen war, wurde ich viele Male gescheuert und gekocht! Ich sorge für das Solide und bin genaugenommen der Erste hier im Hause. Meine einzige Freude ist, so nach Tisch rein und fein auf dem Wandbrett zu liegen und eine vernünftige Unterhaltung mit den Gefährten zu führen; wenn ich den Wassereimer ausnehme, der hin und wieder einmal auf den Hof hinunterkommt, so leben wir immer innerhalb unserer vier Wände. Unser einziger Überbringer von Neuigkeiten ist der Marktkorb, aber der redet so beunruhigend von der Regierung und dem Volk; ja, neulich war da eine alte Schüssel, die vor Schreck darüber herunterfiel und in Scherben ging! Sie hat eine frische Wesensart, müssen Sie wissen!'

‚Nun redest du zuviel!' sagte das Feuerzeug, und der Stahl schlug gegen den Stein, daß die Funken stoben. ‚Wollen wir uns nicht einen lustigen Abend machen?'

‚Ja, wir wollen uns darüber unterhalten, wer der Vornehmste ist!' sagten die Schwefelhölzer.

‚Nein, ich liebe es nicht, über mich selbst zu reden!' sagte die Tonschüssel. ‚Machen wir doch eine Abendunterhaltung! Ich fange an, ich werde so etwas erzählen, was jeder erlebt hat; da kann man sich so gut hineinversetzen, und es macht solchen Spaß: An der Ostsee mit den dänischen Buchen –!'

‚Das ist ein wunderbarer Anfang!' sagten alle Teller. ‚Das wird bestimmt eine Geschichte, die ich mag!'

‚Ja, dort verbrachte ich meine Jugend bei einer ruhigen Familie; die Möbel wurden gebohnert, der Fußboden geseift, alle vierzehn Tage wurden saubere Gardinen aufgehängt!'

‚Wie interessant Sie erzählen!' sagte der Staubwedel. ‚Man kann sofort hören, daß es ein Frauenzimmer ist, welches erzählt; es geht so etwas Reinliches durch das Ganze!'

‚Ja, das fühlt man!' sagte der Wassereimer, und dann machte er vor Freude einen kleinen Satz, daß es auf dem Fußboden ‚Klatsch' sagte.

Und die Schüssel fuhr fort zu erzählen, und das Ende war ebensogut wie der Anfang.

Die Teller rasselten alle vor Freude, und der Staubwedel holte grüne Petersilie aus dem Sandloch und bekränzte die Schüssel, denn er wußte, das ärgerte die anderen, und er dachte: ‚Bekränz ich sie heut, so bekränzt sie mich morgen.'

‚Nun möchte ich tanzen!' sagte die Feuerzange und tanzte; ja, du meine Güte, wie die das eine Bein heben konnte. Der alte Stuhlüberzug drüben in der Ecke platzte, als er das sah. ‚Werde ich jetzt bekränzt?' sagte die Feuerzange, und das wurde sie.

‚Es ist doch lauter Pöbel!' dachten die Schwefelhölzer.

Nun sollte die Teemaschine singen, aber sie sei zu erkältet, sagte sie, sie könne es nur, wenn sie ins Sieden komme; aber es war die reinste Vornehmheit; sie wollte nicht singen, außer wenn sie drinnen bei der Herrschaft auf dem Tische stand.

Am Fenster drüben steckte eine alte Schreibfeder, mit der die Magd zu schreiben pflegte; an der war nichts Bemerkenswertes, außer daß sie viel zu tief ins Tintenfaß getunkt worden war, aber damit tat sie sich nun groß. ‚Will die Teemaschine nicht singen', sagte sie, ‚dann soll sie es bleibenlassen! Draußen hängt in einem Käfig eine Nachtigall, die kann singen, die hat allerdings nichts gelernt, aber darüber wollen wir heute abend nichts Schlechtes reden.'

‚Ich finde es höchst unpassend', sagte der Teekessel, der Küchensänger war und ein Halbbruder der Teemaschine, ‚daß man sich so einen fremden Vogel anhören soll! Ist das patriotisch? Ich möchte das Urteil des Marktkorbes hören!'

‚Ich ärgere mich nur!' sagte der Marktkorb. ‚Ich ärgere mich dermaßen, wie man es sich gar nicht vorstellen kann! Ist das eine passende Art und Weise, den Abend zu verbringen, wäre es nicht richtiger, das ganze Haus auf den Kopf zu stellen? Jeder würde dann an seinen Platz kommen, und ich würde die ganze Kodille* anführen. Das wäre etwas anderes!'

‚Ja, laßt uns Krach machen!' sagten sie allesamt. Im selben Augenblick ging die Tür auf. Es war die Dienstmagd, und nun verhielten sie sich still. Keiner sagte einen Mucks; aber da war nicht ein Napf, der nicht gewußt hätte, was er tun könnte, und wie vornehm er war. ‚Ja, wenn ich gewollt hätte', dachte jeder ‚dann wäre das allerdings ein lustiger Abend geworden!'

Die Magd nahm die Schwefelhölzer und machte Feuer mit ihnen – Himmel, nein, wie die zischten und aufflammten.

‚Nun kann doch ein jeder sehen', dachten sie, ‚daß wir die Ersten sind! Welchen Glanz wir haben, welches Licht!' und dann waren sie schon abgebrannt."

„Das war ein schönes Märchen!" sagte die Königin. „Ich fühlte mich ganz und gar in die Küche zu den Schwefelhölzern versetzt, ja, nun sollst du unsere Tochter haben."

„Ja gewiß!" sagte der König, „du bekommst unsere Tochter am Montag!" denn jetzt sagten sie du zu ihm, da er mit zur Familie gehören würde.

Die Hochzeit war nun festgesetzt, und am Abend vorher wurde die ganze Stadt festlich erleuchtet; Wecken und Brezeln regneten durch die Luft aufs Volk nieder; die Straßenjungen standen auf den Zehenspitzen, riefen hurra und pfiffen durch die Finger; das war besonders großartig.

„Ja, ich muß wohl zusehen, daß ich auch etwas anstelle!" dachte der Kaufmannssohn, und dann kaufte er Raketen, Knallerbsen und all das Feuerwerk, das man sich denken kann, tat es in seinen Koffer und flog damit in die Luft hinauf.

Rrrutsch, wie das ging und wie das zischte!

Alle Türken sprangen dabei hoch, so daß die Pantoffeln ihnen um die Ohren flogen; eine solche Lufterscheinung hatten sie nie zuvor geschaut. Nun konnten sie wirklich sehen, daß es der Türkengott selber war, der die Prinzessin bekam.

Sobald der Kaufmannssohn mit seinem Koffer wieder in den Wald hinunterkam, dachte er: „Ich will doch in die

* Kartenspiel (Anmerkung d. Übers.).

Stadt hineingehen, um zu hören, wie es ausgesehen hat!" und das war ja ganz verständlich, daß er dazu Lust hatte.

Nein, wie die Leute erzählten! Ein jeder, den er danach fragte, hatte es auf seine Art gesehen, aber alle hatten es schön gefunden.

„Ich habe den Türkengott selber gesehen", sagte der eine, „er hatte Augen wie blinkende Sterne und einen Bart wie schäumende Wasser!"

„Er ist in einem feurigen Mantel geflogen", sagte ein anderer. „Die süßesten Engelskinder schauten aus den Falten hervor!"

O ja, es waren hübsche Dinge, die er da vernahm, und am nächsten Tage sollte er Hochzeit feiern.

Nun ging er zurück in den Wald, um sich in seinen Koffer zu setzen, aber wo war der? Der Koffer war verbrannt. Ein Funke vom Feuerwerk war übriggeblieben, der hatte das Feuer angezündet, und der Koffer lag in Asche. Der Kaufmannssohn konnte nicht mehr fliegen, nicht mehr zu seiner Braut kommen.

Sie stand den ganzen Tag auf dem Dach und wartete; sie wartet noch immer, er aber wandert um die Welt und erzählt Märchen, doch die sind nicht mehr so lustig wie das, welches er von den Schwefelhölzern erzählte.

Die Störche

Auf dem letzten Haus in einem kleinen Ort war ein Storchennest. Die Storchenmutter saß im Nest bei ihren vier kleinen Jungen, die den Kopf mit dem kleinen schwarzen Schnabel herausstreckten, der war nämlich noch nicht rot geworden. Ein Stückchen entfernt auf dem Dachfirst stand kerzengerade und steif der Storchenvater, er hatte das eine Bein unter sich hochgezogen, um doch wenigstens einige Mühe zu haben, wenn er Schildwache stand. Man hätte glauben können, er sei aus Holz geschnitzt, so still stand er da. „Es sieht gewiß sehr vornehm aus, daß meine Frau eine Schildwache beim Nest hat!" dachte er. „Die können ja nicht wissen, daß ich ihr Mann bin, die glauben gewiß, ich bin dazu abkommandiert worden, hier zu stehen. Es sieht so forsch aus!" und dann stand er weiter auf dem einen Bein.

Unten auf der Straße spielte ein ganzer Schwarm von Kindern, und als die die Störche sahen, sang einer der kecksten Jungen, und hinterher alle, den alten Vers von den Störchen, aber sie sangen ihn jetzt, wie er ihn wußte:

> Storch, Storch, steh,
> Sonst machen wir dir weh!
> Deine Frau, die liegt fest
> Mit vier großen Jungen im Nest.
>
> Das erste wird gehängt,
> Das zweite wird gesengt,
> Das dritte wird erstochen,
> Dem vierten werden alle Knochen gebrochen!

„Hör bloß, was die Jungen singen!" sagten die kleinen Storchenjungen. „Die sagen, wir werden gehängt und gesengt!"

„Kümmert euch nicht drum!" sagte die Storchenmutter. „Hört einfach nicht hin, dann macht es nichts!"

Aber die Jungen sangen immer weiter, und sie wiesen mit den Fingern auf die Störche; nur ein Junge, er hieß Peter, sagte, es sei schändlich, die Tiere zu ärgern, und wollte gar nicht mitmachen. Die Storchenmutter tröstete auch ihre Jungen: „Macht euch nichts draus!" sagte sie. „Seht nur, wie ruhig euer Vater dasteht, und noch dazu auf einem Bein!"

„Wir haben solche Angst!" sagten die Storchenjungen und duckten die Köpfe tief ins Nest hinein.

Am nächsten Tag, als die Kinder wieder beisammen waren, um zu spielen, und die Störche sahen, begannen sie mit ihrem Lied:

> Das erste wird gehängt,
> Das zweite wird gesengt ...

„Werden wir wohl gehängt und versengt?" fragten die Storchenjungen.

„Nein, gewiß nicht!" sagte die Mutter, „ihr werdet fliegen lernen, ich werde schon mit euch üben! Dann fliegen wir auf die Wiese hinaus und machen den Fröschen einen Besuch, die verneigen sich im Wasser vor uns, die singen: ‚Koax koax!' und dann fressen wir sie auf, das kann sehr lustig sein!"

„Und was dann?" fragten die Storchenjungen.

„Dann versammeln sich alle Störche, die es im ganzen Lande gibt, und dann beginnen die Herbstmanöver, da muß man gut fliegen, das ist von großer Wichtigkeit, denn wer nicht fliegen kann, den ersticht der General mit seinem Schnabel; deshalb paßt gut auf, daß ihr etwas lernt, wenn die Übung beginnt!"

„Dann werden wir ja doch erstochen, wie die Jungen gesagt haben! Und hör mal, jetzt sagen sie es wieder!"

„Hört auf mich und nicht auf sie!" sagte die Storchenmutter. „Nach dem großen Manöver fliegen wir in die heißen Länder, oh, ganz weit von hier, über Berge und Wälder. Nach Ägypten fliegen wir, wo es dreieckige Steinhäuser gibt, die mit der Spitze bis über die Wolken ragen, die nennt man Pyramiden, und sie sind älter, als irgendein Storch sich vorstellen kann. Da ist ein Fluß, der läuft über, so daß das Land zu Schlamm wird. Man geht im Schlamm umher und ißt Frösche."

„Oh!" sagten alle Jungen.

„Ja, da ist es so schön! Man tut den ganzen Tag nichts anderes als essen, und während es uns so gut geht, ist in diesem Land nicht ein grünes Blättchen an den Bäumen; hier ist es so kalt, daß die Wolken kaputtfrieren und als kleine weiße Fetzen herunterfallen!" es war der Schnee, den sie meinte, aber sie konnte es ja nicht deutlicher erklären.

„Frieren dann auch die bösen Jungen kaputt?" fragten die Storchenjungen.

„Nein, kaputt frieren sie nicht. Aber sie sind nahe daran und müssen in der finsteren Stube sitzen und haben das Nachsehen; ihr könnt dagegen im fremden Land herumfliegen, wo es Blumen gibt und warmen Sonnenschein!"

Nun war schon einige Zeit vergangen, und die Storchenjungen waren so groß, daß sie im Nest stehen und weit umherblicken konnten, und der Storchenvater kam jeden Tag mit feinen Fröschen angeflogen, kleinen Nattern und all dem leckeren Storchenfutter, das er finden konnte. Oh, es sah lustig aus, wie er ihnen Kunststücke vormachte. Den Kopf legte er ganz bis zum Schwanz herum, mit dem

Schnabel klapperte er, als wäre dieser eine kleine Rassel, und dann erzählte er ihnen Geschichten, samt und sonders vom Sumpf.

„Hört, nun müßt ihr fliegen lernen!" sagte eines Tages die Storchenmutter, und dann mußten sie alle vier auf den Dachfirst hinaus; oh, wie sie torkelten, wie sie mit den Flügeln das Gleichgewicht zu halten suchten und doch nahe daran waren herunterzufallen!

„Schaut nun her!" sagte die Mutter. „So müßt ihr den Kopf halten! So müßt ihr die Beine setzen! Eins, zwei! Eins, zwei! das ist es, was euch in dieser Welt vorwärtsbringen wird!" Dann flog sie ein Stückchen, und die Jungen, die machten einen schwerfälligen kleinen Hopser, bumms, da lagen sie, denn sie hatten einen schweren Rumpf.

„Ich mag nicht fliegen!" sagte eines von den Jungen und krabbelte wieder ins Nest zurück, „ich mach mir nichts daraus, in die heißen Länder zu kommen!"

„Willst du denn hier erfrieren, wenn es Winter wird? Sollen die Jungens kommen und dich hängen und sengen und braten? Ich rufe sie jetzt!"

„O nein!" sagte das Storchenjunge, und dann hüpfte es wieder auf das Dach, ebenso wie die anderen; am dritten Tag konnten sie richtig ein bißchen fliegen, und dann meinten sie, daß sie auch auf der Luft sitzen und rasten könnten; das wollten sie tun, aber bumms! da plumpsten sie hinunter, nun mußten sie die Flügel wieder bewegen. Jetzt kamen die Jungen unten auf der Straße herbei und sangen ihr Lied:

Storch, Storch, steh . . .

„Sollen wir hinunterfliegen und ihnen die Augen ausstechen?" sagten die Storchenjungen.

„Nein, laßt das bleiben!" sagte die Mutter. „Hört nur zu, was ich sage, das ist viel wichtiger! Eins, zwei, drei! jetzt fliegen wir rechtsum! Eins zwei drei! jetzt links um den Schornstein! – Seht ihr, das war sehr gut, der letzte Schlag mit den Flügeln war so hübsch und richtig, daß ihr morgen mit mir in den Sumpf kommen dürft. Da kommen mehrere nette Storchenfamilien mit ihren Kindern hin, zeigt nun mal, daß meine die besten sind. Und dann, daß ihr den Kopf schön hoch tragt, das sieht gut aus und verschafft Ansehen!"

„Sollen wir denn aber nicht an den unnützen Jungen Rache nehmen?" fragten die Storchenjungen.

„Laßt die schreien, soviel sie wollen! Ihr fliegt ja doch zu den Wolken empor, kommt ins Land der Pyramiden, wenn die frieren müssen und nicht ein grünes Blättchen haben und nicht einen süßen Apfel!"

„Ja, unsere Rache wollen wir aber haben!" flüsterten sie einander zu, und dann wurde weitergeübt.

Von allen Jungen auf der Straße sang keiner das Spottlied so oft wie der, der damit angefangen hatte, und das war ein ganz kleiner, er mochte nicht älter sein als sechs Jahre; die Storchenjungen dachten allerdings, er sei hundert Jahre alt, denn er war ja so viel größer als ihre Mutter und ihr Vater, und was wußten sie davon, wie alt Kinder und große Menschen sein mochten. Ihre ganze Rache war auf den Jungen gerichtet, er hatte ja zuerst angefangen, und er hörte gar nicht wieder auf. Die Storchenjungen ärgerten sich sehr, und je größer sie wurden, desto weniger wollten sie es dulden; die Mutter mußte ihnen zuletzt versprechen, daß sie schon noch ihre Rache bekämen, aber erst am letzten Tage, den sie hier im Lande zubrächten.

„Wir müssen ja zuerst sehen, wie ihr euch auf dem großen Manöver anstellt! Geht es schief, so daß der General euch den Schnabel in die Brust stößt, dann haben die Jungens ja doch recht, jedenfalls in gewissem Sinne. Wir wollen nun erst einmal sehen!"

„Ja, du wirst sehen!" sagten die Storchenjungen, und nun gaben sie sich gerade Mühe. Sie übten jeden Tag und flogen so hübsch und leicht, daß es eine Lust war.

Nun kam der Herbst; die Störche begannen sich zu versammeln, um in die heißen Länder zu fliegen, während wir Winter haben. Das war ein Manöver! Über Wälder und Städte mußten sie, nur um zu sehen, wie gut sie fliegen konnten, es war ja eine große Reise, die bevorstand. Die

Storchenjungen machten ihre Sache so hübsch, daß sie ein „Sehr gut mit Frosch und Schlange" erhielten. Es war das allerbeste Zeugnis, und den Frosch und die Schlange konnten sie fressen, das taten sie auch.

„Jetzt wollen wir Rache nehmen!" sagten sie.

„Ja gewiß!" sagte die Storchenmutter. „Was ich mir ausgedacht habe, ist genau das Richtige. Ich weiß, wo der

Teich ist, in dem all die kleinen Menschenkinder liegen, bis der Storch kommt und sie für die Eltern holt. Die süßen Kindlein schlafen und träumen so schön, wie sie später nie mehr träumen können. Alle Eltern möchten gern so ein Kindlein haben, und alle Kinder möchten gern eine Schwester oder einen Bruder haben. Nun fliegen wir zu dem Teich hin und holen eines für all die Kinder, die das häßliche Lied nicht gesungen und die Störche nicht verspottet haben, doch die anderen Kinder bekommen keins!"

„Aber der, der mit dem Singen anfing, der schlimme, garstige Junge", schrien die jungen Störche, „was machen wir mit dem?"

„In dem Teich liegt ein kleines totes Kind, das hat sich zu Tode geträumt, das holen wir für ihn, dann muß er weinen, weil wir ihm ein totes Brüderchen gebracht haben; aber dem guten Jungen – den habt ihr doch nicht vergessen, der gesagt hatte, es sei eine Schande, die Tiere zu verspotten? –, dem bringen wir beides, einen Bruder und eine Schwester, und da der Junge Peter heißt, so sollt ihr alle miteinander auch Peter heißen!"

Und wie sie sagte, so geschah es, und nun hießen alle Störche Peter, und so werden sie noch heute genannt.

Das Metallschwein

Eine Geschichte

In der Stadt Florenz gibt es, nicht weit von der Piazza del Granduca, eine kleine Querstraße, ich glaube, sie heißt Porta rossa; hier liegt vor einer Art Bazar, wo Gemüse verkauft wird, ein künstlerisch bis ins einzelne ausgearbeitetes Metallschwein; frisches, klares Wasser rieselt aus der Schnauze des Tieres, das vom Alter ganz schwarzgrün ist, nur der Rüssel glänzt, als wäre er blankpoliert worden, und das haben die vielen hundert Kinder und Lazzaroni auch getan, die ihn mit den Händen anfassen und ihren Mund an den Rüssel des Tieres setzen, um zu trinken. Es ist ein richtiges kleines Gemälde, dieses wohlgeformte Tier von einem schönen, halbnackten Jungen umarmt zu sehen, der seinen frischen Mund an dessen Rüssel setzt.

Jeder, der nach Florenz kommt, findet sicherlich die Stelle, er braucht nur den ersten Bettler, den er erblickt, nach dem Metallschwein zu fragen, und er wird es finden.

Es war an einem Winterabend zu später Stunde, auf den Bergen lag Schnee, aber der Mond schien, und Mondschein in Italien gibt ein Licht, das ebenso hell ist wie ein dunkler

Wintertag im Norden, ja, es ist heller, denn die Luft schimmert, die Luft macht leicht, während im Norden das kalte, graue Bleidach uns zur Erde niederdrückt, zur kalten, nassen Erde, die einst lastend über unserem Sarg liegen wird.

Drüben im Schloßgarten des Herzogs, unter dem Dach der Pinie, wo zur Winterszeit Tausende von Rosen blühen, hatte den ganzen Tag hindurch ein kleiner, zerlumpter Junge gesessen, ein Junge, der das Abbild Italiens hätte sein können, so schön, so lachend und dennoch so leidend; er war hungrig und durstig, niemand gab ihm einen Schilling, und als es dunkelte und der Garten geschlossen werden sollte, jagte ihn der Pförtner weg. Lange stand er träumend auf der Brücke über den Arno und sah zu den Sternen empor, die im Wasser zwischen ihm und der prachtvollen Marmorbrücke Della Trinità glitzerten.

Er schlug den Weg zum Metallschwein ein, kniete halb nieder, schlang seine Arme um dessen Hals, setzte seinen kleinen Mund an dessen blanken Rüssel und trank in großen Zügen das frische Wasser. Dicht dabei lagen einige Salatblätter und ein paar Kastanien, die wurden sein Abendbrot. Es war nicht eine Menschenseele auf der Straße; er war ganz allein, er setzte sich auf den Rücken des Metallschweins, lehnte sich nach vorn über, so daß sein kleiner, lockiger Kopf auf dem des Tieres ruhte, und ehe er sich's noch versah, schlief er ein.

Es ward Mitternacht. Das Metallschwein bewegte sich, er hörte, wie es ganz deutlich sagte: „Du kleiner Junge, halt dich fest, denn jetzt laufe ich los!" und dann lief es mit ihm los; es war ein sonderbarer Ritt. – Zuerst kamen sie auf die Piazza del Granduca, und das Metallpferd, das die Statue des Herzogs trug, wieherte laut; die bunten Wappen an dem alten Rathaus glänzten wie transparente Bilder, und der David des Michelangelo schwang seine Schleuder; es war ein seltsames Leben, das sich da rührte! Die erzenen Gruppen mit dem Perseus und dem Raub der Sabinerinnen standen nur allzu lebendig da; ihr Todesschrei hallte über den prächtigen, einsamen Platz.

Am Palazzo degli Uffizi, im Säulengang, wo der Adel sich während der Fastnacht zum Karnevalsfest versammelt, hielt das Metallschwein an.

„Halt dich fest!" sagte das Tier, „halt dich fest, denn nun geht es treppauf!" Der Kleine sagte noch immer kein Wort, halb bebte er, halb war er glückselig.

Sie betraten eine lange Galerie, er kannte sie wohl, er war hier schon gewesen; an den Wänden prangten Gemälde, hier standen Statuen und Büsten, alle im schönsten Licht, wie wenn es Tag wäre, aber am prächtigsten war es, als die Tür zu einem der Nebengemächer aufging; ja, an diese Herrlichkeit hier erinnerte sich der Kleine; doch lag in dieser Nacht alles in seinem schönsten Glanz.

Hier stand ein nacktes, herrliches Weib, so schön, wie nur die Natur und der größte Meister des Marmors es bilden konnten; sie bewegte die schönen Gliedmaßen, Delphine sprangen ihr um die Füße, Unsterblichkeit leuchtete aus ihren Augen. Die Welt nennt sie die Venus von Medici. Zu ihren beiden Seiten prangten Marmorbildnisse, deren Stein vom Leben des Geistes durchdrungen war; es waren nackte, herrliche Männer; der eine schärfte das Schwert, der Schleifer wird er genannt; die ringenden Gladiatoren bildeten die zweite Gruppe; das Schwert wurde geschärft, die Recken rangen um die Göttin der Schönheit.

Der Junge war wie geblendet von all dem Glanz; die Wände erstrahlten in lauter Farben, und alles dort war Leben und Bewegung. In doppelter Gestalt erschien das Bild der Venus, der irdischen Venus, so schwellend und feurig, wie Tizian sie an sein Herz genommen hatte. Es war seltsam anzusehen. Zwei wunderbare Frauen waren es; ihre schönen, unverhüllten Glieder streckten sie auf den weichen Pfühlen aus, ihre Brust hob sich, und der Kopf bewegte sich, so daß die reichen Locken über die runden Schultern fielen, während die dunklen Augen die glühenden Gedanken des Blutes aussprachen; aber keines von allen Bildern wagte doch ganz aus dem Rahmen herauszutreten. Selbst die Göttin der Schönheit, die Gladiatoren und der Schleifer blieben auf ihrem Platz, denn der Strahlenkranz, der von der Madonna, von Jesus und Johannes aufglänzte, bannte sie alle. Die heiligen Bilder waren nicht mehr Bilder, sie waren die Heiligen selber.

Welcher Glanz und welche Schönheit von Saal zu Saal! Und der Kleine sah alles; das Metallschwein ging ja Schritt für Schritt durch alle Pracht und Herrlichkeit. Ein Anblick ward durch den anderen verdrängt, ein Bild nur blieb dem Jungen richtig im Gedächtnis haften, und zwar vor allem wegen der fröhlichen, glücklichen Kinder, die darauf abgebildet waren, der Kleine hatte ihnen einmal bei Tageslicht zugenickt.

Viele laufen sicherlich leicht an diesem Bild vorüber, und dennoch umschließt es einen Schatz an Poesie; es ist Christus, der in die Unterwelt hinabsteigt, aber es sind nicht die Gemarterten, die man um ihn her sieht, nein, es sind die Heiden; der Florentiner Angiolo Bronzino hat dieses Bild gemalt; am herrlichsten ist bei den Kindern der Ausdruck der Gewißheit, in den Himmel zu kommen; zwei Kleine umarmen bereits einander, ein Kleiner streckt die Hand nach einem anderen unter ihm aus und zeigt auf sich selber, als ob er sagen wollte: „Ich fahre gen Himmel!" Alle älteren stehen ungewiß, hoffend dabei, oder sie verneigen sich demutsvoll betend vor dem Herrn Jesus.

Dies Bild betrachtete der Junge länger als irgendein anderes; das Metallschwein blieb still davor stehen; ein leiser Seufzer war zu vernehmen; kam er vom Bild oder aus der Brust des Tieres? Der Junge hob die Hand zu den lächelnden Kindern empor – da sauste das Tier mit ihm davon, fort durch die offene Vorhalle.

„Dank und Segen dir, du gutes Tier!" sagte der kleine Junge und streichelte das Metallschwein, das, bumms, bumms! mit ihm die Treppe hinabsprang.

„Gleichfalls Dank und Segen!" sagte das Metallschwein. „Ich habe dir geholfen, und du hast mir geholfen, denn nur mit einem unschuldigen Kind auf meinem Rücken gewinne ich Kräfte, um laufen zu können! Ja, siehst du, ich darf sogar unter den Strahl der Lampe vor dem Madonnenbild treten. Ich kann dich überallhin tragen, nur in die

Kirche nicht! Aber von draußen kann ich, wenn du bei mir bist, durch das offene Portal hineinschauen. Steig nicht von meinem Rücken herunter! Tust du das, dann liege ich tot da, so wie du mich tagsüber in der Porta rossa siehst."

„Ich bleibe bei dir, mein gutes Tier!" sagte der Kleine, und nun ging es in sausender Fahrt durch die Straßen von Florenz, hinaus zu dem Platz vor der Kirche Santa Croce.

Die große Flügeltür sprang auf, die Kerzen strahlten vom Altar drinnen durch die Kirche auf den einsamen Platz heraus.

Ein Grabmal im linken Seitengang strömte einen seltsamen Lichtschein aus. Tausende von beweglichen Sternen bildeten gleichsam eine Glorie um das Monument. Ein Wappenzeichen prangte auf dem Grab, eine rote Leiter auf blauem Grund, sie schien wie Feuer zu glühen. Es war das Grab Galileis, es ist ein schlichtes Monument, aber die rote Leiter auf dem blauen Grund ist ein bedeutsames Wappenzeichen, als wäre es das Zeichen der Kunst selbst, denn hier führt der Weg immer auf einer glühenden Leiter nach oben, aber zum Himmel. Alle Propheten des Geistes steigen zum Himmel hinan wie der Prophet Elias.

Auf dem Kirchengang rechts schien jedes Standbild auf den reichen Sarkophagen Leben bekommen zu haben. Hier stand Michelangelo, dort Dante mit dem Lorbeerkranz um die Stirn, Alfieri, Machiavelli; Seite an Seite ruhen hier diese Edlen, Italiens Stolz*. Es ist eine prächtige Kirche, viel schöner, wenn auch nicht so groß, als der Marmordom von Florenz.

---

* Gegenüber von Galileis Grab sieht man das von Michelangelo, auf dem Monument ist seine Büste angebracht und außerdem drei Gestalten: die Skulptur, die Malerei und die Architektur. Dicht daneben ist Dantes Grab (der Leichnam selbst befindet sich in Ravenna); auf dem Monument sieht man Italien, es weist auf Dantes riesige Statue, die Poesie weint um den Verlorenen. Ein paar Schritte weiter ist Alfieris Grabmonument, das mit Lorbeeren, Leier und Masken geziert ist; Italien weint an seinem Sarge. Machiavelli beschließt die Reihe dieser berühmten Großen.

Es war, als bewegten sich die marmornen Gewänder, als ob die großen Gestalten ihr Haupt noch höher höben und in die Nacht schauten, unter Gesang und Tönen, hinauf zu dem bunten, strahlenden Altar, wo weißgekleidete Knaben goldene Räuchergefäße schwenkten; der starke Duft strömte aus der Kirche auf den freien Platz hinaus.

Der Junge streckte seine Hand nach dem Lichterglanz aus, und im selben Augenblick sauste das Metallschwein von dannen; er mußte sich fest dagegenpressen, der Wind sauste ihm um die Ohren, er hörte, wie das Kirchenportal in den Angeln knarrte, als es sich schloß, aber gleichzeitig schien ihn das Bewußtsein zu verlassen, er spürte eine eisige Kälte – und schlug die Augen auf.

Es war Morgen, er war halb heruntergerutscht von dem Metallschwein, das stand, wo es zu stehen pflegte, auf der Porta rossa.

Furcht und Angst erfüllten den Jungen bei dem Gedanken an sie, die er Mutter nannte, sie, die ihn gestern ausgeschickt und ihm gesagt hatte, er müsse Geld heranschaffen, er hatte keins; hungrig war er und durstig! Noch einmal umschlang er den Hals des Metallschweins, gab ihm einen Kuß auf den Rüssel, nickte ihm zu und stapfte von dannen, in eine der engsten Straßen, gerade breit genug für einen hochbepackten Esel. Eine große, eisenbeschlagene Tür stand halb angelehnt, hier ging er eine gemauerte Treppe hinauf, mit unsauberen Wänden und einem glatten Seil als Geländer, und kam zu einem offenen Umgang, mit Lumpen behängt; von hier führte eine Treppe zum Hof hinab, von dessen Brunnen dicke Eisendrähte zu allen Stockwerken des Hauses gespannt waren, und an ihnen schwebten die Wassereimer hinab, einer neben dem anderen, während die Winde quietschte und der Eimer durch die Luft tänzelte, so daß das Wasser auf den Hof platschte. Abermals ging es auf einer verfallenen, gemauerten Treppe nach oben. Zwei Matrosen, es waren Russen, sprangen lustig herunter und hätten den armen Jungen beinahe umgerannt. Sie kamen von ihrem nächtlichen Gelage. Eine nicht mehr junge, aber üppige Weibsperson mit dickem, schwarzem

Haar folgte. „Was bringst du nach Hause?" sagte sie zu dem Jungen.

„Sei nicht böse!" bat er, „ich habe nichts bekommen, gar nichts!" Und er griff nach dem Kleid der Mutter, als wollte er es küssen; sie traten in die Kammer, die wollen wir nicht beschreiben! Nur so viel sei gesagt, daß hier ein Henkelkrug mit einem Kohlenfeuer stand, ein Marito, wie er genannt wird, diesen nahm sie auf den Arm, wärmte sich die Finger und knuffte den Jungen mit dem Ellbogen. „Doch, natürlich hast du Geld!" sagte sie.

Das Kind weinte, sie stieß mit dem Fuß nach ihm; es jammerte laut. „Bist du still, sonst zerschlag ich dir deinen brüllenden Schädel!" und sie schwenkte den Feuertopf, den sie in der Hand hielt, der Junge duckte sich mit einem Schrei auf den Fußboden. Da trat die Nachbarsfrau zur Tür herein, auch sie hatte ihren Marito auf dem Arm. „Felicita! Was tust du mit dem Kind!"

„Es ist mein Kind!" entgegnete Felicita. „Ich kann es ermorden, wenn ich will, und dich mit, Gianina!" und sie schwenkte ihren Feuertopf; die andere hob ihren zur Abwehr hoch, und beide Töpfe prallten aufeinander, so daß Scherben, Feuer und Asche im Raum umherflogen; aber der Junge war im selben Augenblick auch schon aus der Tür, über den Hof und zum Hause hinaus. Das arme Kind rannte, bis es zuletzt keine Luft mehr bekam; vor Santa Croce hielt es inne, der Kirche, deren großes Portal sich ihm letzte Nacht aufgetan hatte, und es ging hinein. Alles strahlte; das Kind kniete am ersten Grabe rechts, es war das von Michelangelo, und bald schluchzte es laut. – Leute kamen und gingen. Die Messe wurde gelesen, niemand achtete des Jungen; nur ein ältlicher Bürger blieb stehen, sah ihn an – und ging dann fort, genau wie die anderen.

Hunger und Durst quälten den Kleinen, er war ganz kraftlos und krank, er kroch in einen Winkel zwischen der Mauer und dem Marmormonument und schlief ein. Es war schon Abend, als er wieder erwachte, weil jemand ihn schüttelte, er fuhr hoch, und derselbe alte Bürger stand vor ihm.

„Bist du krank? Wo ist dein Zuhause? Bist du den ganzen Tag hier gewesen?" waren ein paar von den vielen Fragen, die der Alte ihm stellte; sie wurden beantwortet, und der alte Mann nahm ihn mit zu sich in ein kleines Haus nahebei in einer der Nebenstraßen; es war eine Handschuhmacherwerkstatt, in die sie eintraten; die Frau saß noch immer auf und nähte emsig, als sie kamen. Ein kleiner weißer Bologneser, so kurz geschoren, daß man die rosa Haut sah, sprang auf den Tisch und hüpfte vor dem kleinen Jungen hin und her.

„Die unschuldigen Seelen erkennen einander", sagte die Frau und streichelte den Hund und den Jungen. Dieser bekam bei den guten Leuten zu essen und zu trinken, und sie sagten, er dürfe die Nacht über bleiben; am nächsten Tage wollte Vater Giuseppe mit der Mutter des Jungen reden. Er bekam ein kleines, armseliges Bett; aber das war von königlicher Pracht für ihn, der häufig auf hartem Steinfußboden schlafen mußte, er schlief so gut und träumte von den reichen Bildern und von dem Metallschwein.

Vater Giuseppe ging am nächsten Morgen fort, und das arme Kind war nicht froh darüber, denn es wußte, daß dieser Ausgang den Zweck hatte, es zu seiner Mutter zurückzubringen, und es weinte und küßte den kleinen munteren Hund, und die Frau nickte ihnen beiden zu.

Und was für einen Bescheid brachte Vater Giuseppe! Er sprach viel mit seiner Frau, und sie nickte und streichelte den Jungen. „Es ist ein schönes Kind!" sagte sie, „es kann einmal ein guter Handschuhmacher werden, wie du einer warst! Und Finger hat er, so fein und gelenkig! Die Madonna hat ihn dazu bestimmt, Handschuhmacher zu werden!"

Und der Junge blieb dort im Hause, und die Frau lehrte ihn selber das Nähen; er aß gut, er schlief gut, er wurde fröhlich, und er fing an, Bellissima zu hänseln, so hieß der kleine Hund; die Frau drohte mit dem Finger und schalt und war böse! – Und das nahm sich der Junge zu Herzen, nachdenklich saß er in seiner kleinen Kammer; die ging auf die Straße hinaus, hier drinnen wurden Häute getrocknet; dicke Eisenstangen waren vor dem Fenster, er konnte nicht schlafen, das Metallschwein spukte ihm im Kopfe herum, und plötzlich hörte er es draußen: Klatsch, klatsch! O ja, das war es bestimmt! Er rannte ans Fenster, aber da war nichts zu sehen, es war schon vorbei.

„Hilf dem Signore den Farbenkasten tragen!" sagte die Frau am Morgen zu dem Jungen, als der junge Nachbar, der Maler, selber damit angeschleppt kam und mit einer großen, aufgerollten Leinewand dazu; und das Kind nahm den Kasten, ging hinter dem Maler her, und sie schlugen den Weg zur Galerie ein, gingen dieselbe Treppe hinauf, die er von jener Nacht her gut kannte, als er auf dem Metallschwein geritten war; er erkannte die Statuen und Gemälde, die herrliche marmorne Venus, und die, die in Farben lebten; er sah die Muttergottes wieder, Jesus und Johannes.

Nun blieben sie vor dem Gemälde von Bronzino stehen, auf dem Christus in die Unterwelt hinabsteigt und die Kinder ringsum in süßer Gewißheit des Himmels lächeln, das arme Kind lächelte auch, denn es war hier in seinem Himmel.

„Ja, geh nun heim!" sagte der Maler zu dem Kind, welches so lange stehengeblieben war, bis er seine Staffelei aufgestellt hatte.

„Darf ich Euch zusehen beim Malen?" sagte der Junge. „Darf ich sehen, wie Ihr das Bild hier auf die weiße Leinwand herüberbekommt?"

„Jetzt male ich nicht!" erwiderte der Mann und holte seine schwarze Kohle hervor, rasch bewegte sich die Hand, das Auge nahm Maß an dem großen Bild, und obwohl nur ein dünner Strich erschien, stand Christus dennoch schwebend da wie auf dem farbigen Bild.

„So geh doch endlich!" sagte der Maler, und der Junge wanderte still heimwärts, setzte sich auf den Tisch und – lernte Handschuhe nähen.

Aber den ganzen Tag waren seine Gedanken in dem Gemäldesaal, und darum stach er sich in den Finger, war ungeschickt, aber er hänselte auch nicht Bellissima. Als es Abend war und die Haustür gerade offenstand, schlich er hinaus; es war kalt, aber sternenklar, so schön und hell, und er wanderte durch die Straßen, auf denen es schon still war, und bald stand er vor dem Metallschwein, neigte sich darüber, gab ihm einen Kuß auf den blanken Rüssel, setzte sich auf seinen Rücken. „Du liebes Tier", sagte er, „wie ich mich nach dir gesehnt habe! Wir müssen heute nacht ausreiten!"

Das Metallschwein lag regungslos da, und der frische Strahl sprudelte aus seiner Schnauze. Der Kleine saß rittlings darauf, da zupfte ihn etwas an seinen Kleidern; er blickte zur Seite, es war Bellissima, die kleine, kahlgeschorene Bellissima war es. – Der Hund war mit aus dem Hause geschlüpft und war dem Kleinen nachgelaufen, ohne daß dieser es gemerkt hatte. Bellissima kläffte, als ob sie sagen wollte: Siehst du, da bin ich, weshalb setzt du dich da drauf? – Kein feuerspeiender Drache hätte ihn mehr entsetzen können als der kleine Hund an diesem Ort. Bellissima auf der Straße, und obendrein ohne angezogen zu sein, wie die alte Mutter es nannte! Was würde das geben! Der Hund kam zur Winterszeit nie hinaus, ohne daß man ihm ein kleines Lammfell überzog, das für ihn zugeschnitten und genäht worden war. Das Fell konnte mit einem roten Band um den Hals festgebunden werden, es war eine Schleife und eine Schelle daran, und ebenso wurde es unter dem Bauch zusammengebunden. Der Hund sah fast aus wie ein kleines Zicklein, wenn es zur Winterszeit in diesem Aufzug mit der Signora hinaustrippeln durfte. Bellissima war hier und nicht angezogen! Was würde das geben! Alle Phantasien waren fort, doch küßte der Junge das Metallschwein, er nahm Bellissima auf den Arm, das Tier zitterte vor Kälte, und deshalb rannte der Junge, so schnell er konnte.

„Womit rennst du da weg!" riefen zwei Gendarmen, denen er begegnete, und Bellissima bellte. „Wo hast du den hübschen Hund gestohlen?" fragten sie und nahmen ihm das Tier fort.

„Oh, gebt ihn mir wieder!" jammerte der Junge.

„Wenn du ihn nicht gestohlen hast, dann brauchst du zu Hause nur zu sagen, der Hund könne auf der Wache abgeholt werden!" und damit nannten sie die Straße und gingen mit Bellissima davon.

Das war eine Not und ein Jammer. Er wußte nicht, ob er in den Arno springen oder nach Hause gehen und alles gestehen sollte. Sie schlugen ihn bestimmt tot, dachte er. – „Aber ich möchte gern totgeschlagen werden! Ich möchte sterben, dann komme ich zu Jesus und der Madonna!" und er ging nach Hause, eigentlich, um totgeschlagen zu werden.

Die Tür war verschlossen, er konnte nicht an den Klopfer reichen, es war niemand auf der Straße, aber ein Stein war locker, und mit diesem donnerte er dagegen. „Wer ist da!" riefen sie drinnen.

„Ich bin es!" sagte er, „Bellissima ist weg! Schließt mir auf und schlagt mich dann tot!"

Der Schrecken war groß, vor allem bei der Frau, wegen der armen Bellissima. Sie sah sofort zur Wand, wo der Umhang des Hundes zu hängen pflegte, das kleine Lammfell hing da.

„Bellissima auf der Wache!" schrie sie ganz laut. „Du böses Kind! Wie hast du ihn hinauslassen können! Er friert sich zu Tode! Das zarte Tier bei den groben Soldaten!"

Und der Vater mußte sofort losgehen – und die Frau jammerte – und der Junge weinte. – Alle Leute im Haus kamen herbei, auch der Maler; der nahm den Jungen zwischen die Knie, fragte ihn aus, und nach und nach erfuhr er die ganze Geschichte vom Metallschwein und von der Galerie – es war nicht leicht, daraus klug zu werden, der Maler tröstete den Kleinen, redete der Alten gut zu, aber sie war nicht eher zufrieden, als bis ihr Alter mit Bellissima kam, die unter Soldaten gewesen war; das war eine Freude, und der Maler streichelte den armen Jungen und schenkte ihm eine Handvoll Bilder.

Oh, das waren prächtige Blätter, komische Köpfe! Aber vor allen Dingen – das Metallschwein war dabei, wie es leibte und lebte! Oh, nichts konnte herrlicher sein! In ein paar Strichen stand es auf dem Papier, und selbst das Haus dahinter war angedeutet.

„Wer doch nur zeichnen und malen könnte! Dann könnte man die ganze Welt zu sich heranholen!"

Am nächsten Tag, sowie er einen Augenblick allein war, griff der Kleine nach dem Bleistift, und auf der weißen Seite eines Bildes versuchte er die Zeichnung vom Metallschwein wiederzugeben, und es gelang! – Ein wenig schief, ein wenig ungenau, ein Bein dick, ein anderes dünn, aber es war doch zu erkennen, er selber jubelte darüber! – Der Bleistift wollte nur nicht recht gerade laufen, wie er sollte, das merkte er wohl; aber am nächsten Tag stand ein neues Metallschwein neben dem anderen, und das war hundertmal besser; das dritte war so gut, daß jedermann es erkennen konnte.

Aber mit dem Handschuhnähen war es schlecht bestellt, es ging langsam mit den Botengängen; denn das Metallschwein hatte ihn nun darüber belehrt, daß alle Bilder zu Papier gebracht werden konnten; und die Stadt Florenz ist das reinste Bilderbuch, wenn man darin blättern will. Da gibt es auf der Piazza della Trinità eine schlanke Säule, und ganz oben steht die Göttin der Gerechtigkeit mit verbundenen Augen und der Waagschale; bald stand sie auf dem Papier, und es war des Handschuhmachers kleiner Junge, der sie da hingesetzt hatte. Die Bildersammlung schwoll an, aber es waren bis jetzt alles nur tote Dinge. Da hüpfte eines Tages Bellissima vor ihm hin und her. „Steh still!" sagte er, „dann wirst du hübsch werden und kommst mit in meine Bilder hinein!" Aber Bellissima wollte nicht stillstehen, ah, so mußte sie angebunden werden; Kopf und Schwanz wurden angebunden, der Hund bellte und sprang,

die Schnur mußte strammer angezogen werden, da kam Signora.

„Du gottloser Junge! das arme Tier!" war alles, was sie sagen konnte, und sie schubste den Jungen weg, stieß mit dem Fuß nach ihm und wies ihn aus dem Haus; er war der undankbarste Bösewicht, das gottloseste Kind! Und weinend küßte sie ihre kleine, halb erwürgte Bellissima.

Da kam gerade der Maler die Treppe herauf und – hier ist der Wendepunkt der Geschichte.

1834 war in der Academia delle arti in Florenz eine Ausstellung; zwei Gemälde, die nebeneinander ausgestellt waren, zogen viele Zuschauer an. Auf dem kleineren Gemälde war ein lustiger kleiner Junge dargestellt, der dasaß und zeichnete; als Modell hatte er einen kleinen weißen, besonders kurz geschorenen Mops, aber das Tier wollte nicht ruhig stehen und war daher mit Bindfaden festgebunden, und zwar am Kopf und am Schwanz; es lag eine Lebendigkeit und eine Wahrheit in dem Bild, die jedem ins Auge springen mußte. Man erzählte, der Maler sei ein junger Florentiner, der als kleines Kind von der Straße aufgelesen und bei einem alten Handschuhmacher aufgezogen worden sei, er habe sich das Zeichnen selber beigebracht; ein jetzt berühmter Maler habe dieses Talent entdeckt, als der Junge einmal weggejagt werden sollte, weil er den Liebling der Hausfrau, den kleinen Mops, angebunden und als Modell verwandt hatte.

Der Handschuhmacherlehrling war ein großer Maler geworden; das bewies dieses Bild, das bewies namentlich das größere daneben; hier war nur eine einzige Gestalt zu sehen, ein zerlumpter, schöner Junge, der auf der Straße saß und schlief; er lehnte sich an das Metallschwein auf der Porta rossa*. Alle Betrachter kannten die Stelle. Die Arme des Kindes ruhten auf dem Kopf des Schweins; der Kleine schlief ganz getrost, die Lampe am Madonnenbild warf ein starkes, wirkungsvolles Licht auf das bleiche, herrliche Antlitz des Kindes. Es war ein prachtvolles Bild; ein großer vergoldeter Rahmen umgab es, und an der einen Ecke des Rahmens hing ein Lorbeerkranz, aber zwischen die grünen Blätter schlang sich ein schwarzes Band, ein langer Trauerflor hing von ihm nieder.

Der junge Künstler war in diesen Tagen gestorben!

* Das Metallschwein ist ein Abguß; das Original ist antik und aus Marmor, es steht am Eingang zur Galerie im Palazzo degli Uffizi.

Der Freundschaftsbund

Jetzt fliegen wir fort vom dänischen Strand
Hin über endlose Weiten.
Wir kommen hinunter nach Griechenland,
Und Meer und Gebirg uns begleiten.

Der Zitronenbaum steht wie in gelbem Schein,
Die Frucht den Zweig niederbieget;
Wo die Distel wächst, ist marmorner Stein
Zu Bildern gehaun und gefüget.

Wo der Hirte sitzt mit seinem Hund,
Da lassen getrost wir uns nieder
Und hör'n ihn erzählen vom Freundschaftsbund.
Eine uralte Sitte kehrt wieder.

Unser Haus war aus Lehm, aber der Türrahmen war aus gerillten Marmorsäulen, die man dort gefunden hatte, wo das Haus errichtet wurde; das Dach reichte fast bis auf den Erdboden, es war jetzt schwarzbraun und häßlich, aber als es gedeckt wurde, da bestand es aus blühendem Oleander und frischen Lorbeerzweigen, aus den Bergen geholt. Es war eng um unser Haus herum, die Felswände ragten steil in die Höhe und hatten eine kahle schwarze Farbe; in der Höhe hingen oftmals Wolken um sie herum, gleich weißen lebenden Gestalten; nie habe ich hier einen Singvogel gehört, nie tanzten hier die Männer zu den Tönen der Sackpfeifen, aber die Stätte war heilig von alters her, der Name selber gemahnt daran, Delphi heißt sie! Die finsteren, ernsten Berge trugen alle Schnee, der höchste, der in der roten Abendsonnne am weitesten glänzte, war der Parnaß, der Bach dicht bei unserem Hause strömte von dort hernieder und war auch einst heilig, nun trübt der Esel mit seinen Hufen das Wasser, doch der Bach fließt weiter und wird wieder klar. Wie gut erinnere ich mich an jeden Fleck und seine heilige, tiefe Einsamkeit! In der Mitte der Hütte ward das Feuer entfacht, und wenn die heiße Asche hoch aufgeschichtet dalag und glühte, wurde das Brot darin gebacken; lag der Schnee rings um unsere Hütte, so daß sie fast verborgen war, dann schien meine Mutter am fröhlichsten zu sein, dann nahm sie meinen Kopf in ihre Hände, küßte meine Stirn und sang die Lieder, die sie sonst niemals sang; denn die Türken, unsere Herren, duldeten sie nicht; und sie sang: „Auf dem Gipfel des Olymp, in dem niedrigen Tannenwald, saß ein alter Hirsch, seine Augen waren schwer von Tränen; rote, ja grüne und hellblaue Tränen weinte er, und ein Rehbock kam vorbei: ‚Was fehlt dir denn, daß du so weinst, rote, grüne, ja hellblaue Tränen weinst?' – ‚Der Türke ist in unsere Stadt gekommen, er hat wilde Hunde für seine Jagd, eine gewaltige Meute!' – ‚Ich jage sie über die Inseln hinweg!' sagte der junge Rehbock. ‚Ich treibe sie über die Inseln ins tiefe Meer hinein!' – Aber ehe noch der Abend herankam, war der Rehbock getötet, und ehe die Nacht kam, war der

Hirsch gehetzt und tot!" – Und wenn meine Mutter so sang, wurden ihre Augen feucht, und in den langen Augenwimpern saß eine Träne, aber sie verbarg sie und wendete dann in der Asche unsere schwarzen Brote. Da ballte ich meine Hand und sagte: „Wir wollen den Türken erschlagen!" aber sie wiederholte die Stelle aus dem Lied: „Ich treibe sie über die Inseln ins tiefe Meer hinein! – Aber ehe noch der Abend herankam, war der Rehbock getötet, und ehe die Nacht kam, war der Hirsch gehetzt und tot!" Mehrere Tage und Nächte waren wir in unserer Hütte allein gewesen, da kam mein Vater; ich wußte, er brachte mir Muscheln aus dem Golf von Lepanto oder sogar ein Messer, scharf und blitzend. Er brachte uns diesmal ein Kind, ein kleines, nacktes Mädchen, das er unter seinem Schafpelz trug, sie war in ein Fell gebunden, und alles, was sie hatte, als sie ausgewickelt auf meiner Mutter Schoß lag, waren drei Silbermünzen, die in ihrem schwarzen Haar befestigt waren. Und der Vater erzählte von den Türken, die die Eltern des Kindes getötet hatten, er erzählte uns so viel, daß ich die ganze Nacht davon träumte; mein Vater selber war verwundet, Mutter verband seinen Arm, die Wunde ging tief; der dicke Schafpelz war von dem Blut steifgefroren. Das kleine Mädchen sollte meine Schwester sein, sie war so süß, so schimmernd rein! Die Augen meiner Mutter schauten nicht milder als die ihren! Anastasia, wie sie hieß, sollte meine Schwester sein, denn ihr Vater war meinem Vater verbrüdert, verbrüdert nach altem Brauch, den wir noch bewahren; sie hatten in der Jugend Brüderschaft geschlossen und das schönste und tugendhafteste Mädchen in der ganzen Gegend erwählt, sie für ihren Freundschaftsbund zu weihen; ich habe oft von dem hübschen, seltsamen Brauch gehört.

Nun war die Kleine meine Schwester; sie saß auf meinen Knien, ich brachte ihr Blumen und die Federn des Bergvogels, wir tranken gemeinsam von den Wassern des Parnaß, wir schliefen Kopf an Kopf unter dem Lorbeerdach der Hütte, während meine Mutter noch manchen Winter von den roten, den grünen und den hellblauen Tränen sang;

aber ich verstand noch nicht, daß es mein eigenes Volk war, dessen tausendfältiges Leid in diesen Tränen widergespiegelt war.

Eines Tages kamen drei fränkische Männer, anders gekleidet als wir; sie hatten ihre Betten und Zelte auf Pferden bei sich, und mehr als zwanzig Türken, alle mit Säbeln und Gewehren, begleiteten sie, denn sie waren die Freunde des Paschas und hatten einen Brief von ihm mit. Sie kamen nur, um sich unsere Berge anzuschauen, um in Schnee und Wolken den Parnaß zu besteigen und sich die seltsamen, schwarzen, steilen Felsen um unsere Hütte anzusehen. Sie konnten in der Hütte nicht untergebracht werden, und sie ertrugen auch den Rauch nicht, der unter der Decke zur niedrigen Tür hinauswallte; und sie stellten ihre Zelte auf dem engen Platz neben unserer Hütte auf und brieten Lämmer und Vögel, schenkten süße, starke Weine ein, aber die Türken durften nicht davon trinken.

Als sie aufbrachen, geleitete ich sie ein Stück des Weges, und meine kleine Schwester Anastasia hing, in ein Ziegenfell eingenäht, auf meinem Rücken. Einer der fränkischen Herren stellte mich gegen eine Felswand und zeichnete mich und sie, so lebendig, wie wir dastanden, wir sahen aus wie ein einziges Geschöpf; niemals hatte ich darüber nachgedacht, aber Anastasia und ich waren ja auch eins, immer lag sie auf meinen Knien oder hing auf meinem Rücken, und träumte ich, dann war sie in meinen Träumen.

Zwei Nächte darauf trafen andere Leute in unserer Hütte ein, sie waren mit Messern und Gewehren bewaffnet; es waren Albaner, beherzte Männer, wie meine Mutter sagte; sie blieben nur kurz da, meine Schwester Anastasia saß auf des einen Knie – als er fort war, hatte sie zwei und nicht drei Silbermünzen in ihrem Haar; sie taten Tabak in Papierstreifen und rauchten daran, und der älteste sprach vom Weg, den sie einschlagen sollten, und war seiner nicht sicher. „Spucke ich nach oben", sagte er, „dann fällt es mir ins Gesicht, spucke ich nach unten, dann fällt es in meinen Bart!" – Aber einen Weg mußte man wählen; sie gingen, und mein Vater ging mit; kurz darauf hörten wir Schüsse, es knallte abermals; Soldaten kamen zu unserer Hütte, sie nahmen meine Mutter, mich und Anastasia mit; die Räuber hätten bei uns Unterstützung gefunden, sagten sie, mein Vater sei mit ihnen gegangen, darum mußten wir fort; ich sah die Leichen der Räuber, ich sah meines Vaters Leiche, und ich weinte, bis ich einschlief. Als ich erwachte, waren wir im Gefängnis, aber die Stube war nicht armseliger als die in unserer eigenen Hütte, und ich bekam Zwiebeln und geharzten Wein, den sie aus dem geteerten Schlauch einschenkten, besser hatten wir es daheim auch nicht gehabt.

Wie lange wir gefangen saßen, weiß ich nicht; aber viele Nächte und Tage verstrichen. Als wir freikamen, war unser heiliges Osterfest, und ich trug Anastasia auf meinem Rücken, denn meine Mutter war krank; nur langsam konnte sie gehen, und es war weit, bis wir ans Meer gelangten, es war der Golf von Lepanto. – Wir traten in eine Kirche, die glänzte von Bildern auf goldenem Grund; Engel waren es, oh, wie schön, aber ich fand doch unsere kleine Anastasia genauso schön; mitten im Kirchenschiff stand ein Sarg voller Rosen, es sei der Herr Christus, der dort in Gestalt wunderbarer Blumen liege, sagte meine Mutter, und der Priester verkündete: „Christ ist erstanden!" Die Leute küßten sich alle, jeder hatte eine brennende Kerze in der Hand, ich selber bekam eine, die kleine Anastasia eine, die Sackpfeifen erklangen, die Männer tanzten Hand in Hand aus der Kirche, und draußen brieten die Frauen Osterlämmer; wir wurden eingeladen, ich saß am Feuer; ein Junge, älter als ich, faßte mich um den Hals, küßte mich und sagte: „Christ ist erstanden!" So lernten wir uns kennen, wir beiden, Aphtanides und ich.

Meine Mutter konnte Fischernetze knüpfen, das warf hier am Golf einen guten Verdienst ab, und wir blieben lange Zeit am Meer – dem schönen Meer, das wie Tränen schmeckte und in seinen Farben an die Tränen des Hirsches erinnerte, denn bald war es rot, bald grün und dann wieder blau.

Aphtanides verstand sich darauf, ein Boot zu steuern,

und ich saß mit meiner kleinen Anastasia in dem Boot, das
über das Wasser fuhr, wie eine Wolke durch die Lüfte
segelt; wenn die Sonne dann sank, wurden die blauen
Berge noch dunkler, eine Bergkette guckte über die andere
hinweg, und ganz in der Ferne ragte der Parnaß empor mit
seinem Schnee, in der Abendsonne loderte der Berggipfel
wie glühendes Eisen, es sah aus, als käme das Licht aus
dem Innern, denn es glänzte lange in der blauen, flimmernden Luft, lange nachdem die Sonne fort war; die weißen
Seevögel klatschten mit ihren Flügeln gegen den Wasserspiegel, sonst war es hier still wie bei Delphi zwischen den
schwarzen Bergen; ich lag im Boot auf dem Rücken,
Anastasia saß auf meiner Brust, und die Sterne droben
leuchteten noch stärker als die Lampen in unserer Kirche;
es waren dieselben Sterne, und sie standen ganz an derselben Stelle über mir, wie wenn ich bei Delphi draußen vor
unserer Hütte saß. Mir war zuletzt so, als wäre ich noch
dort! – Da platschte es im Wasser, und das Boot schaukelte
stark – ich schrie laut, denn Anastasia war ins Wasser gefallen, aber Aphtanides war ebenso rasch, und bald hob er
sie mir entgegen: wir zogen ihr die Kleider aus, wrangen
das Wasser aus und zogen sie ihr dann wieder an; das gleiche
tat Aphtanides mit den seinen, und wir blieben da draußen,
bis die Sachen wieder trocken waren, und keiner wußte von
unserer Angst um die kleine Pflegeschwester, an deren
Leben Aphtanides ja nun teilhatte.

Es wurde Sommer. Die Sonne glühte so heiß, daß die
Laubbäume welkten, ich dachte an unsere kühlen Berge, an
das frische Wasser dort; meine Mutter hatte ebenfalls Sehnsucht, und eines Abends wanderten wir wieder zurück. Wie
war es hier still und ruhig! Wir gingen durch den hohen
Thymian, der noch immer duftete, obwohl die Sonne seine
Blätter gedörrt hatte; nicht einem einzigen Schäfer begegneten wir, an keiner Hütte kamen wir vorbei, alles war
still und verlassen, nur die Sternschnuppen sagten, daß
droben im Himmel Leben war; ich weiß nicht, ob die klare
blaue Luft von selber leuchtete oder ob es die Strahlen der
Sterne waren – wir konnten gut die Umrisse aller Berge

sehen; meine Mutter machte ein Feuer, briet die Zwiebeln, die sie mithatte, und ich und die kleine Schwester schliefen im Thymian, ohne den garstigen Smidraki* zu fürchten, dem die Lohe aus dem Halse steht, geschweige denn den Wolf und Schakal; meine Mutter saß ja bei uns, und das, meinte ich, war genug.

Wir kamen in unsere alte Heimat, aber die Hütte war ein Schutthaufen, sie mußte neu aufgebaut werden. Ein paar Frauen halfen meiner Mutter, und in wenigen Tagen waren die Mauern errichtet und ein neues Dach aus Oleander darübergelegt. Meine Mutter flocht aus Häuten und Rinde viele Hüllen für Flaschen, ich hütete die kleine Herde der Priester**. Anastasia und die kleinen Schildkröten waren meine Spielkameraden.

Eines Tages bekamen wir Besuch von dem lieben Aphtanides, er habe ein solches Verlangen, uns zu sehen, sagte er, und er blieb zwei volle Tage bei uns.

Einen Monat später kam er wieder und erzählte uns, er fahre mit einem Schiff nach Patras und Korfu, vorher müsse er uns Lebewohl sagen, er hatte einen großen Fisch für meine Mutter mit. Er wußte so viel zu erzählen, nicht nur von den Fischern am Golf von Lepanto, sondern von Königen und Helden, die einst in Griechenland geherrscht hatten, genauso wie jetzt die Türken.

Ich habe den Rosenstock knospen sehen und habe gesehen, wie nach Tagen und Wochen aus der Knospe eine entfaltete Blüte wurde; das geschah, noch ehe ich darüber nachzudenken begann, wie groß und schön und von welch glühendem Rot sie war; genauso ging es mir auch mit Anastasia. Sie war ein schönes, vollentwickeltes Mädchen, ich ein kräftiger Bursche; die Wolfsfelle auf meiner Mutter und Anastasias Bett habe ich selber dem Tier abgezogen, das durch meine Büchse fiel. Jahre waren vergangen.

* Nach dem griechischen Aberglauben entsteht dieses Ungeheuer aus den unaufgeschnittenen Mägen geschlachteter Schafe, die fortgeworfen werden.
** Ein Bauer, der lesen kann, wird oft Priester, und man nennt ihn den allerheiligsten Herrn; das einfache Volk küßt die Erde, wenn es ihm begegnet.

Da kam eines Abends Aphtanides, schlank wie eine Gerte, stark und braun; er küßte uns alle und wußte von dem weiten Meer zu erzählen, von Maltas Festungswerken und Ägyptens seltsamen Grabstätten; es klang wundersam, wie eine Legende der Priester; ich sah mit einer gewissen Ehrerbietung zu ihm auf.

„Wieviel du weißt!" sagte ich, „wie du erzählen kannst!"

„Du hast mir dennoch einst das Schönste erzählt!" sagte er. „Du hast mir etwas erzählt, was mir nie aus dem Gedächtnis entschwunden ist, von dem schönen alten Brauch des Freundschaftsbundes, dem Brauch, dem zu folgen ich wohl Lust hätte! Bruder, laß auch uns beide, wie dein und Anastasias Vater es taten, zur Kirche gehen, das schönste und unschuldigste Mädchen ist Anastasia, die Schwester, sie soll uns weihen! Niemand hat doch einen schöneren Brauch als wir Griechen!"

Anastasia wurde rot wie das frische Rosenblatt, meine Mutter küßte Aphtanides.

Eine Stunde Wegs von unserer Hütte entfernt, dort wo die Felsen mit Mutterboden bedeckt sind und einzelne Bäume Schatten spenden, lag die kleine Kirche; eine silberne Lampe hing vor dem Altar.

Ich hatte meine besten Kleider an, die weiße Fustanella fiel in reichen Falten über die Hüften hinab, das rote Wams saß eng und stramm, an der Quaste meines Fes war Silber, in meinem Gürtel steckten Messer und Pistolen. Aphtanides hatte seinen blauen Anzug an, wie ihn griechische Seeleute tragen, eine silberne Platte mit der Muttergottes hing auf seiner Brust, seine Schärpe war kostbar, wie sie nur die reichen Herren tragen können. Jedermann sah gewiß, wir beiden wollten zu einer Feier. Wir traten in die kleine einsame Kirche, durch deren Tür die Abendsonne auf die Ewige Lampe und die bunten Bilder auf goldenem Grunde schien. Wir knieten auf den Altarstufen nieder, und Anastasia stellte sich vor uns hin; ein langer, weißer Rock hing locker und leicht um ihre schönen Glieder; ihr weißer Hals und ihre Brust waren von einer Menge ineinander verketteter alter und neuer Münzen bedeckt, sie bildeten einen richtigen großen Umhang; ihr schwarzes Haar war auf dem Kopfe zu einem einzigen Knoten zusammengefaßt und wurde durch eine kleine Mütze aus Silber- und Goldmünzen zusammengehalten, die in den alten Tempeln gefunden worden waren; schöneren Schmuck besaß kein griechisches Mädchen. Ihr Antlitz leuchtete, ihre Augen waren wie zwei Sterne.

Wir sprachen alle drei leise unser Gebet, und sie fragte uns: „Wollt ihr Freunde sein im Leben und im Tode?" – Wir antworteten: „Ja." – „Wollt ihr beide, jeder für sich, was auch geschehen mag, euch erinnern: Mein Bruder ist ein Teil von mir! Mein Geheimnis ist das seine, mein Glück das seine! Aufopferung, Ausdauer, alles halte ich in meinem Innern für ihn bereit, wie für mich!" – Wir wiederholten unser Ja, und sie legte unsere Hände zusammen, küßte uns auf die Stirn, und wir beteten abermals leise. Da trat der Priester aus der Tür der Sakristei hervor, segnete uns alle drei, und ein Lied von den anderen allerheiligsten Herren erklang hinter dem Altar. Der ewige Freundschaftsbund war geschlossen. Als wir uns erhoben, sah ich meine Mutter an der Kirchentür tief und aus ganzem Herzen weinen.

Wie war es lustig in unserer kleinen Hütte und an den Quellen von Delphi! An dem Abend, bevor Aphtanides aufbrechen wollte, saßen er und ich nachdenklich auf dem Felsenhang, sein Arm war um meinen Leib geschlungen, der meine um seinen Hals, wir sprachen von Griechenlands Not, von Männern, auf die man sich verlassen konnte; jeder Gedanke in unserer Seele lag klar vor uns beide gebreitet, da ergriff ich seine Hand.

„Eines mußt du noch erfahren, eines, was bis zu dieser Stunde nur Gott und ich wissen; meine ganze Seele ist Liebe! Es ist eine Liebe, stärker als die zu meiner Mutter und zu dir!"

„Und wen liebst du?" fragte Aphtanides, und er wurde rot im Gesicht und am Hals.

„Ich liebe Anastasia!" sagte ich – und seine Hand bebte in der meinen, und er wurde leichenblaß, ich sah es, ich

begriff es, und ich glaube, auch meine Hand bebte, ich neigte mich zu ihm, küßte seine Stirn und flüsterte: „Ich habe es ihr nie gesagt! Sie liebt mich vielleicht nicht! – Bruder, denke daran, ich habe sie täglich gesehen, sie ist neben mir aufgewachsen, in meine Seele hineingewachsen!"

„Und dein soll sie sein!" sagte er. „Dein! – Ich kann dich nicht belügen und will es auch nicht. Ich liebe sie auch! – Aber morgen ziehe ich fort! Wir sehen uns in einem Jahr wieder, dann seid ihr verheiratet, nicht wahr? – Ich habe etwas Geld, es sei dein! Du mußt es annehmen, du wirst es annehmen!" Still wanderten wir über den Berg, es war spät am Abend, als wir vor meiner Mutter Hütte standen.

Anastasia leuchtete uns, als wir eintraten, meine Mutter war nicht da. Anastasia sah Aphtanides seltsam wehmütig an. „Morgen verläßt du uns!" sagte sie, „wie betrübt es mich!"

„Betrübt es dich?" sagte er, und mir war, als läge ein Schmerz darin, groß wie mein eigener; ich konnte nicht sprechen, aber er ergriff ihre Hand und sagte: „Unser Bruder dort liebt dich, bist du ihm gut? In seinem Schweigen gerade liegt seine Liebe!" – Und Anastasia zitterte und brach in Tränen aus, da sah ich nur sie, dachte nur an sie; ich schlang meinen Arm um ihren Leib und sagte: „Ja, ich liebe dich!" Da drückte sie ihren Mund auf den meinen, ihre Hände lagen um meinen Hals; aber die Lampe war zu Boden gefallen, es war dunkel um uns her, wie in dem Herzen des lieben, armen Aphtanides.

Vor Tau und Tag stand er auf, küßte uns alle zum Abschied und zog von dannen. Meiner Mutter hatte er all sein Geld für uns gegeben. Anastasia ward meine Braut und einige Tage darauf mein Weib.

Eine Rose vom Grabe Homers

Alle Lieder des Orients singen von der Liebe der Nachtigall zur Rose; in den schweigenden, sternklaren Nächten bringt der geflügelte Sänger seiner duftenden Blüte ein Ständchen.

Nicht weit von Smyrna, unter den hohen Platanen, wo der Kaufmann seine beladenen Kamele dahintreibt, die stolz ihren langen Hals emporheben und schwerfällig über einen Boden gehen, der heilig ist, sah ich einen blühenden Rosenstrauch, wilde Tauben flogen zwischen den Zweigen der hohen Bäume ein und aus, und die Flügel der Tauben glänzten, wenn ein Sonnenstrahl darüberglitt, so als wären sie aus Perlmutter.

An dem Rosenstrauch war eine Blüte unter allen die schönste, und dieser sang die Nachtigall von dem Schmerz ihrer Liebe, aber die Rose war stumm, nicht ein Tautropfen lag wie eine mitleidige Träne auf ihren Blättern, sie neigte sich mit dem Zweig über einige große Steine.

„Hier ruht der größte Sänger der Welt!" sagte die Rose. „Über seinem Grabe will ich duften, über ihn will ich meine

Blütenblätter streuen, wenn der Sturm sie abreißt! Der Sänger der Ilias wurde Erde von dieser Erde, aus der ich sprieße! – Ich, eine Rose vom Grabe Homers, bin zu heilig, um für die armselige Nachtigall zu blühen!"

Und die Nachtigall sang sich zu Tode.

Der Kameltreiber kam mit seinen beladenen Kamelen und seinen schwarzen Sklaven, sein kleiner Sohn fand den toten Vogel, den kleinen Sänger beerdigte er in dem Grabe des großen Homer, und die Rose bebte im Winde. Der Abend kam, die Rose faltete ihre Blätter dichter zusammen und träumte, daß es ein schöner sonniger Tag war; eine Schar fremder fränkischer Männer kam, eine Pilgerfahrt hatten sie zum Grabe Homers gemacht; unter den Fremden war ein Sänger aus dem Norden, aus der Heimat der Nebel und des Nordlichts, er brach die Rose, preßte sie in einem Buch und führte sie so mit sich in einen anderen Erdteil, in sein fernes Vaterland. Und die Rose welkte vor Kummer und lag in dem engen Buch, das er in seinem Hause aufschlug, und er sagte: „Hier ist eine Rose vom Grabe Homers."

Seht, das träumte die Blume, und sie erwachte und erschauerte im Wind; ein Tautropfen fiel von ihren Blättern auf das Grab des Sängers, und die Sonne ging auf, und die Rose erglühte schöner als je; der Tag wurde heiß, sie war in ihrem heißen Asien. Da erklangen Schritte, fremde Franken kamen, wie die Rose sie in ihrem Traum gesehen hatte, und unter den Fremden war ein Dichter aus dem Norden, er brach die Rose, preßte einen Kuß auf ihren frischen Mund und nahm sie mit in die Heimat der Nebel und des Nordlichts.

Gleich einer Mumie ruht nun der Blumenleichnam in seiner Ilias, und wie im Traume hört sie ihn das Buch aufschlagen und sagen: „Hier ist eine Rose vom Grabe Homers!"

OLE LUKÖIE

In der ganzen Welt gibt es keinen, der so viele Geschichten weiß wie Ole Luköie! – Der kann wahrhaftig erzählen!

So gegen Abend, wenn die Kinder hübsch brav am Tisch sitzen oder auf ihrem Schemel, kommt Ole Luköie; er kommt ganz leise die Treppe herauf, denn er geht auf Strümpfen, er macht ganz sacht die Tür auf und pfft! da spritzt er den Kindern süße Milch in die Augen, ganz fein, ganz fein, aber doch immerhin so viel, daß sie die Augen nicht offenhalten können und ihn darum nicht sehen; er schleicht sich dicht hinter sie, pustet ihnen sanft ins Genick, und dann wird ihnen der Kopf schwer, o ja! Aber weh tut es nicht, denn Ole Luköie meint es gerade gut mit den Kindern, er will nichts weiter, als daß sie still sein sollen, und das sind sie am ehesten, wenn man sie zu Bett bringt, sie sollen still sein, damit er ihnen Geschichten erzählen kann.

Wenn die Kinder nun schlummern, setzt sich Ole Luköie aufs Bett; er ist gut angezogen, sein Rock ist aus Seide; aber es ist unmöglich zu sagen, was für eine Farbe er hat, denn er schimmert grün, rot und blau – wie Ole Luköie sich gerade dreht; unter jedem Arm hat er einen Regenschirm, einen mit Bildern darauf, und den stellt er über die guten Kinder, und dann träumen sie die ganze Nacht die schönsten Geschichten, und einen anderen Schirm hat er, auf dem ist gar nichts darauf, und den stellt er über die unartigen Kinder, dann schlafen sie ganz komisch, und morgens, wenn sie erwachen, haben sie nicht das kleinste bißchen geträumt.

Nun werden wir hören, wie Ole Luköie eine ganze Woche lang jeden Abend zu einem kleinen Jungen kam, der Hjalmar hieß, und was er diesem erzählte! Es sind im ganzen sieben Geschichten, denn die Woche hat sieben Tage.

Montag

„Höre mal her", sagte Ole Luköie abends, als er Hjalmar ins Bett getrieben hatte, „nun werde ich es hier hübsch machen!" Und da wurden alle Blumen in den Blumentöpfen zu großen Bäumen, die ihre langen Zweige unter der Decke und an den Wänden entlangstreckten, so daß die ganze Stube aussah wie die schönste Laube, und alle Zweige waren voller Blüten, und jede Blüte war schöner als eine Rose, roch so wunderbar, und wenn man sie aß, war sie süßer als Eingemachtes; die Früchte glänzten ganz

wie Gold, und dann gab es da Wecken, die strotzten von
Rosinen, es war nicht zu beschreiben! Aber im selben
Augenblick begann drüben in der Tischschublade, wo
Hjalmars Schulbücher lagen, etwas ganz schrecklich zu
jammern.

„Was ist denn das!" sagte Ole Luköie und ging an den
Tisch und zog die Schublade auf. Es war die Tafel, in der
es zwickte und drückte, denn in die Rechenaufgabe war
eine falsche Zahl hineingekommen, so daß sie fast auseinanderfiel; der Griffel hüpfte und sprang an seinem Bindfaden, als wäre er ein kleiner Hund, er wollte der Rechenaufgabe helfen, aber er konnte nicht! – Und dann lag da
Hjalmars Schreibheft, wie es in dessen Innerem jammerte,
oh, es war ganz unheimlich anzuhören! Auf jeder Seite
standen von oben nach unten alle großen Buchstaben, jeder
mit einem kleinen daneben, eine ganze Reihe abwärts, es
war das Muster; und neben diesen wieder standen Buchstaben, die meinten, sie sähen ebenso aus wie das Muster,
denn die hatte Hjalmar geschrieben, die lagen beinahe so
da, als wären sie über den Bleistiftstrich gefallen, auf dem sie
stehen sollten.

„Seht, so müßt ihr stehen!" sagte das Muster. „Seht, so
seitwärts mit einem kühnen Schwung!"

„Oh, wir möchten gern", sagten Hjalmars Buchstaben,
„aber wir können nicht, uns ist so schlecht!"

„Dann kriegt ihr Kinderpulver!" sagte Ole Luköie.

„Ach nein!" riefen sie, und nun standen sie so aufrecht da,
daß es eine Lust war.

„Ja, nun kommen wir nicht dazu, Geschichten zu erzählen!" sagte Ole Luköie. „Nun muß ich mit ihnen üben!
Eins, zwei! Eins, zwei!" und dann übte er mit den Buchstaben, und sie standen so aufrecht da und so gesund, wie
nur ein Muster stehen kann; als Ole Luköie aber gegangen
war und Hjalmar morgens nach ihnen sah, da sahen sie
genauso elend aus wie vorher.

Dienstag

Sobald Hjalmar im Bett war, berührte Ole Luköie mit seiner kleinen Zauberspritze alle Möbel in der Stube, und sogleich fingen sie an zu reden, und alle redeten sie von sich selber, ausgenommen der Spucknapf, der stand stumm da und ärgerte sich darüber, daß sie so eitel sein konnten und nur von sich selber redeten, nur an sich selber dachten und gar keinen Gedanken für ihn hatten, der doch so bescheiden in der Ecke stand und sich anspucken ließ.

Über der Kommode hing ein großes Gemälde in einem vergoldeten Rahmen, es war eine Landschaft, man sah hohe alte Bäume, Blumen im Gras und ein großes Wasser mit einem Fluß, der hinter dem Wald herumfloß, an vielen Schlössern vorbei, weit hinaus ins wilde Meer.

Ole Luköie berührte mit seiner Zauberspritze das Gemälde, und nun begannen die Vögel darin zu singen, die Zweige der Bäume bewegten sich, und die Wolken zogen ganz schnell dahin, man konnte ihren Schatten über der Landschaft sehen.

Jetzt hob Ole Luköie den kleinen Hjalmar zum Rahmen hinauf, und Hjalmar steckte die Beine in das Gemälde hinein, mitten ins hohe Gras, und da stand er; die Sonne schien zwischen den Ästen der Bäume auf ihn nieder. Er lief zu dem Wasser, setzte sich in ein kleines Boot, das dort lag; das war rot und weiß gestrichen, die Segel glänzten wie Silber, und sechs Schwäne, alle mit goldenen Kronen um den Hals und einem strahlenden blauen Stern auf dem Kopf, zogen das Boot an den grünen Wäldern vorüber, wo die Bäume von Räubern und Hexen erzählten und die Blumen von den süßen kleinen Elfen und dem, was die Schmetterlinge ihnen erzählt hatten.

Die schönsten Fische, mit Schuppen wie Silber und Gold, schwammen hinter dem Boot her, zwischendurch machten sie einen Satz, und dann machte es wieder „platsch" im Wasser, und die Vögel, rote und blaue, kleine und große, flogen in zwei langen Reihen hinterdrein, die Mücken tanzten, und der Maikäfer sagte: „Bumm, bumm!" Sie wollten allesamt Hjalmar begleiten, und jeder hatte eine Geschichte zu erzählen!

Das war aber eine Fahrt! Bald waren die Wälder ganz dicht und ganz finster, bald waren sie wie der schönste Garten mit Sonnenschein und Blumen, und es lagen dort große Schlösser aus Glas und aus Marmor; auf den Balkonen standen Prinzessinnen, und es waren alles kleine Mädchen, die Hjalmar gut kannte, er hatte schon mit ihnen gespielt. Sie streckten die Hände aus, und jede hatte das

reizendste Zuckerschweinchen in der Hand, das eine Kuchenfrau überhaupt zu verkaufen hatte, und Hjalmar faßte das eine Ende des Zuckerschweins an, als er vorüberfuhr, und die Prinzessin hielt ganz fest, und so bekam jedes ein Stückchen, sie das kleinste, Hjalmar das allergrößte! Bei jedem Schloß standen kleine Prinzen Schildwache, sie schulterten den goldenen Säbel und ließen es Rosinen und Zinnsoldaten regnen; das waren richtige Prinzen!

Bald fuhr Hjalmar durch Wälder, bald war es, als führe er durch große Säle oder mitten durch eine Stadt; er kam auch durch die, in der seine Kinderfrau wohnte, die ihn auf den Armen getragen hatte, als er ein ganz kleiner Junge war, und ihn so lieb gehabt hatte: und sie nickte und winkte und sang den hübschen kleinen Vers, den sie selber gemacht und Hjalmar geschickt hatte:

Ich denke an dich so manche Stund,
Mein liebster Hjalmar, in Bangen!
Ich habe geküßt deinen kleinen Mund,
Deine Stirn, deine roten Wangen.
Ich hörte dich lallen das erste Wort.
Ich mußte von dir scheiden.
Der Herrgott dich segne an jedem Ort,
Ein Engel mög dich begleiten.

Und alle Vögel sangen mit, die Blumen tanzten auf dem Stengel, und die alten Bäume nickten, so als erzählte Ole Luköie auch ihnen Geschichten.

Mittwoch

Nein, wie draußen der Regen niederströmte! Hjalmar konnte es im Schlafe hören! Und als Ole Luköie ein Fenster öffnete, stand das Wasser bis hinauf zum Fenstersims; draußen war ein richtiger See, aber das prächtigste Schiff lag am Haus.

„Willst du mitfahren, kleiner Hjalmar?" sagte Ole Luköie, „dann kannst du heute nacht in fremde Länder kommen und morgen wieder zurück sein!"

Und da stand Hjalmar mit einemmal in seinen Sonntagskleidern mitten auf dem prächtigen Schiff, und sogleich wurde das Wetter ganz wunderbar, und das Schiff fuhr durch die Straßen, kreuzte um die Kirche herum, und nun war alles eine große, wilde See. Sie fuhren so lange, daß kein Land mehr zu erblicken war, und sie sahen einen Schwarm Störche, die kamen auch von daheim und wollten in die heißen Länder; sie flogen einer hinter dem anderen und waren schon weit, sehr weit geflogen; einer von ihnen war so müde, daß seine Flügel ihn fast nicht länger tragen konnten, er war der allerletzte in der Reihe, und bald blieb er ein großes Stück zurück, schließlich sank er mit gebreiteten Schwingen tiefer und tiefer, er machte noch ein paar Schläge mit den Flügeln, aber es nützte nichts; nun berührten seine Füße das Tauwerk des Schiffes, nun rutschte er am Segel hinab, und bumms! da stand er auf Deck.

Nun nahm ihn der Matrose und steckte ihn in den Hühnerstall, zu Hühnern, Enten und Putern; der arme Storch stand ganz kleinlaut mitten unter ihnen.

„Sieh mal den!" sagten alle Hühner.

Und der Truthahn plusterte sich auf, so dick wie er konnte, und fragte, wer er sei; und die Enten gingen rückwärts und stießen sich gegenseitig an: „Grabsch! grabsch!"

Und der Storch erzählte vom heißen Afrika, von den Pyramiden und vom Strauß, der gleich einem wilden Pferd durch die Wüste lief, aber die Enten verstanden nicht, was er sagte, und dann stießen sie sich gegenseitig an. „Da gibt's nur eine Meinung, der ist dumm!"

„Ja, gewiß ist er dumm!" sagte der Truthahn, und dann kollerte er laut. Da schwieg der Storch ganz still und dachte an sein Afrika.

„Ihr habt aber ein Paar schöne dünne Beine!" sagte der Puter. „Was kostet die Elle?"

„Lacht, lacht, lacht!" grinsten alle Enten, aber der Storch tat so, als hörte er es gar nicht.

„Ihr könnt ruhig mitlachen!" sagte der Puter zu ihm, „denn es war sehr witzig! Oder war es ihm vielleicht zu gemein? Ach! ach! der ist nicht vielseitig! Dann wollen wir weiter für uns allein interessant sein!" und dann gackerten

sie, und die Enten schnatterten: „Gick, gack! gick, gack!"
Es war unheimlich, wie komisch sie es selber fanden.

Aber Hjalmar ging zum Hühnerstall, machte die Tür auf, rief den Storch, und der hüpfte zu ihm aufs Deck heraus; nun hatte er sich ausgeruht, und es war fast, als nickte er Hjalmar zu, um ihm zu danken; darauf breitete er seine Schwingen aus und flog in die warmen Länder, aber die Hühner gackerten, die Enten schnatterten, und der Truthahn wurde ganz feuerrot auf dem Kopf.

„Morgen kochen wir Suppe von euch!" sagte Hjalmar, und da wurde er wach und lag in seinem Bettchen. Es war doch eine wunderliche Reise, die Ole Luköie ihn diese Nacht hatte machen lassen!

Donnerstag

„Weißt du was", sagte Ole Luköie, „krieg jetzt keine Angst! Hier siehst du eine kleine Maus!" und dann streckte er ihm seine Hand hin mit dem leichten, niedlichen Tier. „Die ist gekommen, um dich zur Hochzeit einzuladen. Hier sind heute nacht zwei Mäuslein, die wollen in den Stand der Ehe eintreten. Die wohnen unter den Dielen in deiner Mutter Speisekammer, das soll eine sehr schöne Wohnung sein!"

„Wie kann ich denn aber durch das kleine Mauseloch im Fußboden kommen?" fragte Hjalmar.

„Das ist meine Sache!" sagte Ole Luköie. „Ich mach dich

schon klein!" Und dann berührte er Hjalmar mit seiner Zauberspritze, da wurde er sogleich kleiner und kleiner, zuletzt war er nicht einmal so groß wie ein Finger. „Nun kannst du dir die Sachen vom Zinnsoldaten borgen, ich denke, die werden passen, und eine Uniform sieht immer so flott aus, wenn man auf Gesellschaft geht."

„Ja sicher!" sagte Hjalmar, und dann war er im Nu wie der niedlichste Zinnsoldat gekleidet.

„Würden Sie vielleicht so gut sein und sich in den Fingerhut Ihrer Mutter setzen", sagte die kleine Maus, „dann werde ich die Ehre haben, Sie zu ziehen!"

„Gott, wollen das Fräulein sich selber die Mühe machen!" sagte Hjalmar, und dann fuhren sie zur Mäusehochzeit.

Zuerst kamen sie unter dem Fußboden in einen langen Gang, der gerade so hoch war, daß sie mit einem Fingerhut dort fahren konnten, und der ganze Gang war mit fauligem Holz festlich erleuchtet.

„Riecht es hier nicht schön?" sagte die Maus, die ihn zog. „Der ganze Gang ist mit Speckschwarte eingeschmiert worden. Feiner kann es nicht sein!"

Nun kamen sie in den Hochzeitssaal; hier standen zur Rechten all die kleinen Mäuseweibchen, und die zischelten und tuschelten, gerade als machten sie sich über sich selber lustig; zur Linken standen alle Mausemännchen und strichen sich mit der Pfote den Schnurrbart, aber mitten im Saal sah man das Brautpaar, das stand in einem ausgehöhlten Käsekanten und küßte sich erschrecklich viel vor aller Augen, denn sie waren ja verlobt, und jetzt sollten sie gleich Hochzeit halten.

Es kamen immer mehr Gäste; die Mäuse traten sich beinahe gegenseitig tot, und das Brautpaar hatte sich mitten in die Tür gestellt, so daß man weder hinaus- noch hereinkommen konnte. Die ganze Stube war genauso wie der Gang mit Speckschwarte eingeschmiert, das war die ganze Bewirtung, aber als Nachtisch wurde eine Erbse herumgezeigt, in die ein Mäuschen aus der Verwandtschaft die Namen des Brautpaares hineingebissen hatte, das heißt den ersten Buchstaben; das war etwas ganz Außerordentliches.

Alle Mäuse sagten, es sei eine wunderschöne Hochzeit gewesen, und sie hätten sich ausgezeichnet unterhalten.

Und dann fuhr Hjalmar wieder nach Hause; er war wirklich auf einer vornehmen Gesellschaft gewesen, aber er hatte sich auch tüchtig krümmen und kleinmachen und die Zinnsoldatenuniform anziehen müssen.

Freitag

„Es ist nicht zu glauben, wie viele es unter den älteren Leuten gibt, die gern meiner habhaft werden möchten!" sagte Ole Luköie. „Es sind besonders die, die etwas Böses getan haben. ‚Guter kleiner Ole', sagen sie zu mir, ‚wir kriegen kein Auge zu, und dann liegen wir die ganze Nacht und sehen alle unsere bösen Taten vor uns, die wie abscheuliche kleine Trolle auf dem Bettrand sitzen und uns mit heißem Wasser besprützen. Willst du nicht kommen und sie wegjagen, damit wir gut schlafen können?' Und dann seufzen sie ganz tief: ‚Wir wollen auch wahrhaftig gern zahlen! Gute Nacht, Ole! das Geld liegt im Fenster!' aber ich tu's nicht um Geld", sagte Ole Luköie.

„Was haben wir nun heute nacht vor?" fragte Hjalmar.

„Ja, ich weiß nicht, ob du Lust hast, heute nacht schon wieder zur Hochzeit zu gehen, sie ist von anderer Art als die gestern. Die große Puppe deiner Schwester, die so aussieht wie ein Mannsbild und Hermann genannt wird, die heiratet die Puppe Bertha, außerdem hat die Puppe Geburtstag, und darum gibt es sehr viele Geschenke!"

„Ja, das kenne ich schon!" sagte Hjalmar. „Immer wenn die Puppen neue Kleider brauchen, dann läßt meine Schwester sie Geburtstag haben oder Hochzeit feiern! Das ist bestimmt hundertmal vorgekommen!"

„Ja, aber heute nacht ist Hochzeit Nummer hundertundeins, und wenn Hundertundeins vorbei ist, dann ist alles vorbei! Darum wird diese auch so unvergleichlich. Schau mal!"

Und Hjalmar blickte zum Tisch; dort stand das kleine

Papphaus mit Licht in den Fenstern, und alle Zinnsoldaten davor präsentierten das Gewehr. Das Brautpaar saß auf dem Fußboden und lehnte sich gegen das Tischbein, ganz nachdenklich, und dazu mochte es ja Grund haben. Aber Ole Luköie, in Großmutters schwarzem Rock, traute sie! Als die Trauung vorüber war, stimmten alle Möbel in der Stube folgendes hübsche Lied an, das vom Bleistift geschrieben worden war, es ging nach derselben Melodie wie der Zapfenstreich.

> Unser Lied soll brausen wie ein Wind!
> Beim Brautpaar wir in der Stube sind;
> Sie stehen gerade wie ein Spind!
> Aus Handschuhleder gemacht sie sind!
> Hurra! für ihn und das holde Kind!
> So singen wir fröhlich in Wetter und Wind!

Und nun erhielten sie Geschenke, aber sie hatten sich alle eßbaren Dinge verbeten, denn sie hatten genug an ihrer Liebe.

„Wollen wir nun in die Sommerfrische fahren oder ins Ausland?" fragte der Bräutigam, und dann wurden die Schwalbe, die so viel gereist war, und die alte Hofhenne, die fünfmal Küken ausgebrütet hatte, um Rat gefragt; und die

Schwalbe erzählte von den schönen warmen Ländern, wo die Weintrauben groß und schwer hingen, wo die Luft ganz milde war und die Berge Farben hatten, wie man sie hier gar nicht kennt.

„Die haben aber nicht unseren Grünkohl!" sagte die Henne. „Ich war einen Sommer mit allen meinen Küken in der Sommerfrische, da war eine Kiesgrube, wo wir drin herumgehen und scharren konnten, und dann hatten wir Zugang zu einem Garten mit Grünkohl! Nein, wie war der grün! Ich kann mir was Schöneres nicht vorstellen!"

„Aber ein Kohlstrunk sieht aus wie der andere", sagte die Schwalbe, „und dann ist hier oft so schlechtes Wetter!"

„Ja, daran ist man gewöhnt!" sagte die Henne.

„Aber hier ist es kalt, es friert!"

„Das ist gut für den Kohl!" sagte die Henne. „Außerdem kann es bei uns auch heiß sein! Hatten wir nicht vor vier Jahren einen Sommer, der fünf Wochen dauerte? Hier war es so heiß, man konnte kaum atmen! Und dann haben wir nicht all die giftigen Tiere, die sie dort haben! Und Räuber gibt's hier auch nicht! Der ist ein Lump, der unser Land nicht am schönsten findet! Der verdiente es wahrlich nicht, hier zu sein!" und dann weinte die Henne. „Ich bin auch gereist! Ich bin zwölf Meilen in einem Kübel gefahren! Es ist gar kein Vergnügen zu reisen!"

„Ja, die Henne ist eine vernünftige Frau!" sagte die Puppe Bertha. „Ich liebe es auch nicht, im Gebirge zu reisen, denn da geht's nur immer rauf und dann wieder runter! Nein, wir wollen zu der Kiesgrube hinausfahren und im Kohlgarten spazierengehen."

Und dabei blieb es.

Sonnabend

„Krieg ich nun Geschichten erzählt?" sagte der kleine Hjalmar, sobald Ole Luköie ihn im Bett hatte.

„Heute abend haben wir dafür keine Zeit!" sagte Ole und spannte seinen schönsten Regenschirm über ihm aus. „Schau

dir nun diese Chinesen an!" und der ganze Regenschirm sah aus wie eine große chinesische Schale mit blauen Bäumen und spitzen Brücken mit kleinen Chinesen darauf, die da standen und mit dem Kopf nickten. „Wir müssen bis morgen die ganze Welt schön sauber machen", sagte Ole, „es ist ja doch ein Feiertag, es ist Sonntag. Ich muß auf den Kirchturm und sehen, ob die kleinen Kirchenwichtel die Glocken polieren, damit sie schön klingen; ich muß aufs Feld hinaus und sehen, ob die Winde den Staub von Gräsern und Blättern pusten; und was die größte Arbeit macht, ich muß alle Sterne herunternehmen, um sie zu polieren! Ich tue sie in meine Schürze, aber zuerst muß jeder numeriert werden, und die Löcher, in denen sie dort oben sitzen, müssen numeriert werden, damit sie wieder an ihren richtigen Platz kommen, sonst sitzen sie nicht fest, und wir bekommen zu viele Sternschnuppen, weil einer nach dem anderen herunterpurzelt!"

„Hören Sie mal, wissen Sie was, Herr Luköie", sagte ein altes Porträt, das an der Wand hing, wo Hjalmar schlief, „ich bin Hjalmars Urgroßvater; schönen Dank, daß Sie dem Jungen Geschichten erzählen, aber Sie dürfen ihm nicht seine Begriffe durcheinanderbringen. Die Sterne können nicht heruntergenommen und poliert werden! Die

Sterne sind Himmelskörper genau wie unsere Erde, und das ist just das Gute an ihnen!"

„Vielen Dank, du alter Urgroßvater!" sagte Ole Luköie. „Vielen Dank! Du bist ja das Haupt der Familie, du bist das Urhaupt! Aber ich bin älter als du! Ich bin ein alter Heide, die Römer und Griechen nannten mich den Traumgott! Ich habe in den vornehmsten Häusern verkehrt und verkehre da noch! Ich verstehe mit Kleinen wie mit Großen umzugehen! Nun kannst du erzählen!" und dann ging Ole Luköie und nahm den Regenschirm mit.

„Nun darf man offenbar nicht mehr seine Meinung sagen!" sagte das alte Porträt.

Und dann wurde Hjalmar wach.

Sonntag

„Guten Abend!" sagte Ole Luköie, und Hjalmar nickte, lief dann aber hin und drehte des Urgroßvaters Porträt zur Wand um, damit es nicht wieder mitredete, so wie gestern.

„Nun mußt du mir Geschichten erzählen, von den fünf grünen Erbsen, die in einer Erbsenschote wohnten, und

von Hahnenbein, der Hennenbein den Hof machte, und von der Stopfnadel, die so fein war, daß sie sich einbildete, sie wäre eine Nähnadel!"

„Man kann auch des Guten zuviel bekommen!" sagte Ole Luköie. „Ich möchte dir lieber etwas zeigen, weißt du! ich zeige dir mal meinen Bruder, der heißt auch Ole Luköie, aber er kommt nie öfter als einmal zu einem, und wenn er kommt, dann nimmt er einen mit auf sein Pferd und erzählt einem Geschichten; er weiß nur zwei: eine, die so unvergleichlich schön ist, daß niemand auf der Welt sie sich vorstellen kann, und eine, die so garstig und grausig ist – ja, das ist nicht zu beschreiben!" und dann hob Ole Luköie den kleinen Hjalmar zum Fenster hinauf und sagte: „Da siehst du meinen Bruder, den anderen Ole Luköie, man nennt ihn auch den Tod; siehst du, er sieht gar nicht so übel aus wie in den Bilderbüchern, wo er nur ein Knochengerippe ist! Nein, er hat Silberstickereien auf seinem Rock, es ist die schönste Husaren-Uniform! Ein Mantel aus schwarzem Sammet fliegt rückwärts über das Pferd hinweg! Sieh, wie er Galopp reitet!"

Und Hjalmar sah, wie dieser Ole Luköie von dannen ritt und junge wie alte Menschen auf sein Pferd nahm. Manche setzte er vorn drauf, und andere setzte er hinten drauf, aber immer fragte er erst: „Wie steht es mit dem Zeugnisheft?" – „Gut!" sagten sie alle. – „Ja, laßt mich mal selber sehen!" sagte er, und dann mußten sie ihm das Heft zeigen, und alle die, welche „Recht gut" hatten und „Sehr gut", kamen vorn aufs Pferd und bekamen die schöne Geschichte zu hören, aber die, welche „Ziemlich gut" und „Befriedigend" hatten, die mußten nach hinten und bekamen die garstige Geschichte zu hören; die zitterten und weinten, die wollten vom Pferd abspringen, konnten es aber gar nicht, denn sie wuchsen sofort daran fest.

„Aber der Tod ist ja der schönste Ole Luköie!" sagte Hjalmar, „vor ihm fürchte ich mich nicht!"

„Das darfst du auch nicht!" sagte Ole Luköie. „Sieh nur zu, daß du ein gutes Zeugnisheft hast!"

„Ja, das ist lehrreich!" murmelte des Urgroßvaters

Porträt. „Es nützt doch etwas, wenn man seine Meinung sagt!" und nun war er zufrieden.

Seht ihr, das ist die Geschichte von Ole Luköie. Nun kann er dir heute abend selber noch mehr erzählen!

DER ROSENELF

Inmitten eines Gartens wuchs ein Rosenstrauch, der war ganz voller Rosen, und in einer davon, der schönsten von allen, wohnte ein Elf; er war so winzig klein, daß kein menschliches Auge ihn sehen konnte; hinter jedem Blatt in der Rose hatte er ein Schlafgemach; er war so wohlgestalt und hübsch, wie ein Kind nur sein konnte, und hatte Flügel an den Schultern, hinab bis zu den Füßen. Oh, es war ein Duft in seinen Zimmern, und wie hell und schön waren die Wände! Sie waren ja die feinen hellrosa Rosenblätter.

Den ganzen Tag über vergnügte er sich im warmen Sonnenschein, flog von Blüte zu Blüte, tänzelte auf den Flügeln des fliegenden Falters und maß aus, wie viele Schritte er gehen mußte, um alle Landstraßen und Pfade abzulaufen, die es auf einem einzigen Lindenblatt gab. Was er als Landstraßen und Pfade ansah, war das, was wir die Adern in dem Blatt nennen. Ja, für ihn waren es endlose Wege! Bevor er fertig wurde, ging die Sonne unter; er hatte auch so spät angefangen.

Es wurde sehr kalt, der Tau fiel, und der Wind wehte; jetzt war es wohl besser, nach Hause zu gehen; er eilte, so schnell er konnte, aber die Rose hatte sich geschlossen, er konnte nicht hineinkommen – nicht eine einzige Rose stand offen; der arme kleine Elf erschrak so sehr, er war noch nie nachts draußen gewesen, immer hatte er so süß hinter den wärmenden Rosenblättern geschlummert, oh, das war gewiß sein Tod!

Am anderen Ende des Gartens war eine natürliche Laube mit schönem Geißblatt, das wußte er, die Blüten sahen aus wie große, angemalte Hörner; in eine von diesen wollte er niedersteigen und bis morgen schlafen.

Dort flog er hin. Pscht! dort drinnen waren zwei Menschen, ein schöner junger Mann und die lieblichste Jungfrau; sie saßen nebeneinander und wünschten, daß sie sich bis in alle Ewigkeit nicht zu trennen brauchten; sie liebten sich sehr, viel mehr, als das beste Kind seinen Vater und seine Mutter lieben kann.

„Dennoch müssen wir uns trennen!" sagte der junge Mann. „Dein Bruder ist uns nicht wohlgesonnen, deswegen schickt er mich mit einem Auftrag so weit fort über Berge und Seen! Lebe wohl, meine süße Braut, denn das bist du doch!"

Und dann küßten sie sich, und das junge Mädchen weinte und schenkte ihm eine Rose; aber bevor sie ihm diese reichte, drückte sie einen Kuß darauf, so fest und innig, daß die Blüte sich öffnete; da flog der kleine Elf hinein und lehnte seinen Kopf gegen die feinen, duftenden Wände; aber er konnte gut hören, daß „Lebe wohl! Lebe wohl!" gesagt wurde, und er fühlte, daß die Rose auf der Brust des jungen Mannes ihren Platz bekam. Oh, wie das Herz da drinnen pochte! Der kleine Elf konnte gar nicht einschlafen, so pochte es.

Lange blieb die Rose nicht still auf der Brust liegen, der Mann holte sie hervor, und während er allein durch den dunklen Wald ging, küßte er die Blüte, ach, so oft und heftig, daß der kleine Elf beinahe zerdrückt worden wäre; er konnte durch das Blatt fühlen, wie die Lippen des Mannes glühten, und die Rose selber hatte sich geöffnet wie in der stärksten Mittagssonne.

Da kam ein anderer Mann, finster und zornig, es war der böse Bruder des schönen Mädchens; ein Messer, scharf und groß, holte er hervor, und während der andere die Rose küßte, erstach ihn der böse Mann, schnitt seinen Kopf ab und begrub ihn zusammen mit dem Rumpf in der weichen Erde unter dem Lindenbaum.

„Nun ist er vergessen und fort", dachte der böse Bruder; „er kehrt nie mehr zurück. Eine lange Reise sollte er machen, über Berge und Seen, da kann man leicht ums Leben kommen, und so ist es ihm ergangen. Er kommt nicht wieder, und mich wagt meine Schwester niemals nach ihm zu fragen."

Dann scharrte er mit dem Fuß welke Blätter über die aufgewühlte Erde und ging wieder heimwärts durch die finstere Nacht; aber er ging nicht allein, wie er meinte: der kleine Elf war bei ihm; der saß in einem welken, zusammengerollten Lindenblatt, das dem bösen Mann aufs Haar gefallen war, als er das Grab grub. Der Hut war nun darübergestülpt worden, es war so dunkel da drinnen, und der Elf zitterte vor Angst und Zorn über die abscheuliche Tat.

In der Morgenstunde kam der böse Mann nach Hause; er nahm seinen Hut ab und ging in das Schlafgemach der Schwester; dort lag das schöne Mädchen und träumte von dem, den sie so liebte und von dem sie meinte, er ginge über die Berge und durch Wälder; und der böse Bruder beugte sich über sie und lachte garstig, wie ein Teufel lachen kann; da fiel das welke Blatt aus seinem Haar auf die Bettdecke nieder, aber er merkte es nicht und ging hinaus, um selbst ein wenig am Morgen zu schlafen. Aber der Elf schlüpfte aus dem welken Blatt, lief in das Ohr des schlummernden Mädchens und erzählte ihr, wie in einem Traum, von dem schrecklichen Mord, beschrieb ihr den Ort, wo der Bruder ihn erschlagen und seinen Leichnam hingetan hatte, erzählte von der blühenden Linde daneben und sagte: „Damit du nicht denken sollst, ich hätte dir nur einen Traum erzählt, so wirst du auf deinem Bett ein welkes Blatt finden." Und das fand sie, als sie erwachte.

Oh, da weinte sie viele heiße Tränen! Und zu niemandem

durfte sie von ihrem Kummer sprechen. Das Fenster stand den ganzen Tag offen, der kleine Elf konnte leicht zu den Rosen im Garten hinausgelangen und zu all den anderen Blumen, aber er brachte es nicht übers Herz, die Betrübte zu verlassen. Im Fenster stand ein Strauch mit Monatsrosen, in eine von dessen Blüten setzte er sich und betrachtete das arme Mädchen. Ihr Bruder kam oftmals ins Gemach, und er war so lustig und böse, aber sie wagte kein Wort über ihr großes Herzeleid zu sagen.

Sobald es Nacht war, schlich sie sich aus dem Haus, ging in den Wald zu der Stelle, wo der Lindenbaum stand, scharrte die Blätter von der Erde weg, grub darin und fand sofort den, der getötet worden war; oh, wie sie weinte und zu dem Herrgott betete, daß sie doch bald sterben möge.

Gern wollte sie den Leichnam mit heimnehmen, aber das konnte sie nicht; so nahm sie den bleichen Kopf mit den geschlossenen Augen, küßte den kalten Mund und schüttelte die Erde aus seinem schönen Haar. „Den will ich zu eigen haben!" sagte sie, und nachdem sie Erde und Blätter auf den toten Körper gelegt hatte, nahm sie den Kopf und einen kleinen Zweig von dem Jasminstrauch, der im Walde blühte, dort wo er getötet worden war, mit nach Hause.

Sobald sie in ihrer Stube war, holte sie den größten Blumentopf, der zu finden war, in diesen legte sie den Kopf des Toten, tat Erde darauf und pflanzte alsdann den Jasminzweig in den Topf.

„Lebe wohl! Lebe wohl!" flüsterte der kleine Elf, er konnte es nicht mehr aushalten, all dies Leid zu sehen, und flog daher in den Garten hinaus zu seiner Rose; aber die war verblüht, es hingen nur noch einige fahle Blätter an der grünen Hagebutte.

„Ach, wie schnell geht es vorbei mit allem Schönen und Guten!" seufzte der Elf. Schließlich fand er wieder eine Rose, sie wurde sein Haus, hinter deren feinen, duftenden Blättern konnte er es sich heimisch machen.

Allmorgendlich flog er zu dem Fenster des armen Mädchens, und dort stand sie immer am Blumentopf und weinte; die heißen Tränen fielen auf den Jasminzweig, und während sie mit jedem Tag blasser und blasser wurde, ward der Zweig immer frischer und grüner, ein Schößling nach dem anderen trieb daraus hervor, es entstanden weiße Blütenknospen, und sie küßte sie, aber der böse Bruder schalt und fragte, ob sie töricht geworden sei; es mißfiel ihm, und er konnte nicht begreifen, weshalb sie immer über diesem Blumentopf weinte. Er wußte ja nicht, welche Augen sich geschlossen hatten und welche roten Lippen zu Erde geworden waren; und sie lehnte ihren Kopf gegen den Blumentopf, und der kleine Elf von der Rose fand sie so schlummernd; da kroch er in ihr Ohr, erzählte ihr von dem Abend in der Laube, von dem Duft der Rose und der Liebe der Elfen; sie träumte so süß, und während sie träumte, schwand das Leben dahin; sie war eines stillen Todes gestorben, sie war im Himmel bei dem, den sie liebte.

Und die Jasminblüten öffneten ihre großen, weißen Glocken, die dufteten so wundersam süß, anders konnten sie die Tote nicht beweinen.

Aber der böse Bruder sah sich den schönen blühenden Strauch an, nahm ihn als Erbstück mit und stellte ihn in sein Schlafgemach, dicht neben das Bett, denn er war so wunderbar anzusehen, und der Duft war ganz süß und würzig. Der kleine Rosenelf ging mit, flog von Blüte zu Blüte, in jeder wohnte ja eine kleine Seele, und diesen erzählte er von dem getöteten jungen Mann, dessen Kopf nun zu Erde unter der Erde geworden war, erzählte von dem bösen Bruder und der armen Schwester.

„Wir wissen es!" sagten die Seelen in den Blüten, „wir wissen es! Sind wir nicht aus den Augen und Lippen des Erschlagenen emporgewachsen? Wir wissen es! wir wissen es!" und dann nickten sie so seltsam mit dem Kopfe.

Der Rosenelf konnte sich keinen Vers daraus machen, wie sie so ruhig sein konnten, und er flog zu den Bienen hinaus, die Honig sammelten, erzählte ihnen die Geschichte von dem bösen Bruder, und die Bienen erzählten es ihrer Königin; die befahl, daß sie alle am nächsten Morgen den Mörder töten sollten.

Aber in der Nacht davor, es war die erste Nacht nach

dem Tode der Schwester, als der Bruder in seinem Bette dicht neben dem duftenden Jasminstrauch schlief, öffnete sich jeder Blütenkelch, und unsichtbar, aber mit giftigen Lanzen, stiegen die Blütenseelen heraus, und sie setzten sich zuerst in sein Ohr und erzählten ihm böse Träume, flogen alsdann auf seine Lippen und stachen ihn mit den giftigen Lanzen in die Zunge. „Nun haben wir den Toten gerächt!" sagten sie und kehrten wieder in die weißen Glocken des Jasmins zurück.

Als es Morgen wurde und das Fenster des Schlafgemachs mit einemmal aufgerissen wurde, stob der Rosenelf mit der Bienenkönigin und dem ganzen Bienenschwarm herein, um ihn zu töten.

Aber er war schon tot; um sein Bett herum standen Leute, und sie sagten: „Der Jasminduft hat ihn getötet!"

Da erkannte der Rosenelf die Rache der Blüten, und er erzählte es der Bienenkönigin, und sie schwärmte mit ihrem ganzen Schwarm um den Blumenkübel herum, die Bienen waren nicht zu vertreiben; da nahm ein Mann den Blumenkübel fort, und eine der Bienen stach ihn in die Hand, so daß er den Kübel fallen ließ, und der zerbrach.

Da sahen sie den weißen Totenschädel, und sie wußten, der Tote im Bett war ein Mörder.

Und die Bienenkönigin summte durch die Luft und sang von der Rache der Blumen und vom Rosenelf, und daß hinter dem kleinsten Blatt einer wohnt, der von dem Bösen erzählen und es rächen kann!

DER SCHWEINEKNECHT

Es war einmal ein armer Prinz, der besaß ein Königreich, das war ganz klein, aber es war doch immerhin so groß, daß man damit heiraten konnte, und heiraten wollte er.

Es war allerdings ein wenig kühn von ihm, daß er zu der Tochter des Kaisers zu sagen wagte: „Willst du mich haben?" aber das durfte er schon, denn sein Name war weit und breit berühmt, es gab Hunderte von Prinzessinnen, die „Ja, danke" dazu gesagt hätten, aber wer weiß, ob sie's tat!

Nun werden wir hören.

Auf dem Grabe von des Prinzen Vater wuchs ein Rosenstrauch, oh, so ein schöner Rosenstrauch. Er blühte nur alle fünf Jahre und hatte dann nur eine einzige Blüte, aber das war eine Rose, die duftete so süß, daß man, wenn man an ihr roch, alle seine Sorgen und Kümmernisse vergaß, und dann hatte er eine Nachtigall, die konnte singen, als ob alle herrlichen Melodien in ihrer kleinen Kehle steckten. Diese Rose und diese Nachtigall sollte die Prinzessin bekommen; und darum kamen sie beide in große, silberne Behälter und wurden ihr dann zugeschickt.

Der Kaiser ließ sie vor sich her in den großen Saal tragen, wo die Prinzessin mit ihren Hofdamen war und „Besuch bekommen" spielte; sie taten nichts anderes; und als die Prinzessin die großen Behälter sah mit den Geschenken darin, klatschte sie vor Freude in die Hände.

„Wenn es bloß eine kleine Miezekatze wäre!" sagte sie – aber da kam die schöne Rose zum Vorschein.

„Nein, wie ist die reizend gemacht!" sagten alle Hofdamen.

„Die ist mehr als reizend!" sagte der Kaiser. „Die ist vornehm!"

Aber die Prinzessin befühlte sie, und dann war sie den Tränen nahe.

„Pfui, Papa!" sagte sie, „die ist nicht künstlich, das ist eine richtige!"

„Pfui!" sagten alle Hofleute, „das ist eine richtige!"

„Laßt uns erst einmal sehen, was in dem anderen Behälter ist, ehe wir böse werden!" meinte der Kaiser, und dann kam die Nachtigall zum Vorschein; sie sang nun so wunderbar, daß man zunächst einmal nichts Böses über sie sagen konnte.

„Superbe! charmant!" sagten die Hofdamen, denn sie sprachen alle Französisch, eine ärger als die andere.

„Wie mich dieser Vogel an die Spieldose der hochseligen Kaiserin erinnert!" sagte ein alter Kavalier; „ach ja, es ist ganz der gleiche Ton, der gleiche Vortrag!"

„Ja!" sagte der Kaiser, und dann weinte er wie ein kleines Kind.

„Ich will doch nicht hoffen, daß es eine richtige ist!" sagte die Prinzessin.

„Doch, es ist ein richtiger Vogel!" sagten die, welche ihn gebracht hatten.

„Ja, dann laßt den Vogel fliegen", sagte die Prinzessin, und sie wollte unter keinen Umständen gestatten, daß der Prinz käme.

Aber der ließ sich's nicht verdrießen; er schmierte sich das Gesicht braun und schwarz ein, drückte die Mütze tief in die Stirn und klopfte an.

„Guten Tag, Kaiser!" sagte er, „könnte ich nicht hier im Schloß in Dienst treten?"

„Ja, hier gibt es viele, die das möchten!" sagte der Kaiser. „Aber laß mal sehen! – Ich brauche einen, der die Schweine versorgen kann! Davon haben wir nämlich viele!"

Und so wurde der Prinz als kaiserlicher Schweineknecht eingestellt. Er bekam eine schlechte kleine Kammer unten neben dem Schweinekoben, und hier mußte er bleiben! Aber den ganzen Tag saß er und arbeitete, und als es Abend war, hatte er einen niedlichen kleinen Topf gemacht, an dem ringsherum Glöckchen saßen, und sobald der Topf kochte, klangen sie ganz wunderhübsch und spielten die alte Melodie:

„Ach, du lieber Augustin,
Alles ist weg, weg, weg!"

Das allerkunstvollste war jedoch, daß man, wenn man den Finger in den Dampf hielt, der aus dem Topf kam, sofort riechen konnte, was für Essen in einem jeden Herd, den es in der Stadt gab, gekocht wurde; seht, das war allerdings etwas anderes als eine Rose.

Nun kam die Prinzessin mit all ihren Hofdamen anspaziert, und als sie die Melodie hörte, blieb sie stehen und sah sehr erfreut aus; denn sie konnte auch „Ach, du lieber Augustin" spielen; das war das einzige, was sie konnte, aber das spielte sie mit einem Finger.

„Das kann ich ja auch!" sagte sie. „Dann muß es ein gebildeter Schweineknecht sein! Hört! geht hinein und fragt ihn, was dieses Instrument kostet."

Und nun mußte eine von den Hofdamen hineinlaufen, aber sie zog sich Holzschuhe an.

„Was willst du für den Topf haben?" sagte die Hofdame.

„Ich möchte zehn Küsse von der Prinzessin haben!" sagte der Schweineknecht.

„Der Herr bewahre uns!" sagten die Hofdamen.

„Ja, um weniger tu ich's nicht!" sagte der Schweineknecht.

„Nun, was hat er gesagt?" fragte die Prinzessin.

„Das kann ich wirklich nicht erzählen!" sagte die Hofdame. „Es ist so grausig!"

„Dann kannst du flüstern!" und dann flüsterte sie.

„Er ist ja unanständig!" sagte die Prinzessin und ging sofort – aber als sie ein Stück gegangen war, da erklangen die Glöckchen gar lieblich:

> „Ach, du lieber Augustin,
> Alles ist weg, weg, weg!"

„Hört", sagte die Prinzessin, „fragt ihn, ob er zehn Küsse von meinen Hofdamen haben möchte!"

„Nein danke!" sagte der Schweineknecht, „zehn Küsse von der Prinzessin, oder ich behalte den Topf."

„Wie ist das doch ärgerlich!" sagte die Prinzessin. „Aber dann müßt ihr euch davorstellen, damit es keiner sieht!"

Und die Hofdamen stellten sich alle davor, und dann breiteten sie ihre Kleider aus, und dann bekam der Schweineknecht die zehn Küsse, und sie bekam den Topf.

Nun, das war eine Freude! Den ganzen Abend und den ganzen Tag mußte der Topf kochen; es gab nicht einen Herd in der ganzen Stadt, von dem sie nicht wußten, was da gekocht wurde, ob es beim Kammerherrn war oder beim Schuster. Die Hofdamen tanzten herum und klatschten in die Hände.

„Wir wissen, wer Fruchtsuppe und Pfannkuchen ißt! Wir wissen, wer Grütze und Karbonade ißt! Wie ist das interessant!"

„Höchst interessant!" sagte die Oberhofmeisterin.

„Ja, aber haltet reinen Mund, denn ich bin des Kaisers Tochter!"

„Gott behüte!" sagten sie alle miteinander.

Der Schweineknecht, das heißt der Prinz – aber die wußten es ja nicht besser, als daß er ein richtiger Schweineknecht war –, ließ den Tag nicht hingehen, ohne etwas zu tun, und nun verfertigte er eine Schnarre, wenn man die herumschwenkte, ertönten alle Walzer, Hopser und Polkas, die man seit der Entstehung der Welt kannte.

„Das ist aber superbe!" sagte die Prinzessin, als sie vorüberging. „Ich habe nie eine hübschere Komposition vernommen! Hört! geht hinein und fragt ihn, wieviel das Instrument kostet; aber küssen tu ich ihn nicht!"

„Er will hundert Küsse von der Prinzessin haben!" sagte die Hofdame, die drinnen gewesen war, um zu fragen.

„Ich glaube, er ist toll!" sagte die Prinzessin, und dann ging sie; als sie aber ein Stückchen gegangen war, blieb sie stehen. „Man muß die Kunst fördern!" sagte sie. „Ich bin des Kaisers Tochter! Sagt ihm, er bekäme zehn Küsse, genau wie gestern, den Rest kann er sich bei meinen Hofdamen holen!"

„Ja, aber wir möchten so ungern!" sagten die Hofdamen.
„Das ist Unsinn!" sagte die Prinzessin. „Wenn ich ihn küssen kann, dann könnt ihr es auch! Bedenkt, ich gebe euch Kost und Lohn!" Und dann mußte die Hofdame wieder zu ihm hinein.

„Hundert Küsse von der Prinzessin", sagte er, „oder jeder behält das Seine!"

„Stellt euch davor!" sagte sie, und nun stellten alle Hofdamen sich davor, und dann küßte er.

„Was mag das da unten am Schweinekoben für ein Auflauf sein!" sagte der Kaiser, der auf den Balkon hinausgegangen war; er rieb sich die Augen und setzte die Brille auf. „Das sind ja die Hofdamen, die da ihr Wesen treiben. Ich muß wohl mal zu ihnen hinunter!" und dann zog er seine Pantoffeln hinten hoch, denn es waren Schuhe, die er heruntergetreten hatte.

Du liebe Zeit, wie er sich beeilte!

Sobald er auf den Hof hinunterkam, ging er ganz leise, und die Hofdamen hatten soviel damit zu tun, die Küsse zu zählen, damit es auch ehrlich zuginge und er nicht zu viele bekäme, aber auch nicht zu wenig; die merkten den Kaiser gar nicht. Der stellte sich auf die Zehenspitzen.

„Was ist das!" sagte er, als er sah, daß sie sich küßten, und dann haute er ihnen mit seinem Pantoffel eins auf den Kopf, gerade als der Schweineknecht den sechsundachtzigsten Kuß bekam. „Hinaus!" sagte der Kaiser, denn er war zornig, und sowohl die Prinzessin wie auch der Schweineknecht wurden aus seinem Kaiserreich ausgewiesen.

Da stand sie nun und weinte, der Schweineknecht schimpfte, und der Regen rauschte hernieder.

„Ach, ich elendes Menschenkind!" sagte die Prinzessin, „hätte ich doch den hübschen Prinzen genommen, ach, wie bin ich unglücklich!"

Und der Schweineknecht ging hinter einen Baum, wischte sich das Schwarze und Braune aus seinem Gesicht, zog die häßlichen Kleider aus und trat in seinem Prinzengewand hervor, so wunderbar, daß die Prinzessin einen Knicks machen mußte.

„Es ist so weit gekommen, daß ich dich verachte, du!" sagte er. „Einen ehrlichen Prinzen wolltest du nicht haben! Von der Rose und der Nachtigall verstandest du nichts, aber den Schweineknecht konntest du einer Spieldose wegen küssen! Nun kannst du sehen, wo du bleibst!"

Und dann ging er in sein Königreich hinein, machte die Tür zu und schob den Riegel davor, nun mochte sie ruhig da draußen stehen und singen:

> „Ach du lieber Augustin,
> Alles ist weg, weg, weg!"

Der Buchweizen

Sehr oft, wenn man nach einem Gewitter an einem Acker vorübergeht, auf dem Buchweizen wächst, sieht man, daß dieser ganz schwarz versengt ist; es ist, als wäre eine feurige Lohe darüber hinweggegangen, und der Bauersmann sagt dann: „Das hat er vom Blitzfeuer bekommen!" aber wieso hat er das bekommen? – Ich werde erzählen, was mir der Sperling erzählt hat, und der Sperling hat es von einem alten Weidenbaum gehört, der an einem Buchweizenfeld stand und da immer noch steht. Es ist so ein ehrwürdiger, großer Weidenbaum, aber runzelig und alt, er ist mittendurch gespalten, und in dem Spalt wachsen Gras und Brombeerranken. Der Baum steht vornübergeneigt, und die Äste hängen bis zur Erde nieder, als wären sie grünes, langes Haar.

Auf allen Feldern ringsum wuchs Getreide, Roggen wie auch Gerste und Hafer, ja, der herrliche Hafer, der, wenn er reif ist, so aussieht wie eine Menge kleiner, gelber Kanarienvögel an einem Zweig. Das Getreide stand so herrlich, und je schwerer es war, desto tiefer beugte es sich in frommer Demut.

Aber da war auch ein Acker mit Buchweizen, und dieser

Acker lag gerade vor dem alten Weidenbaum; der Buchweizen beugte sich gar nicht wie das übrige Getreide, der reckte sich stolz und steif in die Höhe.

„Ich bin ebenso reich wie das Korn", sagte er, „ich bin außerdem viel hübscher; meine Blüten sind schön wie die Blüten des Apfelbaums, es ist eine Lust, mich und die Meinen zu sehen; kennst du etwas Prächtigeres als uns, du alter Weidenbaum?"

Und der Weidenbaum nickte mit dem Kopf, so als wollte er sagen: „Doch, das tue ich wohl!" Aber der Buchweizen blähte sich vor lauter Hoffart und sagte: „Der dumme Baum, der ist so alt, daß ihm Gras auf dem Bauche wächst!"

Nun zog ein schreckliches Gewitter herauf; alle Blumen des Feldes falteten ihre Blätter zusammen oder neigten ihre feinen Köpfe, während der Sturm über sie hinwegfegte; aber der Buchweizen reckte sich in seinem Stolz.

„Beuge deinen Kopf wie wir!" sagten die Blumen.

„Das habe ich gar nicht nötig!" sagte der Buchweizen.

„Beuge deinen Kopf wie wir!" rief das Korn „Jetzt kommt der Engel des Sturms angeflogen! Er hat Flügel, die von den Wolken bis auf die Erde niederreichen, und er schneidet dich mittendurch, ehe du ihn noch bitten kannst, er möge dir gnädig sein!"

„Ja, aber ich will mich nicht beugen!" sagte der Buchweizen.

„Schließe deine Blüten und beuge deine Blätter!" sagte der alte Weidenbaum, „schau nicht zum Blitz empor, wenn die Wolke birst, selbst die Menschen dürfen es nicht, denn im Blitz kann man in Gottes Himmel hineinsehen, doch dieser Anblick kann selbst die Menschen blenden, was würde dann nicht mit uns Gewächsen der Erde geschehen, wenn wir es wagten, wir, die wir viel geringer sind!"

„Viel geringer?" sagte der Buchweizen. „Nun will ich gerade in Gottes Himmel hineinsehen!" und das tat er aus Übermut und Stolz. Es war, als stünde die ganze Welt in feuriger Lohe, so blitzte es.

Als dann das Unwettter vorüber war, standen alle Blumen und alles Getreide in der stillen, reinen Luft, vom Regen erfrischt; aber der Buchweizen war durch den Blitz kohlschwarz versengt worden, er war jetzt ein totes, nutzloses Kraut auf dem Felde.

Und der alte Weidenbaum bewegte seine Äste im Wind, und es fielen große Wassertropfen von den grünen Blättern, als ob der Baum weinte, und die Sperlinge fragten: „Weshalb weinst du? Hier ist es so himmlisch. Sieh, wie die Sonne scheint, sieh, wie die Wolken ziehen, kannst du den Duft von Blumen und Büschen spüren? Weshalb weinst du, alter Weidenbaum?"

Und der Weidenbaum erzählte von dem Stolz des Buchweizens, von seinem Übermut und der Strafe; die folgt immer. Ich, der ich die Geschichte erzähle, habe sie von den Sperlingen gehört. – Sie haben sie mir eines Abends erzählt, als ich sie um ein Märchen bat.

Der Engel

„Jedesmal, wenn ein gutes Kind stirbt, kommt ein Engel Gottes auf die Erde nieder, nimmt das tote Kind in seine Arme, breitet die großen, weißen Flügel aus, fliegt überall dorthin, wo das Kind gern gewesen ist, und pflückt eine ganze Handvoll Blumen, die er zu Gott hinaufträgt, wo sie noch schöner blühen als auf Erden. Der liebe Gott drückt alle Blumen an sein Herz, aber die Blume, die ihm am liebsten ist, der gibt er einen Kuß, und dann erhält sie eine Stimme und kann in der großen Glückseligkeit mitsingen."

Seht, all dies erzählte mir ein Engel Gottes, als er gerade ein totes Kind zum Himmel hinauftrug, und das Kind hörte es wie im Traum; und sie flogen überall dorthin im Hause, wo das Kleine gespielt hatte, und sie kamen durch Gärten mit herrlichen Blumen.

„Welche wollen wir mitnehmen und im Himmel einpflanzen?" fragte der Engel.

Und da stand ein schlanker, herrlicher Rosenstrauch, aber eine böse Hand hatte den Stamm geknickt, so daß alle Zweige, voll von großen, halberschlossenen Knospen, ringsum welk herniederhingen.

„Der arme Strauch!" sagte das Kind, „nimm ihn mit, damit er droben bei Gott wieder blühen kann!"

Und der Engel nahm ihn mit, küßte aber das Kind dafür, und das Kleine öffnete halb seine Augen. Sie pflückten von den reichen Prachtblumen, nahmen aber auch die verachtete Ringelblume und das wilde Stiefmütterchen.

„Nun haben wir Blumen!" sagte das Kind, und der Engel nickte, aber sie flogen noch nicht zu Gott empor. Es war Nacht, es war ganz still, sie blieben in der großen Stadt, sie schwebten durch eine der engsten Straßen, wo ganze Haufen von Stroh, Asche und Gerümpel lagen, es war Umzugstag gewesen; hier lagen Scherben von Tellern, Gipsklumpen, Lumpen und alte Hutköpfe, lauter Dinge, die nicht schön aussahen.

Und der Engel zeigte inmitten all der Vergänglichkeit auf ein paar Scherben eines Blumentopfes und auf einen Klumpen Erde, der aus diesem herausgefallen war und von den Wurzeln einer großen verwelkten Feldblume zusammengehalten wurde, die nichts wert war und deshalb auf die Straße geworfen worden war.

„Die nehmen wir mit!" sagte der Engel. „Ich erzähle dir davon, während wir fliegen."

Und dann flogen sie, und der Engel erzählte

„Dort unten in der engen Straße, in dem niedrigen Keller, wohnte ein armer, kranker Junge; von kleinauf war er immer bettlägerig gewesen; wenn es am allerbesten ging, konnte er auf Krücken ein paarmal in der kleinen Stube auf und nieder gehen, das war alles. Im Sommer fielen die Sonnenstrahlen an einigen Tagen für eine halbe Stunde in den Kellergang, und wenn dann der kleine Junge dort saß und sich von der warmen Sonne bescheinen ließ und das rote Blut durch seine feinen Finger sehen konnte, die er vors Gesicht hielt, dann hieß es: ‚Ja, heute ist er draußen gewesen!' – Er kannte den Wald in seinem schönsten Frühlingsgrün nur daher, daß des Nachbarn Sohn ihm den ersten Buchenzweig brachte, und den hielt er sich über den Kopf und träumte dann, er sei unter den Buchen, wo die Sonne schien und die Vögel sangen. An einem Frühlingstag brachte der Nachbarssohn ihm auch Feldblumen mit, und unter diesen war zufällig eine, die noch Wurzeln hatte, und deshalb wurde sie in einen Blumentopf gepflanzt und ins Fenster dicht neben dem Bett gestellt. Und die Blume war von einer glücklichen Hand gepflanzt worden, sie wuchs an, sie schoß neue Triebe und blühte Jahr um Jahr; sie wurde der schönste Garten für den Jungen, sein kleiner Schatz auf dieser Erde, er begoß sie und pflegte sie und sorgte dafür, daß sie jeden Sonnenstrahl bekam bis zu dem letzten, der über das niedrige Fenster hinwanderte; und die Blume selber wuchs in seine Träume hinein, denn sie blühte für ihn, verbreitete ihren Duft und ergötzte das Auge; ihr wandte er sich im Tode zu, als der Herrgott ihn rief. – Seit einem Jahr ist er nun bei Gott, ein Jahr hat die Blume vergessen im Fenster gestanden und ist verwelkt und darum beim Umzug auf den Kehricht der Straße geworfen worden. Und diese Blume ist es, die arme, welke Blume, die wir mit in den Strauß genommen haben, denn diese Blume hat mehr Freude verbreitet als die reichste Blüte im Garten einer Königin."

„Aber woher weißt du dies alles?" fragte das Kind, das der Engel zum Himmel hinauftrug.

„Ich weiß es!" sagte der Engel, „ich bin ja selbst der

kranke kleine Junge gewesen, der auf Krücken ging! Meine Blume werde ich doch erkennen!"

Und das Kind öffnete die Augen ganz und sah in das liebliche, heitere Gesicht des Engels, und im selben Augenblick waren sie in Gottes Himmel, wo Freude und Glückseligkeit herrschen. Und Gott drückte das tote Kind an sein Herz, und da bekam es Flügel wie der andere Engel und flog Hand in Hand mit ihm; und Gott drückte all die Blumen an sein Herz, aber die arme, welke Feldblume küßte er, und sie erhielt eine Stimme und sang mit allen Engeln, die Gott umschwebten, manche ganz nahe, andere in großen Kreisen um diese herum, immer weiter fort ins Unendliche, aber alle waren sie glücklich. Und alle sangen sie, groß und klein, das gute, liebe Kind und die arme Feldblume, die welk auf dem Kehricht gelegen hatte, unter allem Umzugsgerümpel in der engen, düsteren Straße.

Die Nachtigall

In China, das weißt du ja wohl, ist der Kaiser ein Chinese, und alle, die er um sich hat, sind Chinesen. Es ist jetzt viele Jahre her, aber eben darum ist es besser, die Geschichte zu hören, ehe sie vergessen wird! – Des Kaisers Schloß war das prächtigste auf der Welt, ganz und gar aus feinem Porzellan, sehr kostbar, aber sehr zerbrechlich; es war so gefährlich, daran zu rühren, daß man sich gehörig in acht nehmen mußte. Im Garten sah man die wunderlichsten Blumen, und an die allerprächtigsten waren silberne Glocken gebunden, die läuteten, damit man nicht vorüberging, ohne die Blume zu bemerken. Ja, alles war so ausgeklügelt im Garten des Kaisers, und er streckte sich so weit hin, daß selbst der Gärtner das Ende nicht kannte; ging man immer weiter, kam man in den schönsten Wald mit hohen Bäumen und tiefen Seen. Der Wald ging bis ans Meer, das blau und tief war, große Schiffe konnten ganz bis unter die Äste heransegeln, und in diesen wohnte eine Nachtigall, die so göttlich sang, daß selbst der arme Fischer, der auf soviel anderes zu achten hatte, still dalag und lauschte, wenn er nachts draußen war, um das Fischnetz einzuholen, und dann die Nachtigall hörte. „Herrgott, wie ist das schön!" sagte er, aber dann mußte er seiner Arbeit nachgehen und vergaß den Vogel; wenn dieser jedoch in der nächsten Nacht wieder sang und der Fischer dort hinauskam, sagte er das gleiche: „Herrgott, wie ist das doch schön!"

Aus allen Ländern der Erde kamen Leute zur Stadt des Kaisers gereist, und sie bewunderten sie, das Schloß und den Garten; aber wenn sie die Nachtigall hören durften, sagte einer wie der andere: „Die ist trotz allem das Beste!"

Und die Reisenden erzählten davon, wenn sie heimkamen, und die Gelehrten schrieben viele Bücher über die Stadt, das Schloß und den Garten, aber die Nachtigall vergaßen sie nicht, sie wurde allem vorangesetzt; und alle, die dichten konnten, schrieben die schönsten Gedichte, alle miteinander über die Nachtigall im Wald an der tiefen See.

Die Bücher gelangten um die ganze Welt, und einige kamen denn auch einmal bis zum Kaiser. Der saß auf seinem goldenen Thron, las und las, alle Augenblicke nickte er mit dem Kopf, denn er freute sich, all die prächtigen Beschreibungen von der Stadt, dem Schloß und dem Garten zu hören. „Aber die Nachtigall ist trotzdem das Allerbeste!" stand da geschrieben.

„Was ist das!" sagte der Kaiser, „die Nachtigall! die kenne ich ja gar nicht! Gibt es hier in meinem Kaiserreich solch einen Vogel, noch obendrein in meinem Garten! Davon habe ich nie etwas vernommen! So etwas muß man nun erst durch Lesen erfahren!"

Und dann rief er seinen Kavalier, der so vornehm war, daß er, wenn jemand, der geringer war als er, ihn anzureden oder nach etwas zu fragen wagte, nichts anderes erwiderte als „P!" und das bedeutet nichts.

„Hier soll es ja einen höchst bemerkenswerten Vogel geben, der Nachtigall heißt!" sagte der Kaiser. „Man sagt, der sei das Allerbeste in meinem großen Reich! Weshalb hat man mir nie etwas von ihm erzählt?"

„Ich habe nie zuvor davon gehört!" sagte der Kavalier, „der ist nie bei Hofe vorgestellt worden!"

„Ich will, daß er heute abend herkommt und mir vorsingt!" sagte der Kaiser. „Da weiß nun die ganze Welt, was ich habe, und ich weiß es nicht!"

„Ich habe nie zuvor davon gehört!" sagte der Kavalier, „ich werde ihn suchen, ich werde ihn finden!"

Aber wo war er zu finden? Der Kavalier lief die Treppen hinauf und hinunter, durch Säle und Flure, keiner von all denen, die er traf, hatte von der Nachtigall erzählen hören, und der Kavalier rannte wieder zum Kaiser und sagte, daß es wohl eine Fabel sein müßte, von denen erfunden, die Bücher schrieben. „Eure kaiserliche Majestät dürfen nicht glauben, was geschrieben wird! Das sind Erfindungen und etwas, was man die Schwarze Kunst nennt!"

„Aber das Buch, in dem ich es gelesen habe", sagte der Kaiser, „ist mir von dem großmächtigen Kaiser von Japan geschickt worden, und dann kann es keine Unwahrheit sein. Ich will die Nachtigall hören! Sie muß heute abend hier sein! Sie besitzt meine höchste Gnade! Und kommt sie nicht, dann kriegt der ganze Hof auf den Bauch geklopft, wenn er sein Abendbrot gegessen hat!"

„Tsing-pe!" sagte der Kavalier und lief abermals alle Treppen hinauf und hinunter, durch alle Säle und Gänge; und der halbe Hof rannte mit, denn sie wollten nicht gern auf den Bauch geklopft werden. Da hob ein Fragen an nach der merkwürdigen Nachtigall, die die ganze Welt kannte, aber keiner bei Hofe.

Endlich begegnete ihnen eine kleine, arme Magd aus der Küche. Sie sagte: „Ach Gott, die Nachtigall, die kenne ich gut! Ja, kann die aber singen! Jeden Abend darf ich meiner armen, kranken Mutter einige Reste von der Tafel mitbringen, sie wohnt unten am Strand, und wenn ich dann zurückgehe, müde bin und mich im Wald ausruhe, dann höre ich die Nachtigall singen! Mir treten dabei Tränen in die Augen, es ist ganz so, als ob meine Mutter mich küßt!"

„Kleine Küchenmagd!" sagte der Kavalier, „ich verschaffe Ihr eine feste Anstellung in der Küche und die Erlaubnis, den Kaiser essen zu sehen, falls Sie uns zur Nachtigall hinführen kann, denn die ist auf heute abend bestellt!"

Und nun zogen sie alle miteinander in den Wald, dorthin, wo die Nachtigall zu singen pflegte; der halbe Hof war mit dabei. Wie sie nun ganz schnell dahingingen, hub eine Kuh zu brüllen an.

„Oh!" sagten die Hofjunker, „da haben wir sie! Es steckt doch eine merkwürdige Kraft in solch einem kleinen Tier! Ich habe sie ganz bestimmt schon gehört!"

„Nein, das sind die Kühe, die brüllen!" sagte die kleine Küchenmagd, „wir sind noch weit von dem Ort entfernt!"

Jetzt quakten die Frösche im Sumpf.

„Köstlich!" sagte der chinesische Schloßpropst, „nun höre ich sie, es klingt genau wie kleine Kirchenglocken."

„Nein, das sind die Frösche!" sagte die kleine Küchenmagd. „Aber nun, glaube ich, werden wir sie bald hören!"

Da begann die Nachtigall zu singen.

„Das ist sie!" sagte die kleine Magd. „Hört! hört! Und da sitzt sie!" und dann zeigte sie auf einen kleinen, grauen Vogel oben in den Zweigen.

„Ist es möglich!" sagte der Kavalier. „So habe ich sie mir nun nicht vorgestellt! Wie sieht sie gewöhnlich aus! Die hat sicher ihre Farbe verloren, weil sie jetzt so viele vornehme Menschen vor sich sieht!"

„Kleine Nachtigall!" rief die kleine Küchenmagd ganz laut, „unser gnädiger Kaiser möchte so gern, daß du ihm etwas vorsingst!"

„Mit dem größten Vergnügen!" sagte die Nachtigall und sang, daß es eine Wonne war.

„Es hört sich an wie Glasglocken!" sagte der Kavalier. „Und seht die kleine Kehle, wie sie sich anstrengt! Es ist merkwürdig, daß wir sie nie zuvor gehört haben! Die wird einen großen succès bei Hofe haben!"

„Soll ich dem Kaiser noch einmal vorsingen?" sagte die Nachtigall, welche meinte, der Kaiser sei mit dabei.

„Meine vortreffliche kleine Nachtigall", sagte der Kavalier, „ich habe die große Freude, Sie zu einem Hoffest auf heute abend zu bestellen, wo Sie Seine hohe kaiserliche Gnaden mit Ihrem charmanten Gesange bezaubern werden!"

„Der klingt am besten im Grünen!" sagte die Nachtigall,

aber sie ging trotzdem gern mit, als sie hörte, der Kaiser wünsche es.

Im Schloß hatte man schlechterdings alles geschmückt! Wände und Fußböden, die aus Porzellan waren, schimmerten von Tausenden von goldenen Lampen. Die schönsten Blumen, die richtig läuten konnten, waren in den Fluren aufgestellt; da war ein Rennen und ein Zugwind, aber dann läuteten gerade alle Glöckchen, man konnte seine eigene Stimme nicht hören.

Mitten in dem großen Saal, wo der Kaiser saß, war eine goldene Stange aufgestellt, und auf dieser sollte die Nachtigall sitzen; der ganze Hof war da, und die kleine Küchenmagd hatte die Erlaubnis bekommen, hinter der Tür zu stehen, da sie jetzt den Titel einer richtigen Köchin hatte. Alle waren sie in ihrem feinsten Staat, und alle betrachteten sie den kleinen grauen Vogel, dem der Kaiser zunickte.

Und die Nachtigall sang so wunderbar, daß dem Kaiser Tränen in die Augen traten, die Tränen kullerten ihm über die Wangen hinunter, und da sang die Nachtigall noch schöner, es griff recht ans Herz; und der Kaiser freute sich sehr, und er sagte, die Nachtigall solle seinen goldenen Pantoffel haben und um den Hals tragen. Aber die Nachtigall dankte, sie hätte schon Lohn genug erhalten.

„Ich habe Tränen in den Augen des Kaisers gesehen, das ist mein reichster Schatz! Eines Kaisers Tränen haben eine wundersame Macht! Weiß Gott, ich bin genügend belohnt!" und dann sang sie von neuem mit ihrer süßen, göttlichen Stimme.

„Das ist die reizendste Koketterie, die ich kenne!" sagten die Damen ringsumher, und dann nahmen sie Wasser in den Mund, um zu gluckern, wenn jemand sie anredete; sie glaubten, sie seien dann auch eine Nachtigall; ja, die Lakaien und Kammermädchen ließen verkünden, daß sie auch zufrieden seien, und das will viel heißen, denn es denen recht zu machen, ist das allerschwierigste. O doch, die Nachtigall fand in der Tat allgemeinen Beifall.

Sie sollte nunmehr bei Hofe bleiben, ihren eigenen Käfig haben, dazu die Freiheit, zweimal bei Tag und einmal nachts spazierenzugehen. Sie bekam zwölf Diener mit, sie hatten alle ein seidenes Band um das Bein der Nachtigall geschlungen und hielten gut fest. So ein Spaziergang war gar kein Vergnügen.

Die ganze Stadt redete von dem auffallenden Vogel, und trafen sich zwei, dann sagte der eine nichts weiter als: „Nacht!" und der andere sagte: „Gall*!" und dann seufzten sie und verstanden einander, ja, elf Krämerkinder wurden nach ihr benannt, aber nicht eines davon hatte einen Ton im Leibe.

Eines Tages kam ein großes Paket beim Kaiser an, auf dem stand geschrieben: Nachtigall.

„Da haben wir nun ein neues Buch über unseren berühmten Vogel!" sagte der Kaiser; aber es war kein Buch, es war ein kleines Kunstwerk, das in einer Schachtel lag, eine künstliche Nachtigall, die der lebendigen gleich sein sollte, aber überall mit Diamanten, Rubinen und Saphiren besetzt war; sobald man den künstlichen Vogel aufzog, konnte er eines von den Stücken singen, die die richtige Nachtigall sang, und dann ging der Schwanz auf und nieder, und auf dem stand geschrieben: „Die Nachtigall des Kaisers von Japan ist armselig gegen die des Kaisers von China."

„Das ist wunderbar!" sagten sie alle, und derjenige, der den künstlichen Vogel gebracht hatte, erhielt sogleich den Titel Oberkaiserlicher Nachtigallenbringer.

„Nun müssen sie gemeinsam singen, das gibt aber ein Duett!"

Und nun mußten sie gemeinsam singen, aber es wollte nicht so recht gehen, denn die richtige Nachtigall sang auf ihre Weise, und die künstliche lief auf Walzen. „Die hat keine Schuld", sagte der Spielmeister, „sie hält den Takt besonders gut und ist ganz aus meiner Schule!" Nun sollte der künstliche Vogel allein singen. – Er gefiel ebenso gut wie der richtige, und dann war er ja auch noch viel hübscher anzuschauen, er glitzerte wie Armbänder und Blusennadeln.

* Im Dänischen ein Wortspiel, im Deutschen nicht wiederzugeben. „gall" gleich „gal", das im Dänischen „verrückt" bedeutet (Anmerkung d. Übers.).

Dreiunddreißigmal sang er ein und dasselbe Stück, und er wurde trotzdem nicht müde, die Leute hätten ihn gern noch einmal von vorn gehört, aber der Kaiser meinte, nun solle auch die lebendige Nachtigall ein wenig singen – aber wo war die? Niemand hatte es bemerkt, daß sie zum offenen Fenster hinausgeflogen war, hinaus in ihre grünen Wälder.

„Aber was soll denn das heißen!" sagte der Kaiser, und alle Hofleute schalten und fanden, die Nachtigall sei ein höchst undankbares Tier. „Den besten Vogel haben wir immerhin!" sagten sie, und dann mußte der künstliche Vogel abermals singen, und nun hörten sie dasselbe Stück zum vierunddreißigsten Male, aber sie konnten es noch nicht ganz, denn es war so schwer, und der Spielmeister lobte den Vogel über alle Maßen, ja, er versicherte, daß er besser sei als die richtige Nachtigall, nicht nur, was das Kleid anbetraf und die vielen wunderbaren Diamanten, sondern auch inwendig.

„Denn sehen Sie, meine Herrschaften, vor allem der Kaiser! Bei der richtigen Nachtigall kann man niemals berechnen, was da kommen mag, aber bei dem künstlichen Vogel liegt alles fest! So wird es und nicht anders! Man kann alles klarlegen, man kann ihn öffnen und die menschliche Erfindergabe zeigen, wie die Walzen liegen, wie sie laufen und wie eins sich aus dem anderen ergibt!"

„Das ist ganz meine Ansicht!" sagten sie alle miteinander, und der Spielmeister erhielt die Erlaubnis, den Vogel am nächsten Sonntag dem Volke vorzuführen; sie sollten ihn auch singen hören, sagte der Kaiser; und sie hörten ihn, und sie freuten sich so sehr, als hätten sie sich mit Tee einen angetrunken, denn das ist so ganz chinesisch, und alle sagten dann: „Oh!" und steckten den Finger, den man „Naschpott" nennt, in die Luft, und dann nickten sie; aber die armen Fischer, die die richtige Nachtigall gehört hatten, sagten: „Es klingt sehr hübsch, es ist auch ähnlich, aber irgend etwas fehlt da, ich weiß nicht was!"

Die richtige Nachtigall war des Landes verwiesen worden.

Der künstliche Vogel hatte seinen Platz auf einem seidenen Kissen dicht neben des Kaisers Bett; alle Geschenke, die er bekommen hatte, Gold und Edelsteine, lagen rings um ihn herum, und in der Betitelung war er zum „Hochkaiserlichen Nachttischsänger" aufgestiegen, im Range Nummer Eins zur linken Seite, denn der Kaiser hielt die Seite für die vornehmste, an der das Herz saß, und das Herz sitzt links, auch bei einem Kaiser. Und der Spielmeister schrieb fünfundzwanzig Bände über den künstlichen Vogel; das war so gelehrt und so lang und voll von den allerschwersten chinesischen Wörtern, daß alle Leute sagten, sie hätten es gelesen und verstanden, denn sonst wären sie ja dumm gewesen, und man hätte ihnen auf den Bauch geklopft.

So verging ein ganzes Jahr; der Kaiser, der Hof und alle anderen Chinesen konnten jedes kleinste Gluckern im Gesang des künstlichen Vogels auswendig, aber gerade darum gefiel er ihnen am allerbesten; sie konnten selbst mitsingen, und das taten sie. Die Gassenjungen sangen: „Zizizi! Gluckgluckgluck!" und der Kaiser sang es. O doch, es war bestimmt herrlich!

Aber eines Abends, als der künstliche Vogel im besten Singen war und der Kaiser im Bette lag und ihm zuhörte, sagte es drinnen im Vogel „klick!" da war etwas gerissen! „Surrrr", alle Räder liefen rundherum, und dann schwieg die Musik.

Der Kaiser sprang sogleich aus dem Bett und ließ seinen Leibarzt rufen, aber was konnte der ausrichten! Dann ließen sie den Uhrmacher holen, und nach vielem Reden und vielem Nachschauen bekam er den Vogel einigermaßen zurecht, aber er sagte, man müsse ihn sehr schonen, denn seine Zapfen seien abgenutzt, und es sei nicht möglich, sie zu ersetzen, so daß die Musik richtig liefe. Da herrschte nun große Betrübnis! Nur einmal jährlich wagte man es, den künstlichen Vogel singen zu lassen, und dann ging es auch nur mit knapper Not. Aber nun hielt der Spielmeister eine kleine Rede voll schwieriger Wörter und sagte, es sei ebenso gut wie vorher, und dann war es ebenso gut.

Es waren fünf Jahre vergangen, und das Land hatte einen wirklich großen Kummer, denn sie liebten im Grunde alle miteinander ihren Kaiser. Jetzt sei er krank und werde nicht mehr lange leben, sagte man; ein neuer Kaiser war schon gewählt, und das Volk stand draußen auf der Straße und fragte den Kavalier, wie es mit ihrem Kaiser stünde.

„P!" sagte er und schüttelte den Kopf.

Kalt und fahl lag der Kaiser in seinem großen, prächtigen Bett. Der ganze Hofstaat glaubte, er sei tot, und jeder einzelne rannte zu dem neuen Kaiser, um ihn zu begrüßen; die Kammerdiener liefen hinaus, um sich darüber zu unterhalten, und die Schloßmägde veranstalteten einen großen Kaffeeklatsch. Alle Säle und Gänge waren ringsum mit Tuch ausgelegt, damit man niemanden gehen hörte, und darum war es ganz still. Aber der Kaiser war noch nicht tot; steif und fahl lag er in dem prächtigen Bett mit den langen Samtvorhängen und den dicken goldenen Quasten; hoch oben stand ein Fenster offen, und der Mond schien zu dem Kaiser und dem künstlichen Vogel hinein.

Der arme Kaiser konnte fast keine Luft bekommen, es war, als säße etwas auf seiner Brust; er schlug die Augen auf, und da sah er, es war der Tod, der auf seiner Brust saß und sich des Kaisers goldene Krone aufgesetzt hatte und in der einen Hand den goldenen Säbel des Kaisers hielt, in der anderen seine prächtige Fahne; und ringsum aus den Falten der großen samtenen Bettvorhänge staken wunderliche Köpfe hervor, manche ganz garstig, andere so göttlich mild: es waren alle bösen und guten Taten des Kaisers, die auf ihn niederblickten, jetzt, da der Tod auf seinem Herzen saß.

„Weißt du das noch?" flüsterte eine nach der anderen. „Weißt du das noch?" und dann erzählten sie ihm so vieles, daß ihm der Schweiß auf der Stirn ausbrach.

„Das habe ich nie gewußt!" sagte der Kaiser. „Musik, Musik, die große, chinesische Trommel!" rief er, „damit ich all das, was sie sagen, nicht zu hören brauche!"

Und sie fuhren fort, und der Tod nickte bei allem, was gesagt wurde, genau wie ein Chinese.

„Musik! Musik!" schrie der Kaiser. „Du lieber kleiner goldener Vogel, singe doch, singe! Ich habe dir Gold und

Kostbarkeiten geschenkt, ich habe dir selbst meinen goldenen Pantoffel um den Hals gehängt, singe doch, singe!"

Aber der Vogel stand still, es war niemand da, ihn aufzuziehen, und dann sang er nicht; aber der Tod fuhr fort, den Kaiser mit seinen großen, leeren Augenhöhlen anzublicken, und es war so still, so schrecklich still.

Da ertönte im selben Augenblick nahe am Fenster der schönste Gesang; es war die kleine lebende Nachtigall, die auf dem Aste draußen saß; sie hatte von der Not ihres Kaisers vernommen und war daher gekommen, um ihm

Trost und Hoffnung zu singen; und je länger sie sang, desto bleicher wurden die Gestalten, das Blut in des Kaisers schwachem Leibe kam wieder in Fluß, und selbst der Tod lauschte und sagte: „Fahr fort, kleine Nachtigall! Fahr fort!"

„Ja, schenkst du mir den prächtigen goldenen Säbel? Schenkst du mir die reiche Fahne? Schenkst du mir des Kaisers Krone?"

Und der Tod schenkte für jedes Lied ein Kleinod, und die Nachtigall fuhr immer noch fort zu singen, und sie sang von dem stillen Friedhof, wo die weißen Rosen stehen, wo der Holunderstrauch duftet und wo das frische Gras von den Tränen der Hinterbliebenen begossen wird; da verlangte es den Tod nach seinem Garten, und er schwebte, wie ein kalter, weißer Nebel, zum Fenster hinaus.

„Danke, danke!" sagte der Kaiser, „du himmlischer kleiner Vogel, ich kenne dich wohl! Dich habe ich aus meinen Landen verwiesen! Und dennoch hast du die bösen Gesichte von meinem Bett hinweggesungen, den Tod von meinem Herzen verwiesen! Wie soll ich es dir lohnen?"

„Du hast mich belohnt!" sagte die Nachtigall. „Ich habe, als ich das erstemal sang, Tränen aus deinen Augen erhalten, das vergesse ich dir niemals! Es sind dies Juwelen, die eines Sängers Herzen wohltun! Aber nun schlafe und werde wieder gesund und stark! Ich werde dir vorsingen!"

Und sie sang – und der Kaiser schlummerte süß dabei, mild und wohltuend war der Schlaf.

Die Sonne schien durch die Fenster zu ihm herein, als er gestärkt und gesundet erwachte; keiner seiner Diener war bis jetzt zurückgekehrt, denn sie meinten, er wäre tot, aber die Nachtigall saß noch immer da und sang.

„Allezeit mußt du bei mir bleiben!" sagte der Kaiser. „Du sollst nur singen, wann du selber magst, und den künstlichen Vogel schlage ich in tausend Stücke."

„Tu das nicht!" sagte die Nachtigall, „er hat soviel Gutes getan, wie er konnte! Behalte ihn wie immer! Ich kann nicht aufs Schloß übersiedeln, aber laß mich kommen, wenn ich selber Lust habe; dann werde ich abends auf dem Ast dort am Fenster sitzen und dir vorsingen, damit du fröhlich und nachdenklich zugleich wirst. Ich werde von den Glücklichen singen und von denen, die leiden. Ich werde von Gutem und Bösem singen, was dir ringsum verborgen gehalten wird! Der kleine Singvogel fliegt weit umher zu den armen Fischern, zum Dach des Bauern, zu jedem, der weit von dir und deinem Hof entfernt ist. Ich liebe dein Herz mehr als deine Krone, und dennoch liegt um die Krone ein Duft von etwas Heiligem! – Ich komme, ich singe dir vor! – Aber eins mußt du mir versprechen!"

„Alles!" sagte der Kaiser und stand da in seinem kaiserlichen Gewande, das er sich selber angezogen hatte, und hielt den Säbel, der schwer von Gold war, gegen sein Herz.

„Um eines bitte ich dich! Erzähle niemandem, daß du einen kleinen Vogel besitzt, der dir alles sagt, dann wird es noch besser gehen!"

Und nun flog die Nachtigall davon.

Die Diener kamen herein, um nach ihrem toten Kaiser zu sehen – o ja, da standen sie, und der Kaiser sagte: „Guten Morgen!"

Die Liebesleute

Der Kreisel und der Ball lagen zusammen in einer Schublade unter anderem Spielzeug, und da sagte der Kreisel zum Ball: „Wollen wir uns nicht verloben, da wir doch zusammen in der Schublade liegen?" – Aber der Ball, der aus Saffian genäht war und sich ebensoviel einbildete wie ein feines Fräulein, wollte auf so etwas nicht antworten.

Am nächsten Tag kam der kleine Junge, dem das Spielzeug gehörte, er malte den Kreisel rot und gelb an und schlug einen Messingnagel mitten drauf; es sah ganz prächtig aus, wenn der Kreisel sich rundherum drehte.

„Schauen Sie mich an!" sagte er zum Ball. „Was sagen Sie nun? Wollen wir uns nun nicht verloben? Wir passen so gut zusammen, Sie springen, und ich tanze! Glücklicher als wir beiden kann niemand werden!"

„So, das meinen Sie!" sagte der Ball. „Sie wissen wohl nicht, daß mein Vater und meine Mutter Saffianpantoffeln waren und daß ich einen Korken im Leibe habe!"

„Ja, aber ich bin aus Mahagoni!" sagte der Kreisel. „Und der Dorfschulze hat mich selber gedrechselt, er hat seine eigene Drehbank, und es hat ihm viel Spaß gemacht!"

„Ja, kann ich mich darauf verlassen?" sagte der Ball.

„Möge ich nie was mit der Peitsche bekommen, falls ich lüge!" antwortete der Kreisel.

„Sie sind sehr redegewandt!" sagte der Ball, „aber ich kann trotzdem nicht, ich bin so halb und halb mit einem Schwälberich verlobt! Jedesmal, wenn ich in die Höhe fliege, steckt er den Kopf aus dem Nest und sagt: ‚Will Sie? Will Sie?' und nun habe ich innerlich ja gesagt, und das ist so gut wie ein halbes Verlöbnis! Aber ich verspreche Ihnen, ich werde Sie nie vergessen!"

„Ja, das wird grad viel nützen!" sagte der Kreisel, und dann redeten sie nicht mehr miteinander.

Am nächsten Tage wurde der Ball hervorgeholt; der Kreisel sah, wie dieser hoch in die Luft schoß, genau wie ein Vogel, man konnte ihn zuletzt gar nicht mehr erkennen; jedesmal kam er wieder zurück, machte aber immer einen hohen Satz, wenn er die Erde berührte, und das war entweder vor Sehnsucht oder weil er einen Korken im Leibe hatte. Beim neuntenmal verschwand der Ball und kam nicht mehr wieder; und der Junge suchte und suchte, aber der Ball war weg.

„Ich weiß wohl, wo er ist!" seufzte der Kreisel, „der ist im Schwalbennest und mit dem Schwälberich verheiratet!"

Je mehr der Kreisel daran dachte, desto entzückter war er von dem Ball; eben weil er ihn nicht bekommen konnte, nahm die Liebe zu; daß der Ball einen anderen genommen hatte, war ja gerade das Besondere daran; und der Kreisel tanzte rundherum und schnurrte, aber immer dachte er an den Ball, der in seiner Vorstellung immer schöner wurde. So vergingen viele Jahre – und schließlich war es eine alte Liebe.

Und der Kreisel war nicht mehr jung! – Aber dann wurde er eines Tages ganz und gar vergoldet; noch nie hatte er so wunderbar ausgesehen; er war jetzt ein goldener Kreisel und hüpfte, daß es hinterher noch surrte. O ja, das war eine Sache! Aber mit einemmal hüpfte er zu hoch und – weg war er!

Man suchte und suchte, selbst unten im Keller, er war einfach nicht zu finden.

Wo war er?

Er war in den Müllkasten gehüpft, wo alles mögliche lag, Kohlstrünke, Kehricht und Erdklumpen, die von der Dachrinne gefallen waren.

„Nun liege ich aber wahrhaftig gut! Hier kann meine Vergoldung schnell abgehen! Und was sind das für Bettler, unter die ich geraten bin!" und dann schaute er verstohlen zu einem langen Kohlstrunk hinüber, der ganz und gar abgenagt war, und zu einem seltsam rundlichen Ding, das aussah wie ein alter Apfel – aber es war kein Apfel, es war ein alter Ball, der viele Jahre lang oben in der Dachrinne gelegen hatte und vom Wasser ganz aufgeweicht war.

„Gott sei Dank, da kommt doch einer unsersgleichen, mit dem man reden kann!" sagte der Ball und betrachtete den vergoldeten Kreisel. „Ich bin eigentlich aus Saffian, von Jungfernhänden genäht, und habe einen Korken im Leib, aber das kann mir keiner ansehen! Ich war im Begriff, mit einem Schwälberich Hochzeit zu machen, aber da fiel ich in die Dachrinne, und da habe ich fünf Jahre gelegen und Wasser gezogen! Das ist eine lange Zeit, können Sie glauben, für eine Jungfer!"

Aber der Kreisel sagte nichts, er dachte an seine alte Liebe, und je mehr er hörte, desto klarer wurde es ihm, daß sie es sei. Da kam die Dienstmagd und wollte den Müllkasten ausschütten. „Hallo, da ist der goldene Kreisel!" sagte sie.

Und der Kreisel kam in der Stube wieder zu hohen Ehren und Ansehen, aber von dem Ball hörte man nichts, und der Kreisel redete nie mehr von seiner alten Liebe; die geht vorbei, wenn die Liebste fünf Jahre lang in einer Wasserrinne gelegen und Wasser gezogen hat, ja, man erkennt sie überhaupt nicht wieder, wenn man ihr im Müllkasten begegnet.

DAS HÄSSLICHE ENTENKÜKEN

Es war so herrlich draußen auf dem Lande, es war Sommer! Das Korn stand gelb, der Hafer grün, das Heu war unten auf den grünen Wiesen in Schobern aufgesetzt, und dort ging der Storch auf seinen langen, roten Beinen umher und redete ägyptisch, denn diese Sprache hatte er von seiner Mutter gelernt. Rings um Äcker und Wiesen lagen große Wälder, und mitten in den Wäldern tiefe Seen; o ja, es war wirklich herrlich dort draußen auf dem Lande. Dort lag mitten im Sonnenschein ein alter Herrensitz mit tiefen Kanälen drumherum, und von der Mauer bis zum Wasser hinab wuchsen große Huflattichblätter, die so hoch waren, daß kleine Kinder unter den größten aufgerichtet stehen konnten; dort drinnen war es ebenso wild wie im dichtesten Wald, und hier lag eine Ente auf ihrem Nest; sie wollte ihre kleinen Entenjungen ausbrüten, aber nun mochte sie schon bald nicht mehr, weil es so lange dauerte und sie selten Besuch bekam; die anderen Enten schwammen lieber in den Kanälen umher, als daß sie hinaufliefen und unter einem Huflattichblatt saßen, um mit ihr zu schnattern.

Endlich krachte ein Ei nach dem anderen. „Piep! piep!" sagte es, alle Eidotter waren lebendig geworden und steckten den Kopf heraus.

„Raab! raab!" sagte die Ente, und dann sputeten sie sich alle, sosehr sie konnten, und guckten sich unter den grünen Blättern nach allen Seiten um, und die Mutter ließ sie gucken, soviel sie wollten, denn Grün ist gut für die Augen.

„Wie ist die Welt doch groß", sagten alle Jungen; denn sie hatten jetzt allerdings eine ganze Menge mehr Platz als drinnen im Ei.

„Denkt ihr, das ist die ganze Welt?" sagte Mutter, „die geht noch viel weiter, ganz bis auf die andere Seite des Gartens, bis in den Acker des Pfarrers hinein! Aber da bin ich nie gewesen! – Ihr seid doch wohl alle da?" und dann erhob sie sich; „nein, ich habe nicht alle! Das größte Ei liegt da noch; wie lange soll das noch dauern! Jetzt habe ich bald genug!" und dann legte sie sich wieder drauf.

„Na, wie geht es?" sagte eine alte Ente, die kam, um einen Besuch zu machen.

„Es dauert so lange mit dem einen Ei!" sagte die Ente, welche brütete; „es will nicht entzweigehen! Aber nun mußt du dir die anderen ansehen! Es sind die süßesten Jungen, die ich gesehen habe! Sie gleichen alle ihrem Vater, dem Lumpen, er kommt nicht, mich zu besuchen."

„Zeig mir doch mal das Ei, das nicht platzen will!" sagte die Alte. „Du kannst mir glauben, das ist ein Putenei! So bin ich auch einmal an der Nase herumgeführt worden, und ich hatte meine Sorge und meine Not mit den Jungen, denn die sind ja bange vorm Wasser, mußt du wissen! Ich konnte sie nicht hineinkriegen! Ich schnatterte und schnappte zu, aber es nützte nichts! – Laß mich das Ei sehen! Doch, es ist ein Putenei! Laß du das nur liegen und bring den anderen Kindern das Schwimmen bei!"

„Ich will doch noch ein bißchen darauf liegen!" sagte die Ente. „Habe ich nun so lange gelegen, dann kommt es auf ein bißchen länger auch nicht an!"

„Bitte sehr!" sagte die alte Ente, und dann ging sie.

Endlich platzte das große Ei. „Piep! Piep!" sagte das

Junge und quoll heraus; es war sehr groß und garstig. Die Ente sah es sich an. „Das ist ja ein furchtbar großes Entenküken!" sagte sie; „keines von den anderen sieht so aus! Es sollte doch nicht etwa ein Putenküken sein? Nun, das werden wir bald heraus haben! Ins Wasser muß es, und wenn ich es selber hineinschubsen soll!"

Am nächsten Tag war ein herrliches, wunderbares Wetter; die Sonne schien auf all die grünen Huflattichstauden. Die Entenmutter mit ihrer ganzen Familie erschien unten am Kanal: platsch! sprang sie ins Wasser. „Raab! raab!" sagte sie, und ein Junges nach dem anderen plumpste hinterdrein; das Wasser schlug über ihren Köpfen zusammen, aber sie kamen gleich wieder hoch und schwammen ganz wunderschön; die Beine gingen von selber, und alle waren sie draußen, sogar das häßliche graue Junge schwamm mit.

„Nein, das ist kein Puter!" sagte sie. „Sieh mal, wie schön es seine Beine gebraucht, wie gerade es sich hält! Das ist mein eigenes Kind! Im Grunde ist es doch ganz hübsch, wenn man es sich richtig ansieht! Raab! raab! – Kommt jetzt mit, dann führe ich euch in die Welt hinaus und stelle euch auf dem Entenhof vor, aber bleibt immer dicht bei mir, daß keiner auf euch tritt, und nehmt euch vor der Katze in acht!"

Und dann kamen sie zum Entenhof. Dort drinnen war ein fürchterlicher Krach, denn zwei Familien rauften sich um einen Aalkopf, und dann erwischte ihn doch die Katze.

„Seht, so geht es in der Welt zu!" sagte die Entenmutter und leckte sich den Schnabel, denn sie hätte den Aalkopf auch gern gehabt. „Gebraucht nun die Beine!" sagte sie, „seht zu, daß ihr euch sputet, und knickst mit dem Hals vor der alten Ente da drüben! Sie ist die vornehmste von allen hier! Sie ist spanischer Herkunft, darum ist sie dick; und habt ihr gesehen, sie hat einen roten Lappen um das Bein! Das ist etwas ganz besonders Schönes und die größte Auszeichnung, die eine Ente bekommen kann, das bedeutet, daß man sie nicht hergeben möchte und daß sie von Tieren wie von Menschen erkannt werden soll! – Sputet euch – nicht die Füße nach innen setzen! Eine wohlerzogene Ente setzt die Füße weit nach außen, ebenso wie Vater und Mutter! Seht her! knickst nun mit dem Hals und sagt: ‚Raab!'"

Und das taten sie; aber die anderen Enten rundum betrachteten sie und sagten ganz laut: „Du liebe Zeit! Nun kriegen wir die Gesellschaft auch noch auf den Hals! Als ob wir nicht ohnehin schon genug wären! Und, pfui, wie das eine Junge nur aussieht! Das wollen wir hier aber nicht haben!" und gleich flog eine Ente zu ihm hin und zwackte es ins Genick.

„Laßt es!" sagte die Mutter, „es tut ja niemandem etwas!"

„Ja, aber es ist zu groß und zu absonderlich!" sagte die Ente, die gezwackt hatte, „und da muß es geduckt werden!"

„Sie hat aber hübsche Kinder!" sagte die alte Ente mit dem Lappen um das Bein. „Alles schöne Kinder, bis auf das eine, das ist nicht geraten! Ich wünschte, Sie könnte es noch einmal machen!"

„Das geht nicht, Euer Gnaden!" sagte die Entenmutter, „er ist nicht schön, aber er hat ein wahrhaft gutes Gemüt, und er schwimmt so wunderbar wie jedes von den anderen, ja, ich darf sagen, etwas besser! Ich denke, er wird schön werden, wenn er erst erwachsen ist oder mit der Zeit etwas kleiner wird! Er hat zu lange im Ei gelegen, und darum hat er nicht die richtige Figur bekommen!" und dann zupfte sie ihn am Genick und strich dem Burschen die Federn glatt. „Es ist außerdem ein Erpel", sagte sie, „und da tut es ja nicht soviel! Ich glaube, er wird ordentlich kräftig, er wird sich schon durchschlagen!"

„Die übrigen Entchen sind niedlich!" sagte die Alte. „Tut nun, als wärt Ihr zu Hause, und findet Ihr einen Aalkopf, dann könnt Ihr ihn mir bringen!"

Und dann waren sie wie zu Hause.

Aber das arme Entenküken, das zuletzt aus dem Ei gekrochen war und so garstig aussah, wurde gebissen, gestoßen und gehänselt, und zwar von den Enten ebensoviel wie von den Hühnern. „Er ist zu groß!" sagten sie alle, und der

Truthahn, der mit Sporen zur Welt gekommen war und deshalb meinte, er sei Kaiser, der blähte sich auf wie ein Schiff mit vollen Segeln, ging spornstreichs auf das Entenküken los, und dann kollerte er und wurde ganz rot am Kopf. Das arme Entenküken wußte nicht, wo es gehen oder stehen durfte, es war so traurig, weil es so häßlich aussah und dem ganzen Entenhof zum Gespött diente.

So ging es den ersten Tag, und danach wurde es schlimmer und schlimmer. Das arme Entenjunge wurde von allen gehetzt, sogar seine Geschwister waren ganz häßlich zu ihm, und sie sagten immer: „Wenn bloß die Katze dich holte, du altes Greuel!" und die Mutter sagte: „Ich wünschte, du wärest weit weg!" Und die Enten zwackten es, und die Hühner hackten es, und die Magd, die den Tieren Futter brachte, stieß mit dem Fuß nach ihm.

Da lief es und flog über den Zaun; die kleinen Vögel im Gebüsch flatterten erschrocken auf. „Das ist, weil ich so garstig bin", dachte das Entenjunge und schloß die Augen, lief aber trotzdem weiter! Da kam es in den großen Sumpf hinaus, wo die Wildenten hausten. Hier lag es die ganze Nacht, es war so müde und kummervoll.

Morgens flogen die Wildenten auf, und sie sahen sich den neuen Gefährten an. „Was bist du für einer?" fragten sie, und das Entenjunge wandte sich nach allen Seiten um und grüßte, so gut es konnte.

„Du bist ungemein garstig!" sagten die Wildenten, „aber das kann uns ja einerlei sein, wenn du nur nicht in unsere Familie einheiratest!" – Das Ärmste! Es dachte wahrhaftig nicht ans Heiraten; wenn es nur im Schilf liegen und ein bißchen Moorwasser trinken durfte.

Dort lag es zwei ganze Tage, dann kamen zwei Wildgänse oder richtiger, Wildganter, denn es waren zwei Männchen; es war noch gar nicht sehr lange her, seit sie aus dem Ei geschlüpft waren, und darum waren sie sehr vorlaut.

„Hör mal, Kamerad!" sagten sie. „Du bist so garstig, daß ich dich gut leiden mag! Willst du mitmachen und Zugvogel werden? Hier in der Nähe in einem anderen Sumpf

sind einige nette, liebe Wildgänse, alles Fräuleins, die ‚raab'
sagen können! Du hast die Aussicht, dort dein Glück zu
machen, so garstig bist du!"

„Piff! paff!" ertönte es in diesem Augenblick über ihnen,
und beide Wildganter fielen tot ins Schilf nieder, und das
Wasser wurde blutrot. „Piff! paff!" ertönte es abermals, und
ganze Scharen von Wildgänsen flogen aus dem Schilf auf,
und dann knallte es wieder. Eine große Jagd fand statt; die
Jäger lagen rings um das Moor herum, ja, manche saßen
oben in den Bäumen, die weit über das Schilf hinweg-
ragten; der blaue Dampf wallte wie Wolken zwischen den
dunklen Bäumen dahin und hing weit über dem Wasser;
durch den Schlamm kamen die Jagdhunde, klatsch, klatsch!
Schilf und Binsen bogen sich nach allen Seiten auseinander,
das war ein Schrecken für das arme Entchen; es drehte den
Kopf nach hinten, um ihn unter den Flügel zu stecken, und
gerade in dem Augenblick stand ein furchtbar großer Hund
vor ihm, die Zunge hing ihm weit aus dem Hals, und die
Augen schillerten ganz grausig; er senkte seinen Rachen
über das Entchen, zeigte die scharfen Zähne – und platsch!
ging er wieder, ohne es mitzunehmen.

„Oh, Gott sei Dank!" seufzte das Entenjunge, „ich bin
so garstig, daß es nicht einmal den Hund danach verlangt
hat, mich zu beißen!"

Und dann lag es ganz still, während die Schrotkörner im
Schilf pfiffen und Schuß auf Schuß knallte.

Erst im Laufe des Tages wurde es still, aber das arme
Junge wagte nicht aufzustehen, es wartete noch einige
Stunden, bis es sich umsah, und dann eilte es aus dem Moor
fort, so schnell es konnte; es rannte über Feld und Wiese,
da war es sehr windig, so daß das Entenjunge nur mühsam
vorwärts kam.

Gegen Abend gelangte es an ein ärmliches kleines
Bauernhaus; das war so kümmerlich, daß es selber nicht
wußte, nach welcher Seite es einstürzen sollte, und so blieb
es denn stehen. Der Wind umbrauste das Entenjunge so
sehr, daß es sich auf den Bürzel setzen mußte, um sich dagegen anzustemmen; und es wurde immer schlimmer. Da

merkte es, daß sich die Tür von der einen Angel gelöst hatte und so schief hing, daß es durch den Spalt in die Stube schlüpfen konnte, und das tat es.

Hier wohnte eine alte Frau mit ihrer Katze und ihrem Huhn, und die Katze, die sie Söhneken nannte, konnte einen Buckel machen und spinnen, sie knisterte sogar, aber dann mußte man sie gegen den Strich streicheln; das Huhn hatte ganz kleine, kurze Beine, und daher wurde es Kikeri-Kurzbein genannt; es legte gut Eier, und die Frau liebte es so, als wäre es ihr eigenes Kind.

Am Morgen wurde das fremde Entenjunge sogleich

bemerkt, und der Kater begann zu spinnen und die Henne zu gackern.

„Was ist denn das?" sagte die Frau und blickte sich um, aber sie hatte nicht sehr gute Augen, und daher meinte sie, das Entenjunge sei eine fette Ente, die sich verirrt hätte. „Das ist ja aber ein angenehmer Fang!" sagte sie. „Nun bekomme ich Enteneier, wenn es bloß kein Erpel ist! Das müssen wir ausprobieren!"

Und nun wurde das Entenjunge für drei Wochen auf Probe angenommen, aber Eier kamen nicht. Und der Kater war Herr im Hause, und das Huhn war die gnädige Frau, und andauernd sagten sie: „Wir und die Welt!" denn sie meinten, sie wären die eine Hälfte, und obendrein der allerbeste Teil davon. Das Entenjunge fand, man könne auch anderer Meinung sein, aber das duldete die Henne nicht.

„Kannst du Eier legen?" fragte sie.

„Nein!"

„Ja, willst du dann deinen Mund halten!"

Und der Kater sagte: „Kannst du einen Buckel machen, spinnen und knistern?"

„Nein!"

„Ja, dann darfst du keine Meinung haben, wenn vernünftige Leute reden!"

Und das Entlein saß in der Ecke und war mißmutig; da mußte es an die frische Luft und an den Sonnenschein denken! Es bekam eine so wunderliche Lust, auf dem Wasser zu schwimmen; zuletzt konnte es nicht an sich halten, es mußte der Henne das erzählen.

„Was fällt dir denn ein?" fragte sie. „Du hast nichts zu tun, darum kriegst du Schrullen! Leg Eier oder schnurre, dann gehen sie vorüber!"

„Aber es ist so herrlich, auf dem Wasser zu schwimmen!" sagte das Entenjunge, „so herrlich, wenn man es über den Kopf bekommt und bis auf den Grund taucht!"

„Ja, das scheint ein großes Vergnügen zu sein", sagte die Henne, „du bist sicher verrückt geworden! Frag den Kater – der ist das Klügste, was ich kenne –, ob er sich etwas daraus macht, auf dem Wasser zu schwimmen oder zu tauchen! Von mir will ich nicht reden. – Frag selbst unsere Herrschaft, die alte Frau, klüger als sie ist niemand auf der Welt! Meinst du, die hätte Lust zu schwimmen und Wasser über den Kopf zu bekommen?"

„Ihr versteht mich nicht!" sagte das Entenjunge.

„Ja, verstehen wir dich nicht, wer sollte dich dann verstehen! Du willst doch wohl nicht etwa klüger sein als der Kater und die Frau, von mir ganz zu schweigen! Stell dich nicht an, Kind, und danke du deinem Schöpfer für all das Gute, was man für dich getan hat! Bist du nicht in eine warme Stube gekommen und hast Gesellschaft, von der du etwas lernen kannst? Aber du bist ein Faselhans, und es macht keinen Spaß, mit dir zu verkehren! Mir kannst du glauben! Ich meine es gut mit dir, ich sage dir unangenehme Dinge, und daran kann man seine wahren Freunde erkennen! Sieh du nur zu, daß du Eier legst und schnurren oder knistern lernst!"

„Ich glaube, ich gehe in die weite Welt hinaus!" sagte das Entchen.

„Ja, tu das nur!" sagte das Huhn.

Und dann ging das Entchen; es schwamm auf dem Wasser, es tauchte unter, aber es wurde von allen Tieren seiner Häßlichkeit wegen übersehen.

Jetzt kam der Herbst, die Blätter im Wald wurden gelb und braun, der Wind bemächtigte sich ihrer, so daß sie tanzten, und oben in der Luft sah es kalt aus; die Wolken hingen schwer von Hagel und Schnee, und auf dem Zaun saß der Rabe und schrie vor lauter Kälte: „Au! au!" Ja, es konnte einen richtig frösteln, wenn man daran dachte; das arme Entenjunge hatte es wahrhaftig nicht schön.

Eines Abends – die Sonne ging so herrlich unter – kam ein ganzer Schwarm von wunderschönen großen Vögeln aus den Büschen, das Entenjunge hatte nie so schöne gesehen, sie waren ganz glänzend weiß, mit langen, biegsamen Hälsen; es waren Schwäne, sie stießen einen ganz seltsamen Laut aus, breiteten ihre prächtigen langen Fittiche aus und flogen aus den kalten Gegenden in wärmere Länder, an offene Seen! Sie stiegen so hoch, ganz hoch, und dem häßlichen kleinen Entenjungen wurde es ganz wundersam zumute; es drehte sich im Wasser um wie ein Rad, streckte den Hals nach ihnen aus, hoch in die Luft, und stieß einen Schrei aus, so seltsam, daß ihm selber ganz bange dabei wurde. Oh, es konnte die schönen Vögel nicht vergessen, die glücklichen Vögel, und sobald es sie nicht mehr erblicken konnte, tauchte es bis auf den Grund, und als es wieder hochkam, war es ganz außer Rand und Band. Es wußte nicht, wie die Vögel hießen, wußte nicht, wohin sie flogen, aber dennoch liebte es sie, wie es nie bisher jemanden geliebt hatte; es beneidete sie gar nicht, wie konnte es ihm in den Sinn kommen, sich eine solche Schönheit zu wünschen, es wäre froh gewesen, wenn wenigstens die Enten es unter sich geduldet hätten. – Das arme, häßliche Tier!

Und der Winter wurde kalt, so kalt! Das Entenjunge mußte herumschwimmen, um zu verhindern, daß das Wasser ganz zufror; aber jede Nacht wurde das Loch, in dem es schwamm, enger; es fror, daß es in der Eisrinde krachte; das Entenjunge mußte ständig die Beine regen, damit das Loch sich nicht schloß; zuletzt war es erschöpft, lag ganz still und fror im Eise fest.

Früh am Morgen kam ein Bauersmann, er sah es, ging hinaus und schlug mit seinem Holzschuh das Eis entzwei und trug das Entenjunge zu seiner Frau nach Hause. Dort wurde es ins Leben zurückgerufen.

Die Kinder wollten mit ihm spielen, aber das Entenjunge glaubte, sie wollten ihm ein Leid zufügen, und sauste vor Schrecken mitten in die Milchschüssel, so daß die Milch in die Stube schwappte; die Frau schrie und schlug die Hände über dem Kopf zusammen, und da flog es in die Schüssel, in der die Butter lag, und dann in die Mehltonne und wieder heraus. Na, wie das jetzt aussah! Die Frau schrie und schlug mit der Feuerzange nach ihm, und die Kinder purzelten eines über das andere, um das Entenjunge zu fangen, und sie lachten, und sie schrien! – Es war nur gut, daß die Tür offenstand, es schoß hinaus zwischen die Sträucher in den frischgefallenen Schnee – da lag es, wie tot.

Aber es wäre zu trostlos, wollte man von all der Not und dem Elend erzählen, das es in diesem harten Winter durchmachen mußte. – Es lag im Sumpf zwischen dem Schilf, als die Sonne wieder anfing, warm zu scheinen; die Lerchen sangen – es war ein schöner Frühling.

Da hob es mit einemmal seine Schwingen, sie rauschten stärker als früher und trugen es kräftig weiter; und eh es sich's so recht versah, war es in einem großen Garten, wo die Apfelbäume in Blüte standen, wo der Flieder duftete und an den langen, grünen Zweigen bis ganz zu den gewundenen Kanälen hinabhing! Oh, hier war es so schön, so frühlingsfrisch! Und gerade vor ihm aus dem Dickicht kamen drei wunderbare, weiße Schwäne; sie rauschten mit den Fittichen und schwammen leicht auf dem Wasser dahin. Das Entenjunge erkannte die prächtigen Tiere wieder und wurde von einer seltsamen Traurigkeit befallen.

„Ich möchte zu ihnen hinfliegen, den königlichen Vögeln! Und sie werden mich totstechen, weil ich, der ich so garstig bin, mich ihnen zu nähern wage! Aber das ist mir einerlei! Lieber von ihnen getötet als von den Enten gezwackt werden, von den Hühnern gehackt und von der Magd, die den Hühnerhof versorgt, gestoßen werden und im Winter Qualen leiden!" und es flog ins Wasser hinaus und schwamm den prächtigen Schwänen entgegen, diese sahen es und rauschten mit brausendem Gefieder auf das Entenjunge zu. „Tötet mich nur!" sagte das arme Tier und neigte den Kopf bis auf die Wasserfläche hinab und wartete auf den Tod – aber was sah es in dem klaren Wasser? Es sah unter sich sein eigenes Bild, aber es war nicht mehr ein unbeholfener, schwarzgrauer Vogel, garstig und scheußlich, es war selber ein Schwan.

Es macht nichts, daß man auf dem Entenhof geboren ist, wenn man nur in einem Schwanenei gelegen hat!

Es war richtig froh über all die Not und die Unbilden, die es durchgemacht hatte; nun konnte es sein Glück erst schätzen, all die Schönheit, die es grüßte. – Und die großen Schwäne schwammen rund um das Junge herum und streichelten es mit dem Schnabel.

In den Garten kamen einige kleine Kinder, die warfen Brot und Körner ins Wasser, und das Kleinste rief: „Da ist ein neuer!" Und die anderen Kinder jubelten auch: „Ja, da ist ein neuer gekommen!" und sie klatschten in die Hände und tanzten herum, holten die Eltern, und es wurde Brot und Kuchen ins Wasser geworfen, und alle sagten: „Der neue ist der hübscheste! So jung und so schön!" Und die alten Schwäne verneigten sich vor ihm.

Da fühlte er sich ganz beschämt und steckte den Kopf unter die Fittiche, er wußte selber nicht warum! Er war viel zu glücklich, jedoch nicht stolz, denn ein gutes Herz wird niemals stolz! Er dachte daran, wie er verfolgt und verhöhnt worden war, und hörte nun alle sagen, daß er der schönste von allen schönen Vögeln wäre. Und der Flieder neigte seine Zweige bis zu ihm ins Wasser hinab, und die Sonne schien so warm und so gut, da brauste sein Gefieder, der schlanke Hals reckte sich, und aus tiefem Herzen jubelte er: „Soviel Glück habe ich mir nicht träumen lassen, als ich das häßliche Entenküken war!"

Der Tannenbaum

Draußen im Walde stand ein hübscher Tannenbaum, er hatte einen guten Platz, Sonne konnte er bekommen, Luft war genug da, und ringsum standen viele größere Gefährten, Tannen wie auch Kiefern; aber der kleine Tannenbaum war so sehr darauf versessen zu wachsen, er dachte nicht an die warme Sonne und die frische Luft, er kümmerte sich nicht um die Bauernkinder, die miteinander schwatzten, wenn sie herauskamen, um Erdbeeren oder Himbeeren zu pflücken; oft hatten sie einen ganzen Krug voll oder hatten Erdbeeren auf Halme aufgezogen, dann setzten sie sich neben das Bäumchen und sagten: „Nein! wie ist es niedlich klein!" Das mochte der Baum gar nicht hören.

Ein Jahr später war er um einen ganzen Schoß größer geworden, und das Jahr darauf wieder um einen länger; denn einer Tanne kann man immer, je nach der Zahl der Schößlinge, die sie hat, ansehen, wie viele Jahre sie alt ist.

„Oh, wäre ich doch so ein großer Baum wie die anderen!" seufzte der kleine Baum. „Dann könnte ich meine Äste weithin ausbreiten und mit der Spitze in die weite Welt hinausschauen! Die Vögel würden dann in meinen Zweigen nisten, und wenn es windig wäre, könnte ich ganz vornehm nicken, ebenso wie die anderen dort!"

Er hatte gar keine Freude am Sonnenschein, an den Vögeln oder den roten Wolken, die morgens und abends über ihn hinwegsegelten.

War es dann Winter und der Schnee lag ringsum funkelnd weiß, so kam oft ein Hase angehoppelt und setzte mir nichts dir nichts über das Bäumchen hinweg – oh, das war sehr ärgerlich! – Aber es vergingen zwei Winter, und im dritten war der Baum so groß, daß der Hase um ihn herumgehen mußte. Ach, wachsen, groß und alt werden, das ist doch das einzig Schöne in dieser Welt, dachte der Baum.

Im Herbst kamen immer die Holzfäller und fällten einige von den größten Bäumen; das geschah alljährlich, und die junge Tanne, die jetzt so gut wie erwachsen war, erbebte, denn die großen, prachtvollen Bäume fielen mit Krachen und Getöse zu Boden. Die Äste wurden ihnen abgehauen, sie sahen ganz kahl, lang und schmal aus, sie waren fast nicht wiederzuerkennen; aber dann wurden sie auf Wagen gelegt, und Pferde zogen sie aus dem Wald hinaus.

Wo kamen sie hin? Was stand ihnen bevor?

Im Frühling, als die Schwalbe und der Storch kamen, fragte der Baum sie: „Wißt ihr nicht, wo man sie hingeführt hat? Seid ihr ihnen nicht begegnet?"

Die Schwalben wußten nichts, aber der Storch sah nachdenklich aus, nickte mit dem Kopf und sagte: „Doch, ich glaube es! Ich bin vielen neuen Schiffen begegnet, als ich aus Ägypten fortflog; auf den Schiffen waren prächtige Mastbäume, ich glaube bestimmt, daß sie es waren, sie rochen nach Tanne; ich kann vielmals grüßen, sie ragen, sie ragen empor!"

„Oh, wäre ich doch auch groß genug, um über das Meer hinfliegen zu können! Wie ist es eigentlich, dies Meer, und wie sieht es aus?"

„Ach, das zu erklären ist zu umständlich!" sagte der Storch, und dann ging er.

„Freue dich deiner Jugend" sagten die Sonnenstrahlen; „freue dich über dein frisches Gedeihen, das junge Leben, das in dir ist!"

Und der Wind küßte den Baum, und der Tau vergoß Tränen deswegen, aber das verstand der Tannenbaum nicht.

Wenn die Weihnachtszeit nahte, wurden ganz junge Bäume gefällt, Bäume, die oft nicht einmal so groß oder so alt waren wie diese Tanne, die nicht ruhte noch rastete, sondern immer vorwärts wollte; diese jungen Bäume, und es waren gerade die allerschönsten, behielten immer ihre Zweige, sie wurden auf Wagen gelegt, und Pferde zogen sie aus dem Wald hinaus.

„Wo kommen die hin?" fragte die Tanne. „Sie sind nicht größer als ich, es war sogar einer dabei, der viel kleiner war; weshalb behielten sie alle ihre Zweige? Wo fahren sie hin?"

„Das wissen wir! das wissen wir!" zwitscherten die Sperlinge. „Wir haben unten im Ort durch die Scheiben geguckt! Wir wissen, wo sie hinfahren! Oh, sie kommen zur größten Pracht und Herrlichkeit, die man sich vorstellen kann! Wir haben durch die Fenster geguckt und gesehen, daß sie mitten in die warme Stube gepflanzt und mit den hübschesten Sachen geschmückt wurden, mit vergoldeten Äpfeln, Honigkuchen, Spielzeug und vielen hundert Kerzen!"

„Und dann . . .?" fragte die Tanne und bebte mit allen Zweigen. „Und dann? Was geschieht dann?"

„Ja, mehr haben wir nicht gesehen! Es war unvergleichlich!"

„Ob ich auf die Welt gekommen bin, um diesen glänzenden Weg zu gehen?" jubelte der Tannenbaum, „Das ist noch besser, als über das Meer zu fahren! Wie ich an Sehnsucht leide! Wäre es doch Weihnachten! Jetzt bin ich groß und hoch wie die anderen, die im letzten Jahr fortgebracht wurden! – Oh, wäre ich schon auf dem Wagen! Wäre ich doch in der warmen Stube mit all der Pracht und Herrlichkeit! Und dann . . .? Ja, dann kommt noch etwas Besseres, noch etwas Schöneres, weshalb würden sie mich sonst so schmücken? Da muß etwas noch Größeres kommen, etwas noch Herrlicheres...! Aber was? Oh, ich leide! Ich sehne mich! Ich weiß selber nicht, was mit mir ist!"

„Freue dich an mir!" sagten die Luft und das Sonnenlicht. „Freue dich über deine frische Jugend draußen im Freien!"

Aber er freute sich gar nicht, er wuchs und wuchs, Winter und Sommer grünte er, dunkelgrün war er; Leute, die ihn sahen, sagten: „Das ist ein hübscher Baum!" und um die Weihnachtszeit wurde er als erster von allen gefällt. Die Axt hieb tief durch das Mark, der Baum stürzte mit Ächzen zu Boden, er spürte einen Schmerz, eine Kraftlosigkeit, er konnte gar nicht an irgendein Glück denken, er war so betrübt, sich von der Heimat trennen zu müssen, von dem Fleck, wo er aufgewachsen war; er wußte ja, er sah die lieben alten Gefährten, die kleinen Büsche und Blumen ringsum niemals wieder, ja, vielleicht nicht einmal die Vögel. Der Aufbruch war gar nicht so angenehm.

Der Baum kam erst wieder zu sich, als er auf dem Hofe zusammen mit den anderen Bäumen abgeladen wurde und einen Mann sagen hörte: „Der ist prächtig! Wir brauchen keinen weiter als nur diesen!"

Nun kamen zwei Diener in vollem Putz und trugen den Tannenbaum in einen großen, schönen Saal. Ringsum an den Wänden hingen Porträts, und neben dem großen Kachelofen standen große chinesische Vasen mit Löwen auf dem Deckel; hier gab es Schaukelstühle, seidene Sofas, große Tische voller Bilderbücher und Spielzeug für hundertmal hundert Reichstaler – das sagten jedenfalls die Kinder. Und der Tannenbaum wurde in einen großen Kübel mit Sand gestellt, aber niemand konnte sehen, daß es ein Kübel war, denn es wurde grüner Stoff herumgehängt, und er wurde auf eine große bunte Decke gestellt. Oh, wie der Baum bebte! Was würde nur geschehen? Die Diener und auch die Fräulein gingen herum und schmückten ihn. An einen Zweig hängten sie kleine Netze, aus buntem Papier geschnitten; jedes Netz war mit Zuckerwerk gefüllt; vergoldete Äpfel und Walnüsse hingen herab, als ob sie daran festgewachsen wären, und über hundert rote, blaue und weiße Lichtchen wurden an den Zweigen festgesteckt. Puppen, die wie leibhaftige Menschen aussahen – der Baum hatte so etwas nie gesehen –, schwebten in dem Grün, und zualleroberst auf der Spitze wurde ein großer Stern aus Rauschgold festgemacht; es war prächtig, ganz unbeschreiblich prächtig.

„Heute abend", sagten sie alle, „heute abend wird er strahlen!"

„Oh", dachte der Baum, „wäre es doch Abend! wären bloß die Lichter bald angezündet! Und was dann wohl geschieht! Ob dann Bäume aus dem Walde kommen und mich betrachten? Ob die Sperlinge an der Scheibe vorbeifliegen? Ob ich hier anwachse und Winter und Sommer geputzt stehe?"

O ja, der sollte was erleben! Aber ihm tat richtig die Rinde weh vor lauter Sehnsucht, und Rindenweh ist ebenso schlimm für einen Baum wie Kopfweh für uns andere.

Jetzt wurden die Lichter angezündet. Welch ein Glanz, welch eine Pracht, der Baum bebte davon an allen Zweigen, so daß eins von den Lichtern das Grün ansteckte; es brannte richtig.

„Hilf Himmel!" schrien die Fräulein und löschten in aller Eile.

Nun getraute der Baum sich nicht einmal zu beben. Oh, es war schrecklich! Er hatte große Angst, etwas von all seinem Prunk zu verlieren, er stand ganz benommen in all dem Glanz – und nun gingen beide Flügeltüren auf, und eine Menge Kinder stürzten herein, so als wollten sie den ganzen Baum umkippen; die älteren Leute kamen bedächtig hinterdrein, die Kleinen standen ganz stumm – aber nur einen Augenblick, dann jubelten sie wieder so, daß es hallte; sie tanzten um den Baum, und ein Geschenk nach dem anderen wurde heruntergeholt.

„Was tun sie da wohl?" dachte der Baum. „Was wird geschehen?" Und die Lichter brannten bis auf die Zweige herunter, und der Reihe nach, wie sie herunterbrannten, blies man sie aus, und dann wurde den Kindern erlaubt, den Baum zu plündern. Ach, sie stürzten sich auf ihn, daß es in allen Zweigen knackte; wäre er nicht mit der Spitze und dem goldenen Stern an der Decke festgemacht gewesen, dann wäre er umgefallen.

Die Kinder tanzten mit ihrem prächtigen Spielzeug herum, niemand sah den Baum an außer der alten Kinderfrau, die zwischen die Äste schaute, aber das tat sie nur, um nachzusehen, ob nicht noch eine Feige oder ein Apfel vergessen worden war.

„Eine Geschichte, eine Geschichte!" riefen die Kinder und zogen einen kleinen dicken Mann zum Baum, und er setzte sich darunter. „Weil wir dann nämlich im Grünen sind", sagte er, „und besonders dem Baum tut es gut, zuzuhören! Aber ich erzähle nur eine Geschichte. Wollt ihr die von Ivede-Avede hören oder die von Klumpe-Dumpe, der die Treppen hinunterfiel und trotzdem auf den Thron kam und die Prinzessin erhielt?"

„Ivede-Avede!" schrien einige, „Klumpe-Dumpe!" schrien andere; es war ein Rufen und Schreien, nur der Tannenbaum schwieg ganz still und dachte: „Soll ich gar nicht dabeisein, gar nichts tun?" Er war ja mit dabeigewesen, hatte getan, was er tun sollte.

Und der Mann erzählte von „Klumpe-Dumpe, der die Treppe hinunterfiel und doch auf den Thron kam und die Prinzessin erhielt". Und die Kinder klatschten in die Hände und riefen: „Erzähle! erzähle!" sie wollten auch „Ivede-Avede" hören, aber sie bekamen nur die von „Klumpe-Dumpe". Der Tannenbaum stand ganz still und nachdenklich da, nie hatten die Vögel draußen im Wald dergleichen erzählt. „Klumpe-Dumpe fiel die Treppe hinunter und bekam doch die Prinzessin! Ja ja, so geht es in der Welt zu!" dachte der Tannenbaum und glaubte, es sei wahr, weil der Mann, der es erzählte, so nett war. „Ja ja, wer kann es wissen! vielleicht falle ich auch die Treppe hinunter und bekomme eine Prinzessin!" Und er freute sich darauf, am nächsten Tag mit Lichtern und Spielzeug, Gold und Früchten geputzt zu werden.

„Morgen werde ich nicht zittern!" dachte er. „Ich werde mich so recht all meiner Herrlichkeit erfreuen. Morgen werde ich wieder die Geschichte von ‚Klumpe-Dumpe' hören und vielleicht die von ‚Ivede-Avede'." Und der Baum stand die ganze Nacht still und nachdenklich da.

Am Morgen kamen Hausknecht und Magd herein.

„Jetzt geht das Putzen von neuem los!" dachte der Baum, aber sie schleppten ihn aus der Stube, die Treppe hinauf, auf den Boden, und dort stellten sie ihn in eine dunkle Ecke, wo kein Licht hinschien. „Was soll das heißen?" dachte der Baum. „Was soll ich wohl hier machen? Was werde ich hier wohl zu hören bekommen?" Und er lehnte sich gegen die Mauer und stand da und dachte und dachte. – Und Zeit genug hatte er, denn es vergingen Tage und Nächte, keiner kam herauf; und kam wirklich mal jemand, dann nur, um einige große Kisten in die Ecke zu stellen. Der Baum stand ganz versteckt, man sollte meinen, er wäre völlig vergessen worden.

„Jetzt ist draußen Winter!" dachte der Baum. „Die Erde ist hart und mit Schnee bedeckt, die Menschen können mich nicht einpflanzen; deswegen soll ich wohl hier unter Dach stehen bis zum Frühling! Wie umsichtig! wie gütig sind doch die Menschen! – Wäre es hier nur nicht so dunkel und so schrecklich einsam! – Nicht einmal ein kleiner Hase! Das war doch so reizend draußen im Wald, wenn Schnee lag und der Hase vorüberhoppelte; ja, selbst als er über mich hinwegsprang, aber das mochte ich damals nicht. Hier oben ist es doch schrecklich einsam!"

„Pieps, pieps!" sagte in diesem Augenblick ein Mäuschen und schlüpfte hervor, und dann kam noch eine kleine Maus. Sie beschnupperten den Tannenbaum und huschten zwischen seinen Ästen hindurch.

„Es ist eine greuliche Kälte!" sagten die kleinen Mäuse. „Sonst ist hier gut sein! Nicht wahr, du alter Tannenbaum?"

„Ich bin gar nicht alt!" sagte der Tannenbaum; „es gibt viele, die viel älter sind als ich!"

„Wo kommst du her?" fragten die Mäuse, „und was weißt du?" Die waren aber wirklich neugierig. „Erzähle uns doch von dem schönsten Ort auf Erden! Bist du da gewesen? Bist du in der Speisekammer gewesen, wo Käse auf den Wandbrettern liegen und Schinken unter der Decke hängen, wo man auf Talglichtern tanzt und mager hineingeht und fett herauskommt?"

„Davon weiß ich nichts", sagte der Baum, „aber den Wald kenne ich, wo die Sonne scheint und wo die Vögel singen!" und dann erzählte er alles aus seiner Jugendzeit, und die kleinen Mäuse hatten nie zuvor Derartiges vernommen, und sie hörten genau zu und sagten: „Nein, wie viel hast du doch gesehen! Wie bist du glücklich gewesen!"

„Ich?" sagte der Tannenbaum und dachte über das nach, was er selber erzählte. „Ja, es waren im Grunde ganz vergnügliche Zeiten!" – Aber dann erzählte er vom Weihnachtsabend, als er mit Kuchen und Lichtern geschmückt war.

„Oh!" sagten die kleinen Mäuse, „wie bist du glücklich gewesen, du alter Tannenbaum!"

„Ich bin gar nicht alt!" sagte der Baum. „Ich bin erst in diesem Winter aus dem Walde gekommen, ich bin in meinem allerbesten Alter, ich bin nur etwas gedrungen von Wuchs!"

„Wie schön du erzählst!" sagten die kleinen Mäuse, und in der nächsten Nacht kamen sie mit vier anderen Mäuslein, die hören sollten, wie der Baum erzählte; und je mehr er erzählte, desto deutlicher kam ihm die Erinnerung an alles, und er fand: „Es waren doch ganz vergnügliche Zeiten! Aber sie können wiederkommen, sie können wiederkommen! Klumpe-Dumpe fiel die Treppe hinunter und bekam doch die Prinzessin, vielleicht kann ich auch eine Prinzessin bekommen." Und dann dachte der Tannenbaum an so eine kleine, niedliche Birke, die draußen im Walde stand, die war für den Tannenbaum eine wirklich schöne Prinzessin.

„Wer ist Klumpe-Dumpe?" fragten die kleinen Mäuse. Und dann erzählte der Tannenbaum das ganze Märchen, er hatte jedes einzelne Wort behalten. Es hätte nicht viel gefehlt, und die kleinen Mäuse wären vor lauter Vergnügen auf die Spitze des Baumes gesprungen. In der nächsten Nacht kamen immer mehr Mäuse, und am Sonntag sogar zwei Ratten; aber die sagten, die Geschichte sei nicht lustig, und das betrübte die kleinen Mäuse, denn nun gefiel sie ihnen auch nicht mehr so gut.

„Können Sie nur diese eine Geschichte?" fragten die Ratten.

„Nur die eine!" antwortete der Baum, „die hörte ich an meinem glücklichsten Abend, aber damals dachte ich nicht daran, wie glücklich ich war!"

„Es ist eine außerordentlich schlechte Geschichte! Kennen Sie keine mit Speck und Talglichtern? Keine Speisekammergeschichten?"

„Nein!" sagte der Baum.

„Ja, dann danken wir bestens!" erwiderten die Ratten und gingen nach Hause.

Die kleinen Mäuse blieben zuletzt auch weg, und da seufzte der Baum: „Es war doch ganz schön, als sie um mich herumsaßen, die geschwinden Mäuslein, und zuhörten, was ich erzählte! Nun ist das auch vorbei! – Aber ich werde darauf achthaben, daß ich mich vergnüge, wenn ich nun wieder hervorgeholt werde!"

Aber wann würde das sein? – O doch, eines Morgens kamen Leute und kramten auf dem Boden; die Kisten wurden weggeschoben, der Baum wurde hervorgezogen; sie warfen ihn allerdings ein wenig hart auf den Fußboden, aber schnell schleifte ihn ein Knecht zur Treppe, wo das Tageslicht schimmerte.

„Jetzt fängt das Leben wieder an!" dachte der Baum, er spürte die frische Luft, den ersten Sonnenstrahl. – Und nun war er draußen auf dem Hof, alles ging so geschwind, der Baum vergaß ganz, sich selber anzuschauen, es war ringsum so viel zu sehen. Der Hof grenzte an einen Garten, und da drinnen blühte alles; die Rosen hingen frisch und duftend über den kleinen Zaun, die Lindenbäume blühten, und die Schwalben flogen umher und sagten: „Quirre-wirre-witt, mein Mann ist gekommen!" aber den Tannenbaum, den meinten sie nicht.

„Nun werde ich leben!" jubelte er und breitete weit seine Zweige aus. Ach, die waren alle welk und gelb, er lag in der Ecke zwischen Unkraut und Nesseln. Der goldene Papierstern saß noch oben in der Spitze und blitzte im hellsten Sonnenschein.

Auf dem Hofe selber spielten ein paar von den lustigen Kindern, die zur Weihnachtszeit um den Baum getanzt waren und sich so über ihn gefreut hatten. Eins von den kleinsten kam herbeigerannt und riß den goldenen Stern ab.

„Seht doch, was hier noch an dem scheußlichen alten Weihnachtsbaum sitzt!" sagte es und trampelte auf den Zweigen herum, daß sie unter seinen Stiefeln knackten.

Und der Baum betrachtete die ganze Blumenpracht und die Frische im Garten, er betrachtete sich selber, und er wünschte, er wäre in seiner finsteren Ecke auf dem Boden geblieben; er dachte an seine frische Jugendzeit im Wald, an den lustigen Weihnachtsabend und an die kleinen Mäuse, die so fröhlich der Geschichte von Klumpe-Dumpe gelauscht hatten.

„Vorbei! vorbei!" sagte der arme Baum. „Hätte ich mich doch gefreut, als ich es noch konnte! Vorbei! vorbei!"

Und der Hausknecht kam und hackte den Baum in kleine Stücke, ein ganzer Stapel lag da; prächtig loderte er unter dem großen Braukessel, und der Baum seufzte so schwer, jeder Seufzer war wie ein kleiner Schuß. Darum kamen die Kinder, die gespielt hatten, angerannt und setzten sich vor das Feuer, schauten hinein und riefen: „Piff! paff!" Aber bei jedem Knall, der ein tiefer Seufzer war, dachte der Baum an einen Sommertag im Wald, eine Winternacht dort draußen, als die Sterne glänzten; er dachte an den Weihnachtsabend und an Klumpe-Dumpe, das einzige Märchen, das er gehört hatte und erzählen konnte – und dann war der Baum verbrannt.

Die Jungen spielten auf dem Hof, und der kleinste hatte auf der Brust den goldenen Stern, den der Baum an seinem glücklichsten Abend getragen hatte; nun war dieser zu Ende, und mit dem Baum war es zu Ende, und mit der Geschichte auch: zu Ende, zu Ende – und das sind alle Geschichten einmal!

DIE SCHNEEKÖNIGIN

Ein Märchen in sieben Geschichten

Erste Geschichte
Die vom Spiegel und den Splittern handelt

Hört her! nun fangen wir an. Wenn wir am Ende der Geschichte sind, wissen wir mehr, als wir jetzt wissen, denn es war ein böser Troll, es war einer der allerbösesten, es war der *Deibel*. Eines Tages war er so richtig guter Laune, denn er hatte einen Spiegel gemacht, der die Eigenschaft hatte, daß alles Gute und Schöne, das sich darin spiegelte, fast zu einem Nichts zusammenschrumpfte; was aber nichts taugte und sich übel ausnahm, trat besonders hervor und wurde noch übler. Die herrlichsten Landschaften sahen darin aus wie gekochter Spinat, und die besten Menschen wurden eklig oder standen auf dem Kopf, hatten keinen Bauch, die Gesichter waren so verzerrt, daß sie nicht zu erkennen waren, und hatte man eine Sommersprosse, dann konnte man sicher sein, daß sie über Nase und Mund hinlief. Es sei außerordentlich lustig, sagte der Deibel. Ging ein guter, frommer Gedanke einem Menschen durch den Sinn, dann erschien im Spiegel ein Grinsen, daß der Trollteufel über seine kunstvolle Erfindung lachen mußte. Alle, die in die Trollschule gingen, denn er hielt Trollschule ab, die erzählten weit und breit, daß ein Wunder geschehen sei; nun könne man erst sehen, meinten sie, wie die Welt und die Menschen wirklich seien. Sie rannten mit dem Spiegel herum, und zuletzt gab es kein Land und keinen Menschen mehr, der darin nicht verzerrt erschienen wäre. Nun wollten sie auch zum Himmel selber hinauffliegen, um sich über die Engel und „den lieben Gott" lustig zu machen. Je höher sie mit dem Spiegel kamen, desto stärker grinste dieser, sie konnten ihn kaum festhalten; immer höher flogen sie, immer näher kamen sie Gott und den Engeln; da zuckte der Spiegel so fürchterlich in seinem Grinsen, daß er ihnen aus den Händen rutschte und auf die Erde niederstürzte, wo er in hundert Millionen, Billionen und noch mehr Splitter zerbrach, und gerade jetzt richtete er viel größeres Unheil an als vorher, denn manche Splitter waren nicht einmal so groß wie ein Sandkorn, und diese flogen in der weiten Welt herum; und wo sie den Leuten in die Augen kamen, da blieben sie sitzen, und da sahen die Menschen alles verkehrt oder hatten nur einen Blick dafür, was an einer Sache schlecht war, denn jedes kleine Spiegelkörnchen hatte dieselben Kräfte behalten, wie sie der ganze Spiegel besessen hatte. Manche Menschen bekamen sogar eine große Spiegelscherbe ins Herz, und dann war es ganz schauerlich, das Herz wurde wie ein Eisklumpen. Manche Spiegelscherben waren so groß, daß sie als Fensterscheiben verwandt wurden, aber durch diese Scheiben sah man seine Freunde besser nicht an; andere Stücke kamen in Brillen, und dann ging es übel zu, wenn die Leute diese Brille aufsetzten, um richtig zu sehen und gerecht zu sein. Der Böse lachte, daß sein Bauch platzte, und das kitzelte so schön. Aber draußen flogen noch kleine Glassplitter in der Luft herum. Nun werden wir hören.

Zweite Geschichte

Ein kleiner Junge und ein kleines Mädchen

Drinnen in der großen Stadt, wo es so viele Häuser und Menschen gibt, daß nicht genügend Platz ist, damit alle Leute einen kleinen Garten haben können, und wo daher die meisten mit Blumen in Töpfen vorliebnehmen müssen, lebten zwei arme Kinder, die dennoch einen Garten hatten, der etwas größer war als ein Blumentopf. Sie waren nicht Geschwister, aber sie hatten sich ebenso lieb, als wären sie es. Die Eltern wohnten dicht nebeneinander; sie wohnten ir zwei Dachkammern; dort, wo das Dach des einen Hauses an das des Nachbarhauses stieß und die Regenrinne zwischen den Dächern entlanglief, da ging in jedem Haus ein kleines Fenster nach draußen; man brauchte nur über die Rinne zu steigen, dann konnte man vom einen Fenster zum anderen kommen.

Jede der beiden Familien hatte draußen vor dem Fenster einen großen hölzernen Kasten, und in diesem wuchsen Küchenkräuter, die sie brauchten, und ein kleiner Rosenstrauch; in jedem Kasten war einer, die wuchsen ganz herrlich. Nun kamen die Eltern auf den Gedanken, die Kästen quer über die Rinne zu stellen, so daß sie von dem einen Fenster fast bis zum anderen reichten und ganz so wie zwei Blumenraine aussahen. Die Erbsenranken hingen über die Kästen nach unten, und die Rosensträucher trieben lange Zweige, rankten sich um die Fenster, neigten sich zueinander; es war beinahe wie eine Ehrenpforte aus Grün und aus Blüten. Da die Kästen sehr hoch waren und die Kinder wußten, daß sie nicht dort hinaufklettern durften, erhielten sie oftmals die Erlaubnis, zueinander hinauszusteigen, auf ihren kleinen Schemeln unter den Rosen zu sitzen, und dort spielten sie nun ganz prächtig.

Im Winter war diese Freude allerdings vorbei. Die Fenster waren oftmals ganz zugefroren, aber dann machten die Kinder Kupfermünzen am Ofen heiß, legten die heiße Münze auf die zugefrorene Scheibe, und dann entstand ein wunderbares Guckloch, ganz rund, ganz rund; dahinter schaute ein süßes, freundliches Auge hindurch, eins aus jedem Fenster; das waren der kleine Junge und das kleine Mädchen. Er hieß Kay, und sie hieß Gerda. Im Sommer konnten sie mit einem Sprung zueinander kommen, im Winter mußten sie erst die vielen Treppen hinuntergehen und die vielen Treppen hinauf; draußen stöberte der Schnee.

„Die weißen Bienen schwärmen!" sagte die alte Großmutter.

„Haben sie auch eine Bienenkönigin?" fragte der kleine Junge, denn er wußte, unter den richtigen Bienen gab es so eine.

„Das haben sie!" sagte die Großmutter. „Sie fliegt dort, wo sie am dichtesten schwärmen! Sie ist die größte von allen, und nie bleibt sie ruhig auf der Erde, sie fliegt wieder hinauf in die schwarze Wolke. Manche Winternacht fliegt sie durch die Straßen der Stadt und schaut durch die Fenster, und dann frieren sie so seltsam zu und sehen ganz wie Blumen aus."

„Ja, das habe ich gesehen!" sagten beide Kinder, und dann wußten sie, es war wahr.

„Kann die Schneekönigin hier hereinkommen?" fragte das kleine Mädchen.

„Laß sie nur kommen", sagte der Junge, „dann setze ich sie auf den heißen Ofen, und dann schmilzt sie."

Aber die Großmutter strich ihm über das Haar und erzählte andere Geschichten.

Abends, als der kleine Kay daheim war und halb ausgezogen, kletterte er auf die Stühle am Fenster und schaute durch das kleine Loch hinaus; draußen fielen ein paar Schneeflocken, und eine davon, die allergrößte, blieb auf dem Rande des einen Blumenkastens liegen; die Schneeflocke wurde immer größer, sie war zuletzt ein ganzes Frauenzimmer, mit den feinsten, weißen Schleiern angetan, die wie aus Millionen sternenähnlicher Flocken zusammengesetzt waren. Sie war so schön und fein, aber aus Eis, dem blendenden, glitzernden Eis, doch war sie lebendig; die Augen starrten wie zwei helle Sterne, aber es war keine Rast noch Ruhe in ihnen. Sie nickte zum Fenster hin und winkte mit der Hand. Der kleine Junge erschrak und sprang vom Stuhl herunter, da war es, als flöge draußen ein großer Vogel am Fenster vorbei.

Am nächsten Tag war klares Frostwetter – und dann kam Tauwetter – und dann kam der Frühling, die Sonne schien, das Grün sproß hervor, die Schwalben bauten ihr Nest, die Fenster wurden geöffnet, und die kleinen Kinder saßen wieder in ihrem Gärtchen hoch oben in der Dachrinne über den vielen Stockwerken.

Die Rosen blühten in diesem Sommer unbeschreiblich schön; das kleine Mädchen hatte ein Kirchenlied gelernt, und in dem kam etwas von Rosen vor, und bei diesen Rosen dachte sie an ihre eigenen; und sie sang es dem kleinen Jungen vor, und er sang mit:

„Im Tale blühen Rosen schön,
Laßt uns zu unserem Jesuskind gehn."

Und die Kleinen hielten einander an den Händen, küßten die Rosen und schauten in des Herrgotts hellen Sonnenschein und redeten mit ihm, als wäre das Jesuskind da. Was waren es für herrliche Sommertage, wie wundervoll war es, draußen zu sein bei den frischen Rosensträuchern, die schier nicht aufhören wollten zu blühen.

Kay und Gerda saßen da und besahen sich das Bilderbuch mit Tieren und Vögeln, da geschah es – die Uhr an dem großen Kirchturm schlug gerade fünf –, daß Kay sagte: „Au! mich hat was ins Herz gestochen, und nun habe ich etwas ins Auge bekommen!"

Das kleine Mädchen legte ihm den Arm um den Hals; er blinzelte mit den Augen; nein, es war nichts zu sehen.

„Ich glaube, es ist weg!" sagte er, aber weg war es nicht. Es war eben eins von jenen Glaskörnern, die von dem Spiegel abgesprungen waren, dem Trollspiegel, wir wissen ja noch, dem abscheulichen Glas, das alles Große und Gute, das sich darin spiegelte, klein und häßlich machte; aber das Böse und Schlechte trat so recht hervor, und jeder Fehler an einer Sache war sogleich zu merken. Der arme Kay, er hatte auch so ein Korn mitten ins Herz bekommen. Es sollte bald wie ein Eisklumpen werden. Jetzt tat es nicht mehr weh, aber es war da.

„Warum weinst du?" fragte er. „Dann siehst du häßlich aus! Mir fehlt ja nichts! – Pfui!" rief er ganz plötzlich. „Die Rose da ist von einer Raupe angenagt! Und schau, die da, die ist ja ganz schief! Im Grunde sind es doch gräßliche Rosen! Sie gleichen den Kästen, in denen sie stehen!" und dann stieß er mit dem Fuß heftig gegen den Kasten und riß die beiden Rosen ab.

„Kay, was tust du!" rief das kleine Mädchen; und als er ihr Erschrecken sah, riß er noch eine Rose ab und rannte dann zu seinem Fenster hinein und von der lieben kleinen Gerda fort.

Wenn sie späterhin mit dem Bilderbuch kam, sagte er, das sei für neugeborene Kinder, und erzählte die Großmutter Geschichten, kam er immer mit einem Aber – ja, und hatte er Gelegenheit dazu, dann ging er hinter ihr her, setzte sich die Brille auf und redete genau wie sie; es war ganz ähnlich, und dann lachten die Leute über ihn. Er konnte bald reden und gehen wie die Menschen in der ganzen Straße. Alles, was bei ihnen eigentümlich war und nicht schön, das wußte Kay nachzuahmen, und dann sagten die Leute: „Dieser Junge hat tatsächlich einen ausgezeichneten Verstand!" Aber es war dieses Glas, das er ins Auge bekommen hatte, dieses Glas, das im Herzen saß; das war der Grund, weshalb er sogar die kleine Gerda aufzog, die ihn mit ganzer Seele liebte.

Seine Spiele wurden jetzt ganz anders als früher, sie waren so verständig; an einem Wintertag, als die Schneeflocken stöberten, kam er mit einem großen Brennglas, hielt seinen blauen Mantelzipfel hinaus und ließ die Schneeflocken daraufffallen.

„Schau nun ins Glas, Gerda!" sagte er, und die Schneeflocke wurde viel größer und sah aus wie eine prächtige Blume oder ein zehnzackiger Stern, es war wunderbar anzusehen.

„Siehst du, wie kunstvoll!" sagte Kay. „Das ist viel interessanter als die wirklichen Blumen! Und es ist nicht ein einziger Fehler an ihnen, die sind ganz gerade, wenn sie nur nicht schmelzen!"

Kurz darauf kam Kay mit großen Handschuhen und seinem Schlitten auf dem Rücken, er schrie Gerda ins Ohr: „Ich darf auf den großen Platz fahren, wo die anderen spielen!" und fort war er.

Dort auf dem Platz banden die kecksten Jungen oft ihren Schlitten an die Wagen der Bauern, und dann fuhren sie ein ganzes Stück mit. Das ging gar lustig dahin. Als sie gerade so schön spielten, kam ein großer Schlitten; der war ganz weiß gestrichen, und drinnen saß jemand, in einen zottigen weißen Pelz gehüllt und mit weißer, zottiger Mütze; der Schlitten fuhr zweimal um den Platz herum, und Kay band geschwind seinen kleinen Schlitten daran fest, und dann fuhr er mit. Es ging rascher und rascher, schnurstracks in die nächste Straße hinein; die Gestalt, die lenkte, wandte den Kopf und nickte Kay sehr freundlich zu, es war, als kennten sie einander; jedesmal, wenn Kay seinen kleinen Schlitten losmachen wollte, nickte der Betreffende wieder, und dann blieb Kay sitzen; sie fuhren geradeswegs zum Stadttor hinaus. Da begann der Schnee derart dicht zu fallen, daß der kleine Junge nicht die Hand vor Augen sehen konnte, während er dahinsauste; er ließ schnell die Leine fahren, um von dem großen Schlitten loszukommen, aber es nützte nichts, sein kleines Gefährt hing fest, und es ging in Windeseile weiter. Da rief er ganz laut, aber niemand hörte ihn, und der Schnee stöberte, und der Schlitten flog dahin; mitunter machte er einen Hopser, es war, als sauste Kay über Gräben und Zäune. Er hatte ordentlich Angst, er wollte sein Vaterunser beten, aber er konnte sich nur auf das große Einmaleins besinnen.

Die Schneeflocken wurden immer größer, zuletzt sahen sie aus wie große weiße Hühner; mit einemmal sprangen sie zur Seite, der große Schlitten hielt, und die Person, die ihn gelenkt hatte, richtete sich auf, der Pelz und die Mütze waren nichts als Schnee. Es war eine Dame, sehr groß und von stolzer Haltung und schimmernd weiß, es war die Schneekönigin.

„Wir sind gut vorwärts gekommen!" sagte sie. „Aber was soll denn das heißen, so zu frieren! Kriech unter meinen Bärenpelz!" und sie setzte ihn neben sich auf den Schlitten und schlug den Pelz um ihn; es war, als versänke er in einer Schneewehe.

„Frierst du noch?" fragte sie, und dann gab sie ihm einen Kuß auf die Stirn. Uh! der war kälter als Eis, der ging ihm tief ins Herz hinein, das ja ohnehin ein halber Eisklumpen war; ihm war, als müßte er sterben! – Aber nur einen Augenblick, dann tat es geradezu gut, er merkte nichts mehr von der Kälte ringsum.

„Mein Schlitten! vergiß nicht meinen Schlitten!" An den dachte er zuerst, und der wurde an eins der weißen Hühner angebunden, und das flog hinterdrein mit dem Schlitten auf dem Rücken. Die Schneekönigin gab Kay noch einen Kuß, und da hatte er die kleine Gerda und die Großmutter und alle daheim vergessen.

„Nun bekommst du keinen Kuß mehr!" sagte sie, „denn sonst würde ich dich totküssen!"

Kay sah sie an, sie war sehr schön, ein klügeres, herrlicheres Gesicht konnte er sich nicht vorstellen, jetzt schien sie nicht aus Eis zu sein wie damals, als sie vor dem Fenster saß und ihm zuwinkte; in seinen Augen war sie vollkommen, er empfand gar keine Furcht. Er erzählte ihr, daß er Kopfrechnen könne, und zwar mit Brüchen, die Quadratmeilen der Länder wisse und „wie viele Einwohner", und sie lächelte immer; da meinte er, es sei doch nicht genug, was er wußte, und er sah in den großen, großen Himmelsraum hinauf, und sie flog mit ihm, flog hoch hinauf auf die schwarze Wolke, und der Sturm sauste und brauste, es war, als sänge er alte Lieder. Sie flogen über Wälder und Seen, über Meere und Länder, unter ihnen fegte der kalte Wind dahin, die Wölfe heulten, der Schnee glitzerte, über ihn hinweg flogen die schwarzen, krächzenden Krähen, aber hoch oben schien der Mond so groß und hell, und diesen betrachtete Kay in der langen, langen Winternacht; tagsüber schlief er zu Füßen der Schneekönigin.

Dritte Geschichte
Der Blumengarten bei der Frau, die sich aufs Zaubern verstand

Aber wie erging es der kleinen Gerda, als Kay nicht mehr kam? Wo war er nur? – Niemand wußte es, niemand konnte Auskunft geben. Die Jungen erzählten nur, daß sie gesehen hätten, wie er seinen kleinen Schlitten an einem prächtigen großen festgebunden habe, der in die Straße hineingefahren sei und zum Stadttor hinaus. Niemand wußte, wo er war, viele Tränen flossen, die kleine Gerda weinte heftig und lange – dann sagte man, er sei tot, er sei in den Fluß gefallen, der dicht bei der Stadt vorbeifloß. Ach, es waren recht lange, dunkle Wintertage.

Nun kam der Lenz mit wärmerem Sonnenschein.

„Kay ist gestorben und verdorben!" sagte die kleine Gerda.

„Das glaube ich nicht!" sagte der Sonnenschein.

„Er ist gestorben und verdorben!" sagte sie zu den Schwalben.

„Das glauben wir nicht!" erwiderten diese, und zuletzt glaubte die kleine Gerda es auch nicht.

„Ich ziehe meine neuen roten Schuhe an", sagte sie eines Morgens, „die hat Kay nie gesehen, und dann will ich zum Fluß hinuntergehen und den fragen!"

Und es war ganz früh, sie küßte die alte Großmutter, die schlief, zog die roten Schuhe an und ging ganz allein durch das Tor zum Fluß hinunter.

„Ist es wahr, daß du meinen kleinen Gespielen geholt hast? Ich schenke dir meine roten Schuhe, falls du ihn mir wiedergibst!"

Und sie fand, die Wellen nickten so sonderbar; da zog sie ihre roten Schuhe aus, das Liebste, was sie besaß, und warf sie beide in den Fluß; aber sie fielen dicht am Ufer hinein, und die kleinen Wellen trugen sie sogleich wieder an Land zu ihr. Es war fast, als wollte der Fluß das Liebste, was sie besaß, nicht annehmen, da er ja den kleinen Kay nicht hatte; aber sie dachte, sie habe die Schuhe nicht weit genug hinausgeworfen, und nun kletterte sie in ein Boot, das im Schilf lag, sie ging ganz bis ans hinterste Ende und warf die Schuhe hinein; aber das Boot war nicht festgebunden, und durch die Bewegung, die sie machte, glitt es vom Land fort; sie merkte es und beeilte sich hinauszukommen, aber ehe sie zurück ans Ufer gelangen konnte, war das Boot schon mehr als eine Elle weit draußen, und nun fuhr es schneller dahin.

Da erschrak die kleine Gerda sehr und begann zu weinen, aber niemand außer den Sperlingen hörte sie, und die konnten sie nicht an Land zurückbringen, aber sie flogen am Ufer mit und sangen, als ob sie sie trösten wollten: „Hier sind wir! hier sind wir!" Das Boot trieb mit der Strömung, die kleine Gerda saß ganz still in bloßen Strümpfen da; ihre kleinen roten Schuhe schwammen hinter ihr drein, aber die konnten das Boot nicht einholen, das schneller vorwärts kam.

Schön war es an beiden Ufern, wunderbare Blumen, alte Bäume und die Hänge voller Schafe und Kühe, aber kein Mensch war zu erblicken.

„Vielleicht trägt der Fluß mich zum kleinen Kay", dachte Gerda, und dann wurde sie hoffnungsvoller, stand auf und betrachtete viele Stunden lang die schönen, grünen Ufer; da kam sie an einen großen Kirschgarten, wo ein Häuschen stand mit seltsam roten und blauen Fenstern, übrigens hatte es ein Strohdach, und zwei hölzerne Soldaten standen davor, die vor denen, die vorüberfuhren, das Gewehr schulterten.

Gerda rief sie an, sie meinte, die seien lebendig, aber sie gaben natürlich keine Antwort; sie kam ganz dicht zu ihnen heran, der Fluß trieb das Boot geradeswegs auf das Ufer zu.

Gerda rief noch lauter, und da kam aus dem Haus eine alte, alte Frau, die sich auf einen Krückstock stützte; sie hatte einen großen Sonnenhut auf, und der war mit den schönsten Blumen bemalt.

„Du armes kleines Kind!" sagte die alte Frau; „wie bist du doch nur auf den großen, schnellen Strom hinausgeraten und in die weite Welt hinausgetrieben worden?" und dann ging die alte Frau ganz weit ins Wasser hinein, langte mit ihrem Krückstock nach dem Boot, zog es an Land und hob die kleine Gerda heraus.

Und Gerda war froh, aufs Trockene zu kommen, aber doch ein wenig furchtsam der fremden alten Frau gegenüber.

„Komm doch mal her und erzähle mir, wer du bist und wie du hierherkommst!" sagte sie.

Und Gerda erzählte ihr alles, und die Alte schüttelte den Kopf und sagte: „Hm! hm!" Und als Gerda ihr alles erzählt und sie gefragt hatte, ob sie nicht den kleinen Kay gesehen hätte, sagte die Frau, er sei nicht vorbeigekommen, aber er käme sicher, sie sollte nur nicht traurig sein, sondern ihre Kirschen kosten und ihre Blumen anschauen; die wären schöner als jedes Bilderbuch, die könnten alle eine ganze Geschichte erzählen. Dann nahm sie Gerda bei der Hand, sie gingen in das kleine Haus, und die alte Frau schloß die Tür ab.

Die Fenster saßen ganz hoch oben, und die Scheiben waren rot, blau und gelb; das Tageslicht schimmerte dort drinnen durch all die Farben ganz wunderlich, aber auf dem Tisch standen die schönsten Kirschen, und Gerda aß so viele, wie sie wollte, das durfte sie nämlich. Und während sie aß, kämmte ihr die alte Frau das Haar mit einem goldenen Kamm, und das Haar lockte sich und glänzte ganz herrlich gelb rings um das kleine, freundliche Gesicht, das so rund war und wie eine Rose aussah.

„Nach so einem niedlichen kleinen Mädchen habe ich mich richtig gesehnt!" sagte die Alte. „Nun wirst du mal sehen, wie gut wir beiden uns vertragen werden!" Und je länger sie Gerdas Haar kämmte, desto mehr vergaß Gerda ihren Pflegebruder Kay; denn die alte Frau verstand sich aufs Zaubern, aber eine böse Zauberin war sie nicht, sie zauberte nur ein bißchen zu ihrem Vergnügen, und nun wollte sie die kleine Gerda gern behalten. Deshalb ging sie in den Garten, bewegte ihren Krückstock über alle Rosensträucher hin, und wie schön sie auch blühten, versanken sie dennoch alle in der schwarzen Erde, und man konnte nicht sehen, wo sie gestanden hatten. Die Alte hatte Angst, daß Gerda, wenn sie die Rosen sähe, zuviel an ihre eigenen denken und sich dann an den kleinen Kay erinnern und weglaufen würde.

Nun führte sie Gerda in den Blumengarten. – Nein! welch ein Duft und was für eine Pracht! Alle erdenklichen

Blumen, und zwar aus jeder Jahreszeit, standen hier in ihrem prächtigsten Flor; kein Bilderbuch konnte bunter und schöner sein. Gerda hüpfte vor Freude und spielte, bis die Sonne hinter den hohen Kirschbäumen unterging, da bekam sie ein schönes Bett mit einem rotseidenen Oberbett, das war mit blauen Veilchen gefüllt, und sie schlief und träumte hier so schön wie eine Königin an ihrem Hochzeitstag.

Am nächsten Tage konnte sie wieder mit den Blumen im warmen Sonnenschein spielen – so vergingen viele Tage. Gerda kannte jede Blume, aber wie viele es da auch gab, so war ihr doch, als fehlte eine, aber welche, das wußte sie nicht. Da sitzt sie eines Tages da und schaut auf den Sonnenhut der alten Frau mit den gemalten Blumen, und gerade die schönste von ihnen war eine Rose. Die Alte hatte vergessen, sie vom Hut wegzumachen, als sie die anderen in die Erde zauberte. Aber so geht es, wenn man die Gedanken nicht beisammen hat. „Was!" sagte Gerda, „gibt es hier keine Rosen?" und sie rannte zwischen den Beeten umher, suchte und suchte, aber es waren keine zu finden; da setzte sie sich hin und weinte, aber ihre heißen Tränen fielen genau dahin, wo ein Rosenstrauch versunken war, und als die warmen Tränen die Erde netzten, sproß der Strauch mit einemmal auf, so herrlich wie damals, als er versunken war, und Gerda umarmte ihn, küßte die Rosen und dachte an die schönen Rosen daheim und gleichzeitig auch an den kleinen Kay.

„Oh, ich bin aber aufgehalten worden!" sagte das kleine Mädchen. „Ich wollte doch Kay suchen! – Wißt ihr nicht, wo er ist?" fragte sie die Rosen. „Glaubt ihr, er ist gestorben und verdorben?"

„Gestorben ist er nicht", sagten die Rosen. „Wir sind ja in der Erde gewesen, dort sind all die Toten, aber Kay war nicht da!"

„Ich danke euch vielmals!" sagte die kleine Gerda, und sie ging zu den anderen Blumen und blickte in deren Kelch und fragte: „Wißt ihr nicht, wo der kleine Kay ist?"

Aber jede Blume stand in der Sonne und träumte ihr

eigenes Märchen oder ihre Geschichte, davon bekam die kleine Gerda viele, sehr viele zu hören, aber keine wußte etwas von Kay.

Und was sagte denn die Feuerlilie?

„Hörst du die Trommel: bumm! bumm! Es sind zwei Töne, immer bumm! bumm! Hör nur das Klagelied der Frauen! Höre den Ruf der Priester! – In ihrem langen, roten Gewand steht die Hindufrau auf dem Scheiterhaufen, die Flammen schlagen über ihr und ihrem toten Mann zusammen; aber die Hindufrau denkt an den Lebenden hier im Kreis, an ihn, dessen Augen heißer brennen als die Flammen, an ihn, dessen Augen mit ihrem Feuer eher ihr Herz erreichen als die Flammen, die bald ihren Leib zu Asche verbrennen. Kann die Flamme des Herzens in den Flammen des Scheiterhaufens sterben?"

„Das verstehe ich überhaupt nicht!" sagte die kleine Gerda.

„Es ist mein Märchen!" sagte die Feuerlilie.

Was sagt die Winde?

„Über dem schmalen Gebirgspfad hängt eine alte Ritterburg; das dichte Immergrün wächst an den alten, roten Mauern empor, Blatt neben Blatt, um den Balkon herum, und dort steht ein schönes Mädchen; sie beugt sich über das Geländer und blickt den Weg hinab. Keine Rose hängt frischer am Zweig als sie, keine Apfelblüte, wenn der Wind sie vom Baum abweht, schwebt leichter als sie; wie raschelt das prächtige seidene Gewand! ‚Kommt er denn nicht?'"

„Ist es Kay, den du meinst?" fragte die kleine Gerda.

„Ich rede nur von meinem Märchen, meinem Traum", entgegnete die Winde.

Was sagt das kleine Schneeglöckchen?

„Zwischen den Bäumen hängt an Stricken das lange Brett, es ist eine Schaukel; zwei niedliche kleine Mädchen – die Kleider sind weiß wie Schnee, lange, grünseidene Bänder flattern von den Hüten – sitzen darauf und schaukeln; der Bruder, der größer ist als sie, steht auf der Schaukel, er hat den Arm um die Stricke gelegt, um sich festzuhalten, denn in der einen Hand hat er eine kleine Schale, in der anderen eine Tonpfeife, er macht Seifenblasen; die Schaukel schwingt hin und her, und die Blasen mit ihren herrlichen, wechselnden Farben fliegen davon; die letzte hängt noch am Pfeifenstiel und schwankt im Winde; die Schaukel schwingt hin und her. Der kleine schwarze Hund, so leicht wie die Blasen, erhebt sich auf die Hinterläufe und will mit auf die Schaukel hinauf; sie fliegt, der Hund plumpst herunter, kläfft und ist böse; er wird gehänselt*, die Blasen platzen – ein schwingendes Brett, ein zerfließendes Schaumbild ist mein Lied!"

„Es kann ja sein, daß es hübsch ist, was du erzählst, aber du erzählst es so trübselig und sagst gar nichts von Kay. Was sagen die Hyazinthen?"

„Es waren drei schöne Schwestern, ganz durchsichtig und fein; das Gewand der einen war rot, das der zweiten blau, das der dritten ganz weiß; Hand in Hand tanzten sie an dem stillen See im hellen Mondschein. Es waren keine Elfen, es waren Menschenkinder. Es duftete ganz süß, und die Mädchen entschwanden in den Wald; der Duft wurde stärker – drei Särge, in ihnen lagen die schönen Mädchen, glitten aus dem Dickicht des Waldes über den See; Glühwürmchen flogen schimmernd rund um sie herum, gleich kleinen schwebenden Kerzen. Schlafen die tanzenden Mädchen, oder sind sie tot? – Der Blumenduft sagt, sie seien Leichen; die Abendglocke läutet den Toten!"

„Du machst mich ganz traurig", sagte die kleine Gerda. „Du duftest so stark, ich muß an die toten Mädchen denken! Ach, ist der kleine Kay denn wirklich tot? Die Rosen sind unten in der Erde gewesen, und die sagen: nein!"

„Kling, klang!" läuteten die Glocken der Hyazinthen. „Wir läuten nicht für den kleinen Kay, den kennen wir nicht! Wir singen nur unser Lied, das einzige, das wir können!"

---

* Die dänische Vokabel hier, hänseln = gække, spielt auf die dänische Bezeichnung für Schneeglöckchen an, vintergæk, auch sommergæk. Unübersetzbares Wortspiel (Anmerkung d. Übers.).

Und Gerda ging zur Butterblume, die zwischen den blanken grünen Blättern hervorleuchtete.

„Du bist eine kleine helle Sonne!" sagte Gerda. „Sag mir, ob du weißt, wo ich meinen Gespielen finden kann?"

Und die Butterblume leuchtete so wunderschön und blickte Gerda ebenfalls an. Welches Lied konnte wohl die Butterblume singen? Es handelte auch nicht von Kay.

„Auf einen kleinen Hof schien unseres Herrgotts Sonne am ersten Frühlingstag so warm; die Strahlen glitten an des Nachbarn weißer Wand herab, dicht daneben standen die ersten gelben Blumen, glänzendes Gold in den warmen Sonnenstrahlen; die alte Großmutter saß draußen auf ihrem Stuhl, die Enkeltochter, die arme, schöne Dienstmagd, kam von einem kurzen Besuch nach Hause; sie gab der Großmutter einen Kuß. Gold, das Gold des Herzens, lag in diesem liebevollen Kuß. Gold auf dem Mund, Gold auf dem Grund. Gold dort oben in der Morgenstund! Sieh, das ist meine kleine Geschichte!" sagte die Butterblume.

„Meine arme alte Großmutter!" seufzte Gerda. „Ja, sie sehnt sich wohl nach mir, ist traurig meinetwegen, ebenso wie sie es des kleinen Kay wegen war. Aber ich komme bald wieder heim, und dann bringe ich Kay mit. – Es hat keinen Zweck, daß ich die Blumen frage, die können nur ihr eigenes Lied, die geben mir keine Kunde!" und dann band sie ihr Kleidchen hoch, damit sie schneller laufen konnte; aber die Narzisse schlug ihr um die Beine, als sie darüber wegsprang; da blieb sie stehen, betrachtete die lange, gelbe Blume und fragte: „Weißt du vielleicht etwas?" und dann bückte sie sich zur Narzisse hinab. Und was sagte die?

„Ich kann mich selber sehen! ich kann mich selber sehen!" sagte die Narzisse. „Oh, oh, wie ich rieche! – Oben in dem kleinen Giebelstübchen, halb angekleidet, steht eine kleine Tänzerin, sie steht mal auf einem Bein, mal auf beiden, sie gibt aller Welt Fußtritte, sie ist nichts als ein Augentrug. Sie gießt Wasser aus der Teekanne auf ein Kleidungsstück, das sie in der Hand hält, es ist das Mieder – Reinlichkeit ist eine gute Sache! Das weiße Kleid hängt am Haken, das ist auch in der Teekanne gewaschen und auf dem Dache getrocknet worden; das zieht sie an, den safrangelben Schal um den Hals, dann leuchtet das Kleid weißer. Das Bein in die Höhe, sieh, wie sie über einem Stengel aufragt! Ich kann mich selber sehen! ich kann mich selber sehen!"

„Daraus mache ich mir gar nichts!" sagte Gerda. „So etwas braucht man mir nicht zu erzählen!" und dann rannte sie ans Ende des Gartens.

Die Tür war geschlossen, aber sie rüttelte an dem verrosteten Haken, da ging er ab und die Tür sprang auf, und nun lief die kleine Gerda auf bloßen Füßen in die weite Welt hinaus. Sie blickte dreimal zurück, aber es kam niemand hinter ihr her; zuletzt konnte sie nicht mehr laufen und setzte sich auf einen großen Stein, und als sie in der Runde umherblickte, war der Sommer vorbei, es war spät im Herbst, das hatte man drinnen in dem schönen Garten gar nicht merken können, wo immer die Sonne schien und die Blumen aller Jahreszeiten blühten.

„Gott! wie habe ich mich verspätet!" sagte die kleine Gerda. „Es ist ja Herbst geworden! Dann darf ich nicht rasten!" und sie stand auf, um zu gehen.

Oh, wie weh und müde waren ihre kleinen Füße, und ringsum sah es kalt und unwirtlich aus; die langen Weidenblätter waren ganz gelb, und der Nebel tropfte als Wasser von ihnen nieder, ein Blatt nach dem anderen fiel, nur der Schlehdorn trug Früchte, sie waren sehr herb, und der Mund zog sich davon zusammen. Oh, wie war es grau und schwermütig in der weiten Welt.

Vierte Geschichte

Prinz und Prinzessin

Gerda mußte sich abermals ausruhen; da hüpfte dort auf dem Schnee, ihrem Platz gerade gegenüber, eine große Krähe herum, die hatte lange dagesessen, sie angesehen und mit dem Kopf gewackelt; nun sagte sie: „Krah! krah! –

'n Tag! 'n Tag!" Besser konnte sie es nicht sagen, aber sie meinte es gut mit dem kleinen Mädchen und fragte, wohin in die weite Welt sie so allein denn gehen wolle. Das Wort „allein" verstand Gerda sehr gut und fühlte so recht, wie viel darin lag, und dann erzählte sie der Krähe ihr ganzes Leben und fragte, ob sie Kay nicht gesehen habe.

Und die Krähe nickte ganz nachdenklich und sagte: „Das könnte sein! das könnte sein!"

„Wirklich, glaubst du?" rief das kleine Mädchen und hätte die Krähe fast totgedrückt, so küßte sie sie.

„Vernünftig, vernünftig!" sagte die Krähe. „Ich glaube, das kann der kleine Kay sein! Aber nun hat er dich sicher um der Prinzessin willen vergessen!"

„Wohnt er bei einer Prinzessin?" fragte Gerda.

„Ja, höre zu!" sagte die Krähe. „Aber es fällt mir schwer, deine Sprache zu sprechen. Verstehst du die Krähensprache*, dann werde ich besser erzählen!"

„Nein, die habe ich nicht gelernt!" sagte Gerda. „Aber Großmutter konnte sie, und die P-Sprache konnte sie. Hätte ich die nur gelernt!"

„Macht nichts!" sagte die Krähe. „Ich werde erzählen, so gut ich kann, aber schlecht wird es trotzdem sein!" und dann erzählte sie, was sie wußte.

„In dem Königreich, in dem wir jetzt sitzen, wohnt eine Prinzessin, die ungemein klug ist, aber sie hat auch alle Zeitungen, die es in der Welt gibt, gelesen und wieder vergessen, so klug ist sie. Neulich sitzt sie auf dem Thron, und das ist gar nicht einmal so vergnüglich, sagt man, da fängt sie plötzlich an, ein Lied zu summen, und zwar gerade dies: ‚Weshalb sollte ich nicht heiraten!' – ‚Oh, das ist ein Gedanke', sagte sie, und dann wollte sie heiraten, aber sie wollte einen Mann haben, der zu antworten verstand, wenn man mit ihm sprach, einen, der nicht dastand und nur vornehm aussah, denn das ist sehr langweilig. Nun ließ sie alle Hofdamen zusammentrommeln, und als die hörten, was sie vorhatte, waren sie sehr erfreut. ‚Das gefällt mir

* Eine scherzhafte Kindersprache, wie etwa im Deutschen die „Erbsensprache" (Anmerkung d. Übers.).

gut!' sagten sie, ‚an so etwas habe ich kürzlich auch gedacht!' – Du kannst glauben, jedes Wort, das ich sage, ist wahr!" sagte die Krähe. „Ich habe eine zahme Braut, die läuft frei im Schloß herum, und die hat mir alles erzählt!"

Seine Braut war natürlich auch eine Krähe, denn sucht die Krähe die Ehe, dann ist es immer mit einer Krähe.

„Die Zeitungen kamen gleich mit einem Rand aus Herzen und dem Namenszug der Prinzessin heraus; man konnte darin lesen, daß es jedem jungen Mann, der gut aussehe, freistünde, aufs Schloß zu gehen und mit der Prinzessin zu reden; und denjenigen, welcher so redete, daß man ihm anhören könne, er sei dort zu Hause, und der am besten spreche, den wolle die Prinzessin zum Manne nehmen! – Ja, ja!" sagte die Krähe, „du kannst mir glauben, es ist so wahr, wie ich hier sitze, die Leute strömten herbei, es war ein Gedränge und ein Laufen, aber es wurde nichts daraus, weder am ersten noch am zweiten Tag. Sie konnten allesamt gut reden, wenn sie draußen auf der Straße waren, aber sowie sie zum Schloßtor hereinkamen und die Garde in Silber sahen und die Treppen hinauf die Lakaien in Gold und die großen, erleuchteten Säle, waren sie fassungslos! Und standen sie vor dem Thron, wo die Prinzessin saß, dann wußten sie nichts weiter zu sagen als das letzte Wort, welches sie gesagt hatte; und das noch einmal zu hören, daraus machte sie sich nichts. Es war gerade, als wäre den Leuten da drinnen Schnupftabak auf den Bauch gestreut worden und als wären sie in tiefen Schlummer gesunken, bis sie wieder auf die Straße kamen, ja, dann konnten sie reden. Vom Stadttor bis zum Schloß standen sie in einer langen Reihe. Ich war selber drinnen, um es mir anzusehen!" sagte die Krähe. „Sie kriegten Hunger und auch Durst, aber vom Schloß bekamen sie nicht mal ein Glas lauwarmes Wasser. Zwar hatten manche von den schlauesten Butterbrote mitgenommen, aber sie gaben ihrem Nebenmann nichts ab, sie dachten bei sich: Mag er nur hungrig aussehen, dann nimmt die Prinzessin ihn nicht!"

„Aber Kay, der kleine Kay!" fragte Gerda. „Wann kommt er? War er unter den vielen?"

„Gemach! gemach! nun sind wir ja schon bei ihm angelangt! Es war am dritten Tag, da kam ein kleiner Kerl, ohne Pferd noch Wagen, ganz wohlgemut zum Schloß spaziert; seine Augen glänzten wie deine, er hatte herrliches langes Haar, aber sonst ärmliche Kleider!"

„Das war Kay!" jubelte Gerda. „Oh, dann habe ich ihn gefunden!" und sie klatschte in die Hände.

„Er hatte ein Ränzel auf dem Rücken!" sagte die Krähe.

„Nein, das war sicher sein Schlitten!" sagte Gerda, „denn mit dem Schlitten ist er weggegangen!"

„Das kann gut sein!" sagte die Krähe. „Ich habe nicht so genau hingesehen! Aber eins weiß ich von meiner zahmen Braut: als er zum Schloßtor hereinkam und die Leibgarde in Silber sah und die Treppen hinauf die Lakaien in Gold, bedrückte ihn das nicht im geringsten. Er nickte ihnen zu und sagte: ‚Es muß langweilig sein, auf der Treppe zu stehen, ich gehe lieber hinein!' Da strahlten die Säle von Kerzen wider; Geheimräte und Exzellenzen liefen auf bloßen Füßen und trugen goldene Schüsseln; es konnte einem wahrhaftig ganz feierlich zumute werden! Seine Stiefel knarrten unheimlich laut, aber Furcht bekam er deshalb nicht!"

„Das ist ganz bestimmt Kay!" sagte Gerda. „Ich weiß, er hatte neue Stiefel an, ich habe sie in Großmutters Stube knarren hören!"

„Ja, knarren taten sie!" sagte die Krähe. „Und wohlgemut ging er auf die Prinzessin zu, die auf einer Perle saß, so groß wie das Rad von einem Spinnrocken; und alle Hofdamen mit ihren Zofen und den Zofen der Zofen und alle Kavaliere mit ihren Bedienten und den Bedienten der Bedienten, die sich ihrerseits einen Knecht halten, standen rings im Kreis; und je näher sie der Tür standen, desto stolzer sahen sie aus. Den Knecht von dem Bedienten des Bedienten, der immer in Pantoffeln läuft, konnte man fast nicht ansehen, so stolz stand er an der Tür!"

„Das muß grausig sein!" sagte die kleine Gerda. „Und Kay hat doch sicher die Prinzessin bekommen?"

„Wäre ich nicht eine Krähe gewesen, dann hätte ich sie

genommen, und zwar ungeachtet dessen, daß ich verlobt bin. Er soll ebensogut geredet haben, wie ich rede, wenn ich die Krähensprache spreche, das habe ich von meiner zahmen Braut. Er war freimütig und reizend; er war gar nicht gekommen, um zu freien, einzig und allein nur, um sich von der Klugheit der Prinzessin zu überzeugen, und die fand er gut, und sie fand ihn wiederum gut!"

„Ja, bestimmt! das war Kay!" sagte Gerda. „Er war so klug, er konnte Kopfrechnen mit Brüchen! – Oh, möchtest du mich nicht aufs Schloß führen?"

„Ja, das ist leicht gesagt!" meinte die Krähe. „Aber wie sollen wir das machen? Ich werde darüber mit meiner zahmen Braut reden; sie kann uns sicher einen Rat geben; denn das will ich dir sagen, so ein kleines Mädchen wie du kriegt nie die Erlaubnis, auf gewöhnliche Art hineinzukommen!"

„Doch, die kriege ich schon!" sagte Gerda. „Wenn Kay hört, ich bin hier, kommt er gleich und holt mich!"

„Warte dort am Zauntritt auf mich!" sagte die Krähe, wackelte mit dem Kopf und flog davon.

Erst als es Abend war und dunkel, kam die Krähe wieder zurück. „Rar! rar!" sagte sie. „Ich soll dich vielmals von meiner zahmen Braut grüßen! Und hier ist ein kleines Brot für dich, das hat sie aus der Küche weggenommen, da ist Brot genug, und du bist sicher hungrig! – Es ist unmöglich, daß du ins Schloß hineinkommst, du hast ja nichts an den Füßen; die Garde in Silber und die Lakaien in Gold würden es nicht gestatten; aber weine nicht, du wirst da schon noch hinaufkommen. Meine Braut weiß eine kleine Hintertreppe, die führt ins Schlafgemach, und sie weiß, wo sie den Schlüssel findet!"

Und sie gingen in den Garten, in die große Allee, wo die Blätter alle abfielen, und als auf dem Schloß die Lichter gelöscht wurden, eines nach dem anderen, führte die Krähe die kleine Gerda zu der Hintertür, die angelehnt stand.

Oh, wie klopfte Gerda das Herz vor Angst und Sehnsucht! Es war fast, als hätte sie etwas Böses vor, und sie wollte ja nur erfahren, ob es der kleine Kay war; doch, er mußte es sein; sie vergegenwärtigte sich so lebhaft seine klugen Augen, sein langes Haar; sie konnte geradezu sehen, wie er lächelte, wie damals, als sie daheim unter den Rosen saßen. Er würde sich bestimmt freuen, sie zu sehen, zu hören, was für einen langen Weg sie um seinetwillen gegangen war, zu erfahren, wie betrübt sie alle zu Hause gewesen waren, als er nicht wiederkam. Oh, es war eine Furcht und eine Freude.

Nun waren sie auf der Treppe; auf einem Schrank brannte eine kleine Lampe; mitten auf der Treppe stand die zahme Krähe und drehte den Kopf nach allen Seiten und betrachtete Gerda, die einen Knicks machte, wie die Großmutter es sie gelehrt hatte.

„Mein Verlobter hat so hübsch von Ihnen gesprochen, mein kleines Fräulein!" sagte die Krähe. „Ihre Vita, wie man es nennt, ist auch sehr rührend! – Würden Sie die Lampe nehmen, dann gehe ich voraus. Wir gehen hier den geraden Weg, denn da treffen wir niemanden!"

„Mir ist so, als käme hier jemand gleich hinter mir her!" sagte Gerda, und es rauschte an ihr vorbei; es war wie Schatten an der Wand, Pferde mit wehenden Mähnen und dünnen Beinen, Jägerburschen, Herren und Damen zu Pferde.

„Das sind nur die Träume!" sagte die Krähe. „Sie kommen und holen die Gedanken der hohen Herrschaften zur Jagd ab, das ist nur gut, so können Sie sie besser im Bett betrachten. Aber ich möchte mir ausbitten, wenn Sie zu Ehren und Würden kommen, daß Sie dann ein dankbares Herz zeigen!"

„Darüber braucht man kein Wort zu verlieren!" sagte die Krähe aus dem Walde.

Jetzt kamen sie in den ersten Saal, der war aus rosafarbenem Atlas mit künstlichen Blumen an den Wänden; hier rauschten schon die Träume an ihnen vorüber, aber sie huschten so schnell vorbei, daß Gerda die hohen Herrschaften nicht zu sehen bekam. Ein Saal war immer prächtiger als der andere; o ja, man konnte wirklich verblüfft sein, und nun waren sie im Schlafgemach. Die Decke hier drinnen glich einer großen Palme mit Blättern aus Glas, kostbarem Glas, und mitten im Raume hingen an einem dicken Stengel aus Gold zwei Betten, jedes sah aus wie eine Lilie; das eine war weiß, in dem schlief die Prinzessin, das zweite war rot, und in diesem sollte Gerda den kleinen Kay suchen. Sie bog eines der roten Blätter beiseite, und da sah sie einen braunen Hinterkopf. – Oh, es war Kay! – Sie rief ganz laut seinen Namen, hielt die Lampe über ihn – die Träume sprengten zu Pferde wieder in die Stube herein –, er erwachte, wandte den Kopf und – es war nicht der kleine Kay.

Der Prinz ähnelte ihm nur am Hinterkopf, aber jung und schön war er. Und aus dem weißen Lilienbett schaute die Prinzessin hervor und fragte, was denn sei. Da weinte die kleine Gerda und erzählte ihre ganze Geschichte und alles, was die Krähen für sie getan hatten.

„Du armes Kleines!" sagten der Prinz und die Prinzessin, und sie lobten die Krähen und sagten, sie seien ihnen gar nicht böse, aber sie sollten es trotzdem nicht wieder tun. Immerhin sollten sie eine Belohnung haben.

„Wollt ihr frei von hinnen fliegen?" fragte die Prinzessin. „Oder wollt ihr als Hofkrähen angestellt werden mit allem, was in der Küche abfällt?"

Und beide Krähen verbeugten sich und baten um feste Anstellung; denn sie dachten an ihr Alter und meinten: „Es wäre schön, wenn man auf seine alten Tage etwas hätte", wie man so sagt.

Und der Prinz stieg aus dem Bett und ließ Gerda darin schlafen, und mehr konnte er nicht tun. Sie faltete ihre kleinen Hände und dachte: „Wie sind Menschen und Tiere doch gut!" und dann schloß sie die Augen und schlief ganz herrlich. Wieder kamen alle Träume angeflogen, und dann sahen sie aus wie Gottes Engel, und sie zogen einen kleinen Schlitten, und auf diesem saß Kay und nickte; aber das Ganze war nur ein Traum, und daher war es auch wieder weg, sobald sie erwachte.

Am nächsten Tage wurde sie vom Scheitel bis zur Zehe in Samt und Seide gekleidet; es wurde ihr angeboten, im

Schloß zu bleiben und sich's wohlsein zu lassen, aber sie bat um nichts als einen kleinen Wagen mit einem Pferd davor und ein Paar kleine Stiefel, dann wollte sie wieder in die weite Welt hinausfahren und Kay suchen.

Und sie erhielt sowohl Stiefel wie auch einen Muff, sie wurde so fein ausgestattet; und als sie fort wollte, hielt vor der Tür eine neue Kutsche aus purem Golde; das Wappen des Prinzen und der Prinzessin glänzte daran wie ein Stern; Kutscher, Diener und Vorreiter, denn Vorreiter waren auch dabei, saßen da mit goldenen Kronen auf dem Kopf. Der Prinz und die Prinzessin halfen ihr selbst in den Wagen und wünschten ihr viel Glück. Die Waldkrähe, die nun geheiratet hatte, gab die ersten drei Meilen das Geleit; sie saß neben ihr, denn sie konnte es nicht vertragen, rückwärts zu fahren; die andere Krähe stand im Tor und klatschte mit den Flügeln, sie fuhr nicht mit, denn sie litt an Kopfweh, seit sie fest angestellt worden war und zuviel zu essen bekam. Innen war die Kutsche mit Zuckerbrezeln ausgeschlagen, und unter dem Sitz waren Früchte und Pfeffernüsse.

„Leb wohl! Leb wohl!" riefen der Prinz und die Prinzessin, und die kleine Gerda weinte, und die Krähe weinte. – So ging es die ersten Meilen; dann nahm auch die Krähe Abschied, und dieser Abschied war der schwerste; sie flog auf einen Baum und klatschte mit ihren schwarzen Flügeln, solange sie den Wagen sehen konnte, der wie der helle Sonnenschein glänzte.

Fünfte Geschichte

Das kleine Räubermädchen

Sie fuhren durch den finsteren Wald, aber die Kutsche leuchtete wie eine Flamme, das stach den Räubern in die Augen, das konnten sie nicht aushalten.

„Es ist Gold! es ist Gold!" riefen sie, stürzten hervor, packten die Pferde, erschlugen die kleinen Jockeys, den Kutscher und die Bediensteten und zerrten jetzt die kleine Gerda aus dem Wagen.

„Sie ist fett, sie ist niedlich, sie ist mit Nußkernen gemästet!" sagte das alte Räuberweib, das einen langen, struppigen Bart hatte und Augenbrauen, die ihr über die Augen hinabhingen. „Das ist ebenso gut wie ein kleines Mastlamm! Na, die wird aber schmecken!" und dann zog sie ihr blankes Messer, und das blitzte, daß es ganz grausig war.

„Au!" sagte das alte Weib im selben Augenblick, als sie gerade von ihrer eigenen kleinen Tochter, die auf ihrem Rücken hing und so wild und ungezogen war, daß es eine Lust war, ins Ohr gebissen wurde. „Du abscheulicher Balg!" sagte die Mutter und kam nicht dazu, Gerda zu schlachten.

„Sie soll mit mir spielen!" sagte das kleine Räubermädchen. „Sie muß mir ihren Muff schenken, ihr schönes Kleid, muß bei mir im Bett schlafen!" und dann biß sie wieder zu, so daß das Räuberweib in die Luft hopste und sich rundherum drehte. Und alle Räuber lachten und sagten: „Seht, wie die mit ihrem Balg tanzt!"

„Ich will in die Kutsche!" sagte das kleine Räubermädchen, und sie mußte unbedingt ihren Willen haben, denn sie war sehr verzogen und sehr eigensinnig. Sie und Gerda stiegen ein, und dann fuhren sie über Stock und Stein tiefer in den Wald hinein. Das kleine Räubermädchen war so groß wie Gerda, aber kräftiger, breitschultriger und von dunkler Hautfarbe; die Augen waren ganz schwarz, sie sahen fast traurig aus. Sie faßte die kleine Gerda um den Leib und sagte: „Die dürfen dich nicht schlachten, solange ich nicht böse auf dich werde! Du bist doch bestimmt eine Prinzessin?"

„Nein", sagte die kleine Gerda und erzählte ihr alles, was sie erlebt hatte und wie lieb sie den kleinen Kay hatte.

Das Räubermädchen sah sie ganz ernsthaft an, nickte ein wenig mit dem Kopf und sagte: „Sie dürfen dich nicht schlachten, und selbst wenn ich böse auf dich werde, dann werde ich es schon selber tun!" und dann trocknete sie Gerda die Tränen und steckte beide Hände in den schönen Muff, der ganz weich und ganz warm war.

Nun hielt die Kutsche an, sie waren mitten auf dem Hof eines Räuberschlosses; von oben bis unten klaffte ein großer Spalt darin, Raben und Krähen flogen aus den offenen Löchern, und die großen Bullenbeißer, die aussahen, als könnten sie jeder einen Menschen verschlingen, sprangen hoch in die Luft, aber sie bellten nicht, denn das war verboten.

In dem großen alten, verrußten Saal brannte mitten auf dem steinernen Fußboden ein großes Feuer; der Rauch zog unter der Decke hin und mußte selber zusehen, wie er hinauskam; in einem großen Braukessel kochte Suppe, und Hasen und auch Kaninchen wurden am Spieß gewendet.

„Du sollst heute nacht hier zusammen mit allen meinen Tieren bei mir schlafen!" sagte das Räubermädchen. Sie bekamen zu essen und zu trinken und gingen dann in eine Ecke, wo Stroh und Decken lagen. Oben saßen auf Pfählen und Stangen fast hundert Tauben, die sämtlich zu schlafen schienen, sich aber doch ein wenig drehten, als die kleinen Mädchen kamen.

„Das sind alles meine", sagte das kleine Räubermädchen und griff schnell nach einer der zunächst sitzenden, hielt sie an den Beinen fest und schüttelte sie, so daß die mit den Flügeln schlug. „Gib ihr einen Kuß!" rief sie und klatschte Gerda mit der Taube ins Gesicht. „Da sitzen die Waldkanaillen!" fuhr sie fort und zeigte auf eine Menge Stäbe, die hoch oben in der Mauer vor ein Loch genagelt waren. „Das sind Waldkanaillen, die beiden! Die fliegen sofort weg, falls man sie nicht ordentlich eingesperrt hat; und hier steht mein alter Schatz Bäh!" und sie zerrte am Geweih ein Rentier herbei, das einen blanken, kupfernen Ring um den Hals hatte und angebunden war. „Den müssen wir auch an die Kette legen, sonst rennt er uns davon. Jeden Abend kitzele ich ihn mit meinem scharfen Messer am Hals, davor hat er mächtige Angst!" und das kleine Mädchen zog ein langes Messer aus einem Spalt in der Mauer und fuhr damit dem Rentier über den Hals; das arme Tier schlug mit den Läufen aus, und das Räubermädchen lachte und zog Gerda alsdann mit sich auf das Lager nieder.

„Hast du das Messer bei dir, wenn du schläfst?" fragte Gerda und sah es etwas furchtsam an.

„Ich schlafe immer mit dem Messer!" sagte das kleine Räubermädchen. „Man weiß nie, was kommt. Aber erzähle mir nun noch einmal, was du mir vorhin von dem kleinen Kay erzählt hast und weshalb du in die weite Welt hinausgezogen bist." Und Gerda erzählte von vorn, und die Holztauben gurrten droben im Käfig, die anderen Tauben schlummerten. Das kleine Räubermädchen legte seinen Arm um Gerdas Hals, hatte das Messer in der anderen Hand und schlief, daß man es hören konnte; aber Gerda konnte kein Auge zutun, sie wußte nicht, ob sie leben oder sterben sollte. Die Räuber saßen rund um das Feuer, sangen und tranken, und das Räuberweib schoß Kobolz. Ach, es war für das kleine Mädchen ganz grauenhaft anzusehen.

Da sagten die Holztauben: „Kurre, kurre! wir haben den kleinen Kay gesehen. Ein weißes Huhn trug seinen Schlitten, er saß im Wagen der Schneekönigin, der niedrig über den Wald hinfuhr, als wir im Nest lagen; sie hauchte uns Junge an, und alle starben, außer uns beiden; kurre, kurre!"

„Was sagt ihr dort oben?" rief Gerda. „Wohin fuhr die Schneekönigin? Wißt ihr etwas darüber?"

„Sie fuhr sicherlich nach Lappland, denn dort liegt immer Schnee und Eis! Frag nur das Rentier, das am Strick angebunden ist."

„Dort liegt Eis und Schnee, dort ist es herrlich und schön!" sagte das Rentier; „dort springt man in den großen, leuchtenden Tälern frei herum! Dort hat die Schneekönigin ihr Sommerzelt, aber ihr festes Schloß liegt oben nach dem Nordpol zu, auf der Insel, die Spitzbergen heißt!"

„O Kay, kleiner Kay!" seufzte Gerda.

„Nun mußt du stille liegen!" sagte das Räubermädchen, „sonst kriegst du das Messer in den Bauch!"

Morgens erzählte Gerda ihr alles, was die Holztauben gesagt hatten, und das kleine Räubermädchen sah ganz ernsthaft aus, nickte aber mit dem Kopf und sagte: „Na, meinetwegen! Weißt du, wo Lappland ist?" fragte sie das Rentier.

„Wer könnte das besser wissen als ich!" sagte das Tier, und die Augen schillerten ihm im Kopf. „Dort bin ich geboren, dort stamme ich her, dort bin ich über die Schneefelder gelaufen!"

„Höre zu!" sagte das Räubermädchen zu Gerda. „Du siehst, daß alle unsere Mannsleute weg sind, aber Mutter ist noch da, und sie bleibt, aber gegen Morgen trinkt sie aus der großen Flasche und macht hinterher ein Nickerchen – dann werde ich etwas für dich tun!" Nun sprang sie

aus dem Bett, flog der Mutter um den Hals, zupfte sie am Schnurrbart und sagte: „Mein lieber süßer Ziegenbock, guten Morgen!" Und die Mutter schnippste ihr unter die Nase, daß die rot und blau wurde, aber das war alles lauter Liebe.

Als dann die Mutter aus ihrer Flasche getrunken hatte und ein kleines Nickerchen machte, ging das Räubermädchen zum Rentier und sagte: „Ich habe eine seltsame Lust, dich noch viele Male mit dem scharfen Messer zu kitzeln, dann bist du nämlich so drollig; aber meinetwegen, ich werde deine Leine lösen und dir helfen, nach draußen zu kommen, damit du nach Lappland laufen kannst, aber du mußt die Beine in die Hand nehmen und mir dies kleine Mädchen zum Schloß der Schneekönigin bringen, wo ihr Gespiele ist. Du hast sicher gehört, was sie erzählt hat, denn sie hat laut genug gesprochen, und du hast gehorcht!"

Das Rentier sprang hoch in die Luft vor Freude. Das Räubermädchen hob die kleine Gerda hinauf und war so umsichtig, sie festzuschnallen, ja ihr sogar auch ein kleines Kissen zum Sitzen zu geben. „Meinetwegen", sagte sie, „hier hast du deine Pelzstiefel, denn es wird kalt werden, aber den Muff behalte ich, der ist viel zu hübsch! Immerhin darfst du nicht frieren. Hier hast du die großen Fausthandschuhe von meiner Mutter, die gehen dir bis zum Ellbogen; fahr hinein! nun siehst du an den Händen genauso aus wie meine eklige Mutter!"

Und Gerda weinte vor Freude.

„Ich kann es nicht leiden, wenn du greinst!" sagte das kleine Räubermädchen. „Jetzt mußt du gerade fröhlich aussehen! Und hier hast du zwei Brote und einen Schinken, dann kannst du nicht Hunger leiden!" Beides hatte sie hinten aufs Rentier gebunden; das kleine Räubermädchen öffnete die Tür, lockte alle großen Hunde herein, und dann zerschnitt sie mit ihrem Messer den Strick und sagte zu dem Rentier: „Lauf zu! paß aber gut auf das kleine Mädchen auf!"

Und Gerda streckte dem kleinen Räubermädchen die Hände mit den großen Fausthandschuhen hin und sagte

Lebewohl, und dann flog das Rentier über Stock und Stein, durch den großen Wald, über Moore und Steppen, so schnell es konnte. Die Wölfe heulten, und die Raben schrien. „Fix! fix!" sagte es am Himmel. Es war fast, als niese er Blut.

„Das ist mein altes Nordlicht!" sagte das Rentier. „Sieh, wie es leuchtet!" und dann lief es noch schneller dahin, Tag und Nacht; die Brote wurden verspeist, der Schinken ebenfalls, und dann waren sie in Lappland.

Sechste Geschichte
Die Lappenfrau und die Finnenfrau

Sie hielten vor einem kleinen Haus; es war so kümmerlich; das Dach reichte bis auf die Erde, und die Tür war so niedrig, daß die Familie auf dem Bauche kriechen mußte, wenn sie hinaus oder hinein wollte. Hier war niemand daheim außer einer alten Lappenfrau, die dastand und bei einer Tranlampe Fisch briet; und das Rentier erzählte Gerdas ganze Geschichte, aber zuerst seine eigene, denn die fand es viel wichtiger, und Gerda war vor Kälte so elend, daß sie nicht sprechen konnte.

„Ach, ihr armen Geschöpfe!" sagte die Lappenfrau, „da habt ihr's noch weit! Ihr müßt über hundert Meilen weiter nach Finnmarken hineinlaufen, denn dort ist die Schneekönigin zur Erholung hingefahren und steckt Abend für Abend blaues Nordlicht an. Ich schreibe ein paar Worte auf einen gedörrten Klippfisch, Papier habe ich nicht, den gebe ich euch mit für die Finnenfrau dort oben, sie kann euch besser Auskunft geben als ich!"

Und als Gerda sich nun aufgewärmt und zu essen und zu trinken bekommen hatte, schrieb die Lappenfrau ein paar Worte auf einen gedörrten Klippfisch, bat Gerda, ihn gut zu verwahren, schnallte sie abermals auf dem Rentier fest, und das sprang von dannen. „Fix! fix!" machte es oben in der Luft, die ganze Nacht flammte das schönste blaue Nordlicht – und dann kamen sie nach Finnmarken und pochten an den Schornstein der Finnenfrau, denn die hatte nicht mal eine Tür.

Drinnen war eine Hitze, daß die Finnenfrau selber fast ganz nackt herumlief; klein war sie und ganz schmuddelig; sie machte der kleinen Gerda sogleich die Kleider auf, zog ihr die Fausthandschuhe und die Stiefel aus – denn sonst wäre es ihr zu heiß geworden –, legte dem Rentier ein Stück Eis auf den Kopf und las dann, was auf dem Klippfisch geschrieben stand; sie las es dreimal, und dann konnte sie es auswendig und steckte den Fisch in den Kochtopf, denn der konnte ja sehr schön gegessen werden, und sie ließ nie etwas umkommen.

Nun erzählte das Rentier zuerst seine Geschichte, dann die der kleinen Gerda, und die Finnenfrau blinzelte mit den klugen Augen, sagte aber nichts.

„Du bist so klug", sagte das Rentier, „ich weiß, du kannst alle Winde der Welt an einen Faden binden; wenn der Schiffer den einen Knoten aufmacht, bekommt er guten Wind, macht er den zweiten auf, dann ist der Wind scharf, und macht er den dritten und vierten auf, dann stürmt es, daß die Wälder umknicken. Möchtest du nicht dem kleinen Mädchen einen Trank geben, daß sie die Kraft von zwölf Männern bekommt und die Schneekönigin überwinden kann?"

„Die Kraft von zwölf Männern", sagte die Finnenfrau, „o ja, das reichte gerade aus!" Und dann ging sie an ein Wandbrett, nahm eine große, zusammengerollte Haut herunter, und die rollte sie auf; es waren absonderliche Buchstaben daraufgeschrieben, und die Finnenfrau las, daß das Wasser ihr von der Stirne troff.

Aber das Rentier bat abermals so herzlich für die kleine Gerda, und Gerda sah die Finnenfrau mit so bittenden Augen und unter Tränen an, daß diese wieder mit den ihren zu blinzeln begann und das Rentier in eine Ecke zog, wo sie mit ihm flüsterte, während es frisches Eis auf den Kopf bekam: „Der kleine Kay ist allerdings bei der Schneekönigin und findet dort alles nach seinem Herzen und seinem Wunsch und meint, es sei der beste Teil von der Welt;

aber das kommt daher, weil er einen Glassplitter ins Herz und ein Glaskörnchen ins Auge bekommen hat; die müssen zuerst heraus, sonst wird er nie mehr Mensch, und die Schneekönigin behält die Macht über ihn!"

„Aber kannst du nicht der kleinen Gerda etwas eingeben, so daß sie Macht über das alles bekommt?"

„Ich kann ihr keine größere Macht geben, als sie schon hat! Siehst du nicht, wie groß die ist? Siehst du nicht, wie Mensch und Tier ihr zu Diensten sein müssen, wie sie auf bloßen Füßen so gut in der Welt vorwärts gekommen ist? Sie darf von uns nicht ihre Macht erfahren, die sitzt in ihrem Herzen, die sitzt darin; sie ist ein liebes, unschuldiges Kind. Kann sie selber nicht zur Schneekönigin hineinkommen und dem kleinen Kay das Glas herausnehmen, dann können wir nicht helfen! Zwei Meilen von hier beginnt der Garten der Schneekönigin, dorthin kannst du das kleine Mädchen tragen, setze sie an dem großen Strauch ab, der mit seinen roten Beeren im Schnee steht, halt dich nicht lange mit Geschwätz auf und beeil dich, daß du hierher zurückkommst!" und dann hob die Finnenfrau die kleine Gerda auf das Rentier hinauf, das so schnell lief, wie es konnte.

„Oh, ich habe meine Stiefel nicht! Ich habe meine Fausthandschuhe nicht mitbekommen!" rief die kleine Gerda, das bekam sie in der schneidenden Kälte zu spüren, aber das Rentier durfte nicht anhalten, es lief, bis es zu dem großen Strauch mit den roten Beeren kam; dort setzte es Gerda ab, küßte sie auf den Mund, und nun rannen große, blanke Tränen über die Backen des Tieres, und dann lief es, so rasch wie es konnte, wieder zurück. Da stand die arme Gerda, ohne Stiefel, ohne Handschuhe, mitten in dem furchtbaren, eiskalten Finnmarken.

Sie lief vorwärts, so schnell sie konnte; da kam ein ganzes Regiment Schneeflocken an; aber die fielen nicht vom Himmel hernieder – der war ganz klar und flammte von Nordlicht –, die Schneeflocken liefen dicht am Erdboden dahin, und je näher sie kamen, desto größer wurden sie. Gerda erinnerte sich wohl, wie groß und kunstvoll sie ausgesehen hatten, damals als sie die Schneeflocken durch das Brennglas sah, aber hier waren sie noch sehr viel größer und fürchterlicher, sie waren lebendig, sie waren die Vorposten der Schneekönigin, sie hatten die seltsamsten Gestalten; manche sahen aus wie gräßliche große Igel, andere wie ganze Knäuel von Schlangen, die die Köpfe hervorsteckten, und andere wie kleine, dicke Bären, deren Haare weit abstanden, alle glänzend weiß, es waren alles lebendige Schneeflocken.

Da betete die kleine Gerda ihr Vaterunser, und die Kälte war so stark, daß sie ihren eigenen Atem sehen konnte, wie ein Dampf stand er ihr aus dem Mund; der Atem wurde dichter und dichter, und er wurde zu kleinen, lichten Engeln, die größer und größer wurden, sowie sie die Erde berührten; und alle hatten sie einen Helm auf dem Kopf und Speer und Schild in den Händen; es wurden ihrer mehr und mehr, und als Gerda ihr Vaterunser zu Ende gesprochen hatte, war eine ganze Heerschar um sie; sie hieben mit ihren Speeren auf die grausigen Schneeflocken ein, so daß sie in hundert Stücke zerschellten, und die kleine Gerda ging ganz sicher und mutig vorwärts. Die Engel streichelten ihre Füße und Hände, und nun fühlte sie weniger, wie kalt es war, und sie ging raschen Schrittes auf das Schloß der Schneekönigin zu.

Aber nun wollen wir erst einmal sehen, wie es Kay geht. Er dachte wahrlich nicht an die kleine Gerda und am allerwenigsten daran, daß sie draußen vorm Schloß stünde.

Siebente Geschichte

Was im Schloß der Schneekönigin geschah und was hinterher geschah

Die Wände des Schlosses bestanden aus stiebendem Schnee, und die Fenster und Türen aus den schneidenden Winden; hier gab es über hundert Säle, je nachdem wie der Schnee stob, der größte erstreckte sich über viele hundert Meilen, alle von dem starken Nordlicht erhellt, und sie waren so groß, so leer, so eisig kalt und gleißend. Nie gab es hier ein Vergnügen, nicht einmal so etwas wie einen kleinen Bärenball, wo der Sturm zum Tanz aufspielen und die Eisbären auf den Hinterbeinen gehen und feine Manieren zeigen konnten; niemals eine kleine Spielgesellschaft mit Maulschellen und Prankenklatschen; niemals ein ganz klein bißchen Kaffeeklatsch bei den weißen Fuchsfräulein; leer, groß und kalt war es in den Sälen der Schneekönigin. Das Nordlicht flammte so haargenau, daß man bis zu dem Punkt zählen konnte, an dem es am hellsten brannte oder am niedrigsten stand. Mitten in dem leeren, unendlichen Schneesaal lag ein zugefrorener See, der war in tausend Stücke zerborsten, aber jedes Stück war dem anderen vollkommen gleich, so daß das Ganze höchst kunstvoll war; und mitten darauf saß die Schneekönigin, wenn sie daheim war, und dann sagte sie, sie sitze im Spiegel des Verstandes und dies sei das einzige und beste auf der ganzen Welt.

Der kleine Kay war ganz blau vor Kälte, ja beinahe schwarz, aber er merkte es trotzdem nicht, denn sie hatte ihm ja den Frostschauer weggeküßt, und sein Herz war so gut wie ein Eisklumpen Er schleppte allerlei scharfe, flache Eisstücke, die er auf alle mögliche Art und Weise zusammensetzte, denn er wollte etwas herausbekommen; es war genauso, wie wenn wir anderen kleine Holzplättchen nehmen und diese zu Figuren zusammensetzen, was man das chinesische Spiel nennt. Kay legte auch Figuren, die allerkunstvollsten, es war das Verstandes-Eisspiel, in seinen Augen waren die Figuren ganz ausgezeichnet und von allerhöchster Wichtigkeit; das kam von dem Glaskorn, das in seinem Auge saß! Er legte ganze Figuren, die ein geschriebenes Wort waren; aber nie konnte er herausfinden, wie er das Wort legen sollte, das er unbedingt legen wollte, das Wort „Ewigkeit", und die Schneekönigin hatte gesagt: „Kannst du mir die Figur herausbekommen, dann sollst du frei sein, und ich schenke dir die ganze Welt und ein Paar neue Schlittschuhe." Aber er konnte es nicht.

„Jetzt sause ich in die warmen Länder!" sagte die Schneekönigin. „Ich will hin und in die schwarzen Kessel schauen!" – das waren die feuerspeienden Berge, der Ätna und der Vesuv, wie man sie nennt –, „ich will sie ein bißchen weißen! Das gehört dazu, das tut den Zitronen und Weintrauben gut!" und dann flog die Schneekönigin fort, und Kay saß ganz allein in dem viele Meilen großen leeren Eissaal und schaute die Eisstücke an und dachte und dachte, so daß es in ihm knackte; ganz starr und still saß er da, man hätte meinen können, er sei erfroren.

In diesem Augenblick trat die kleine Gerda durch das große Tor, das die schneidenden Winde waren, ins Schloß; aber sie sprach ihr Abendgebet, und da legten sich die Winde, als wollten sie schlummern, und sie trat in die großen, leeren, kalten Säle – da sah sie Kay, sie erkannte ihn, sie flog ihm um den Hals, hielt ihn ganz fest und rief: „Kay! lieber kleiner Kay! nun habe ich dich doch gefunden!"

Aber er saß ganz still da, starr und kalt – da weinte die kleine Gerda heiße Tränen, sie fielen auf seine Brust, sie drangen in sein Herz ein, sie schmolzen den Eisklumpen und zehrten den kleinen Spiegelsplitter da drinnen auf; er sah sie an, und sie sang das Lied:

„Im Tale wachsen Rosen schön
Laßt uns zu unserem Jesuskind gehn."

Da brach Kay in Tränen aus; er weinte, daß ihm das Spiegelkörnchen aus den Augen purzelte, er erkannte das Mädchen und jubelte: „Gerda! liebe kleine Gerda! wo bist du denn nur so lange gewesen? Und wo bin ich gewesen?" und er blickte um sich. „Wie ist es hier kalt! Wie ist es hier leer und weit!" und er hielt sich an Gerda fest, und sie lachte und weinte vor Freude; es war so himmlisch schön, daß selbst die Eisstücke ringsum vor Freude tanzten, und als sie müde waren und sich hinlegten, da lagen sie genau in Form der Buchstaben, von denen die Schneekönigin gesagt hatte, er solle sie herausbekommen, dann wäre er frei, und sie wolle ihm die ganze Welt und ein Paar neue Schlittschuhe schenken.

Und Gerda küßte seine Wangen, und sie begannen zu blühen; und sie küßte seine Augen, und die leuchteten wie ihre; sie küßte seine Hände und Füße, und er ward frisch und gesund. Die Schneekönigin mochte ruhig nach Hause kommen, sein Lösebrief stand hier mit schimmernden Eisstücken geschrieben.

Und sie nahmen sich bei den Händen und wanderten aus dem großen Schloß hinaus; sie sprachen von der Großmutter und von den Rosen oben auf dem Dach; und wo sie gingen, da lagen die Winde ganz still, und die Sonne brach durch; und als sie den Strauch mit den roten Beeren erreichten, stand das Rentier da und wartete; es hatte ein zweites junges Ren bei sich, dessen Euter voll war, und das Ren gab den Kleinen seine warme Milch und küßte sie auf den Mund. Dann trugen sie Kay und Gerda zuerst zur Finnenfrau, wo sie sich in der heißen Hütte aufwärmten und über die Heimfahrt Bescheid erhielten, dann zur Lappenfrau, die ihnen neue Kleider genäht und ihren Schlitten instand gesetzt hatte.

Und das Rentier und das junge Ren liefen nebenher und begleiteten sie bis an die Landesgrenze, dort lugte das erste Grün hervor, dort nahmen sie Abschied vom Rentier und von der Lappenfrau. „Lebt wohl!" sagten sie alle. Und die ersten Vögelchen begannen zu zwitschern, der Wald hatte grüne Knospen, und heraus kam, auf einem prachtvollen Pferde reitend, das Gerda erkannte – es war vor die goldene Kutsche gespannt gewesen –, ein junges Mädchen mit einer leuchtend roten Mütze auf dem Kopf und Pistolen vor sich; es war das kleine Räubermädchen, das es leid war, zu Hause zu sitzen, und jetzt erst einmal nordwärts wollte und dann in eine andere Gegend, falls es ihr nicht gefiele. Das Mädchen erkannte Gerda sofort, und Gerda erkannte sie, es war eine Freude.

„Du bist mir ein schöner Bursche, dich so herumzutreiben!" sagte sie zu dem kleinen Kay. „Ich möchte mal wissen, ob du es verdienst, daß man deinetwegen bis ans Ende der Welt rennt!"

Aber Gerda streichelte ihre Wange und fragte nach Prinz und Prinzessin.

„Die sind in fremde Länder gereist!" sagte das Räubermädchen.

„Und die Krähe?" fragte die kleine Gerda.

„Ja, die Krähe ist tot!" erwiderte sie. „Die zahme Braut ist Witwe geworden und trägt ein Stück schwarze Wolle ums Bein; sie jammert erbärmlich, und es ist alles Unfug! – Aber erzähle mir nun, wie es dir ergangen ist und wie du ihn erwischt hast!"

Und Gerda und Kay erzählten beide.

„Und schnipp-schnapp-schnurre-basselurre!" sagte das Räubermädchen, gab ihnen beiden die Hand und versprach, wenn sie einmal durch ihre Stadt käme, dann wollte sie sie besuchen, und dann ritt sie in die weite Welt hinaus. Aber Kay und Gerda gingen Hand in Hand dahin, und während sie so gingen, wurde es herrlicher Frühling mit Blumen und Grün; die Kirchenglocken läuteten, und die beiden Kinder erkannten die hohen Türme, die große Stadt, es war die, in der sie wohnten, und sie gingen hinein und zu Großmutters Tür, die Treppe hinauf, in die Stube, wo alles an derselben Stelle stand wie früher, und die Uhr machte: „Tick! Tack!" und der Zeiger lief herum; aber als sie durch die Tür gingen, merkten sie, daß sie erwachsene Menschen geworden waren. Die Rosen in der Dachrinne blühten zu den offenen Fenstern herein, und da standen die kleinen Kinderstühle, und Kay und Gerda setzten sich jedes auf einen und hielten einander an den Händen, sie hatten die kalte, leere Herrlichkeit bei der Schneekönigin vergessen wie einen schweren Traum. Großmutter saß in Gottes hellem Sonnenschein und las laut aus der Bibel: „Und so ihr nicht werdet wie die Kinder, werdet ihr nicht in das Reich Gottes kommen!"

Und Kay und Gerda sahen einander in die Augen, und sie verstanden mit einemmal den alten Choral:

„Im Tale wachsen Rosen schön,
Laßt uns zu unserem Jesuskind gehn."

Da saßen sie, beide erwachsene Menschen und dennoch Kinder, Kinder im Herzen, und es war Sommer, warmer gesegneter Sommer.

Das Holunderweibchen

Es war einmal ein kleiner Junge, der war erkältet; er hatte sich nasse Füße geholt, niemand konnte begreifen, wo er sie herbekommen hatte, denn es war ganz trockenes Wetter. Nun zog seine Mutter ihn aus, brachte ihn zu Bett und ließ die Teemaschine hereinkommen, um ihm eine gute Tasse Holundertee zu machen, denn das wärmt! Im selben Augenblick kam der alte, drollige Mann zur Tür herein, der ganz oben im Haus wohnte und ganz allein lebte, denn er hatte weder Frau noch Kinder, hatte aber alle Kinder so gern und wußte so viele Märchen und Geschichten zu erzählen, daß es eine Lust war.

„Nun trinkst du deinen Tee!" sagte die Mutter, „vielleicht bekommst du dann ein Märchen erzählt."

„Ja, wenn man nur etwas Neues wüßte!" sagte der alte Mann und nickte freundlich. „Aber wo hat sich denn der Kleine die nassen Füße geholt?" fragte er.

„Ja, wo hat er sie her?" sagte die Mutter. „Das kann keiner begreifen."

„Krieg ich ein Märchen erzählt?" fragte der Junge.

„Ja, aber kannst du mir möglichst genau sagen – denn das muß ich erst wissen –, wie hoch der Rinnstein hier in der kleinen Straße ist, wo du zur Schule gehst?"

„Genau bis halb zu den Schäften rauf", sagte der Junge, „aber dann muß ich in das tiefe Loch treten!"

„Sieh mal an, da haben wir die nassen Füße her!" sagte der Alte. „Nun würde ich gern ein Märchen erzählen, aber ich weiß keins mehr!"

„Sie können im Handumdrehen eins machen!" sagte der kleine Junge. „Mutter sagt, aus allem, was Sie anschauen, kann ein Märchen werden, und aus allem, was Sie anrühren, können Sie eine Geschichte machen!"

„Ja, aber die Märchen und Geschichten taugen nichts! Nein, die richtigen, die kommen von selber, die klopfen an meine Stirn und sagen: ‚Da bin ich!'"

„Klopft es nicht bald?" fragte der kleine Junge, und die Mutter lachte, tat Holundertee in die Kanne und goß kochendes Wasser darauf.

„Erzählen Sie, erzählen Sie!"

„Ja, wenn von selber ein Märchen käme, aber so eins ist vornehm, das kommt nur, wenn es selber Lust hat! – Halt!" sagte er mit einemmal, „da haben wir es! Paß auf, da ist jetzt eins auf der Teekanne!"

Und der kleine Junge sah zur Teekanne hinüber, der Deckel hob sich mehr und mehr, und die Holunderblüten kamen ganz frisch und weiß hervor, sie trieben große und lange Zweige, selbst aus der Tülle breiteten sie sich nach allen Seiten aus und wurden immer größer, es war der schönste Holunderstrauch, ein ganzer Baum, er reichte bis zum Bett herüber und schob die Vorhänge beiseite; nein, wie es blühte und duftete! Und mitten im Baume saß eine alte, freundliche Frau mit einem sonderbaren Kleid, das war ganz grün, genau wie die Blätter des Holunderstrauchs, und mit großen weißen Holunderblüten besetzt, man konnte erst gar nicht sehen, ob es Stoff war oder lebendiges Grün und Blüten.

„Wie heißt die Frau?" fragte der kleine Junge.

„Ja, die Römer und Griechen", sagte der alte Mann, „die

nannten sie eine Dryade, aber das verstehen wir nicht; draußen in Nyboder hat man einen besseren Namen für sie, dort heißt sie ‚Holunderweibchen', und sie ist es nun, auf die du achtgeben sollst; hör nur her und schau den schönen Holunderbaum an.

Ein ebenso großer, blühender Baum steht draußen in Nyboder. Er wuchs auf einem kleinen, ärmlichen Hof in der Ecke; unter diesem Baum saßen eines Nachmittags im schönsten Sonnenschein zwei alte Leute, es waren ein alter, alter Seemann und seine alte, alte Frau, sie waren Urgroßeltern und wollten bald ihre goldene Hochzeit feiern, aber sie konnten sich nicht so recht auf das Datum besinnen; und das Holunderweibchen saß im Baum und sah mächtig vergnügt aus, geradeso wie hier. ‚Ich weiß genau, wann die goldene Hochzeit ist!' sagte sie, aber sie hörten sie nicht, sie sprachen von alten Zeiten.

‚Ja, weißt du noch', sagte der alte Seemann, ‚damals, als wir ganz kleine Kinder waren und herumliefen und spielten, es war genau auf demselben Hof, wo wir jetzt sitzen, und wir steckten Hölzchen in die Erde und machten einen Garten.'

‚Ja', sagte die alte Frau, ‚das weiß ich noch genau! Und wir begossen die Hölzchen, und eines davon war ein Holunderzweiglein, das schlug Wurzeln, trieb grüne Schößlinge und ist nun der große Baum geworden, unter dem wir alten Menschen sitzen.'

‚Ja gewiß!' sagte er. ‚Da drüben in der Ecke stand ein Wasserzuber, dort schwamm mein Fahrzeug, ich hatte es selber geschnitzt. Wie das segeln konnte! Aber ich sollte später wahrlich anders segeln lernen!'

‚Ja, aber zuerst gingen wir in die Schule und lernten etwas!' sagte sie, ‚und dann wurden wir eingesegnet; wir weinten beide, aber nachmittags gingen wir Hand in Hand auf den Runden Turm und sahen über Kopenhagen und das Meer in die Welt hinaus! Dann gingen wir nach Frederiksberg, wo der König und die Königin in ihren prächtigen Booten auf den Kanälen segelten.'

‚Aber ich sollte wahrlich anders in die Welt hinaussegeln, und obendrein noch viele Jahre lang, weit fortsegeln, auf großer Fahrt!'

‚Ja, ich habe oftmals geweint um dich!' sagte sie. ‚Ich dachte, du wärest gestorben und verdorben und lägest und schwapptest da unten in dem tiefen Wasser! Manche Nacht stand ich auf und sah nach, ob die Wetterfahne sich drehte; ja, sie drehte sich wohl, aber du kamst nicht! Ich weiß noch ganz genau, wie es eines Tages goß. Der Aschenmann kam dorthin, wo ich in Stellung war, ich ging mit dem Mülleimer hinunter und blieb an der Tür stehen – was war es für ein greuliches Wetter! Und wie ich da stand, war der Postbote neben mir und gab mir einen Brief, der war von dir; ja, wie war der umhergereist! Ich machte mich gleich drüber her und las; ich lachte und weinte, ich freute mich so! Da stand, du wärest in den heißen Ländern, wo die Kaffeebohnen wachsen! Was muß das für ein gesegnetes Land sein! Du erzähltest so viel, und ich sah es alles, während der Regen niederströmte und ich mit dem Mülleimer dastand. Im selben Augenblick kam einer und faßte mich um!'

‚Ja, aber du gabst ihm tüchtig eins hinter die Ohren, so daß es laut klatschte.'

‚Ich wußte doch nicht, daß du es warst! Du warst ebenso schnell gekommen wie dein Brief, und du warst so stattlich – das bist du aber noch. Du hattest ein großes, gelbseidenes Taschentuch einstecken und einen blanken Hut auf, du warst so fein. Gott, was war das für ein Wetter, und wie sah die Straße aus!'

‚Dann heirateten wir!' sagte er. ‚Erinnerst du dich? Und wie wir dann den ersten kleinen Jungen bekamen und dann Marie und Niels und Peter und Hans Christian?'

‚Ja, und wie sie allesamt groß geworden sind und brave Menschen, die jedermann gern hat!'

‚Und deren Kinder wieder, die haben Kinder bekommen!' sagte der alte Matrose; ‚ja, das sind Kindeskindeskinder, die haben es in sich! – Es war doch, will mir scheinen, um diese Jahreszeit, daß wir Hochzeit feierten...'

‚Ja, gerade heute ist der goldene Hochzeitstag!' sagte das

Holunderweibchen und steckte den Kopf zwischen den beiden Alten hindurch, und sie meinten, es wäre die Nachbarin, die nickte; sie sahen einander an und faßten sich bei den Händen; kurz darauf kamen Kinder und Kindeskinder; die wußten genau, daß es der goldene Hochzeitstag war, sie hatten schon heute morgen gratuliert, aber das hatten die Alten vergessen, während sie alles, was vor vielen Jahren geschehen war, sehr genau wußten; und der Holunder duftete so stark, und die Sonne, die eben untergehen wollte, schien den beiden Alten gerade ins Gesicht; sie hatten beide so rote Backen, und das kleinste von den Enkelkindern tanzte um sie herum und rief ganz glückselig, heute abend sollte ein richtiges Fest sein, sie bekämen warme Kartoffeln zum Abendbrot; und das Holunderweibchen nickte im Baum und rief mit all den anderen zusammen hurra."

„Aber das war doch kein Märchen!" sagte der kleine Junge, dem es erzählt worden war.

„Ja, das mußt du verstehen!" sagte der, welcher erzählte. „Aber wir wollen doch mal das Holunderweibchen fragen!"

„Das war kein Märchen", sagte das Holunderweibchen, „aber jetzt kommt es! Aus dem Wirklichen erwächst gerade das erstaunlichste Märchen; sonst könnte ja mein schöner Holunderstrauch nicht aus der Teekanne gesprossen sein."
Und dann nahm sie den kleinen Jungen aus dem Bett, legte ihn an ihre Brust, und die Holunderzweige, voll von Blüten, schlugen um die beiden zusammen, sie saßen wie in der dichtesten Laube, und sie flog mit ihnen durch die Luft, es war über alle Maßen herrlich. Das Holunderweibchen war mit einemmal ein junges, wunderhübsches Mädchen geworden, aber das Kleid war noch von demselben grünen, weißgeblümten Stoff, wie das Holunderweibchen ihn getragen hatte; auf der Brust hatte sie eine richtige Holunderblüte und um ihr gelbes, lockiges Haar einen ganzen Kranz von Holunderblüten; ihre Augen waren ganz groß, ganz blau, oh, sie war so wunderbar anzuschauen! Sie und der Junge küßten sich, und nun waren sie gleichen Alters und von der gleichen Freude beseelt.

Sie gingen Hand in Hand aus der Laubhütte und standen nun in dem schönen Blumengarten des Hauses; neben dem frischen Rasenstück war des Vaters Stock an einem Pflock angebunden, für die Kleinen war der Stock lebendig; sobald sie sich rittlings daraufsetzten, verwandelte sich der glänzende Knauf in einen prächtig wiehernden Pferdekopf, die lange, schwarze Mähne flatterte, vier schlanke, kräftige Beine holten aus; das Tier war stark und feurig; im Galopp sausten sie um das Rasenstück herum, hussa! „Nun reiten wir viele Meilen fort!" sagte der Junge. „Wir reiten zu dem Gutshof, wo wir im vorigen Jahre waren!" und sie ritten und ritten rund um das Rasenstück herum; und immer rief das kleine Mädchen, das, wie wir wissen, niemand anders war als das Holunderweibchen: „Nun sind wir auf dem Lande! Siehst du das Bauernhaus mit dem großen Backofen? Der schaut aus wie ein riesengroßes Ei in der Hauswand nach der Straße hin; der Holunderbaum neigt seine Zweige darüber, und der Hahn macht einen Kratzfuß vor den Hennen, sieh, wie er sich brüstet! – Nun sind wir an der Kirche! Die liegt hoch auf dem Hügel unter den großen Eichen, deren eine halb eingegangen ist! – Nun sind wir bei der Schmiede, wo das Feuer lodert und die halbnackten Männer mit dem Hammer schlagen, daß die Funken weit umherstieben. Auf, auf – zu dem prächtigen Gutshof!" Und alles, was das kleine Mädchen, das hinten auf dem Stocke saß, sagte, das flog auch vorüber; der Junge sah es, und dennoch kamen sie nur um das Rasenstück herum. Dann spielten sie auf dem Seitenpfad und zeichneten einen kleinen Garten ins Erdreich, und sie nahm die Holunderblüte aus ihrem Haar, pflanzte sie ein, und die wuchs genauso, wie es bei den alten Leuten in Nyboder geschehen war, damals, als sie klein gewesen waren, und wovon oben schon erzählt wurde. Sie gingen Hand in Hand, ebenso wie die alten Leute es als Kinder getan hatten, aber nicht auf den Runden Turm hinauf oder zum Frederiksberg Have, nein, das kleine Mädchen faßte den Jungen um, und dann flogen sie in ganz Dänemark umher, und es war Frühling, und es wurde Sommer, und es war Herbst, und es wurde

Winter, und Tausende von Bildern spiegelten sich in den
Augen und dem Herzen des Jungen wider, und immer
sang das kleine Mädchen ihm vor: „Das wirst du nie vergessen!"
Und während des ganzen Fluges duftete der
Holunder gar süß und köstlich; der Junge spürte zwar die
Rosen und die frischen Buchen, aber der Holunder duftete
noch wundersamer, denn seine Blüten hingen an dem Herzen
des kleinen Mädchens, und an dieses lehnte er während
des Fluges oftmals seinen Kopf.

„Hier ist es herrlich im Frühling!" sagte das junge Mädchen,
und sie standen in dem jüngst ausgeschlagenen
Buchenwald, wo der grüne Waldmeister zu ihren Füßen duftete
und die zartrosa Anemonen in dem Grün so wunderbar
aussahen. „Oh, wäre es doch immer Frühling in dem duftenden
dänischen Buchenwald!"

„Hier ist es im Sommer schön!" sagte sie, und sie flogen
an alten Herrensitzen aus der Ritterzeit vorbei, deren rote
Mauern und Treppengiebel sich in den Kanälen spiegelten,
in denen die Schwäne schwammen, und sie schauten die
alten, kühlen Alleen hinauf. Auf dem Felde wogte das Korn,
als ob es ein Meer wäre, die Gräben standen voll von roten
und gelben Blumen, die Zäune von wildem Hopfen und
blühender Winde. Und abends stieg der Mond rund und

groß empor, die Heudiemen auf den Wiesen dufteten gar süß. „Das vergißt man nie!"

„Hier ist es im Herbst schön!" sagte das kleine Mädchen, und die Luft wurde doppelt so hoch und blau, der Wald bekam die herrlichsten Farben, rot, gelb und grün; die Jagdhunde schossen dahin, ganze Scharen von Vogelwild flogen kreischend über das Hünengrab, wo die Brombeerranken um die alten Steine hingen: das Meer war schwarzblau, die Segler weiß; und auf der Tenne saßen alte Frauen, Mädchen und Kinder und zupften Hopfen in einen großen Zuber. Die Jungen sangen Lieder, aber die Alten erzählten Märchen von Wichteln und Trollen. Besser konnte es gar nicht sein!

„Hier ist es im Winter schön!" sagte das kleine Mädchen, und alle Bäume waren vom Rauhreif überzogen, sie sahen aus wie weiße Korallen, der Schnee knirschte unter den Füßen, als hätte man ständig neue Stiefel an, und vom Himmel fiel eine Sternschnuppe nach der anderen. In der Stube wurde der Weihnachtsbaum angezündet, hier gab es Geschenke, und es herrschte Frohsinn; auf dem Lande ertönte die Fiedel in der Bauernstube, Apfelkrapfen gab es, soviel man wollte; selbst das ärmste Kind sagte: „Es ist doch im Winter so schön!"

Ja, es war schön; und das kleine Mädchen zeigte dem Jungen alles, und immer duftete der Holunder, und immer wehte die rote Flagge mit dem weißen Kreuz, die Flagge, unter welcher der alte Seemann aus Nyboder gesegelt war! – Und der Junge wurde ein Bursche, und er mußte in die weite Welt hinaus, weit fort in die warmen Länder, wo der Kaffee wächst; aber zum Abschied nahm das kleine Mädchen eine Holunderblüte von ihrer Brust und gab sie ihm zum Andenken, und die wurde ins Gesangbuch gelegt, und immer, wenn er in der Fremde das Buch aufschlug, war es gerade an der Stelle, wo die Erinnerungsblüte lag, und je mehr er sie ansah, desto frischer wurde sie; er spürte gleichsam den Duft der dänischen Wälder, und deutlich sah er zwischen den Blütenblättern das kleine Mädchen mit seinen hellen blauen Augen hervorschauen, und dann flüsterte sie: „Hier ist es schön im Frühling, im Sommer, im Herbst und Winter!" Und Hunderte von Bildern durchzogen seine Gedanken.

Auf diese Weise gingen viele Jahre dahin, und er war jetzt ein alter Mann und saß mit seiner alten Frau unter einem blühenden Baum; sie hielten einander an den Händen, genauso wie Urgroßvater und Urgroßmutter es draußen in Nyboder taten, und sie redeten ebenso wie jene von alten Zeiten und von der goldenen Hochzeit. Das kleine Mädchen mit den blauen Augen und mit den Holunderblüten im Haar saß oben im Baum, nickte ihnen beiden zu und sagte: „Heute ist der Tag der goldenen Hochzeit!" und dann nahm sie zwei Blüten aus ihrem Kranz, drückte einen Kuß darauf, und sie glänzten zuerst wie Silber, dann wie Gold, und als sie sie den alten Leuten auf den Kopf legte, wurde jede Blüte zu einer goldenen Krone; da saßen sie beide, wie ein König und eine Königin, unter dem duftenden Baum, der ganz und gar aussah wie ein Holunderbaum, und er erzählte seiner alten Frau die Geschichte vom Holunderweibchen, so wie man sie ihm erzählt hatte, als er ein kleiner Junge gewesen war; und sie fanden beide, daß so viel darin vorkam, was ihrer eigenen ähnlich war, und das gefiel ihnen am besten.

„Ja, so ist es!" sagte das kleine Mädchen im Baum. „Manche nennen mich Holunderweibchen, andere nennen mich Dryade, aber eigentlich heiße ich Erinnerung, ich bin es, die im Baume sitzt, der wächst und wächst, ich kann mich an alles erinnern, ich kann erzählen! Laß einmal sehen, ob du noch deine Blüte hast!"

Und der alte Mann schlug sein Gesangbuch auf, da lag die Holunderblüte, so frisch, als ob sie eben erst hineingelegt worden wäre, und die Erinnerung nickte, und die beiden Alten mit der goldenen Krone saßen in der roten Abendsonne; sie schlossen die Augen und – und – ja, da war das Märchen aus!

Der kleine Junge lag in seinem Bett, er wußte nicht, ob er geträumt hatte oder ob er es hatte erzählen hören; die Teekanne stand auf dem Tisch, aber es wuchs kein Holunderstrauch daraus hervor, und der alte Mann, der erzählt hatte, wollte gerade zur Tür hinausgehen, und das tat er.

„Wie war das schön!" sagte der kleine Junge. „Mutter, ich bin in den warmen Ländern gewesen!"

„Ja, das glaube ich gern!" sagte die Mutter. „Wenn man zwei volle Tassen Holundertee im Leibe hat, dann soll man wohl in die warmen Länder kommen!" und sie stopfte die Decke gut um ihn fest, damit er sich nicht erkältete. „Du hast sicher geschlafen, während ich dasaß und mich mit ihm stritt, ob es eine Geschichte war oder ein Märchen!"

„Und wo ist das Holunderweibchen?" fragte der Junge.

„Es ist in der Teekanne!" sagte die Mutter, „und da mag es bleiben!"

DIE STOPFNADEL

Es war einmal eine Stopfnadel, die hatte es so sehr mit der Feinheit, daß sie sich einbildete, sie sei eine Nähnadel.

„Paßt nun bloß auf, was ihr da haltet!" sagte die Stopfnadel zu den Fingern, die sie herausholten. „Laßt mich nicht hinunterfallen! Falle ich auf den Fußboden, dann bin ich imstande, nie wiedergefunden zu werden, so fein bin ich!"

„Gemach! gemach!" sagten die Finger, und dann faßten sie sie fest um den Leib.

„Seht, ich komme mit Gefolge!" sagte die Stopfnadel, und dann zog sie einen langen Faden hinter sich her, der indes keinen Knoten hatte.

Die Finger steuerten die Nadel geradeswegs auf den Pantoffel der Köchin zu, dessen Oberleder geplatzt war, und nun sollte es zusammengenäht werden.

„Es ist eine unwürdige Arbeit!" sagte die Stopfnadel. „Ich komme nie da durch! Ich zerbreche! ich zerbreche!"

und dann zerbrach sie. „Habe ich es nicht gesagt?" sagte die Stopfnadel. „Ich bin zu fein!"

Nun ist sie nicht mehr zu gebrauchen, meinten die Finger, aber sie mußten trotzdem festhalten; die Köchin träufelte Siegellack auf die Nadel und steckte sie dann vorn an ihr Brusttuch.

„Seht, nun bin ich eine Busennadel!" sagte die Stopfnadel. „Ich wußte doch, daß ich zu Ehren käme; wenn man etwas ist, wird immer etwas aus einem!" und dann lachte sie innerlich, denn äußerlich kann man es einer Stopfnadel nie ansehen, daß sie lacht. Da saß sie nun ganz stolz, als führe sie in einer Kutsche, und hielt nach allen Seiten Ausschau.

„Darf ich die Ehre haben, Sie zu fragen, ob Sie aus Gold sind?" fragte sie die Stecknadel, die ihre Nachbarin war. „Sie haben ein schönes Äußeres und Ihren eigenen Kopf, aber klein ist er! Sie müssen sehen, daß er noch wächst, denn nicht alle können am Hinterteil gelackt werden!" Und dann richtete sich die Stopfnadel so hoch auf, daß sie aus dem Tuch herausrutschte und in den Ausguß fiel, den die Köchin gerade ausspülte.

„Nun gehen wir auf die Reise!" sagte die Stopfnadel. „Wenn ich mich nur nicht verirre!" Aber das tat sie.

„Ich bin zu fein für diese Welt!" sagte sie, als sie im Rinnstein saß. „Ich war mir meiner selbst wohl bewußt, und das ist immer eine kleine Befriedigung!" und dann hielt sich die Stopfnadel ganz gerade und büßte ihre gute Laune nicht ein.

Und über sie hinweg schwamm alles mögliche, Hölzer, Halme, Zeitungsfetzen. „Seht, wie die schwimmen!" sagte die Stopfnadel. „Die wissen nicht, was unter ihnen piekt! Ich pieke, ich sitze hier! Seht, da schwimmt nun ein Stück Holz, das denkt an nichts anderes auf dieser Welt als an Holz, und das ist es selber; da schwimmt ein Halm, seht, wie der sich krümmt, seht, wie der sich dreht! Denk nicht soviel an dich selber, du könntest dich an den Pflastersteinen stoßen! – Da segelt eine Zeitung! – Vergessen ist, was in der steht, und dennoch bläht sie sich auf! – Ich sitze geduldig und still! Ich weiß, was ich bin, und das bleibe ich!"

Eines Tages glänzte etwas, ganz nahebei und wunderschön, und nun glaubte die Stopfnadel, es sei ein Diamant, aber es war ein Flaschenscherben, und da er glänzte, so redete die Stopfnadel ihn an und stellte sich als Busennadel vor! „Sie sind sicher ein Diamant?" – „Ja, so was Ähnliches bin ich!" Und nun meinte eines vom anderen, daß es ganz kostbar wäre, und dann unterhielten sie sich darüber, wie hoffärtig die Welt sei.

„Ja, ich habe in einer Schachtel bei einer Jungfer gewohnt", sagte die Stopfnadel, „und die Jungfer war Köchin; sie hatte an jeder Hand fünf Finger, aber etwas so Eingebildetes wie die fünf Finger habe ich nie erlebt, und dabei waren sie nur dazu da, mich zu halten, mich aus der Schachtel zu nehmen und mich in die Schachtel zu legen!"

„Hatten sie etwas Vornehmes an sich?" fragte der Flaschenscherben.

„Vornehmes!" sagte die Stopfnadel, „nein, Hochmut hatten sie an sich! Es waren fünf Brüder, alles geborene ‚Finger', sie standen aufrecht einer neben dem anderen, obwohl sie von verschiedener Länge waren; der äußerste von ihnen, der Däumling, war kurz und dick, der lief außer der Reihe, und außerdem hatte er nur einen Knick im Rücken, er konnte sich nur einmal verbeugen, aber er sagte, wenn er von einem Menschen abgehauen würde, dann wäre der ganze Mensch für den Kriegsdienst untauglich. Naschpott, der Zeigefinger, wurde in Süßes wie Saures gesteckt, zeigte auf Sonne und Mond und war derjenige, der aufdrückte, wenn sie schrieben; Langemann, der Mittelfinger, war der längste und guckte den anderen über den Kopf. Goldfeuer, der Ringfinger, lief mit einem goldenen Ring um den Bauch herum, und der kleine Finger, der Peer Spielmann hieß, tat gar nichts, und darauf war er stolz. Es war die reinste Prahlerei, dabei blieb es auch, und da stürzte ich mich in den Ausguß!

Siehe da, nun ist er befördert worden!" sagte die Stopfnadel, im selben Augenblick kam mehr Wasser in den Rinnstein, das trat über alle Ufer und riß den Glasscherben mit.

„Siehe da, nun ist er befördert worden!" sagte die Stopfnadel. „Ich bleibe sitzen, ich bin zu fein, aber das ist mein Stolz, und der ist aller Ehren wert!" und dann saß sie kerzengerade und dachte viel nach.

„Ich möchte fast meinen, ich sei von einem Sonnenstrahl geboren worden, so fein bin ich! Will es mir nicht auch so scheinen, als ob die Sonne mich immer unter Wasser suchte? Ach, ich bin so fein, daß meine Mutter mich nicht finden kann, hätte ich mein altes Auge*, das entzweigebrochen ist, dann, glaube ich, könnte ich weinen! – Wenn ich es auch nicht täte – weinen, das ist nicht fein!"

Eines Tages lagen ein paar Straßenjungen da und pantschten im Rinnstein herum, wo sie alte Nägel, Münzen und dergleichen fanden. Es war eine schöne Schweinerei, aber das war nun mal ihr Vergnügen.

„Au!" sagte der eine, er hatte sich an der Stopfnadel gepiekt. „Das ist mir schon ein Bursche!"

„Ich bin kein Bursche, ich bin ein Fräulein!" sagte die Stopfnadel, aber keiner hörte es; der Lack war von ihr abgegangen, und schwarz war sie geworden, aber schwarz macht schlank, und so glaubte sie denn, sie wäre noch feiner als vorher.

„Da kommt eine Eierschale angeschwommen!" sagten die Jungen, und nun steckten sie die Stopfnadel in der Schale fest.

„Weiße Wände und selber schwarz", sagte die Stopfnadel, „das ist kleidsam! So kann man mich doch sehen! – Wenn ich nur nicht seekrank werde, denn dann muß ich brechen!" Aber sie wurde nicht seekrank, und sie mußte nicht brechen.

„Es ist gut gegen Seekrankheit, wenn man einen stählernen Magen hat und sich dann immer vor Augen führt, daß man etwas mehr ist als ein Mensch! Nun ist es vorüber! Je feiner man ist, desto mehr kann man aushalten."

„Krach!" sagte die Eierschale, eine Wagenfuhre ging über sie hinweg. „Huh, wie es kneift!" sagte die Stopfnadel.

* Im Dänischen Nadelöhr = Nadelauge (Anm. d. Übers.).

„Nun werde ich doch seekrank! Ich muß brechen! ich muß brechen!" Aber sie brach nicht, obwohl eine Wagenfuhre über sie hinwegging. Sie lag der Länge nach da – und da mag sie liegenbleiben!

DIE GLOCKE

Abends in den engen Straßen der großen Stadt, wenn die Sonne sank und die Wolken oben zwischen den Schornsteinen wie Gold glänzten, hörte oftmals bald der eine, bald der andere einen seltsamen Ton, so ähnlich wie der Klang einer Kirchenglocke, aber er war nur einen Augenblick zu hören, denn es war solch ein Wagengeratter und solch ein Geschrei, und das stört. „Jetzt läutet die Abendglocke!" sagte man, „jetzt geht die Sonne unter!"

Diejenigen, die vor die Stadt hinausgingen, wo die Häuser weiter auseinander lagen mit Gärten und kleinen Feldern dazwischen, sahen den Abendhimmel noch prächtiger und hörten den Klang der Glocke viel lauter; es war, als käme der Ton aus einer Kirche tief drinnen in dem stillen, duftenden Wald; und die Leute sahen dorthin, und ihnen wurde ganz feierlich zumute.

Nun verging geraume Zeit, der eine sagte zum anderen: „Ob dort draußen im Wald eine Kirche ist? Die Glocke hat wirklich einen seltsamen, schönen Klang. Sollten wir nicht hinausgehen und sie uns ein wenig näher anschauen?" Und die reichen Leute fuhren, und die armen gingen, aber der Weg wurde ihnen so merkwürdig lang; und als sie zu einer ganzen Menge von Weidenbäumen kamen, die am Rande des Waldes standen, ließen sie sich dort nieder und blickten in die langen Zweige hinauf und meinten, daß sie so richtig im Grünen wären; der Konditor aus der Stadt kam heraus und schlug sein Zelt auf, und dann kam noch ein Konditor, und der hängte eine Glocke mitten über seinem Zelt auf, und zwar eine Glocke, die geteert war, um den Regen aushalten zu können, und der Klöppel fehlte. Wenn dann die Leute wieder heimkehrten, sagten sie, es sei so romantisch gewesen, und das war etwas, was man nicht alle Tage vorgesetzt bekam. Drei Personen versicherten, daß sie in den Wald eingedrungen wären, ganz bis dorthin, wo er zu Ende war, und immer hätten sie den wunderlichen Glockenton gehört, aber dort war es ihnen so gewesen, als käme er aus der Stadt. Der eine machte ein ganzes Lied darauf und sagte, die Glocke klänge wie die Stimme einer Mutter, die zu einem lieben, klugen Kinde spricht, keine Melodie wäre schöner als der Klang der Glocke.

Der Kaiser des Landes wurde auch darauf aufmerksam und versprach, daß derjenige, der entdecken könnte, woher der Klang käme, den Titel „Weltglöckner" erhalten sollte, und zwar auch dann, wenn es keine Glocke wäre.

Nun gingen denn viele in den Wald um der guten Stellung willen, aber nur einer war darunter, der eine Art Erklärung nach Hause brachte. Keiner war weit genug drinnen gewesen, und der nun auch nicht; aber er sagte dennoch, der Glockenklang käme von einer sehr großen Eule in einem hohlen Baum, das wäre so eine Weisheitseule, die unaufhörlich mit dem Kopf gegen den Baum schlüge; ob aber der Laut von ihrem Kopfe kam oder von dem hohlen Stamm, das konnte er noch nicht mit Bestimmtheit sagen. Und so wurde er denn als Weltglöckner angestellt und schrieb alljährlich eine kleine Abhandlung über die Eule; aber deshalb wußte er doch nicht mehr.

Nun war gerade Konfirmationstag, der Pfarrer hatte so hübsch und innig gesprochen; die Konfirmanden waren sehr gerührt gewesen, es war ein wichtiger Tag für sie, sie wurden mit einemmal erwachsene Menschen und waren doch eben noch Kinder gewesen; die Kinderseele sollte nun gewissermaßen in eine verständigere Person hinüberfliegen. Es war herrlichster Sonnenschein, die Konfirmanden gingen zur Stadt hinaus, und aus dem Wald ertönte seltsam laut die große, unbekannte Glocke Sie hatten sogleich große Lust, dorthin zu gehen, und zwar alle bis auf drei. Die eine wollte nach Hause und ihr Ballkleid anprobieren, denn es waren gerade dieses Kleid und dieser Ball, denen sie es verdankte, daß sie gerade jetzt konfirmiert worden war, denn sonst wäre sie nicht mit aufgenommen worden. Der andere war ein armer Junge, der sich seinen Konfirmationsanzug und die Stiefel von dem Sohn des Wirts geliehen hatte, und die mußte er auf einen bestimmten Glockenschlag wieder abliefern. Der dritte sagte, er ginge nie an einen fremden Ort, wenn seine Eltern nicht mit dabei wären, und er sei immer ein braves Kind gewesen, und das wolle er weiter bleiben, selbst als Konfirmand, und darüber darf man sich nicht lustig machen! aber das taten sie.

Drei von ihnen gingen also nicht mit, die anderen trabten drauflos; die Sonne schien, und die Vögel sangen, und die Konfirmanden sangen mit und hielten einander an den Händen, denn sie waren ja noch nicht in Amt und Würden und waren alle Konfirmanden vor dem Herrgott.

Aber bald wurden zwei von den Kleinsten müde, und da kehrten die beiden wieder um und gingen in die Stadt zurück; zwei kleine Mädchen setzten sich hin und wanden Kränze, die gingen auch nicht weiter mit, und als die anderen bis zu den Weidenbäumen gekommen waren, wo der Konditor wohnte, da sagten sie: „Seht, jetzt sind wir hier draußen; die Glocke gibt es ja eigentlich gar nicht, die bildet man sich ja bloß ein!"

Da ertönte im selben Augenblick tief drinnen im Wald die Glocke so süß und feierlich, daß vier oder fünf sich entschlossen, doch etwas weiter in den Wald hineinzugehen. Der war so voll von dichtem Laub, es machte richtig Mühe, vorwärts zu kommen. Waldmeister und Anemonen wuchsen fast zu hoch, blühende Winden und Brombeerranken hingen in langen Girlanden von Baum zu Baum, wo die

Nachtigall sang und die Sonnenstrahlen spielten; oh, es war so herrlich, aber es war kein Weg für die Mädchen, sie hätten sich die Kleider zerrissen. Hier lagen große Felsblöcke, mit Moos in allen Farben bewachsen, das frische Quellwasser sprudelte hervor und machte so sonderbar: „Gluck, gluck!"

„Das sollte doch nicht etwa die Glocke sein!" sagte einer der Konfirmanden und legte sich nieder und horchte. „Das muß man aber wirklich studieren!" und dann blieb er da und ließ die anderen gehen.

Die kamen an ein Haus aus Rinde und Zweigen, ein großer Baum mit wilden Äpfeln neigte sich darüber, so als wollte er seinen ganzen Segen über das Dach ausschütten, auf welchem Rosen blühten; die langen Zweige zogen sich am Giebel hin, und darin hing eine kleine Glocke. Sollte es die sein, die man vernommen hatte? Ja, darüber waren sich alle einig, bis auf einen. Dieser meinte, die Glocke sei zu klein und fein, als daß sie so weithin zu hören wäre, wie sie sie gehört hätten, und es seien ganz andere Töne gewesen, die in solcher Weise ein Menschenherz anrühren könnten; der da sprach, war ein Königssohn, und da sagten die anderen: „So einer will nun immer klüger sein."

Da ließen sie ihn allein weitergehen, und je weiter er ging, desto mehr wurde seine Brust von der Waldeinsamkeit erfüllt; aber noch hörte er die kleine Glocke, mit der die anderen so zufrieden gewesen waren, und zwischendurch, wenn der Wind von dem Konditor herüberwehte, konnte er auch hören, wie dort beim Tee gesungen wurde; aber die tiefen Glockenklänge tönten doch lauter, es war fast, als ob eine Orgel dazu spielte, der Laut kam von links, von der Seite, auf welcher das Herz sitzt.

Jetzt raschelte es im Gebüsch, und da stand ein kleiner Junge vor dem Königssohn, ein Junge in Holzschuhen und mit einem Wams, so kurz, daß man richtig sehen konnte, was für lange Handgelenke er hatte. Sie kannten sich beide, der Junge war gerade derjenige von den Konfirmanden, der nicht hatte mitgehen können, weil er nach Hause mußte und Rock und Stiefel an den Sohn des Wirts abliefern sollte;

das hatte er getan und war nun in Holzpantinen und den ärmlichen Sachen allein losgelaufen, denn die Glocke tönte so laut, so tief, er mußte hinaus.

„Dann können wir ja zusammen gehen!" sagte der Königssohn. Aber der arme Konfirmand in den Holzpantinen war sehr schüchtern, er zerrte an den kurzen Joppenärmeln und sagte, er fürchte, daß er nicht so schnell mitgehen könne; außerdem meinte er, die Glocke müsse rechts gesucht werden, denn das sei ja der Platz alles Großen und Herrlichen.

„Ja, dann treffen wir uns gar nicht!" sagte der Königssohn und nickte dem armen Jungen zu, der in den dunkelsten, dichtesten Teil des Waldes hineinging, wo die Dornen seine ärmlichen Kleider entzweirissen und ihm Gesicht, Hände und Füße blutig kratzten. Der Königssohn bekam auch allerlei kräftige Schrammen ab, aber die Sonne schien doch immerhin auf seinen Weg, und er ist es, mit dem wir nun weitergehen, denn ein kecker Bursche war er.

„Die Glocke will und muß ich finden!" sagte er, „und wenn ich bis ans Ende der Welt gehen muß!"

Die widerlichen Affen saßen oben auf den Bäumen und fletschten die Zähne. „Wollen wir ihn verhauen?" sagten sie; „wollen wir ihn verhauen? Er ist ein Königssohn!"

Aber er ging unverdrossen immer tiefer in den Wald hinein, wo die seltsamsten Blumen wuchsen. Hier standen weiße Sternlilien mit blutroten Staubfäden, himmelblaue Tulpen, die im Winde Funken sprühten, und Apfelbäume, deren Äpfel ganz und gar aussahen wie große, schillernde Seifenblasen; denkt bloß, wie die Bäume im Sonnenschein strahlen mußten. Rings um die schönsten grünen Wiesen, wo Hirsch und Hindin im Grase spielten, standen prächtige Eichen und Buchen, und war an einem der Bäume die Rinde geplatzt, dann wuchsen hier Gras und lange Ranken in der Ritze; es gab auch große Waldstücke mit stillen Binnenseen, auf denen weiße Schwäne schwammen und mit den Flügeln klatschten. Der Königssohn stand oftmals still und horchte, er meinte dann, es sei einer dieser tiefen Seen, aus dem die Glocke zu ihm herauftönte; aber dann merkte er doch, daß der Glockenton nicht von dorther kam, sondern von noch tiefer drinnen aus dem Walde.

Jetzt ging die Sonne unter, die Luft glühte rot wie Feuer; es wurde so still, so still im Wald, und er fiel auf die Knie nieder, sang sein Abendlied und sagte: „Niemals finde ich, was ich suche! Nun geht die Sonne unter, nun kommt die Nacht, die finstere Nacht; doch kann ich vielleicht noch einmal die runde, rote Sonne sehen, ehe sie ganz hinter der Erde versinkt; ich werde auf die Felsen dort steigen, die ragen so hoch empor wie die höchsten Bäume!"

Und er faßte in die Ranken und um die Wurzeln, kletterte an den nassen Steinen empor, wo die Wasserschlangen sich wanden, wo die Kröte ihn gleichsam anbellte – aber hinauf kam er, noch ehe die Sonne ganz fort war, von dieser Höhe aus gesehen. Oh, welche Pracht! Das Meer, das große herrliche Meer, das seine langen Wogen gegen die Küste wälzte, dehnte sich vor ihm aus, und die Sonne stand wie ein großer, schimmernder Altar dort draußen, wo Meer und Himmel sich begegnen, alles verschmolz in glühenden Farben, der Wald sang, und das Meer sang, und sein Herz sang mit; die ganze Natur war eine große, heilige Kirche, in der Bäume und segelnde Wolken die Pfeiler waren, Blumen und Gras die gewebte Samtdecke und der Himmel selbst die große Kuppel; dort oben erloschen die roten Farben, als die Sonne versank, aber Millionen von Sternen wurden angezündet, Millionen von diamantenen Lampen leuchteten nun, und der Königssohn breitete die Arme dem Himmel, dem Meer und dem Wald entgegen – und im selben Augenblick kam, vom rechten Seitenpfad her, mit den kurzen Ärmeln und in Holzpantinen, der arme Konfirmand Er war ebenso früh dorthin gekommen, auf seinem Wege dorthin gelangt, und sie liefen aufeinander zu und hielten sich bei den Händen in der großen Kirche der Natur und der Poesie, und über ihnen tönte die unsichtbare, heilige Glocke, die selige Geister umschwebten, im Tanz zu einem jubelnden Halleluja!

Großmutter

Großmutter ist sehr alt, sie hat eine Menge Runzeln und ganz weißes Haar, aber ihre Augen, die glänzen wie zwei Sterne, ja, sie sind viel schöner, sie sind so mild, es ist so herrlich, in sie hineinzublicken. Und außerdem kann sie die schönsten Geschichten, und sie hat ein Kleid mit großen, großen Blumen, es ist eine dicke Seide, die raschelt. Großmutter weiß so viel, denn sie ist viel eher als Vater und Mutter auf der Welt gewesen, das ist ganz sicher. Großmutter hat ein Gesangbuch mit dicken Spangen aus Silber, und in dem liest sie oft; mittendrin liegt eine Rose, die ist ganz platt und trocken, sie ist nicht so schön wie die Rosen, die Großmutter in der Vase hat, und trotzdem lächelt sie sie auf das freundlichste an, ja, ihr treten Tränen in die Augen. Weshalb Großmutter wohl in dieser Weise die welke Rose in dem alten Buch anschaut? Weißt du es? Jedesmal, wenn Großmutters Tränen auf die Blüte fallen, da wird die Farbe frischer, da schwillt die Rose an, und die ganze Stube ist von Duft erfüllt, die Wände weichen zurück, als wären sie nur Nebel, und ringsum ist der grüne, herrliche Wald, zwischen dessen Laub die Sonne hindurchscheint, und

Großmutter – ja, die ist ganz jung, sie ist ein schönes Mädchen mit blonden Locken, mit roten, runden Wangen, schön und anmutig, keine Rose ist frischer, die Augen aber, die milden, herrlichen Augen, doch, das sind Großmutters Augen. Neben ihr sitzt ein Mann, sehr jung, kräftig und schön, er reicht ihr die Rose, und sie lächelt – so lächelt doch Großmutter nicht!'–, doch, das Lächeln kommt. Er ist fort; viele Gedanken und viele Gestalten gehen vorüber; der schöne Mann ist fort, die Rose liegt im Gesangbuch, und Großmutter – ja, sie sitzt wieder da, als alte Frau, und blickt auf die verwelkte Rose, die im Buche liegt.

Nun ist Großmutter tot. – Sie saß im Lehnsessel und erzählte und erzählte, eine lange, lange schöne Geschichte. „Und nun ist sie aus", sagte sie, „und ich bin ganz müde, laß mich nun ein wenig schlafen!" Und dann legte sie sich zurück, und sie holte Atem, sie schlummerte; aber es wurde immer stiller, und ihr Gesicht war voller Frieden und Glück, es war fast, als ginge Sonnenschein darüber hin, und dann sagten sie, sie sei tot.

Sie wurde in den schwarzen Sarg gelegt, sie lag in das weiße Leinen gehüllt, sie war so schön, und dabei waren die Augen geschlossen, aber alle Runzeln waren fort, sie hatte ein Lächeln um den Mund; ihr Haar war ganz silberweiß, so ehrwürdig, man bekam gar keine Angst, wenn man die Tote anschaute, es war ja die liebe, seelengute Großmutter. Und das Gesangbuch wurde ihr unter den Kopf gelegt, das hatte sie selber verlangt, und die Rose lag in dem alten Buch; und dann wurde Großmutter begraben.

Auf dem Grab, dicht an der Kirchenmauer, pflanzten sie einen Rosenstrauch, und der stand voller Blüten, und die Nachtigall sang darin, und aus der Kirche hörte man die Orgel die schönsten Lieder spielen, die in dem Buch standen, das unter dem Kopf der Toten lag. Und der Mond schien auf das Grab; aber die Tote war nicht da; jedes Kind konnte nächtlicherweile ruhig hingehen und eine Rose dort an der Kirchhofsmauer pflücken. Ein Toter weiß mehr als wir Lebenden alle, der Tote weiß, welche Angst uns befallen würde, wenn wir das Seltsame erleben müßten, daß sie zu uns kämen; die Toten sind besser als wir alle, und darum kommen sie nicht. Über dem Sarg liegt Erde, in ihm drinnen ist Erde. Das Liederbuch mit seinen Seiten ist Staub, die Rose mit all ihren Erinnerungen ist zu Staub zerfallen; aber oben drüber blühen neue Rosen, oben drüber singt die Nachtigall, und die Orgel spielt; man denkt an die alte Großmutter mit den milden, ewig jungen Augen. Augen können niemals sterben! Unsere werden die Großmutter dermaleinst sehen, jung und schön, wie damals, als sie zum erstenmal die frische rote Rose küßte, die jetzt Staub im Grabe ist.

ELFENHÜGEL

In den Ritzen eines alten Baumes huschten einige Eidechsen gar geschwind umher; sie konnten einander gut verstehen, denn sie sprachen die Eidechsensprache.

„Nein, wie es in dem alten Elfenhügel rummelt und brummelt!" sagte eine Eidechse. „Ich habe vor lauter Krach jetzt zwei Nächte kein Auge zugetan, ich hätte ebensogut Zahnweh haben können, dann schlafe ich nämlich auch nicht!"

„Da drinnen tut sich was!" sagte die zweite Eidechse, „im Hügel brodelt es bis zum ersten Hahnenschrei, da wird gehörig ausgelüftet, und die Elfen haben neue Tänze gelernt, bei denen sie stampfen. Da tut sich was!"

„Ja, ich sprach einen Regenwurm aus meinem Bekanntenkreis", sagte die dritte Eidechse, „der Regenwurm kam gerade aus dem Hügel, wo er Tag und Nacht in der Erde gewühlt hatte; der hatte allerlei gehört, sehen kann er ja nicht, das kümmerliche Tier, aber sich vorzufühlen und zu horchen, darauf versteht er sich. Man erwartet im Elfenhügel Besuch, vornehmen Besuch, aber wen, das wollte der Regenwurm nicht sagen, oder er wird es wohl nicht gewußt haben. Alle Irrlichter sind bestellt, um einen Fackelzug zu machen, wie man das nennt, und Silber und Gold, wovon es im Hügel genügend gibt, wird poliert und in den Mondschein hinausgestellt!"

„Wer kann der Besuch bloß sein!" sagten alle Eidechsen. „Was tut sich da bloß? Hört, wie es summt! Hört, wie es brummt!"

In diesem Augenblick tat sich der Elfenhügel auf, und ein altes Elfenmädchen, sie hatte keinen Rücken, war aber sonst sehr anständig angezogen, kam herausgetrippelt, sie war die Haushälterin des alten Elfenkönigs, sie war eine ganz entfernte Verwandte und hatte ein Bernsteinherz auf der Stirn. Ihre Beine gingen ganz geschwind! tripp! tripp! du meine Güte, wie die trippeln konnte, und zwar schnurstracks ins Moor hinunter zum Ziegenmelker.

„Sie werden zum Elfenhügel geladen, und zwar heute nacht!" sagte sie. „Würden Sie uns aber vielleicht vorher den großen Gefallen tun und das Einladen übernehmen? Sie müssen sich schon nützlich machen, da Sie selber keinen Haushalt haben! Wir bekommen einige hochvornehme Leute zu Besuch, Trolle, die allerlei zu sagen haben, und darum will der alte Elfenkönig zeigen, was er zu bieten hat."

„Wer soll geladen werden?" fragte der Ziegenmelker.

„Ja, zu dem großen Ball kann jedermann kommen, sogar Menschen, wenn sie nur im Schlafe reden können oder sonst ein bißchen von dem können, was in unsere Art schlägt. Aber zu dem ersten Festessen soll eine strenge Auswahl getroffen werden, wir wollen nur die Allervornehmsten dabeihaben. Ich habe mit dem Elfenkönig gestritten, denn ich bin der Meinung, wir können nicht einmal Gespenster einladen. Der Wassermann und seine Töchter müssen zuerst geladen werden, sie schätzen es zwar nicht sehr, aufs Trockene zu kommen, aber sie kriegen schon noch einen nassen Stein zum Sitzen oder etwas Besseres, und dann denke ich doch, sie sagen diesmal nicht ab. Alle alten Trolle erster Klasse mit Schwanz, den Neck und die Wichtel müssen wir einladen, und dann meine ich, wir können das Grabschwein, das Höllenpferd und das Kirchengespenst nicht übergehen; die gehören ja allerdings mit zur Geistlichkeit, die nicht von unserer Art ist, aber das ist nun mal deren Amt, sie sind uns nahe verwandt, und sie machen stets Besuch!"

„Sehr wohl!" sagte der Ziegenmelker und flog von dannen, um einzuladen.

Die Elfen tanzten schon auf dem Elfenhügel, und sie tanzten mit langen Schals, aus Nebel und Mondschein gewebt, und es sieht für die, die so etwas mögen, wunderhübsch aus. Mitten drinnen im Elfenhügel war der große Saal geputzt worden; der Fußboden war mit Mondschein gewaschen und die Wände waren mit Hexenfett abgerieben worden, so daß sie im Licht wie Tulpenblätter glänzten. In der Küche gab es Unmengen von Fröschen am Spieß, Natternhäute mit kleinen Kinderfingern darin und Salate aus Pilzsamen, nassen Mäuseschnauzen und Schierlingskraut, Bier vom Gebräu der Moorfrau, funkelnden Salpeterwein aus der Kellergruft, alles sehr gediegen; rostige Nägel und Kirchenfensterscheiben gab es zum Knabbern.

Der alte Elfenkönig ließ seine goldene Krone mit gestoßenem Griffel polieren, es waren Griffel vom Klassenersten, und es ist für den Elfenkönig sehr schwierig, Griffel vom Klassenersten zu bekommen! Im Schlafgemach hängte man Gardinen auf und befestigte sie mit Kuckucksspeichel. O ja, da herrschte ein gewaltiges Summen und Brummen.

„Nun wird hier mit Roßhaar und Schweineborsten ausgeräuchert, dann, glaube ich, habe ich das Meine getan!" sagte das alte Elfenmädchen.

„Liebster Vater!" sagte die kleinste der Töchter, „darf ich nun erfahren, wer der vornehme Besuch ist?"

„Na ja!" sagte er, „dann muß ich es wohl sagen! Zwei meiner Töchter müssen sich für eine Heirat bereit halten! Zwei werden sich wohl verheiraten. Der alte Troll oben aus Norwegen, der in dem alten Dovre-Fjell wohnt und viele Felsenschlösser aus Feldsteinen hat und ein Goldbergwerk, das besser ist, als man meinen sollte, kommt mit seinen beiden Jungen herunter, die wollen sich eine Frau aussuchen; der alte Troll ist so ein richtiger, alter ehrlicher norwegischer Mummelgreis, lustig und geradezu, ich kenne ihn von alters her, von damals, als wir Brüderschaft tranken, er war hier unten, um sich seine Frau zu holen, jetzt ist sie tot, sie war die Tochter des Steiluferkönigs auf Möen. Er nahm seine Frau auf Borg*, wie man sagt! Oh, was ich für eine Sehnsucht nach dem norwegischen Trollgreis habe! Die Jungen sollen ein paar ungezogene, hochnäsige Bengel sein, aber man kann ihnen ja vielleicht auch Unrecht tun, und sie werden sicher gut, wenn sie an die Leine gelegt werden. Seht nun zu, daß ihr die ein bißchen zurechtstutzt!"

„Und wann kommen sie?" fragte die eine Tochter.

„Das kommt auf Wind und Wetter an!" sagte der Elfenkönig. „Die reisen sparsam! Die kommen mit Schiffsgelegenheit herunter. Ich wünschte, sie wären über Schweden gereist, aber der Alte hat keine Neigungen nach dieser Seite. Er geht nicht mit der Zeit mit, und das mag ich nicht!"

In diesem Augenblick kamen zwei Irrlichter angehüpft, eins schneller als das andere, und darum war das eine zuerst da.

„Sie kommen! sie kommen!" riefen sie.

„Reich mir meine Krone und laß mich im Mondschein stehen!" sagte der Elfenkönig.

Die Töchter hoben die langen Schals auf und machten einen Knicks bis ganz zur Erde.

Da stand der Trollalte aus Dovre, mit einer Krone aus gehärteten Eiszapfen und polierten Tannenzapfen, im übrigen hatte er einen Bärenpelz an und Schlittenstiefel; die Söhne dagegen gingen mit bloßem Hals und ohne Hosenträger, denn das waren Kraftkerle.

„Ist das ein Hügel?" fragte der kleinere der Jungen und zeigte auf den Elfenhügel. „Das nennen wir oben in Norwegen ein Loch!"

---

* Im Original: Nahm seine Frau auf Kreide – bezieht sich auf die Kreidefelsen auf der Insel Möen. Unübersetzbares Wortspiel
Anmerkung d. Übers.).

„Jungens!" sagte der Alte. „Loch geht nach innen, Hügel geht nach oben! habt ihr keine Augen im Kopf?"

Das einzige, was sie hier unten erstaunte, sagten sie, wäre, daß sie so ohne weiteres die Sprache verstehen könnten!

„Gebt nun bloß nicht an!" sagte der Alte. „Man könnte glauben, ihr seid noch nicht trocken hinter den Ohren!"

Und dann gingen sie in den Elfenhügel hinein, wo sich wahrlich eine feine Gesellschaft versammelt hatte, und zwar in einer Eile, man könnte glauben, die wären zusammengeweht worden, und reizend und nett war für jeden gesorgt. Das Meervolk saß in großen Wasserzubern bei Tisch, sie sagten, es wäre genauso wie zu Hause. Alle wahrten die Tischsitten bis auf die beiden kleinen norwegischen Trolle, die legten die Beine auf den Tisch, aber sie glaubten nun auch, daß ihnen alles wohlanstünde!

„Die Pfoten von der Schüssel!" sagte der alte Troll, und dann folgten sie, aber sie taten es dennoch nicht gleich. Ihre Tischdame kitzelten sie mit Tannenzapfen, die sie in der Tasche bei sich hatten, und dann zogen sie ihre Stiefel aus, um bequem zu sitzen, und reichten ihr die Stiefel, sie sollte sie mal halten, aber der Vater, der alte Dovre-Troll, der war nun wirklich ganz anders; der erzählte so schön von den stolzen norwegischen Fjellen und von Wasserfällen, die weißschäumend niederstürzten, mit einem Poltern wie Donnergrollen und Orgelklang; er erzählte vom Lachs, der die stürzenden Gewässer hinaufsprang, wenn der Neck auf der goldenen Harfe spielte. Er erzählte von den gleißenden Winternächten, wenn die Schlittenschellen läuteten und die Burschen mit brennenden Fackeln über das blanke Eis liefen, das so durchsichtig war, daß man sehen konnte, wie die Fische unter ihren Füßen Angst bekamen. O ja, der konnte erzählen, so daß man sah und hörte, was er sagte; es war, als ob die Sägemühlen liefen, als ob Burschen und Mädchen Lieder sängen und den Hallinger Tanz tanzten; hussa! ganz unversehens gab der Trollalte dem alten Elfenmädchen einen Onkelschmatz, das war ein ordentlicher Kuß, und dabei waren sie doch gar nicht verwandt.

Nun mußten die Elfenmädchen tanzen, und zwar einfach und im Stampfschritt, und das stand ihnen gut, dann kam der Kunsttanz oder, wie man es nannte: das Aus-dem-Tanze-Treten, du liebe Zeit, wie die die Beine schmeißen konnten, man wußte nicht, was oben und was unten war, man wußte nicht, was Arme und was Beine waren, es ging alles durcheinander wie Sägespäne, und dann wirbelten sie rund herum, daß dem Höllenpferd schlecht wurde und es die Tafel verlassen mußte.

„Brrr!" sagte der Trollalte, „das ist Zeitvertreib mit Beinen! aber was können sie sonst noch außer tanzen, die Beine schmeißen und einen Wirbelwind machen?"

„Das wirst du erfahren!" sagte der Elfenkönig, und dann rief er die jüngste von seinen Töchtern herbei; sie war so zart und hell wie Mondenschein, sie war die feinste von allen Schwestern; sie nahm ein weißes Stäbchen in den Mund, und dann war sie einfach weg, das war ihre Kunst.

Aber der Trollalte sagte, diese Kunst würde er bei seiner Frau nicht mögen, und er meinte, daß seine Jungen sie auch nicht mögen würden.

Die zweite konnte neben sich selber treten, ganz so, als hätte sie einen Schatten, und den hat nun das Trollvolk nicht.

Die dritte war von ganz anderer Art, sie hatte im Bräuhaus der Moorfrau gelernt, und sie war es, die Erlenwurzeln mit Johanniswürmchen zu spicken verstand.

„Sie wird eine gute Hausfrau werden!" sagte der Trollalte, und dann zwinkerte er mit den Augen, denn er wollte nicht soviel trinken.

Nun kam das vierte Elfenmädchen, sie hatte eine große goldene Harfe, auf der sie spielen konnte, und als sie die erste Saite anschlug, hoben alle das linke Bein, denn das Trollvolk ist linksbeinig, und als sie die zweite Saite anschlug, mußten alle tun, was sie wollte.

„Das ist ein gefährliches Frauenzimmer!" sagte der Trollalte, aber beide Söhne gingen aus dem Hügel hinaus, denn nun hatten sie es über.

„Und was kann die nächste Tochter?" fragte der Trollalte.

„Ich habe gelernt, die Norweger gern zu haben!" sagte sie, „und ich heirate nur, wenn ich nach Norwegen komme!"

Aber die kleinste unter den Schwestern flüsterte dem Trollalten zu: „Das ist nur, weil sie in einem norwegischen Lied gehört hat, daß, wenn die Welt untergeht, die norwegischen Felsen doch als Bautasteine stehen bleiben, und deshalb will sie da rauf, denn sie hat Furcht davor, unterzugehen."

„Ho, ho!" sagte der Trollalte, „da kommt's raus! Aber was kann die siebente und letzte?"

„Die sechste kommt vor der siebenten!" sagte der Elfenkönig, denn er konnte zählen, aber die sechste wollte nicht recht mit der Sprache heraus.

„Ich kann den Leuten nur die Wahrheit sagen!" sagte sie. „Aus mir macht sich keiner was, und ich habe genug damit zu tun, an meinem Leichenkleid zu nähen!"

Nun kam die siebente und letzte, und was konnte die? Ja, sie konnte Märchen erzählen, und zwar so viele, wie sie wollte.

„Hier sind alle meine fünf Finger!" sagte der Trollalte. „Erzähle mir von jedem eins!"

Und die Elfe faßte ihn ums Handgelenk, und er lachte, daß es in ihm gluckste, und als sie zum Goldfinger kam, der einen goldenen Ring um den Leib hatte, fast so, als wüßte er, daß es eine Verlobung geben würde, sagte der Trollalte: „Halt fest, was du hast, die Hand gehört dir! Dich will ich selber zur Frau haben!"

Und die Elfe sagte, daß der Goldfinger und der kleine Finger noch übrig wären!

„Die wollen wir zum Winter hören!" sagte der Trollalte. „Und von der Tanne wollen wir hören und von der Birke und von den Huldregaben und vom klirrenden Frost! Du wirst schon noch zum Erzählen kommen, denn das tut da oben noch keiner so recht! Und dann sitzen wir in der Steinstube, wo der Kienspan brennt, und trinken Met aus den goldenen Hörnern der alten norwegischen Könige; der Neck hat mir ein paar geschenkt! Und wenn wir dann sitzen, dann kommt der Hoftroll und macht Besuch, er singt dir alle Lieder der Sennerin vor! Das wird ein Spaß! Der Lachs springt den Wasserfall hinauf und schlägt gegen die steinerne Mauer, aber herein kommt er trotzdem nicht! – Ja, du kannst glauben, es ist schön in dem lieben, alten Norwegen! Aber wo sind die Bengels?"

Ja, wo waren die Bengels? Die rannten in der Gegend herum und pusteten die Irrlichter aus, die so brav ankamen, um einen Fackelzug zu machen.

„Ist das eine Art, so herumzutoben!" sagte der Trollalte. „Nun habe ich mir eine Mutter für euch genommen, nun könnt ihr euch eine von den Tanten nehmen!"

Aber die Jungen sagten, sie würden lieber eine Rede halten und Brüderschaft trinken, doch zum Heiraten hätten sie keine Lust. – Und dann hielten sie eine Rede, tranken Brüderschaft und machten die Nagelprobe, um zu zeigen, daß sie ausgetrunken hatten; zogen dann ihre Kleider aus und legten sich zum Schlafen auf den Tisch, denn schüchtern waren sie nicht. Aber der Trollalte tanzte mit seiner jungen Braut in der Stube herum und wechselte die Stiefel mit ihr, denn das ist feiner, als die Ringe zu wechseln.

„Nun kräht der Hahn!" sagte das alte Elfenmädchen, das den Haushalt führte. „Nun müssen wir die Fensterläden schließen, damit die Sonne uns nicht verbrennt!"

Und dann schloß sich der Hügel.

Aber draußen liefen die Eidechsen an dem gespaltenen Baum auf und nieder, und die eine sagte zu der anderen: „Oh, der norwegische Trollalte gefiel mir aber gut!"

„Ich mag die Jungen lieber!" sagte der Regenwurm, aber der konnte ja nicht sehen, das kümmerliche Tier.

Die roten Schuhe

Es war einmal ein kleines Mädchen, gar fein und wunderhübsch, aber im Sommer mußte sie immer mit bloßen Füßen laufen, denn sie war arm, und im Winter in großen Holzschuhen, so daß der kleine Spann ganz rot wurde, und zwar ganz gräßlich.

Mitten im Bauerndorf wohnte die alte Schustersfrau, sie saß und nähte, so gut sie es vermochte, aus alten roten Tuchstreifen ein Paar kleine Schuhe, ganz unförmig, aber es war gut gemeint, und die sollte das kleine Mädchen haben. Das kleine Mädchen hieß Karen.

Gerade an dem Tag, als ihre Mutter begraben wurde, bekam sie die roten Schuhe und hatte sie zum erstenmal an; es war nun allerdings nicht ganz das Rechte zum Trauern, aber sie hatte nun mal keine anderen, und dann ging sie mit den bloßen Füßen darin hinter dem armseligen Strohsarg her.

Da gerade kam ein großer, alter Wagen daher, und darin saß eine große, alte Frau, sie sah das kleine Mädchen an und hatte Mitleid mit ihr, und da sagte sie zum Pfarrer:

„Hören Sie, geben Sie mir das kleine Mädchen, dann will ich gut zu ihr sein!"

Und Karen glaubte, das sei alles wegen der roten Schuhe, aber die alte Dame sagte, die wären grauenhaft, und sie wurden verbrannt, aber Karen selber wurde sauber und nett angezogen; sie mußte lesen und nähen lernen, und die Leute sagten, sie sei reizend, aber der Spiegel sagte: „Du bist viel mehr als reizend, du bist schön!"

Da fuhr einmal die Königin durch das Land, und sie hatte ihre kleine Tochter bei sich, das war eine Prinzessin, und die Leute strömten zum Schloß, und Karen war auch dabei, und die kleine Prinzessin stand in feinen weißen Kleidern an einem Fenster und ließ sich beschauen; sie hatte weder eine Schleppe noch eine goldene Krone auf, aber wunderschöne, rote Saffianschuhe an; die waren aber sehr viel feiner als die, welche die Schustersfrau der kleinen Karen genäht hatte. Nichts auf der Welt war doch mit roten Schuhen zu vergleichen!

Nun war Karen so alt, daß sie eingesegnet werden sollte, neue Kleider bekam sie, und neue Schuhe sollte sie auch haben. Der reiche Schuhmacher drinnen in der Stadt nahm Maß von ihrem kleinen Fuß, es war zu Haus in seiner eigenen Stube, und hier standen große Glasschränke mit entzückenden Schuhen und blanken Stiefeln. Es sah wunderhübsch aus, aber die alte Dame sah nicht sehr gut, und darum hatte sie keinen Spaß daran; mitten unter den Schuhen standen ein Paar rote, genauso wie die, die die Prinzessin getragen hatte; wie waren die hübsch! Der Schuhmacher erzählte auch, die wären für ein Grafenkind genäht worden, aber sie hätten nicht gepaßt.

„Das ist sicher Glanzleder?" sagte die alte Dame, „die glänzen!"

„Ja, die glänzen!" sagte Karen; und sie paßten, und sie wurden gekauft; aber die alte Dame wußte nichts davon, daß sie rot waren, denn sie hätte es Karen niemals gestattet, daß sie zur Einsegnung in roten Schuhen ging, aber das tat sie nun.

Alle Menschen blickten auf ihre Füße, und als sie durch

das Kirchenschiff zur Chorschranke ging, meinte sie selber, daß die alten Bilder auf den Grabmälern, diese Porträts von Pastoren und Pastorenfrauen mit steifen Kragen und langen, schwarzen Kleidern, die Augen auf ihre roten Schuhe geheftet hätten, und nur an diese dachte sie, als der Pfarrer seine Hand auf ihren Kopf legte und von der heiligen Taufe sprach, von dem Bündnis mit Gott, und daß sie eine erwachsene Christin werden müsse, und die Orgel spielte ganz feierlich, die schönen Kinderstimmen sangen, und der alte Kantor sang, aber Karen dachte nur an die roten Schuhe.

Nachmittags erfuhr dann die alte Dame von allen Menschen, daß die Schuhe rot waren, und sie sagte, das sei abscheulich, es gehöre sich nicht, und Karen müsse von nun an, wenn sie in die Kirche gehe, immer schwarze Schuhe tragen, und wenn sie auch alt wären.

Am folgenden Sonntag war Abendmahl, und Karen schaute auf die schwarzen Schuhe, sie schaute auf die roten – und dann schaute sie noch einmal auf die roten und zog die roten an.

Es war herrliches, sonniges Wetter; Karen und die alte Dame gingen den Pfad durch das Korn entlang; hier war es ein wenig staubig.

An dem Kirchenportal stand ein alter Soldat mit einem Krückstock und einem sonderbar langen Bart, der war mehr rot als weiß, denn er war rot; und der Soldat bückte sich bis zum Erdboden hinunter und fragte die alte Dame, ob er ihre Schuhe abwischen dürfe. Und Karen streckte auch ihren kleinen Fuß hin. „Sieh mal an, was für schöne Tanzschuhe!" sagte der Soldat. „Sitzet fest, wenn ihr tanzt!" und dann klatschte er mit der Hand gegen die Sohlen.

Und die alte Dame gab dem Soldaten eine kleine Münze, und dann ging sie mit Karen in die Kirche.

Und alle Menschen hier drinnen sahen auf Karens rote Schuhe, und alle Bilder sahen auf sie nieder, und als Karen vor dem Altar kniete und den goldenen Kelch an den Mund setzte, dachte sie nur an die roten Schuhe, und es war, als schwämmen sie vor ihr im Kelch herum; und sie vergaß ihren Choral zu singen, sie vergaß ihr Vaterunser zu beten.

Nun gingen alle Leute aus der Kirche, und die alte Dame stieg in ihren Wagen. Karen hob ihren Fuß, um hinterherzusteigen, da sagte der alte Soldat, der dicht neben ihr stand: „Sieh mal an, was für schöne Tanzschuhe!" Und Karen konnte nicht anders, sie mußte einige Tanzschritte machen, und als sie anfing, fuhren die Beine fort zu tanzen, es war fast, als hätten die Schuhe Gewalt über sie bekommen; sie tanzte um die Kirchenecke, sie konnte es nicht lassen, der Kutscher mußte hinterdreinlaufen und sie einfangen, und er hob sie in den Wagen hinein, aber die Füße hörten nicht auf zu tanzen, und dabei stieß sie die gute alte Dame ganz abscheulich. Endlich konnte man ihr die Schuhe ausziehen, und die Beine kamen zur Ruhe.

Daheim wurden die Schuhe oben in den Schrank gestellt, aber Karen konnte es nicht lassen, sie mußte sie immer anschauen.

Nun lag die alte Dame krank, man sagte, sie werde wohl sterben; gepflegt und gewartet mußte sie werden, und niemand war mehr dazu verpflichtet als Karen; aber in der Stadt war ein großer Ball, Karen war eingeladen – sie sah auf die alte Dame, die ja doch sterben mußte, sie sah auf die roten Schuhe, und sie fand, daß das keine so große Sünde wäre – sie zog die roten Schuhe an, das konnte sie ja auch ruhig tun – aber dann ging sie zum Ball, und dann begann sie zu tanzen.

Aber wenn sie nach rechts wollte, tanzten die Schuhe nach links, und wenn sie den Saal hinauftanzen wollte, dann tanzten die Schuhe den Saal hinunter, die Treppe hinunter, die Straße entlang und zum Stadttor hinaus. Tanzen tat sie, und tanzen mußte sie, bis in den finsteren Wald hinein.

Da glänzte es oben zwischen den Bäumen, und sie glaubte, es wäre der Mond, denn es war ein Gesicht, aber es war der alte Soldat mit dem roten Bart, er saß da und nickte: „Sieh mal an, was für schöne Tanzschuhe!"

Da grauste es ihr, und sie wollte die roten Schuhe abstreifen, aber sie saßen fest, und sie riß ihre Strümpfe herunter, aber die Schuhe waren an ihren Füßen angewachsen, und tanzen tat sie, und tanzen mußte sie, über Feld und Wiese, in Regen und Sonnenschein, bei Tag und bei Nacht, aber nachts war es am grausigsten.

Sie tanzte in den offenen Kirchhof hinein, aber die Toten dort tanzten nicht, die hatten etwas viel Besseres zu tun, als zu tanzen; sie wollte sich auf das Grab des Armen setzen, wo der bittere Rainfarn wuchs, aber für sie gab es weder Rast noch Ruhe, und als sie auf das offene Kirchenportal zutanzte, sah sie dort einen Engel in langem, weißem Gewande stehen, mit Flügeln, die ihm von der Schulter bis auf den Boden reichten, sein Antlitz war streng und ernst, und in der Hand hielt er ein Schwert, ganz breit und blank.

„Tanzen sollst du!" sagte er, „tanzen in deinen roten Schuhen, bis du blaß und kalt wirst! bis deine Haut einschrumpft wie an einem Knochengerippe! Tanzen sollst du von Tür zu Tür, und wo stolze, eitle Kinder wohnen, da wirst du anklopfen, damit sie dich hören und dich fürchten! Tanzen sollst du, tanzen!"

„Gnade!" rief Karen. Aber sie hörte nicht, was der Engel erwiderte, denn die Schuhe trugen sie durch das Tor, hinaus aufs freie Feld, über Weg und Steg, und immer mußte sie tanzen.

Eines Morgens tanzte sie in aller Frühe an einer Tür vorbei, die sie gut kannte; drinnen ertönte ein Choral, man trug einen Sarg heraus, der mit Blumen geschmückt war; da wußte sie, daß die alte Dame gestorben war, und sie fand, sie sei von allen verlassen und von Gottes Engel verflucht.

Tanzen tat sie, und tanzen mußte sie, tanzen durch die finstere Nacht. Die Schuhe trugen sie von dannen über Stock und Stein, und sie riß sich blutig; sie tanzte über die Heide zu einem kleinen, verlassenen Hause. Sie wußte, daß hier der Scharfrichter wohnte, und sie klopfte mit dem Finger an die Scheibe und sagte: „Komm heraus! komm heraus! – Ich kann nicht hineinkommen, denn ich tanze!"

Und der Scharfrichter sagte: „Du weißt wohl nicht, wer ich bin? Ich schlage bösen Menschen den Kopf ab, und ich kann fühlen, daß meine Axt zittert."

„Schlag mir nicht den Kopf ab!" sagte Karen, „sonst kann ich meine Sünde nicht büßen! Aber hacke mir die Füße mit den roten Schuhen ab!"

Und dann beichtete sie ihre ganze Sünde, und der Scharfrichter hieb ihr die Füße mit den roten Schuhen ab; aber die Schuhe tanzten mit den Füßen über die Felder in den tiefen Wald hinein.

Und er schnitzte Holzbeine für sie und Krücken, lehrte sie einen Choral, wie ihn die Sünder immer singen, und sie küßte die Hand, die die Axt geführt hatte, und ging über die Heide davon.

„Nun habe ich um der roten Schuhe willen genug gelitten!" sagte sie, nun will ich in die Kirche gehen, damit man mich sehen kann!" und sie ging schnellen Schrittes auf die Kirchentür zu, als sie aber dorthin kam, tanzten die roten Schuhe vor ihr her, und sie entsetzte sich und kehrte um.

Die ganze Woche über war sie traurig und weinte viele bittere Tränen, aber als der Sonntag kam, sagte sie: „So! nun habe ich genug gelitten und gerungen! Ich sollte meinen, ich sei ebensogut wie viele von denen, die dort drinnen in der Kirche sitzen und den Kopf hoch tragen!" und dann ging sie mutig hin; aber sie kam nicht weiter als bis zur Tür, da sah sie die roten Schuhe vor sich hertanzen, und sie entsetzte sich und kehrte um und bereute von ganzem Herzen ihre Sünde.

Und sie ging zum Pfarrhaus und bat, ob sie dort dienen dürfe, fleißig wolle sie sein und alles tun, was sie vermöchte, um den Lohn ginge es ihr nicht, nur daß sie ein Dach über den Kopf bekäme und bei guten Menschen sein dürfte. Und sie dauerte die Pfarrfrau, und die nahm sie in Dienst. Und Karen war fleißig, nachdenklich und versonnen. Still saß sie und hörte zu, wenn der Pfarrer abends aus der Bibel vorlas. Die Kleinen hatten sie alle sehr gern, aber wenn sie von Putz und Tand redeten und davon, daß sie so schön sein wollten wie eine Königin, dann schüttelte sie nur den Kopf.

Am folgenden Sonntag gingen sie alle zur Kirche, und sie fragten sie, ob sie mitwolle, aber sie blickte traurig, mit Tränen in den Augen, auf ihre Krücken, und da gingen die anderen, um Gottes Wort zu hören, aber sie ging allein in ihr Kämmerlein; es war nur so groß, daß ein Bett und ein Stuhl dort stehen konnten, und hier setzte sie sich mit

ihrem Gesangbuch hin; und während sie mit frommem Sinn darin las, trug der Wind die Orgeltöne von der Kirche zu ihr, und sie hob unter Tränen ihr Antlitz empor und sagte: „O Gott, hilf mir!"

Da schien die Sonne so hell, und vor ihr stand der Engel Gottes in dem weißen Gewande, derselbe, den sie in jener Nacht in der Kirchentür gesehen hatte, aber er hatte nicht mehr das scharfe Schwert in der Hand, sondern einen wunderbaren grünen Zweig, der voller Rosen war, und er berührte damit die Decke, und da hob die sich ganz hoch empor, und wo er etwas berührte, da glänzte ein goldener Stern, und er berührte die Wände, und sie weiteten sich, und sie sah die Orgel, die spielte, sie sah die alten Bilder mit Pastoren und Pastorenfrauen, die Gemeinde saß in den geschmückten Bänken und sang aus dem Gesangbuch. –

Denn die Kirche war selber zu dem armen Mädchen in das enge Kämmerlein gekommen, oder aber sie war dahingekommen; sie saß im Gestühl bei des Pfarrers Leuten, und als der Choral zu Ende war und sie aufblickten, nickten sie und sagten: „Das war recht, daß du gekommen bist, Karen!"

„Es war Gnade!" sagte sie.

Und die Orgel tönte, und die Kinderstimmen auf dem Chor erklangen gar weich und schön! Der helle Sonnenschein strömte ganz warm durch das Fenster bis zum Gestühl, wo Karen saß; ihr Herz ward so von Sonne erfüllt, von Frieden und Freude, daß es brach; ihre Seele schwebte auf den Sonnenstrahlen zu Gott empor, und dort gab es niemanden, der nach den roten Schuhen fragte.

Springinsfeld

Der Floh, der Heuschreck und der Hupfauf wollten einmal sehen, wer von ihnen am höchsten springen konnte, und so luden sie die ganze Welt, und wer sonst noch kommen wollte, ein, um sich die Herrlichkeit anzusehen, und sie waren drei tüchtige Springinsfelde, als sie mitsammen in die Stube traten.

„Ja, ich gebe demjenigen, der am höchsten springt, meine Tochter!" sagte der König. „Denn es wäre so armselig, wenn diese Personen um nichts springen sollten!"

Der Floh kam als erster dran, der hatte so angenehme Manieren und grüßte nach allen Seiten, denn er hatte Fräuleinblut in sich und war es gewöhnt, nur mit Menschen zu verkehren, und das macht nun einmal sehr viel aus.

Nun kam der Heuschreck, der war allerdings bedeutend dicker, aber er hatte trotzdem eine ganz gute Figur und trug eine grüne Uniform, und die war angeboren; außerdem sagte der Herr, daß er aus einer sehr alten Familie im Lande Ägypten sei und daß man ihn hierzulande hochschätze, er wäre soeben vom Felde geholt und in ein Kartenhaus gesteckt worden, das drei Stockwerke hätte, alles Herrenkarten, die die bunte Seite nach innen kehrten; da gäbe es Türen wie auch Fenster, und zwar der Herzdame aus dem Leibe geschnitten. „Ich singe so", sagte er, „daß sechzehn eingeborene Grillen, die von kleinauf gezirpt und trotzdem kein Kartenhaus bekommen hatten, sich so geärgert haben, als sie mich hörten, daß sie noch dünner wurden, als sie so schon waren!"

Beide, der Floh wie auch der Heuschreck, wiesen sich demnach gut über ihre Herkunft aus und sagten, sie trauten sich wohl zu, eine Prinzessin zu ehelichen.

Der Hupfauf sagte nichts, aber man sagte von ihm, er denke um so mehr, und als der Hofhund ihn nur mal beschnüffelte, stand er dafür ein, daß der Hupfauf aus guter Familie sei; der alte Ratsherr, der drei Orden bekommen hatte, wenn er stillschwiege, versicherte, er wüßte, daß der Hupfauf mit der Gabe der Weissagung ausgestattet sei, man könnte es seinem Rücken ansehen, ob es einen milden oder einen strengen Winter gebe, und das kann man nicht einmal an dessen Rücken sehen, der den Kalender schrieb.

„Ja, ich äußere mich nicht!" sagte der alte König. „Aber ich gehe nun immer so vor mich hin und denke mir das meine!"

Nun sollte der Sprung gemacht werden. Der Floh sprang so hoch, daß niemand ihn sehen konnte, und dann behaupteten sie, er wäre überhaupt nicht gesprungen, und das war wirklich gemein!

Der Heuschreck sprang nur halb so hoch, aber der sprang dem König mitten ins Gesicht, und da sagte dieser, das wäre widerlich.

Der Hupfauf stand lange Zeit still und überlegte, man glaubte zuletzt, er könnte gar nicht springen.

„Wenn dem nur nicht schlecht geworden ist!" sagte der Hofhund, und dann schnüffelte er wieder an ihm herum: wupps! sprang er mit einem kleinen, schrägen Satz auf den Schoß der Prinzessin, die auf einem niedrigen goldenen Schemel saß.

Da sagte der König: „Der höchste Sprung ist der, zu

meiner Tochter hinaufzuspringen, denn das ist gerade das Feine, aber um auf so etwas zu kommen, muß man Verstand haben, und der Hupfauf hat bewiesen, daß er Verstand hat. Der hat Grütze im Kopf!"

Und dann bekam er die Prinzessin.

„Ich bin aber am höchsten gesprungen", sagte der Floh. „Aber das ist auch einerlei! mag sie ruhig das Gänsegerippe mit Holz und Pech haben! Ich bin doch am höchsten gesprungen, aber dazu braucht's in dieser Welt Muskeln, damit sie einen sehen können!"

Und dann ging der Floh in fremden Kriegsdienst, wo er, wie man erzählte, gefallen ist.

Der Heuschreck setzte sich draußen in den Graben und dachte darüber nach, wie es eigentlich in der Welt zuginge, und der sagte auch: „Muskeln braucht's, Muskeln braucht's!" und dann sang er seine eigene trübselige Weise, und daher haben wir die Geschichte, die indessen sehr wohl erlogen sein kann, und wenn sie auch gedruckt wird.

Die Hirtin und der Schornsteinfeger

Hast du jemals einen richtigen alten hölzernen Schrank gesehen, ganz schwarz vom Alter und mit geschnitzten Schnörkeln und Blattwerk? Gerade so einer stand in einer Wohnstube, es war ein Erbstück von der Urgroßmutter, über und über mit geschnitzten Rosen und Tulpen bedeckt; es waren die sonderbarsten Schnörkel daran, und zwischen diesen steckten kleine Hirsche die Köpfe hervor mit vielen Geweihspitzen, aber in der Mitte des Schrankes war ein ganzer geschnitzter Mann, er war ungemein lächerlich anzusehen, und grinsen tat er, man konnte es nicht lachen nennen, er hatte Ziegenbockbeine, kleine Hörner an der Stirn und einen langen Bart. Die Kinder in der Stube nannten ihn immer den Ziegenbockbein-Oberunduntergeneralkriegskommandeursergeanten, denn der Name war schwer auszusprechen, und es gibt nicht viele, die diesen Titel bekommen; ihn schnitzen zu lassen, das war auch ein Einfall! Aber nun war er mal da! Immer schaute er auf den Tisch unter dem Spiegel, denn dort stand eine entzückende kleine Hirtin aus Porzellan; die Schuhe waren vergoldet, das

Kleid sehr hübsch mit einer roten Rose gerafft, und dann hatte sie einen goldenen Hut und einen Hirtenstab; sie war wunderbar! Dicht neben ihr stand ein kleiner Schornsteinfeger, so schwarz wie eine Kohle, aber übrigens auch aus Porzellan; er war ebenso sauber und fein wie jeder andere; daß er Schornsteinfeger war, das stellte er ja nur vor; der Porzellanmacher hätte ebensogut einen Prinzen aus ihm machen können, denn das war ein und dasselbe!

Da stand er so wunderhübsch mit seiner Leiter, und sein Gesicht war so weiß und rot wie das eines Mädchens, und das war eigentlich ein Fehler, denn ein wenig schwarz hätte es ruhig sein können. Er stand ganz dicht neben der Hirtin; sie waren beide hingestellt worden, wo sie standen, und da sie nun hingestellt waren, so hatten sie sich verlobt; sie paßten ja zusammen, sie waren junge Leute, sie waren aus dem gleichen Porzellan und beide gleicherweise zerbrechlich.

Dicht daneben stand noch eine Puppe, die war dreimal so groß, das war ein alter Chinese, der nicken konnte; der war ebenfalls aus Porzellan und sagte, er wäre der Großvater der kleinen Hirtin, aber das konnte er bestimmt nicht beweisen; er behauptete, er hätte Gewalt über sie, und deswegen hätte er dem Ziegenbockbein-Oberunduntergeneralkriegskommandeursergeanten zugenickt, der um die kleine Hirtin angehalten hatte.

„Da kriegst du einen Mann", sagte der alte Chinese, „einen Mann, von dem ich fast vermute, er ist aus Mahagoni, er kann dich zur Frau Ziegenbockbein-Oberunduntergeneralkriegskommandeursergeantin machen, der hat den ganzen Schrank voll Silber, abgesehen von dem, was er in den Geheimfächern hat!"

„Ich will nicht in den finsteren Schrank hinein!" sagte die kleine Hirtin. „Ich habe gehört, daß er da drinnen elf Porzellanfrauen hat!"

„Dann kannst du die zwölfte sein!" sagte der Chinese. „Heute nacht, sobald es in dem alten Schrank knackt, feiert ihr Hochzeit, so wahr ich ein Chinese bin!" und dann nickte er mit dem Kopf und schlummerte ein.

Aber die kleine Hirtin weinte und sah zu ihrem Herzallerliebsten hin, dem Porzellanschornsteinfeger.

„Ich glaube, ich muß dich bitten", sagte sie, „daß du mit mir in die weite Welt hinausgehst, denn hier können wir nicht bleiben!"

„Ich tue alles, was du willst!" sagte der kleine Schornsteinfeger. „Laß uns gleich gehen, ich denke wohl, daß ich dich mit meinem Handwerk ernähren kann!"

„Wären wir nur erst wohlbehalten vom Tisch herunter!" sagte sie. „Ich werde meines Lebens nicht froh, bis wir nicht in der weiten Welt draußen sind!"

Und er tröstete sie und zeigte, wie sie ihr Füßchen auf die geschnitzten Ecken und auf das vergoldete Blattwerk unten um das Tischbein setzen sollte, seine Leiter nahm er ebenfalls zu Hilfe, und dann waren sie unten auf dem Fußboden, als sie aber zu dem alten Schrank hinschauten, war da soviel Tumult; alle geschnitzten Hirsche steckten die Köpfe weiter hervor, warfen die Geweihe auf und drehten die Hälse; der Ziegenbockbein-Oberunduntergeneralkriegskommandeursergeant sprang hoch in die Luft und rief zu dem alten Chinesen hinüber: „Jetzt laufen sie weg! jetzt laufen sie weg!"

Da bekamen sie einen kleinen Schreck und sprangen flugs in die Schublade des Fenstertritts.

Hier lagen drei, vier Kartenspiele, die nicht vollständig waren, und ein kleines Puppentheater, das aufgestellt worden war, so gut es gehen wollte; hier wurde Theater gespielt, und alle Damen, sowohl Karo und Herz wie auch Treff und Pik, saßen in der ersten Reihe und fächelten sich mit ihren Tulpen, und hinter ihnen standen alle Buben und zeigten, daß sie Köpfchen hatten, sowohl oben wie unten, so wie es bei Spielkarten ist. Die Komödie handelte von zweien, die sich nicht kriegen konnten, und die Hirtin weinte darüber, denn es war gewissermaßen ihre eigene Geschichte.

„Das kann ich nicht ertragen!" sagte sie. „Ich muß aus der Schublade heraus!" Aber als sie auf dem Fußboden standen und zum Tisch hinaufschauten, da war der alte

Chinese aufgewacht und wackelte mit dem ganzen Körper, er war ja unten ein Klumpen!

„Nun kommt der alte Chinese!" schrie die kleine Hirtin, und dann fiel sie auf ihre Porzellanknie nieder, so betrübt war sie.

„Mir kommt ein Gedanke!" sagte der Schornsteinfeger, „sollen wir in den großen Potpourritopf hineinkriechen, der da in der Ecke steht? Dort könnten wir auf Rosen und Lavendel schlafen und ihm Salz in die Augen werfen, wenn er kommt."

„Das reicht nicht!" sagte sie. „Außerdem weiß ich, daß der alte Chinese und der Potpourritopf verlobt gewesen sind, und da bleibt immer ein bißchen Zuneigung zurück, wenn man in einem solchen Verhältnis zueinander gestanden hat! Nein, es bleibt uns nichts weiter übrig, als in die weite Welt hinauszugehen!"

„Hast du wirklich den Mut, mit mir in die weite Welt zu gehen?" fragte der Schornsteinfeger. „Bedenkst du auch, wie groß die ist, und daß wir nie wieder zurückkommen können?"

„Das tue ich!" sagte sie.

Und der Schornsteinfeger sah sie ganz fest an, und dann sagte er: „Mein Weg führt durch den Schornstein! Hast du wirklich den Mut, mit mir durch den Ofen zu kriechen, durch die Trommel und auch durch das Rohr? Dann kommen wir in den Schornstein hinaus, und dort kenne ich mich aus! Wir steigen so hoch hinauf, daß sie uns nicht erreichen können, und ganz zuoberst führt ein Loch in die weite Welt hinaus!"

Und er führte sie zur Ofentür.

„Da sieht es schwarz aus!" sagte sie, aber sie ging dennoch mit ihm, sowohl durch die Trommel wie durch das Rohr, wo kohlrabenschwarze Nacht war.

„Nun sind wir im Schornstein!" sagte er. „Und siehe! siehe! oben darüber glänzt der schönste Stern!"

Und es stand wirklich ein Stern am Himmel, der bis zu ihnen herunterglänzte, so als wollte er ihnen den Weg weisen. Und sie kletterten, und sie krochen, ein unheimlicher Weg war es, ganz hoch hinauf, ganz hoch; aber er hob sie und stützte sie, er hielt sie fest und zeigte die besten Stellen, wo sie ihre kleinen Porzellanfüße aufsetzen konnte, und dann gelangten sie bis ganz zum Schornsteinrand hinauf, und auf den setzten sie sich, denn sie waren wirklich müde, und das kann man auch verstehen.

Der Himmel mit all seinen Sternen war über ihnen, und alle Dächer der Stadt unter ihnen; sie sahen so weit, so weit in die Welt hinaus; die arme Hirtin hatte sie sich nie so

vorgestellt, sie lehnte sich mit ihrem kleinen Kopf an ihren Schornsteinfeger, und dann weinte sie, daß das Gold von ihrem Miederband absprang.

„Es ist viel zuviel!" sagte sie. „Das kann ich nicht ertragen! Die Welt ist viel zu groß! Wäre ich doch wieder auf dem kleinen Tisch unter dem Spiegel! Ich werde nie mehr froh werden, ehe ich nicht wieder dort bin! Nun habe ich dich in die weite Welt hinausbegleitet, nun kannst du mich ruhig wieder nach Hause begleiten, wenn du mich nur ein bißchen liebhast!"

Und der Schornsteinfeger redete ihr vernünftig zu, sprach von dem alten Chinesen und von dem Ziegenbockbein-Oberunduntergeneralkriegskommandeursergeanten, aber sie schluchzte so schrecklich und küßte ihren kleinen

Schornsteinfeger, daß ihm nichts weiter übrigblieb, als sich ihr zu fügen, wenn es auch verkehrt war.

Und dann stiegen sie mit großer Mühe wieder den Schornstein hinab, und sie krochen durch das Rohr und durch die Trommel, es war gar nicht angenehm, und dann standen sie in dem finsteren Ofen; da horchten sie hinter der Tür, um zu erfahren, wie es in der Stube stand. Dort war es ganz still; sie schauten hinaus – ach, da lag mitten in der Stube der alte Chinese, er war vom Tisch heruntergefallen, als er hinter ihnen her wollte, und lag nun da, in drei Stücke zerschellt; der ganze Rücken war in einem Stück abgegangen, und der Kopf war in eine Ecke gekullert; der Ziegenbockbein-Oberunduntergeneralkriegskommandeursergeant stand, wo er immer gestanden hatte, und dachte nach.

„Es ist schrecklich!" sagte die kleine Hirtin, „der alte Großvater ist entzweigegangen, und daran sind wir schuld! Das überlebe ich nie!" und dann rang sie ihre winzigen Händchen.

„Er kann noch genietet werden!" sagte der Schornsteinfeger. „Er kann sehr gut genietet werden! – Sei nun bloß nicht so heftig! Wenn man ihn am Rücken leimt und ihm eine gute Niete ins Genick setzt, dann ist er wieder so gut wie neu und kann uns mancherlei Unannehmlichkeiten bereiten!"

„Glaubst du?" sagte sie. Und dann kletterten sie wieder auf den Tisch, wo sie vorher gestanden hatten.

„Siehst du, so weit sind wir gekommen!" sagte der Schornsteinfeger. „Da hätten wir uns die ganze Mühe sparen können!"

„Wenn nur der alte Großvater erst genietet wäre!" sagte die Hirtin. „Ob das sehr teuer ist?"

Und genietet wurde er; die Familie ließ ihn am Rücken leimen, er bekam eine gute Niete durch den Hals, er war so gut wie neu, aber nicken konnte er nicht.

„Sie scheinen hochmütig geworden zu sein, seit Sie entzweigegangen sind!" sagte der Ziegenbockbein-Oberunduntergeneralkriegskommandeursergeant. „Ich finde aber nicht, daß man sich darauf so furchtbar viel zugute tun sollte! Krieg ich sie, oder krieg ich sie nicht?"

Und der Schornsteinfeger und die kleine Hirtin schauten den alten Chinesen so rührend an; sie hatten solche Furcht, daß er nicken könnte, aber er konnte nicht, und es war ihm unangenehm, einem Fremden zu erzählen, daß er ständig eine Niete im Halse hätte, und so blieben die Porzellanleute beisammen, und sie segneten Großvaters Niete und liebten einander, bis sie entzweigingen.

Holger Danske

In Dänemark gibt es ein altes Schloß, das heißt Kronborg, es liegt unmittelbar am Öresund, wo die großen Schiffe täglich zu Hunderten vorbeifahren, englische wie auch russische und preußische; und sie grüßen das alte Schloß mit Kanonen: „Bumm!" und das Schloß antwortet wieder mit Kanonen: „Bumm!" denn so sagen die Kanonen „Guten Tag! – Vielen Dank!" – Im Winter fahren dort keine Schiffe, dann ist alles bis ganz zur schwedischen Küste hinüber Eis, aber es ist geradezu eine richtige Landstraße, dort weht die dänische Flagge und die schwedische Flagge, und Dänen und Schweden sagen zueinander: „Guten Tag! – Vielen Dank!" Aber nicht mit Kanonen, nein, mit freundlichem Händedruck, und der eine holt Weizenbrot und Brezeln beim anderen, denn fremdes Essen schmeckt besser. Aber das Prachtstück vom Ganzen ist doch das alte Kronborg, und darunter sitzt im tiefen, dunklen Keller, wo niemand hinkommt, Holger Danske, er ist in Eisen und Stahl gekleidet und stützt seinen Kopf auf die starken Arme; sein langer Bart hängt über den Marmortisch, in dem er festgewachsen ist, der Ritter schläft und träumt, aber im Traume sieht er alles, was oben in Dänemark geschieht. An jedem Heiligabend kommt ein Engel Gottes und sagt ihm, daß das, was er geträumt habe, richtig sei und daß er ruhig weiterschlafen könne, denn Dänemark sei noch in keiner wirklichen Gefahr! Kommt es aber in so eine Gefahr, ja, dann wird sich der alte Holger Danske erheben, so daß der Tisch birst, wenn er den Bart herauszieht! Dann kommt er hervor und schlägt zu, daß es in allen Ländern der Welt zu hören ist.

All dies von Holger Danske erzählte ein alter Großvater seinem kleinen Enkelsohn, und der kleine Junge wußte: was Großvater sagte, das war die Wahrheit. Und während der Alte dasaß und erzählte, schnitzte er an einer großen hölzernen Figur, sie sollte Holger Danske vorstellen und vorn auf einem Schiff angebracht werden, denn der alte Großvater war Bildschnitzer, und das ist so ein Mann, der die Galionsfiguren für die Schiffe schnitzt, je nachdem wie das Schiff getauft werden soll, und hier hatte er Holger Danske geschnitzt, der ganz kerzengerade und stolz dastand mit seinem langen Bart und in der einen Hand den breiten Haudegen hielt, die andere aber auf das dänische Wappen stützte.

Und der alte Großvater erzählte so viel von merkwürdigen dänischen Männern und Frauen, daß der kleine Enkelsohn zuletzt meinte, nun wisse er ebensoviel, wie Holger Danske wissen mochte, der ja doch nur davon träumte; und als der Kleine in sein Bett kam, dachte er so viel daran, daß er sein Kinn ordentlich gegen die Bettdecke drückte und fand, nun habe er einen langen Bart, der darin festgewachsen sei.

Aber der alte Großvater blieb bei seiner Arbeit sitzen und schnitzte deren letzten Teil, es war das dänische Wappen; und nun war er fertig, und er sah sich das Ganze an, und er dachte an alles, was er gelesen und gehört und was er heute abend dem kleinen Jungen erzählt hatte; und er nickte und putzte seine Brille, setzte sie wieder auf und sagte: „Ja, zu meiner Zeit kommt Holger Danske bestimmt nicht! Aber der Junge da im Bett kann ihn vielleicht zu sehen bekommen und mit dabeisein, wenn es so richtig darauf ankommt!" und der alte Großvater nickte, und je mehr er seinen Holger Danske ansah, desto klarer wurde ihm, daß er da ein gutes Bildwerk gemacht hatte; ihm war fast so, als bekäme es Farbe und als glänzte der Harnisch wie Eisen und Stahl; die Herzen in dem dänischen Wappen wurden immer röter, und die Löwen sprangen umher mit goldenen Kronen auf den Köpfen.

„Es ist doch das schönste Wappen, das irgend jemand auf der Welt hat!" sagte der Alte. „Die Löwen bedeuten Kraft, und die Herzen bedeuten Milde und Liebe!" und er betrachtete den obersten Löwen und dachte an König Knud, der das große England mit Dänemarks Königsthron verknüpfte, und er betrachtete den zweiten Löwen und dachte an Valdemar, der Dänemark einte und die wendischen Lande überwand; er betrachtete den dritten Löwen und dachte an Margarethe, die Dänemark, Schweden und Norwegen vereinigte; als er aber die roten Herzen ansah, da glänzten sie noch stärker als zuvor, sie wurden zu Flammen, die sich bewegten, und seine Gedanken folgten jeder einzelnen.

Die erste Flamme führte ihn in ein enges, düsteres Gefängnis; dort saß eine Gefangene, eine wunderbare Frau, die Tochter Christians IV.: Eleonore Ulfeld; und die Flamme setzte sich wie eine Rose auf ihre Brust und blühte zusammen mit ihrem Herzen, dem Herzen der edelsten und besten aller dänischen Frauen.

„Ja, das ist ein Herz in Dänemarks Wappen!" sagte der alte Großvater.

Und seine Gedanken folgten der Flamme, die ihn aufs Meer hinausführte, wo die Kanonen donnerten, wo die Schiffe in Rauch gehüllt lagen; und die Flamme heftete sich gleich einem Ordensband an Hvitfeldts Brust, alldieweil er zur Rettung der Flotte sich und sein Schiff in die Luft sprengte.

Und die dritte Flamme führte ihn zu den elenden Hütten auf Grönland, wo der Pfarrer Hans Egede stand, mit Liebe in Worten und Taten, die Flamme war ein Stern auf seiner Brust, ein Herz im dänischen Wappen.

Und die Gedanken des alten Großvaters liefen vor der schwebenden Flamme her, denn sie wußten, wo die Flamme hin wollte. In der armseligen Hütte der Bauersfrau stand Frederik VI. und schrieb seinen Namen mit Kreide auf den Balken; die Flamme bebte auf seiner Brust, bebte in seinem Herzen; in der Hütte des Bauern wurde sein Herz zu einem Herzen in Dänemarks Wappen. Und der alte Großvater wischte sich die Augen, denn er hatte König Frederik mit dem silberweißen Haar und den ehrlichen blauen Augen gekannt und für ihn gelebt, und er faltete seine Hände und blickte still vor sich hin. Da kam die Schwiegertochter des alten Großvaters und sagte, es sei spät, nun solle er ausruhen, und der Abendbrottisch sei gedeckt.

„Aber das ist ja herrlich, was du da gemacht hast, Großvater!" sagte sie. „Holger Danske und unser ganzes altes Wappen! – Es ist mir gerade, als hätte ich dies Gesicht schon früher gesehen!"

„Nein, das hast du sicher nicht!" sagte der alte Großvater. „Aber ich habe es gesehen, und ich habe mich bestrebt, es in Holz zu schneiden, so wie ich mich seiner erinnere. Es war damals, als die Engländer auf der Reede lagen, der dänische zweite April, als wir zeigten, daß wir alte Dänen sind! Auf der ‚Danmark' – ich stand in der Eskadron von Steen Bille – hatte ich einen Nebenmann; es war, als fürchteten ihn die Kugeln! Lustig sang er alte Lieder und schoß und kämpfte, so als wäre er mehr als ein Mensch. Ich erinnere mich noch an sein Gesicht; aber woher er kam, wohin er ging, das weiß ich nicht, das weiß keiner. Ich habe oft denken müssen, es war sicher der alte Holger Danske selber, der von Kronborg heruntergeschwommen war und uns in der Stunde der Gefahr half; so stellte ich es mir vor, und dort steht sein Bild!"

Und es warf seinen großen Schatten über die Wand, sogar noch ein wenig über die Decke hin, es sah aus, als wäre es der richtige Holger Danske selber, der dahinten stand, denn der Schatten bewegte sich, doch konnte das auch daher kommen, daß die Flamme des Lichts nicht gleichmäßig brannte. Und die Schwiegertochter küßte den alten Großvater und führte ihn zu dem großen Lehnstuhl am Tisch, und sie und ihr Mann, der ja der Sohn des alten Großvaters war und Vater des kleinen Jungen, der im Bette lag, setzten sich hin und aßen ihr Abendbrot, und der alte Großvater sprach von den dänischen Löwen und den dänischen Herzen, von der Stärke und der Milde, und ganz deutlich erklärte er, daß es noch eine andere Stärke gebe als jene, die im Schwerte liegt, und er zeigte auf das Bord, wo alte Bücher standen, wo alle Komödien von Holberg standen, die sehr oft gelesen wurden, denn sie waren so lustig, man meinte geradezu, alle Personen darin aus alter Zeit zu kennen.

„Seht, er hat auch zu meißeln verstanden!" sagte der alte Großvater; „er hat das Verrückte und Unebene an den Leuten fortgemeißelt, soweit er konnte!" und der alte Großvater nickte dem Spiegel zu, wo der Kalender stand mit dem Runden Turm, und dann sagte er: „Tyge Brahe, das war auch einer, der das Schwert gebrauchte; nicht um in Fleisch und Knochen zu hauen, sondern um einen klareren Weg hinauf zu den Sternen auszuhauen! – Und dann der, dessen Vater aus meinem Stande war, der Sohn des alten Bildschnitzers, den wir selber gesehen haben, mit dem weißen Haar und den starken Schultern, der, dessen Name in allen Ländern der Welt genannt wird! Ja, der konnte meißeln, ich kann nur schnitzen! O ja, Holger Danske kann auf vielerlei Arten kommen, so daß überall in der Welt Dänemarks Stärke vernommen wird! Wollen wir auf Bertels* Wohl trinken!"

Aber der kleine Junge im Bett sah deutlich das alte Kronborg am Öresund vor sich, den richtigen Holger Danske, der tief dort unten saß mit dem im Marmortisch festgewachsenen Bart und von allem träumte, was hier oben geschieht; Holger Danske träumte auch von der kleinen, armseligen Stube, wo der Bildschnitzer saß, er hörte alles, was da gesprochen wurde, und nickte im Traum und sagte:

* Thorvaldsen (Anmerkung d. Übers.).

„Ja, erinnere dich nur meiner, du dänisches Volk! Gedenket meiner! Ich komme in der Stunde der Not!"

Und außerhalb Kronborgs glänzte der lichte Tag, und der Wind trug die Klänge des Jagdhorns aus dem Nachbarlande herüber, die Schiffe fuhren vorbei und grüßten: „Bumm! bumm!" und von Kronborg kam Antwort: „Bumm! bumm!" Aber Holger Danske erwachte nicht, wie sehr sie auch schossen, denn es war ja nur ein: „Guten Tag! - Vielen Dank!" Da muß anders geschossen werden, wenn er erwachen soll; aber er wird schon erwachen, denn er ist ein ganzer Kerl, der Holger Danske!

Das kleine Mädchen mit den Schwefelhölzern

Es war ganz abscheulich kalt; es schneite, und es begann zu dunkeln und Abend zu werden; es war auch der letzte Abend im Jahr, der Altjahrsabend. In dieser Kälte und in dieser Dunkelheit ging ein kleines, armes Mädchen mit bloßem Kopf und nackten Füßen die Straße entlang; ja, sie hatte allerdings Pantoffeln angehabt, als sie von Hause fortging; aber was nützte das schon! die Pantoffeln waren sehr groß gewesen, ihre Mutter hatte sie zuletzt getragen, so groß waren sie, und die verlor die Kleine, als sie über die Straße eilte, weil zwei Wagen so schrecklich schnell vorbeifuhren; der eine Pantoffel war nicht zu finden, und mit dem anderen rannte ein Junge weg; er sagte, den könnte er als Wiege gebrauchen, wenn er selber Kinder bekäme.

Da ging nun das kleine Mädchen auf den nackten Füßchen dahin, die rot und blau vor Kälte waren; in einer alten Schürze trug sie eine Menge Schwefelhölzer, und ein Bund hielt sie in der Hand; den ganzen Tag über hatte ihr niemand etwas abgekauft; niemand hatte ihr einen kleinen Schilling geschenkt; hungrig und frierend ging sie weiter und sah ganz bedrückt aus, das arme kleine Ding! Die

Schneeflocken fielen auf ihr langes, blondes Haar, das sich so hübsch im Nacken lockte, aber an die Pracht dachte sie wahrlich nicht. Aus allen Fenstern glänzten die Lichter, und dann roch es auf der Straße so wunderbar nach Gänsebraten; es war ja Altjahrsabend, ja, daran mußte sie denken.

Drüben in einem Winkel zwischen zwei Häusern – das eine ragte etwas weiter in die Straße vor. als das andere – setzte sie sich hin und kauerte sich zusammen; die Beine hatte sie unter sich hochgezogen, aber sie fror noch mehr, und nach Hause getraute sie sich nicht, sie hatte ja keine Schwefelhölzer verkauft, nicht einen einzigen Schilling bekommen, ihr Vater schlug sie dann, und kalt war es auch zu Hause, sie hatten nur eben das Dach über sich, und da pfiff der Wind hindurch, obwohl die größten Ritzen mit Stroh und Lappen verstopft worden waren. Ihre kleinen Hände waren fast abgestorben vor Kälte. Ach! ein Schwefelhölzchen würde guttun. Dürfte sie nur eines aus dem Bund herausziehen, es an der Wand anreißen und die Finger daran wärmen. Sie zog eines heraus, „ritsch!" wie das zischte, wie es brannte! Es war eine warme, helle Flamme, ganz wie ein Lichtchen, als sie die Hand darum legte; es war ein seltsames Licht! Dem kleinen Mädchen war es, als säße es vor einem großen, eisernen Ofen mit blanken Messingkugeln und einer Messingtrommel; das Feuer brannte ganz herrlich, wärmte so gut! Nein, was war das! – Die Kleine streckte schon die Füße aus, um auch diese aufzuwärmen – da erlosch die Flamme. Der Ofen verschwand – sie hatte einen kleinen Rest des ausgebrannten Schwefelholzes in der Hand.

Ein neues wurde angestrichen, es brannte, es leuchtete, und wo der Schein auf die Hauswand fiel, wurde diese durchsichtig wie ein Schleier; sie sah bis in die Stube hinein, wo der Tisch mit dem schimmernd weißen Tischtuch gedeckt stand, mit feinem Porzellan, und herrlich dampfte die gebratene Gans, mit Backpflaumen und Äpfeln gefüllt! Und was noch prächtiger war, die Gans hüpfte von der Platte, watschelte mit Gabel und Messer im Rücken durch das Zimmer; geradeswegs zu dem armen Mädchen kam sie gelaufen; da erlosch das Schwefelholz, und nur die dicke, kalte Hauswand war zu sehen.

Sie zündete ein neues an. Da saß sie unter dem schönsten Weihnachtsbaum; der war noch größer und noch prächtiger geschmückt als der, den sie bei dem reichen Kaufmann jetzt zu Weihnachten gesehen hatte; tausend Kerzen brannten an den grünen Zweigen, und bunte Bilder wie die, welche die Ladenfenster schmücken, blickten zu ihr nieder. Die Kleine streckte beide Hände hoch – da erlosch das Schwefelholz; die vielen Weihnachtslichter stiegen immer höher empor, sie sah, es waren nun die hellen Sterne, einer davon fiel nieder und hinterließ einen langen Feuerstreif am Himmel.

„Nun stirbt jemand!" sagte die Kleine, denn die alte Großmutter, die einzige, die gut zu ihr gewesen war, die jetzt aber tot war, hatte gesagt: Wenn ein Stern fällt, steigt eine Seele zu Gott hinauf.

Sie strich abermals ein Schwefelholz an der Hauswand an, das leuchtete weithin, und in seinem Glanze stand die alte Großmutter, so hell, so leuchtend, so mild und segensreich.

„Großmutter!" rief die Kleine. „Oh, nimm mich mit! Ich weiß, du bist fort, wenn das Schwefelholz ausgeht; fort, genauso wie der warme Ofen, der wunderbare Gänsebraten und der große, herrliche Weihnachtsbaum!" – und sie strich geschwind den ganzen Rest der Schwefelhölzer an, der im Bund war, sie wollte die Großmutter ganz festhalten; und die Schwefelhölzer leuchteten mit solchem Glanz, daß es heller war als am lichten Tag. Großmutter war nie zuvor so schön gewesen, so groß; sie hob das kleine Mädchen auf ihren Arm, und sie flogen in Glanz und Freude dahin, ganz hoch, ganz hoch; und da gab es keine Kälte, keinen Hunger, keine Angst – sie waren bei Gott!

Aber in der Ecke am Haus saß in der kalten Morgenstunde das kleine Mädchen mit roten Wangen, mit einem Lächeln um den Mund – tot, erfroren am letzten Abend des alten Jahres. Der Neujahrsmorgen ging über dem kleinen Leichnam auf, der mit den Schwefelhölzern dasaß, von denen fast ein Bund abgebrannt war. Sie hat sich aufwärmen wollen, sagte man; niemand wußte, was sie Schönes gesehen hatte, in welchem Glanz sie mit der alten Großmutter zur Neujahrsfreude eingegangen war!

Ein Bild vom Kastellwall

Es ist Herbst, wir stehen auf dem Kastellwall und blicken über das Meer auf die vielen Schiffe und die schwedische Küste, die im abendlichen Sonnenschein hoch aufragt; hinter uns fällt der Wall schroff ab; dort stehen prachtvolle Bäume, das gelbe Laub fällt von den Zweigen; dort unten liegen düstere Häuser mit Holzzäunen, und dahinter, wo die Schildwache steht, ist es eng und unheimlich, aber noch finsterer ist es hinter dem vergitterten Loch; dort sitzen gefangene Sklaven, die schlimmsten Verbrecher.

Ein Strahl der sinkenden Sonne fällt in die kahle Kammer. Die Sonne scheint auf Böse und auf Gute! Der finstere, barsche Gefangene schaut mit einem gehässigen Blick auf den kalten Sonnenstrahl. Ein kleiner Vogel fliegt gegen das Gitter. Der Vogel singt für Böse und Gute! Er singt ein kurzes „Kwiwitt!" bleibt aber sitzen, klatscht mit dem Flügel, zupft sich eine Feder aus, plustert die anderen Federn um den Hals auf – und der böse Mann in Ketten schaut sich das an; ein milderer Ausdruck geht über das häßliche Gesicht; ein Gedanke, den er sich selber nicht klarmacht, leuchtet in seiner Brust auf, der ist verwandt mit dem Sonnenstrahl vom Gitter, verwandt mit dem Duft der Veilchen, die im Frühling draußen so reichlich wachsen. Jetzt erschallt die Musik der Jäger, ganz wunderbar und laut. Der Vogel fliegt vom Gitter des Gefangenen fort, der Sonnenstrahl verschwindet, und es ist dunkel drinnen in der Kammer, dunkel im Herzen des bösen Mannes, aber die Sonne hat dennoch hineingeschienen, der Vogel hineingesungen.

Tönet fort, ihr schönen Jagdhornklänge! Der Abend ist mild, das Meer spiegelglatt und still.

AUS EINEM FENSTER IN VARTOU

Nach dem grünen Wall zu, der ganz Kopenhagen umschließt, liegt ein großes, rotes Gebäude mit vielen Fenstern, in diesen wachsen Balsaminen und der Amberstrauch; drinnen sieht es ärmlich aus, und arme alte Leute wohnen dort. Es ist Vartou.

Seht! an den Fensterrahmen lehnt sich eine alte Magd, sie zupft das welke Blatt von der Balsamine und schaut auf den grünen Wall hinaus, wo lustige Kinder sich tummeln; woran denkt sie? Das Drama eines Lebens entrollt sich vor dem inneren Auge.

Die armen Kleinen, wie glücklich sie spielen! So rote Backen haben sie, so süße Augen, aber weder Schuhe noch Strümpfe haben sie an; sie tanzen auf dem grünen Wall, wo, wie die Sage erzählt, vor vielen Jahren, als das Erdreich dort sich immer mehr senkte, ein unschuldiges Kind mit Blumen und Spielzeug in das offene Grab gelockt wurde, das sie zumauerten, während das Kleine spielte und aß. Nun war der Wall fest und trug bald wunderbaren Rasen.

Die Kleinen kennen die Sage nicht, sonst würden sie das Kind noch immer dort unten unter der Erde weinen hören, und der Tau auf dem Gras würde ihnen wie brennende Tränen erscheinen. Sie kennen nicht die Geschichte von dem dänischen König, der, als der Feind draußen lag, hier vorüberritt und schwor, er wolle in seinem Nest sterben. Da kamen Frauen und Männer, sie gossen brühheißes Wasser auf die weißgekleideten Feinde, die durch den Schnee an der Außenseite des Walles hinaufkletterten.

Lustig spielen die armen Kleinen.

Spiele, du kleines Mädchen! Bald kommen die Jahre – ja, die herrlichen Jahre: die Konfirmanden schlendern Hand in Hand dahin, du gehst im weißen Kleide, es hat deine Mutter allerlei gekostet, und dennoch ist es aus einem größeren alten umgeändert worden! Du bekommst einen roten Schal, der hängt dir zu lang herunter, aber dann kann man sehen, wie groß er ist, viel zu groß! Du denkst an deinen Tand und an den lieben Gott. Herrlich ist ein Gang auf dem Wall! Und die Jahre vergehen mit vielen dunklen Tagen, aber auch mit jugendlichem Frohsinn, und du bekommst einen Freund, du weißt es nicht! Ihr begegnet euch; ihr schlendert im Vorfrühling auf dem Wall dahin, wenn am Bußtag alle Kirchenglocken läuten*. Man kann noch keine Veilchen finden, aber vor Schloß Rosenborg steht ein Baum mit den ersten grünen Knospen, dort bleibt ihr stehen. Alljährlich treibt der Baum grüne Reiser, das tut nicht das Herz in des Menschen Brust. Durch das ziehen mehr dunkle Wolken, als der Norden sie kennt. Armes Kind, deines Bräutigams Brautgemach wird der Sarg, und du wirst eine alte Jungfer; von Vartou blickst du hinter der Balsamine zu den spielenden Kindern hinaus, siehst deine Geschichte sich wiederholen.

Und dies Lebensdrama ist es gerade, das sich vor der alten Magd entrollt, die auf den Wall hinausblickt, wo die Sonne scheint, wo die Kinder mit roten Backen und ohne Schuhe und Strümpfe jubeln, wie alle anderen Vögel des Himmels.

* In Dänemark der vierte Freitag nach Ostern (Anm. d. Übers.).

DIE ALTE STRASSENLATERNE

Hast du die Geschichte von der alten Straßenlaterne vernommen? Die ist gar nicht so sehr erfreulich, aber man kann sie immer wieder einmal hören. Es war so eine brave alte Straßenlaterne, die viele, viele Jahre Dienst getan hatte, aber jetzt sollte sie abgeschafft werden. Es war der letzte Abend, daß sie auf ihrer Stange saß und die Straße beleuchtete, und ihr war zumute wie einer alten Ballettschauspielerin, die an ihrem letzten Abend tanzt und weiß, daß sie morgen auf den Hausboden kommt. Die Laterne fürchtete sich sehr vor dem morgigen Tag, denn sie wußte, daß sie zum erstenmal aufs Rathaus und von den „Sechsunddreißig Männern" der Stadt in Augenschein genommen werden mußte, ob sie brauchbar oder unbrauchbar sei. Da sollte entschieden werden, ob sie in eine der Vorstädte hinausgeschickt werden und dort leuchten sollte oder aufs Land in eine Fabrik, vielleicht kam sie geradeswegs zu einem Eisengießer und wurde umgeschmolzen, da konnte ja nun wirklich alles mögliche aus ihr werden, aber es quälte sie, daß sie nicht wußte, ob sie dann die Erinnerung daran behielt, daß sie Straßenlaterne gewesen war. Wie immer es auch gehen mochte oder nicht gehen mochte, sie mußte sich von dem Wächter und seiner Frau trennen, die sie ganz als ihre Anverwandten betrachtete. Sie wurde Straßenlaterne, als er Wächter wurde. Die Frau war damals sehr fein, nur abends, wenn sie an der Laterne vorbeiging, sah sie zu ihr hin, aber nie am Tage. Jetzt dagegen, in den letzten Jahren, da sie alle drei alt geworden waren, der Wächter, die Frau und die Laterne, hatte die Frau sie auch gepflegt, die Lampe abgeputzt und Tran aufgefüllt. Ehrliche Leute waren es, dies Ehepaar, sie hatten die Laterne nicht um einen Tropfen betrogen. Es war der letzte Abend auf der Straße, und morgen mußte sie aufs Rathaus, das waren zwei düstere Vorstellungen für die Laterne, und da kann man sich wohl denken, wie sie brannte. Aber auch andere Gedanken gingen ihr durch den Kopf; sie hatte so viel gesehen, so vieles, was sie beleuchtet hatte, vielleicht ebensoviel wie die „Sechsunddreißig Männer", aber das sagte sie nicht, denn sie war eine brave alte Laterne, sie wollte keinen verletzen, am allerwenigsten ihre Obrigkeit. Sie erinnerte sich an so vieles, und zwischendurch flackerte die Flamme in ihr auf, es war, als hätte sie so ein Gefühl: „Ja, man erinnert sich auch meiner! Da war nun dieser hübsche junge Mann – ja, das ist viele Jahre her! Er kam mit einem Brief auf rosa Papier, so fein, so fein und mit Goldrand, er war so sauber geschrieben, es war eine Damenhand; er las ihn zweimal, und er küßte ihn, und er blickte mit seinen beiden Augen zu mir auf, die sagten: ‚Ich bin der glücklichste Mensch!' – Ja, nur er und ich wußten, was in dem ersten Brief der Braut stand. – Ich erinnere mich auch an zwei andere Augen, es ist seltsam, wie man mit den Gedanken springen kann! Hier in der Straße war ein prächtiges Leichenbegängnis, die junge, schöne Frau lag im Sarg auf dem samtenen Leichenwagen, da waren viele Blumen und Kränze, es leuchtete von so vielen Fackeln, daß ich darin ganz verlorenging; der ganze Bürgersteig war voll von Menschen, sie gingen alle mit im Leichenzug, als aber die Fackeln außer Sicht waren und ich mich umsah, stand da noch jemand am Pfahl und weinte, ich vergesse nie die beiden trauervollen Augen, die in mich hineinblickten!" –

So gingen viele Gedanken in der alten Straßenlaterne um, die heute abend zum letzten Male schien. Die Schildwache, die abgelöst wird, kennt doch ihren Nachfolger und kann ein paar Worte mit ihm reden, aber die Laterne kannte ihren nicht, und sie hätte ihm doch diesen oder jenen Wink geben können, wegen Regen und Sturm oder darüber, wie weit der Mondschein auf den Bürgersteig fiel und aus welcher Ecke der Wind wehte.

Auf dem Rinnsteinbrett standen dreie, die sich der Laterne vorgestellt hatten, alldieweil sie meinten, sie sei es, die das Amt vergebe; einer davon war ein Heringskopf, denn der leuchtet im Dunkeln, und der meinte, er könnte ja geradezu Tran sparen, wenn er auf den Laternenpfahl käme. Der zweite war ein Stück faules Holz, das auch leuchtet, und immerhin mehr als ein Klippfisch, das sagte es selber, außerdem war es das letzte Stück von einem Baum, der einstmals eine wahre Pracht im Wald gewesen war. Der dritte war ein Johanniskäfer; wo der hergekommen war, das begriff die Laterne nicht, aber der Käfer war da, und leuchten tat er auch, aber das faule Holz und der Heringskopf wollten darauf schwören, daß er nur zu bestimmten Zeiten leuchte und daß er darum nie in Betracht kommen könne.

Die alte Laterne sagte, keiner von ihnen leuchte genügend, um Straßenlaterne zu sein, aber das glaubte nun keiner von ihnen, und als sie hörten, daß die Laterne das Amt nicht selber vergab, sagten sie, das wäre sehr erfreulich, denn sie wäre ja auch viel zu hinfällig, als daß sie wählen könnte.

Im selben Augenblick kam der Wind von der Straßenecke, der fegte durch die Rauchkappe der alten Laterne und sagte zu ihr: „Was höre ich, du willst morgen weg? Ist es der letzte Abend, daß ich dich hier antreffe? Ja, dann kriegst du was geschenkt! Nun lüfte ich deinen Hirnkasten aus, so daß du nicht allein klar und deutlich behältst, was du gehört und gesehen hast, sondern, wenn in deiner Gegenwart etwas erzählt oder vorgelesen wird, so klar im Kopfe bist, daß du es auch siehst!"

„Ja, das ist ja allerlei!" sagte die alte Straßenlaterne.

„Vielen Dank! wenn ich bloß nicht eingeschmolzen werde!" –

„Das geschieht noch nicht", sagte der Wind, „und nun puste ich dein Gedächtnis durch; kannst du mehr solche Geschenke bekommen, dann kannst du ein ganz vergnügliches Alter haben!"

„Wenn ich nur nicht eingeschmolzen werde!" sagte die Laterne. „Oder kannst du mir dann auch das Gedächtnis erhalten?"

„Alte Laterne, sei vernünftig!" sagte der Wind, und dann pustete er. Im selben Augenblick kam der Mond hervor. „Was schenken Sie?" fragte der Wind.

„Ich schenke nichts!" sagte er. „Ich bin ja im Abnehmen, und die Laternen haben mir niemals geleuchtet, sondern ich habe den Laternen geleuchtet." Und dann ging der Mond wieder hinter die Wolken, denn er wollte nicht belästigt werden. Da fiel genau auf die Rauchkappe ein Wassertropfen, der war wie ein Tropfen vom Dach, aber der Tropfen sagte, er käme aus den grauen Wolken und wäre ebenfalls ein Geschenk und vielleicht das allerbeste. „Ich dringe in dich ein, damit du die Fähigkeit bekommst, in einer einzigen Nacht, wenn du es dir wünschst, zu verrosten, so daß du ganz in dich zusammenfällst und zu Staub wirst." Aber das war nach der Meinung der Laterne ein schlechtes Geschenk, und das fand der Wind ebenfalls. „Gibt es kein besseres, gibt es kein besseres?" brauste er, so laut er konnte; da fiel eine glänzende Sternschnuppe, die leuchtete in einer langen Spur.

„Was war das?" rief der Heringskopf, „fiel da nicht eben ein Stern herunter? Ich glaube, der ist in die Laterne gefallen! – Aha, bewerben sich auch so Hochstehende um das Amt, da haben wir nichts mehr zu melden!" und dann ging er, und die anderen ebenfalls; aber die alte Laterne leuchtete mit einemmal so wunderbar hell. „Das war ein schönes Geschenk!" sagte sie. „Die hellen Sterne, an denen ich immer so sehr meine Freude gehabt habe und die so wunderbar leuchten, wie ich eigentlich nie habe leuchten können, obwohl es mein ganzes Trachten und Streben gewesen ist, die haben mich alte kümmerliche Laterne bemerkt und einen heruntergeschickt mit einem Geschenk für mich, das darin besteht, daß alles, woran ich mich selber erinnere und was ich ganz deutlich sehe, auch von denen gesehen werden wird, denen ich zugetan bin! Und das ist erst das wahre Vergnügen, denn kann man nicht mit anderen teilen, so ist es nur eine halbe Freude!"

„Es ist sehr anerkennenswert, so zu denken!" sagte der Wind. „Aber du scheinst nicht zu wissen, daß Wachslichter dazu gehören. Wenn in dir nicht ein Wachslicht angezündet wird, gibt es keinen, der etwas in dir sehen kann. Das haben die Sterne nicht bedacht, die denken, daß alles, was glänzt, mindestens ein Wachslicht in sich hat. Aber nun bin ich müde!" sagte der Wind, „nun will ich mich legen!" und dann legte er sich.

Am nächsten Tag – ja, den nächsten Tag können wir überspringen –, am nächsten Abend dann lag die Laterne im Lehnstuhl, und wo? Bei dem alten Wächter. Er hatte sich von den „Sechsunddreißig Männern" ausgebeten, die alte Laterne behalten zu dürfen; die haben ihn ausgelacht, als er darum bat, und dann haben sie sie ihm geschenkt, und nun lag die Laterne im Lehnstuhl dicht neben dem warmen Ofen, und es war tatsächlich so, als wäre sie dadurch größer geworden, sie füllte beinahe den ganzen Stuhl aus. Und die alten Leute saßen schon beim Abendbrot und warfen freundliche Blicke auf die alte Laterne, der sie gern auch einen Platz am Tisch gegeben hätten. Sie wohnten ja allerdings in einem Keller, zwei Ellen in die Erde hinein; man mußte durch einen gepflasterten Vorplatz, um in die Stube zu kommen, aber warm war es hier, denn an der Tür waren Filzstreifen angebracht; sauber und nett sah es hier aus; Vorhänge um den Bettplatz und an den kleinen Fenstern, auf deren oberem Sims zwei sonderbare Blumentöpfe standen; der Matrose Christian hatte sie aus Ostindien oder Westindien mitgebracht, es waren zwei Elefanten aus Ton, denen der Rücken fehlte, aber statt dessen wuchs aus der Erde, die man hineingetan hatte, in dem einen der schönste Schnittlauch, das war der Küchengarten der alten Leute, und in dem anderen eine große blühende Geranie, das war ihr Blumengarten. An der Wand hing ein großes, buntes Bild mit dem „Kongreß in Wien", da hatten sie alle Könige und Kaiser auf einmal! Eine Bornholmer Uhr mit schweren Bleigewichten machte „tick! tack!" und ging immer vor; aber das sei besser, als wenn sie nachginge, sagten die alten Leute. Sie aßen ihr Abendbrot, und die alte Straßenlaterne lag wie gesagt im Lehnstuhl dicht beim warmen Ofen. Für die Laterne war es so, als wäre die ganze Welt auf den Kopf gestellt. Als aber der alte Wächter sie sich ansah und davon sprach, was sie beide miteinander erlebt hatten, in Sturm und Regen, in den hellen, kurzen Sommernächten und wenn der Schnee stob, so daß es guttat, in das Kellerloch hinunterzukommen – da war für die alte Laterne alles wieder in Ordnung, sie sah es, als wäre es noch immer so, o ja, der Wind hatte wahrlich ihr Inneres gut aufgehellt.

Sie waren so fleißig und so tüchtig, die alten Leute, keine Stunde wurde einfach nur verdöst; sonntags nachmittags wurde irgendein Buch hervorgeholt, am liebsten eine Reisebeschreibung, und der alte Mann las vor über Afrika, über die großen Wälder und die Elefanten, die wild herumliefen, und die alte Frau hörte aufmerksam zu und schaute verstohlen zu den Tonelefanten hin, die Blumentöpfe waren! – „Ich kann es mir beinahe vorstellen!" sagte sie. Und die Laterne wünschte von ganzem Herzen, daß ein Wachslicht da wäre, das man anzünden und in sie hineinsetzen könnte, dann würde die alte Frau alles ganz greifbar sehen, so wie die Laterne es sah, die hohen Bäume, die dichten Zweige, die ineinander verschlungen waren, die nackten, schwarzen Menschen zu Pferde und ganze Scharen von Elefanten, die mit ihren breiten Füßen Schilf und Büsche niedertraten.

„Was nützen alle meine Fähigkeiten, wenn kein Wachslicht da ist!" seufzte die Laterne. „Die haben nur Tran und Unschlittkerzen, und das genügt nicht!"

Eines Tages kam ein ganzer Berg Wachslichtstümpfe in den Keller, die größten Stücke wurden verbrannt, und die kleineren benutzte die alte Frau dazu, ihren Faden damit zu wachsen, wenn sie nähte; Wachslichter waren da, aber die alten Leute kamen nicht auf den Gedanken, ein kleines Stück in die Laterne zu stecken.

„Hier stehe ich mit meinen seltenen Fähigkeiten!" sagte die Laterne. „Ich habe alles in mir drin, aber ich kann es nicht mit ihnen teilen! Sie wissen nicht, daß ich die weißen Wände in die schönsten Tapeten verwandeln kann, in reiche Wälder, in alles, was sie sich nur wünschen mögen! – Sie wissen es nicht!"

Die Laterne stand übrigens gescheuert und sauber in einer Ecke, wo sie immer ins Auge fiel; die Leute sagten allerdings, sie wäre alter Plunder, aber daraus machten sich die Alten nichts, sie liebten die Laterne.

Eines Tages, es war des alten Wächters Geburtstag, ging die alte Frau zur Laterne hin, lächelte ein wenig und sagte: „Ich möchte ihm eine Festbeleuchtung machen!" und die Laterne knarrte mit der Blechhaube, denn sie dachte: „Nun geht ihnen ein Licht auf!" aber es kam Tran hinein und kein Wachslicht, sie brannte den ganzen Abend, wußte aber nun, daß das Geschenk, welches die Sterne ihr gemacht hatten, das beste von allen Geschenken, für dies Leben ein toter Schatz sein würde. Da träumte sie – und wenn man solche Gaben hat, kann man wohl träumen –, daß die alten Leute gestorben wären und daß sie selber zu einem Eisengießer käme und eingeschmolzen werden sollte, sie fürchtete sich genauso wie damals, als sie aufs Rathaus sollte, um von den „Sechsunddreißig Männern" in Augenschein genommen zu werden, aber obgleich sie die Fähigkeit hatte, zu Rost und Staub zu zerfallen, wenn sie es sich wünschte, tat sie es dennoch nicht, und da kam sie in den Schmelzofen und wurde der schönste eiserne Leuchter, in den je ein Wachslicht gesteckt worden war; er hatte die Form eines Engels, der einen Strauß trug, und das Wachslicht wurde mitten in den Strauß gesetzt, und der Leuchter erhielt seinen Platz auf einem grünen Schreibtisch, und das Zimmer war so gemütlich, da standen viele Bücher, da hingen schöne Bilder, es war bei einem Dichter, und alles, was er dachte und schrieb, das wurde ringsum entrollt, die Stube wurde zu tiefen, dunklen Wäldern, zu sonnenbeschienenen

Wiesen, wo der Storch umherstolzierte, und zu einem Schiffsdeck hoch auf dem wogenden Meer!

„Was habe ich für eine Begabung!" sagte die alte Laterne, als sie erwachte. „Es könnte mich beinahe danach verlangen, eingeschmolzen zu werden! – Doch nein, es darf nicht geschehen, solange die alten Leute am Leben sind! Sie sind mir zugetan um meiner Person willen! Sie haben mich ja an Kindes Statt, und sie haben mich gescheuert, und sie haben mir Tran gegeben! Und mir geht es ebenso gut wie dem ‚Kongreß', der so was Vornehmes ist!"

Und von Stund an hatte sie mehr innere Ruhe, und das verdiente die brave alte Straßenlaterne.

DIE NACHBARSFAMILIEN

Man sollte tatsächlich meinen, im Dorfteich wäre etwas los, aber da war nichts los! Alle Enten, die gerade so schön auf dem Wasser lagen – manche standen auf dem Kopf, das konnten sie nämlich –, setzten mit einemmal aufs Land hinauf; man konnte in dem nassen Lehm die Spuren von ihren Füßen sehen, und man konnte ein ganzes Ende weit hören, daß sie kreischten. Das Wasser kam tüchtig in Bewegung, und eben war es so blank wie Spiegelglas gewesen, man sah darin jeden Baum, jeden Strauch nahebei und das alte Bauernhaus mit den Löchern am Giebel und dem Schwalbennest, aber vor allem den großen Rosenstrauch, der voller Blüten war und von der Mauer fast bis übers Wasser hinweghing, in welchem das Ganze stand, genau wie auf einem Gemälde, aber alles auf dem Kopf; und als das Wasser unruhig wurde, lief eins ins andere, das ganze Bild war weg. Zwei Entenfedern, die von den Enten abfielen, welche aufflogen, wippten tüchtig auf und nieder, mit einemmal sausten sie ab, als wehte der Wind, aber es wehte kein Wind, und dann lagen sie still, und das Wasser wurde wieder spiegelglatt, man sah deutlich den Giebel mit dem Schwalbennest, und den Rosenstrauch sah man; jede Rose spiegelte sich, sie waren so schön, aber sie wußten es selber nicht, denn niemand hatte es ihnen erzählt. Die Sonne schien zwischen den feinen Blättern hindurch, die voller Duft waren; und es ist mit jeder Rose genauso wie mit uns, wenn wir so recht glückselig in Gedanken versunken sind.

„Wie ist es herrlich, auf der Welt zu sein!" sagte jede Rose. „Das einzige, was ich mir wünsche, wäre, daß ich die Sonne küssen könnte, weil sie so warm und hell ist. – Ja, die Rosen dort unten im Wasser möchte ich auch küssen! Sie gleichen uns so völlig; ich möchte die süßen jungen Vögel dort unten im Neste küssen; ja, oben über uns sind auch welche! Sie stecken die Köpfe heraus und piepsen ganz leise; sie haben gar kein Gefieder, so wie ihre Eltern. Es sind gute Nachbarn, die wir haben, sowohl die über uns wie die unter uns. Oh, wie ist es schön, auf der Welt zu sein!"

Die kleinen Vogeljungen oben und unten – ja, die unten waren ja nur das Abbild im Wasser – waren Sperlinge, Vater und Mutter waren Sperlinge; sie hatten das leere Schwalbennest vom vorigen Jahr genommen, in diesem lagen sie und taten, als ob sie zu Hause wären.

„Sind das junge Entenkinder, die da schwimmen?" fragten die Sperlingsjungen, als sie die Entenfedern auf dem Wasser schwimmen sahen.

„Stellt vernünftige Fragen, wenn ihr fragt!" sagte die Mutter; „seht ihr nicht, daß es Federn sind? Lebendiger Kleiderstoff, wie ich ihn habe und wie ihr ihn bekommt, aber unserer ist feiner! Hätten wir den nur hier oben im Nest, denn er wärmt! Ich möchte gar zu gerne wissen, warum die Enten so erschrocken sind! Da muß im Wasser irgend was gewesen sein, denn ich war es sicher nicht, wenn ich auch ein bißchen laut ‚piep!' zu euch sagte! Die dickköpfigen Rosen sollten es wissen, aber die wissen überhaupt nichts, die gucken sich nur selber an und riechen. Ich hab diese Nachbarn gründlich satt!"

„Hört die süßen kleinen Vögelchen da oben!" sagten die Rosen, „die fangen nun auch schon an und wollen singen! – Sie können nicht, aber das wird schon kommen! – Was muß das für ein Vergnügen sein! Es ist wirklich nett, solche lustigen Nachbarn zu haben!"

Im selben Augenblick kamen zwei Pferde im Galopp heran, die sollten getränkt werden; ein Bauernjunge saß auf dem einen, und er hatte alle seine Sachen ausgezogen bis auf seinen schwarzen Hut; der war ganz groß und breit. Der Junge pfiff, als wäre er ein kleiner Vogel, und ritt dann in den Dorfteich hinein, bis zu seiner tiefsten Stelle, und als er zum Rosenstrauch hinüberkam, pflückte er eine Rose ab und steckte sie sich an den Hut, nun meinte er, er sei fein geputzt, und ritt dann mit ihr fort. Die anderen Rosen blickten ihrer Schwester nach und fragten einander: „Wo ist sie hingereist?" aber das wußte keine.

„Ich möchte schon gern mal in die Welt hinaus!" sagte die eine zur anderen. „Aber hier bei uns in unserem eigenen Grün ist es auch schön! Tagsüber ist die Sonne so warm, und nachts glänzt der Himmel noch schöner! Das können wir durch die vielen kleinen Löcher sehen, die in ihm sind!"

Es waren die Sterne, von denen sie meinten, sie wären Löcher, denn die Rosen wußten es nicht besser.

„Wir bringen Leben ins Haus!" sagte die Sperlingsmutter, „und Schwalbennester bringen Glück, sagen die Leute; darum freuen sie sich, daß sie uns hier haben! Aber die Nachbarn dort, so ein ganzer Rosenstrauch an der Hauswand hinauf, halten die Feuchtigkeit fest; ich denke, der kommt mal weg, dann kann dort doch wenigstens etwas Korn wachsen. Rosen sind nur zum Ansehen und zum Riechen da, oder höchstens, um sie sich an den Hut zu stecken. Jedes Jahr, das weiß ich von meiner Mutter, fallen sie ab, die Bauersfrau legt sie in Salz ein, sie kriegen einen französischen Namen, den ich nicht aussprechen kann und aus dem ich mir auch nichts mache; und dann werden sie aufs Feuer gelegt, wenn es gut riechen soll. Seht ihr, das ist deren Lebenslauf, die sind nur fürs Auge und für die Nase. Nun wißt ihr es!"

Als es Abend wurde und die Mücken in der warmen Luft tanzten und die Wolken so rot waren, kam die Nachtigall und sang den Rosen etwas vor: daß das Schöne in dieser Welt wie Sonnenschein sei und daß das Schöne immer lebe. Aber die Rosen meinten, die Nachtigall singe von sich selber, und das konnte man ja auch meinen. Es kam ihnen gar nicht in den Sinn, daß sie es waren, denen das Lied galt, aber freuen taten sie sich darüber und dachten darüber nach, ob nicht all die kleinen Sperlingsjungen auch Nachtigallen werden könnten.

„Ich habe genau verstanden, was der Vogel gesungen hat!" sagten die Sperlingsjungen. „Da war nur ein Wort, das ich nicht verstand: Was ist das Schöne?"

„Das ist nichts!" sagte die Sperlingsmutter, „das ist nur so was Äußerliches. Oben auf dem Gutshof, wo die Tauben ihr eigenes Haus haben und wo ihnen täglich Erbsen und Körner auf den Hof gestreut werden – ich habe bei ihnen gespeist, und das kann euch auch zuteil werden! Sage mir, mit wem du umgehst, dann werde ich dir sagen, wer du bist! –, da oben auf dem Gutshof gibt es zwei Vögel mit grünen Hälsen und einem Puschel auf dem Kopf; der Schwanz kann sich auseinanderfalten, so daß er wie ein großes Rad aussieht, und der hat alle Farben, so daß einem die Augen weh tun; Pfauen werden sie genannt, und die sind das Schöne; die sollten ein bißchen gerupft werden, dann sähen sie nicht anders aus als wir anderen. Ich hätte sie gehackt, wenn sie nicht so groß gewesen wären!"

„Ich werde sie hacken!" sagte das kleinste Sperlingsjunge, und das hatte noch keine Federn.

Im Bauernhaus wohnten zwei junge Leute; sie liebten einander sehr, sie waren sehr fleißig und tüchtig, es war ganz wunderhübsch bei ihnen. Sonntags morgens ging die junge Frau hinaus, holte eine ganze Handvoll von den schönsten Rosen, steckte sie in ein Wasserglas und stellte sie mitten auf die Truhe.

„Jetzt kann ich sehen, daß Sonntag ist!" sagte der Mann, küßte seine liebe Frau, und sie setzten sich hin, lasen zusammen im Gesangbuch, hielten einander an den Händen, und die Sonne schien zu den Fenstern herein auf die frischen Rosen und die jungen Leute.

„Ich habe es über, das mit anzusehen!" sagte die Mutter Sperling, die vom Nest aus bis in die Stube hineinschauen konnte; und dann flog sie weg.

Das gleiche tat sie am nächsten Sonntag, denn jeden Sonntag kamen frische Rosen in das Glas, und immer blühte der Rosenstrauch genauso schön; die jungen Sperlinge, die jetzt Federn bekommen hatten, wollten gern mitfliegen, aber die Mutter sagte: „Ihr bleibt!" und dann blieben sie. – Sie flog, aber wie sie nun auch geflogen sein mochte, mit einemmal hing sie in einer Vogelschlinge aus Roßhaar, die ein paar Jungen an einem Ast befestigt hatten. Die Roßhaare zogen sich um das Bein zusammen, oh, ganz fest, als ob es durchgeschnitten würde; es war eine Qual, es war eine Angst; die Jungen rannten gleich herbei und packten den Vogel, und sie packten schrecklich hart zu. „Es ist nichts weiter als ein Spatz!" sagten sie, aber sie ließen ihn trotzdem nicht fliegen, sie gingen mit ihm nach Hause, und jedesmal, wenn er piepste, hauten sie ihm eins auf den Schnabel.

Drinnen in dem Bauernhof stand ein alter Bursche, der konnte Seife für den Bart und für die Hände machen, Seife in Kugeln und Seife in Stücken. Es war so ein wandernder, lustiger Alter, und als er den Sperling sah, den die Jungen anbrachten und von dem sie sagten, sie machten sich gar nichts aus ihm, sagte er: „Wollen wir ihn schön machen?" Und der Sperlingsmutter schauderte es, als er das sagte. Und aus seinem Kasten, in dem die schönsten Farben lagen, holte er eine ganze Menge schimmerndes Blattgold heraus, und die Jungen mußten laufen und ein Ei beschaffen, und von dem nahm er das Weiße, und damit schmierte er den ganzen Vogel ein und klebte dann das Blattgold drauf, nun war die Sperlingsmutter vergoldet; aber sie dachte nicht an diese Pracht, sie schlotterte an allen Gliedern. Und der Seifenmann nahm einen roten Lappen, er riß ihn von dem Futter seiner alten Joppe ab, schnitt aus dem Lappen einen zackigen Hahnenkamm und klebte ihn dem Vogel auf den Kopf.

„Nun sollt ihr den goldenen Vogel fliegen sehen!" sagte er und ließ den Sperling los, der in furchtbarstem Entsetzen in den hellen Sonnenschein hinausflog. Nein, wie er glänzte! Alle Sperlinge, sogar eine große Krähe, und zwar keineswegs mehr jung, erschraken gewaltig bei dem Anblick, aber sie flogen trotzdem hinterdrein, denn sie wollten wissen, was das für ein vornehmer Vogel wäre.

„Woher? woher?" schrie die Krähe.

„Wart mal! wart mal!" sagten die Sperlinge. Aber er wollte nicht mal warten. In Angst und Grauen flog er heimwärts; er war nahe daran, zu Boden zu sinken, und immer kamen noch mehr Vögel herzu, große und kleine; manche flogen ganz dicht an ihn heran, um auf ihn einzupicken.

„Seht den! seht den!" schrien sie alle miteinander.

„Seht den! seht den!" schrien die Jungen, als die Mutter ins Nest zurückkam. „Das ist bestimmt ein junger Pfau! Da sind all die Farben, die in die Augen stechen, wie Mutter gesagt hat! Piep! das ist das Schöne!" und dann hieben sie mit ihren kleinen Schnäbeln auf sie ein, daß es ihr nicht möglich war, hineinzukommen, und sie war so voller Entsetzen, daß sie nicht mehr „piep!" sagen konnte, geschweige denn: „Ich bin eure Mutter." Die anderen Vögel hackten nun alle nach ihr, so daß alle Federn abgingen, und blutüberströmt sank die Sperlingsmutter in den Rosenstrauch hinab.

„Das arme Tier!" sagten die Rosen. „Komm, wir verstecken dich! Lehne dein Köpfchen an uns!"

Die Sperlingsmutter breitete noch einmal die Flügel aus, preßte sie dann ganz fest wieder an sich und starb bei der Nachbarsfamilie, den frischen, schönen Rosen.

„Piep!" sagten die jungen Sperlinge im Nest, „ich kann gar nicht begreifen, wo Mutter bleibt! Das sollte doch nicht etwa eine List von ihr sein, daß wir uns nun selber versorgen müssen. Das Haus hat sie uns als Erbteil gelassen! Aber wer von uns soll es allein haben, wenn wir Familie bekommen."

„Ja, ich kann euch andere hier nicht brauchen, wenn ich mir Frau und Kinder zulege!" sagte das Kleinste.

„Ich kriege sicher mehr Frauen und Kinder als du!" sagte der zweite.

„Aber ich bin der Älteste!" sagte ein drittes. Sie gerieten sich alle miteinander in die Haare, sie klatschten mit den Flügeln, hieben mit den Schnäbeln, und bumms! wurde

eines nach dem anderen aus dem Nest geknufft. Da lagen sie, und wütend waren sie; den Kopf neigten sie ganz auf die eine Seite, und dann blinzelten sie mit dem Auge, das nach oben gekehrt war; das war nun ihre Art und Weise zu maulen.

Ein wenig fliegen konnten sie, und nun übten sie sich etwas mehr, und zuletzt kamen sie überein, daß sie, um sich wiedererkennen zu können, wenn sie sich irgendwo in der Welt begegneten, „piep!" sagen und dreimal mit dem linken Bein scharren wollten.

Das Junge, welches im Nest zurückblieb, machte sich so breit, wie es konnte, es war ja nun Hausbesitzer, aber lange dauerte es nicht. – Nachts lohte das rote Feuer durch die Scheiben, die Flammen schlugen unter dem Dach hervor, das trockene Reet ging in Flammen auf, das ganze Haus brannte ab und das Sperlingsjunge mit, indessen kamen die jungen Leute heil davon.

Als die Sonne am nächsten Morgen aufging und alles so frisch aussah wie nach einem sanften Nachtschlaf, standen von dem Bauernhaus nichts weiter als einige schwarze, verkohlte Balken, die sich gegen einen Schornstein lehnten, der sein eigener Herr war; es rauchte stark aus dem Trümmerhaufen, aber vor ihm stand frisch und blühend der unversehrte Rosenstrauch, der jeden Zweig und jede Blüte in dem stillen Wasser spiegelte.

„Nein, wie schön stehen die Rosen vor dem abgebrannten Haus!" rief ein Mann, der vorüberkam. „Das ist ja ein ganz reizendes Bildchen! Das muß ich haben!" und aus der Tasche holte der Mann ein kleines Buch mit weißen Seiten, und er nahm einen Bleistift zur Hand, denn er war Maler, und zeichnete dann den rauchenden Schutthaufen, die verkohlten Balken an dem schiefen Schornstein, denn der wurde immer schiefer, aber ganz vorn stand die große, blühende Rosenhecke, die war wirklich herrlich, und ihr allein war es ja auch zu verdanken, daß das Ganze gezeichnet wurde.

Im Laufe des Tages kamen zwei von den Sperlingen vorbei, die hier das Licht der Welt erblickt hatten. „Wo ist das Haus?" sagten sie, „wo ist das Nest? – Piep! alles ist abgebrannt, und unser starker Bruder ist mit verbrannt! Das hat er davon, daß er das Nest behielt. – Die Rosen sind gut davongekommen! die stehen immer noch mit roten Backen da. Die trauern wirklich nicht über das Unglück des

Nachbarn. Ja, ich rede nicht mit ihnen, und garstig ist es hier, das ist meine Meinung!" Dann flogen sie davon.

Im Herbst war einmal ein herrlicher, sonniger Tag, man hätte fast meinen können, man wäre mitten im Sommer. Auf dem Hof vor der großen Treppe bei Gutsbesitzers war es so trocken und reinlich, und da liefen die Tauben herum, schwarze und weiße und violette, sie glänzten im Sonnenschein, und die alten Taubenmütter plusterten sich auf und sagten zu den Jungen: „Bildet Gruppen! bildet Gruppen!" – dann machten sie nämlich mehr her.

„Was ist das kleine Graue, das da unter uns herumläuft?" fragte eine alte Taube, die Rot und Grün in den Augen hatte. „Arme Graue! arme Graue!" sagte sie.

„Das sind Spatzen! gutmütige Tiere! Wir haben immer in dem Ruf gestanden, fromm zu sein, und da wollen wir sie ruhig die Reste picken lassen! – Die reden nicht mit und kratzen so niedlich mit dem Bein!"

Ja, sie kratzten, dreimal kratzten sie mit dem linken Bein, aber sie sagten auch „Piep!" Und nun erkannten sie sich gegenseitig wieder, es waren drei Sperlinge von dem abgebrannten Haus.

„Hier ist das Essen außerordentlich gut!" sagten die Sperlinge.

Und die Tauben gingen umeinander herum, brüsteten sich und hatten ihre eigene Meinung darüber.

„Siehst du die Kropftaube?" sagte die eine zu der anderen, „und siehst du die da, wie die die Erbsen hinterschlingt? Sie kriegt zu viele! sie kriegt die besten! Gurr! gurr! Siehst du, wie kahl sie auf dem Schädel ist? Siehst du das liebe, das gehässige Vieh? Knurr, knurr!" und dann funkelten ihrer aller Augen rot vor Gehässigkeit. „Bildet Gruppen! bildet Gruppen! Arme Graue! arme Graue! Knurre, knurre, gurr!" ging es in einem fort, und so geht es noch nach tausend Jahren.

Die Sperlinge aßen gut, und sie hörten auch gut, ja, sie stellten sich sogar auch auf, aber es stand ihnen nicht; satt waren sie; dann ließen sie die Tauben stehen und teilten sich gegenseitig ihre Meinung über sie mit, hüpften dann unter dem Gartenzaun durch, und da die Tür zur Gartenstube offenstand, hüpfte der eine auf die Türschwelle, er war übersatt und daher mutig. „Piep!" sagte er, „das darf ich!" – „Piep!" sagte der zweite, „das darf ich auch und noch ein bißchen mehr!" und dann hüpfte er in die Stube. Es war niemand drinnen, das sah der dritte wohl, und dann flog er noch weiter in die Stube hinein und sagte: „Ganz hinein oder gar nicht! Das hier ist aber übrigens ein komisches Menschennest! Und was hier alles steht! Nein, was ist das?"

Dicht vor den Sperlingen blühten ja die Rosen, sie spiegelten sich dort im Wasser, und die verkohlten Balken lehnten gegen den Schornstein, der am Umstürzen war! – Nein, was war das bloß? Wie kam das in die Gutswohnstube?

Und alle drei Sperlinge wollten über Rosen und Schornstein hinwegfliegen, aber da flogen sie gegen eine glatte Wand; das Ganze war ein gemaltes Bild, ein großes, prachtvolles Stück, das der Maler nach seiner kleinen Zeichnung gemacht hatte.

„Piep!" sagten die Sperlinge, „das ist nichts! das sieht nur nach was aus! Piep! das ist das Schöne! Kannst du das begreifen? Ich kann es nämlich nicht!" und dann flogen sie davon, denn jetzt kamen Menschen in die Stube.

Nun vergingen Jahr und Tag, die Tauben hatten viele Male gegurrt, um nicht zu sagen geknurrt, die gehässigen Tiere! Die Sperlinge hatten im Winter gefroren und im Sommer flott gelebt; sie waren einer wie der andere verlobt oder verheiratet, oder wie man das nun nennen soll. Junge hatten sie auch, und die eigenen Jungen waren natürlich jeweils die schönsten und die klügsten; einer flog hierhin, und einer flog dorthin, und wenn sie sich trafen, dann erkannten sie sich an dem „Piep!" und drei Kratzern mit dem linken Bein. Die älteste von ihnen, das war nun so eine Alte, sie hatte kein Nest, und sie hatte keine Jungen; sie wollte so gern einmal in eine große Stadt, und da flog sie nach Kopenhagen.

Dort lag ein großes Haus in vielen Farben; es stand dicht neben dem Schloß und dem Kanal, wo Schiffe lagen mit Äpfeln und Töpferwaren. Die Fenster waren unten breiter als oben, und schauten die Spatzen da hinein, dann fanden sie, jede Stube sähe so aus, als blickten sie in eine Tulpe mit allen möglichen Farben und Schnörkeleien, und mitten in der Tulpe standen weiße Menschen; die waren aus Marmor, manche waren auch aus Gips, aber für Spatzenaugen kam das aufs selbe heraus. Oben auf dem Haus stand ein Wagen aus Metall mit Pferden aus Metall davor, und die Siegesgöttin, auch aus Metall, lenkte sie. Es war das Thorvaldsen-Museum.

„Wie es glänzt! wie es glänzt!" sagte das Sperlingsfräulein. „Das ist sicher das Schöne! Piep! hier ist es jedoch größer als ein Pfau!" sie hatte noch aus der Kindheit behalten, was das größte Schöne war, das die Mutter kannte. Und sie flog bis in den Hof hinunter; da war es auch ganz prächtig, da waren auf die Hauswände Palmen und Zweige gemalt, und mitten auf dem Hof stand ein großer blühender Rosenstrauch; der neigte seine frischen Zweige mit den vielen Rosen über ein Grab; und sie flog dorthin, denn da liefen mehr Spatzen herum, „piep!" und drei Kratzer mit dem linken Bein; den Gruß hatte sie in all den Jahren viele Male gemacht, und keiner hatte ihn verstanden, denn wer getrennt ist, trifft sich nicht alle Tage; der Gruß war zur Gewohnheit geworden, aber heute waren da zwei alte Spatzen und ein junger, die sagten „piep!" und kratzten mit dem linken Bein.

„Nein, sieh mal an, guten Tag, guten Tag!" es waren drei Alte aus dem Sperlingsnest und dann ein Kleiner von der Verwandtschaft. „Hier treffen wir uns also!" sagten sie. „Es ist ein vornehmer Ort, aber hier gibt's nicht viel zu fressen. Das ist das Schöne! Piep!"

Und es kamen viele Leute aus den Seitenkabinetten, wo die prachtvollen Marmorfiguren standen, und sie traten an das Grab, das den großen Meister barg, der die Marmorstandbilder gemacht hatte, und alle, die kamen, standen mit leuchtenden Gesichtern um Thorvaldsens Grab herum, und einzelne lasen die heruntergefallenen Rosenblätter auf und hoben sie sich auf. Es kamen Leute von weither; sie kamen aus dem großen England, aus Deutschland und aus Frankreich; die schönste Dame nahm eine von den Rosen und steckte sie an ihre Brust. Da meinten die Spatzen, die Rosen regierten hier, das ganze Haus wäre nur ihretwegen erbaut worden, und das, fanden sie, ginge wahrhaftig ein bißchen zu weit, aber da die Menschen alle soviel von den Rosen hermachten, wollten sie nicht zurückstehen. „Piep!" sagten sie, fegten den Erdboden mit ihrem Schwanz und schauten mit einem Auge zu den Rosen hin; lange taten sie das nicht, da waren sie auch schon sicher, daß sie alte Nachbarn waren; und das waren sie auch. Der Maler, der den Rosenstrauch an dem abgebrannten Haus gezeichnet hatte, hatte später im Jahr die Erlaubnis bekommen, ihn auszugraben, und ihn dann dem Baumeister geschenkt, denn keine Rose war herrlicher als diese; und der hatte den Rosenstrauch auf

Thorvaldsens Grab gepflanzt, wo er als Ebenbild des Schönen blühte und seine roten duftenden Blütenblätter verschenkte, damit sie als Erinnerung in ferne Lande getragen würden.

„Habt ihr hier drinnen in der Stadt eine Stellung bekommen?" fragten die Sperlinge. Und die Rosen nickten; sie erkannten die grauen Nachbarn wieder und freuten sich sehr, sie zu sehen.

„Wie ist es himmlisch, zu leben und zu blühen, alte

Freunde zu sehen und täglich sanfte Gesichter! Hier ist es so, als wäre jeder Tag ein hoher Feiertag!"

„Piep!" sagten die Sperlinge, „o ja, das sind die alten Nachbarn! Ihrer Herkunft vom Dorfteich erinnern wir uns! Piep! wie die zu Ehren gekommen sind! Ja, den Seinen gibt's der Herr im Schlaf. Und was an so einem roten Klecks Besonderes sein soll, weiß ich nicht! – Und da sitzt ja ein welkes Blatt, das kann ich nämlich sehen!"

Und dann zupften sie daran, so daß das Blatt abfiel, und der Strauch stand frischer und grüner da, und die Rosen dufteten im Sonnenschein auf Thorvaldsens Grab, dessen unsterblichem Namen sich ihre Schönheit zugesellte.

Der kleine Tuk

Ja, das war der kleine Tuk, er hieß eigentlich nicht Tuk, aber damals, als er noch nicht richtig sprechen konnte, nannte er sich selber Tuk; das sollte Carl heißen, und es ist gut, wenn man das weiß; er sollte auf seine Schwester Gustave aufpassen, die viel kleiner war als er, und dann sollte er auch seine Schulaufgaben machen, aber diese beiden Dinge gleichzeitig, das wollte nicht gehen. Der arme Junge hatte sein Schwesterchen auf dem Schoß und sang all die Lieder, die er kannte, und unterdessen schauten die Augen verstohlen ins Geographiebuch, das offen vor ihm lag; er sollte bis morgen alle Städte in der Provinz Seeland auswendig können und alles über sie wissen, was man wissen muß.

Nun kam seine Mutter nach Hause, denn sie war ausgewesen, und sie nahm die kleine Gustave; Tuk rannte ans Fenster und las, daß er sich fast die Augen aus dem Kopf las, denn es war schon fast dunkel, und es wurde dunkler, aber die Mutter hatte kein Geld, um Lichter zu kaufen.

„Da geht die alte Waschfrau aus der Gasse gegenüber!" sagte die Mutter, als sie aus dem Fenster schaute. „Sie kann sich kaum selber schleppen, und dann muß sie den Eimer vom Brunnen tragen; lauf du hinaus, Tukchen, und sei ein lieber Junge! Hilf der alten Frau!"

Und Tuk rannte auf der Stelle los und half, aber als er dann nach Hause kam, war es dunkler Abend, von Licht war gar keine Rede, er mußte ins Bett; es war eine alte Schlafbank; auf der schlief er, und hier dachte er an seine Geographieaufgabe: die Provinz Seeland und alles, was der Lehrer darüber erzählt hatte. Da hätte er aber lernen müssen, doch das konnte er nun nicht. Das Geographiebuch steckte er unter sein Kopfkissen, denn er hatte gehört, daß es sehr viel nützen sollte, wenn man die Aufgaben behalten wollte, aber darauf kann man sich nicht verlassen.

Dort lag er nun und dachte angestrengt nach, und mit einemmal war es so, als ob ihn jemand auf Auge und Mund küßte, er schlief und schlief trotzdem nicht; es war fast, als sähe er die freundlichen Augen der alten Waschfrau auf sich gerichtet, und sie sagte: „Es wäre aber ein großer Jammer, wenn du deine Aufgabe nicht könntest! Du hast mir geholfen, nun helfe ich dir, und der Herrgott wird es immer tun!"

Und da mit einemmal kribbelte und krabbelte das Buch unter Tukchens Kopf.

„Kikeriki! putt! putt!" es war ein Huhn, das ankam, und zwar aus der Stadt Kjöge. „Ich bin eins von den Kjöger Hühnern!" und dann erzählte es, wieviel Einwohner es da gäbe, und von der Schlacht, die da stattgefunden hätte, und die war nun gar nicht der Rede wert.

„Kribbel, krabbel, bumms!" da plumpste einer herunter; es war ein Vogel aus Holz, der jetzt ankam; es war der Papagei vom Vogelschießen in Præstö. Der sagte, da wären ebenso viele Einwohner, wie er Nägel im Leib hätte; und er war ein bißchen stolz: „Thorvaldsen hat bei mir um die Ecke gewohnt. Bumms! ich liege prächtig!"

Aber der kleine Tuk lag nicht, er war mit einem Male beritten. Im Galopp, im Galopp ging es dahin. Ein prächtig gekleideter Ritter mit schimmerndem Helm und wehendem Federbusch hatte ihn vor sich auf dem Pferd, und sie ritten durch den Wald in die alte Stadt Vording-

borg, und das war eine große, eine lebhafte Stadt; hohe
Türme ragten auf der Königsburg empor, und die Lichter
glänzten weithin durch die Fenster; drinnen war Gesang
und Tanz; König Valdemar und stattliche junge Hoffräu-
lein schritten im Tanze dahin. – Es wurde Morgen, und
kaum ging die Sonne auf, da versanken die Stadt und das
Königsschloß, ein Turm nach dem anderen, zuletzt stand
nur noch ein einziger auf der Anhöhe, wo das Schloß gestanden hatte, und die Stadt war winzigklein und ganz
arm, und die Schuljungen kamen mit ihren Büchern unter

dem Arm und sagten: „Zweitausend Einwohner!" aber das war nicht richtig, so viele waren da nicht.

Und der kleine Tuk lag in seinem Bett, er meinte zu träumen und doch wieder nicht zu träumen; aber irgend jemand war dicht neben ihm.

„Tukchen! Tukchen!" wurde da gesagt; es war ein Seemann, ein ganz kleiner Kerl, als ob es ein Kadett wäre, aber es war kein Kadett. „Ich soll auch ganz besonders von Korsör grüßen, das ist eine Stadt, die ist im Werden! Das ist eine rührige Stadt, die hat Postwagen und Dampfschiff; einst behauptete man immer, sie sei scheußlich, aber das ist eine veraltete Ansicht. ‚Ich liege am Meer', sagt Korsör, ‚ich habe eine Landstraße und einen Stadtwald, und ich habe einen Dichter zur Welt gebracht, der war witzig, und das sind nicht alle. Ich habe ein Schiff um die ganze Erde schicken wollen, ich tat es nicht, hätte es aber tun können, und dann rieche ich so schön, dicht am Tor dort blühen die entzückendsten Rosen!'"

Der kleine Tuk sah sie, es wurde rot und grün vor seinen Augen, als aber die Farben zur Ruhe kamen, lag da ein ganzer bewaldeter Hang dicht am hellen Fjord; und oben lag eine prächtige alte Kirche mit zwei hohen, spitzen Kirchtürmen: aus dem Hange sprudelten Quellen in dicken Wasserstrahlen, daß es ordentlich plätscherte, und dicht daneben saß ein alter König mit einer goldenen Krone auf dem langen Haar; das war König Hroar bei den Quellen; dicht bei der Stadt Roeskilde, wie man sie jetzt nennt. Und den Hang hinauf in die alte Kirche gingen Hand in Hand alle Könige und Königinnen von Dänemark, alle mit einer goldenen Krone auf, und die Orgel spielte, und die Quellen rieselten. Der kleine Tuk sah alles, hörte alles. „Vergiß nicht die Stände!" sagte König Hroar.

Mit einemmal war dann alles wieder weg; ja, wo war es denn nur? Es war genauso, wie wenn man in einem Buch umblättert. Und jetzt stand da eine alte Frau, es war eine Jäterin, sie kam aus Sorö, wo Gras auf dem Marktplatz wächst. Sie trug ihre graue Leinenschürze, die ihr über Kopf und Rücken herabhing; die war ganz naß, es mußte geregnet haben. „Ja, das hat es!" sagte sie, und dann konnte sie etwas Lustiges aus den Komödien von Holberg, und sie wußte von Valdemar und Absalon zu erzählen; aber mit einemmal, da schrumpfte sie zusammen, wackelte mit dem Kopf, es war, als wollte sie hüpfen. „Koax!" sagte sie, „es ist naß, es ist naß, es ist grabesstill schön – in Sorö!" Sie war unversehens ein Frosch geworden, „koax!" und dann war sie wieder die alte Frau. „Man muß dem Wetter gemäß angezogen sein!" sagte sie. „Es ist naß, es ist naß! Meine Stadt ist wie eine Flasche; wo der Korken sitzt, kommt man hinein, und da muß man wieder hinaus! Ich habe Welse gehabt, und jetzt habe ich frische, rotbäckige Jungen auf dem Boden der Flasche; dort lernen sie Weisheit: Griechisch! Griechisch! Hebräisch! Koax!" es klang genauso, wie wenn die Frösche singen oder wie wenn man mit großen Stiefeln über Sumpfboden geht. Es war immer das gleiche Geräusch, ganz eintönig, ganz langweilig, so langweilig, daß der kleine Tuk einfach einschlief, und das war gesund für ihn.

Aber auch in diesen Schlaf hinein kam ein Traum, oder was es nun war: seine kleine Schwester Gustave mit den blauen Augen und dem blonden lockigen Haar war mit einemmal ein erwachsenes, schönes Mädchen, und sie konnte fliegen ohne Flügel, und sie flogen über Seeland dahin, über die grünen Wälder und das blaue Wasser.

„Hörst du den Hahn krähen, Tukchen? Kikeriki! Die Hühner fliegen von Kjöge auf! Du bekommst einen Hühnerhof, ganz, ganz groß, du wirst weder Hunger noch Not leiden! Den Vogel wirst du abschießen, wie man sagt, du wirst ein reicher und glücklicher Mann werden, dein Hof wird so hoch ragen wie König Valdemars Turm, und reich wird er ausgestattet sein mit Bildsäulen aus Marmor, wie jene von der Ecke in Præstö, du verstehst mich schon. Dein Name wird gepriesen werden und weithin über die Welt fliegen, wie das Schiff, das von Korsör ausfahren sollte, und in der Stadt Roeskilde – ‚Vergiß nicht die Stände!' sagte König Hroar –, dort wirst du gute und kluge Reden halten, Tukchen, und wenn du dann dereinst in dein Grab gelegt wirst, dann wirst du so still ruhen..."

„... als ob ich in Sorö läge!" sagte Tuk, und dann erwachte er; es war heller Morgen, er hatte nicht das geringste von seinem Traum behalten, aber das sollte er auch nicht, denn man darf nicht wissen, was kommt.

Und er hüpfte aus dem Bett und las in seinem Buch und konnte nun seine Aufgabe sofort. Und die alte Waschfrau steckte den Kopf zur Tür herein, nickte ihm zu und sagte: „Ich danke dir für gestern, du gesegnetes Kind! der Herrgott möge dir deinen besten Traum erfüllen!"

Der kleine Tuk wußte überhaupt nicht, was er geträumt hatte, aber seht ihr, das wußte der Herrgott!

Der Schatten

In den heißen Ländern, da kann die Sonne aber brennen! Die Leute werden so braun wie Mahagoni; ja, in den allerheißesten Ländern sind sie so verbrannt, daß sie Neger werden, aber es waren nur die heißen Länder, in die ein gelehrter Mann aus den kalten gekommen war; dort meinte er nun, er könnte herumlaufen wie daheim, o ja, das wurde ihm bald abgewöhnt. Er und alle vernünftigen Leute mußten drinnen bleiben, Fensterläden und Türen blieben den ganzen Tag geschlossen; es sah aus, als ob das ganze Haus schliefe oder als ob keiner zu Hause wäre. Die enge Straße mit den hohen Häusern, wo er wohnte, war nun auch so gebaut, daß der Sonnenschein von morgens bis abends darauf liegen mußte, es war wirklich nicht auszuhalten! – Der gelehrte Mann aus den kalten Ländern war ein junger Mann, ein kluger Mann, ihm war, als säße er in einem glühenden Ofen; das zehrte an ihm, er wurde ganz mager, sogar sein Schatten schrumpfte ein, der war zuletzt viel kleiner als daheim, die Sonne zehrte auch an dem. Sie lebten erst abends auf, wenn die Sonne weg war.

Es war richtig ein Vergnügen, das zu sehen; sobald das

Licht in die Stube gebracht wurde, reckte sich der Schatten ganz an der Wand hinauf, ja, sogar an der Decke entlang, so lang machte er sich, er mußte sich strecken, um zu Kräften zu kommen. Der Gelehrte ging auf den Balkon hinaus, um sich dort zu recken, und je mehr die Sterne in der schönen, klaren Luft hervortraten, desto mehr war ihm so, als erwachte er wieder zum Leben. Auf alle Balkone in der Gasse – und in den heißen Ländern hat jedes Fenster einen Balkon – kamen Leute heraus, denn Luft muß man haben, auch wenn man daran gewöhnt ist, Mahagoni zu sein! Es war oben und unten lebendig. Schuhmacher und Schneider, alle Leute zogen auf die Straße hinaus, Tische und Stühle wurden hinausgestellt, und das Licht brannte, ja, über tausend Lichter brannten, und einer redete, und ein anderer sang, und die Leute gingen spazieren, die Wagen fuhren, die Esel liefen vorbei: klingelinglingeling! sie hatten Glöckchen um; Leichen wurden unter Choralgesang bestattet, die Gassenjungen schossen mit Speiteufeln, und die Kirchenglocken läuteten, o ja, es ging wirklich unten auf der Straße lebhaft zu. Nur in einem Haus, genau dem gegenüber, wo der fremde Gelehrte wohnte, war es ganz still; und doch wohnte dort jemand, denn auf dem Balkon standen Blumen, sie wuchsen ganz herrlich in der Sonnenglut, und das könnten sie nicht, wenn sie nicht begossen würden, und irgend jemand mußte sie ja begießen; da mußten Leute sein. Die Tür da drüben wurde auch gegen Abend aufgemacht, aber es war dunkel drinnen, jedenfalls im vorderen Zimmer, aus dem Inneren des Hauses klang Musik heraus. Der fremde Gelehrte fand sie ganz unvergleichlich schön, aber es konnte ja nun auch sein, daß er es sich nur einbildete, denn er fand alles draußen in den heißen Ländern unvergleichlich schön, wenn nur die Sonne nicht gewesen wäre. Der Wirt des Fremden sagte, er wüßte nicht, wer das Haus gegenüber gemietet hätte, man sähe ja keinen Menschen; und was die Musik betraf, so fand er sie gräßlich langweilig. „Es hört sich so an, als säße einer da und übte ein Stück, mit dem er nicht zu Rande kommt, immer dasselbe Stück. ,Ich werd schon damit fertig!' sagt er sicher, aber er wird nicht damit fertig, wie lange er auch spielt!"

Eines Nachts erwachte der Fremde, er schlief bei offener Balkontür, der Vorhang davor hob sich im Wind, und ihm schien es so, als käme ein seltsamer Glanz vom Balkon des Hauses gegenüber, die Blumen leuchteten alle wie Flammen in den herrlichsten Farben, und mitten unter den Blumen stand eine schlanke, entzückende Jungfrau, es war, als ob auch sie leuchtete; seine Augen waren richtig geblendet, er machte sie nun auch so furchtbar weit auf und kam eben aus dem Schlaf; mit einem Satz war er aus dem Bett, ganz leise trat er hinter den Vorhang, aber die Jungfrau war weg, der Glanz war weg; die Blumen leuchteten gar nicht, standen aber sehr schön da, wie immer; die Tür war angelehnt, und tief drinnen erklang die Musik so weich und schön, man konnte sich richtig in liebliche Gedanken verlieren. Es war aber doch wie Zauberei, und wer wohnte dort? Wo war der eigentliche Eingang? Im ganzen Erdgeschoß war ein Laden neben dem andern, und da konnten die Leute doch nicht immer durchgehen.

Eines Abends saß der Fremde draußen auf seinem Balkon, hinter ihm in der Stube brannte Licht, und so war es ja ganz natürlich, daß sein Schatten auf die Wand des gegenüberliegenden Hauses fiel; ja, da saß dieser unter den Blumen auf dem Balkon gegenüber, und wenn der Fremde sich bewegte, dann bewegte sich der Schatten auch, denn das macht er immer.

„Ich glaube, mein Schatten ist das einzig Lebendige, was man da drüben sieht!" sagte der gelehrte Mann. „Siehe da, wie artig er unter den Blumen sitzt, die Tür halb offen, jetzt sollte der Schatten so schlau sein und hineingehen, sich umsehen und dann herkommen und mir erzählen, was er gesehen hat! Ja, du solltest dich nützlich machen!" sagte er im Scherz. „Bitte, tritt ein! aha! gehst du?" und dann nickte er dem Schatten zu, und der Schatten nickte wieder. „Ja, dann geh nur, aber geh mir nicht verloren!" und der Fremde stand auf, und sein Schatten auf dem Balkon gegenüber stand auch auf; und der Fremde drehte sich

447

um, und der Schatten drehte sich auch um; ja, falls jemand so richtig darauf geachtet hätte, dann hätte er deutlich sehen können, wie der Schatten durch die halb geöffnete Balkontür des Nachbarn ging, gerade als der Fremde in seine Stube ging und den langen Vorhang hinter sich zufallen ließ.

Am nächsten Morgen ging der gelehrte Mann aus, um Kaffee zu trinken und Zeitungen zu lesen. „Was ist das?" sagte er, als er in den Sonnenschein hinaustrat, „ich habe ja keinen Schatten! So ist er wirklich gestern abend fortgegangen und nicht wiedergekommen; das ist aber eine unangenehme Geschichte!"

Und es ärgerte ihn, aber nicht so sehr, weil der Schatten fort war, als vielmehr deshalb, weil er wußte, daß es eine Geschichte gab von einem Mann ohne Schatten, die kannten ja alle Leute daheim in den kalten Ländern; und kam nun der gelehrte Mann an und erzählte seine eigene, dann würde man sagen, er mache nur andere nach, und das hatte er nicht nötig. Er wollte daher gar nicht davon sprechen, und das war ein vernünftiger Gedanke.

Abends ging er wieder auf seinen Balkon, das Licht hatte er ganz richtig hinter sich gestellt, denn er wußte, der Schatten möchte immer seinen Herrn als Schutz haben, aber er konnte ihn nicht hervorlocken; er machte sich klein, er machte sich groß, aber da war kein Schatten, da kam keiner; er sagte: „Hm! hm!" aber es nützte nichts.

Ärgerlich war es, aber in den heißen Ländern wächst nun alles so geschwind, und nach Verlauf von acht Tagen merkte er zu seiner großen Freude, daß ihm von den Beinen aus ein neuer Schatten wuchs, wenn er in den Sonnenschein trat; die Wurzel mußte steckengeblieben sein. Nach drei Wochen hatte er einen ganz leidlichen Schatten, der, als er in die nördlichen Länder heimkehrte, auf der Reise immer weiter wuchs und zuletzt so lang und so groß war, daß die Hälfte genügt hätte.

Nun kam der gelehrte Mann nach Hause, und er schrieb Bücher darüber, was in der Welt wahr sei und was gut sei und was schön sei, und es vergingen Tage, und es vergingen Jahre; es vergingen viele Jahre.

Eines Abends sitzt er in seiner Stube, und da pocht es ganz sacht an die Tür.

„Herein!" sagt er, aber es kam niemand; da macht er auf, und vor ihm stand ein so ungemein hagerer Mensch, daß ihm ganz wunderlich zumute wurde. Übrigens war der Mensch besonders fein angezogen, es mußte ein vornehmer Mann sein.

„Mit wem habe ich die Ehre?" fragte der Gelehrte.

„Ja, dachte ich's mir nicht!" sagte der feine Mann, „daß Sie mich nicht wiedererkennen! So sehr bin ich Leib geworden, ich habe richtig Fleisch und Kleider bekommen. Sie haben gewiß nie gedacht, mich in so guter Verfassung zu sehen. Erkennen Sie Ihren alten Schatten nicht wieder? Ja, Sie haben sicher nicht geglaubt, daß ich jemals wiederkommen würde. Mir ist es besonders wohlergangen, seit ich zuletzt bei Ihnen war, ich bin in jeglicher Hinsicht sehr vermögend geworden! Muß ich mich vom Dienst freikaufen, so kann ich es!" und dann klapperte er mit einem ganzen Bündel kostbarer Siegel, die an der Uhr hingen, und er steckte seine Hand hinter die dicke goldene Kette, die er um den Hals trug; nein, wie alle Finger von Diamantringen glitzerten! Und es war alles miteinander echt.

„Nein, ich kann mich noch gar nicht fassen!" sagte der gelehrte Mann, „was ist das bloß alles!"

„Ja, etwas Alltägliches ist es nicht", sagte der Schatten, „aber Sie selber gehören ja auch nicht zum Alltäglichen, und ich, das wissen Sie ja, bin von Kindesbeinen an in Ihren Fußtapfen gegangen. Sobald Sie meinten, ich sei reif genug, um allein in die Welt hinauszugehen, ging ich meine eigenen Wege; ich lebe in den allerglänzendsten Verhältnissen, aber dann befiel mich so etwas Ähnliches wie Sehnsucht, Sie einmal wiederzusehen, bevor Sie sterben, Sie werden ja sterben! Ich wollte auch gern diese Länder wiedersehen, denn man liebt doch immerhin das Vaterland. – Ich weiß, Sie haben wieder einen neuen Schatten bekommen, habe ich dem oder Ihnen irgend etwas zu zahlen? Sie müssen dann nur so gut sein und es sagen."

„Nein, bist du es wirklich?" sagte der gelehrte Mann.

„Das ist ja höchst merkwürdig! Nie hätte ich geglaubt, daß der eigene Schatten als Mensch wiederkehren könnte!"

„Sagen Sie mir, was ich zu zahlen habe!" sagte der Schatten, „denn ich möchte ungern in jemandes Schuld stehen!"

„Wie kannst du so reden!" sagte der gelehrte Mann, „wie kann hier von Schuld die Rede sein! Fühle dich so frei wie jedermann, ich freue mich außerordentlich über dein Glück, setz dich, alter Freund! und erzähle mir nur ein wenig darüber, wie es so gekommen ist und was du drüben beim Nachbarn gegenüber, in den heißen Ländern, gesehen hast!"

„Ja, das werde ich Ihnen erzählen", sagte der Schatten und setzte sich, „aber dann müssen Sie mir auch versprechen, niemandem hier in der Stadt, wo Sie mich auch treffen mögen, zu erzählen, daß ich Ihr Schatten gewesen bin! Ich habe die Absicht, mich zu verloben; ich kann mehr als eine Familie ernähren!"

„Sei ganz unbesorgt", sagte der gelehrte Mann, „ich werde niemandem erzählen, wer du eigentlich bist; hier meine Hand drauf! Ich verspreche es: ein Mann, ein Wort!"

„Ein Wort, ein Schatten!" sagte der Schatten, und so mußte der ja sprechen.

Übrigens war es wirklich ganz merkwürdig, wie sehr er Mensch geworden war; ganz schwarz war er gekleidet und im allerfeinsten Tuch, mit Lackstiefeln und Hut, so einem, den man zusammenklappen kann, so daß er nur Kopf und Krempe ist, ganz zu schweigen von dem, was wir schon wissen, hier gab es Uhranhänger, eine goldene Halskette und Diamantringe; o ja, der Schatten war außerordentlich gut angezogen, und gerade das war es, was ihn so ganz zum Menschen machte.

„Nun werde ich erzählen!" sagte der Schatten, und dann stellte er seine Beine mit den Lackstiefeln so fest, wie er konnte, auf den Ärmel von des gelehrten Mannes neuem Schatten, der wie ein Pudel zu dessen Füßen lag, und das machte er nun entweder aus Hoffart oder vielleicht, weil er wollte, daß der andere daran hängenblieb; und der liegende Schatten verhielt sich ganz still und ruhig, um richtig zuhören zu können; der wollte sicher erfahren, wie man so einfach freikommen und sich zu seinem eigenen Herrn hinaufdienen konnte.

„Wissen Sie, wer im Hause gegenüber wohnte?" sagte der Schatten, „es war das Herrlichste von allem, es war die Poesie! Ich war drei Wochen dort, und das hat die gleiche Wirkung, als ob man dreitausend Jahre lebte und alles läse, was gedichtet und geschrieben worden ist, das ist nun meine Ansicht, und die stimmt. Ich habe alles gesehen, und ich weiß alles!"

„Die Poesie!" rief der gelehrte Mann, „ja, ja – sie ist oftmals ein Einsiedler in den großen Städten! die Poesie! Ja, ich habe sie einen einzigen, kurzen Augenblick gesehen, aber der Schlaf saß mir in den Augen! Sie stand auf dem Balkon und leuchtete, wie das Nordlicht leuchtet! Erzähle, erzähle! Du warst auf dem Balkon, du gingst zur Tür hinein und dann –!"

„Dann war ich im Vorgemach!" sagte der Schatten. „Sie haben immer dagesessen und zum Vorgemach hinübergeschaut. Da war gar kein Licht, da herrschte ein gewisses Zwielicht, aber die eine Tür stand offen, der anderen gerade gegenüber in einer langen Reihe von Stuben und Sälen; und da war alles erleuchtet, ich wäre fast vom Licht getötet worden, wäre ich ganz bis zu der Jungfrau hingelangt; aber ich war besonnen, ich ließ mir Zeit, und das muß man tun!"

„Und was hast du da gesehen?" fragte der gelehrte Mann.

„Ich sah alles, und ich werde es Ihnen erzählen, aber – es ist nicht etwa Stolz – als ein freier Mann und mit den Kenntnissen, die ich besitze, gar nicht zu reden von meiner guten Stellung, meinen vortrefflichen Lebensumständen, da hätte ich den großen Wunsch, daß Sie mich mit Sie anredeten!"

„Verzeihung!" sagte der gelehrte Mann, „es ist eine alte Gewohnheit, die fest eingewurzelt ist! – Sie haben völlig recht! Und ich werde dran denken! Aber nun erzählen Sie mir alles, was Sie sahen!"

„Alles!" sagte der Schatten, „denn ich sah alles, und ich weiß alles."

„Wie sah es in den innersten Gemächern aus?" fragte der gelehrte Mann. „War es dort wie im frischen Wald? War es dort wie in einer heiligen Kirche? Waren die Säle wie der sternklare Himmel, wenn man auf den hohen Bergen steht?"

„Alles war dort!" sagte der Schatten. „Ich ging ja nicht ganz bis hinein, ich blieb im vordersten Zimmer, im Zwielicht, aber dort stand ich besonders gut, ich sah alles, und ich weiß alles! Ich bin am Hofe der Poesie gewesen, im Vorgemach!"

„Aber was sahen Sie? Gingen nicht durch die großen Säle alle Götter des Altertums? Kämpften dort nicht die alten Helden? Spielten niedliche Kinder dort und erzählten ihre Träume?"

„Ich sage Ihnen, ich war dort, und Sie verstehen, ich sah alles, was es dort zu sehen gab! Wären Sie da herübergekommen, dann wäre aus Ihnen nicht ein Mensch geworden, aber aus mir wurde einer! Und gleichzeitig lernte ich meine innerste Natur kennen, meine angeborene, die Verwandtschaft, die mich mit der Poesie verband. Ja, damals, als ich bei Ihnen war, dachte ich nicht darüber nach, aber immer, Sie wissen das, wenn die Sonne aufging und die Sonne sank, wurde ich so seltsam groß; im Mondschein war ich fast deutlicher zu sehen als Sie selber; ich verstand damals meine Natur nicht, im Vorgemach wurde sie mir erst klar! Ich wurde Mensch! – Gereift kam ich heraus, aber Sie waren nicht mehr in den heißen Ländern; ich schämte mich als Mensch, so herumzulaufen, wie ich es tat, ich brauchte dringend Stiefel, Kleider, die ganze Menschentünche, die einen Menschen kenntlich macht. – Ich schlug den Weg ein, ja, Ihnen sage ich es. Sie bringen es ja nicht in einem Buch, ich schlug den Weg ein zum Rock der Kuchenfrau, unter dem versteckte ich mich; die Frau dachte nicht darüber nach, wieviel sie versteckte; erst abends ging ich aus; ich lief im Mondschein auf der Gasse herum; ich reckte mich weit an der Mauer hoch, das kribbelt einem so schön auf dem Rücken! Ich lief hinauf und ich lief hinunter, schaute zu den höchsten Fenstern hinein, in den Saal und aufs Dach, ich schaute dorthin, wo kein Auge hingelangen kann, und ich sah, was kein anderer sah, was niemand sehen durfte! Im Grunde ist es eine gemeine Welt! Ich würde nicht Mensch sein mögen, wenn es nun mal nicht anerkannt wäre, daß da etwas dran ist! Ich sah das Unvorstellbarste bei den Frauen, bei den Männern, bei Eltern und bei den niedlichen, unvergleichlichen Kindern – ich sah", sagte der Schatten, „was kein Mensch erfahren durfte, was sie aber alle miteinander so gern erfahren möchten, das Schlechte beim Nachbarn. – Hätte ich eine Zeitung verfaßt, die wäre gelesen worden! Aber ich schrieb gleich an den Betreffenden selber, und nun entstand ein Entsetzen in allen Städten, in die ich kam. Sie bekamen furchtbare Angst vor mir! Und sie schätzten mich ganz außerordentlich. Die Professoren machten mich zum Professor, die Schneider schenkten mir neue Kleider, ich bin gut ausgestattet; der Münzmeister prägte Münzen für mich, und die Frauen sagten, ich wäre so schön! – Und so wurde ich der Mann, der ich bin! Und nun verabschiede ich mich; hier ist meine Karte, ich wohne auf der Sonnenseite und bin bei Regenwetter immer zu Hause!" und damit ging der Schatten.

„Das war wirklich sonderbar!" sagte der gelehrte Mann.

Jahr und Tag vergingen, da kam der Schatten wieder.

„Wie geht es?" fragte er.

„Ach!" sagte der gelehrte Mann, „ich schreibe über das Wahre und das Gute und das Schöne, aber keiner macht sich etwas draus, dergleichen zu hören, ich bin ganz verzweifelt, denn ich nehme es mir ziemlich zu Herzen!"

„Das tue ich aber nicht!" sagte der Schatten, „ich werde dick, und darauf kommt es gerade an! Ja, Sie verstehen nichts von der Welt. Sie werden krank davon. Sie müssen wegreisen! Ich mache im Sommer eine Reise; wollen Sie mit? Ich hätte ganz gerne einen Reisegefährten! Wollen Sie mitfahren, als Schatten? Es wird mir ein großes Vergnügen sein, Sie mitzunehmen, ich bezahle die Reise!"

„Das geht zu weit!" sagte der gelehrte Mann.

„Es kommt drauf an, wie man's nimmt!" sagte der Schatten. „Es wird Ihnen außerordentlich guttun zu reisen! Wollen Sie mein Schatten sein, dann haben Sie auf der Reise alles frei!"

„Das ist zuviel!" sagte der gelehrte Mann.

„Aber so ist nun mal die Welt!" sagte der Schatten, „und so wird sie bleiben!" und dann ging der Schatten.

Dem gelehrten Mann ging es gar nicht gut, Kummer und Plage begleiteten ihn, und was er von dem Wahren und dem Guten und dem Schönen sagte, das war für die meisten wie Perlen vor die Säue geworfen! – Er war zuletzt ganz krank.

„Sie sehen wirklich aus wie ein Schatten!" sagten die Leute zu ihm, und dem gelehrten Mann schauderte es, denn er dachte sich das Seine dabei.

„Sie sollten in ein Bad fahren!" sagte der Schatten, der ihn besuchen kam. „Es bleibt Ihnen gar nichts anderes übrig! Ich nehme Sie mit um unserer alten Bekanntschaft willen; ich bezahle die Reise, und Sie machen die Beschreibung und muntern mich unterwegs so ein bißchen auf; ich möchte in ein Bad, mein Bart wächst nicht, wie er sollte, das ist auch eine Krankheit, und einen Bart braucht man! Seien Sie nun vernünftig und nehmen Sie das Angebot an, wir reisen ja als Gefährten!"

Und dann reisten sie; der Schatten war nun Herr, und der Herr war nun Schatten; sie fuhren zusammen, sie ritten und gingen zusammen, nebeneinander her, vornweg und hinterdrein, ganz wie die Sonne stand; der Schatten verstand sich immer auf dem Platz des Herrn zu halten; und darüber dachte nun der gelehrte Mann nicht weiter nach, er war ein sehr guter Kerl und besonders mild und freundlich, und da sagte er eines Tages zum Schatten: „Da wir nunmehr Reisegefährten geworden sind, wie es der Fall ist, und wir gleichzeitig von Kind an zusammen aufgewachsen sind, sollen wir da nicht Brüderschaft trinken? das ist doch vertraulicher!"

„Meinen Sie!" sagte der Schatten, der ja nun der eigentliche Herr war. „Es ist sehr unumwunden und wohlmeinend gesagt, ich werde ebenso wohlmeinend und unumwunden sein. Sie, als gelehrter Mann, wissen sicherlich, wie sonderbar die Natur ist. Manche Menschen können es nicht vertragen, graues Papier anzufassen, dann wird ihnen übel; anderen geht es durch Mark und Bein, wenn man mit einem Nagel über eine Glasscheibe fährt; ich habe genauso ein Gefühl, wenn ich Sie du zu mir sagen höre, ich fühle mich gleichsam zu Boden gedrückt, auf Grund meiner ersten Stellung bei Ihnen. Sie sehen, es ist ein Gefühl, es ist kein Stolz; ich kann Sie nicht du zu mir sagen lassen, aber ich will gern du zu Ihnen sagen, dann ist die Hälfte getan!"

Und dann sagte der Schatten du zu seinem ehemaligen Herrn.

„Das ist wirklich allerhand", dachte der, „daß ich Sie sagen muß, und er sagt du!" aber nun mußte er aushalten.

Dann kamen sie in ein Bad, wo viele Fremde waren und unter diesen eine schöne Königstochter, die an der Krankheit litt, daß sie viel zu gut sah, und das war nun ziemlich beängstigend.

Gleich von vornherein merkte sie, daß der, welcher da angekommen war, ein ganz anderer Mensch war als all die anderen. „Er ist hier, damit sein Bart wächst, sagt man, aber ich sehe die wahre Ursache, er kann keinen Schatten werfen."

Neugierig war sie geworden; und dann fing sie gleich auf dem Spaziergang mit dem fremden Herrn eine Unterhaltung an. Als Königstochter brauchte sie nicht allzuviel Umstände zu machen, und darum sagte sie: „Sie leiden an der Krankheit, daß Sie keinen Schatten werfen können."

„Euer Königliche Hoheit müssen sich auf dem Wege der Besserung befinden!" sagte der Schatten. „Ich weiß, Ihr Übel ist, daß Sie allzu gut sehen, aber das hat sich gegeben, Sie sind geheilt, ich habe gerade einen. ganz ungewöhnlichen Schatten! Sehen Sie nicht die Person, die immer mit mir zusammen ist? Andere Menschen haben einen gewöhnlichen Schatten, aber ich liebe das Gewöhnliche nicht. Man gibt seinem Diener vornehmeres Tuch für die Livree, als man selber trägt, und so habe ich meinen Schatten zu einem Menschen herausputzen lassen! Ja, Sie sehen, ich habe ihm sogar einen Schatten geschenkt. Das ist etwas sehr Kostspieliges, aber ich liebe es, etwas zu haben, was andere nicht haben!"

„Was?" dachte die Prinzessin, „sollte ich mich wirklich erholt haben? Dies Bad ist das erste in seiner Art! Das Wasser hat in unserer Zeit ganz wundersame Kräfte. Aber ich fahre nicht weg, denn jetzt wird es hier lustig; der Fremde gefällt mir außerordentlich. Wenn bloß sein Bart nicht wächst, dann reist er nämlich ab!"

Abends in dem großen Ballsaal tanzten die Königstochter und der Schatten zusammen. Sie war leicht, aber er war noch leichter, solch einen Tänzer hatte sie nie gehabt. Sie erzählte ihm, aus welchem Land sie komme, und er kannte das Land, er war dort gewesen, aber da war sie gerade nicht zu Hause gewesen; er hatte zu den Fenstern hineingeschaut, oben wie unten, er hatte das eine wie das andere gesehen, und so konnte er der Königstochter antworten und Andeutungen machen, so daß sie sehr erstaunt war; er mußte der weiseste Mann auf der ganzen Welt sein! Sie bekam solch eine Achtung vor dem, was er wußte, und als sie dann wieder tanzten, da verliebte sie sich in ihn, und das merkte der Schatten wohl, denn sie konnte fast durch ihn hindurchsehen. Dann tanzten sie noch einmal, und da war sie nahe daran, es zu sagen, aber sie besann sich doch, sie dachte an ihr Land und Reich und an die vielen Menschen, die sie regieren sollte. „Ein weiser Mann ist er", sagte sie bei sich, „das ist gut! Und wunderbar tanzen tut er, das ist auch gut, ob er aber gründliche Kenntnisse hat, das ist ebenso wichtig! Er muß examiniert werden." Und dann fing sie ganz allmählich an, ihn über einige der allerschwierigsten Dinge auszufragen, sie hätte selber nicht darauf antworten können; und der Schatten machte ein ganz sonderbares Gesicht.

„Darauf können Sie keine Antwort geben!" sagte die Königstochter.

„Das habe ich schon als Kind gewußt", sagte der Schatten, „ich glaube sogar, mein Schatten da drüben an der Tür kann das beantworten!"

„Ihr Schatten?" sagte die Königstochter, „das wäre höchst merkwürdig!"

„Ja, ich sage nicht bestimmt, daß er es kann!" sagte der Schatten, „aber ich möchte es annehmen, er hat mich nun so viele Jahre begleitet und zugehört – ich möchte es annehmen! Aber Euer Königliche Hoheit gestatten, wenn ich Sie darauf aufmerksam mache, daß er so stolz darauf ist, für einen Menschen gehalten zu werden, und wenn er in der richtigen Stimmung sein soll, und das muß er sein, um gut antworten zu können, dann muß er ganz wie ein Mensch behandelt werden."

„Das gefällt mir gut!" sagte die Königstochter.

Und dann ging sie zu dem gelehrten Mann an der Tür, und sie sprach mit ihm von Sonne und Mond und von den Menschen, über ihr Äußeres wie über ihr Inneres, und er antwortete sehr klug und gut.

„Was muß das für ein Mann sein, der einen so weisen Schatten hat!" dachte sie. „Das wäre ein wahrer Segen für mein Volk und mein Reich, wenn ich ihn zu meinem Gemahl erwählte – ich tue es!"

Und sie wurden sich schnell einig, die Königstochter und der Schatten, aber keiner sollte etwas davon erfahren, bevor sie nicht in ihr eigenes Reich heimgekommen war.

„Keiner, nicht einmal mein Schatten!" sagte der Schatten, und dabei hatte er nun so seine eigenen Gedanken!

Dann waren sie in dem Land, in dem die Königstochter regierte, wenn sie daheim war.

„Höre, mein guter Freund!" sagte der Schatten zu dem gelehrten Mann, „nun bin ich so glücklich und mächtig geworden, wie man es nur werden kann, nun will ich auch für dich etwas Besonderes tun! Du wirst immer im Schlosse bei mir wohnen, mit mir in meinem königlichen Wagen fahren und hunderttausend Reichstaler jährlich beziehen; aber dann mußt du dich von jedermann Schatten nennen lassen; du darfst nicht erzählen, daß du jemals ein Mensch gewesen bist, und einmal im Jahr, wenn ich im Sonnenschein auf dem Balkon sitze und mich zeige, mußt du zu meinen Füßen liegen, wie es einem Schatten geziemt; ich muß dir erzählen, ich heirate die Königstochter! Heute abend wird die Hochzeit gefeiert."

„Nein, das ist zu toll!" sagte der gelehrte Mann, „das will ich nicht, das tue ich nicht; das heißt das ganze Land betrügen und die Königstochter dazu! Ich erzähle alles! daß ich ein Mensch bin und daß du der Schatten bist, du hast nur Kleider anbekommen!"

„Das glaubt dir keiner!" sagte der Schatten, „sei vernünftig, oder ich rufe die Wache!"

„Ich gehe schnurstracks zur Königstochter!" sagte der gelehrte Mann. „Aber ich gehe zuerst!" sagte der Schatten, „und du kommst in Haft!" – und das mußte er tun, denn die Schildwachen, die gehorchten dem, von dem sie wußten, daß die Königstochter ihn haben wollte.

„Du zitterst!" sagte die Königstochter, als der Schatten zu ihr hereinkam, „ist etwas vorgefallen? Du darfst heute abend nicht krank werden, da wir Hochzeit feiern!"

„Ich habe das Grausigste erlebt, das man erleben kann!" sagte der Schatten. „Denke dir – ja, so ein armes Schattenhirn kann nicht viel aushalten –, denk dir, mein Schatten ist verrückt geworden, er denkt, er wäre der Mensch und ich – denk dir nur –, ich wäre sein Schatten!"

„Das ist furchtbar!" sagte die Prinzessin, „er ist hoffentlich eingesperrt?"

„Das ist er! Ich fürchte, er erholt sich nie."

„Armer Schatten!" sagte die Prinzessin, „er ist sehr unglücklich; es ist wirklich eine gute Tat, wenn man ihn von dem bißchen Leben befreit, das er hat, und wenn ich so recht darüber nachdenke, so glaube ich, es wird notwendig sein, daß ihm in aller Stille der Garaus gemacht wird!"

„Das ist allerdings hart!" sagte der Schatten, „denn er war ein treuer Diener!" und dann stieß er sozusagen einen Seufzer aus.

„Sie sind ein edler Charakter!" sagte die Königstochter.

Am Abend war die ganze Stadt festlich beleuchtet, und die Kanonen gingen los: Bumm! und die Soldaten präsentierten das Gewehr. Das war eine Hochzeit! Die Königstochter und der Schatten traten auf den Balkon hinaus, um sich zu zeigen und noch ein Hurra zu bekommen.

Der gelehrte Mann hörte nichts von alledem, denn man hatte ihn umgebracht.

Das alte Haus

Drüben auf der anderen Seite der Straße stand ein altes, altes Haus, es war fast dreihundert Jahre alt, das konnte man auf dem Balken nachlesen, wo die Jahreszahl neben Tulpen und Hopfenranken eingeschnitzt war; da standen ganze Verse, in der Schreibweise der alten Zeit, und über jedem Fenster war in den Balken ein Gesicht geschnitzt, das eine Grimasse schnitt: das eine Stockwerk ragte ein ganzes Stück über das andere hinaus, und dicht unter dem Dach lief eine Rinne aus Blei entlang mit einem Drachenkopf daran; das Regenwasser sollte aus dem Rachen fließen, aber es floß aus dem Bauch, denn die Rinne hatte ein Loch.

Alle anderen Häuser in der Straße waren ganz neu und

sauber, mit großen Fensterscheiben und glatten Wänden,
man konnte wohl sehen, die wollten nichts mit dem alten
Haus zu schaffen haben; sie dachten sicher: „Wie lange
soll das Gerümpel hier zur Schande für die Straße stehen?
Dabei ragt der Erker so weit vor, daß keiner von unseren
Fenstern aus sehen kann, was auf der anderen Seite los ist!
Die Treppe ist so breit wie für ein Schloß und so hoch, als
führte sie auf einen Kirchturm. Das Eisengeländer sieht ja
aus wie die Pforte zu einer alten Grabstätte, und dann hat es
Messingknäufe. Das ist peinlich!"

Gegenüber in der Straße standen neue und saubere
Häuser, und die dachten wie die anderen, aber hier saß ein
kleiner Junge am Fenster, mit frischen roten Wangen, mit
hellen, strahlenden Augen, ihm gefiel nun das alte Haus
am besten, und zwar im Sonnenschein wie im Mondenschein. Und er sah die Hauswand an, von der die Tünche
abgeblättert war, dann konnte er dasitzen und sich die
seltsamsten Bilder ausdenken, genau wie die Straße früher
ausgesehen hatte mit Treppen, Erkern und spitzen Giebeln;
er konnte Soldaten mit Hellebarden sehen und Dachrinnen,
die am Haus entlangliefen als Drachen und Lindwürmer. –
Das war so recht ein Haus zum Anschauen! Und da drüben
wohnte ein alter Mann, der in Samthosen ging, einen Frack
hatte mit großen Messingknöpfen daran und eine Perücke,
der man es ansehen konnte, daß es eine richtige Perücke
war. Jeden Morgen kam ein alter Knecht zu ihm, der aufräumte und Besorgungen machte, sonst war der alte Mann
in den Plüschhosen ganz allein in dem alten Haus; mitunter
kam er ans Fenster und schaute hinaus, und der kleine
Junge nickte ihm zu, und der alte Mann nickte zurück, und
dann waren sie miteinander bekannt, und dann waren sie
befreundet, obwohl sie nie miteinander gesprochen hatten,
aber das war doch auch ganz einerlei.

Der kleine Junge hörte seine Eltern sagen: „Dem alten
Mann da drüben geht es sehr gut, aber er ist so schrecklich
allein!"

Am nächsten Sonntag nahm der kleine Junge etwas und
wickelte es in ein Stück Papier, stellte sich in die Haustür,

und als derjenige vorüberkam, der die Besorgungen machte, sagte er zu ihm: „Höre mal! würdest du dem alten Mann da drüben dies von mir bringen? Ich habe zwei Zinnsoldaten, dies ist der eine; er soll ihn haben, denn ich weiß, daß er so schrecklich allein ist."

Und der alte Knecht sah wirklich erfreut aus, nickte und trug den Zinnsoldaten in das alte Haus hinüber. Darauf kam ein Bescheid, ob der kleine Junge nicht Lust hätte, selber herüberzukommen auf Besuch, und das erlaubten ihm seine Eltern, und so kam er in das alte Haus.

Und die Messingknäufe am Treppengeländer glänzten viel stärker als sonst, man sollte meinen, sie wären anläßlich des Besuches poliert worden, und es war, als ob die geschnitzten Trompeter – denn in die Tür waren Trompeter geschnitzt, die in den Tulpen standen – aus Leibeskräften bliesen, die Backen sahen viel dicker aus als sonst. O ja, die bliesen: „Tratteratra! der kleine Junge ist da! tratteratra!" – und dann ging die Tür auf. Der ganze Flur hing voll von alten Porträts, Rittern in Rüstungen und Damen in seidenen Kleidern; und die Rüstungen rasselten, und die seidenen Kleider raschelten! – Und dann kam eine Treppe, die führte ein ganzes Stück hinauf und ein kleines Stück hinunter – und dann war man auf einem Balkon, der allerdings sehr wackelig war, mit großen Löchern und langen Rissen, aber in ihnen wuchsen Gras und Blätter, denn der ganze Balkon draußen, der Hof und die Mauer hatten soviel Grünes, es sah aus wie ein Garten, aber es war nur ein Balkon. Hier standen alte Blumentöpfe, die ein Gesicht und Eselsohren hatten; die Blumen, die wuchsen einfach, wie sie wollten. In dem einen Topf flossen die Nelken über alle Ufer, das heißt zusammen mit dem Grün, ein Sproß neben dem anderen, und ganz deutlich sagte es: „Die Luft hat mich gestreichelt, die Sonne hat mich geküßt und mir eine kleine Blüte für den Sonntag versprochen, eine kleine Blüte für den Sonntag!"

Und dann kamen sie in ein kleines Gemach, wo die Wände mit Schweinsleder bezogen waren, und auf dem waren goldene Blumen aufgedruckt.

„Vergoldung vergeht,
Aber Schweinsleder besteht!"

sagten die Wände.

Und hier standen Sessel mit ganz hohen Rückenlehnen, über und über mit Schnitzereien bedeckt und mit Armlehnen an beiden Seiten. „Setz dich! setz dich!" sagten sie. „Uh, wie es in mir ächzt! Nun kriege ich bestimmt die Gicht genau wie der alte Schrank! Gicht im Rücken, uh!"

Und dann kam der kleine Junge in die Wohnstube, wo der Erker war und wo der alte Mann saß.

„Vielen Dank für den Zinnsoldaten, mein Junge!" sagte der alte Mann. „Und vielen Dank, daß du zu mir herüberkommst!"

„Dank! dank!" oder „Knack! knack!" machte es in allen Möbeln; es waren ihrer so viele, daß sie sich beinahe in die Quere kamen, als sie den kleinen Jungen sehen wollten.

Und mitten an der Wand hing das Porträt einer schönen Dame, die war so jung, so fröhlich, aber ganz wie in alten Zeiten gekleidet, mit Puder im Haar und mit Kleidern, die steif vom Körper abstanden; sie sagte weder „Danke!" noch „Knack!" sie sah nur mit ihren freundlichen Augen den kleinen Jungen an, der den alten Mann sofort fragte: „Wo hast du die her?"

„Drüben vom Trödler!" sagte der alte Mann. „Da hängen so viele Bilder; keiner kennt sie oder macht sich etwas aus ihnen, denn die Leute sind allesamt begraben, aber in früheren Zeiten habe ich die da gekannt, und nun ist sie schon ein halbes Jahrhundert tot und begraben!"

Und unter dem Gemälde hing unter Glas ein Strauß welker Blumen; die waren sicher auch ein halbes Jahrhundert alt, so alt sahen sie aus. Und das Perpendikel der großen Uhr ging hin und her, und der Zeiger drehte sich, und alle in der Stube wurden noch älter, aber das merkten sie nicht.

„Zu Hause erzählen sie", sagte der kleine Junge, „daß du so schrecklich allein bist!"

„Oh!" sagte er, „die alten Gedanken mit allem, was sie

mit sich bringen, kommen auf Besuch zu mir, und nun kommst du doch auch! – Mir geht es sehr gut!"

Und nun nahm er ein Buch mit Bildern vom Wandbrett herunter, da gab es ganz lange Umzüge zu sehen, die seltsamsten Kutschen, wie man sie heutzutage nicht mehr sieht, Soldaten als Treffbuben und Bürger mit wehenden Fahnen; die Schneider hatten ihre eigene mit einer Schere drauf, die von zwei Löwen gehalten wurde, und die Schuhmacher ihre, ohne Stiefel, aber mit einem Adler, der zwei Köpfe hatte, denn bei den Schuhmachern muß alles so sein, daß sie sagen können: das ist ein Paar. – O ja, das war mal ein Bilderbuch!

Und der alte Mann ging in die andere Stube, um Süßigkeiten, Äpfel und Nüsse zu holen – da war es wirklich herrlich, da drüben in dem alten Haus.

„Ich kann es nicht aushalten!" sagte der Zinnsoldat, der auf der Truhe stand; „hier ist es so einsam und so trübselig; nein, wenn man Familienleben kennengelernt hat, kann man sich an dies hier nicht gewöhnen! Ich kann es nicht aushalten! der ganze Tag ist so lang, und der Abend ist noch länger! Hier ist es gar nicht so wie drüben bei dir, wo deine Eltern sich so heiter unterhielten und wo du und all ihr lieben Kinder so einen herrlichen Lärm machtet. Nein, wie ist es für den alten Mann einsam! Meinst du, er bekommt mal einen Kuß? Glaubst du, es werden ihm mal freundliche Blicke zugeworfen, oder er hat einen Weihnachtsbaum? Er kriegt gar nichts, bis auf die Beerdigung! – Ich kann es nicht aushalten!"

„Du darfst es nicht so schwer nehmen!" sagte der kleine Junge. „Ich finde es hier so schön, und die vielen alten Gedanken mit allem, was sie mit sich bringen, kommen ja hier auf Besuch!"

„Ja, die sehe ich nicht, und die kenne ich nicht!" sagte der Zinnsoldat, „ich kann es nicht aushalten!"

„Das mußt du!" sagte der kleine Junge.

Und der alte Mann kam mit dem heitersten Gesicht, den schönsten Süßigkeiten, Äpfeln und Nüssen, und da dachte der kleine Junge nicht mehr an den Zinnsoldaten.

Glücklich und fröhlich kam der kleine Junge nach Hause, und es vergingen Tage, und es vergingen Wochen, und es wurde zum alten Haus hinübergenickt und wieder zurückgenickt, und dann kam der kleine Junge wieder hin.

Und die geschnitzten Trompeter bliesen: „Tratteratra! der kleine Junge ist da! tratteratra!" Und Schwerter und Rüstungen auf den Ritterbildern rasselten, und die seidenen Kleider raschelten, das Schweinsleder redete, und die alten Sessel hatten Gicht im Rücken: „Au!" es war genauso wie beim erstenmal, denn dort drüben waren die Tage und die Stunden einander ganz gleich.

„Ich kann es nicht aushalten!" sagte der Zinnsoldat, „ich habe Zinn geweint! Hier ist es zu trostlos! Lieber möchte ich in den Krieg ziehen und Arme und Beine verlieren! das wäre doch eine Abwechslung. Ich kann es nicht aushalten! – Nun weiß ich, was es heißt, Besuch von seinen alten Gedanken zu haben mit allem, was sie mit sich bringen können! Ich habe Besuch von meinen gehabt, und du kannst mir glauben, auf die Dauer ist das keine Freude, ich war zuletzt drauf und dran, von der Truhe herunterzuspringen. Euch alle drüben im Haus sah ich ganz deutlich, als ob ihr wirklich hier wäret; es war wieder an dem Sonntagmorgen, du weißt schon! Ihr Kinder standet alle vor dem Tisch und sangt euern Choral, wie ihr ihn jeden Morgen singt; ihr standet andächtig mit gefalteten Händen, und die Eltern waren ebenso feierlich, und dann ging die Tür auf, und die kleine Schwester, Maria, die noch nicht zwei Jahre alt ist und die immer tanzt, wenn sie Musik oder Gesang hört, was es auch sein mag, wurde hereingebracht – das sollte gar nicht sein –, und dann fing sie an zu tanzen, konnte aber nicht in den Takt hineinkommen, denn die Töne waren so lang, und so stand sie zuerst auf dem einen Bein und streckte den Kopf ganz vor, und dann auf dem anderen Bein und streckte den Kopf ganz vor, aber es wollte nicht klappen. Ihr standet sehr ernst da, alle miteinander, obwohl es sicher schwer war, aber ich lachte insgeheim, und deshalb fiel ich vom Tisch herunter und bekam eine Beule, mit der ich noch immer herumlaufe, denn es war nicht richtig von mir zu lachen. Aber das Ganze kehrt in meinem Innern immer wieder, und alles, was ich so erlebt habe; und das sind sicher die alten Gedanken mit allem, was sie so mit sich bringen! – Sag mir, ob ihr sonntags immer noch singt? Erzähle mir ein bißchen von der kleinen Maria! Und wie geht es meinem Kameraden, dem anderen Zinnsoldaten? Ja, der kann wirklich von Glück sagen! ich kann es nicht aushalten!"

„Du bist verschenkt worden!" sagte der kleine Junge; „du mußt bleiben. Kannst du das nicht einsehen?"

Und der alte Mann kam mit einer Schublade an, in der es vieles zu sehen gab, sowohl Kreideschachteln wie Balsambüchsen und alte Karten, so groß und so vergoldet, wie man sie heute nie mehr sieht. Und große Schubläden wurden aufgemacht, und das Klavier wurde aufgemacht, das hatte auf der Innenseite des Deckels eine Landschaft, und es war ganz heiser, als der alte Mann darauf spielte; und dann summte er ein Lied.

„Ja, das konnte sie singen!" sagte er, und dann nickte er dem Porträt zu, das er bei dem Trödler gekauft hatte, und die Augen des alten Mannes leuchteten ganz hell.

„Ich will in den Krieg! ich will in den Krieg!" rief der Zinnsoldat, so laut er konnte, und stürzte sich auf den Fußboden hinab.

Ja, wo war er denn hin? Der alte Mann suchte, der kleine Junge suchte, weg war er, und weg blieb er. „Ich finde ihn schon!" sagte der Alte, aber er fand ihn nie! Der Fußboden war viel zu rissig und hatte viel zu viele Löcher – der Zinnsoldat war durch eine Ritze gefallen, und dort lag er in einer offenen Gruft.

Und der Tag verging, und der kleine Junge kam nach Hause, und die Woche verging, und es vergingen mehrere Wochen. Die Fenster waren ganz zugefroren; der kleine Junge mußte darauf hauchen, um ein Guckloch zu dem alten Haus hinüber zu haben, und dort war der Schnee in alle Schnörkel und Inschriften hineingestöbert, er lag bis hoch zur Treppe hinauf, so als wäre niemand zu Hause, und es war auch niemand zu Hause, der alte Mann war gestorben.

Abends hielt ein Wagen draußen, und in diesen setzte man seinen Sarg, er sollte auf dem Lande in seiner Familiengruft begraben werden. Dort fuhr er nun hin, aber niemand gab ihm das Geleit, alle seine Freunde waren ja tot. Und der kleine Junge warf dem Sarg eine Kußhand zu, als dieser davonfuhr.

Einige Tage darauf wurde das alte Haus versteigert, und der kleine Junge sah von seinem Fenster aus, was man alles wegtrug: die alten Ritter und die alten Damen, die Blumentöpfe mit langen Ohren, die alten Stühle und die alten Schränke, einiges kam dahin, und anderes kam dorthin; das Bildnis der Dame, das beim Trödler gefunden worden war, kam wieder zu dem Trödler, und dort blieb es für immer hängen, denn niemand kannte sie mehr, und niemand machte sich etwas aus dem alten Bild.

Im Frühjahr riß man das Haus selber ab, denn es sei nur Gerümpel, sagten die Leute. Man konnte von der Straße bis in die Stube mit dem schweinsledernen Bezug hineinsehen, der zerfetzt und zerrissen wurde; und das Grün auf dem Balkon hing ganz wild um die niederstürzenden Balken. – Und nun wurde aufgeräumt.

„Das hat sich gelohnt!" sagten die Nachbarhäuser.

Und es wurde dort ein schönes Haus gebaut mit großen Fenstern und weißen, glatten Wänden, aber davor, dort, wo das alte Haus eigentlich gestanden hatte, wurde ein kleiner Garten angelegt, und an den Mauern des Nachbarhauses hinauf rankte sich wilder Wein; vor den Garten kam ein großes eisernes Gitter mit einem eisernen Tor, es sah prächtig aus, die Leute blieben stehen und schauten hinein. Und die Spatzen hängten sich zu Dutzenden in die Weinranken, schwatzten alle gleichzeitig, so gut sie konnten, aber nicht etwa von dem alten Haus, denn daran konnten sie sich nicht erinnern; es waren viele Jahre vergangen, aus dem kleinen Jungen war ein richtiger Mann geworden, ja ein tüchtiger Mann, an dem seine Eltern Freude hatten; und er hatte gerade geheiratet und war mit seiner kleinen Frau in das Haus mit dem Garten davor gezogen; und hier stand er neben ihr, als sie eine Feldblume einpflanzte, die sie so entzückend fand. Sie pflanzte sie mit ihrer kleinen Hand und klopfte die Erde mit den Fingern fest. – Au! was war das? Sie hatte sich gestochen. Da stak etwas Spitzes aus dem weichen Erdreich heraus.

Es war – ja denkt nur! –, es war der Zinnsoldat, derselbe,

der oben bei dem alten Mann verlorengegangen war, und der war zwischen Zimmerholz und Kies umhergeworfen worden und hatte zuletzt viele Jahre in der Erde gelegen.

Und die junge Frau wischte den Soldaten ab, zuerst mit einem grünen Blatt und dann mit ihrem feinen Taschentuch, das hatte einen so wunderbaren Duft! Und für den Zinnsoldaten war es so, als erwachte er aus tiefem Todesschlaf.

„Zeig doch mal!" sagte der junge Mann, lachte und schüttelte dann den Kopf. „Ja, der kann es allerdings nicht sein, aber er erinnert mich an eine Geschichte mit einem Zinnsoldaten, den ich besaß, als ich ein kleiner Junge war!" und dann erzählte er seiner Frau von dem alten Haus und dem alten Mann und von dem Zinnsoldaten, den er ihm hinübergeschickt hatte, weil er so schrecklich allein war, und er erzählte es genauso, wie es wirklich gewesen war, so daß der jungen Frau die Tränen in die Augen traten wegen des alten Hauses und des alten Mannes.

„Es kann doch sein, daß es derselbe Zinnsoldat ist!"

sagte sie, „ich will ihn aufbewahren und mir alles merken, was du mir erzählt hast; aber das Grab des alten Mannes mußt du mir zeigen!"

„Ja, das kenne ich nicht", sagte er, „und keiner kennt es! Alle seine Freunde waren tot, niemand pflegte es, und ich war ja nur ein kleiner Junge!"

„Wie schrecklich allein muß er gewesen sein!" sagte sie.

„Schrecklich allein!" sagte der Zinnsoldat, „aber schön ist es, wenn man nicht vergessen wird."

„Schön!" rief etwas ganz in der Nähe, aber außer dem Zinnsoldaten sah keiner, daß es ein Fetzen von dem schweinslederem Bezug war; der hatte keine Vergoldung mehr, er sah aus wie feuchte Erde, aber eine Meinung hatte er, und die sagte er:

> „Vergoldung vergeht,
> Aber Schweinsleder besteht!"

Das glaubte der Zinnsoldat aber nicht.

Der Wassertropfen

Du kennst doch wahrscheinlich ein Vergrößerungsglas, so ein rundes Brillenglas, in dem alles hundertmal größer aussieht, als es ist? Wenn man das nimmt und vors Auge hält und sich einen Wassertropfen draußen vom Teich ansieht, dann sieht man Tausende von seltsamen Tieren, die man sonst nie im Wasser sieht, aber sie sind da, und es ist richtig. Es sieht beinahe so aus wie ein ganzer Teller voller Krabben, die durcheinanderhüpfen, und die sind ganz räuberisch, sie reißen sich gegenseitig Arme und Beine, Ecken und Enden aus, und dennoch sind sie auf ihre Art fröhlich und zufrieden.

Nun war da einmal ein alter Mann, den alle Leute Kribbel-Krabbel nannten, so hieß er nämlich. Er wollte ewig und immer aus jeder Sache das Beste herausholen, und wenn es gar nicht gehen wollte, dann holte er es sich durch Zauberei.

Da sitzt er eines Tages mit dem Vergrößerungsglas vor dem Auge und sieht sich den Wassertropfen an, der draußen aus einer Wasserpfütze im Graben genommen worden war. Nein, wie es da kribbelte und krabbelte! All die Tausende von Tierchen hüpften und sprangen, zerrten eins am anderen und knabberten sich gegenseitig an.

„Ja, aber das ist doch abscheulich!" sagte der alte Kribbel-Krabbel. „Kann man sie nicht dazu bringen, in Ruhe und Frieden miteinander zu leben und jedem das Seine zu lassen?" und er überlegte und überlegte, aber es wollte nicht gehen, und da mußte er denn zaubern. „Ich muß ihnen Farbe geben, damit sie deutlich hervortreten!" sagte er, und dann goß er einen Tropfen von so etwas Ähnlichem wie Rotwein in den Wassertropfen, aber es war Hexenblut, die allerfeinste Sorte zu zwei Schilling; und nun wurden all diese sonderbaren Tiere am ganzen Körper rosa, es sah aus wie eine ganze Stadt von nackten Wilden.

„Was hast du da?" fragte ein anderer alter Troll, der keinen Namen hatte, und das war gerade das Feine an ihm.

„Ja, kannst du raten, was es ist", sagte Kribbel-Krabbel, „dann schenke ich es dir; aber es ist nicht so leicht zu raten, wenn man es nicht weiß!"

Und der Troll, der keinen Namen hatte, sah durch das Vergrößerungsglas. Es sah wirklich aus wie eine ganze Stadt, wo alle Menschen ohne Kleider herumliefen! Es war grausig, aber noch grausiger war es zu sehen, wie einer den anderen puffte und stieß, wie sie sich zwickten und zwackten, sich gegenseitig bissen und aneinander herumzerrten. Was zuunterst war, sollte nach oben, und was zuoberst war, sollte nach unten! „Sieh! sieh! sein Bein ist länger als meins! paff! weg damit! Da ist einer, der hat einen kleinen Pickel hinterm Ohr, einen kleinen harmlosen Pickel, aber der quält ihn, und dann mag er sich ruhig noch mehr quälen!" und sie hackten hinein, und sie zerrten ihn hervor, und sie fraßen ihn auf wegen des kleinen Pickels. Einer saß da so still wie ein Jungfräulein und wünschte sich nichts als Ruhe und Frieden, aber nun mußte die Jungfrau heraus, und sie zerrten an ihr, und sie rissen an ihr, und sie fraßen sie auf.

„Das ist ungemein lustig!" sagte der Troll.

„Ja, aber was denkst du denn, was das ist?" fragte Kribbel-Krabbel. „Kannst du es erraten?"

„Das ist doch leicht zu erkennen!" sagte der andere, „das ist ja Kopenhagen oder eine andere Großstadt, die sind ja alle miteinander gleich. Eine große Stadt ist es!"

„Es ist Grabenwasser!" sagte Kribbel-Krabbel.

Die glückliche Familie

Das größte grüne Blatt hierzulande, das ist doch ganz bestimmt ein Huflattichblatt; hält man es sich vor seinen kleinen Bauch, dann ist es wie eine ganze Schürze, und legt man es sich auf den Kopf, dann ist es im Regenwetter fast genauso gut wie ein Schirm, denn es ist so ungeheuer groß. Nie wächst eine Huflattichstaude allein, nein, wo eine wächst, da wachsen mehr, es ist eine einzige Pracht, und all die Pracht ist Schneckenfutter. Die großen weißen Schnekken, aus denen vornehme Leute in früherer Zeit Frikassee machen ließen – und dann aßen sie es und sagten: „Hum! wie das schmeckt!" denn sie glaubten nun mal, es schmecke so gut –, die lebten von Huflattichblättern, und darum wurde der Huflattich angebaut.

Nun war da einmal ein alter Gutshof, wo man keine Schnecken mehr aß, sie waren völlig ausgestorben, aber der Huflattich war nicht ausgestorben, der wuchs und wuchs über alle Wege und alle Beete, man konnte seiner überhaupt nicht mehr Herr werden, es war ein ganzer Huflattichwald, hier und da stand ein Apfel- oder Pflaumenbaum, sonst hätte man nie gedacht, daß es ein Garten war; alles war Huflattich – und dort drinnen wohnten die beiden letzten, uralten Schnecken.

Sie wußten selber nicht, wie alt sie waren, aber sie konnten sich sehr wohl daran erinnern, daß ihrer viel mehr gewesen waren, daß sie von einer Familie aus einem fremden Land stammten und daß der ganze Wald für sie und ihresgleichen angepflanzt worden war. Sie waren niemals draußen gewesen, aber sie wußten, daß es noch etwas in der Welt gab, was Gutshof hieß, und dort oben wurde man gekocht, und dann wurde man schwarz, und dann wurde man auf eine silberne Platte gelegt, was dann aber weiter geschah, das wußten sie nicht. Wie es übrigens war, wenn man gekocht wurde und auf einer silbernen Platte lag, konnten sie sich nicht ausmalen, aber es sollte schön sein und vor allem vornehm. Weder der Maikäfer noch die Kröte noch der Regenwurm, bei denen sie sich erkundigten, konnten Auskunft geben, keiner von ihnen war gekocht worden oder hatte auf einer silbernen Platte gelegen.

Die alten, weißen Schnecken waren die vornehmsten in der Welt, das wußten sie; der Wald war ihretwegen da, und der Gutshof war deswegen da, damit sie gekocht und auf eine silberne Platte gelegt werden konnten.

Sie lebten jetzt ganz für sich allein und glücklich, und da sie selber keine Kinder hatten, so hatten sie einen ganz gewöhnlichen kleinen Schneck zu sich genommen, den sie wie ein eigenes Kind großzogen, aber der Kleine wollte nicht wachsen, denn er war ein gewöhnlicher Schneck; aber die Alten, namentlich die Mutter, Mutter Schnecke, meinte, sie könne dennoch merken, daß der Schneckensohn zunehme, und sie bat den Vater, falls er es nicht sehen könne, ob er nicht mal an dem kleinen Schneckenhaus fühlen wolle, und dann fühlte er nach und fand, Mutter habe recht.

Eines Tages kam ein heftiger Regen.

„Hör nur, wie es gegen den Huflattich bullert!" sagte Vater Schneck.

„Da kommen auch Tropfen!" sagte Mutter Schnecke.

„Die laufen ja am ganzen Stengel herunter! Du sollst mal

sehen, hier wird's jetzt naß! Ich freue mich nur, daß wir unser gutes Haus haben und daß der Kleine seines hat! Für uns ist tatsächlich mehr getan worden als für alle anderen Geschöpfe; man kann doch sehen, daß wir in dieser Welt die Herrschaft sind! Wir haben von Geburt an ein Haus, und der Huflattichwald ist unsertwegen gesät worden! Ich möchte doch mal wissen, wie weit sich der ausdehnt, und was hinter ihm ist!"

„Hinter dem ist gar nichts!" sagte Vater Schneck. „Besser als bei uns kann es nirgendwo auf der Welt sein, und ich habe keinen einzigen Wunsch!"

„Doch", sagte Mutter, „ich würde wirklich gern auf den Gutshof kommen, gekocht und auf eine silberne Platte gelegt werden, das ist mit all unseren Vorfahren gemacht worden, und du kannst glauben, da ist was ganz Besonderes dran!"

„Der Gutshof ist am Ende eingefallen!" sagte Vater Schneck „oder der Huflattichwald ist darüber weg gewachsen, so daß die Menschen nicht rauskommen konnten. Es eilt ja auch nicht, aber du kannst nie die Zeit abwarten, und der Kleine fängt jetzt auch schon so an; kriecht er doch jetzt schon drei Tage lang an dem Stengel hoch, mir tut der Kopf weh, wenn ich zu ihm hinaufblicke!"

„Du darfst nicht schimpfen", sagte Mutter Schnecke, „er kriecht so bedächtig, wir werden bestimmt Freude an ihm haben, und etwas anderes, wofür wir leben können, haben wir Alten ja auch nicht! Aber hast du eins bedacht: wo bekommen wir eine Frau für ihn her? Meinst du nicht, daß tief drinnen im Huflattichwald noch einige unsersgleichen sein könnten?"

„Schwarze Schnecken sind da, glaube ich", sagte der Alte, „schwarze Schnecken ohne Haus, aber das ist ja so gewöhnlich, und die sind ziemlich eingebildet, aber wir könnten den Ameisen den Auftrag erteilen, die laufen hin und her, als hätten sie was zu tun, die wissen sicher eine Frau für unseren kleinen Schneck!"

„O ja, ich weiß die Allerschönste!" sagten die Ameisen, „aber ich fürchte, das geht nicht, sie ist nämlich Königin!"

„Das macht nichts!" sagten die Alten. „Hat sie ein Haus?"

„Sie hat ein Schloß!" sagten die Ameisen, „das schönste Ameisenschloß mit siebenhundert Gängen!"

„Danke!" sagte Mutter Schnecke, „unser Sohn soll nicht in einen Ameisenhaufen! Wißt ihr nichts Besseres, dann vergeben wir den Auftrag an die weißen Mücken, die fliegen weit umher in Regen und Sonnenschein, die kennen den Huflattichwald in- und auswendig."

„Wir haben eine Frau für ihn!" sagten die Mücken. „Hundert Menschenschritte von hier sitzt auf einem Stachelbeerstrauch eine kleine Schnecke mit Haus, die ist ganz einsam und alt genug, um heiraten zu können. Es ist nur hundert Menschenschritte weit!"

„Ja, laß sie zu ihm kommen!" sagten die Alten, „er hat einen Huflattichwald, sie hat nur einen Strauch!"

Und dann holten sie das kleine Schneckenfräulein. Es dauerte acht Tage, bis sie da war, aber das war gerade das Schöne daran, da konnte man sehen, sie war von ihrer Art.

Und dann feierten sie Hochzeit. Sechs Glühwürmchen leuchteten, so gut sie konnten; im übrigen verlief das Ganze sehr still, denn die alten Schneckenleute konnten Lärm und Toberei nicht vertragen! Aber eine schöne Rede wurde von Mutter Schnecke gehalten, Vater konnte nicht, er war so gerührt, und dann vererbten sie ihnen den ganzen Huflattichwald und sagten, was sie immer gesagt hatten: der wäre das Beste auf der Welt, und wenn sie rechtschaffen und brav lebten und sich vermehrten, dann kämen sie und ihre Kinder dereinst auf den Gutshof, würden schwarz gekocht und auf silberne Platten gelegt werden.

Und nachdem diese Rede gehalten war, krochen die Alten in ihre Häuser und kamen nie wieder zum Vorschein; sie schliefen. Das junge Schneckenpaar regierte im Wald und bekam viele Nachkommen, aber sie wurden niemals gekocht, und sie kamen nie auf die silberne Platte; daraus schlossen sie nun, daß der Gutshof zusammengefallen sein mußte und daß alle Menschen auf der Welt ausgestorben waren, und da niemand ihnen widersprach, war es ja wahr; und der Regen schlug gegen die Huflattichblätter, um ihretwegen Trommelmusik zu machen, und die Sonne schien, um dem Huflattichwald ihretwegen Farbe zu verleihen, und sie waren sehr glücklich, und die ganze Familie war glücklich, ja, das war sie.

Die Geschichte einer Mutter

Eine Mutter saß bei ihrem kleinen Kind, sie war so traurig, hatte solche Angst, es würde sterben. Es war so bleich, die kleinen Augen waren geschlossen, es holte so leise Atem, und bisweilen tat es einen so tiefen Zug, als ob es seufzte; und die Mutter blickte die kleine Seele noch kummervoller an.

Da klopfte es an die Tür, und ein armer alter Mann kam herein, in so etwas Ähnliches wie eine große Pferdedecke gewickelt, denn die hält warm, und das hatte er nötig, denn es war ja kalter Winter; draußen lag alles voller Eis und Schnee, und der Wind wehte so heftig, daß er einem ins Gesicht schnitt.

Und da der alte Mann vor Kälte schlotterte und das Kindchen einen Augenblick schlief, stand die Mutter auf und stellte eine kleine Kanne mit Bier in den Ofen, um es für ihn zu wärmen, und der Mann saß da und schaukelte die Wiege, und die Mutter setzte sich auf den Stuhl dicht neben ihn, blickte auf ihr krankes Kind, das so tief Atem holte, und hob seine kleine Hand.

„Meinst du nicht, daß ich ihn behalte?" sagte sie. „Der liebe Gott wird ihn mir nicht nehmen!"

Und der alte Mann, es war der Tod selber, der nickte so sonderbar, es konnte ebensogut ja wie nein bedeuten. Und die Mutter blickte auf ihren Schoß, und die Tränen strömten ihr über die Wangen – der Kopf wurde ihr so schwer, drei Tage und drei Nächte lang hatte sie kein Auge zugetan, und nun schlief sie, aber nur einen Augenblick, da fuhr sie hoch und zitterte vor Kälte: „Was ist das!" sagte sie und sah sich nach allen Seiten um; aber der alte Mann war weg, und ihr kleines Kind war weg, er hatte es mitgenommen; und drüben in der Ecke rasselte die alte Uhr, das große Bleigewicht lief ab, bis auf den Fußboden runter, bumm! und nun stand auch die Uhr still.

Aber die arme Mutter rannte aus dem Haus und rief nach ihrem Kind.

Dort draußen, mitten im Schnee, saß eine Frau mit langen schwarzen Kleidern, und sie sagte: „Der Tod ist in deiner Stube gewesen, ich sah, wie er mit deinem kleinen Kind forteilte; er geht schneller als der Wind, er bringt niemals zurück, was er einmal genommen hat!"

„Sag mir nur, wo er entlanggegangen ist!" sagte die Mutter, „sag es mir, und ich werde ihn suchen!"

„Ich weiß den Weg!" sagte die Frau in den schwarzen Kleidern, „aber bevor ich es dir sage, mußt du mir erst alle Lieder singen, die du deinem Kinde vorgesungen hast! Ich habe sie so gern, ich habe sie schon gehört, ich bin die Nacht, ich sah deine Tränen, während du sie sangest!"

„Ich will sie alle, alle singen!" sagte die Mutter, „aber halte mich nicht auf, damit ich ihn einholen kann, damit ich mein Kind suchen kann!"

Aber die Nacht saß stumm und still, da rang die Mutter die Hände, sang und weinte, und es waren viele Lieder, aber noch mehr Tränen; und dann sagte die Nacht: „Geh nach rechts, in den dunklen Tannenwald hinein, dort sah ich den Tod mit deinem kleinen Kind entlanggehen!"

Tief drinnen im Walde gabelten sich die Wege, und sie wußte nicht mehr, wohin sie gehen mußte; da stand dort ein Dornenstrauch, an dem war weder Blatt noch Blüte, es war ja auch kalter Winter, und die Zweige waren mit Eis überzogen.

„Hast du nicht den Tod vorübergehen sehen mit meinem kleinen Kind?"

„Doch!" sagte der Dornenstrauch, „aber ich sage dir nicht, welchen Weg er ging, es sei denn, du wärmst mich erst an deinem Herzen auf; ich erfriere, ich werde zu lauter Eis!"

Und nun drückte sie den Dornenstrauch an ihre Brust, so fest, damit er sich ordentlich aufwärmen konnte, und die Dornen drangen ihr tief ins Fleisch, und ihr Blut quoll in großen Tropfen heraus, aber der Dornenstrauch trieb frische, grüne Blätter, und er bekam Blüten in der kalten Winternacht, so warm war es an einer betrübten Mutter Herzen; und der Dornenstrauch sagte ihr den Weg, den sie gehen sollte.

Da kam sie an einen großen See, wo es weder Schiff noch Boot gab. Der See war nicht genügend zugefroren, um sie tragen zu können, und auch nicht offen und nicht flach genug, als daß sie hätte hindurchwaten können, und hinüber mußte sie, wollte sie ihr Kind finden; so legte sie sich nieder, um den See auszutrinken, und das war ja für einen Menschen unmöglich; aber die betrübte Mutter dachte, es könnte dennoch ein Wunder geschehen.

„Nein, das geht auf keinen Fall!" sagte der See, „dann wollen wir beiden uns doch lieber einigen! Ich sammle gern Perlen, und deine Augen sind die beiden hellsten, die ich gesehen habe, willst du sie dir für mich ausweinen, dann trage ich dich zu dem großen Treibhaus hinüber, wo der Tod wohnt und die Blumen und Bäume pflegt; jedes von ihnen ist ein Menschenleben!"

„Oh, was gäbe ich nicht darum, wenn ich zu meinem Kind kommen könnte!" sagte die verweinte Mutter, und sie weinte noch mehr, und ihre Augen sanken bis auf den Grund des Sees und wurden zwei kostbare Perlen; aber der See hob die Mutter hoch, als säße sie in einer Schaukel, und sie flog in einem Schwung zum jenseitigen Ufer, wo ein meilenlanges seltsames Haus stand; man wußte nicht, ob es ein Berg war mit Wald und Höhlen oder ob es gezimmert war, aber die arme Mutter konnte es nicht sehen, sie hatte sich ja die Augen ausgeweint.

„Wo soll ich den Tod suchen, der mit meinem kleinen Kind fortgegangen ist?" sagte sie.

„Hierher ist er noch nicht gekommen!" sagte die alte Gräberfrau, die auf das große Treibhaus des Todes achtgeben sollte. „Wie hast du hierherfinden können, und wer hat dir geholfen?"

„Der Herrgott hat mir geholfen!" sagte sie, „er ist barmherzig, und das wirst du auch sein! Wo soll ich mein kleines Kind suchen!"

„Ja, ich kenne es nicht", sagte die Frau, „und du kannst ja nicht sehen! – Viele Blumen und Bäume sind heute nacht verwelkt, der Tod wird bald kommen und sie umpflanzen! Du weißt wohl, daß jeder Mensch seinen Lebensbaum oder seine Blume hat, je nachdem, wie jeder beschaffen ist; sie sehen aus wie andere Pflanzen, aber ihre Herzen klopfen; ein Kinderherz kann auch klopfen! Geh dem nach, vielleicht kannst du deines Kindes Herz erkennen; aber was schenkst du mir dafür, wenn ich dir sage, was du sonst noch tun sollst?"

„Ich habe nichts zu verschenken", sagte die betrübte Mutter, „aber ich will für dich bis ans Ende der Welt gehen."

„Ja, da habe ich nichts verloren!" sagte die Frau. „Aber du kannst mir dein langes, schwarzes Haar schenken, du weißt gewiß selber, daß es schön ist, und das gefällt mir! Du bekommst dafür mein weißes, das ist immerhin etwas!"

„Begehrst du nichts anderes", sagte sie, „das schenke ich dir mit Freuden!" Und sie schenkte ihr ihr schönes, schwarzes Haar und erhielt dafür das schneeweiße der Alten.

Und dann gingen sie in das große Treibhaus des Todes, wo Blumen und Bäume seltsam durcheinanderwuchsen. Hier standen feine Hyazinthen unter Glasglocken, und hier standen große, kraftstrotzende Päonien; hier wuchsen

Wasserpflanzen, manche ganz frisch, andere halb siech, und die Wasserschlangen legten sich auf sie, und schwarze Krebse kniffen sie in den Stengel. Dort standen prächtige Palmen, Eichen und Platanen, da wuchsen Petersilie und blühender Thymian; jeder Baum und jede Blume hatten ihren Namen, jedes von ihnen war ein Menschenleben, der Mensch lebte noch, einer in China, einer in Grönland, ringsum in der Welt. Da gab es große Bäume in kleinen Töpfen, die ganz verkümmert dastanden und den Topf schier sprengen wollten, da stand auch an vielen Stellen eine kleine, langweilige Blume in fetter Erde, mit Moos drumherum und verzärtelt und umhegt. Aber die betrübte Mutter neigte sich über die kleinsten Pflanzen alle und hörte, wie in ihnen das Menschenherz klopfte, und unter Millionen erkannte sie das ihres Kindes.

„Da ist es!" rief sie und streckte die Hand nach einem kleinen blauen Krokus aus, der ganz krank nach der einen Seite hinunterhing.

„Rühre die Blume nicht an!" sagte die alte Frau, „sondern stell dich hier hin, und wenn dann der Tod kommt, ich erwarte ihn jederzeit, dann laß nicht zu, daß er die Pflanze herausreißt, und drohe du ihm, du würdest es mit den anderen Pflanzen tun, dann bekommt er Angst! Er muß dem Herrgott Rechenschaft für sie geben, keine darf herausgerissen werden, ehe er nicht die Erlaubnis gibt."

Mit einemmal brauste es eiskalt durch den Saal, und die blinde Mutter konnte spüren, daß jetzt der Tod kam.

„Wie hast du hierherfinden können?" fragte er, „wie konntest du schneller herkommen als ich?"

„Ich bin eine Mutter!" sagte sie.

Und der Tod streckte seine lange Hand nach der feinen kleinen Blume aus, aber sie legte ihre Hände fest darum, ganz dicht und dennoch voller Angst, daß sie eines der Blätter berühren könnte. Da hauchte der Tod auf ihre Hände, und sie fühlte, es war kälter als der kalte Wind, und ihre Hände sanken matt hernieder.

„Du kannst doch nichts gegen mich ausrichten!" sagte der Tod.

„Aber das kann der Herrgott!" sagte sie.

„Ich tue nur, was er will!" sagte der Tod, „ich bin sein Gärtner! Ich nehme alle seine Blumen und Bäume und pflanze sie in den großen Paradiesgarten in dem unbekannten Land, aber wie sie dort gedeihen und wie es dort ist, das kann ich dir nicht so recht sagen!"

„Gib mir mein Kind zurück!" sagte die Mutter und weinte und bat; mit einemmal griff sie mit jeder Hand um eine schöne Blume dicht neben ihr und rief dem Tode zu: „Ich reiße alle deine Blumen ab, denn ich bin voll Verzweiflung!"

„Rühre sie nicht an!" sagte der Tod. „Du sagst, du seiest unglücklich, und nun willst du eine andere Mutter ebenso unglücklich machen!"

„Eine andere Mutter?" sagte die arme Frau und ließ sogleich die beiden Blumen los.

„Da hast du deine Augen", sagte der Tod, „ich habe sie aus dem See herausgefischt, sie schimmerten so stark; ich wußte nicht, daß es deine sind; nimm sie wieder, sie sind jetzt heller als vorher, blicke nun in den tiefen Brunnen hier neben dir hinab, ich werde die Namen der beiden Blumen nennen, die du herausreißen wolltest, und du siehst ihre ganze Zukunft, ihr ganzes Erdenleben, siehst, was du zerstören und vernichten wolltest!"

Und sie blickte in den Brunnen hinab; und es war eine Glückseligkeit, zu sehen, wie die eine ein Segen für die Welt wurde, zu sehen, wieviel Glück und Freude sich um sie herum entfaltete. Und sie sah das Leben der anderen, und es war Kummer und Not, Grauen und Elend.

„Beides ist Gottes Wille!" sagte der Tod.

„Welche von ihnen ist die Blume des Unglücks und welche die des Segens?" fragte sie.

„Das sage ich dir nicht", sagte der Tod, „aber eins sollst du von mir erfahren, die eine Blume war die deines Kindes, es war deines Kindes Schicksal, was du sahest, deines eigenen Kindes Zukunft!"

Da schrie die Mutter vor Angst: „Welche von ihnen ist mein Kind? sag es mir! Erlöse das Unschuldige! erlöse mein Kind von all dem Elend! Trag es lieber fort! trag es hinein in das Reich Gottes! Vergiß meine Tränen, vergiß mein Flehen und alles, was ich gesagt und getan habe!"

„Ich verstehe dich nicht!" sagte der Tod. „Willst du dein Kind zurückhaben, oder soll ich mit ihm dorthin gehen, worüber du nichts weißt?"

Da rang die Mutter die Hände, fiel auf die Knie und betete zu Gott: „Erhöre mich nicht, wenn ich gegen deinen Willen bete, welcher der beste ist! erhöre mich nicht! erhöre mich nicht!"

Und sie neigte den Kopf auf ihren Schoß hernieder.

Und der Tod ging mit ihrem Kind in das unbekannte Land hinein.

DER KRAGEN

Es war einmal ein vornehmer Kavalier, dessen ganzer Hausrat waren ein Stiefelknecht und eine Haarbürste, aber er hatte den schönsten Kragen der Welt, und von diesem Kragen wollen wir eine Geschichte hören. Der war jetzt alt genug, um ans Heiraten zu denken, und da traf es sich so, daß er mit einem Strumpfband zusammen in die Wäsche kam.

„Nein!" sagte der Kragen, „nie habe ich doch etwas so Schlankes und Feines gesehen, so weich und so niedlich. Darf ich nach Ihrem Namen fragen?"

„Den sag ich nicht!" sagte das Strumpfband.

„Wo gehören Sie hin?" fragte der Kragen.

Aber das Strumpfband war sehr schüchtern und fand, es sei doch etwas sonderbar, darauf zu antworten.

„Sie sind sicher ein Miederband!" sagte der Kragen, „so ein inwendiges Miederband! Ich sehe schon, Sie sind zum Nutzen wie zum Putzen da, Jüngferchen!"

„Sie dürfen mich nicht anreden!" sagte das Strumpfband, „ich finde gar nicht, daß ich dazu Anlaß gegeben hätte!"

„Doch, wenn man so hübsch ist wie Sie!" sagte der Kragen, „das ist Anlaß genug!"

„Kommen Sie nicht so nahe heran!" sagte das Strumpfband. „Sie sehen aus wie ein rechtes Mannsbild!"

„Ich bin auch ein vornehmer Kavalier!" sagte der Kragen, „ich besitze einen Stiefelknecht und eine Haarbürste!" und das war gar nicht wahr, es war ja sein Herr, der die besaß, aber er schnitt auf.

„Kommen Sie nicht so nahe heran!" sagte das Strumpfband, „das bin ich nicht gewöhnt!"

„Zimperliese!" sagte der Kragen, und dann wurde er aus der Wäsche genommen, er wurde gestärkt, hing auf dem Stuhl im Sonnenschein und wurde dann aufs Bügelbrett gelegt; da kam das heiße Eisen.

„Beste Frau!" sagte der Kragen, „kleine Witfrau! mir wird ganz heiß, ich werde ein anderer, ich gerate ganz aus den Fugen. Sie brennen ein Loch in mich hinein! uh! – ich bitte Sie um Ihre Hand!"

„Jammerlappen!" sagte das Bügeleisen und fuhr stolz über den Kragen hinweg; denn es bildete sich ein, es sei ein Dampfkessel, der zur Eisenbahn kommen und Wagen ziehen würde.

„Jammerlappen!" sagte es.

Der Kragen war an den Rändern ein wenig fusselig, und da kam die Papierschere und wollte die Fusseln abschneiden.

„Oh!" sagte der Kragen, „Sie sind sicher Erste Tänzerin! Wie Sie die Beine schmeißen können! Etwas so Entzückendes habe ich noch nie gesehen! Das kann Ihnen kein Mensch nachmachen!"

„Das weiß ich!" sagte die Schere.

„Sie verdienten es, Gräfin zu sein!" sagte der Kragen. „Alles was ich habe, sind ein vornehmer Kavalier, ein Stiefelknecht und eine Haarbürste! Hätte ich doch bloß eine Grafschaft!"

„Er freit?" sagte die Schere, denn sie wurde böse, und da schnitt sie gehörig zu, und nun war er abgesetzt.

„Ich muß wohl lieber um die Bürste anhalten! Es ist erstaunlich, daß Sie noch alle Ihre Haare haben, kleines Fräulein!" sagte der Kragen. „Haben Sie nie daran gedacht, sich zu verloben?"

„O doch, das können Sie glauben!" sagte die Haarbürste, „ich bin ja mit dem Stiefelknecht verlobt!"

„Verlobt!" sagte der Kragen; nun war keine mehr da, um die er freien konnte, und nun verachtete er das Freien.

Es verging lange Zeit, da kam der Kragen zum Papiermüller in die Kiste; hier war große Lumpengesellschaft, die feinen für sich, die groben für sich, so wie es sich gehört. Sie hatten alle viel zu erzählen, aber der Kragen am meisten, der war ein tüchtiger Aufschneider.

„Ich habe so fürchterlich viele Bräute gehabt!" sagte der Kragen, „ich wurde nicht in Frieden gelassen! Ich war aber auch ein vornehmer Kavalier, mit Stärke! Ich hatte einen Stiefelknecht und auch eine Bürste, die ich nie gebrauchte! – Sie hätten mich damals sehen müssen, mich sehen müssen, als man mich umgelegt hatte! Nie werde ich meine erste Braut vergessen, sie war ein Miederband, so fein, so weich und so niedlich, sie stürzte sich meinetwegen in einen Waschzuber! – Da war auch eine Witfrau, die glühte, aber ich ließ sie stehen und schwarz werden! Da war die Erste Tänzerin, sie versetzte mir den Riß, mit dem ich jetzt herumlaufe, sie war so stürmisch! Meine eigene Haarbürste war verliebt in mich, sie verlor aus Liebeskummer alle ihre Haare. Ja, ich habe viel dergleichen erlebt! Aber am meisten tut es mir um das Strumpfband leid – ich meine, das Miederband, das in den Waschzuber purzelte. Ich habe viel auf meinem Gewissen, es könnte mir guttun, wenn weißes Papier aus mir würde!"

Und so kam es, aus allen Lumpen wurde weißes Papier, aber aus dem Kragen wurde genau dies Stück weißes Papier, das wir hier sehen und auf das die Geschichte gedruckt worden ist, und das kam daher, weil der Kragen so fürchterlich mit all dem aufgeschnitten hatte, was nie gewesen war; und daran wollen wir denken, damit wir es nicht genauso machen, denn wir können tatsächlich nie wissen, ob wir nicht auch einmal in die Lumpenkiste kommen und weißes Papier aus uns gemacht wird und unsere ganze Geschichte auf uns draufgedruckt wird, sogar das Allergeheimste, und ob wir dann nicht selber herumlaufen und sie erzählen müssen, ebenso wie der Kragen.

Der Flachs

Der Flachs stand in Blüte. Er hat so schöne blaue Blüten, so weich wie die Flügel einer Motte und noch viel feiner. – Die Sonne beschien den Flachs, und die Regenwolken begossen ihn, und das tat ihm ebenso gut, wie es kleinen Kindern guttut, gewaschen zu werden und dann von der Mutter einen Kuß zu bekommen; sie werden ja davon viel schöner. Und das wurde der Flachs auch.

„Die Leute sagen, ich stehe ganz ausgezeichnet", sagte der Flachs, „und ich werde so schön hoch, aus mir wird ein prachtvolles Stück Leinen werden! Nein, wie bin ich glücklich! Ich bin bestimmt der Allerglücklichste von allen! Mir geht es so gut, und aus mir wird etwas! Wie der Sonnenschein mich aufheitert, und wie der Regen schmeckt und erfrischt! Ich bin unbeschreiblich glücklich, ich bin der Allerglücklichste!"

„Jaja!" sagten die Zaunlatten, „du kennst die Welt nicht, aber das tun wir, wir stecken voller Knorren!" und dann ächzten sie ganz jämmerlich:

> „Schnipp schnapp schnurre,
> Basselurre,
> Das Lied ist aus!"

„Nein, das ist es nicht!" sagte der Flachs, „morgen scheint die Sonne, der Regen tut so gut, ich kann hören, wie ich wachse, ich kann fühlen, ich setze Blüten an! ich bin der Allerglücklichste!"

Aber eines Tages kamen Leute und faßten den Flachs beim Schopf und zerrten ihn mit der Wurzel heraus, das tat weh; und er wurde ins Wasser gelegt, als ob man ihn ertränken wollte, und dann kam er über Feuer, als ob man ihn braten wollte, und das war greulich.

„Es kann einem nicht immer gut gehen!" sagte der Flachs, „man muß Prüfungen durchmachen, dann weiß man etwas!"

Aber es wurde wahrlich schlimm. Der Flachs wurde geschlagen und gebrochen, geschwungen und gehechelt, ja, was wußte er schon, wie das hieß; er kam auf den Rocken, schnurr-rurr! es war nicht möglich, die Gedanken beisammenzuhalten.

„Ich bin außerordentlich glücklich gewesen!" dachte er in all seiner Pein. „Man muß sich über das Gute freuen, das man genossen hat! Freuen, freuen, oh!" und das sagte er noch, als er auf den Webstuhl kam – und dann wurde ein herrlich großes Stück Leinen aus ihm. Der ganze Flachs, jede einzelne Pflanze, wurde zu diesem einen Stück!

„Ja, aber das ist ja unvergleichlich! das hätte ich nie gedacht! Nein, was für ein Glück ich habe! O ja, die Zaunlatten, die wußten wirklich gut Bescheid mit ihrem

,Schnipp, schnapp schnurre,
Basselurre!'

Das Lied ist gar nicht aus! Jetzt fängt es gerade an! Es ist unvergleichlich! Ja, habe ich etwas erdulden müssen, so bin ich jetzt dafür auch etwas geworden; ich bin der Glücklichste von allen! – Ich bin so stark und so weich, so weiß und so lang! Das ist was anderes, als nur Pflanze zu sein, und wenn man auch Blüten hat! Man wird nicht gepflegt, und Wasser bekommt man nur, wenn es regnet. Jetzt werde ich bedient! Die Magd kehrt mich jeden Morgen um, und mit der Wasserkanne bekomme ich jeden Abend ein Regenbad; ja, die Pfarrersfrau hat selber eine Rede auf mich gehalten und gesagt, ich wäre das beste Stück im Kirchspiel. Glücklicher kann ich nicht werden!"

Nun kam das Leinen ins Haus, nun kam es unter die Schere. Wie man schnitt, wie man schnippelte, wie man mit Nähnadeln stach, denn das tat man! Das war kein Vergnügen. Aber das Leinen wurde zu zwölf Stücken Wäsche, von der Art, über die man nicht spricht, die aber alle Menschen haben müssen; es wurden zwölf Stück daraus.

„Nein, sieh mal an, jetzt bin ich erst etwas geworden! Soso, das also war meine Bestimmung! Ja, aber das ist ja ein Segen! Nun stifte ich Nutzen in der Welt, und darauf kommt es an, das ist die wahre Freude. Wir sind zwölf Stück geworden, aber wir sind dennoch alle ein und dasselbe, wir sind ein Dutzend! Welch ein unbeschreibliches Glück!"

Und Jahre vergingen - und länger hielten sie dann nicht.

„Einmal muß es ja vorbei sein!" sagte jedes Stück, „ich hätte ja gern noch ein bißchen länger gehalten, aber man darf nichts Unmögliches verlangen!" Und dann wurden sie in lauter Fetzen gerissen, sie meinten, es sei ganz und gar aus, denn sie wurden zerhackt und zerquetscht und gekocht, ja, sie wußten selber nicht was - und dann wurden sie zu herrlich feinem, weißem Papier!

„Nein, das ist eine Überraschung! und eine freudige Überraschung!" sagte das Papier; „nun bin ich feiner als früher, und nun wird auf mir geschrieben werden! Was kann da nicht alles geschrieben werden! Es ist doch ein unbeschreibliches Glück!" Und es wurden die allerschönsten Geschichten darauf geschrieben, und die Leute hörten, was da stand, und das war so richtig und gut, das machte die Menschen viel klüger und besser; es war ein großer Segen, der in Worten diesem Papier vergönnt wurde.

„Das ist mehr, als ich mir je träumen ließ, da ich eine kleine blaue Blume auf dem Felde war! Wie hätte ich mir vorstellen können, daß ich dermaleinst Freude und Kenntnisse unter die Menschen tragen würde. Ich kann es selber noch nicht begreifen! Aber das ist nun einmal wirklich so! Der Herrgott weiß, daß ich selber gar nichts getan habe als das, was ich nach meinem geringen Vermögen tun mußte, um zu leben! Und dann bringt er mich in dieser Weise vorwärts, von einer Freude zur anderen, von einer Ehre zur anderen; jedesmal, wenn ich denke: ‚Das Lied ist aus!' dann kommt noch etwas viel Höheres und Besseres; jetzt gehe ich sicher auf die Reise, werde um die ganze Welt geschickt, damit alle Menschen mich lesen können! Das ist ganz selbstverständlich! Früher hatte ich blaue Blüten, jetzt habe ich für jede Blüte die schönsten Gedanken! Ich bin der Allerglücklichste!"

Aber das Papier kam nicht auf die Reise, es kam zum Buchdrucker, und dort wurde alles, was darauf geschrieben stand, gedruckt und zu einem Buch, ja zu vielen hundert Büchern, denn dadurch konnten unendlich viel mehr Leute Nutzen und Freude davon haben, als wenn das eine Stück Papier, auf dem das Geschriebene stand, um die Welt gewandert und auf halbem Wege zerlesen worden wäre.

„Ja, das ist auch das Allervernünftigste!" dachte das beschriebene Papier. „Das ist mir gar nicht eingefallen! Ich bleibe zu Hause und werde in Ehren gehalten genau wie ein alter Großvater! Ich bin es, auf das geschrieben worden ist, die Worte flossen von der Feder gleich in mich hinein. Ich bleibe, und die Bücher wandern weit herum! Nun kann doch wirklich etwas getan werden! Nein, wie bin ich froh, wie bin ich glücklich!"

Dann wurde das Papier zu einem Bündel zusammengeschnürt und auf das Wandbrett gelegt. „Es tut einem gut, wenn man sich auf seinen Taten ausruhen kann!" sagte das Papier. „Es ist sehr richtig, daß man sich sammelt und zum Nachdenken kommt über das, was einem innewohnt. Jetzt erst weiß ich so richtig, was in mir drinsteht! Und sich selber zu erkennen, das ist der eigentliche Fortschritt. Was jetzt wohl kommen mag? Ein Fortschritt wird es sein, es geht immer vorwärts!"

Eines Tages wurde alles Papier auf die Esse gelegt, es

sollte verbrannt werden, denn es durfte nicht an den Krämer verkauft werden, damit dieser etwa Butter und Puderzucker darin einwickelte. Und alle Kinder aus dem Haus standen im Kreis herum, sie wollten sehen, wie es aufflammte, sie wollten in der Asche die vielen roten Feuerfunken sehen, die gleichsam fortlaufen und erlöschen, einer nach dem anderen, so geschwind – es sind die Kinder, die aus der Schule kommen, und der allerletzte Funke ist der Lehrer; oft meint man, er wäre gegangen, aber dann kommt er noch etwas später als die anderen.

Und das ganze Papier lag in einem Bündel auf dem Feuer. Uh! wie es aufloderte. „Uh!" sagte es, und in diesem Augenblick entstand eine große Flamme; sie reichte so hoch in die Luft, wie der Flachs nie seine kleine blaue Blüte hätte emporstrecken können, und leuchtete so, wie das weiße Leinen nie hätte leuchten können; die geschriebenen Buchstaben wurden einen Augenblick lang ganz rot, und alle Worte und Gedanken gingen in Flammen auf.

„Nun gehe ich bis zur Sonne hinauf!" sagte es drinnen in der Flamme, und es war, als sagten tausend Stimmen es wie eine einzige, und die Flamme schlug ganz oben aus dem Schornstein hinaus; und feiner als die Flamme, dem menschlichen Auge ganz unsichtbar, entschwebten winzigkleine Wesen, ebenso viele wie Blüten am Flachs gewesen waren. Sie waren noch leichter als die Flamme, die sie geboren hatte, und als diese erlosch und von dem Papier nur die schwarze Asche übrig war, tänzelten sie noch einmal darüber hin, und wo sie die Asche berührten, sah man ihre Fußspuren, es waren die roten Funken: Die Kinder kamen aus der Schule, und der Lehrer war der letzte! Es war ein Spaß, dem zuzuschauen, und die Kinder des Hauses standen vor der toten Asche und sangen:

> „Schnipp, schnapp schnurre,
> Basselurre!
> Das Lied ist aus!"

Aber die unsichtbaren kleinen Wesen sagten jedes für sich: „Das Lied ist niemals aus! Das ist das Schönste an dem

Ganzen! Ich weiß es, und darum bin ich der Allerglücklichste!"

Aber das konnten die Kinder weder hören noch verstehen, und das sollen sie auch nicht, denn Kinder dürfen nicht alles wissen.

Vogel Phönix

Im Paradiesgarten, unter dem Baum der Erkenntnis, stand ein Rosenstrauch; hier, in der ersten Rose, kam ein Vogel zur Welt, sein Flug war wie der des Lichts, herrlich seine Farbe, wunderbar sein Gesang.

Als aber Eva die Frucht der Erkenntnis pflückte, als sie und Adam aus dem Paradiesgarten vertrieben wurden, fiel von dem Flammenschwert des Racheengels ein Funke in das Nest des Vogels und zündete es an. Der Vogel kam in den Flammen um, aber aus dem roten Ei flog ein neuer auf, der einzige, der immerdar einzige Vogel Phönix. Die Sage berichtet, daß er in Arabien nistet und daß er sich alle hundert Jahr in seinem Nest selber verbrennt und daß ein neuer Phönix, der einzige in der Welt, von dem roten Ei auffliegt.

Der Vogel umflattert uns, hurtig wie das Licht, schön an Farbe, mit herrlichem Gesang. Wenn die Mutter an der Wiege des Kindes sitzt, ist er neben dem Kopfkissen und schlägt mit den Flügeln einen Strahlenkranz um des Kindes Kopf. Er fliegt durch die Stube der Genügsamkeit, und drinnen ist Sonnenglanz, auf der armseligen Ziehkiste duftet es von Veilchen.

Aber der Vogel Phönix ist nicht allein Arabiens Vogel, er flattert im Scheine des Nordlichts über die Eisflächen Lapplands, er hüpft während des kurzen Sommers in Grönland zwischen den gelben Blumen herum. Unter den Kupferfelsen von Falun, in Englands Kohlengruben fliegt er als gepuderte Motte über das Gesangbuch in den Händen des frommen Arbeiters. Er fährt auf dem Blütenblatt der Lotosblume die heiligen Wasser des Ganges hinab, und die Augen des Hindumädchens leuchten, wenn sie ihn erblicken.

Vogel Phönix! Kennst du ihn nicht? Der Vogel des Paradieses, der heilige Schwan des Gesanges. Auf dem Thespiskarren saß er als schwatzhafter Rabe und schlug mit den schwarzen, hefebeschmierten Flügeln; über die Sängerharfe von Island strich der rote, klingende Schnabel des Schwans; auf Shakespeares Schulter saß er als Wotans Rabe und flüsterte ihm ins Ohr: Unsterblichkeit; er flog beim Sängerfest durch den Rittersaal auf der Wartburg.

Vogel Phönix! Kennst du ihn nicht? Er hat dir die Marseillaise gesungen, und du küßtest die Feder, die von seiner

Schwinge fiel; er kam im Glanz des Paradieses, und du wandtest dich vielleicht dem Sperling zu, der Rauschgold auf den Flügeln hatte.

Der Vogel des Paradieses! jedes Jahrhundert neu geboren, in Flammen zur Welt gekommen, in Flammen umgekommen; dein Bild, in Gold gefaßt, hängt in den Sälen der Reichen, du selber fliegst oftmals verirrt und einsam umher – eine Sage nur: der Vogel Phönix in Arabien.

Im Paradiesgarten, als du unter dem Baum der Erkenntnis zur Welt kamst, in der ersten Rose, küßte dich der Herrgott und gab dir deinen richtigen Namen – Poesie.

Eine Geschichte

Im Garten waren alle Apfelbäume ausgeschlagen, sie hatten sich mit dem Blühen beeilt, noch bevor sie grüne Blätter hatten, und auf dem Hofe waren alle Entenküken draußen und der Kater ebenfalls, er schleckte gehörig Sonnenschein, er schleckte ihn von seiner eigenen Pfote ab; und blickte man über die Felder, dann stand das Korn so unvergleichlich grün, und es erklang ein Zwitschern und Quirilieren von all den kleinen Vögeln, als wäre ein großes Fest, und man konnte eigentlich auch sagen, daß eines war, denn es war Sonntag, die Glocken läuteten, und die Leute gingen in ihren besten Kleidern in die Kirche und sahen so fröhlich aus; ja, über allem lag irgend etwas Fröhliches; es war fürwahr ein Tag so warm und so gesegnet, daß man wohl sagen konnte: „Der liebe Gott ist wirklich überaus gütig gegen uns Menschen!"

Aber drinnen in der Kirche stand der Pfarrer auf der

Kanzel und sprach sehr laut und sehr zornig; er sagte, die Menschen wären so gottlos und Gott würde sie dafür strafen, und wenn sie stürben, kämen die Bösen in die Hölle, wo sie ewig loderten, und er sagte, ihr Wurm stürbe nicht und ihr Feuer verlösche niemals; niemals würden sie Rast noch Ruhe finden. Es war grausig anzuhören, und er sagte es so überzeugend; er beschrieb ihnen die Hölle als eine stinkende Höhle, wo aller möglicher Unflat zusammenströmte, dort war kein Luftzug, nur die heiße Schwefelflamme, dort gab es keinen Boden, sie sanken und sanken tief in ein ewiges Schweigen hinab. Es war allein schon grausig, davon zu hören, aber der Pfarrer sprach noch dazu aus seinem Herzen, und alle Leute in der Kirche waren ganz entsetzt. Aber draußen sangen alle Vögelchen so fröhlich, und die Sonne schien so warm, es war, als sagte jede kleine Blume: „Gott ist so überaus gütig zu uns allen." Ja, dort draußen war es gar nicht so, wie der Pfarrer predigte.

Abends um die Schlafenszeit sah der Pfarrer seine Frau still und in sich gekehrt dasitzen.

„Was fehlt dir?" sagte er zu ihr.

„Ja, was fehlt mir", sagte sie, „mir fehlt, daß ich nicht recht meine Gedanken sammeln kann, daß mir die Rechnung von dem, was du sagtest, nicht recht aufgehen will, nämlich daß es so viele Gottlose gäbe und daß sie ewig brennen sollen; ewig, ach wie lange! – Ich bin nur ein sündiger Mensch, aber ich könnte es nicht übers Herz bringen, selbst den schlimmsten Sünder ewig brennen zu lassen, und wie sollte dann der liebe Gott es können, der so unendlich gütig ist und der weiß, wie das Böse von außen und von innen kommt. Nein, ich kann es mir nicht vorstellen, wenn du es auch sagst."

Es war Herbst, das Laub fiel von den Bäumen, der ernste, strenge Pfarrer saß am Bett eines Sterbenden, ein frommer gläubiger Mensch schloß seine Augen; es war die Pfarrersfrau.

„Wenn einer Frieden im Grabe findet und Gnade vor seinem Gott, dann bist du es!" sagte der Pfarrer, und er legte ihre Hände zusammen und sprach ein Gebet über der Toten.

Und sie wurde zu Grabe getragen: zwei schwere Tränen rollten über die Wangen des ernsten Mannes; und auf dem Pfarrhof war es still und leer, der Sonnenschein dort drinnen war erloschen, sie war von hinnen gegangen.

Es war Nacht, ein kalter Wind fuhr über den Kopf des Pfarrers hin, er schlug die Augen auf, und es war, als schiene der Mond in seine Stube, aber der Mond schien nicht; eine Gestalt war es, die vor seinem Bette stand; er sah den Geist seiner verstorbenen Frau, sie sah ihn so innig und betrübt an, es war, als wollte sie etwas sagen.

Und der Mann richtete sich halb auf, streckte die Arme nach ihr aus: „Selbst dir ist die ewige Ruhe nicht vergönnt? Du leidest? Du, die Beste, die Frömmste!"

Und die Tote neigte den Kopf zu einem Ja und legte die Hand auf die Brust.

„Und kann ich dir Ruhe im Grabe verschaffen?"

„Ja", klang es an sein Ohr.

„Und wie?"

„Gib mir ein Haar, nur ein einziges Haar von dem Kopfe jenes Sünders, dessen Feuer nie erlöschen wird, jenes Sünders, den Gott zu ewiger Pein in die Hölle verstoßen wird!"

„Ja, so leicht mußt du erlöst werden können, du Reine, du Fromme!" sagte er.

„Dann folge mir!" sagte die Tote. „Es ist uns also vergönnt. An meiner Seite schwebst du dahin, wohin deine Gedanken begehren, den Menschen unsichtbar stehen wir in ihrem geheimsten Winkel, aber mit sicherer Hand mußt du auf den der ewigen Qual Anheimgefallenen zeigen, und vor dem Hahnenschrei muß er gefunden sein."

Und schnell, wie vom Gedanken getragen, waren sie in der großen Stadt; und von den Häuserwänden leuchteten in feurigen Buchstaben die Namen der Todsünden: Hochmut, Geiz, Trunksucht, Wollust, kurz, der ganze siebenfarbige Bogen der Sünde.

„Ja, dort drinnen, wie ich es dachte, wie ich es wußte",

sagte der Pfarrer, „beherbergen sie die dem ewigen Feuer Anheimgefallenen." Und sie standen vor dem prachtvoll erleuchteten Portal, wo die breite Treppe von Teppichen und Blumen prangte, und aus den festlichen Sälen erklang die Ballmusik. Der Herold stand da, in Seide und Samt, mit einem großen, silberbeschlagenen Stock.

„Unser Ball kann sich mit dem des Königs messen", sagte er und wandte sich dem Auflauf auf der Straße zu; vom Scheitel bis zur Sohle verriet er deutlich seinen Gedanken: „Armes Gelichter, das durch das Tor hereingafft, gegen mich seid ihr alle miteinander kümmerliche Kreaturen!"

„Hoffart!" sagte die Tote. „Siehst du ihn?"

„Ihn", wiederholte der Pfarrer. „Ja, aber er ist ein Tor, nur ein Narr, und wird nicht zu ewigem Feuer und ewigen Qualen verdammt werden."

„Nur ein Narr!" klang es durch das ganze Haus der Hoffart, das waren sie dort alle.

Und sie flogen in die kahlen vier Wände des Geizigen hinein, wo, knochendürr, vor Kälte klappernd, hungrig und durstig der Greis sich mit jedem Gedanken an sein Geld klammerte; sie sahen, wie er von dem elenden Lager aufsprang, wie im Fieber, und einen lockeren Stein aus der Mauer nahm, wo sein Gold in einem Strumpfe verwahrt lag, er betastete seinen zerlumpten Rock, in den die Goldstücke eingenäht waren, und die feuchten Finger zitterten.

„Er ist krank, es ist Wahnsinn, ein freudloser Wahnsinn, von Angst und bösen Träumen umklammert."

Und sie entfernten sich eiligen Schritts und standen vor der Pritsche des Verbrechers, wo in langer Reihe einer neben dem anderen schlief. Gleich einem wilden Tier fuhr einer aus dem Schlafe hoch, einen garstigen Schrei ausstoßend; er knuffte mit seinen spitzigen Ellbogen einen Kameraden in die Seite, und dieser wandte sich schlaftrunken um.

„Halts Maul, du Rindvieh, und schlafe! – jede Nacht kommst du...!"

„Jede Nacht!" wiederholte der, „ja, jede Nacht kommt

er an, heult und würgt mich. Im Jähzorn habe ich irgend etwas getan, eine zornige Sinnesart ist mir angeboren, sie hat mich zum zweitenmal hierhergebracht; aber wenn ich Böses getan habe, so habe ich ja meine Strafe. Nur eins habe ich nicht gestanden. Als ich das letztemal hier rauskam und am Hof meines Bauern vorbeiging, da kochte irgend etwas in mir hoch – ich riß ein Zündholz an der Mauer an, es geriet ein wenig zu nahe ans Strohdach, alles brannte, die Hitze kam, genau wie ich in Hitze komme. Ich half Vieh und Hausrat retten. Kein Lebewesen verbrannte außer einem Taubenschwarm, der ins Feuer hineinflog, und dann der Kettenhund. An den hatte ich nicht gedacht. Man konnte ihn heulen hören – und dies Geheul höre ich noch immer, wenn ich schlafen möchte, und schlafe ich ein, dann kommt auch der Hund, so groß und struppig; er legt sich über mich, heult, drückt mich nieder, würgt mich. – So höre doch, was ich erzähle, schnarchen kannst du, die ganze Nacht schnarchen, und ich nicht einmal eine kurze Viertelstunde." Und das Blut schoß dem Hitzkopf in die Augen, er warf sich über den Kameraden und hieb ihm die geballte Faust ins Gesicht.

„Der böse Mads ist wieder toll geworden!" hieß es ringsum, und die anderen Lumpen packten ihn, rangen mit ihm, bogen ihn krumm, so daß der Kopf ihm zwischen den Beinen saß, dort banden sie ihn fest, das Blut wollte ihm schier aus den Augen und aus allen Poren spritzen.

„Ihr tötet ihn!" rief der Pfarrer, „der Unglückliche!" und als er gerade schirmend seine Hand über den Sünder ausstreckte, ihn, der schon hier zu hart duldete, wechselte die Szene; sie flogen durch reiche Säle und arme Hütten; Wollust, Neid, alle Todsünden schritten an ihnen vorüber, ein Engel des Gerichts trug ihre Sünden, ihre Verteidigung vor; es war zwar gering in den Augen Gottes, aber Gott liest in den Herzen, er kennt sie allzuhauf, das Böse, das von innen und von außen kommt, er, die Gnade, die unendliche Liebe. Des Pfarrers Hand bebte, er wagte nicht, sie auszustrecken, um ein Haar vom Kopfe des Sünders zu reißen. Und die Tränen stürzten ihm aus den Augen, wie die Wasser der Gnade und der Liebe, die das ewige Feuer der Hölle löschen.

Da krähte der Hahn.

„Barmherziger Gott! Mögest du ihr die Ruhe im Grabe schenken, die ich nicht habe einlösen können."

„Die habe ich jetzt", sagte die Tote, „es waren deine harten Worte, dein düsterer Menschenglaube an Gott und seine Geschöpfe, die mich zu dir trieben! Erkenne die Menschen, selbst im Bösen lebt ein Teil Gottes, ein Teil, der siegen und das Feuer der Hölle auslöschen wird."

Und ein Kuß wurde auf den Mund des Pfarrers gedrückt, es leuchtete um ihn her; Gottes helle Sonne schien in die Kammer, wo sein Eheweib, lebendig, mild und liebevoll, ihn aus einem Traum aufweckte, der ihm von Gott gesandt war.

Das stumme Buch

An der Landstraße im Walde lag ein einsamer Bauernhof, man kam gleich auf den Hofplatz; hier schien die Sonne, alle Fenster standen offen, ein Leben und Treiben war hier drinnen, aber auf dem Hof, in einer Laubhütte von blühendem Flieder, stand ein offener Sarg; der Tote war hier herausgestellt worden, an diesem Vormittag sollte er begraben werden; niemand stand dabei und betrachtete trauernd den Toten, niemand beweinte ihn, sein Antlitz war mit einem weißen Tuch bedeckt, und unter seinen Kopf war ein großes dickes Buch gelegt worden, dessen Seiten jeweils aus einem ganzen Bogen grauen Papiers bestanden, und zwischen diesen lagen, verwahrt und vergessen, welke Blumen, ein ganzes Herbarium, an verschiedenen Orten gesammelt; es sollte mit ins Grab kommen, das hatte er selbst verlangt. An jede Blume knüpfte sich ein Kapitel seines Lebens.

„Wer ist der Tote?" fragten wir, und die Antwort war: „Der alte Student aus Upsala! er soll einmal tüchtig gewesen sein, konnte die Sprachen der Gelehrten, konnte singen, ja auch Lieder dichten, hat man erzählt; aber dann kam da irgend etwas dazwischen, und dann warf er alle seine Gedanken und sich selbst dazu dem Branntwein an den Hals, und da seine Gesundheit hinterdreinfolgte, so kam er hier heraus aufs Land, wo jemand seine Kost bezahlte. Er war fromm wie ein Kind, wenn nur der Teufel ihn nicht ritt, dann wurde er nämlich heftig und rannte im Walde herum wie ein gehetztes Wild; konnten wir ihn dann aber nach Hause holen, konnten wir ihn dazu bringen, daß er sich dies Buch hier mit den getrockneten Pflanzen ansah, dann konnte er den ganzen Tag darüber sitzen und sich erst die eine Pflanze anschauen und dann wieder eine, und oftmals liefen ihm die Tränen über die Wangen; Gott weiß, was er dabei dachte! aber er bat darum, daß man ihm das Buch mit in den Sarg lege, und nun liegt es da, und binnen kurzem wird der Deckel zugenagelt, und er selber erhält seine süße Ruhe im Grabe."

Das Leichentuch wurde hochgehoben; auf dem Angesicht des Toten lag Friede, ein Sonnenstrahl fiel darauf; eine Schwalbe schoß in ihrem pfeilschnellen Flug in die Laube hinein und wandte sich im Fliegen, über des Toten Haupte zwitschernd.

Wie seltsam ist es doch – wir kennen es sicher alle –, wenn man alte Briefe aus seiner Jugend hervorholt und diese liest; da taucht gewissermaßen ein ganzes Leben empor mit all seinen Hoffnungen, all seinen Kümmernissen. Wie viele von den Menschen, mit denen wir zu jener Zeit so innig zusammenlebten, sind für uns jetzt gestorben, und dennoch leben sie, aber wir haben lange Zeit hindurch nicht an die gedacht, von denen wir meinten, wir würden immer an ihnen festhalten, Freud und Leid mit ihnen teilen.

Das welke Eichenblatt im Buche hier erinnert an den Freund, den Freund aus der Schulzeit, den Freund fürs Leben; er heftete dies Blatt im grünen Wald an die Studentenmütze, als der Bund fürs Leben geschlossen wurde. Wo lebt er jetzt? Das Blatt ist verwahrt worden, die Freundschaft vergessen! – Hier ist eine fremde Treibhauspflanze, zu zart für die Gärten des Nordens – es ist, als wäre noch immer Duft in diesen Blättern! *Sie* hat sie ihm geschenkt, das Fräulein aus dem adligen Garten. Hier ist die Wasserlilie, die er selbst gepflückt und mit heißen Zähren benetzt hat, die Wasserlilie vom Süßwassersee. Und hier ist eine Nessel, was erzählt deren Blatt? Was hatte er gedacht, als er sie pflückte, als er sie verwahrte? Hier ist eine Maiblume aus der Waldeinsamkeit; hier ein Geißblatt vom Blumentopf des Gasthauses, und hier der kahle, scharfe Grashalm!

Der blühende Flieder neigt seine frischen, duftenden Dolden über den Kopf des Toten, die Schwalbe fliegt abermals vorbei: „Kwiwitt! kwiwitt!" – Jetzt kommen die Männer mit Nagel und Hammer, der Deckel wird über den Toten gelegt, dort ruht sein Kopf auf dem stummen Buch. Verwahrt – vergessen!

DA IST EIN UNTERSCHIED

Es war im Monat Mai, der Wind war noch kalt; aber der Frühling wäre da, sagten die Sträucher und Bäume, die Felder und Auen; es wimmelte von Blumen, und sogar bis zum Knick hinauf, und gerade dort trat der Frühling in eigener Sache auf, er erzählte von dem kleinen Apfelbaum, da war ein einziger Zweig, so frisch, so blühend, übersät mit den feinen rosa Knospen, die sich eben öffnen wollten; er wußte sicher selbst, wie schön es war, denn das liegt im Blatt wie im Blut, und darum war er auch nicht überrascht, als der herrschaftliche Wagen auf dem Wege vor ihm anhielt und die junge Gräfin sagte, der Apfelzweig sei das Entzückendste, was man sich vorstellen könne, der sei der Frühling selber in seiner schönsten Offenbarung. Und der Zweig wurde abgebrochen, und sie hielt ihn in ihrer feinen Hand und beschattete ihn mit ihrem seidenen Sonnenschirm – und dann fuhren sie ins Schloß, das hohe Säle hatte und stattliche Stuben; helle weiße Gardinen wehten vor den offenen Fenstern, und wunderschöne Blumen standen in schimmernden, durchsichtigen Vasen, und in eine davon, sie war wie aus frischgefallenem Schnee herausgeschnitten, wurde der Apfelzweig gesteckt, zusammen mit frischen, hellen Buchenzweigen; es war eine Lust, ihn anzuschauen.

Und da wurde der Zweig stolz, und das war ja ganz menschlich!

Es kamen alle möglichen Leute durch die Stuben, und je nach ihrer Geltung durften sie ihre Bewunderung aussprechen, und manche sagten gar nichts, und manche sagten viel zuviel, und der Apfelzweig erkannte, da war ein Unterschied zwischen den Menschen ebenso wie zwischen den Pflanzen. „Manche Menschen sind zum Schmuck da und manche zum Nutzen, es gibt auch solche, die ganz zu entbehren wären!" meinte der Apfelzweig, und da er gerade ins offene Fenster gestellt worden war, von wo aus er in den Garten wie auch über die Felder blicken konnte, hatte er genügend Blumen und Pflanzen zum Betrachten und um darüber nachzudenken! Da standen reiche und arme, manche viel zu arm.

„Arme, mißachtete Pflanzen!" sagte der Apfelzweig, „da ist wahrlich ein Unterschied gemacht worden! Und wie müssen sie sich unglücklich fühlen, wenn sie fühlen können, so wie ich und meinesgleichen es können; da ist wahrlich ein Unterschied gemacht worden, aber der muß gemacht werden, sonst wären ja alle gleich!"

Und der Apfelzweig blickte fast mit Mitleid namentlich auf eine Art von Blumen, deren es eine Menge auf den Feldern und an den Gräben gibt; keiner wand sie zu einem Strauß zusammen, sie waren viel zu gewöhnlich, ja, man konnte sie sogar zwischen den Pflastersteinen finden, sie schossen hoch wie das ärgste Unkraut, und dann hatten sie den greulichen Namen „Des Teufels Milchbottich*".

„Arme mißachtete Pflanze!" sagte der Apfelzweig, „du kannst nichts dafür, daß du geworden bist, was du bist, daß du so gewöhnlich bist und daß du diesen häßlichen Namen bekommen hast, den du trägst! Aber es ist mit den Pflanzen wie mit den Menschen, ein Unterschied muß sein!"

---

* Leontodon (Anm. Andersens) = Löwenzahn (Anmerkung d. Übers.).

„Ein Unterschied!" sagte der Sonnenstrahl und küßte den blühenden Apfelzweig, er küßte aber auch des Teufels gelbe Milchbottiche draußen auf dem Felde, alle Brüder des Sonnenstrahls küßten sie – die armen Blumen wie die reichen.

Der Apfelzweig hatte sich nie über des Herrgotts unendliche Liebe zu allem, was da lebt und sich innerlich regt Gedanken gemacht, er hatte nie darüber nachgedacht, wieviel Schönes und Gutes verborgen liegen kann, ohne vergessen zu sein – doch das war ja auch ganz menschlich!

Der Sonnenstrahl, der Strahl des Lichts, wüßte es besser: „Du kannst nicht weit sehen, du kannst nicht klar sehen! Wo ist die verschmähte Pflanze, die du besonders bedauerst?"

„Des Teufels Milchbottiche!" sagte der Apfelzweig. „Nie werden sie zu einem Strauß gebunden, sie werden mit Füßen getreten, es gibt zu viele davon, und wenn sie in Samen schießen, fliegen sie wie zerschnippelte Wolle über den Weg und bleiben den Leuten an den Kleidern hängen. Unkraut ist es! aber das muß es ja auch geben! – Ich bin wirklich sehr dankbar, daß ich nicht so bin wie jene!"

Und über das Feld kam eine ganze Schar von Kindern: das kleinste war indes so winzigklein, daß es von den übrigen getragen wurde; und als es ins Gras gesetzt wurde unter die gelben Blumen, lachte es laut vor Freude, strampelte mit den kleinen Beinen, wälzte sich herum, pflückte nur die gelben Blumen und küßte sie in süßer Unschuld. Die etwas größeren Kinder brachen die Blüten von dem hohlen Stengel ab und bogen diesen kreisrund zusammen, Glied um Glied, eine ganze Kette wurde draus; zuerst eine für den Hals, dann eine, die man sich über die Schulter und um den Leib hängen konnte, auf die Brust oder auf den Kopf; es war eine wahre Pracht von grünen Gliedern und Ketten; aber die größten Kinder nahmen behutsam die abgeblühte Pflanze, den Stengel, der die flockige, zusammengesetzte Samenkrone trug, diese lose, luftige Wollblume, die ein ganzes kleines Kunstwerk ist, wie aus feinsten Federn, Flocken oder Flaum; sie hielten sie vor den Mund, um sie auf einmal abzupusten; wer das könne, der bekomme neue Kleider, ehe noch das Jahr um sei, hatte die Großmutter gesagt.

Die verachtete Blume war ein wahrer Prophet bei dieser Gelegenheit.

„Siehst du!" sagte der Sonnenstrahl, „siehst du ihre Schönheit, siehst du ihre Macht?"

„Ja, unter Kindern!" sagte der Apfelzweig.

Und nun kam eine alte Frau aufs Feld hinaus und grub mit ihrem stumpfen Messer, das keinen Griff mehr hatte, um die Wurzel der Blume und zog sie heraus; von einigen Wurzeln wollte sie Kaffee kochen, für andere bekam sie Geld, wenn sie sie dem Apotheker als Heilmittel brachte.

„Schönheit ist doch etwas Höheres!" sagte der Apfelzweig. „Nur die Auserwählten kommen in das Reich des Schönen! Da ist ein Unterschied unter den Pflanzen, genauso wie es unter den Menschen Unterschiede gibt!"

Und der Sonnenstrahl sprach von Gottes unendlicher Liebe für alles Geschaffene und für alles, was Leben hat, und von der gleichmäßigen Verteilung von allem in Zeit und Ewigkeit!

„Ja, das meinen Sie nun!" sagte der Apfelzweig.

Und es kamen Leute in die Stube, und die junge Gräfin kam, die, welche den Apfelzweig so schön in die durchsichtige Vase gesetzt hatte, in der der Sonnenstrahl glänzte; und sie brachte eine Blume, oder was es nun war, unter drei, vier großen Blättern versteckt, die gleich einer Tüte um sie herumgelegt waren, damit kein Luftzug oder Windhauch ihr etwa Schaden zufügen konnte, und sie wurde so vorsichtig getragen, wie es dem feinen Apfelzweig nie widerfahren war. Ganz behutsam wurden nun die großen Blätter entfernt, und man sah die feine, flockige Samenkrone des gelben, mißachteten „Teufels Milchbottich". Sie war es, die die Gräfin so vorsichtig gepflückt hatte, so fürsorglich trug, damit keiner der feinen Federpfeile, die seine Nebelgestalt bilden und so lose sitzen, abgewehrt würde. Unversehrt und herrlich hatte sie sie hergebracht; und sie bewunderte deren schöne Form, deren luftige Helle, deren ganze eigenartige Zusammensetzung, deren Schönheit, wenn der Wind sie verwehte.

„Seht nur, wie wunderbar schön der Herrgott sie gemacht hat!" sagte sie. „Ich will sie zusammen mit dem Apfelzweig malen; der ist nun in aller Augen so unendlich schön, aber auch diese armselige Blume hat, wenn auch auf andere Art, ebensoviel vom Herrgott empfangen; sie sind so verschieden und dennoch beide Kinder aus dem Reiche der Schönheit."

Und der Sonnenstrahl küßte die arme Blume, und er küßte den blühenden Apfelzweig, seine Blütenblätter schienen davon zu erröten.

DER ALTE GRABSTEIN

In einem kleinen Marktflecken, bei einem Manne, der sein eigenes Haus hatte, saß die ganze Familie abends im Kreise beisammen, zu einer Jahreszeit, da man sagt: „Die Abende werden länger"; es war noch mild und warm; die Lampe war angezündet; die langen Vorhänge hingen vor den Fenstern, auf denen Blumentöpfe standen, und draußen war herrlicher Mondschein; davon redeten sie jedoch nicht, sie redeten von einem alten, großen Stein, der unten auf dem Hofe lag, dicht bei der Küchentür, wo die Mägde oft die gescheuerten Kupfersachen hinstellten, damit sie in der Sonne trockneten, und wo die Kinder zu spielen pflegten – es war eigentlich ein alter Grabstein.

„Ja", sagte der Hausvater, „ich glaube, er stammt von der alten, abgerissenen Klosterkirche; da wurden ja Kanzel, Epitaphien und Grabsteine verkauft; mein seliger Vater kaufte mehrere davon, sie wurden zum Pflastern zerschlagen, aber dieser Stein blieb übrig und liegt seitdem auf dem Hof."

„Man kann wohl sehen, daß es ein Grabstein ist", sagte das älteste der Kinder, „da ist noch immer ein Stundenglas zu erkennen und ein Stück von einem Engel, aber die Inschrift, die draufstand, die ist fast ganz verwischt, ausgenommen der Name Preben und ein großes S, das gleich dahinter steht, und ein wenig weiter unten ‚Marthe'; aber mehr kann man nicht erkennen, und so deutlich steht es auch nur da, wenn es geregnet hat oder wenn wir ihn abgewaschen haben."

„Herrgott, das ist der Leichenstein von Preben Svane und seiner Ehefrau!" sagte ein alter, alter Mann, er hätte dem Alter nach leicht der Großvater von allen in der Stube sein können. „Ja, dies Ehepaar war eines von den letzten, die auf dem alten Klosterfriedhof beerdigt wurden! Es war ein altes, rechtschaffenes Paar aus meiner Knabenzeit! Alle kannten sie, und alle liebten sie, sie waren das Alterskönigspaar hier im Ort! Die Leute erzählten von ihnen, sie besäßen über eine Tonne Gold, und trotzdem gingen sie schlicht gekleidet, im gröbsten Zeug, nur ihr Leinen war ganz schimmernd weiß. Sie waren ein schönes altes Paar, Preben und Marthe! Wenn sie auf der Bank saßen, die oben auf der hohen, steinernen Treppe des Hauses stand, über die die alte Linde ihre Äste neigte, und sie nickten freundlich und mild, dann wurde einem so richtig froh zumute. Sie waren so unbeschreiblich gut gegen die Armen; sie speisten sie, sie kleideten sie, und in all ihrer Wohltätigkeit lagen Vernunft und wahres Christentum. Zuerst starb die Frau! ich entsinne mich des Tages ganz genau! Ich war ein kleiner Junge und mit meinem Vater beim alten Preben drinnen, als sie gerade eingeschlafen war; der alte Mann saß ganz bewegt da, weinte wie ein Kind – die Leiche lag noch in der Schlafstube, dicht neben dem Platz, wo wir saßen –, und er sprach mit meinem Vater und ein paar Nachbarn darüber, wie einsam es jetzt werden würde, was für ein Segen sie gewesen war, wie viele Jahre sie mitsammen verlebt hatten und wie es gekommen war, daß sie einander kennenlernten und liebgewannen; ich war, wie gesagt, klein und stand dabei und hörte zu, aber ich war so seltsam erfüllt davon, dem alten Manne zuzuhören und zu sehen, wie er immer lebhafter wurde, rote Wangen bekam, als er von den Verlobungstagen sprach, wie entzückend sie gewesen war, wie viele kleine harmlose Umwege er gemacht hatte, um sich mit ihr zu treffen; und er sprach vom Hochzeitstag, seine Augen glänzten dabei, er lebte geradezu wieder in jener freudvollen Zeit, und dabei lag sie jetzt tot in der Schlafstube nebenan, eine alte Frau, und er war ein alter Mann und sprach von der Zeit des Hoffens! – Jaja, so geht es! Da war ich nur ein Kind, und jetzt bin ich alt, alt wie Preben Svane. Die Zeit vergeht, und alles wandelt sich! – Ich erinnere mich gut an ihren Begräbnistag, der alte Preben ging hinter dem Sarge. Ein paar Jahre vorher hatte das Ehepaar seinen Grabstein hauen lassen mit Inschrift und Namen, bis auf das Todesjahr; der Stein wurde abends hingefahren und auf das Grab gelegt – und das Jahr darauf wurde er wieder hochgenommen, und der alte Preben kam zu seiner Frau hinunter. Sie hatten keine Reichtümer hinterlassen, wie die Leute geglaubt und erzählt hatten, was da war, kam zu den Anverwandten, weit entfernten, von denen man nie etwas gewußt hatte. Das Fachwerkhaus mit der Bank auf der hohen steinernen Treppe unter der Linde wurde vom Magistrat abgerissen, denn es war viel zu baufällig, als daß sie es hätten stehenlassen können. Später, als es mit der Klosterkirche ebenso gemacht und der Friedhof eingeebnet wurde, kam Prebens und Marthes Grabstein, wie alles von dort, an den, der ihn haben wollte, und nun trifft es sich so, daß er nicht zerschlagen und verbraucht worden ist, sondern auf dem Hofe liegt als Spielplatz für die Kleinen und als Abstellplatz für die gescheuerten Küchensachen der Mägde. Die gepflasterte Straße führt jetzt über die Grabstätte des alten Preben und seiner Ehefrau hinweg; ihrer erinnert sich niemand mehr!"

Und der alte Mann, der dies erzählte, schüttelte wehmütig den Kopf. „Vergessen! – Alles wird vergessen!" sagte er.

Und dann unterhielt man sich in der Stube von anderen Dingen; aber der kleinste Junge da drinnen, ein Kind mit großen, ernsten Augen, kletterte auf den Stuhl hinter den Vorhängen und blickte auf den Hof hinunter, wo der Mond hell auf den großen Stein schien, der ihm sonst immer leer und platt vorgekommen war, der aber jetzt dalag wie eine ganze große Seite aus einem Geschichtenbuch. Alles, was der Junge von Preben und dessen Ehefrau vernommen hatte, lebte in diesem Stein; und er sah ihn an, und er sah zu dem hellen, klaren Mond empor, in die reine, hohe Luft, und es war gerade, als ob Gottes Antlitz auf die Erde niederleuchtete.

„Vergessen! – Alles wird vergessen!" hieß es drinnen in der Stube, und in diesem Augenblick küßte ein unsichtbarer Engel Brust und Stirn des Jungen und flüsterte leise: „Bewahre das dir geschenkte Samenkorn gut auf, bewahre es auf für die Zeit der Reife! Durch dich, mein Kind, soll die verwischte Inschrift, der verwitternde Grabstein mit hellen, goldenen Zügen künftigen Geschlechtern vor Augen stehen! Das alte Ehepaar wird wieder Arm in Arm durch die alten Straßen wandeln und lächelnd mit frischen roten Wangen auf der steinernen Treppe unter der Linde sitzen und arm und reich zunicken. Das Samenkorn aus dieser Stunde wird mit den Jahren zu einer blühenden Dichtung aufgehen. Das Gute und das Schöne wird nicht vergessen, es lebt in Sagen und Liedern."

Die herrlichste Rose der Welt

Es lebte einst eine mächtige Königin, in deren Garten gab es die schönsten Blumen für jede Jahreszeit und aus aller Herren Ländern, aber vor allem waren es die Rosen, die sie liebte, und darum hatte sie von diesen die verschiedensten Sorten, von der wilden Heckenrose mit den apfelduftenden grünen Blättern bis zur schönsten Rose der Provence, und sie wuchsen an den Schloßmauern, wanden sich um die Säulen und Fenstersimse, über die Wege und in allen Sälen an der Decke hin; und die Rosen wechselten in Duft, Gestalt und Farbe.

Aber Leid und Trauer wohnten hier drinnen; die Königin lag siech danieder, und die Ärzte verkündeten, daß sie sterben müsse.

„Es gibt indessen eine Rettung für sie!" sagte der weiseste unter ihnen. „Bringt ihr die schönste Rose dieser Welt, die der Ausdruck der höchsten und reinsten Liebe ist; erblicken ihre Augen sie, bevor sie brechen, dann stirbt sie nicht."

Und jung und alt kamen von überall her mit Rosen, den

schönsten, die in einem jeden Garten blühten, aber diese Rosen waren es nicht; die Blüte mußte vom Blumengarten der Liebe geholt werden; aber welche Rose dort war der Ausdruck der höchsten, der reinsten Liebe?

Und die Skalden sangen von der schönsten Rose der Welt, jeder nannte die seine. Und es erging Bescheid weit im Land umher an jedes Herz, das in Liebe schlug, es erging Bescheid an jeden Stand und jedes Alter.

„Niemand noch hat die Blume genannt!" sagte der Weise. „Niemand hat auf den Platz gezeigt, wo sie in ihrer Herrlichkeit erstand. Nicht die Rosen vom Sarge Romeos und Julias sind es oder von Valborgs Grab, obwohl diese Rosen immerdar in Sagen und Liedern duften werden, es sind nicht die Rosen, die von Winkelrieds blutigen Lanzen emporsprießen, aus dem Blut, das geheiligt aus der Brust des Helden im Tod fürs Vaterland hervorquillt, obwohl kein Tod süßer ist, keine Rose röter als das Blut, das dafür vergossen wird. Auch jene Wunderblume ist es nicht, für deren Pflege der Mann Jahre und Tage hindurch, in langen schlaflosen Nächten, in der einsamen Stube, sein gesundes Leben hingibt, die magische Rose der Wissenschaft!"

„Ich weiß, wo sie blüht", sagte eine glückselige Mutter, die mit ihrem zarten Kind ans Lager der Königin kam. „Ich weiß, wo man die schönste Rose der Welt finden kann! Die Rose, die der Ausdruck der höchsten und reinsten Liebe ist. Sie erblüht auf den errötenden Wangen meines süßen Kindes, wenn es, gestärkt vom Schlaf, die Augen aufschlägt und mir in seiner ganzen Liebe zulacht!"

„Schön ist die Rose, aber eine schönere gibt es!" sagte der Weise.

„Ja, eine viel schönere!" sagte eine der Frauen. „Ich habe sie gesehen, eine erhabenere, heiligere Rose blüht nirgends, aber sie war blaß wie die Blütenblätter der Teerose; auf den Wangen der Königin sah ich sie; sie hatte ihre königliche Krone abgelegt und ging selbst in der langen, leidvollen Nacht mit ihrem kranken Kind umher, weinte seinetwegen, küßte es und sprach ein Gebet zu Gott um seinetwillen, wie eine Mutter in der Stunde der Angst betet!"

„Heilig und wunderbar in ihrer Macht ist die weiße Rose der Trauer, aber dennoch ist es nicht diese!"

„Nein, die schönste Rose der Welt sah ich vor dem Altar des Herrn", sagte der fromme, alte Bischof. „Ich sah sie leuchten, wie das Antlitz eines Engels sich offenbart. Die jungen Mädchen gingen zum heiligen Abendmahl, erneuerten das Gelübde der Taufe, und auf den frischen Wangen erglühten Rosen und erblaßten Rosen; ein junges Mädchen war darunter; sie sah mit der ganzen Reinheit und Liebe ihrer Seele zu Gott empor; dies war der Ausdruck der reinsten und höchsten Liebe!"

„Gesegnet sei sie!" sagte der Weise, „jedoch hat keiner von euch bis jetzt die schönste Rose der Welt genannt."

Da trat ein Kind in die Stube, der kleine Sohn der Königin; die Tränen standen ihm in den Augen und lagen auf seinen Wangen; er brachte ein großes, aufgeschlagenes Buch mit, sein Einband war aus Sammet und hatte große silberne Schnallen.

„Mutter!" sagte der Kleine, „oh, höre doch nur, was ich gelesen habe!" und das Kind setzte sich ans Bett und las aus dem Buche von ihm, der sich selber dem Kreuzestod hingab, um die Menschen zu erlösen, selbst die ungeborenen Geschlechter. „ ‚Eine größere Liebe gibt es nicht!' "

Und über die Wangen der Königin flog ein Rosenschimmer, ihre Augen wurden ganz groß, ganz klar, denn sie sah aus den Seiten des Buches die schönste Rose der Welt erstehen, das Ebenbild der einen, die aus Christi Blut am Holz des Kreuzes entsproß.

„Ich sehe sie!" sagte sie. „Nimmer stirbt der, welcher diese Rose schaut, die herrlichste auf Erden!"

Die Geschichte des Jahres

Es war Ende Januar und ein fürchterlicher Schneesturm; der Schnee flog in stiebendem Wirbel durch Straßen und Gassen; die Fensterscheiben waren von außen ganz mit Schnee verklebt, von den Dächern stürzte er in Haufen nieder, und die Leute rannten in Windeseile dahin, sie liefen und flogen einander in die Arme, hielten sich einen Augenblick fest und hatten so lange einen Halt, Kutschen und Pferde waren wie mit Puder überstreut, die Bedienten standen mit dem Rücken zur Kutsche und fuhren rückwärts gegen den Wind, der Fußgänger hielt sich ständig im Windschutz des Wagens, der in dem tiefen Schnee nur langsam weiterrollte; und als der Sturm sich schließlich legte und an den Häusern entlang ein schmaler Steig freigeschaufelt wurde, blieben die Leute dennoch dort stehen, wo sie zusammentrafen; keiner von ihnen hatte Lust, den ersten Schritt zu tun, in den tiefen Schnee zu treten, damit der andere vorbeikommen könnte. Stumm standen sie da, bis endlich wie nach einem stillschweigenden Übereinkommen jeder von ihnen ein Bein preisgab und damit in den Schneehaufen trat.

Gegen Abend war es windstill, der Himmel sah aus, als wäre er gefegt und höher und durchsichtiger gemacht worden, die Sterne schienen funkelnagelneu zu sein, und manche waren ganz blau und hell – und es fror, daß es krachte; leicht konnte nun die oberste Schneeschicht so fest werden, daß sie gegen Morgen die Sperlinge trug; sie hüpften herum, bald oben, bald unten, wo geschaufelt worden war, aber viel Futter war nicht zu finden, und sie froren nicht wenig.

„Piep!" sagte einer zum anderen, „das nennt man nun das neue Jahr! das ist ja schlimmer als das alte! Dann hätten wir das ebensogut behalten können. Ich bin unzufrieden, und dazu habe ich allen Grund!"

„Ja, da sind nun die Menschen herumgelaufen und haben das neue Jahr mit Geknalle empfangen", sagte ein kleiner, verfrorener Spatz, „sie haben mit den Töpfen an die Türen geschlagen und waren ganz außer Rand und Band vor Freude, weil nun das alte Jahr fortging! Und ich war auch froh, denn ich dachte, nun bekämen wir warme Tage, aber daraus ist nichts geworden; es friert viel strenger als vorher; die Menschen haben sich in der Zeitrechnung geirrt!"

„Das haben sie!" sagte ein dritter, der alt war und einen weißen Scheitel hatte; „da haben sie nun etwas, was sie den Kalender nennen, das ist so ihre eigene Erfindung, und dann muß alles nach dem gehen, aber das tut es nicht. Wenn der Frühling kommt, dann fängt das Jahr an, das ist der Lauf der Natur, und nach dem richte ich mich!"

„Aber wann kommt der Frühling?" fragten die anderen.

„Der kommt, wenn der Storch kommt, aber mit dem ist es ganz unbestimmt, und hier drinnen in der Stadt gibt es niemanden, der etwas davon weiß, das wissen sie draußen auf dem Lande besser; wollen wir hinausfliegen und dort warten? Da ist man doch dem Frühling näher."

„Ja, das ist ganz gut und schön!" sagte einer von ihnen, der lange vor sich hingepiepst hatte, ohne eigentlich etwas zu sagen. „Aber ich habe hier in der Stadt manche Bequemlichkeiten, die ich da draußen entbehren werde, fürchte ich. Hier drüben in einem Haus wohnt eine Menschenfamilie, die sind auf den sehr vernünftigen Gedanken gekommen, drei, vier Blumentöpfe an der Wand zu befestigen mit der großen Öffnung nach innen und dem Boden nach außen, in den ist ein Loch geschlagen, das ist so groß, daß ich aus und ein fliegen kann; da haben wir unser Nest, mein Mann und ich, und da sind alle unsere Jungen flügge geworden. Die Menschenfamilie hat das Ganze natürlich deswegen eingerichtet, weil sie das Vergnügen haben wollte, uns zuzusehen, sonst hätten sie es nicht getan. Sie streuen Brotkrumen aus, auch zu ihrem Vergnügen, und wir können uns immerhin ernähren! Da ist sozusagen für einen gesorgt – und darum glaube ich, daß ich bleibe und daß mein Mann bleibt! Wenn wir auch sehr unzufrieden sind – aber wir bleiben!"

„Und wir fliegen aufs Land, um zu sehen, ob der Frühling nicht kommt!" und dann flogen sie los.

Und draußen auf dem Lande war ordentlich Winter; dort war es ein, zwei Grad kälter als drinnen in der Stadt. Der scharfe Wind fegte über die schneebedeckten Felder. Der Bauer saß in großen Fausthandschuhen auf seinem Schlitten und schlug sich die Arme um den Leib, um die Kälte aus ihnen zu vertreiben, die Peitsche lag auf den Knien, die mageren Gäule liefen, daß sie dampften, der Schnee knirschte, und die Spatzen hüpften in den Wagenspuren herum und froren. „Piep! wann kommt der Frühling? Es dauert so lange!"

„So lange!" tönte es von der höchsten, mit Schnee bedeckten Erdwelle über die Felder hinweg; und es konnte das Echo sein, das man hörte, aber es konnte auch sein, daß der sonderbare alte Mann redete, der dort ganz oben auf der Schneewehe in Wind und Wetter saß; er war ganz weiß, ganz wie ein Bauer in weißer Friesjoppe, mit langem weißem Haar, weißem Bart, ganz bleich und mit großen, hellen Augen.

„Wer ist der Alte da drüben?" fragten die Spatzen.

„Das weiß ich!" sagte ein alter Rabe, der auf dem Heckpfahl saß und sich immerhin dazu herabließ, zuzugeben, daß wir alle kleine Vögel vor dem Herrgott sind, und der sich daher auch mit den Spatzen einließ und eine Erklärung gab. „Ich weiß, wer der Alte ist. Es ist der Winter, der alte Mann vom vorigen Jahr, er ist nicht tot, wie der Kalender sagt, nein, er ist sogar der Vormund des kleinen Prinzen Lenz, der kommt. O ja, der Winter führt das Regiment. Hu! es knackt nicht wenig in euch, ihr Kleinen!"

„Ja, habe ich es nicht gesagt?" sagte der Kleinste, „dieser Kalender ist nur eine Menschenerfindung, der ist nicht der Natur angepaßt! Das hätten sie uns überlassen müssen, wir sind eben feiner veranlagt!"

Und es verging eine Woche, es vergingen fast zwei; der Wald war schwarz, der zugefrorene See lag so schwermütig da und sah aus wie geronnenes Blei; die Wolken, ja, es waren keine Wolken, es waren nasse, eiskalte Nebel, die auf das Land herabhingen; die großen, schwarzen Krähen flogen in Schwärmen ohne Schrei, es war, als schliefe alles.– Da huschte ein Sonnenstrahl über den See, und der schimmerte wie geschmolzenes Zinn. Die Schneeschicht über dem Erdreich und oben auf der Anhöhe glitzerte nicht wie sonst, aber die weiße Gestalt, der Winter selber, saß noch dort, den Blick ständig gen Süden gerichtet; er merkte gar nicht, daß die Schneedecke gleichsam in die Erde versank, daß hier und da ein kleiner, grasgrüner Fleck hervorkam, und dort wimmelte es dann von Spatzen.

„Twitt! Twitt! kommt jetzt der Frühling?"

„Der Frühling!" erscholl es über Feld und Wiesen und durch die schwarzbraunen Wälder, wo das Moos an den Baumstämmen in frischem Grün erglänzte; und durch die Lüfte kamen von Süden die beiden ersten Störche angeflogen; auf ihrem Rücken saßen zwei süße kleine Kinder, ein Junge und ein Mädchen; und die küßten die Erde zum Gruß, und wo sie ihre Füße aufsetzten, dort sprossen weiße Blumen unter dem Schnee hervor; Hand in Hand gingen sie zu dem alten Eismann hinauf, dem Winter, legten sich ihm an die Brust zu erneutem Gruß, und in derselben Minute waren alle drei verschwunden, und die ganze Landschaft war verschwunden; ein dichter, feuchter Nebel, ganz dick und schwer, hüllte alles ein. – Bald darauf wehte ein Wind, er sauste dahin, er kam mit heftigen Stößen und vertrieb den Nebel, die Sonne schien herrlich warm – der Winter selber war verschwunden, die wunderbaren Kinder des Frühlings saßen auf dem Thron des Jahres.

„Das nenne ich Neujahr!" sagten die Sperlinge. „Nun bekommen wir ja wohl unsere Rechte zurück und Ersatz für den strengen Winter!"

Wohin die beiden Kinder sich wandten, sprossen grüne Knospen an Büschen und Bäumen hervor, dort wurde das Gras höher, der Winterroggen von immer leuchtenderem Grün. Und überall streute das kleine Mädchen Blumen aus; sie hatte im Überfluß davon in ihrer Schürze, die schienen daraus hervorzuquellen, immer war sie voll, wie emsig das Mädchen sie auch verstreute – in ihrem Eifer schüttete sie einen ganzen Blütenschnee über Apfel- und Pfirsichbäume aus, so daß sie in voller Pracht dastanden, bevor sie noch richtig grüne Blätter hatten.

Und nun klatschte sie in die Hände, und der Junge klatschte, und da kamen die Vögel zum Vorschein, man wußte nicht woher, und alle zwitscherten und sagten: „Der Lenz ist gekommen!"

Es war wunderbar anzusehen. Und manch altes Mütterchen trat vor die Tür in den Sonnenschein, fröstelnd, sah über die gelben Blumen hin, die auf der ganzen Wiese prangten, genauso wie in ihrer Jugendzeit; die Welt wurde wieder jung, „es ist heute draußen einzig schön!" sagte sie.

Und der Wald war noch braungrün, Knospe bei Knospe, aber der Waldmeister war da, frisch und duftend, die Veilchen standen in einer Fülle, und da waren Anemonen, gelbe und lila Himmelsschlüsselchen, ja, in jedem Grashalm war Saft und Kraft, es war wirklich ein prachtvoller Teppich, auf dem man sitzen konnte, und da saß das junge Paar des Frühlings und hielt sich an den Händen und sang und lächelte und wuchs mehr und mehr heran.

Ein sanfter Regen fiel vom Himmel auf sie nieder, sie merkten es nicht, der Regentropfen und die Freudenträne wurden zu einem Tropfen. Braut und Bräutigam küßten einander, und in diesem Augenblick war der Wald ausgeschlagen. Als die Sonne aufging, waren alle Wälder grün!

Und Hand in Hand ging das Brautpaar unter dem frischen, niederhängenden Laubdach dahin, wo nur die Strahlen und Schlagschatten des Sonnenlichts die Farbe des Grüns abwandelten. Eine jungfräuliche Reinheit und ein erfrischender Duft waren in den feinen Blättern! Hell und voller Leben rieselten Fluß und Bach zwischen dem samtgrünen Schilf und über die bunten Steine dahin. „Die Hülle und Fülle ist es und wird es immer und ewig sein!" sagte die ganze Natur. Und der Kuckuck sang, und die Lerche

schlug ihre Triller, das war der herrliche Frühling; die
Weidenbäume dagegen hatten Wollhandschuhe um ihre
Blüten, sie waren aber auch so schrecklich vorsichtig, und
das war schade!

Und dann vergingen Tage, und es vergingen Wochen,
die Wärme stürzte geradezu hernieder; heiße Luftwogen
gingen durch das Getreide, das immer gelber wurde. Der
weiße Lotus des Nordens breitete auf den Waldseen seine
großen grünen Blätter über den Wasserspiegel aus, und die
Fische suchten darunter Schatten; und auf der windge-
schützten Seite des Waldes, wo die Sonne auf die Mauer des
Bauernhauses brannte und die entfalteten Rosen tüchtig
durchwärmte und wo die Kirschbäume voll saftiger,
schwarzer, fast sonnenheißer Kirschen hingen, saß des Sommers schönes Weib, sie, die wir als Kind und als Braut gesehen haben; und sie schaute zu den heraufkommenden
dunklen Wolken empor, die in Wellenform, gleich Bergen,
schwarzblau und schwer, immer höher und höher herauf-
stiegen; von drei Seiten kamen sie; immer mehr einem umgekehrten, versteinerten Meer ähnlich, senkten sie sich auf
den Wald, wo alles wie durch Zauberspuk verstummt war;
jeder Luftzug hatte sich gelegt, jeder Vogel schwieg, hier
herrschte Ernst, eine Erwartung in der ganzen Natur; aber
auf Wegen und Pfaden eilten Fahrende, Reiter und Fußgänger dahin, um unter Dach zu kommen. – Da leuchtete es mit
einemmal, als ob die Sonne hervorbräche, gleißend, blendend, alles verbrennend, und dann, in einem rollenden Krachen, kehrte die Dämmerung wieder; das Wasser stürzte in
Strömen herab; es wurde Nacht, und es wurde Licht, es
kam eine Stille, und es kam ein Grollen. Die jungen, braungefiederten Schilfhalme im Moor bewegten sich in langen
Wogen, die Äste des Waldes waren von Wasserschwaden
verborgen, das Dunkel kam, und das Licht kam, Stille und
Grollen. Gras und Getreide lagen wie erschlagen, wie fort-
gespült, so als würden sie sich nie mehr aufrichten. – Plötzlich
bestand der Regen nur noch aus einzelnen Tropfen, die
Sonne schien, und von Halm und Blatt schimmerten die
Wassertropfen gleich Perlen, die Vögel sangen, die Fische

sprangen aus dem Fluß heraus, die Mücken tanzten, und draußen auf dem Stein in dem salzigen, aufgepeitschten Meerwasser saß der Sommer selber, der kräftige Mann mit den schwellenden Gliedern, mit triefnassem Haar – verjüngt durch das frische Bad, saß er im warmen Sonnenschein. Die ganze Natur ringsum war verjüngt, alles stand üppig, kräftig und schön; es war Sommer, warmer, herrlicher Sommer.

Und würzig und süß war der Duft, der von dem schwellenden Kleeacker aufstieg, die Bienen dort summten um die alte Thingstätte; Brombeerranken wanden sich um den Altarstein, der, vom Regen gewaschen, im Sonnenlicht glänzte; und dorthin flog die Bienenkönigin mit ihrem Schwarm und lagerte Wachs und Honig ab. Niemand sah es außer dem Sommer und seinem starken Weibe; für sie stand der Altartisch mit der Opfergabe der Natur gedeckt.

Und der Abendhimmel strahlte, als wäre er aus Gold, keine Kirchenkuppel hat solchen Reichtum, und der Mond glänzte zwischen Abendröte und Morgenröte. Es war Sommerszeit.

Und es vergingen Tage, und es vergingen Wochen. Die blanken Sensen der Ernteleute blitzten auf den Getreidefeldern, die Äste des Apfelbaumes bogen sich herab, mit roten und gelben Früchten daran; der Hopfen duftete wunderbar und hing in großen Dolden nieder, und unter den Haselsträuchern, wo die Nüsse in dicken Büscheln saßen, ruhten Mann und Weib, der Sommer mit seiner ernsten Frau.

„Welch ein Reichtum!" sagte sie, „Segen ringsum, heimatlich und gut, und dennoch, ich weiß es selber nicht, ich sehne mich – nach Ruhe – Stille! ich weiß nicht das Wort dafür! – Nun pflügen sie schon wieder auf den Feldern! Mehr und immer mehr wollen die Menschen erringen! – Sieh nur, die Störche kommen in Schwärmen und gehen in einiger Entfernung hinter dem Pfluge her; der Vogel Ägyptens, der uns durch die Luft getragen hat! Weißt du noch, wie wir beide als Kinder hierher in die Länder des Nordens kamen? – Blumen brachten wir mit, schönen Sonnenschein und grüne Wälder, ihnen hat der Wind nun böse mitgespielt, sie werden braun und dunkel wie die Bäume des Südens, tragen aber nicht wie jene goldene Früchte!"

„Die möchtest du sehen?" sagte der Sommer, „dann freue dich also!" und er hob seinen Arm, und die Blätter des Waldes färbten sich rot und golden, eine Farbenpracht legte sich auf alle Wälder; die Heckenrose leuchtete mit feuerroten Hagebutten, die Holunderzweige hingen voll großer, schwerer, schwarzbrauner Beeren, die wilden Kastanien fielen reif aus den schwärzlichgrünen Schalen, und drinnen im Walde blühten die Veilchen zum zweitenmal.

Aber die Königin des Jahres wurde immer stiller, immer blasser. „Es geht ein kalter Wind!" sagte sie, „die Nacht hat feuchte Nebel! – Ich sehne mich nach – dem Lande der Kindheit!"

Und sie sah die Störche davonfliegen, jeden einzelnen! und sie streckte die Hände nach ihnen aus. Sie sah in die Nester hinauf, die leer standen, und in einem davon wuchs die langstengelige Kornblume und in einem anderen der gelbe Hederich, so als wäre das Nest nur als Schutz und Wall für diese da; und die Spatzen zogen dort ein.

„Piep! wo ist die Herrschaft hin? Sie können es sicher nicht vertragen, daß der Wind um sie herumweht, und darum sind sie außer Landes gegangen! Glückliche Reise!"

Und immer gelber wurde das Laub des Waldes, und ein Blatt fiel aufs andere, die Stürme des Herbstes brausten, es war spät im Jahr. Und auf dem gelben Laub lag die Königin des Jahres und sah mit milden Augen zu den schimmernden Sternen hinauf, und ihr Gemahl stand bei ihr. Ein Windstoß wirbelte das Laub auf – es fiel wieder zurück, da war sie fort, nur ein Falter, der letzte des Jahres, flog durch die kalte Luft.

Und die feuchten Nebel kamen, der eisige Wind und die finsteren, langen Nächte. Der Gebieter des Jahres stand mit schneeweißem Haare da, aber er wußte es selber nicht, er meinte, es wären die Schneeflocken, die aus der Wolke niederflogen; eine dünne Schneeschicht lag über dem grünen Erdreich.

Und die Kirchenglocken läuteten zur Weihenacht.

„Die Geburtstagsglocken läuten!" sagte der Gebieter des Jahres, „bald wird das neue Herrscherpaar geboren; und ich darf ausruhen wie sie! Ausruhen auf dem schimmernden Stern!"

Und in dem frischen, grünen Tannenwald, wo der Schnee lag, stand der Weihnachtsengel und weihte die jungen Bäume ein, die auf sein Fest gehen sollten.

„Freude in der Stube und unter den grünen Zweigen!" sagte der alte Gebieter des Jahres, in wenigen Wochen war er zu einem schneeweißen Greise gealtert. „Die Stunde der Ruhe hat für mich geschlagen, das junge Paar des Jahres erhält nunmehr Krone und Zepter."

„Und dennoch ist die Macht dein!" sagte der Weihnachtsengel, „die Macht und nicht die Ruhe! Laß den Schnee wärmend auf dem jungen Korn liegen! Lerne es zu tragen, daß einem anderen gehuldigt wird und du dennoch der Herrscher bist, lerne es, vergessen zu sein und dennoch zu leben! Die Stunde deiner Freiheit ist gekommen, wenn der Lenz kommt!"

„Wann kommt der Lenz?" fragte der Winter.

„Der kommt, wenn der Storch kommt!"

Und mit weißen Locken und schneeweißem Bart saß der Winter eiskalt, alt und gebeugt, aber stark wie der winterliche Sturm und die Macht des Eises, hoch oben auf der Schneewehe der Anhöhe und schaute gen Süden, wie der Winter früher gesessen und geschaut hatte. – Das Eis ächzte, der Schnee knirschte, die Schlittschuhläufer schwebten über die blanken Seen, und Raben und Krähen hoben sich hübsch gegen den weißen Grund ab, kein Wind rührte sich. Und in der stillen Luft ballte der Winter die Hände, und das Eis zwischen den Küsten wurde klafterdick.

Da kamen die Sperlinge wieder aus der Stadt heraus und fragten: „Wer ist der alte Mann dort?" Und der Rabe saß wieder da oder ein Sohn von ihm, der ihm ganz gleich war, und sagte zu ihnen: „Es ist der Winter! der alte Mann vom vorigen Jahr. Er ist nicht tot, wie der Kalender sagt, sondern Vormund des kommenden Frühlings!"

„Wann kommt der Frühling?" sagten die Spatzen, „dann kommt unsere gute Zeit, und wir bekommen ein besseres Regiment! Das alte taugte nichts."

Und der Winter nickte in seinen stillen Gedanken dem blattlosen, schwarzen Walde zu, wo jeder Baum die schöne Form und Krümmung der Äste zeigte; und im winterlichen Schlummer senkten sich die eiskalten Nebel der Wolken herab – der Herrscher träumte von der Zeit seiner Jugend und seines Mannestums, und beim Tagesgrauen stand der ganze Wald herrlich im Rauhreif, das war der Sommertraum des Winters; der Sonnenschein ließ Rauhreif von den Zweigen rieseln.

„Wann kommt der Frühling?" fragten die Spatzen.

„Der Frühling!" schallte es wie ein Echo von den Anhöhen, wo der Schnee lag. Und die Sonne schien immer wärmer, der Schnee schmolz, die Vögel zwitscherten: „Der Frühling kommt!"

Und hoch durch die Lüfte kam der erste Storch, der zweite folgte; ein süßes Kind saß auf dem Rücken eines jeden, und sie schwebten auf das freie Feld nieder, und sie küßten die Erde, und sie küßten den stillen, alten Mann; und gleich Moses auf dem Berge schwand er dahin, vom Wolkendunst getragen.

Die Geschichte des Jahres ist aus.

„Ganz richtig!" sagten die Sperlinge, „und es ist auch wunderschön, aber nach dem Kalender stimmt es nicht, und dann ist es verkehrt!"

Am allerletzten Tage

Der heiligste Tag hienieden von allen Tagen des Lebens ist der, an welchem wir sterben; das ist der letzte Tag, der Tag der heiligen, großen Verwandlung. Hast du richtig, ernsthaft über diese mächtige, gewisse letzte Stunde hier auf Erden nachgedacht?

Da war ein Mann, ein Strenggläubiger, wie man ihn nannte, ein Streiter für das Wort, das ihm Gesetz war, ein eifriger Diener eines eifrigen Gottes. Der Tod stand jetzt an seinem Lager. Der Tod mit dem strengen, himmlischen Antlitz.

„Die Stunde ist gekommen, du mußt mir folgen!" sagte der Tod und berührte mit seinem eiskalten Finger seine Füße, und sie erstarrten, der Tod berührte seine Stirn, darauf sein Herz, und da brach es, und die Seele folgte dem Todesengel.

Aber in den wenigen Sekunden vorher, während der Weihung vom Fuß bis zur Stirn und zum Herzen, ging gleich schweren, großen Meereswogen alles, was das Leben gebracht und geweckt hatte, über den Sterbenden hinweg. So sieht man mit einem Blick in die schwindelerregende Tiefe und umfaßt, wie in einem Gedankenblitz, den unermeßlichen Weg; so sieht man mit einem Blick, in einer Summe, das zahllose Sternengewimmel und erkennt Himmelskörper und Welten im weiten Raum.

In einem solchen Augenblick schaudert es den entsetzten Sünder, er hat nichts, an das er sich klammern kann, es ist, als sänke er in eine unendliche Leere hinab! Aber der Fromme lehnt seinen Kopf an Gott und gibt sich wie das Kind hin: „Dein Wille geschehe mit mir!"

Aber der Sterbende hatte nicht das Gemüt des Kindes, er fühlte, er war Mann; ihn schauderte nicht wie den Sünder, er wußte, er war ein Rechtgläubiger. Die Formen der Religion in all ihrer Strenge hatte er eingehalten; Millionen, das wußte er, mußten den breiten Weg in die Verdammnis gehen; mit Feuer und Schwert hätte er hier ihre Leiber vernichten können, wie ihre Seele es schon war und immer werden würde! Sein Weg führte nunmehr gen Himmel, wo die Gnade ihm das Tor öffnete, die Gnade, die verheißene.

Und die Seele ging mit dem Todesengel, aber noch einmal blickte sie zum Lager hin, wo das irdische Bild im weißen Leichenhemd lag, ein fremdes Abbild ihres Ichs. Und sie flogen, und sie gingen – in einer mächtigen Halle, wie es schien, und doch wie in einem Wald; die Natur war beschnitten, auseinandergezogen, hochgebunden und in Reihen aufgestellt, künstlich zurechtgemacht, wie die alten französischen Gärten; hier war Maskerade.

„Das ist das Menschenleben!" sagte der Todesengel.

Alle Gestalten sah man mehr oder weniger vermummt; es waren nicht immer gerade die edelsten oder mächtigsten, die in Sammet und Gold einhergingen, es waren nicht immer die niedersten und geringsten, die im Kleide der Armut gingen. Es war eine seltsame Maskerade, und namentlich war es ganz eigenartig zu sehen, wie sie alle unter ihrem Kleide sorgfältig etwas voreinander verbargen; aber der eine zerrte am anderen, damit es sichtbar würde, und da sah man den Kopf eines Tieres hervorschauen; bei einem war es ein grinsender Affe, bei einem anderen ein garstiger Ziegenbock, eine feuchtkalte Schlange oder ein matter Fisch.

Es war das Tier, das wir alle mit uns herumschleppen, das Tier, welches im Menschen festgewachsen ist, und es hüpfte, und es sprang und wollte hervor, und jeder hielt die Kleider fest darumgewickelt, aber die anderen zerrten sie weg und riefen: „Siehst du! sieh! das ist er! das ist sie!" und der eine legte die Erbärmlichkeit des anderen bloß.

„Und welches war das Tier bei mir?" fragte die wandernde Seele; und der Todesengel wies vor sich auf eine stolze Gestalt, und um deren Haupt erschien ein bunter Strahlenkranz mit schimmernden Farben, aber am Herzen des Mannes versteckten sich die Füße des Tieres, die Füße des Pfaus; die Glorie war nur der buntfarbene Schweif des Vogels.

Und während sie weiterwanderten, schrien große Vögel garstig von den Zweigen der Bäume; mit vernehmbaren Menschenstimmen schrien sie: „Du Todeswanderer, entsinnst du dich meiner?" – das waren all die bösen Gedanken und Begierden aus seinen Lebenstagen, die ihm zuriefen: „Entsinnst du dich meiner?"

Und die Seele schauderte es einen Augenblick, denn sie erkannte die Stimmen, die bösen Gedanken und Begierden, die gleich Gerichtszeugen auftraten.

„In unserem Fleisch, in unserer bösen Natur wohnt nichts Gutes!" sagte die Seele, „aber bei mir wurden die Gedanken nicht zu Taten, die Welt hat die böse Frucht nicht gesehen!" Und er beeilte sich noch mehr, um schnellstens dem garstigen Geschrei zu entrinnen, aber die großen, schwarzen Vögel umschwebten ihn in Kreisen und schrien und schrien, als sollte es die ganze Welt hören; und er sprang wie die gehetzte Hirschkuh, und mit jedem Schritt stieß er sich den Fuß an scharfen Flintsteinen, und sie zerschnitten ihm die Füße, und das tat ihm weh. „Wo kommen diese scharfen Steine her? Gleich welkem Laub liegen sie überall auf dem Boden!"

„Das ist jedes unvorsichtige Wort, das du fallenließest

und das das Herz deines Nächsten viel tiefer verletzte, als die Steine jetzt deinen Fuß verletzen!"

„Darüber habe ich nicht nachgedacht!" sagte die Seele.

„Richtet nicht, auf daß ihr nicht gerichtet werdet!" erklang es durch die Lüfte.

„Alle haben wir gesündigt!" sagte die Seele und richtete sich wieder auf. „Ich habe das Gesetz und das Evangelium eingehalten, ich habe getan, was ich konnte, ich bin nicht wie jene."

Und sie standen am Himmelstor, und der Engel, der Wächter des Eingangs, fragte: „Wer bist du? Sage mir deinen Glauben und zeige ihn mir in deinen Taten!"

„Ich habe streng alle Gebote befolgt! ich habe mich vor den Augen der Welt gedemütigt, ich habe das Böse und die Bösen gehaßt und verfolgt, die, welche den breiten Weg in die ewige Verdammnis gehen, und ich will es noch jetzt tun, mit Feuer und mit Schwert, falls ich es vermag!"

„Du bist also einer von Mahomets Anhängern!" sagte der Engel.

„Ich? — Nimmermehr!"

„Wer zum Schwerte greift, wird durch das Schwert umkommen, sagt der Sohn! Seinen Glauben hast du nicht. Bist du vielleicht ein Sohn Israels, welcher mit Moses spricht: Aug um Auge, Zahn um Zahn? ein Sohn Israels, dessen eifriger Gott nur deines Volkes Gott ist?"

„Ich bin ein Christ!"

„Das erkenne ich an deinem Glauben und an deinen Taten nicht. Christi Lehre ist Versöhnung, Liebe und Gnade!"

„Gnade!" ertönte es durch den unendlichen Raum, und die Tore des Himmels taten sich auf, und die Seele schwebte auf die offene Herrlichkeit zu.

Aber das Licht, das herausflutete, war so blendend, so durchdringend, daß die Seele zurückwich wie vor einem gezückten Schwert; und die Töne klangen so weich und so ergreifend, keine irdische Zunge könnte es schildern, und die Seele erbebte und neigte sich tiefer und immer tiefer, aber die himmlische Helle drang in sie hinein, und da fühlte und empfand sie, was sie nie zuvor so gefühlt hatte, die

Bürde ihrer Hoffart, ihrer Härte und Sünde. Es wurde so hell in ihrem Innern.

„Was ich in der Welt Gutes getan habe, das tat ich, weil ich nicht anders konnte, aber das Böse – das stammte von mir selber!"

Und die Seele fühlte sich von dem reinen, himmlischen Licht geblendet, ohnmächtig sank sie, so schien es, tief hinab, in sich selber eingerollt, zu Boden gedrückt, unreif für das Himmelreich, und im Gedanken an den strengen, den gerechten Gott wagte sie nicht zu stammeln: „Gnade!"

Und da kam die Gnade, die nicht erwartete Gnade.

Gottes Himmel war in dem unendlichen Weltenraum, Gottes Liebe durchströmte ihn in unerschöpflicher Fülle.

„Herrlich, herrlich, liebevoll und ewig mögest du werden, Menschenseele!" erscholl es und sang es. Und alle, alle werden wir am letzten Tag unseres Erdenlebens wie diese Seele hier vor dem Glanz und der Herrlichkeit des Himmelreiches erbeben, uns tief neigen, demütig niedersinken und dennoch, von seiner Liebe, seiner Gnade getragen, emporgehalten, schwebend in neuen Bahnen, geläutert, edler und besser, uns der Herrlichkeit des Lichtes immer mehr nähern und durch ihn gestärkt in die ewige Helle hinaufzusteigen vermögen.

Es ist wahrhaftig wahr

„Es ist eine furchtbare Geschichte!" sagte ein Huhn, und zwar drüben am anderen Ende des Dorfes, wo die Geschichte nicht passiert war. „Da ist eine furchtbare Geschichte im Hühnerstall passiert! Ich traue mich nicht, heute nacht allein zu schlafen! Es ist gut, daß wir zu vielen auf der Stange beisammensitzen!" – Und dann erzählte es, daß sich den anderen Hühnern die Federn sträubten und dem Hahn der Kamm herunterklappte. Das ist wahrhaftig wahr!

Aber wir wollen mit dem Anfang anfangen, und der war am anderen Ende des Dorfes in einem Hühnerstall. Die Sonne ging unter, und die Hühner flogen auf; eines von ihnen – es hatte weißes Gefieder und kurze Beine, legte seine vorgeschriebenen Eier und war als Huhn in jeder Weise respektabel – putzte sich, als es auf die Stange kam, mit dem Schnabel, und da fiel eine kleine Feder von ihm ab.

„Die wär weg!" sagte die Henne, „je mehr ich mich putze, desto schöner werde ich wohl werden!" Und das war bloß im Scherz gesprochen, denn sie war der muntere

Geist unter den Hühnern, im übrigen, wie gesagt, sehr respektabel; und dann schlief sie ein.

Dunkel war es rundum, ein Huhn saß neben dem anderen, und die Henne, die ihr zunächst saß, schlief nicht; sie hörte und hörte doch nicht, wie man es in dieser Welt ja tun muß, um in Ruhe und Frieden leben zu können; aber ihrer anderen Nachbarin mußte sie es doch sagen: „Hast du gehört, was da erzählt wurde? Ich nenne keine Namen, aber da ist eine Henne, die sich putzt, um gut auszusehen! Wäre ich Hahn, ich würde sie verachten!"

Und den Hühnern gerade gegenüber saß die Eule mit Eulenmann und Eulenkindern; in der Familie hatte man scharfe Ohren, sie hörten jedes Wort, welches die Nachbarhenne sagte, und sie kullerten mit den Augen, und Mutter Eule fächelte mit den Flügeln: „Hört gar nicht hin! aber ihr habt vermutlich gehört, was da gesprochen wurde? Ich hörte es mit meinen eigenen Ohren, und man muß viel mit anhören, bevor sie abfallen! Da ist eine unter den Hennen, die hat in solchem Maße vergessen, was sich für eine Henne schickt, daß sie dasitzt und sich alle Federn auszupft und den Hahn zugucken läßt!"

„Prenez garde aux enfants!" sagte Vater Eule, „das ist nichts für die Kinder!"

„Ich will es doch der Nachbarin Eule gegenüber erzählen! Sie ist im Umgang eine so achtbare Eule!" und dann flog Mutter los.

„Huhu! uhuh!" heulten die beiden, und zwar mitten in den Taubenschlag des Nachbarn gegenüber zu den Tauben hinein. „Habt ihr das gehört? habt ihr das gehört? uhuh! da ist eine Henne, die hat sich wegen des Hahns alle Federn ausgerupft! die wird erfrieren, wenn sie nicht schon erfroren ist, uhuh!"

„Wo? Wo?" gurrten die Tauben!

„Auf dem Hofe des Nachbarn gegenüber! Ich habe es sozusagen selber gesehen! Es ist eigentlich unschicklich, solch eine Geschichte zu erzählen! aber es ist wahrhaftig wahr!"

„Glaube, glaube jedes einzige Wort, liebe Taube!" sagten

die Tauben untereinander und gurrten in ihren Hühnerhof hinunter: „Da ist eine Henne, ja, manche sagen, da wären zwei, die sich alle Federn ausgerupft haben, weil sie nicht aussehen wollten wie die anderen, und sie wollten dadurch die Aufmerksamkeit des Hahns erregen. Das ist ein gewagtes Spiel, man kann sich erkälten und am Fieber sterben, und sie sind beide gestorben!"

„Wacht auf! wacht auf!" krähte der Hahn und flog auf den Bretterzaun, der Schlaf saß ihm noch in den Augen, aber er krähte trotzdem: „Da sind drei Hennen aus unglücklicher Liebe zu einem Hahn gestorben! die hatten sich alle Federn ausgerupft! Das ist eine böse Geschichte, ich will sie nicht bei mir behalten, gebt sie weiter!"

„Gebt sie weiter!" pfiffen die Fledermäuse, und die Hühner gackerten, und die Hähne krähten: „Gebt sie weiter! gebt sie weiter!" Und nun flog die Geschichte von einem Hühnerstall zum anderen und zuletzt zu dem Orte zurück, von dem sie eigentlich ausgegangen war.

„Da sind fünf Hühner", hieß es, „die sich sämtlich die Federn ausgerupft haben, um zu zeigen, welche von ihnen aus Liebeskummer, des Hahnes wegen, am magersten geworden war, und dann haben sie sich gegenseitig blutig gehackt und sind tot heruntergefallen, zur Schmach und

Schande ihrer Familie und zum großen Nachteil für den Besitzer!"

Und die Henne, die die lose sitzende kleine Feder verloren hatte, erkannte ihre eigene Geschichte natürlich nicht wieder, und da sie eine respektable Henne war, so sagte sie: „Ich verachte diese Hühner! aber von der Sorte gibt es mehr! Dergleichen darf man nicht verschweigen, und ich möchte das Meine dazu tun, daß diese Geschichte in die Zeitung kommt, dann geht sie durchs ganze Land; das haben diese Hühner verdient und ihre Angehörigen ebenfalls!"

Und es kam in die Zeitung, und es wurde gedruckt, und das ist wahrhaftig wahr: aus einer kleinen Feder können leicht fünf Hühner werden!

Das Schwanennest

Zwischen der Ostsee und der Nordsee liegt ein altes Schwanennest, und das heißt Dänemark; in diesem wurden und werden noch immer Schwäne geboren, deren Namen niemals sterben werden.

Im Altertum flog eine Schar von Schwänen von hier über die Alpen zu den grünen Ebenen Mai-Lands, wo es herrlich zu leben war; die Schwanenschar hieß die Langobarden.

Eine andere Schar, mit schimmerndem Gefieder und treuen Augen, schwebte nach Byzanz hinunter, setzte sich hier um den Kaiserthron und breitete ihre großen, weißen Schwingen gleich Schilden aus, um ihn zu beschirmen. Sie erhielten den Namen Waräger.

Von Frankreichs Küsten ertönte ein Angstschrei der blutrünstigen Schwäne wegen, die mit Feuer unter den Flügeln aus dem Norden kamen, und das Volk betete: „Befreie uns, Gott, von den wilden Normannen!"

Auf Englands frischgrünem Rasen am offenen Strand

stand der dänische Schwan mit dreifacher Krone auf dem Haupte, sein goldenes Zepter streckte er hin über das Land.

In die Knie knickten die Heiden an Pommerns Küsten, und die dänischen Schwäne kamen mit der Fahne des Kreuzes und mit gezücktem Schwert.

Das war in uralten Zeiten! sagst du.

Auch vor nicht allzu langer Zeit wurden mächtige Schwäne gesehen, die vom Nest ausflogen.

Es leuchtete durch die Lüfte, es leuchtete über die Lande der Welt, der Schwan zerteilte mit seinem starken Flügelschlag den verhüllenden Nebel, und der Sternenhimmel wurde sichtbarer, es war, als käme er der Erde näher; das war der Schwan Tycho Brahe.

„Ja, damals!" sagst du, „aber in heutiger Zeit!" Da sahen wir Schwan neben Schwan in herrlichem Fluge. Einer ließ seinen Fittich über die Saiten der goldenen Harfe streichen, und es scholl über den Norden, Norwegens Fjelle hoben sich höher zum Sonnenlicht des Altertums empor; es rauschte in Tanne und Birke; die Götter des Nordens, Helden und edle Frauen erschienen auf dem tiefen, dunklen Waldboden.

Wir sahen einen Schwan mit dem Fittich gegen den Marmorfels schlagen, daß er barst und die im Stein gebannten Gestalten der Schönheit in den hellichten Tag hinausschritten, und die Menschen in den Landen ringsum hoben die Köpfe, um diese riesigen Gestalten zu sehen.

Wir sahen einen dritten Schwan den Gedankenfaden spinnen, den Draht, der nunmehr von Land zu Land gelegt wird, um die ganze Erde herum, auf daß das Wort mit der Geschwindigkeit des Blitzes durch die Lande fliege.

Der Herrgott liebt das alte Schwanennest zwischen Ostsee und Nordsee. Mögen getrost riesige Vögel durch die Lüfte kommen, es zu zerreißen. „Es wird nicht geschehen!" Selbst die ungefiederten Jungen stellen sich in einem Kreis auf dem Nestrand auf, das haben wir gesehen, sie lassen sich die junge Brust zerfleischen, so daß ihr Blut strömt, sie schlagen mit Schnabel und Krallen.

Jahrhunderte werden fürder vergehen, Schwäne vom

Nest auffliegen, ringsum auf der Welt gehört und gesehen werden, ehe die Zeit kommt, daß im Geist und in Wahrheit gesagt werden kann: „Dies ist der letzte Schwan, der letzte Gesang aus dem Schwanennest!"

Ein heiteres Gemüt

Von meinem Vater ist mir das beste Erbteil vermacht worden, ich habe ein heiteres Gemüt mitbekommen. Und wer war mein Vater? Ja, das hat nun nichts mit dem Gemüt zu tun! Er war lebhaft und wohlgenährt, dick und rund, sein Äußeres und Inneres standen ganz im Widerspruch zu seinem Amt. Und was für ein Amt, was für eine Stellung hatte er in der menschlichen Gesellschaft? Ja, wenn man es am Anfang eines Buches niederschriebe und druckte, dann wäre es verständlich, wenn manche, sobald sie es läsen, das Buch beiseite legten und sagten: Das sieht mir gar zu unheimlich aus, davon will ich nichts wissen. Und doch war mein Vater weder Schinder noch Scharfrichter, im Gegenteil, sein Amt führte ihn oftmals an die Spitze der allerehrenwertesten Männer der Stadt, und er war dort ganz in seinem Recht, ganz an seinem Platz; er mußte vornweg sein, vor dem Bischof, vor Prinzen von Geblüt – und er war vornweg – er war Kutscher eines Leichenwagens.

Nun ist es gesagt! und eins kann ich versichern, wenn man meinen Vater dort hoch oben sitzen sah, vorn auf dem

Omnibus des Todes, mit seinem langen, weiten schwarzen Mantel um, auf dem Kopf den schwarzen Dreispitz mit den Fransen, und wenn man dazu sein Gesicht sah, das ganz genauso war, wie man die Sonne zeichnet, rund und lachend, dann konnte man nicht an Leid und Grab denken; das Gesicht sagte: „Es macht nichts, dort ist es viel besser, als man glaubt!"

Seht, von ihm habe ich mein heiteres Gemüt und die Gewohnheit, regelmäßig auf den Friedhof hinauszugehen; und das ist sehr vergnüglich, wenn man nur mit einem heiteren Gemüt dorthin geht – und dann halte ich die Adressenzeitung, wie er es auch getan hat.

Ich bin nicht ganz jung – ich habe weder Frau noch Kinder oder eine Bibliothek, aber, wie gesagt, ich halte die Adressenzeitung, die genügt mir, sie ist für mich die beste Zeitung, und das war sie auch für meinen Vater; sie hat viele Vorteile und bringt alles, was ein Mensch wissen muß: wer in den Kirchen predigt und wer in den neuen Büchern predigt! wo man ein Haus bekommt, Gesinde, Kleider und Nahrung, wer „ausverkauft" und wer selber ausscheidet, und dann erfährt man von soviel Wohltätigkeit und sieht so viele harmlose Verse, die keinen Schaden tun! Eheschließungen, die man wünscht, und Stelldicheine, auf die man sich einläßt oder nicht einläßt; alles einfach und natürlich! Man kann in der Tat sehr glücklich leben und sich begraben lassen, wenn man die Adressenzeitung hält – und dann hat man an seinem Lebensende so schön viel Papier, daß man weich darauf liegt, falls man es nicht schätzt, auf Hobelspänen zu liegen.

Die Adressenzeitung und der Friedhof, das sind und waren immer meine beiden anregendsten Ausflüge, meine beiden köstlichsten Badeanstalten für das heitere Gemüt.

In die Adressenzeitung kann nun jeder selber hineinkommen; aber folgt mir auf den Friedhof, laßt uns dorthin gehen, wenn die Sonne scheint und die Bäume grün sind; laßt uns zwischen den Gräbern dahingehen! Jedes einzelne ist wie ein geschlossenes Buch mit dem Rücken nach oben, man kann den Titel lesen, welcher sagt, was das Buch enthält, und dennoch gar nichts sagt; aber ich weiß Bescheid, kenne es von meinem Vater und von mir selber. Ich habe es in meinem Gräberbuch, und das ist ein Buch, das habe ich selber gemacht, zu eigenem Nutz und Frommen; dort liegen sie alle miteinander, und noch einige mehr!

Nun sind wir auf dem Friedhof.

Hier, hinter dem weißgestrichenen Holzgitter, wo einstmals ein Rosenstrauch stand – nun ist er fort, aber ein wenig Immergrün vom Grabe des Nachbarn streckt seinen grünen Finger dort hinein, um doch ein wenig aufzuputzen –, ruht ein sehr unglücklicher Mann, und dennoch, als er lebte, stand er sich gut, wie man sagt, hatte sein gutes Auskommen und noch ein wenig mehr, aber er nahm die Welt zu schwer, das heißt die Kunst. Saß er einen Abend im Theater, um mit ganzer Seele zu genießen, dann war er ganz außer sich, wenn nur der Maschinenmeister beide Kinnbacken des Mondes zu stark beleuchtete oder die Luftsoffitte vor der Kulisse hing, während sie dahinter hängen sollte, oder wenn eine Palme auf Amager zu stehen kam, ein Kaktus in Tirol und Buchen hoch oben in Norwegen! – Kann das nicht ganz schnurz sein? Wer denkt denn über so etwas nach! Es ist doch Theater, und daran soll man sich ergötzen. – Mal klatschte das Publikum zuviel, mal klatschte es zuwenig. „Das Holz ist feucht", sagte er, „es will heute abend nicht zünden!" und dann drehte er sich um, er wollte sich ansehen, was für Leute es waren, und dann sah er, sie lachten im verkehrten Augenblick, lachten an Stellen, wo sie nicht lachen durften, und darüber ärgerte er sich und litt darunter und war ein unglückseliger Mensch, und nun liegt er im Grabe.

Hier ruht ein sehr glücklicher Mann, das heißt ein sehr vornehmer Mann von hoher Herkunft, und das war sein Glück, denn sonst wäre nie etwas aus ihm geworden, aber es ist eben alles in der Natur so weise eingerichtet, daß es eine Freude ist, daran zu denken. Er lief herum mit Stickereien vorn und hinten und war in die große Stube gesetzt worden, so wie man den kostbaren, perlengestickten Glockenzug anbringt, der immer eine gute, dicke Schnur auf seiner

Rückseite hat, die den Dienst verrichtet; er hatte auch eine gute, dicke Schnur im Rücken, einen Vertreter im Amt, der den Dienst verrichtete und ihn noch immer verrichtet hinter einem anderen, neuen gestickten Glockenzug. Alles ist fürwahr so weise eingerichtet, daß man mit Recht heiteren Gemüts sein kann.

Hier ruht – ja, das ist nun ungemein traurig! –, hier ruht ein Mann, der siebenundsechzig Jahre lang die Absicht gehabt hat, einen guten Einfall zu haben; er lebte einzig und allein dafür, einen guten Einfall zu haben und von sich zu geben, und dann hatte er – nach seiner eigenen Überzeugung – wirklich einen und freute sich so sehr, daß er mittendrin starb, vor Freude darüber, daß er einen bekommen hatte, und niemand hatte etwas davon, niemand vernahm den guten Einfall. Ich kann mir nun vorstellen, daß er nicht einmal in seinem Grabe des guten Einfalls wegen Ruhe hat, denn gesetzt den Fall, es ist ein Einfall, der zum Frühstück ausgesprochen werden muß, wenn er seine Wirkung nicht verfehlen soll, und er als Toter nach der allgemeinen Ansicht nur um Mitternacht damit ankommen kann, dann paßt der Einfall nicht in die Tageszeit, niemand lacht, und er kann mit seinem guten Einfall wieder ins Grab gehen. Das ist ein trübseliges Grab.

Hier ruht eine sehr geizige Madam; als sie noch lebte, stand sie nachts auf und miaute, damit die Nachbarn meinen sollten, sie hielte sich eine Katze; so geizig war sie!

Hier ruht ein Fräulein aus guter Familie! Immer mußte sie in Gesellschaften ihre Stimme erschallen lassen, und dann sang sie: „Mi manca la voce!" dies war die einzige Wahrheit in ihrem Leben!

Hier ruht eine Jungfrau von etwas anderer Art! Wenn der Kanarienvogel des Herzens anfängt laut zu schreien, dann steckt die Vernunft die Finger in die Ohren. Schön-Jungfrau stand im Strahlenkranz des Ehestands! – Es ist eine alltägliche Geschichte, aber es ist fein ausgedrückt. Lasset die Toten ruhen!

Hier ruht eine Witfrau, die Schwanengesang im Mund und Eulengalle im Herzen hatte. Sie machte in den Familien Jagd auf die Mängel des lieben Nächsten, ebenso wie in alter Zeit „Der Polizeifreund" umherging, um eine Rinnsteinbohle zu suchen, die nicht vorhanden war.

Hier ist ein Erbbegräbnis; die Glieder dieser Familie hielten eins wie das andere in ihrer Meinung derart zusammen, daß, wenn die ganze Welt und die Zeitung sagten: „So ist es!" und der kleine Sohn dann aus der Schule kam und sagte: „Ich habe es aber so gehört!" seine Ansicht die einzig richtige war, denn er gehörte zur Familie. Und es ist wahrhaftig wahr, wenn es der Zufall wollte, daß der Hofhahn der Familie um Mitternacht krähte, dann war es Morgen, wenn auch der Wächter und alle Uhren der Stadt verkündeten, daß es Mitternacht sei.

Der große Goethe beendet seinen *Faust* mit der Bemerkung: „Kann fortgesetzt werden", das kann unser Gang hier zum Friedhof auch; hier gehe ich so oft her! Macht dieser oder jener von meinen Freunden oder Nichtfreunden mir das Leben zu sauer, dann gehe ich hierher, suche einen Rasenplatz auf und weihe ihn ihm oder ihr, wen ich nun begraben möchte, und dann begrabe ich sie sogleich, dann liegen sie da, tot und machtlos, bis sie als neue und bessere Menschen zurückkehren. Ihr Leben und ihren Wandel, von mir aus gesehen, schreibe ich in mein Gräberbuch, und so sollten es alle Menschen machen, sich nicht ärgern, wenn jemand es ihnen zu toll treibt, sondern ihn sofort begraben, an ihrem heiteren Gemüt und der Adressenzeitung festhalten, diesem vom Volke selbst geschriebenen Blatt, oftmals mit geführter Feder.

Ist die Zeit da, daß ich selbst mit meiner Lebensgeschichte im Grabe eingebunden werden muß, dann setzt als Inschrift darauf:

„Ein heiteres Gemüt!"

Das ist meine Geschichte.

Herzeleid

Es ist eigentlich eine Geschichte in zwei Teilen, die wir hier bringen; der erste Teil könnte ruhig wegfallen – aber er gibt einige Vorkenntnisse, und die sind nützlich!

Wir hielten uns auf einem Gutshof im Innern des Landes auf, und da traf es sich, daß die Herrschaft dort für einen Tag fortfuhr. Nun kam vom nächsten Marktflecken eine Frau, die hatte ihren Mops mit, und sie kam, wie sie sagte, weil man Aktien für ihre Gerberei zeichnen sollte. Ihre Papiere hatte sie bei sich, und wir rieten ihr, sie in einen Umschlag zu stecken und die Adresse des Gutsherrn draufzuschreiben: „Generalkriegskommissar, Ritter, et cetera."

Sie hörte uns zu, sie nahm die Feder, hielt inne und bat uns, die Anschrift zu wiederholen, aber langsam. Wir taten es, und sie schrieb; aber mitten in dem „Generalkriegs..." stockte sie, seufzte und sagte: „Ich bin nur ein Frauenzimmer!" Den Mops hatte sie auf den Fußboden gesetzt, während sie schrieb, und der knurrte; er war ja auch zu seinem Vergnügen und aus Gesundheitsgründen mitgenommen worden, und dann müßte man nicht auf den Fußboden gesetzt werden. Platte Nase und Speckrücken waren seine äußeren Kennzeichen.

„Er beißt nicht!" sagte die Frau, „er hat keine Zähne. Er gehört sozusagen zur Familie, ist treu und gehässig, aber dazu wird er von meinen Enkeln aufgestachelt; die spielen Hochzeit, und dann wollen sie, er soll Brautjungfer sein, und das strengt ihn an, die alte Haut!"

Und sie ließ ihre Papiere da und nahm den Mops auf den Arm. Das ist der erste Teil – der indessen zu entbehren wäre!

Der Mops starb! – das ist der zweite Teil.

Es war etwa eine Woche später; wir kamen ins Städtchen und stiegen in einem Gasthaus ab. Unsere Fenster gingen auf den Hof hinaus, der durch einen Bretterzaun in zwei Hälften geteilt war; auf der einen hingen Felle und Häute, rohe und gelohte; hier stand alles Zubehör zu einer Gerberei, und die gehörte der Witwe. – Der Mops war diesen Morgen gestorben und hier auf dem Hof begraben worden; die Enkel der Witwe, das heißt der Gerberswitwe, denn der Mops war nicht verheiratet gewesen, klopften das Grab fest, und es war ein schönes Grab, es mußte ein Vergnügen sein, darin zu liegen.

Das Grab war mit Tonscherben umzäunt und mit Sand bestreut; obendrauf hatten sie eine halbe Bierflasche gesetzt mit dem Hals nach oben, und das war gar nicht allegorisch.

Die Kinder tanzten um das Grab, und der älteste Junge, ein praktischer Jüngling von sieben Jahren, schlug vor, man solle eine Besichtigung des Mopsgrabes veranstalten, und zwar für die ganze Gasse; als Eintritt sollte ein Hosenträgerknopf entrichtet werden, so einen hatte jeder Junge, und das konnten sie auch für die kleinen Mädchen mitliefern; und dieser Vorschlag wurde einstimmig angenommen.

Und alle Kinder aus der Gasse und auch aus der Hintergasse kamen und zahlten ihren Knopf; es gab viele, die an diesem Nachmittag nur mit einem Hosenträger herumlaufen mußten, aber dafür hatte man das Grab des Mopses gesehen, und das war wirklich viel wert.

Aber außerhalb des Gerberhofes, dicht an der Pforte dort, stand ein kleines zerlumptes Mädelchen, so reizend anzusehen, mit den schönsten Locken und Augen, so hell und blau, daß es eine Lust war; sie sagte kein Wort, sie weinte auch nicht, machte aber den Hals so lang, wie sie konnte, sobald die Pforte aufging. Sie wußte ja, sie besaß keinen Knopf und blieb daher betrübt draußen stehen, stand dort, bis sie alle fertig mit Anschauen und fortgegangen waren; da hockte sie sich hin, schlug die braunen Händchen vors Gesicht und brach in Tränen aus; sie allein hatte das Grab des Mopses nicht gesehen. Das war Herzeleid und ein großes, wie es sonst nur der Erwachsene empfindet.

Wir sahen es von oben, und von oben gesehen – ja, da konnten wir darüber lächeln, wie über so viele Kümmernisse, die uns und andere treffen! – Das ist die Geschichte, und wer sie nicht versteht, kann Aktien auf die Gerberei der Witwe zeichnen.

Alles, wo es hingehört

Es ist über hundert Jahre her!

Da lag hinter dem Wald an dem großen Binnensee ein alter Herrensitz, und rings um ihn herum waren tiefe Gräben, in denen Rohrkolben, Schilf und Binsen wuchsen. Dicht neben der Brücke zum Einfahrtstor stand eine alte Weide, die sich über das Röhricht neigte.

Drüben vom Hohlweg erschollen Hörner und Pferdegetrappel, und darum beeilte sich die kleine Gänsemagd, die Gänse von der Brücke zu treiben, ehe die Jagdgesellschaft angaloppiert käme; die kam mit solcher Geschwindigkeit, daß das Mädchen schleunigst auf einen der hohen Steine an der Brücke springen mußte, um nicht umgeritten zu werden. Ein halbes Kind war sie noch, fein und zart, aber mit einem lieben Ausdruck im Gesicht und zwei guten, hellen Augen; aber dessen achtete der Gutsherr nicht; in der rasenden Schnelligkeit, mit der er kam, kehrte er die Peitsche in seiner Hand um, und aus roher Lust stieß er sie dem Mädchen mit dem Stiel gegen die Brust, so daß sie hintenüber fiel.

„Alles, wo es hingehört!" rief er, „in den Dreck mit dir!" und dann lachte er, es sollte nämlich sehr witzig sein, und die anderen lachten ebenfalls; die ganze Gesellschaft machte viel Geschrei und Lärm, und die Jagdhunde bellten, es war schon richtig:

„Reiche Vögel kommen angerauscht!"

Gott weiß, wie reich er überhaupt war.

Die arme Gänsemagd griff um sich, als sie fiel, und bekam einen der niederhängenden Weidenzweige zu fassen; mit dessen Hilfe hielt sie sich über dem Schlamm, und sowie Herrschaft und Hunde durchs Tor entschwunden waren, mühte sie sich herauszukommen, aber der Zweig brach an der Spitze ab, und die Gänsemagd fiel schwer ins Röhricht zurück, als im selben Augenblick eine kräftige Hand von oben sie ergriff. Es war ein wandernder Sockenhändler, der von weitem zugesehen hatte und sich beeilte, um ihr zu Hilfe zu kommen.

„Alles, wo es hingehört!" sagte er im Spaß, den Gutsherrn nachmachend, und zog sie aufs Trockene herauf; den abgebrochenen Zweig stellte er dorthin, wo er abgebrochen war, aber „alles, wo es hingehört", das geht nicht immer! Und darum steckte er den Zweig in die weiche Erde. „Wachse an, wenn du kannst, und werde denen da oben auf dem Hof eine schöne Flöte!" Er gönnte dem Gutsherrn und den Seinen einen tüchtigen Spießrutenlauf; und dann ging er auf den Gutshof, aber nicht in den großen Saal, dazu war er zu gering! Er ging zum Gesinde in die Leutestube, und sie sahen sich seine Ware an und feilschten; aber oben von der Festtafel ertönten Geschrei und Gekreisch, und das sollte Gesang sein, sie konnten es nicht besser. Gelächter und Hundegekläff erschollen, hier war ein großes Schwelgen und Prassen; Wein und altes Bier schäumten in Gläsern und Bechern, und die Leibhunde fraßen auch; das eine oder andere von den Viechern bekam einen Kuß von den Junkern, nachdem ihm vorher mit den langen Behängen die Schnauze abgewischt worden war. Der Sockenhändler wurde mit seinen Waren nach oben gerufen, aber nur, damit sie ihren Spaß mit ihm treiben konnten. Der Wein war in die Köpfe eingezogen und der Verstand hinaus. Sie gossen Bier für ihn in eine Socke, damit er mittrinken könne, aber geschwind! Es war wirklich ganz besonders schlau und zum Lachen. Ganze Triften von Vieh, Bauern und Bauernhöfen wurden auf eine Karte gesetzt und verloren.

„Alles, wo es hingehört!" sagte der Händler, als er dem Sodom und Gomorrha, wie er es nannte, heil wieder entronnen war. „Die freie Landstraße, da gehöre ich hin, dort oben behagt es mir gar nicht so recht." Und die kleine Gänsemagd nickte ihm vom Hecktor aus zu.

Und es vergingen Tage, und es vergingen Wochen, und es zeigte sich, daß der abgebrochene Weidenast, den der Sockenhändler am Wassergraben eingepflanzt hatte, noch immer frisch und grün war, ja, daß er neue Schößlinge trieb; die kleine Gänsemagd sah, daß er Wurzel geschlagen haben mußte, und sie freute sich von ganzem Herzen darüber, sie fand, es sei ihr Baum.

Ja, mit diesem ging es vorwärts, aber mit allem anderen auf dem Hof ging es durch Zechen und Spielen mächtig bergab, das sind zwei Rollen, auf denen nicht gut stehen ist.

Es waren keine sechs Jahre vergangen, da wanderte der Gutsherr mit Sack und Stock als armer Mann vom Hofe, und dieser wurde von einem reichen Sockenhändler erworben, und das war eben jener, mit dem man Spott und Hohn getrieben und dem man Bier in einer Socke gereicht hatte; aber Ehrlichkeit und Regsamkeit führen günstigen Wind mit sich, und nunmehr war der Sockenhändler Herr auf dem Gut; aber von Stund an gab es hier kein Kartenspiel mehr. „Es ist eine böse Lektüre", sagte er, „es kommt daher, daß der Teufel, als er zum erstenmal die Bibel sah, sie nachmachen wollte; seine sollte genauso sein, und da erfand er das Kartenspiel!"

Der neue Gutsherr nahm sich eine Frau, und wer war das? Es war die kleine Gänsemagd, die immer ordentlich, fromm und gut gewesen war; und in den neuen Kleidern sah sie so fein und schön aus, als ob sie von Geburt eine fürnehme Jungfrau wäre. Wie ging das zu? Ja, die Geschichte ist zu lang für unsere geschäftige Zeit, aber es *ging* zu, und das Wichtigste kommt hinterher.

Behaglich und schön war es auf dem alten Hof, Mutter selbst stand der Hauswirtschaft vor und Vater der außerhalb des Hauses; es war, als strömte der Segen nieder, und wo Wohlstand ist, dort kommt Wohlstand hinzu. Der alte

Gutshof wurde neu verputzt und gestrichen, die Gräben gesäubert und Obstbäume gepflanzt; freundlich und gut sah es dort aus, und der Stubenfußboden war blank wie ein Spickbrett. In dem großen Saal saß an Winterabenden die Hausfrau mit all ihren Mägden und spann Wolle und Flachs; und jeden Sonntagabend wurde laut aus der Bibel vorgelesen, und zwar vom Justizrat selber, denn er war Justizrat* geworden, der Sockenhändler, aber das war schon in sehr hohem Alter. Die Kinder wuchsen heran – es kamen Kinder –, und alle wurden gut ausgebildet, doch sie hatten nicht alle einen guten Kopf, so wie es in jeder Familie ist.

Aber der Weidenzweig draußen war ein ganzer prachtvoller Baum geworden, der frei und unbeschnitten dastand. „Es ist unser Stammbaum!" sagten die alten Leute, und dieser Baum solle in Achtung und Ehren gehalten werden! sagten sie zu den Kindern, auch zu denen, die keinen guten Kopf hatten.

Und jetzt waren hundert Jahre vergangen.

Es war zu unserer Zeit; der See war Sumpf geworden, und der alte Gutshof war wie ausgetilgt; dort lag ein länglicher Wassertümpel mit etwas Steinumrahmung an den Seiten, das waren die Überreste der tiefen Gräben, und hier stand noch ein prächtiger alter Baum, der seine Äste niederhängen ließ, das war der Stammbaum; er stand da und bewies, wie schön ein Weidenbaum sein kann, wenn er nur sich selber überlassen bleibt. Allerdings war der Stamm in der Mitte gespalten, von der Wurzel bis hinauf zur Krone, der Sturm hatte ihn ein wenig gedreht, aber er stand noch, und aus allen Ritzen und Spalten, in die Wind und Wetter Humus hineingetragen hatten, wuchsen Gras und Blumen! Namentlich ganz oben, wo sich die großen Äste teilten, war geradezu ein ganzer hängender kleiner Garten aus Himbeeren und Vogelmiere entstanden, ja, sogar ein winzig kleiner Ebereschenstrauch hatte hier Wurzel geschlagen und stand gar schlank und fein oben mitten in dem alten Weidenbaum, der sich im schwarzen Wasser spiegelte, wenn der Wind das Entengrün in einer Ecke des Wassertümpels zusammengetrieben hatte. – Ein kleiner Pfad über die Fronäcker führte dicht daran vorbei.

Oben auf der Anhöhe am Wald, mit schöner Aussicht, lag ein neues Gutshaus, prachtvoll und groß, mit so hellen

* In jenen Zeiten in Dänemark ein Titel, der verdienten Männern vom Staate verliehen wurde, ohne daß sie etwas mit dem Rechtswesen zu tun zu haben brauchten (Anm. d. Übers.).

Fensterscheiben, daß man meinen sollte, es wären gar keine da. Die große Treppe zur Haustür sah aus, als stünde eine Laube darauf aus Rosen und großblättrigen Pflanzen. Die Rasenfläche war von so reinem Grün, als würde jeder Halm morgens und abends nachgesehen. Im Saale hingen kostbare Gemälde, und hier standen mit Seide und Sammet überzogene Sessel und Sofas, die fast auf ihren eigenen Beinen gehen konnten. Tische mit blanken Marmorplatten und Bücher in Saffian und mit Goldschnitt... o ja, es waren wahrlich reiche Leute, die hier wohnten, es waren vornehme Leute, hier wohnten Barons.

Eines paßte hier zum anderen. „Alles, wo es hingehört!" sagten sie auch, und daher waren all die Gemälde, die einstmals auf dem alten Hof zur Zierde und zum Schmuck gedient hatten, jetzt in den Gang zur Knechtskammer gehängt worden; richtiger Trödel war es, namentlich zwei alte Porträts, das eine ein Mann im rosa Frack und mit einer Perücke, das andere eine Dame mit gepudertem, hochfrisiertem Haar und mit einer Rose in der Hand, aber eins wie das andere mit einem großen Kranz von Weidenzweigen umrahmt. In den beiden Bildern waren lauter runde Löcher, und das kam daher, weil die kleinen Barone immer mit ihren Flitzbögen auf die beiden alten Leute schossen. Es waren der Justizrat und die Justizrätin, die, von denen die ganze Familie abstammte.

„Aber sie gehören nicht richtig zu unserer Familie!" sagte einer von den kleinen Baronen. „Er war Sockenhändler und sie eine Gänsemagd. Die waren nicht so wie Papa und Mama!"

Die Bilder waren schlechter Plunder, und man sagte: „Alles, wo es hingehört!" und so kamen Urgroßvater und Urgroßmutter auf den Gang zur Knechtskammer.

Der Sohn des Pfarrers war dort auf dem Gut Hauslehrer; er ging eines Tages mit den kleinen Baronen und deren ältester Schwester, die kürzlich eingesegnet worden war, spazieren, und sie kamen den Steig entlang zum alten Weidenbaum; und wie sie so dahingingen, pflückte sie einen Strauß von den Blumen des Feldes. „Alles, wo es hingehört", und es wurde etwas sehr Schönes daraus. Unterdessen hörte sie jedoch gut zu, was gesprochen wurde, und sie hatte ihre große Freude daran, den Pfarrerssohn von den Naturkräften und den großen Männern und Frauen der Geschichte erzählen zu hören; sie war ein gerades, liebenswertes Wesen, von edler Seele und Denkungsart und mit einem Herzen, das so recht alles von Gott Geschaffene in sich aufnehmen konnte.

Sie blieben unter der alten Weide stehen; der kleinste der Barone wollte so gern eine Flöte geschnitten haben, wie man sie ihm früher von anderen Weiden gemacht hatte, und der Pfarrerssohn brach einen Zweig ab.

„Ach, tun Sie's nicht!" sagte die junge Baronesse; aber nun war es getan. „Es ist doch unser alter, berühmter Baum! ich liebe ihn so sehr! Ja, deshalb lacht man mich zu Haus auch aus, aber das ist einerlei! Es gibt eine Sage von dem Baum...!"

Und nun erzählte sie alles, was wir von dem Baum gehört haben, von dem alten Gut, von der Gänsemagd und dem Sockenhändler, die sich hier kennenlernten und die Stammeltern der vornehmen Familie und der jungen Baronesse wurden.

„Sie wollten sich nicht adeln lassen, die braven alten Leute!" sagte sie. „Sie hatten das Sprichwort: ‚Alles, wo es hingehört!' und sie fanden nicht, daß sie dahin gehörten, wenn sie sich um Geld in den Adelsstand erheben ließen. Ihr Sohn erst, mein Großvater, war es, der Baron wurde, er soll von großer Gelehrsamkeit gewesen sein, hochangesehen und beliebt bei Prinzen und Prinzessinnen, er war bei allen ihren Festlichkeiten mit dabei. Ihn schätzen die zu Hause am meisten, aber ich weiß nicht recht, das alte Paar hat für mich etwas an sich, das mein Herz zu ihnen hinzieht! Es muß so gemütlich, so patriarchalisch auf dem alten Hof gewesen sein, wo die Hausfrau saß und mit all ihren Mägden spann und der alte Herr aus der Bibel vorlas!"

„Es sind prächtige Leute gewesen, vernünftige Leute!" sagte der Pfarrerssohn; und dann waren sie mitten in einem Gespräch über „adlig" und „bürgerlich", und es war fast, als ob der Pfarrerssohn nicht zum Bürgertum gehörte, so eifrig redete er darüber, was es hieße, von Adel zu sein.

„Es ist ein Glück, zu einem Geschlecht zu gehören, das sich ausgezeichnet hat! gleichsam einen Keim des Blutes in sich zu haben, der zur Tüchtigkeit treibt. Wunderbar ist es, einen Familiennamen zu tragen, der den Zugang zu den ersten Familien erschließt. Adel bedeutet edel, es ist die goldene Münze, die den Stempel dessen bekommen hat, was sie wert ist. Es ist die Melodie der Zeit – und viele Poeten stimmen sie natürlich an –, daß alles, was von Adel ist, schlecht und dumm sein soll, bei den Armen jedoch, je tiefer man hinabsteige, glänze es um so heller. Der Meinung bin ich aber nicht, denn es ist völlig falsch, ganz und gar falsch. In den höheren Ständen gibt es viele ergreifend schöne Züge; meine Mutter hat mir von einem Fall erzählt, und ich könnte mehr anführen. Sie war zu Besuch in einem vornehmen Haus in der Stadt, ihre Mutter, meine Großmutter, hatte, glaube ich, als Amme die gnädige Frau gestillt. Meine Mutter stand mit dem alten hochadligen Herrn in der Stube; da sah er, daß unten auf dem Hof eine alte Frau auf Krücken daherkam; jeden Sonntag kam sie und erhielt ein paar Schillinge. ‚Da ist die arme Alte‘, sagte der Herr, ‚ihr wird das Gehen so schwer!‘ – und ehe meine Mutter etwas begriff, war er aus der Tür und die Treppen hinunter; er, die siebzigjährige alte Exzellenz, war selbst zu der armen Frau hinuntergegangen, um ihr den mühseligen Weg nach oben zu ersparen, den sie wegen des Almosens, um das sie kam, machen mußte. Es ist ja nur ein ganz kleiner Zug, aber wie das ‚Scherflein der Witwe‘ ist er ein Klang aus dem Herzensgrund, ein Klang der menschlichen Natur; und dorthin sollte der Dichter weisen, in heutiger Zeit sollte er gerade davon singen, das tut wohl, es mildert und versöhnt! Wo aber ein Menschenwesen, weil es von Geblüt ist und einen Stammbaum hat, wie die arabischen Pferde auf den Hinterbeinen steht und auf der Straße wiehert und in der Stube sagt: ‚Hier sind Leute von der Straße gewesen!‘ wenn ein Bürgerlicher drinnen gewesen ist, dort ist der Adel in Fäulnis übergegangen, zu einer Maske geworden von

jener Art, wie Thespis sie sich machte, und man belustigt sich über die Person und wirft sie der Satire in die Arme."

So lautete die Rede des Pfarrerssohnes, sie war ein wenig lang, aber nun war die Flöte geschnitten.

Auf dem Gut war große Gesellschaft, viele Gäste aus der Umgegend und aus der Hauptstadt, Damen, mit und ohne Geschmack gekleidet. Der große Saal war ganz voll von Menschen. Die Pfarrer der Umgegend standen ehrfurchtsvoll in einer Ecke beisammen, es sah aus, als fände ein Begräbnis statt, dabei war es ein Vergnügen, aber das war noch nicht losgegangen.

Großes Konzert sollte stattfinden, und daher hatte der kleine Baron seine Weidenflöte mitgebracht, aber er konnte die Luft nicht durchziehen, das konnte Papa auch nicht, und daher taugte sie nichts.

Da gab es Musik und Gesang, von jener Art, die am vergnüglichsten für die Ausübenden ist, übrigens wunderhübsch.

„Sie sind auch ein Virtuose?" sagte ein Kavalier, der nichts als das Kind seiner Eltern war, zu dem Pfarrer. „Sie blasen die Flöte, Sie schneiden sie selbst. Es ist das Genie, welches herrscht – sitzet zur Rechten – Gott behüte! Ich gehe durchaus mit der Zeit mit, das muß man. Nicht wahr, Sie werden uns alle mit dem kleinen Instrument entzücken?" und dann reichte er ihm die kleine Flöte, die aus dem Weidenbaum unten am Wassertümpel geschnitzt war, und laut und geräuschvoll verkündete er, der Hauslehrer wolle ihnen ein Solo auf der Flöte darbieten.

Man wollte sich über ihn lustig machen, das war leicht zu erkennen, und daher wollte der Hauslehrer nicht blasen, obwohl er durchaus konnte, aber sie drangen in ihn, sie nötigten ihn, und da nahm er die Flöte und setzte sie an den Mund.

Es war eine wundersame Flöte! Ein Ton erklang, so lang anhaltend wie von einer Dampflokomotive, ja, viel stärker; er erscholl über den ganzen Hof, den Garten und den Wald, meilenweit ins Land hinaus, und mit dem Ton kam ein Sturm, der brauste: „Alles, wo es hingehört!" Und da flog Papa, wie vom Winde entführt, zum Gut hinaus und mitten hinein ins Haus des Stallknechts, und der Stallknecht flog hinauf – nicht in die große Stube, dort konnte er nicht hinkommen, nein, hinauf in die Dienerkammer, unter die feine Dienerschaft, die seidene Strümpfe trug, und die stolzen Diener waren wie vom Krampf befallen, weil eine so minderwertige Person sich mit an ihren Tisch zu setzen wagte.

Aber im großen Saal flog die junge Baronesse an das oberste Ende der Tafel, der Platz war ihrer würdig, aber der Pfarrerssohn bekam seinen Platz neben ihr, und da saßen die beiden, als wären sie ein Brautpaar. Ein alter Graf aus der ältesten Familie des Landes blieb ungeschoren an seinem Ehrenplatze sitzen; denn die Flöte war gerecht, und das muß man sein. Der witzige Kavalier, der das Flötenspiel verschuldet hatte, der nichts als das Kind seiner Eltern war, flog kopfüber mitten unter die Hühner, aber nicht allein.

Eine ganze Meile ins Land hinein ertönte die Flöte, und man erfuhr von großen Ereignissen. Eine reiche Großkaufmannsfamilie, die vierelang fuhr, wurde ganz und gar aus dem Wagen hinausgeweht und bekam nicht einmal den Platz hinten; zwei reiche Bauern, die in unserer Zeit über ihr eigenes Kornfeld hinausgewachsen waren, flogen in den Schlammgraben; es war eine gefährliche Flöte; zum Glück platzte sie beim ersten Ton, und das war gut, nun kam sie wieder in die Tasche: „Alles, wo es hingehört!"

Am nächsten Tage sprach man nicht von dem Ereignis, daher hat man die Redensart: „die Pfeife einstecken!" Alles war auch wieder in seinem alten Gleis, nur daß die beiden alten Bilder, der Sockenhändler und die Gänsemagd, oben im großen Saale hingen, dort waren sie an die Wand hinaufgeflogen; und da einer der wirklichen Kunstkenner sagte, sie seien von Meisterhand gemalt, blieben sie hängen und wurden instand gesetzt, man hatte ja bisher nicht gewußt, daß sie etwas wert waren, und wie hätte man das wissen sollen. Nun hingen sie am Ehrenplatz. „Alles, wo es hingehört!" und da kam es hin! Die Ewigkeit ist lang, länger als diese Geschichte!

Der Wichtel beim Fettkrämer

Es war einmal ein richtiger Student, er wohnte unterm Dach und besaß nichts; und es war einmal ein richtiger Fettkrämer, er wohnte im Erdgeschoß und besaß das ganze Haus, und an ihn hielt sich der Wichtel, denn hier bekam er jeden Weihnachtsabend eine Schüssel Grütze mit einem großen Klecks Butter drin! Das konnte der Fettkrämer sich leisten; und der Wichtel blieb im Laden, und das war sehr lehrreich.

Eines Abends kam der Student durch die Hintertür herein, um sich Lichter und Käse zu kaufen; er hatte keinen zum Schicken, und daher ging er selber; er erhielt, was er verlangte, er bezahlte es, und der Fettkrämer und seine Alte nickten ihm ein „Guten Abend" zu, und die Alte war eine Frau, die mehr konnte als nicken, sie hatte Redetalent! Der Student nickte wieder und blieb dann stehen und las, was auf dem Stück Papier stand, das um den Käse gewickelt worden war. Es war eine Buchseite, aus einem alten Buch herausgerissen, das man nicht hätte entzweireißen dürfen, ein altes Buch, voller Poesie.

„Da liegt mehr davon!" sagte der Krämer, „ich habe einer alten Frau ein paar Kaffeebohnen dafür geschenkt; wenn Sie mir acht Schillinge geben, dann können Sie den Rest haben!"

„Danke", sagte der Student, „geben Sie mir's an Stelle des Käses! Ich kann das Butterbrot ohne was drauf essen. Es wäre eine Sünde, wenn das ganze Buch kurz und klein gerissen würde. Sie sind ein prächtiger Mann, ein praktischer Mann, aber von Poesie verstehen Sie nicht mehr als der Bottich da!"

Und das zu sagen, war ungezogen, vor allem gegen den Bottich, aber der Fettkrämer lachte, und der Student lachte, es war ja eigentlich so halb und halb aus Spaß gesagt. Aber der Wichtel ärgerte sich, daß man so etwas zu einem Fettkrämer zu sagen wagte, der Hauswirt war und die beste Butter verkaufte.

Als es Nacht wurde, der Laden geschlossen war und alle zu Bett gegangen waren, bis auf den Studenten, ging der Wichtel zur Frau hinein und nahm ihr das Mundwerk ab, das brauchte sie nicht, wenn sie schlief, und wo in der Stube er es immer einem Gegenstand aufsetzte, da erhielt dieser die Sprache, konnte seine Gedanken und Gefühle genauso gut ausdrücken wie die Frau, aber das Mundwerk konnte nur einer zur Zeit haben, und das war ein rechter Segen, denn sonst hätten sie alle gleichzeitig geredet.

Und der Wichtel setzte dem Bottich, in dem die alten Zeitungen lagen, das Mundwerk auf. „Ist es wirklich wahr", fragte er, „daß Sie nicht wissen, was Poesie ist?"

„Doch, das weiß ich", sagte der Bottich, „das ist so was, was unterm Strich in den Zeitungen steht und ausgeschnitten wird! Ich sollte meinen, daß ich mehr davon in mir habe als der Student, und ich bin nur ein geringer Bottich im Vergleich zum Krämer!"

Und der Wichtel setzte das Mundwerk auf die Kaffeemühle, nein, wie die ging! Und er setzte es dem Butterfaß auf und der Geldlade – alle waren derselben Ansicht wie der Bottich, und worüber sich die meisten einig sind, das muß man respektieren.

„Jetzt werd ich's dem Studenten aber geben!" und dann ging der Wichtel ganz leise die Hintertreppe hinauf bis zur Dachkammer, wo der Student wohnte. Drinnen war Licht, und der Wichtel guckte durchs Schlüsselloch und sah, daß der Student in dem zerfetzten Buch aus dem Laden las. Aber wie war es dort drinnen hell! Vom Buche glänzte ein lichter Strahl auf, der zu einem Stamm wurde, einem mächtigen Baum, der hoch emporragte und seine Äste weit über den Studenten ausbreitete. Jedes Blatt war ganz frisch und jede Blüte ein wunderhübscher Mädchenkopf, manche mit ganz dunklen und glänzenden Augen, andere mit blauen und wunderbar hellen. Die Früchte waren jede ein glitzernder Stern, und dann sang und klang es wunderbar schön!

Nein, eine solche Herrlichkeit hätte sich der kleine Wichtel nie vorstellen können, geschweige denn sie sehen und davon vernehmen können. Und da blieb er denn auf den Zehenspitzen stehen, schaute und schaute, bis das Licht dort drinnen gelöscht wurde; der Student blies zwar seine Lampe aus und ging ins Bett, aber der kleine Wichtel stand trotzdem noch länger da, denn der Gesang erklang noch immer so weich und süß, ein entzückendes Wiegenlied für den Studenten, der sich zur Ruhe legte.

„Hier ist es großartig!" sagte der kleine Wichtel, „das hätte ich nicht erwartet! Ich glaube, ich bleibe beim Studenten!" und er überlegte – und überlegte mit Verstand, und dann seufzte er: „Der Student hat keine Grütze!" und dann ging er – ja, dann ging er wieder zum Fettkrämer hinunter; und es war gut, daß er kam, denn der Bottich hatte das Mundwerk der Alten fast aufgebraucht, indem er von einer Seite alles aussprach, was er in sich hatte, und nun war er eben dabei, sich umzudrehen, um von der anderen Seite dasselbe von sich zu geben, als der Wichtel kam und der Alten das Mundwerk wiederbrachte; aber der ganze Laden, von der Geldlade bis zum Kleinholz, hatte von jetzt ab dieselbe Meinung wie der Bottich, und sie achteten ihn in solchem Maße und trauten ihm derartig viel zu, daß sie, wenn der

Fettkrämer von nun an aus seiner Abendausgabe der *Nachrichten* Kunst- und Theaterbesprechungen vorlas, glaubten, die kämen von dem Bottich.

Aber der kleine Wichtel saß von nun an nicht mehr ruhig dabei und hörte all der Weisheit und Vernunft da unten zu, nein, sobald das Licht aus der Dachkammer schimmerte, war es, als wären die Strahlen dicke Ankertrossen, die ihn nach oben zogen, und er mußte hin und durchs Schlüsselloch gucken, und dort war er von einer Erhabenheit umrauscht, die wir angesichts des wogenden Meeres empfinden, wenn Gott im Sturm darüber hingeht, und er brach in Tränen aus, er wußte selber nicht, weshalb er weinte, aber in diesem Weinen lag etwas so Köstliches! Wie unvergleichlich schön mußte es sein, mit dem Studenten unter dem Baume zu sitzen, aber das konnte nicht sein – er war froh über das Schlüsselloch. Dort stand er noch immer auf dem kalten Flur, als der Herbstwind durch die Bodenluke blies und es so kalt, so kalt wurde, aber das spürte der Kleine erst, als das Licht drinnen in der Bodenkammer ausging und die Klänge im Winde verhallten. Huh! nun fror er und kroch wieder in seinen warmen Winkel; hier war es angenehm und mollig! Und als die Weihnachtsgrütze mit dem großen Klecks Butter kam – ja, da war der Fettkrämer der Beste!

Aber mitten in der Nacht erwachte der Wichtel durch ein fürchterliches Gepolter an den Fensterläden. Leute donnerten von draußen dagegen; der Wächter pfiff, es war ein großes Feuer ausgebrochen; die ganze Straße stand in hellen Flammen. War es hier im Hause oder beim Nachbarn? Es war ein einziges Entsetzen! Die Krämeralte war so bestürzt, daß sie ihre goldenen Ohrringe abnahm und in die Tasche ihres Kleides steckte, um wenigstens etwas zu retten, der Fettkrämer lief, seine Obligationen zu holen, und die Dienstmagd lief nach ihrem seidenen Umhang, den konnte die sich leisten; jeder wollte das Beste retten, und das wollte auch der kleine Wichtel, und mit ein paar Sätzen war er die Treppe hinauf und drinnen beim Studenten, der ganz ruhig am offenen Fenster stand und sich das Feuer anschaute, das im Nachbarhause wütete. Der kleine Wichtel ergriff das wundervolle Buch auf dem Tisch, steckte es in seine rote Mütze und hielt diese mit beiden Händen fest, der beste Schatz des Hauses war gerettet! Und dann rannte er los, ganz bis aufs Dach hinaus, ganz den Schornstein hinauf, und dort saß er, von dem brennenden Haus gegenüber beglänzt, und hielt mit beiden Händen seine rote Mütze fest, in welcher der Schatz lag. Jetzt erkannte er seine Gesinnung, zu wem er eigentlich gehörte; als aber das Feuer gelöscht und er wieder besonnener war – ja: „Ich werde mich zwischen beiden teilen!" sagte er, „ich kann der Grütze wegen den Fettkrämer nicht einfach aufgeben!" Und das war durchaus menschlich! – Wir anderen gehen auch zum Fettkrämer – der Grütze wegen.

In Jahrtausenden

Ja, in Jahrtausenden werden sie auf den Flügeln des Dampfes durch die Lüfte über das Weltmeer daherkommen! Die jungen Bewohner Amerikas besuchen das alte Europa. Sie kommen zu den Denkmälern und den zu jener Zeit versinkenden Stätten, so wie wir Heutige zu den zerfallenden Herrlichkeiten Südasiens ziehen.

In Jahrtausenden kommen sie!

Die Themse, die Donau, der Rhein fließen noch immer dahin; der Montblanc steht da mit seiner schneeigen Zinne, das Nordlicht flammt über den Ländern des Nordens, aber die Geschlechter sind eins nach dem anderen zu Staub geworden, die Reihen der Mächtigen des Augenblicks sind vergessen, wie jene, die jetzt im Hünengrab schlummern, wo der wohlhabende Mehlhändler, auf dessen Grund und Boden es liegt, sich eine Bank zurechtzimmert, auf der er sitzen und über den flachen, wogenden Getreideacker schauen kann.

„Nach Europa!" heißt es unter dem jungen Geschlecht Amerikas, „ins Land der Väter, das herrliche Land der Erinnerungen und der Phantasie, nach Europa!"

Das Luftschiff kommt; es ist von Reisenden überfüllt, denn die Fahrt geht schneller als zur See; der elektromagnetische Draht unter dem Weltmeer hat schon telegraphiert, wie groß die Luftkarawane ist. Schon ist Europa zu sehen, es ist die Küste von Irland, die man erblickt, aber die Fahrgäste schlafen noch; sie möchten erst geweckt werden, wenn sie über England sind; dort betreten sie Europas Erde im Lande Shakespeares, wie es bei den Söhnen des Geistes heißt; das Land der Politik, der Maschinen, nennen es andere.

Hier wird ein ganzer Tag Aufenthalt gemacht, so viel Zeit hat das betriebsame Geschlecht für das große England und Schottland übrig.

Die Reise geht weiter durch den Kanaltunnel nach Frankreich, dem Lande Karls des Großen und Napoleons, Molière wird erwähnt, die Gelehrten sprechen von klassischer

und romantischer Schule im fernen Altertum, und es wird über Helden, Skalden und Gelehrte gejubelt, die unsere Zeit noch nicht kennt, die aber auf Europas Krater geboren werden sollen: in Paris.

Der Luftdampfer fliegt über das Land hinweg, von dem Columbus auszog, wo Cortez geboren wurde und wo Calderon Dramen in wogenden Versen sang; wunderbare schwarzäugige Frauen wohnen in den blühenden Tälern, und in uralten Liedern wird des Cid und der Alhambra gedacht.

Durch die Luft über das Meer nach Italien, über die Stelle hinweg, wo das alte, ewige Rom lag; es ist zerstört, die Campagna eine Wüste; von der Peterskirche wird noch ein einsam stehender Rest eines Gemäuers gezeigt, aber seine Echtheit wird angezweifelt.

Nach Griechenland, um in dem üppigen Hotel auf dem Gipfel des Olymp zu übernachten, damit man dagewesen ist; die Fahrt geht weiter dem Bosporus zu, wo man einige Stunden Rast machen und sich die Stelle ansehen will, wo einst Byzanz gelegen hat; arme Fischer hängen ihre Netze aus, wo nach der Sage der Garten des Harems zur Zeit der Türken lag.

Überreste riesiger Städte an der kraftvollen Donau, Städte, die unsere Zeit nicht gekannt hat, werden überflogen, aber hier und da – an den reichen Gedenkstätten, an jenen, die kommen, jenen, die die Zeit gebiert –, hier und da geht die Luftkarawane nieder und steigt von neuem auf.

Dort unten liegt Deutschland – das einst von dem dichtesten Netz von Eisenbahnen und Kanälen durchzogen war – die Länder, in denen Luther sprach, Goethe sang und wo Mozart zu seiner Zeit das Zepter der Töne schwang! Große Namen glänzen in Wissenschaft und Kunst, Namen, die wir nicht kennen. Einen Tag Aufenthalt in Deutschland und einen Tag für den Norden, für die Heimat Örsteds und Linnés, und für Norwegen, das Land der alten Helden und der jungen Norweger. Island wird auf der Heimfahrt erledigt; die Geisire brodeln nicht mehr, die Hekla ist erloschen, aber als ewige steinerne Tafel der Saga ragt die starke Felseninsel aus dem brausenden Meer empor!

„In Europa gibt es vieles zu sehen!" sagt der junge Amerikaner; „und wir haben es in acht Tagen gesehen; und es ist zu schaffen, wie der große Reisende" – ein Name wird genannt, der zu ihren Zeitgenossen zählt – „es in seinem berühmten Werk gezeigt hat: ‚In acht Tagen durch Europa.'"

Unterm Weidenbaum

Unten um Kjöge herum ist die Gegend sehr kahl; das Städtchen liegt ja allerdings am Strand, und da ist es immer schön, aber es könnte doch schöner sein, als es dort ist: ringsum flache Felder, und bis zum Wald ist es weit; wenn man aber irgendwo richtig beheimatet ist, dann findet man dennoch immer etwas Schönes, etwas, wonach man sich am schönsten Ort der Welt später sehnen kann! Und das müssen wir auch sagen, am Rande von Kjöge, wo ein paar armselige Gärten sich bis zu einem Flüßchen hinunter erstrekken, das auf den Strand mündet, kann es zur Sommerszeit ganz entzückend sein, und das fanden namentlich die beiden kleinen Nachbarskinder, Knud und Johanne, die hier spielten und unter den Stachelbeersträuchern hindurchkrochen, um sich zu besuchen. In dem einen Garten stand ein Holunderstrauch, in dem anderen eine alte Weide, und besonders unter dieser spielten die Kinder so gern, und das durften sie, obwohl der Baum ganz dicht am Bache stand, wo sie leicht ins Wasser fallen konnten, aber der Herrgott hat ein Auge auf die Kleinen, sonst sähe es böse aus; sie waren aber auch sehr vorsichtig, ja, der Junge war eine solche Memme, was das Wasser anbetraf, daß es nicht möglich war, ihn im Sommer mit zum Strand zu bekommen, wo doch die anderen Kinder so gern herumplantschten; er wurde deswegen auch ausgelacht, und daß mußte er hinnehmen; aber dann träumte die kleine Johanne vom Nachbarn, daß sie auf einem Schiff in der Kjögebucht segelte, und Knud liefe bis zu ihr hinaus, das Wasser reichte ihm zuerst bis zum Hals, und dann ging es ihm bis ganz über den Kopf; und von dem Augenblick an, da Knud diesen Traum hörte, duldete er es nicht mehr, daß man ihn eine Memme nannte, wenn es sich ums Wasser handelte, sondern wies nur auf Johannes Traum hin; der war sein Stolz, aber ins Wasser ging er nicht.

Die armen Eltern kamen regelmäßig zusammen, und Knud und Johanne spielten in den Gärten und auf der Landstraße, an deren Gräben entlang eine ganze Reihe Weidenbäume standen, und sie waren nicht schön, sie waren an den Kronen so gestutzt, aber sie standen ja auch nicht zum Schmucke hier, sondern um Nutzen zu stiften; viel schöner war die alte Weide im Garten, und unter dieser saßen sie so manches liebe Mal, wie man sagt.

In Kjöge selbst liegt ein großer Marktplatz, und wenn Jahrmarkt war, dann standen hier ganze Straßen von Zelten mit seidenen Bändern, Stiefeln und allem möglichen; es war ein Gedränge und für gewöhnlich Regenwetter, und dann roch man den Dunst von Bauernjoppen, aber auch den schönsten Duft von Honigkuchen, da gab es eine ganze Bude voll davon, und was das prächtigste war: der Mann, der sie verkaufte, mietete sich zum Jahrmarkt immer bei den Eltern des kleinen Knud ein, und da fiel natürlich auch ein kleiner Honigkuchen ab, von dem Johanne auch ihr Teil bekam; was aber beinahe noch mehr war, der Honigkuchenhändler konnte Geschichten erzählen, und zwar fast von jedem Dinge, sogar von seinen Honigkuchen; ja, von diesen erzählte er eines Abends eine Geschichte, die einen so tiefen Eindruck auf die beiden Kinder machte, daß sie sie später nie vergaßen; und da ist es wohl das beste, wir hören sie uns auch an, zumal sie kurz ist.

„Auf dem Ladentisch lagen zwei Honigkuchen", sagte er, „der eine hatte die Gestalt eines Mannes mit Hut, der zweite die einer Jungfer ohne Hut, aber mit einem Flecken Rauschgold auf dem Kopf; sie hatten das Gesicht auf der Seite, die nach oben gekehrt war, und von da sollte man sie sehen, nicht von der Rückseite, da soll man einen Menschen nie ansehen. Das Mannsbild hatte eine Bittermandel auf der linken Seite, das war sein Herz, die Jungfer war dagegen nichts als Honigkuchen. Sie lagen als Proben auf dem Ladentisch, sie lagen dort lange, und dann verliebten sie sich ineinander, aber keiner sagte es dem anderen, und das muß man tun, wenn es zu etwas führen soll.

‚Er ist ein Mannsbild, er muß das erste Wort sagen', dachte sie, wäre aber dennoch erfreut gewesen, wenn sie gewußt hätte, ob ihre Liebe erwidert wurde.

Er war nun allerdings insgeheim gefräßiger, und das sind Mannsleute immer; er träumte, er wäre ein lebendiger Gassenjunge und besäße vier Schillinge, dann kaufte er die Jungfer und äße sie.

Und sie lagen Tage und Wochen auf dem Ladentisch und wurden trocken, und die Gedanken des Honigkuchenfräuleins wurden feiner und weiblicher: ‚Es genügt mir, daß ich auf demselben Tisch mit ihm gelegen habe!' dachte sie, und dann brach sie in der Mitte durch.

‚Hätte sie von meiner Liebe gewußt, dann hätte sie sicher länger gehalten!' dachte er.

Und das ist die Geschichte, und hier sind die beiden!" sagte der Kuchenhändler. „Sie sind bemerkenswert durch ihren Lebenslauf und die stumme Liebe, die nie zu etwas führt. Seht ihr, da habt ihr sie!" und dann schenkte er Johanne den Mann, der heil war, und Knud bekam das durchgebrochene Fräulein; aber sie waren von der Geschichte so beeindruckt, daß sie es nicht übers Herz brachten, das Liebespaar aufzuessen.

Am nächsten Tage gingen sie mit ihnen auf den Kirchhof in Kjöge, wo die Kirchenmauer mit dem schönsten Efeu-

grün überzogen ist, das Winter und Sommer wie ein reicher
Teppich daran niederhängt; und sie stellten die Honigkuchen im Grünen in die Sonne und erzählten einem

Schwarm anderer Kinder die Geschichte von der stummen
Liebe, die nichts taugte, das heißt die Liebe, denn die Geschichte war süß, das fanden sie alle, und als sie wieder das
Honigkuchenpaar ansahen, ja, da hatte ein großer Junge,
der dabei war, die geknickte Jungfer gegessen, und das
hatte er aus Bosheit getan; die Kinder weinten darüber,
und nachher – und das taten sie sicherlich, damit das arme
Mannsbild nicht allein in der Welt sein sollte –, da aßen sie
das auch, aber die Geschichte vergaßen sie niemals.

Immer waren die Kinder zusammen, unterm Holunderstrauch und unter dem Weidenbaum, und das kleine Mädchen sang mit silberglockenheller Stimme die entzückendsten Lieder; Knud hatte nicht das kleinste bißchen Stimme, aber er wußte die Worte, und das ist immerhin etwas. Die Leute in Kjöge, sogar die Frau vom Krämerladen, standen still und hörten Johanne zu. „Das kleine Ding hat eine süße Stimme!" sagten sie.

Es waren herrliche Tage, aber sie dauerten nicht ewig. Die Nachbarn kamen auseinander; die Mutter des kleinen Mädchens starb, der Vater wollte in Kopenhagen wieder heiraten, und dort konnte er sich ernähren; er sollte irgendwo Bote sein, das sollte eine sehr einträgliche Stellung sein. Und die Nachbarn trennten sich unter Tränen, und vor allem die Kinder weinten; aber die Alten versprachen, sich wenigstens einmal im Jahr zu schreiben. Und Knud kam in die Schusterlehre, sie konnten ja den langen Jungen nicht noch weiter faulenzen lassen. Und dann wurde er eingesegnet!

Oh, wie gern wäre er an diesem hohen Feiertag in Kopenhagen gewesen und hätte die kleine Johanne gesehen, aber er kam nicht hin, niemals war er dort gewesen, obwohl es nur fünf Meilen von Kjöge entfernt liegt; aber die Türme hatte Knud bei klarer Witterung über der Bucht sehen können, und am Einsegnungstage sah er deutlich das goldene Kreuz auf der Frauenkirche leuchten.

Ach, wieviel er an Johanne dachte! Ob sie sich noch seiner erinnerte? Doch! – Um die Weihnachtszeit kam ein Brief von ihrem Vater an Knuds Eltern, es ginge ihnen sehr gut in Kopenhagen, und Johanne würde ein großes Glück zuteil werden durch ihre schöne Stimme; sie wäre am Komödienhaus angekommen, in dem gesungen werde; und ein wenig Geld erhielte sie schon dafür, und von diesem schicke sie den lieben Nachbarsleuten in Kjöge einen ganzen Reichstaler, um ihnen am Heiligabend eine Freude zu machen; sie sollten auf ihr Wohl eins trinken, und das hatte sie selbst eigenhändig in einer Nachschrift hinzugefügt, und in dieser stand: „Freundlichen Gruß an Knud!"

Sie weinten alle miteinander, und dabei war das ganze doch so erfreulich, aber sie weinten eben aus Freude. Täglich hatte er an Johanne gedacht, und nun sah er, daß sie auch an ihn dachte, und je näher der Tag kam, daß er Geselle werden sollte, desto klarer war es ihm, daß er Johanne sehr liebte und daß sie seine kleine Frau werden sollte, und dann spielte ein Lächeln um seinen Mund, und er zog noch geschwinder den Pechdraht durch, während das Bein sich gegen den Spannriemen stemmte; er stach sich mit dem Pfriem tief in den Finger, aber das machte nichts. Er würde wahrlich nicht stumm bleiben, wie die beiden Honigkuchen, die Geschichte war ihm eine gute Lehre.

Und dann wurde er Geselle, und der Ranzen wurde geschnürt. Nun kam er doch endlich, zum erstenmal in seinem Leben, nach Kopenhagen, und er hatte dort schon einen Meister. Na, Johanne würde aber überrascht sein und sich freuen. Sie war jetzt siebzehn Jahre alt und er neunzehn.

Er wollte schon in Kjöge einen goldenen Ring für sie kaufen, aber dann ließ er es, er bekam sicher einen viel schöneren in Kopenhagen; und nun wurde von den Alten Abschied genommen, und um die Herbsteszeit ging er durch Regen und Wind zu Fuß geschwind dahin; die Blätter fielen von den Bäumen; bis auf die Haut durchnäßt kam er im großen Kopenhagen und bei seinem neuen Meister an.

Am ersten Sonntag wollte er Johannes Vater besuchen. Die neuen Gesellenkleider wurden angezogen und der neue Hut aus Kjöge aufgesetzt, der stand Knud so gut, bis dahin hatte er immer eine Mütze getragen. Und er fand das Haus, das er suchte, und stieg die vielen Treppen hinauf; es konnte einem ganz schwindelig werden, weil die Menschen hier in der betriebsamen Stadt so übereinandergestapelt waren.

Recht wohlhabend sah es drinnen in der Stube aus, und Johannes Vater empfing ihn freundlich; der Frau war er ja fremd, aber sie reichte ihm die Hand und goß ihm Kaffee ein.

„Johanne wird sich freuen, dich zu sehen!" sagte der Vater. „Du bist ja ein ganz schmucker Bursche geworden! Ja, nun sollst du sie mal sehen! ja, das ist ein Mädchen, an der ich meine Freude habe und künftig noch mehr haben werde, mit Gottes Beistand! Sie hat ihre eigene Stube, und für die zahlt sie uns Miete!" und der Vater klopfte selber sehr höflich an ihre Tür, als ob er ein fremder Mann wäre, und dann traten sie ein – nein, wie war es hier hübsch!

Es gab bestimmt in ganz Kjöge keine solche Stube, die Königin konnte keine reizendere haben! Da lag ein Teppich, da hingen Gardinen bis zur Erde nieder, da stand ein richtiger Plüschsessel, und überall waren Blumen und Bilder, und da war ein Spiegel, in den man beinahe hineingelaufen wäre, er war so groß wie eine Tür. Knud sah das alles auf einmal und sah dennoch nur Johanne, sie war ein erwachsenes Mädchen; ganz anders, als Knud sie sich vorgestellt hatte, aber viel schöner; es gab nicht eine einzige Jungfer in Kjöge wie sie, und wie war sie fein! Aber wie seltsam fremd sah sie Knud an, jedoch nur einen Augenblick, dann flog sie auf ihn zu, fast als wollte sie ihm einen Kuß geben, sie tat es nicht, war aber nahe daran. O ja, sie freute sich tatsächlich, ihren Kindheitsgespielen zu sehen! Standen ihr doch die Tränen in den Augen, und dann hatte sie so viel zu fragen und zu erzählen, angefangen von Knuds Eltern bis zum Holunderstrauch und Weidenbaum, und die nannte sie Holunderweibchen und Weidenvater, als wären es Menschen, aber dafür konnte man sie doch auch halten, so wie die Honigkuchen; von denen sprach sie auch, von ihrer stummen Liebe, wie sie auf dem Verkaufstisch gelegen hatten und entzweigingen, und dann lachte sie herzlich – aber in Knuds Wangen brannte das Blut, und sein Herz schlug rascher als sonst! – Nein, sie war überhaupt nicht großspurig geworden! Ihr war es auch zu verdanken, das merkte er wohl, daß ihre Eltern ihn aufforderten, den ganzen Abend dazubleiben, und sie schenkte den Tee ein, und sie reichte ihm selbst eine Tasse, und hinterher nahm sie ein Buch und las ihnen laut vor, und Knud war es so, als ob gerade das, was sie las, von seiner Liebe handelte, es paßte so ganz und gar zu allen seinen Gedanken; und dann sang sie ein einfaches Lied, aber durch sie wurde eine ganze Geschichte daraus, es war, als strömte ihr eigenes Herz davon über. O ja, sie liebte Knud bestimmt. Die Tränen liefen ihm die Backen hinunter, er konnte nichts dafür, und er konnte nicht ein einziges Wort sprechen, er fand sich selber sehr dumm, und dennoch drückte sie ihm die Hand und sagte: „Du hast ein gutes Herz, Knud! bleib immer, wie du bist!"

Es war ein unvergleichlich schöner Abend, danach konnte man überhaupt nicht einschlafen, und Knud schlief dann auch nicht. Beim Abschied hatte Johannes Vater gesagt: „Ja, nun wirst du uns doch wohl nicht ganz vergessen! Laß nun nicht den ganzen Winter vergehen, ehe du uns wieder besuchst!" da konnte er ja ruhig am nächsten Sonntag hingehen! und das wollte er tun. Aber allabendlich, wenn die Arbeit getan war, und sie arbeiteten noch bei Licht, ging Knud in die Stadt, er ging durch die Straße, wo Johanne wohnte, sah zu ihrem Fenster hinauf, dort war fast immer Licht, und eines Abends sah er ganz deutlich den Schatten ihres Gesichts auf dem Vorhang; es war ein schöner Abend! Der Frau vom Meister gefiel es nicht, daß er abends immer auf der Walze war, wie sie es nannte, und sie schüttelte den Kopf, aber der Meister lachte. „Er ist ein junger Mensch!" sagte er.

„Am Sonntag sehen wir uns wieder, und ich sage es ihr, wie sehr ich an sie denke und daß sie meine kleine Frau werden müsse! Ich bin allerdings nur ein armer Schustergeselle, aber ich kann Meister werden, zum mindesten Freimeister, ich werde arbeiten und streben! Ja, ich sage es ihr, die stumme Liebe führt zu nichts, das habe ich von den Honigkuchen gelernt!"

Und der Sonntag kam, und Knud kam, aber wie traf es sich schlecht! Sie wollten alle ausgehen, sie mußten es ihm sagen. Johanne drückte seine Hand und fragte: „Bist du im Theater gewesen? Dort mußt du einmal hingehen! Ich singe Mittwoch, und wenn du dann Zeit hast, dann schicke ich dir ein Billett; mein Vater weiß, wo dein Meister wohnt!"

Wie liebevoll war das von ihr! und Mittwoch mittag kam auch ein versiegeltes Papier ohne Worte, nur das Billett lag darin, und abends ging Knud zum erstenmal in seinem Leben ins Theater, und was sah er? – Ja, er sah Johanne, so schön, so anmutig; sie heiratete allerdings einen fremden Menschen, aber es war nur Komödie, etwas, was sie spielten, das wußte Knud, sonst hätte sie es wohl auch nicht über sich gebracht, ihm ein Billett zu senden, damit er das mit ansehen sollte; und alle Leute klatschten und riefen laut, und Knud rief hurra!

Selbst der König lächelte Johanne zu, so als freute er sich ebenfalls über sie. Gott, wie fühlte Knud sich winzig klein, aber er liebte sie so innig, und sie hatte ihn doch auch lieb, und der Mann muß das erste Wort sagen, so dachte ja die Honigkuchenjungfer; in der kleinen Geschichte steckte viel drin.

Sobald der Sonntag da war, ging Knud hin; seine Gedanken waren so feierlich gestimmt wie beim Abendmahl. Johanne war allein und empfing ihn, es konnte nicht passender sein.

„Gut, daß du kommst!" sagte sie, „ich hätte beinahe Vater zu dir geschickt, aber dann hatte ich so ein Gefühl, als würdest du heute abend wohl kommen; denn ich muß dir erzählen, ich reise am Freitag nach Frankreich, das muß ich tun, damit etwas wirklich Tüchtiges aus mir wird!"

Es war Knud so, als drehte sich die ganze Stube, als sollte sein Herz brechen, aber es traten keine Tränen in seine Augen, wenn es auch deutlich zu erkennen war, wie traurig er wurde; Johanne sah es, und sie war nahe daran, zu weinen. „Du ehrliche, treue Seele!" sagte sie, und das löste Knud die Zunge, und er sagte ihr, wie innig lieb er sie habe, und daß sie seine kleine Frau werden müsse; und als er das ausgesprochen hatte, sah er, wie Johanne leichenblaß wurde, sie ließ seine Hand los und sagte ernst und traurig: „Mach dich selbst und mich nicht unglücklich, Knud! Ich werde dir immer eine gute Schwester sein, auf die du zählen kannst! aber mehr auch nicht!" und sie strich ihm mit ihrer weichen Hand über die heiße Stirn. „Gott gibt uns Kraft zu vielem, wenn man nur selber will!"

In diesem Augenblick trat ihre Stiefmutter ein.

„Knud ist ganz außer sich, weil ich fortgehe!" sagte sie; „sei nun ein Mann!" und dann klopfte sie ihm auf die Schulter, es war, als hätten sie nur von der Reise gesprochen und von nichts anderem. „Kind!" sagte sie; „nun mußt du lieb und vernünftig sein, wie unterm Weidenbaum, als wir beide Kinder waren!"

Und es war Knud so, als wäre ein Stück der Welt zerbrochen, seine Gedanken waren wie ein loser Faden, der willenlos im Winde flattert. Er blieb, er wußte nicht, ob sie ihn darum gebeten hatten, aber freundlich und gütig waren sie, und Johanne schenkte ihm Tee ein, und sie sang, es war nicht der altvertraute Klang und dennoch so unvergleichlich schön, es war zum Herzzerreißen, und dann trennten sie sich; Knud reichte ihr nicht die Hand, aber sie ergriff die seine und sagte: „Du wirst doch deiner Schwester die Hand zum Abschied geben, mein alter Gespiele!" und sie lächelte unter Tränen, die liefen ihr über die Wangen, und sie wiederholte: „Gespiele – Bruder!" Ach ja, als ob das etwas nützte! – Das war der Abschied.

Sie fuhr mit einem Schiff nach Frankreich, Knud lief durch die schmutzigen Kopenhagener Straßen. Die anderen Gesellen in der Werkstatt fragten ihn, warum er so herumrenne und worüber er nachgrübele; er solle mit ihnen ausgehen, er sei ja doch ein junges Blut.

Und sie gingen zusammen auf den Tanzboden; und hier gab es viele hübsche Mädchen, aber allerdings keine solche wie Johanne, und dort, wo er meinte, er werde sie vergessen, da stand sie gerade leibhaftig vor seinem inneren Auge: „Gott gibt uns Kraft zu vielem, wenn man nur selber will!" hatte sie gesagt; und es zog eine Andacht in sein Gemüt ein, er faltete die Hände – und die Violinen spielten, und die Jungfern tanzten im Kreis; er erschrak richtig, er fand, er war an einem Ort, an den er Johanne nicht führen durfte, und sie war mit ihm in seinem Herzen. Und dann ging er nach draußen, er lief durch die Straßen, ging an dem Haus vorbei, wo sie gewohnt hatte, dort war es dunkel, es war überall dunkel, leer und einsam: die Welt ging ihren Weg und Knud den seinen.

Und es wurde Winter, und die Gewässer froren zu, es war, als rüstete sich alles zum Begräbnis.

Aber als das Frühjahr kam und das erste Dampfschiff ging, da befiel ihn eine solche Sehnsucht, fortzukommen, fort in die weite Welt hinaus, aber nicht zu sehr in die Nähe von Frankreich.

Und da schnürte er seinen Ranzen und wanderte weit nach Deutschland hinein, von Stadt zu Stadt, ohne Rast noch Ruh; erst als er in die alte, prachtvolle Stadt Nürnberg kam, war es, als fiele die Unstetigkeit ein wenig von ihm ab, er vermochte zu bleiben.

Es ist eine wunderliche alte Stadt, wie aus einer Bilderchronik ausgeschnitten. Die Straßen laufen, wie sie selber wollen, die Häuser schätzen es nicht, in gerader Reihe zu stehen; Erker mit kleinen Türmen, Schnörkeln und Bildsäulen springen über den Bürgersteig vor, und hoch oben unter den seltsam ineinandergeschachtelten Dächern ragen bis mitten über die Straße Dachtraufen hinaus, die wie Drachen und Hunde mit langen Leibern geformt sind.

Hier auf dem Marktplatz stand Knud mit dem Ranzen auf dem Rücken; er stand an einem der alten Springbrunnen, an dem die herrlichen erzenen Figuren, biblische und historische, zwischen den sprudelnden Wasserstrahlen stehen. Eine hübsche Dienstmagd holte gerade Wasser, sie gab Knud einen Labetrunk; und da sie eine ganze Handvoll Rosen hatte, schenkte sie ihm auch eine von diesen, und das erschien ihm als ein gutes Vorzeichen.

Aus der Kirche nebenan brauste die Orgel zu ihm heraus, das klang so heimatlich, ebenso wie von der Kirche in Kjöge, und er betrat den großen Dom; die Sonne fiel durch die gemalten Scheiben zwischen die hohen, schlanken Säulen; seine Gedanken waren voller Andacht, sein Gemüt voller Stille.

Und er suchte und fand einen guten Meister in Nürnberg, und bei diesem blieb er und lernte die Sprache des Landes.

Die alten Gräben rund um die Stadt sind in kleine Nutzgärten umgewandelt, aber die hohen Mauern stehen noch mit ihren dicken Türmen; der Seiler dreht seine Seile auf dem hölzernen Umgang an der Innenseite der Mauer, und hier wachsen ringsum aus Rissen und Löchern Holundersträucher, die ihre Zweige über die kleinen, niedrigen Häuser hängen lassen, und in einem davon wohnte der Meister, bei dem Knud arbeitete; über das kleine Dachfenster, hinter dem er schlief, neigte der Holunder seine Zweige.

Hier wohnte er einen Sommer und einen Winter, aber als der Frühling kam, war es hier nicht auszuhalten, der Holunder stand in Blüte, und es duftete so heimatlich, es war, als wäre er im Garten in Kjöge – und da zog Knud von seinem Meister fort und zu einem anderen etwas weiter drinnen in der Stadt, wo es keine Holundersträucher gab.

Die Werkstatt, in die er kam, lag dicht an einer der alten, steinernen Brücken über einer immer brausenden, niedrigen

Wassermühle; draußen war nur ein reißender Fluß, eingezwängt zwischen Häusern, die alle mit alten, brüchigen Balkons behangen waren, es sah aus, als wollten sie sie ins Wasser hinunterschütteln. Hier wuchs kein Holunder, hier gab es nicht einmal einen Blumentopf mit ein bißchen Grün darin, aber gerade gegenüber stand ein großer, alter Weidenbaum, der aussah, als hielte er sich an dem Haus dort fest, um nicht von der Strömung mitgerissen zu werden; der streckte seine Äste über den Fluß, genauso wie die Weide in dem Garten am Kjögebach.

O ja, er war wahrlich von Holunderweibchen zu Weidenvater gezogen, der Baum hier, namentlich an Mondscheinabenden, hatte etwas, was ihm das Gefühl eingab:

„dänisch zu sein
bei Mondenschein!"

aber der Mondschein war es gar nicht, der das bewirkte, nein, es war der alte Weidenbaum.

Er konnte es nicht aushalten, und weshalb nicht? Frage die Weide, frage den blühenden Holunder! – Und da sagte er dem Meister Lebewohl und Nürnberg ebenfalls und zog weiter.

Zu keinem sprach er von Johanne; in sein Inneres verschloß er sein Leid, und der Geschichte von den Honigkuchen legte er eine seltsame Bedeutung bei; jetzt verstand er, weshalb der Mann von den beiden eine bittere Mandel an der linken Seite hatte, er hatte selber einen bitteren Geschmack davon bekommen, und Johanne, die immer so mild und freundlich gewesen war, sie war nur Honigkuchen. Es war, als kniffe ihn der Riemen seines Ranzens, so daß es ihm schwer wurde, Luft zu holen, er lockerte ihn, aber es nützte nichts. Die Welt um ihn her war nur halb, die andere Hälfte trug er in sich, so war es!

Erst als er die hohen Berge sah, wurde die Welt für ihn größer, seine Gedanken wandten sich seiner Umgebung zu, ihm traten Tränen in die Augen. Die Alpen kamen ihm vor wie die zusammengefalteten Flügel der Erde; als ob diese sie nun erhöbe, die großen Federn mit bunten Bildern von schwarzen Wäldern, rauschenden Gewässern, Wolken und Schneemassen ausbreitete! „Am Jüngsten Tag erhebt die Erde die großen Fittiche, fliegt zu Gott und birst wie eine Blase in seinen lichten Strahlen! Oh, wenn der Jüngste Tag doch käme!" seufzte er.

Still wanderte er durch das Land, das ihm wie ein grasbewachsener Obstgarten vorkam; von den hölzernen Altanen der Häuser nickten ihm die klöppelnden Mädchen zu, die Berggipfel glühten in der roten Abendsonne, und als er die grünen Seen zwischen den dunklen Bäumen erblickte, da dachte er an den Strand der Kjögebucht; und in seiner Brust war Wehmut, aber kein Schmerz.

Dort wo der Rhein wie eine einzige lange Woge heranrollt, niederstürzt, zersprüht und in schneeweiße, helle Wolkenmassen verwandelt wird – als würden hier die Wolken erschaffen, der Regenbogen flattert wie ein loses Band darüber hin –, da dachte er an die Wassermühle bei Kjöge, wo das Wasser rauschte und zersprühte.

Gern wäre er in der stillen Rheinstadt geblieben, aber hier gab es soviel Holunder und so viele Weidenbäume – und so zog er weiter; über die hohen, mächtigen Berge, durch Felsschründe und auf Straßen dahin, die gleich Schwalbennestern an der Steinwand klebten. Das Wasser brauste in der Tiefe, die Wolken lagen unter ihm; über blanke Disteln, Alpenrosen und Schnee ging er in der warmen Sommersonne dahin – und nun sagte er den Ländern des Nordens Lebewohl und stieg hinunter zu Kastanienbäumen, zwischen Weingärten und Maisfeldern. Die Berge waren eine Mauer zwischen ihm und allen Erinnerungen, und so sollte es sein.

Dort vor ihm lag eine große, prächtige Stadt, Mailand hieß sie, und hier fand er einen deutschen Meister, der ihm Arbeit gab; es war ein altes, rechtschaffenes Ehepaar, in dessen Werkstatt er gekommen war. Und sie gewannen den kleinen Gesellen lieb, der wenig sprach, um so mehr arbeitete und fromm und christlich war. Es war auch, als hätte Gott die schwere Last von seinem Herzen genommen.

Seine größte Lust war es, ab und zu einmal auf die gewaltige Marmorkirche hinaufzusteigen, sie schien ihm wie aus Schnee von daheim erschaffen, der zu Bildern geformt war, zu spitzen Türmen, blumengeschmückten offenen Hallen; aus jedem Winkel, von jeder Spitze und jedem Bogen lächelten die weißen Bildsäulen zu ihm nieder. Oben drüber sah er den blauen Himmel, unter sich die Stadt und die weithin sich dehnende grüne lombardische Tiefebene und nach Norden zu die hohen Berge mit dem ewigen Schnee – da dachte er an die Kirche von Kjöge mit den Efeuranken an den roten Mauern, aber er sehnte sich nicht dorthin; hier hinter den Bergen wollte er begraben werden.

Ein Jahr lang hatte er hier gelebt, es war drei Jahre her, seit er die Heimat verlassen hatte; da führte ihn der Meister in die Stadt, nicht in die Arena, um die Kunstreiter zu sehen, nein, in die große Oper, und diesen Saal zu sehen lohnte sich ebenfalls. Auf sieben Rängen hingen hier seidene Gardinen, und vom Parkett bis zur Decke in schwindelnder Höhe saßen die feinsten Damen mit Blumensträußen in den Händen, als wollten sie auf einen Ball gehen, und die Herren waren im feinsten Anzug und viele mit Silber und mit Gold geschmückt. Es war so hell wie im hellsten Sonnenschein, und dann brauste die Musik so stark und wunderbar, es war prachtvoller als das Theater in Kopenhagen, aber dort war immerhin Johanne gewesen, und hier – ja, es war wie Zauberei, der Vorhang ging hoch, und auch hier stand Johanne in Gold und Seide mit einer goldenen Krone auf dem Kopfe; sie sang, wie nur ein Engel Gottes singen kann; sie trat so weit nach vorn, wie sie konnte, sie lächelte, wie nur Johanne lächeln konnte; sie sah genau zu Knud hin.

Der arme Knud ergriff des Meisters Hand und rief laut: „Johanne!" aber man konnte es nicht hören, die Musikanten spielten so laut drauflos; und der Meister nickte dazu: „Ja, gewiß, sie heißt Johanne!" und dann nahm er ein gedrucktes Blatt und zeigte, daß dort ihr Name stand, ihr ganzer Name.

Nein, es war kein Traum! Und alle Menschen jubelten ihr zu und warfen Blumen und Kränze zu ihr hinauf, und

immer, wenn sie ging, riefen sie von neuem nach ihr, sie kam und ging und kam abermals.

Draußen auf der Straße scharten sich die Menschen um ihren Wagen, und sie zogen ihn, und Knud war am allerweitesten vorn und am allerfröhlichsten, und als sie zu ihrem prächtig erleuchteten Hause kamen, stand Knud dicht am Wagenschlag, der aufging, und sie trat heraus, und das Licht schien auf ihr liebliches Antlitz, und sie lächelte und dankte so freundlich, und sie war so gerührt; und Knud blickte ihr mitten ins Gesicht, aber sie erkannte ihn nicht. Ein Herr mit einem Stern auf der Brust reichte ihr den Arm – sie seien verlobt, sagte man.

Und da ging Knud nach Hause und schnürte seinen Ranzen; er wollte, er mußte heim zum Holunder und zur Weide – ach, unter dem Weidenbaum! In einer Stunde kann man ein ganzes Menschendasein durchleben!

Sie baten ihn zu bleiben; keine Worte konnten ihn zurückhalten; sie sagten ihm, es ginge auf den Winter zu und in den Bergen fiele Schnee; aber in der Spur des langsam fahrenden Wagens – diesem mußte ja der Weg gebahnt werden – konnte er gehen, mit dem Ranzen auf dem Rükken, auf seinen Stock gestützt.

Und er ging auf das Gebirge zu, stieg es hinauf und wieder hinunter; er war entkräftet und konnte noch keinen Ort, kein Haus sehen; er wanderte gen Norden. Die Sterne über ihm wurden angezündet, seine Füße wankten, sein Kopf schwindelte ihm; tief drunten im Tale wurden auch Sterne angezündet, es war, als dehnte sich der Himmel auch unter ihm weit aus. Er fühlte sich krank. Der Sterne dort unten wurden mehr und mehr, sie wurden immer heller, sie bewegten sich hierhin und dorthin. Es war ein kleiner Ort, dessen Lichter glitzerten, und als er das erkannt hatte, raffte er seine letzten Kräfte zusammen und erreichte dort eine ärmliche Herberge.

Eine ganze Nacht und einen Tag blieb er hier, denn sein Körper bedurfte der Ruhe und Pflege. Im Tale herrschten Tauwetter und Nässe. Eines Morgens in der Frühe kam ein Leiermann, der spielte eine Melodie aus Dänemark, und da konnte Knud es nicht länger aushalten – er ging tagelang, viele Tage lang, mit einer Eile, als gälte es heimzukommen, ehe sie dort alle gestorben wären; aber zu niemandem sprach er von seiner Sehnsucht, niemand hätte geglaubt, daß er ein Herzeleid hatte, das tiefste, welches man haben kann, das ist nichts für die Welt, es ist nicht vergnüglich, das ist nicht einmal etwas für die Freunde, und er hatte keine Freunde! Fremd ging er im fremden Land dahin, heimwärts, gen Norden. In dem einzigen Brief von zu Hause, den die Eltern vor Jahr und Tag geschrieben hatten, stand: „Du bist nicht richtig dänisch wie wir anderen daheim! Wir sind es so über alle Maßen! Du liebst nur die Fremde!" Die Eltern mochten es schreiben – ja, sie kannten ihn ja!

Es war Abend, er ging auf der offenen Landstraße dahin, es begann zu frieren; das Land selber wurde immer flacher, hier waren Felder und Wiesen; dort an der Straße stand ein großer Weidenbaum; alles sah so heimatlich, so dänisch aus! Er setzte sich unter die Weide, er fühlte sich so müde, er beugte den Kopf hinab, seine Augen schlossen sich zum Schlaf, aber er fühlte und spürte, wie die Weide ihre Äste zu ihm niedersenkte, der Baum schien ein alter, gewaltiger Mann zu sein, es war Weidenvater selbst, der ihn in seine Arme nahm und ihn, den müden Sohn, ins dänische Land heimtrug, an den freien, fahlen Strand, in die Stadt Kjöge, zum Garten der Kindheit. Ja, es war der Weidenbaum aus Kjöge selber, der in die Welt hinausgezogen war, um ihn zu suchen und zu finden, und nun hatte er ihn gefunden und in den kleinen Garten am Bach gebracht, und hier stand Johanne in all ihrer Pracht, mit der goldenen Krone auf dem Kopf, so wie er sie zuletzt gesehen hatte, und rief: „Willkommen!"

Und dicht vor ihnen standen zwei seltsame Gestalten, aber sie sahen viel menschlicher aus als in der Kindheit, sie hatten sich auch verändert; es waren die beiden Honigkuchen, das Mannsbild und das Frauenzimmer; sie kehrten ihm die Vorderseite zu und sahen gut aus.

„Danke!" sagten sie beide zu Knud; „du hast uns die Zunge gelöst! Du hast uns gelehrt, daß man freimütig seine Gedanken aussprechen soll, sonst führt es zu nichts! Und nun hat es zu was geführt – wir sind verlobt!"

Und dann gingen sie Hand in Hand durch die Straßen von Kjöge, und sie sahen auf der Rückseite sehr anständig aus, man konnte ihnen nichts nachsagen! Und sie gingen geradeswegs auf die Kirche von Kjöge zu, und Knud und Johanne folgten hinterdrein; die gingen ebenfalls Hand in Hand, und die Kirche stand wie zuvor mit roten Mauern und schönem Efeugrün da, und das große Portal der Kirche öffnete sich auf beiden Seiten, und die Orgel brauste, und das Mannsbild und das Frauenzimmer gingen beide durch das Kirchenschiff. „Die Herrschaft zuerst!" sagten sie, „die Brautleute der Honigkuchen!" und dann traten sie beide auf die Seite, um Knud und Johanne Platz zu machen, und die knieten dort oben, und sie neigte ihren Kopf über sein Gesicht, und aus ihren Augen rollten eiskalte Tränen, es war das Eis um ihr Herz, das durch seine starke Liebe schmolz, und sie fielen auf seine glühenden Wangen, und – er erwachte davon und saß unter dem alten Weidenbaum im fremden Land an einem winterlich kalten Abend; aus den Wolken fielen eisige Hagelkörner herab, die gegen sein Gesicht peitschten.

„Es war der schönste Traum meines Lebens!" sagte er, „und es war ein Traum. Gott, laß mich ihn noch einmal träumen!" und er schloß die Augen, er schlief ein, er träumte.

Am frühen Morgen fiel Schnee, der wirbelte über seine Füße hinweg, er schlummerte. Die Dörfler gingen in die Kirche; dort saß ein Handwerksbursche, er war tot, erfroren – unter dem Weidenbaum.

FÜNF AUS EINER ERBSENSCHOTE

In einer Erbsenschote saßen fünf Erbsen, sie waren grün, und die Schote war grün, und so glaubten sie, die ganze Welt sei grün, und das war völlig richtig! Die Schote wuchs, und die Erbsen wuchsen; sie richteten sich die Wohnung entsprechend ein; in einer geraden Reihe saßen sie. Die Sonne schien draußen und erwärmte die Schote, der Regen machte sie durchsichtig; es war hier heimelig und schön, hell am Tage und dunkel des Nachts, so wie es sein mußte, und die Erbsen wurden größer und dachten immer mehr nach, wie sie da so saßen, denn irgend etwas mußten sie ja tun.

„Soll ich immer hier sitzen bleiben!" sagten sie. „Wenn ich nur nicht zu hart davon werde, daß ich so lange sitze. Ist mir nicht so, als wäre draußen irgend was? Ich habe so ein Gefühl!"

Und Wochen vergingen; die Erbsen wurden gelb, und die Schote wurde gelb. „Die ganze Welt wird gelb!" sagten sie, und das durften sie auch ruhig sagen.

Da verspürten sie ein Rütteln in der Schote; die wurde abgerissen, sie geriet in Menschenhände und kam in eine Joppentasche mit anderen vollen Erbsenschoten. „Nun wird bald geöffnet werden!" sagten sie, und darauf warteten sie.

„Nun bin ich gespannt, wer von uns es am weitesten bringt!" sagte die kleinste Erbse. „Ja, nun wird es sich bald herausstellen."

„Komme, was kommen mag!" sagte die größte.

„Knack!" da platzte die Schote, und alle fünf Erbsen kullerten in den hellen Sonnenschein hinaus; sie lagen in einer Kinderhand, ein kleiner Junge hielt sie und sagte, das wären wirklich gute Erbsen für seine Holunderbüchse; und sogleich kam die eine Erbse in die Büchse und wurde abgeschossen.

„Jetzt fliege ich in die weite Welt hinaus! fang mich, wenn du kannst!" und dann war sie weg.

„Ich", sagte die zweite, „fliege bis in die Sonne hinein, das ist eine richtige Erbsenschote, die paßt gerade für mich!"

Weg war sie.

„Ich schlafe, wo ich hinkomme", sagten die beiden nächsten, „aber wir werden schon vorwärts kullern!" und dann kullerten sie zuerst auf den Fußboden, ehe sie in die Fliederbüchse kamen, aber hinein kamen sie. „Wir bringen es am weitesten!"

„Komme, was da mag!" sagte die letzte und wurde in die Luft abgeschossen, und sie flog auf das alte Brett unter dem Giebelfenster, mitten in eine Ritze hinein, wo Moos und weiche Erde war, da flog sie hin; und das Moos schloß sich um sie; da lag sie gut verwahrt, aber von unserem Herrgott nicht vergessen.

„Komme, was da mag!" sagte sie.

In der Dachkammer wohnte eine arme Frau, die tagsüber ausging, um Öfen zu putzen, ja, auch Holz zu sägen und schwere Arbeit zu tun, denn Kräfte besaß sie, und fleißig war sie, aber sie blieb so arm wie je, und daheim in der kleinen Kammer lag ihre halberwachsene einzige Tochter, die war fein und zart; ein ganzes Jahr hatte sie zu Bett gelegen und schien weder leben noch sterben zu können.

„Sie geht zu ihrer kleinen Schwester!" sagte die Frau. „Ich hatte die zwei Kinder, es war für mich schwer genug, die beiden zu versorgen, aber dann teilte der Herrgott mit mir und nahm das eine zu sich; nun hätte ich gern das zweite behalten, das ich noch habe, aber er will anscheinend nicht, daß sie getrennt sein sollen, und sie geht zu ihrer kleinen Schwester hinauf!"

Aber das kranke Mädchen blieb; es lag den ganzen Tag still und geduldig da, während die Mutter fort war, um etwas zu verdienen.

Es war um die Frühlingszeit, und zu früher Morgenstunde, als die Mutter eben zur Arbeit gehen wollte, schien die Sonne so schön durch das Fenster auf den Fußboden, und das kleine Mädchen sah auf die unterste Fensterscheibe.

„Was ist das Grüne, was da neben der Scheibe hervorguckt? Es bewegt sich im Wind!"

Und die Mutter ging zum Fenster und öffnete es einen Spalt weit. „Oh!" sagte sie, „das ist tatsächlich eine kleine Erbse, die mit ihren grünen Blättern da hervorkeimt. Wie ist sie da in den Spalt hineingeraten? Da hast du ja einen kleinen Garten, den du dir ansehen kannst!"

Und das Bett der Kranken wurde näher ans Fenster gerückt, wo sie die keimende Erbse sehen konnte, und die Mutter ging zur Arbeit.

„Mutter, ich glaube, ich werde gesund!" sagte abends das kleine Mädchen. „Die Sonne hat heute so warm zu mir hereingeschienen. Die kleine Erbse gedeiht so gut! Und ich werde bestimmt auch gesund werden und aufstehen und in den Sonnenschein hinauskommen!"

„Möge es so kommen!" sagte die Mutter, aber sie glaubte nicht, daß es der Fall sein würde; jedoch an den grünen Keimling, der dem Kind diese Lebensfreude geschenkt hatte, steckte sie einen Stock, damit der Wind ihn nicht knicke; sie befestigte einen Bindfaden am Brett und oben an dem Fensterrahmen, damit die Erbsenranke etwas hätte, woran sie sich anlehnen und hochranken konnte,

wenn sie größer wurde, und das tat sie; man konnte täglich sehen, wie sie wuchs.

„Nein, die setzt ja Blüten an!" sagte die Frau eines Morgens, und nun schöpfte sie auch Hoffnung und glaubte, daß das kranke kleine Mädchen gesund werden könnte; es kam ihr zum Bewußtsein, daß das Kind in der letzten Zeit lebhafter gesprochen hatte, die letzten Tage hatte es sich morgens selbst im Bett aufgerichtet und dagesessen und mit strahlenden Augen seinen kleinen Erbsengarten aus einer einzigen Erbse angeschaut. Eine Woche später war die Kranke zum erstenmal über eine Stunde auf. Glückselig saß sie im warmen Sonnenschein; das Fenster war geöffnet, und draußen stand eine voll entfaltete weißrosa Erbsenblüte. Das kleine Mädchen neigte den Kopf und küßte ganz zart die feinen Blütenblätter. Dieser Tag war wie ein Festtag.

„Der Herrgott hat sie selber gepflanzt und sie wachsen lassen, um dir damit Hoffnung und Freude zu schenken, mein einziges Kind, und mir auch!" sagte die frohe Mutter und lächelte der Blüte zu, als wäre sie ein guter, von Gott gesandter Engel.

Nun aber die übrigen Erbsen! – Ja, die, welche in die weite Welt hinausflog – „Fang mich, wenn du kannst!" –, fiel in die Regenrinne und kam in einen Taubenkropf, und da lag sie dann wie Jonas im Walfisch. Die beiden Faulenzer brachten es genauso weit, sie wurden von den Tauben gefressen, und das bedeutet, daß man handfesten Nutzen stiftet; die vierte aber, die zur Sonne hinauf wollte – die fiel in den Rinnstein und lag Tage und Wochen hier in dem schlammigen Wasser, wo sie richtig aufquoll.

„Ich werde so schön dick!" sagte die Erbse. „Ich platze noch, und ich glaube, weiter kann es keine Erbse bringen, noch hat es je eine weiter gebracht. Ich bin die bemerkenswerteste von den fünfen aus der Erbsenschote!"

Und der Rinnstein pflichtete ihr bei.

Aber das junge Mädchen am Dachfenster hatte leuchtende Augen, den Schimmer der Gesundheit auf den Wangen, und sie faltete die feinen Hände über der Erbsenblüte und dankte dem Herrgott dafür.

„Ich halte an meiner Erbse fest!" sagte der Rinnstein.

EIN BLATT VOM HIMMEL

Hoch droben in der dünnen, klaren Luft flog ein Engel mit einer Blume vom himmlischen Garten, und als er einen Kuß auf die Blüte drückte, ging ein winzig kleines Blättchen ab, und es fiel auf die sumpfige Erde mitten im Wald, und allsogleich schlug es Wurzel und trieb mitten unter den anderen Gewächsen Schößlinge.

„Das ist doch aber ein komischer Steckling, der da!" sagten die anderen, und keiner wollte sich so recht mit ihm abgeben, weder Distel noch Brennessel.

„Das ist sicher eine Art Gartenpflanze!" sagten sie und feixten, und so machte man sich über die „Gartenpflanze" lustig; aber sie wuchs und wuchs wie keines von den anderen und trieb ihre Zweige weithin in langen Ranken.

„Wo willst du hin?" sagten die hohen Disteln, die an jedem Blatt Dornen haben; „du machst dich ja schön breit! das ist doch keine Art! wir können hier nicht stehen und dich tragen!"

Der Winter kam, der Schnee lag auf der Pflanze, aber die Schneeschicht erhielt von ihr einen Glanz, als wäre sie von unten her vom Sonnenlicht durchstrahlt. Im Frühling stand da ein blühendes Gewächs, wunderschön wie kein anderes im Walde.

Da kam der botanische Professor, der ein Zeugnis darüber besaß, daß es mit ihm seine Richtigkeit hatte, er sah sich die Pflanze an, er biß hinein, aber sie stand nicht in seiner Pflanzenlehre; es war ihm unmöglich festzustellen, zu welcher Klasse sie gehörte.

„Es ist eine Entartung!" sagte er. „Ich kenne sie nicht, sie ist nicht im System aufgeführt!"

„Nicht im System aufgeführt!" sagten Disteln und Nesseln.

Die großen Bäume ringsum hörten, was gesagt wurde, und auch sie sahen, daß es kein Strauch von ihrer Art war; aber sie sagten nichts, weder Böses noch Gutes, und das ist immer das Sicherste, wenn man dumm ist.

Da kam ein armes, unschuldiges Mädchen durch den Wald gegangen; ihr Herz war rein, ihr Verstand groß durch den Glauben, all ihr Erbe in dieser Welt war eine alte Bibel, aber von deren Seiten sprach Gottes Stimme zu ihr: „Wollen die Menschen dir übel, denke an die Geschichte von Joseph: ‚Sie dachten Böses in ihren Herzen, aber Gott gedachte es zum besten zu kehren.‘ Leidest du Unrecht, wirst du verkannt und verhöhnt, so erinnere dich seiner, des Reinsten und Besten, seiner, den sie verspotteten und an das Holz des Kreuzes nagelten, wo er betete: ‚Vater, vergib ihnen, denn sie wissen nicht, was sie tun!‘ "

Sie hielt auf ihrem Wege vor der wunderbaren Pflanze an, deren grüne Blätter so süß und erquickend dufteten und deren Blüten in dem hellen Sonnenschein ein ganzes Farbenfeuerwerk zu sein schienen; und es tönte von jeder einzelnen auf, als berge sie den tiefen Brunnen der Melodien, der in Jahrtausenden nicht ausgeschöpft wird. In frommer Andacht blickte sie auf all diese Herrlichkeit Gottes; sie bog einen der Zweige herab, um die Blüte richtig zu betrachten, und atmete ihren Duft ein, und es leuchtete in ihrem Gemüt, es tat ihrem Herzen so wohl; gern hätte sie eine Blüte besessen, aber sie brachte es nicht über sich, eine zu brechen, dann würde sie ja bald bei ihr welken; und sie nahm nur ein einziges von den grünen Blättern, nahm es mit nach Hause, legte es in ihre Bibel, und da blieb es frisch, immer frisch, und welkte nicht.

Zwischen den Seiten der Bibel lag es verwahrt; mit der Bibel wurde es unter den Kopf des jungen Mädchens gelegt, als sie Wochen später in ihrem Sarge lag, mit dem heiligen Ernst des Todes auf dem frommen Gesicht, als ob es im irdischen Staub eingezeichnet wäre, daß sie jetzt vor ihrem Gott stehe.

Aber draußen im Walde blühte die wunderbare Pflanze, sie sah bald aus wie ein ganzer Baum, und alle Zugvögel kamen und verneigten sich vor ihr, vor allem die Schwalbe und der Storch.

„Das ist ausländische Afferei!" sagten Distel und Klette, „so könnten wir daheim uns doch nie benehmen!"

Und die schwarzen Waldschnecken spuckten den Baum an.

Da kam der Schweinehirt, er zog Disteln und Ranken heraus, um von dem Grün Asche zu brennen; der ganze wunderbare Baum mitsamt den Wurzeln geriet mit in sein Bündel. „Der wird auch nützlich sein!" sagte er, und schon war es getan.

Aber seit Jahren litt der König des Landes an tiefster Schwermut; er war fleißig und arbeitsam, es nützte nichts; ihm wurden tiefsinnige Schriften vorgelesen, und es wurden die allerleichtesten vorgelesen, die man auftreiben konnte, es nützte nichts. Da kam Bescheid von einem der weisesten Männer der Welt, man hatte sich an ihn gewandt, und er teilte ihnen mit, daß es ein sicheres Mittel gebe, den Leidenden zu laben und zu heilen. „In des Königs eigenem Reiche wächst im Wald eine Pflanze himmlischen Ursprungs, so und so sieht sie aus, man kann sie nicht verfehlen!" – und hier folgte eine Zeichnung von der Pflanze, sie war leicht zu erkennen! – „Sie grünt Winter und Sommer; nehmt daher allabendlich ein frisches Blatt davon und legt es dem König auf die Stirn, dann erleuchtet es seinen Geist, und ein schöner Traum zur Nacht wird ihn für den kommenden Tag stärken!"

Das war nun ja deutlich genug, und alle Doctores und der botanische Professor gingen in den Wald hinaus. – Ja, wo aber war die Pflanze?

„Ich hab sie sicher mit in mein Bündel gekriegt!" sagte der Schweinehirt, „sie ist längst zu Asche geworden, aber ich habe es ja nicht gewußt!"

„Nicht gewußt!" sagten sie alle. „Unwissenheit! Unwissenheit! wie bist du groß!" und diese Worte konnte sich der Schweinehirt merken, ihn und niemand anders meinten sie.

Kein Blatt war zu finden, das einzige lag im Sarg der Toten, und davon wußte niemand etwas.

Und der König selbst kam in seinem Mißmut in den Wald hinaus an jene Stelle. „Hier hat der Baum gestanden!" sagte er, „es ist ein heiliger Ort!"

Und der Flecken Erde wurde mit einem goldenen Gitter umzäunt, und es wurde eine Schildwache aufgestellt, und zwar Tag und Nacht.

Der botanische Professor schrieb eine Abhandlung über die himmlische Pflanze, und darum wurde er vergoldet, und das war ihm eine große Freude; und die Vergoldung stand ihm und seiner Familie gut, und das ist das Erfreulichste an der ganzen Geschichte, denn das Gewächs war fort, und der König war mißmutig und traurig. „Aber das war er ja sowieso schon!" sagte die Schildwache.

„Sie taugte nichts"

Der Stadtschulze stand am offenen Fenster; er hatte ein Manschettenhemd an mit einer Nadel in der Halskrause und war außerordentlich fein rasiert, eigene Arbeit; er hatte sich jedoch aus Versehen ein wenig geschnitten, aber über den Riß war ein Stück Zeitungspapier geklebt worden.

„Du, Kleiner, hör mal!" rief er.

Und der Kleine war niemand anders als der Sohn der Waschfrau, der eben vorüberging und ehrerbietig seine Mütze abnahm; deren Schirm hatte in der Mitte einen Knick, und sie war so eingerichtet, daß sie in die Tasche gesteckt werden konnte. In den armseligen, aber sauberen und besonders fein geflickten Sachen und mit dicken Holzpantinen an, stand der Junge ehrerbietig da, als stünde er vor dem König selber.

„Du bist ein guter Junge", sagte der Stadtschulze, „du bist ein höflicher Junge! Deine Mutter spült wohl unten am Bach Wäsche; da gehst du jetzt also mit dem da hinunter, was du in der Tasche hast. Es ist eine böse Sache mit deiner Mutter! Wieviel hast du mit?"

„Eine halbe Flasche", sagte der Junge mit erschrockener, halblauter Stimme.

„Und heute morgen hat sie ebensoviel gekriegt", fuhr der Mann fort.

„Nein, das war gestern!" entgegnete der Junge.

„Zwei Halbe machen ein Ganzes! Sie taugt nichts! Es ist trostlos mit dieser Sorte von Leuten! – Sag deiner Mutter, sie sollte sich was schämen! und werde du niemals ein Trunkenbold, aber das wirst du sicher! – Armes Kind! Geh jetzt!"

Und der Junge ging; die Mütze behielt er in der Hand, und der Wind blies durch sein blondes Haar, so daß es in langen Zotteln hochwehte. Er ging über die Straße, in die Gasse hinein, zum Bach hinunter, wo die Mutter draußen im Wasser am Waschbrett stand und das dicke Leinen mit dem Bleuel schlug. Das Wasser hatte Strömung, denn die Schleusen der Wassermühle waren offen, das Laken wurde vom Strom ergriffen und riß beinahe das Waschbrett um; die Waschfrau mußte sich dagegenstemmen.

„Es fehlt nicht viel, und ich segle davon!" sagte sie, „es ist gut, daß du kommst, denn ich kann es brauchen, daß meinen Kräften ein bißchen nachgeholfen wird! Es ist kalt hier draußen im Wasser; sechs Stunden habe ich hier gestanden. Hast du mir was mitgebracht?"

Der Junge holte die Flasche heraus, und die Mutter setzte sie an den Mund und trank einen Schluck.

„Oh, wie tut das gut! wie das wärmt! Es ist ebenso gut wie warmes Essen, und es ist nicht so teuer! Trinke, mein Junge! Du siehst so blaß aus, dich friert in den dünnen Sachen! Es ist ja auch Herbst. Huh! das Wasser ist kalt! wenn ich bloß nicht krank werde! aber das werd ich schon nicht! Gib mir noch einen Schluck und trinke auch, aber nur einen kleinen Tropfen, du darfst es dir nicht angewöhnen, mein armes Kind!"

Und sie ging um den Steg herum, auf dem der Junge stand, und trat ans Ufer; das Wasser troff von der Schilfmatte, die sie um den Leib hatte, das Wasser rann ihr aus dem Rock.

„Ich schufte und schinde mich, daß das Blut mir beinahe aus den Nagelwurzeln spritzt! Aber es ist einerlei, wenn ich dich nur ehrlich und anständig durchbringen kann, mein liebes Kind!"

Im selben Augenblick kam eine etwas ältere Frau heran, ärmlich und dürftig angezogen, sie humpelte auf dem einen Bein und hatte eine riesig große falsche Locke über dem einen Auge, es sollte unter der Locke verborgen werden, aber die hob den Fehler eher hervor. Es war eine Freundin der Waschfrau, die „Maren Humpel mit der Locke" nannten die Nachbarn sie.

„Du Arme, wie du schuftest und rackerst und in dem kalten Wasser stehst! Du hast ein bißchen zum Aufwärmen wahrlich nötig, und dennoch hält man sich über den Tropfen auf, den du trinkst!" und im Nu war der Waschfrau die ganze Rede des Stadtschulzen an den Jungen weitererzählt; denn Maren hatte alles mit angehört, und sie hatte sich darüber geärgert, daß er mit dem Kind so über dessen eigene Mutter sprach und über den Tropfen, den sie sich leistete, während der Stadtschulze gerade ein großes Mittagessen veranstaltete mit Wein flaschenweise! „Feine Weine und starke Weine! Bei vielen ein bißchen über den Durst! Aber das nennt man nicht trinken! Die taugen was, aber du taugst nichts!"

„So, er hat mit dir geredet, Kind!" sagte die Waschfrau, und ihre Lippen bewegten sich zitternd: „Du hast eine Mutter, die nichts taugt! Vielleicht hat er recht! aber dem Kind hätte er das nicht sagen sollen! Jedoch, von dem Haus muß ich vieles dulden!"

„Ihr habt doch dort im Haus gedient, als die Eltern des Stadtschulzen noch lebten und dort wohnten; das ist viele Jahre her! Da sind seither viele Scheffel Salz gegessen worden, da kann man schon Durst bekommen!" und Maren lachte. „Heute ist große Mittagsgesellschaft beim Stadtschulzen, die sollte eigentlich abgesagt werden, aber nun war es ihnen zu spät geworden, und das Essen war fertig. Ich hab es vom Hausknecht. Da ist vor einer Stunde ein Brief gekommen, daß der jüngere Bruder in Kopenhagen gestorben ist!"

„Gestorben!" rief die Waschfrau aus und wurde leichenblaß.

„Nicht doch!" sagte die Frau; „Ihr laßt es Euch zu nahe gehen! Nun, Ihr kanntet ihn ja aus der Zeit, als Ihr im Hause dientet."

„Ist er gestorben? Er war der beste, der gütigste Mensch! der Herrgott bekommt nicht viele seinesgleichen!" und die Tränen liefen ihr die Wangen herunter. „Oh, mein Gott! mir dreht sich alles im Kreise! Das kommt davon, weil ich die Flasche ausgetrunken habe! ich habe es nicht vertragen! mir ist so übel!" Und sie hielt sich am Zaun fest.

„Herrgott, Ihr seid ganz krank, Mutter!" sagte die Frau. „Seht bloß zu, daß es vorübergeht! – Nein, Ihr seid richtig krank! es ist das beste, ich bringe Euch nach Hause!"

„Aber die Wäsche da!"

„Das werd ich schon besorgen! Nehmt meinen Arm! Der Junge kann hierbleiben und so lange aufpassen, dann komme ich und wasche den Rest; es ist ja nur noch ein kleines bißchen!"

Und die Waschfrau schwankte auf den Beinen.

„Ich habe zu lange in dem kalten Wasser gestanden! Ich habe seit heute morgen keinen Bissen gegessen! Ich habe Fieber! Oh, Herr Jesus! helft mir nach Hause! Mein armes Kind!" – und sie weinte.

Der Junge weinte und saß bald allein am Bach neben der nassen Wäsche. Die beiden Frauen gingen langsam, die Waschfrau taumelnd, die Gasse entlang, die Straße hinauf, vorbei an des Stadtschulzen Haus, und vor diesem sank sie aufs Pflaster nieder. Leute kamen herbei.

Maren Humpel lief ins Haus hinein um Hilfe. Der Stadtschulze mit seinen Gästen blickte aus den Fenstern.

„Es ist die Waschfrau!" sagte er, „sie hat ein wenig über den Durst getrunken; sie taugt nichts! Es ist schade um den hübschen Jungen, den sie hat. Ich habe wahrhaftig viel für das Kind übrig. Die Mutter taugt nichts!"

Und sie kam wieder zu sich und wurde in ihre armselige Behausung geführt, wo sie ins Bett gebracht wurde. Die brave Maren ging, um eine Schale warmes Bier mit Butter und Zucker zuzubereiten, das war die Medizin, von der sie meinte, es sei die beste; und dann ging sie zum Waschplatz, spülte sehr schlecht, aber recht, zog eigentlich nur die nasse Wäsche aufs Trockene und legte sie in einen Kasten.

Abends saß sie in der ärmlichen Stube bei der Waschfrau. Von der Köchin des Stadtschulzen hatte sie ein paar Zukkerkartoffeln und ein wunderbar fettes Stück Schinken für die Kranke bekommen, daran taten sich der Junge und Maren gütlich; die Kranke erfreute sich am Geruch, er sei so nahrhaft, sagte sie.

Und der Junge kam ins Bett, ins selbe Bett, in dem die Mutter schlief, aber er hatte seinen Platz quer zu ihren Füßen, unter einem alten Teppich, aus blauen und roten Streifen zusammengenäht.

Und es wurde etwas besser mit der Waschfrau; das heiße Bier hatte sie gestärkt, und der Geruch des feinen Essens tat gut.

„Danke, du gute Seele!" sagte sie zu Maren, „ich werde dir auch alles erzählen, wenn der Junge schläft! ich glaube, er tut es schon! Wie süß und lieb sieht er aus, mit den geschlossenen Augen! Er weiß nicht, wie es um seine Mutter steht. Möge Gott der Herr es ihn nie durchmachen lassen! – Ich habe beim Kammerrat, den Eltern des Stadtschulzen, gedient, da traf es sich, daß der jüngste von den Söhnen heimkam, der Student; damals war ich jung, wild und toll, aber anständig, das kann ich vor dem Angesicht des Herrn bezeugen!" sagte die Waschfrau. „Der Student war so lustig und fröhlich, so gütig! Jede Faser an ihm war rechtschaffen und gut! Einen besseren Menschen hat es auf Erden nicht gegeben. Es war der Sohn des Hauses, und ich nur eine Dienstmagd, aber wir gewannen uns lieb, in Zucht und Ehren! Ein Kuß ist jedoch keine Sünde, wenn man sich richtig liebt. Und er sagte es seiner Mutter; sie war für ihn hier auf Erden der Herrgott! Und sie war so klug, so liebevoll und liebenswert! – Er fuhr weg, und seinen goldenen Ring steckte er mir an den Finger. Als er weit fort war, da rief mich meine Dame zu sich herein; ernst und doch so freundlich stand sie vor mir, sprach, wie der Herrgott es hätte tun können; sie führte mir den Abstand zwischen ihm und mir vor Augen, geistig und dem Range nach. ‚Jetzt sieht er nur, wie gut du aussiehst, aber das Aussehen verschwindet! Du hast keine Bildung genossen so wie er, ihr seid einander nicht gleich in der Welt des Geistes, und darin liegt das Unglück. Ich achte den Armen', sagte sie, ‚bei Gott kann er vielleicht einen höheren Platz erhalten als mancher Reiche, aber man darf hier auf Erden nicht in ein falsches Gleis geraten, wenn man vorwärts fährt, sonst stürzt der Wagen um, und ihr beiden würdet stürzen! Ich weiß, daß ein braver Mann, ein Handwerker, um deine Hand gebeten hat, es ist Erik Handschuhmacher, er ist Witwer, hat keine Kinder, steht sich gut; denk darüber nach!' Jedes Wort, das sie sagte, ging mir wie ein Messer durchs Herz, aber die Frau hatte recht! und das drückte mich nieder und belastete mich! Ich küßte ihre Hand und weinte bittere Tränen, und ich weinte noch mehr, als ich in meiner Kammer war und mich auf mein Bett legte. Es war eine schwere Nacht, die nun folgte, der Herrgott weiß, wie ich litt und kämpfte. Dann ging ich am Sonntag zum Tisch des Herrn, um eine Erleuchtung zu bekommen. Und es war wie eine Fügung: als ich aus der Kirche kam, traf ich Erik Handschuhmacher. Nun war kein Zweifel mehr in mir, wir paßten in Stellung und Lebensverhältnissen zueinander, ja, er war sogar ein wohlhabender Mann, und da ging ich schnurstracks auf ihn zu, ergriff seine Hand und sagte: ‚Steht dir der Sinn noch immer nach mir?' – ‚Ja, für immer und ewig!' sagte er. – ‚Willst du ein Mädchen haben, das dich achtet und ehrt, dich aber nicht liebt? – aber das kann ja noch kommen!' – ‚Das wird kommen!' sagte er, und dann reichten wir uns die Hand. Ich ging nach Hause zu meiner Dame, den goldenen Ring, den der Sohn mir geschenkt hatte, trug ich auf meiner bloßen Brust, ich konnte ihn tagsüber nicht an den Finger stecken, sondern nur immer abends, wenn ich ins Bett ging. Ich küßte den Ring, so daß mein Mund davon blutete, und dann übergab ich ihn meiner Dame und sagte, in der nächsten Woche würden ich und der

Handschuhmacher von der Kanzel aufgeboten werden. Da nahm mich meine Dame in die Arme und küßte mich – sie sagte nicht, daß ich nichts taugte, aber damals war ich vielleicht auch besser, weil ich noch nicht soviel von den Widrigkeiten der Welt erfahren hatte. Und dann fand die Hochzeit zu Lichtmeß statt; und im ersten Jahr ging es gut, wir hielten einen Gesellen und einen Lehrling, und du, Maren, dientest bei uns."

„Oh, Ihr wart eine rührende Dienstherrin!" sagte Maren, „nie werde ich vergessen, wie freundlich Ihr und Euer Mann gewesen seid!"

„Es waren die guten Jahre, als du bei uns warst! Kinder hatten wir damals nicht. Den Studenten sah ich nie mehr! – Doch, ich sah ihn, aber er sah mich nicht! Er kam zur Beerdigung seiner Mutter her. Ich sah ihn am Grabe stehen, er war ganz kreidebleich und so traurig, aber das war um der Mutter willen. Als später der Vater starb, war er in der Fremde und kam nicht her, und er ist auch später nicht hier gewesen. Nie hat er geheiratet, das weiß ich; er war Anwalt, glaube ich! – An mich erinnerte er sich nicht, und wenn er mich gesehen hat, dann hat er mich trotzdem sicher nicht erkannt, so garstig wie ich aussehe. Und das ist ja auch gut so!"

Und sie sprach von den schweren Zeiten ihrer Heimsuchungen, wie das Unglück gleichsam über sie hereingebrochen war. Sie besaßen fünfhundert Reichstaler, und da dort in der Straße ein Haus für zweihundert zu bekommen war und es sich lohnte, es abzureißen und ein neues zu bauen, so wurde das Haus gekauft. Maurer und Zimmermann machten einen Kostenanschlag, daß es weitere tausendundzwanzig Taler kosten würde. Kredit hatte Erik Handschuhmacher, das Geld konnte er in Kopenhagen als Anleihe aufnehmen, aber der Schiffer, der es bringen sollte, erlitt Schiffbruch und das Geld mit ihm.

„Zu der Zeit brachte ich meinen lieben Jungen zur Welt, der hier schläft. – Vater war schwer und lange krank; dreiviertel Jahr lang mußte ich ihn an- und auskleiden. Es ging völlig abwärts mit uns, wir borgten und borgten; alle unsere Kleider gingen dabei drauf, und Vater starb! Ich habe gerackert und hab mich geschunden, habe gekämpft und habe mich abgemüht um des Kindes willen, Treppen gescheuert, Wäsche gewaschen, grobe und feine, aber der Herrgott will nicht, daß es mir besser geht! Doch er wird mich sicher erlösen und für den Jungen sorgen."

Und dann schlief sie ein.

Gegen Morgen fühlte sie sich gekräftigt und stark genug, wie sie meinte, um wieder an ihre Arbeit zu gehen. Sie war eben in das kalte Wasser hinausgetreten, da befiel sie ein Schüttelfrost, eine Ohnmacht; krampfhaft tastete sie mit der Hand vorwärts, machte einen Schritt aufs Ufer zu und fiel hin. Der Kopf lag auf dem Trocknen, aber die Füße lagen im Bach draußen, ihre Holzschuhe, mit denen sie auf dem Grund gestanden hatte – in jedem stak ein Heuwisch –, trieben mit der Strömung davon; hier wurde sie von Maren gefunden, die mit Kaffee zu ihr kam.

Vom Stadtschulzen war ein Bote zu ihr nach Hause geschickt worden, sie solle sofort zu ihm kommen, er hätte ihr etwas mitzuteilen. Es war zu spät. Ein Barbier war zum Aderlaß geholt worden; die Waschfrau war tot.

„Sie hat sich zu Tode getrunken!" sagte der Stadtschulze.

In dem Brief, der die Mitteilung vom Tode des Bruders brachte, war der Inhalt des Testaments wiedergegeben worden, und darin stand, daß der Handschuhmacherswitwe, die einst bei seinen Eltern gedient habe, sechshundert Reichstaler vermacht seien. Das Geld solle, wie es am tunlichsten sei, ihr und ihrem Kind in größeren oder kleineren Summen ausgezahlt werden.

„Da ist irgend was zwischen meinem Bruder und ihr gewesen!" sagte der Stadtschulze. „Nur gut, daß sie weg ist; jetzt bekommt der Junge das Ganze, und ich werde ihn zu braven Leuten geben, er kann ein guter Handwerker werden!" und diese Worte waren von Gottes Segen begleitet.

Und der Stadtschulze rief den Jungen zu sich, versprach, für ihn zu sorgen, und sagte ihm, wie gut es wäre, daß seine Mutter gestorben sei, sie taugte nichts!

Zum Friedhof wurde sie gebracht, zum Armenfriedhof.

Maren pflanzte einen kleinen Rosenstrauch auf das Grab, der Junge stand dabei.

„Meine liebe Mutter!" sagte er, und die Tränen strömten. „Ist es wahr, daß sie nichts taugte?"

„Doch, sie taugte etwas!" sagte die alte Magd und sah zum Himmel auf. „Ich weiß es aus vielen Jahren und von der letzten Nacht. Ich sage dir, sie taugte etwas! Und unser Herrgott im himmlischen Reich sagt es auch, so laß die Welt nur sagen: ‚Sie taugte nichts!'"

Die letzte Perle

Es war ein reiches Haus, ein glückliches Haus; alle dort, Herrschaft und Gesinde, auch die Freunde, waren glückselig und froh, heute war ein Erbe geboren, ein Sohn; und Mutter und Kind waren wohlauf.

Die Lampe in der gemütlichen Schlafstube war halb zugedeckt; schwere seidene Vorhänge aus kostbaren Stoffen waren dicht vor die Fenster gezogen. Der Teppich war dick und weich, wie Moos, alles war so, daß man einnicken konnte, schlafen, sich wunderbar ausruhen konnte, und das tat auch die Wartefrau, sie schlief, und das durfte sie; alles war hier schön und gut. Der Schutzgeist des Hauses stand am Kopfende des Bettes; über das Kind an der Mutter Brust breitete sich gleichsam ein Netz von glitzernden Sternen, so reich, ein jeder war eine Perle des Glücks. Die guten Feen des Lebens, sie alle hatten dem Neugeborenen ihre Gaben dargebracht! Hier funkelten Gesundheit, Reichtum, Glück, Liebe, kurzum alles, was die Menschen sich hienieden wünschen mochten.

„Alles ist dargebracht und hingegeben!" sagte der Schutzgeist.

„Nein!" erklang ganz nahe eine Stimme, es war der gute Engel des Kindes. „Eine Fee hat ihre Gabe noch nicht dargebracht, sie bringt sie aber, wird sie dereinst bringen, und wenn Jahre darüber vergehen sollten. Die letzte Perle fehlt!"

„Fehlt! hier darf nichts fehlen, und ist es wirklich so, dann wollen wir sie suchen, die mächtige Fee, wir wollen zu ihr gehen!"

„Sie kommt, sie kommt dereinst! Ihre Perle ist nötig, damit der Kranz zusammengefügt werden kann!"

„Wo wohnt sie? Wo ist ihre Heimat? Sag es mir, ich gehe und hole die Perle!"

„So sei es!" sagte der gute Engel des Kindes. „Ich führe dich zu ihr, wo immer wir sie auch suchen müssen! Sie hat keine bleibende Stätte, sie kommt ins Schloß des Kaisers und zu dem ärmsten Bauern, an keinem Menschen geht sie spurlos vorüber, ihnen allen bringt sie ihre Gabe, ob diese eine Welt ist oder ein Spielzeug! Auch diesem Kind muß sie begegnen. Du denkst, die Zeit ist ebenso lang, aber nicht ebenso nützlich, nun wohl, wir gehen und holen die Perle, die letzte Perle in diesem Reichtum!"

Und Hand in Hand schwebten sie zu dem Ort, wo in dieser Stunde die Fee zu Hause war.

Es war ein großes Haus mit dunklen Gängen, leeren Stuben, und es war seltsam still; eine Reihe Fenster standen offen, so daß die rauhe Luft ordentlich hereinströmen konnte; die langen, weißen, herabhängenden Vorhänge bewegten sich im Luftzug.

Mitten im Raume stand ein offener Sarg, und darin ruhte der Leichnam einer Frau, in ihren besten Jahren noch; die schönsten frischen Rosen lagen über sie hingestreut, so daß nur die feinen, gefalteten Hände sichtbar waren und das im Tode verklärte, edle Antlitz mit dem hohen, edlen Ernst der Weihe in Gott.

Am Sarge standen Mann und Kinder, es war eine ganze Schar; das Kleinste saß auf des Vaters Arm, sie sagten ein letztesmal Lebewohl; und der Mann küßte ihre Hand, die jetzt wie ein welkes Blatt war und ehedem mit Kraft und Liebe sie alle umsorgt hatte. Heiße, schwere Tränen fielen in großen Tropfen auf den Boden; aber es wurde kein Wort gesprochen. Das Schweigen hier schloß eine Welt von Schmerz ein. Und still, schluchzend gingen sie fort.

Hier stand eine Kerze, die Flamme bewegte sich im Wind und leckte mit ihrer langen, roten Zunge empor. Fremde Leute kamen, sie legten den Deckel über die Tote, sie hämmerten die Nägel fest, stark hallten die Hammerschläge durch die Stuben und Flure des Hauses, sie hallten in den Herzen, welche bluteten.

„Wo führst du mich hin?" fragte der Schutzgeist, „hier wohnt keine Fee, deren Perle zu den besten Gaben des Lebens gehört!"

„An diesem Orte wohnt sie, hier in dieser heiligen Stunde", sagte der Schutzengel und zeigte in die Ecke, und dort, wo zu ihren Lebzeiten die Mutter unter Blumen und Bildern gesessen hatte, wo sie als segnende Fee des Hauses Mann, Kindern und Freunden liebevoll zugenickt hatte, als Sonnenstrahl des Hauses Freude verbreitet hatte und Zusammenhalt und Herz des Ganzen gewesen war, dort saß jetzt eine fremde Frau in langem, wallendem Gewande, das

Leid war es, hier die Herrscherin, nunmehr die Mutter an der Toten Statt. In ihren Schoß rollte eine glühendheiße Träne nieder, sie wurde eine Perle; diese schimmerte in allen Farben des Regenbogens, und der Engel nahm sie auf, und die Perle leuchtete wie ein Stern in siebenfarbigem Glanze.

„Die Perle des Leids, die letzte, die man nicht missen kann! durch sie werden Glanz und Macht der anderen gesteigert. Siehst du den Schimmer des Regenbogens hier, der Erde und Himmel miteinander verbindet? Mit jedem von unseren Lieben, die von uns gehen, haben wir einen Freund mehr im Himmel, nach dem es uns verlangt. In der irdischen Nacht blicken wir zu den Sternen empor, hinauf zur Vollendung! Betrachte die Perle des Leids, in ihr liegen die Flügel der Psyche, sie tragen uns von hinnen!"

Zwei Jungfern

Hast du jemals eine Jungfer gesehen? Das heißt, was die Steinsetzer eine Jungfer nennen. Eine, mit der man das Pflaster feststampft. Sie ist ganz aus Holz, unten breit mit einem eisernen Ring herum und oben schmal mit Stöcken daran, das sind ihre Arme.

Drinnen auf dem Bauhof standen zwei solche Jungfern, sie standen unter Schaufeln, Klaftermaßen und Schubkarren, und es ging das Gerücht, daß die „Jungfer" nicht mehr „Jungfer" genannt werden sollte, sondern vielmehr „Stempel", und das ist die neueste und einzig richtige Bezeichnung in der Steinsetzersprache für das, was wir alle in alten Zeiten eine Jungfer nannten.

Nun gibt es unter uns Menschen etwas, was man „emanzipierte Frauenzimmer" nennt, zu diesen zählt man Institutsleiterinnen, Hebammen, Tänzerinnen, die von Amts wegen auf einem Bein stehen können, Modehändlerinnen und Wartefrauen, und dieser Reihe „Emanzipierter" schlossen sich auch die beiden Jungfern aus dem Bauhof an; sie waren Jungfern beim Straßenbauamt, und sie wollten unter gar keinen Umständen ihren alten, guten Namen aufgeben und sich „Stempel" nennen lassen.

„Jungfer ist ein menschlicher Name", sagten sie, „aber Stempel ist eine Sache, und wir lassen uns nicht eine Sache nennen, das ist dasselbe, als würde man beschimpft."

„Mein Verlobter ist imstande, mit mir zu brechen!" sagte die Jüngere, die mit einem Rammbock verlobt war, das ist so eine große Maschine, die Pfähle einrammt und all das im Groben tut, was die Jungfer im Feinen verrichtet. „Er will mich als Jungfer haben, aber als Stempel vielleicht nicht, und ich kann mich daher nicht umtaufen lassen!"

„Ja, eher lasse ich mir beide Arme abbrechen!" sagte die Ältere.

Der Schubkarren war jedoch anderer Meinung, und der Schubkarren war jemand, er betrachtete sich als eine Viertelkutsche, da er auf einem Rade lief.

„Ich muß Ihnen aber doch eins sagen: Jungfer genannt zu werden ist ziemlich gewöhnlich und nicht annähernd so fein wie Stempel; wenn man nämlich diesen Namen führt, dann kommt man in eine Reihe mit den Petschaften, und denken Sie doch nur an das Petschaft des Gesetzes, das besiegelt ja das Gesetz. An Ihrer Stelle würde ich die Jungfer aufgeben!"

„Niemals! dazu bin ich zu alt!" sagte die Ältere.

„Sie scheinen nicht zu kennen, was man die ‚europäische Notwendigkeit' nennt!" sagte das ehrliche alte Klaftermaß. „Man muß sich beschränken, sich unterordnen, sich der Zeit und Notwendigkeit fügen, und kommt ein Gesetz heraus, daß die Jungfer Stempel genannt werden muß, dann muß sie Stempel genannt werden. Ein jegliches Ding hat sein Klaftermaß!"

„Dann möchte ich mich doch lieber Fräulein nennen lassen, wenn es durchaus sein muß", sagte die Jüngere, „Fräulein schmeckt doch immer ein wenig nach Jungfer!"

„Ich laß mich aber lieber zu Kleinholz zerhacken!" sagte die alte Jungfer.

Nun ging es an die Arbeit; die Jungfern fuhren, sie wurden auf den Schubkarren gelegt, und das war immerhin eine feine Behandlung, aber Stempel wurden sie genannt.

„Jung...!" sagten sie, als sie auf das Pflaster stampften; „Jung...!" und sie waren eben dabei, das Wort „Jungfer" ganz zu Ende zu sprechen, aber sie stockten, sie schluckten es herunter, denn sie fanden, sie sollten nicht einmal antworten. Aber untereinander redeten sie sich immer mit dem Namen Jungfer an und priesen die gute alte Zeit, als man jegliches Ding bei seinem rechten Namen nannte und Jungfer genannt wurde, wenn man eine Jungfer war; und das blieben sie beide, denn der Rammbock, die große Maschine, brach tatsächlich mit der Jüngeren, mit einem Stempel wollte er sich nicht einlassen.

AM ÄUSSERSTEN MEER

Zwei große Fahrzeuge waren hoch hinauf zum Nordpol geschickt worden, damit sie dort die Grenze zwischen Land und Meer suchten und auskundschafteten, wie weit die Menschen dort vordringen konnten. Schon Jahr und Tag hatten sie hier oben in Nebel und Eis gekreuzt und große Mühen auf sich nehmen müssen; nun hatte der Winter eingesetzt, die Sonne war fort; viele, viele Wochen lang sollte hier eine einzige lange Nacht herrschen; alles rundum war eine große Eisfläche; an dieser waren die Schiffe festgemacht, der Schnee lag hoch, und aus dem Schnee selber hatte man wabenförmige Häuser errichtet, einige so groß wie unsere Hünengräber, andere nur gerade so groß, daß sie zwei oder vier Mann aufnehmen konnten; aber dunkel war es nicht, das Nordlicht leuchtete rot und blau, es war ein ständiges, großartiges Feuerwerk, und der Schnee leuchtete, die Nacht hier war eine einzige flammende Dämmerung; in der hellsten Zeit kamen Scharen von Eingeborenen,

seltsam anzuschauen in ihrer zottigen Pelzkleidung, auf
Schlitten, die aus Eisstücken zusammengesetzt waren; sie
brachten Felle in großen Stapeln, und die Schneehütten erhielten
dadurch warme Teppiche; Felle wurden Decken
und Oberbett, die sich die Matrosen unter der Schneekuppel
auf die Lager legten, während es draußen klirrend fror, so
wie wir es in unserer strengsten Winterzeit nicht kennen.
Bei uns herrschten noch herbstliche Tage, daran mußten die
dort oben denken; sie dachten an den Sonnenschein im
Haus und auf dem rötlichgelben Laub, das an den Bäumen
hing. Die Uhr zeigte die abendliche Stunde und Schlafenszeit
an, und in einer der Schneehütten legten sich schon zwei
zur Ruhe nieder; der Jüngere hatte seinen besten, reichsten
Schatz von zu Hause mit, den die Großmutter ihm vor der
Abreise geschenkt hatte, es war die Bibel. Allnächtlich lag
diese unter seinem Kopfkissen, er wußte aus den Kindertagen,
was darin stand; täglich las er ein Stück, und auf
seinem Lager kamen ihm oftmals so trostvoll die heiligen
Worte in den Sinn: „Nähme ich Flügel der Morgenröte und
bliebe am äußersten Meer, so würde mich doch deine Hand
daselbst führen und deine Rechte mich halten!" – und unter
den Worten der Wahrheit und des Glaubens schloß er die
Augen, der Schlaf kam, und der Traum kam, die Offenbarung
des Geistes in Gott; die Seele war lebendig während
der Ruhe des Leibes, er spürte es, es war wie die Melodien
alter lieber, wohlbekannter Lieder; es wehte eine sanfte,
sommerwarme Luft, und von seinem Lager aus sah er es
über sich glänzen, so als würde die Schneekuppel von außen
durchstrahlt; er hob den Kopf, das strahlende Weiß waren
nicht Wände oder Decke, es waren die großen Fittiche an
den Schultern eines Engels, und er blickte zu dessen sanftem,
leuchtendem Antlitz auf. Den Seiten der Bibel entstieg
der Engel, wie dem Kelch einer Lilie, breitete seine
Arme weit aus, und die Wände der Schneehütte versanken
ringsum gleich einem luftig leichten Nebelschleier; die grünen
Felder und Hügel der Heimat mit den rotbraunen Wäldern
lagen ringsum im stillen Sonnenschein eines schönen
Herbsttages; das Storchennest stand leer, aber noch hingen

Äpfel an dem Holzapfelbaum, obwohl die Blätter abgefallen waren; die roten Hagebutten leuchteten, und der Star pfiff in dem kleinen grünen Käfig über dem Fenster des Bauernhauses, das seine engste Heimat war; der Star pfiff, wie man es ihn gelehrt hatte, und die Großmutter hängte Vogelmiere um den Käfig, wie der Enkel es immer getan hatte; und die Tochter des Schmieds, so jung und so schön, stand am Brunnen und zog Wasser herauf, nickte der Großmutter zu, und Großmutter winkte, zeigte einen Brief, der weit hergekommen war; an diesem Morgen war er aus den kalten Ländern eingetroffen, hoch droben vom Nordpol, wo der Enkel war – in Gottes Hand. Und sie lachten, und sie weinten, und er, unter Eis und Schnee, dort in der Welt des Geistes, unter den Fittichen des Engels, sah und hörte alles, lachte mit ihnen und weinte mit ihnen. Und aus dem Briefe wurden die Worte der Bibel selber laut vorgelesen: „. . . am äußersten Meer seine Rechte mich halten wird!" – Wie herrlicher Choralgesang ertönte es ringsum, und der Engel ließ seine Fittiche wie einen Schleier auf den Schlafenden hinabsinken – der Traum war zu Ende, es war finster in der Schneehütte, aber die Bibel lag unter seinem Kopf, Glaube und Hoffnung lagen in seinem Herzen; Gott war mit dabei, und die Heimat war mit dabei – „am äußersten Meer".

Das Sparschwein

In der Kinderstube gab es so viel Spielzeug; hoch oben auf dem Schrank stand die Sparbüchse, sie war aus Ton, in Gestalt eines Schweines, sie hatte einen natürlichen Spalt auf dem Rücken, und der Spalt war mit einem Messer vergrößert worden, damit auch Silbertaler hineingingen, und zwei waren hineingegangen, außer vielen anderen Geldstücken. Das Sparschwein war so gepfropft voll, daß es nicht mehr klappern konnte, und das ist das Höchste, wozu es ein Sparschwein bringen kann. Da stand es nun oben auf dem Schrank und sah auf alles in der Stube hinab, es wußte wohl, daß es mit dem, was es im Bauch hatte, das Ganze kaufen konnte, und das ist wirklich ein gutes Gefühl.

Daran dachten die anderen auch, wenn sie es auch nicht sagten, man hatte ja anderes, worüber man reden konnte. Die Kommodenschublade stand ein wenig offen, und dort richtete sich eine große Puppe auf, ein wenig alt war sie und am Hals genietet; sie sah nach draußen und sagte: „Wollen

wir jetzt Menschen spielen? Das ist doch immerhin etwas!"
und da entstand Bewegung, selbst die Gemälde an den
Wänden drehten sich um, sie zeigten, daß sie auch eine
Rückseite hatten, aber es geschah nicht, weil sie widersprechen wollten.

Es war mitten in der Nacht, der Mond schien durchs Fenster, und die Beleuchtung gab's umsonst. Nun sollte das
Spiel beginnen, und alles war eingeladen, selbst der Kinderwagen, der jedoch zum gröberen Spielzeug gehörte. „Einer
ist so gut wie der andere!" sagte er, „wir können nicht alle
von Adel sein! Manche müssen auch von Nutzen sein, wie
man so sagt!"

Das Sparschwein war das einzige, das die Einladung
schriftlich erhielt, es stand zu hoch, so daß die Puppe
meinte, es könne die mündliche Einladung nicht hören, und
es gab auch keine Antwort, ob es käme, denn es kam nicht;
sollte es mit dabeisein, mußte es von zu Hause aus zugucken, das sollten sie sich gesagt sein lassen, und das taten
sie.

Das kleine Puppentheater wurde von vornherein so aufgestellt, daß das Sparschwein mitten hineinschauen konnte;
sie wollten mit dem Schauspiel anfangen, und dann wollte
man Tee reichen und Verstandesübungen machen, und mit
diesen begannen sie sofort; das Schaukelpferd sprach von
Training und Vollblut, der Kinderwagen von Eisenbahnen
und Dampfkraft – das war ja alles etwas, was zu ihrem Fach
gehörte und wo sie mitreden konnten. Die Stubenuhr
sprach von Politik – tik – tik! Die wußte, was die Glocke
geschlagen hatte, sagte aber, sie ginge nicht richtig. Der
Spazierstock tat sich auf seine Zwinge und den silbernen
Knauf etwas zugute, er war ja oben und unten beschlagen;
auf dem Sofa lagen zwei gestickte Kissen, sie waren wunderhübsch und dumm – und nun konnte das Schauspiel beginnen.

Alle saßen da und schauten zu, und man wurde aufgefordert, zu schnalzen, zu knallen und zu klappern, ganz wie es
einem Freude machte. Aber die Reitpeitsche sagte, sie knalle
nie für die Alten, sondern nur für die noch nicht Verlobten.

„Ich knalle bei allem!" sagte die Knallerbse. „Irgendwo muß man ja sein!" sagte der Spucknapf, so etwa dachte man, wenn man im Theater war. Das Stück taugte nichts, aber es wurde gut gespielt; alle Spieler kehrten die angemalte Seite nach außen: sie waren nur von einer Seite zu betrachten, nicht von der Kehrseite; und alle spielten ausgezeichnet, ganz vorn vor der Bühne, der Faden war zu lang an ihnen, aber dafür waren sie dann besser zu sehen. Die geleimte Puppe war so begeistert, daß die geleimte Stelle aufplatzte, und das Sparschwein war auf seine Weise so begeistert, daß es beschloß, für einen von ihnen etwas zu tun, ihn in seinem Testament zu bedenken, in der Weise, daß er mit ihm in der offenen Gruft liegen sollte, wenn die Zeit gekommen sein würde.

Es war ein wahrer Genuß, daher gab man den Tee auf und blieb bei der Verstandesübung, das nannte man Menschen spielen, und darin lag keine Bosheit, denn sie spielten nur – und jeder dachte an sich und daran, was das Sparschwein dachte, und das Sparschwein dachte am weitesten in die Zukunft, es dachte ja an Testament und Begräbnis – und wann war es wohl so weit – immer früher, als man es erwartet. – Knack! da fiel es vom Schrank – lag auf dem Fußboden, in tausend Scherben, während die Münzen hüpften und tanzten; die kleinsten drehten sich im Kreise, die großen rollten umher, namentlich der eine Silbertaler, er wollte mal richtig in die Welt hinaus. Und hinaus kam er, und hinaus kamen sie alle, und die Scherben von dem Sparschwein kamen in den Müllkasten, aber auf dem Schranke stand am nächsten Tag ein neues Sparschwein aus Ton, es war noch kein Schilling darin, darum konnte es auch nicht klappern, darin glich es dem anderen, es war immerhin ein Anfang – und mit dem wollen wir schließen!

Ib und die kleine Christine

Nahe dem Gudenfluß, in den Wäldern um Silkeborg, erhebt sich ein Landrücken gleich einem großen Wall, der wird „Aasen" genannt, und dort unterhalb gen Westen lag, ja liegt noch immer ein kleines Bauernhaus mit kargem Land; der Sand schimmert durch das dünne Roggen- und Gerstenfeld. Es ist jetzt eine Reihe von Jahren her; die Leute, die dort wohnten, betrieben ihre kleine Landwirtschaft, hatten außerdem drei Schafe, ein Schwein und zwei Ochsen; kurzum, sie hatten ihr leidliches Auskommen, wenn man es nimmt, wie's einem gegeben wird, ja, sie hätten es wohl auch so weit bringen können, sich ein Pferdegespann zu leisten, aber sie sagten wie die anderen Bauern drüben: „Das Pferd frißt sich selber auf!" – es verzehrt den Nutzen, den es bringt. Jeppe-Jaens bebaute im Sommer sein Stück Land, im Winter war er ein tüchtiger Holzschuhmacher. Er hatte dann auch einen Gehilfen, einen Mann, der es verstand, Holzschuhe zu schnitzen, die ebenso kräftig wie auch leicht waren und Fasson hatten; Löffel und Kellen schnitzten sie; das warf allerlei ab, man konnte Jeppe-Jaens nicht zu den armen Leuten rechnen.

Der kleine Ib, der siebenjährige Junge, das einzige Kind des Hauses, saß dabei und schaute zu, schnitzte an einem Stückchen Holz, schnitt sich auch in die Finger; aber eines Tages hatte er zwei Stück Holz so zurechtgeschnitten, daß sie aussahen wie kleine Holzschuhe; er sagte, die sollte die kleine Christine geschenkt bekommen, und das war das Töchterchen des Prahmschiffers; sie war fein und liebreizend, wie ein Herrschaftskind; hätte sie Kleider besessen, wie sie ihrer Gestalt angemessen waren, so hätte niemand vermutet, daß sie von der Heidetorfhütte in Seishede stammte. Dort drüben wohnte ihr Vater, der Witwer war und sich davon ernährte, daß er mit dem Leichter Brennholz aus dem Wald zum Aalwehr nach Silkeborg fuhr, ja, von dort aus oftmals weiter bis nach Randers hinauf. Er hatte niemanden, der auf die kleine Christine aufpassen könnte, sie war ein Jahr jünger als Ib, und daher war sie fast immer bei ihm, auf dem Prahm und mitten im Heidekraut und unter den Preißelbeerbüschen; mußte er dann unbedingt nach Randers hinauf, ja, dann kam die kleine Christine zu Jeppe-Jaensens hinüber.

Ib und Christinchen vertrugen sich gut, sowohl beim Spiel wie am Eßnapf; sie wirtschafteten herum, und sie gruben, sie kletterten und liefen umher, und eines Tages wagten sie sich ganz allein fast bis auf den Aasen hinauf und ein Stück in den Wald hinein, und hier fanden sie Schnepfeneier, das war ein großes Ereignis.

Ib war noch nie drüben auf der Seisheide gewesen, war nie mit dem Leichter den Gudenfluß hinauf durch die Seen gefahren, aber jetzt war es so weit: er war vom Prahmschiffer eingeladen worden, und am Abend vorher ging er mit ihm zusammen nach Hause.

Auf den hoch aufgepackten Holzkloben im Prahm saßen früh am Morgen die beiden Kinder und aßen Brot und Himbeeren. Der Prahmführer und sein Gehilfe stakten sich vorwärts, es ging mit der Strömung in schneller Fahrt den Fluß hinab, durch die Seen, die durch Wald und Schilf schier zugesperrt wurden, aber immer gab es doch einen Durchlaß, auch wenn die alten Bäume sich ganz darüberneigten und die Eichen abgeschälte Äste vorstreckten, so als hätten sie aufgekrempelte Ärmel und wollten ihre knorrigen, nackten Arme zeigen! Alte Erlen, die die Strömung an der Böschung gelockert hatte, hielten sich mit ihren Wurzeln am Boden fest und sahen aus wie kleine Waldinseln; Wasserrosen schaukelten auf dem Wasser; es war eine wunderbare Fahrt! Und nun kam man zum Aalwehr, wo das Wasser durch die Schleusen brauste; da gab es für Ib und Christine etwas zu sehen!

Damals waren hier unten weder eine Fabrik noch ein Ort, hier stand nur der alte Zuchthof, und der Bestand dort war nicht groß, das niederstürzende Wasser in der Schleuse und der Schrei der Wildente waren damals das einzige, immer

wiederkehrende Leben hier. – Als nun die Holzkloben umgeladen waren, kaufte sich Christines Vater ein großes Bund Aale und ein geschlachtetes Ferkel, und alles wurde in einem Korb achtern in den Leichter gestellt. Jetzt ging es stromauf, aber der Wind kam von hinten, und als sie ein Segel setzten, war es genauso, als hätten sie zwei Pferde vorgespannt.

Als sie mit dem Prahm so weit drinnen in den Wäldern waren, daß der Mann, der im Prahm mithalf, von hier aus nur ein kurzes Stück nach Hause hatte, gingen er und Christines Vater an Land, geboten aber den Kindern, sich ruhig zu verhalten und vorsichtig zu sein; aber das taten sie nicht lange, sie mußten einmal in den Korb hineinschauen, in dem die Aale und das Schwein lagen, und das Schweinchen mußten sie hochnehmen und halten, und als sie es beide halten wollten, ließen sie es fallen, und noch dazu ins Wasser hinein; da trieb es mit der Strömung, und das war ein furchtbares Ereignis.

Ib sprang ans Ufer und rannte ein Stückchen weiter, da kam auch Christine. „Nimm mich mit!" rief sie, und nun waren sie schnell drinnen im Gesträuch, sie sahen bald weder den Prahm noch den Fluß; ein kleines Stück rannten sie weiter, dann fiel Christine hin und weinte; Ib hob sie auf.

„Komm mit!" sagte er. „Das Haus liegt da drüben!" aber es lag nicht da drüben. Sie gingen und gingen, über welkes Laub und dürre abgefallene Äste, die unter ihren kleinen Füßen knackten; nun hörten sie ein lautes Rufen – sie standen still und lauschten; ein Adler schrie, es war ein häßlicher Schrei, sie erschraken sehr, aber vor ihnen, im Walde drinnen, standen die schönsten Blaubeeren, eine unglaubliche Menge; es war viel zu einladend, als daß sie nicht hätten bleiben sollen, und sie blieben, und sie aßen und wurden ganz blau um Mund und Wangen. Jetzt hörten sie abermals ein Rufen.

„Wir kriegen Haue wegen des Schweins!" sagte Christine.

„Komm, wir gehen zu uns nach Hause!" sagte Ib; „es ist hier im Wald!" und sie gingen; sie kamen an einen Fahrweg, aber nach Hause führte der nicht, dunkel wurde es, und bange waren sie. Die wundersame Stille ringsum wurde durch den garstigen Schrei der großen Waldohreule und die Stimmen von Vögeln unterbrochen, die sie nicht kannten; schließlich saßen sie beide in einem Gebüsch fest, Christine weinte, und Ib weinte, und als sie eine Weile so geweint hatten, legten sie sich ins Laub und schlummerten ein.

Die Sonne stand hoch, als sie erwachten; sie froren, aber oben auf dem Hügel dicht vor ihnen schien die Sonne zwischen den Bäumen hindurch, dort konnten sie sich aufwärmen, und von dort, meinte Ib, müßten sie das Haus seiner Eltern sehen können; aber sie waren weit entfernt davon in einem ganz anderen Teil des Waldes. Sie kletterten bis oben auf die Anhöhe hinauf und standen am Uferhang eines hellen, durchsichtigen Sees; die Fischschwärme waren von der Sonne beleuchtet; es kam ihnen so unerwartet, was sie hier sahen, und dicht neben ihnen stand ein großer Haselstrauch voller Nüsse, ja volle sieben Büschel; und sie pflückten, und sie knackten und holten die feinen Kerne heraus, die schon angefangen hatten, sich zu bilden – und dann kam noch eine Überraschung, ein Schrecken. Aus dem Gebüsch trat eine große alte Frau hervor, ihr Gesicht war ganz braun und ihr Haar ganz blank und schwarz; das Weiße in ihren Augen schimmerte wie bei einem Mohren; sie trug ein Bündel auf dem Rücken und einen Knotenstock in der Hand; es war eine Zigeunerin. Die Kinder verstanden zuerst nicht, was sie sagte; und sie holte drei große Nüsse aus der Tasche, in jeder von ihnen lägen die schönsten Dinge verborgen, sagte sie, es wären Wunschnüsse.

Ib blickte sie an, sie war so freundlich, und dann nahm er sich zusammen und fragte, ob er die Nüsse haben dürfe, und die Frau schenkte sie ihm und pflückte sich eine ganze Tasche voll von denen am Strauch.

Und Ib und Christine sahen mit großen Augen die drei Wunschnüsse an.

„Ist in der hier ein Wagen mit Pferden drin?" fragte Ib.

„Da ist eine goldene Kutsche mit goldenen Pferden drin!" sagte die Frau.

„Dann schenk mir die!" sagte die kleine Christine, und Ib gab sie ihr, und die Frau knotete die Nuß in Christines Halstuch ein.

„Ist in der hier so ein hübsches kleines Halstuch drin wie das, das Christine da hat?" fragte Ib.

„Da sind zehn Halstücher drin!" sagte die Frau, „da sind feine Kleider, Strümpfe und ein Hut drin!"

„Dann möchte ich die auch haben!" sagte Christine, und der kleine Ib schenkte ihr auch die zweite Nuß; die dritte war eine kleine schwarze.

„Die darfst du behalten!" sagte Christine, „und die ist auch schön."

„Und was ist in der drin?" fragte Ib.

„Das Allerbeste für dich!" sagte die Zigeunerin.

Und Ib hielt die Nuß fest. Die Frau versprach ihnen, sie auf den richtigen Weg nach Hause zu bringen, und sie gingen, aber allerdings in genau entgegengesetzter Richtung, als sie hätten gehen müssen, aber deswegen darf man die Frau nicht beschuldigen, daß sie Kinder stehlen wollte.

In dem Urwald begegneten sie dem Waldhüter Chraen, er kannte Ib, und mit seiner Hilfe kamen Ib und die kleine Christine nach Hause, wo man große Angst um sie hatte, und es wurde ihnen verziehen, obwohl sie beide ordentlich eins mit der Rute verdient hatten, erstens, weil sie das Ferkel hatten ins Wasser fallen lassen, und dann, weil sie weggelaufen waren.

Christine kam auf die Heide zurück, und Ib blieb in dem kleinen Waldhaus; das erste, was er abends dort tat, war, die Nuß hervorzuholen, die „das Allerbeste" in sich barg; er legte sie zwischen die Tür und den Türrahmen, machte die Tür dann zu, die Nuß brach auf, aber da war keine Spur von einem Kern darin zu sehen, die war wie mit Schnupftabak oder Erde gefüllt, die war vom Wurm gestochen worden, wie man es nennt.

„Ja, das hätte ich mir ja denken können!" meinte Ib, „wie sollte wohl da drinnen in der kleinen Nuß Platz für das Allerbeste sein? Christine kriegt weder feine Kleider noch eine goldene Kutsche von ihren beiden Nüssen!"

Und der Winter kam, und das neue Jahr kam.

Und es vergingen mehrere Jahre. Nun sollte Ib in den Konfirmandenunterricht gehen, und der Pfarrer wohnte weit weg. Um diese Zeit kam eines Tages der Prahmschiffer und erzählte Ibs Eltern, daß die kleine Christine nun fortkäme und ihr Brot verdienen sollte, und welch ein Glück es für sie wäre, daß sie in gute Hände käme und Stellung bei so braven Leuten gefunden hätte; denkt nur, sie kam zu den reichen Wirtsleuten in der Gegend von Herning, weiter westwärts, dort sollte sie der Hausfrau zur Hand gehen, und später, wenn sie sich gut machte und dort konfirmiert war, wollten sie sie behalten.

Und Ib und Christine nahmen Abschied voneinander: sie wurden die Brautleute genannt; und sie zeigte ihm beim Abschied, daß sie noch immer die beiden Nüsse besaß, die sie von ihm bekommen hatte, als sie sich im Wald verirrt hatten, und sie sagte, daß sie in ihrer Kleidertruhe die kleinen Holzschuhe aufbewahrt hätte, die er als Junge geschnitzt und ihr geschenkt hatte. Und dann trennten sie sich.

Ib wurde eingesegnet, aber er blieb im Hause seiner Mutter, denn er war ein tüchtiger Holzschuhmacher, und er versah im Sommer gut die kleine Landwirtschaft; seine Mutter hatte dafür nur ihn, Ibs Vater war gestorben.

Nur selten, und zwar nur durch einen Postkutscher oder einen Aalbauern, hörte man von Christine: es gehe ihr gut bei den reichen Gastwirtsleuten, und als sie eingesegnet worden war, schrieb sie einen Brief an den Vater mit einem Gruß an Ib und dessen Mutter; im Brief stand etwas von sechs neuen Hemden und einem wunderschönen Kleid, die Christine vom Brotgeber und der Hausfrau bekommen hatte. Das waren ja nun wirklich gute Nachrichten.

Im folgenden Frühjahr klopfte es eines schönen Tages an Ibs und seiner Mutter Tür, es war der Prahmschiffer mit Christine; sie war für einen Tag zu Besuch gekommen; da war gerade eine Fahrgelegenheit nach Them und wieder zurück gewesen, und die hatten sie benutzt. Hübsch war sie, wie ein feines Fräulein, und nette Kleider hatte sie; sie waren gut genäht, und sie paßten zu ihr. In vollem Staat stand sie da, und Ib trug die alten Werktagssachen. Er konnte die Sprache gar nicht wiederfinden; zwar nahm er ihre Hand, hielt sie ganz fest, freute sich innig, aber den Mund konnte er nicht aufbekommen, das konnte die kleine Christine, sie redete, sie konnte erzählen, und sie küßte Ib mitten auf den Mund.

„Kennst du mich denn nicht?" sagte sie; aber selbst als die beiden allein waren und er noch dastand und ihre Hand hielt, war alles, was er sagen konnte: „Du bist eine feine Dame geworden! Und ich sehe so strubbelig aus! Wie oft

habe ich an dich gedacht, Christine! und an alte Zeiten!"
Und sie gingen Arm in Arm auf den Aasen hinauf und blickten über den Gudenfluß nach Seishede hinüber, zu den großen mit Heidekraut bewachsenen Erdwellen, aber Ib sagte nichts; als sie sich dann jedoch trennten, war er mit sich darüber im reinen, daß Christine seine Frau werden müsse, sie waren ja von klein auf Brautleute genannt worden, er fand, sie waren ein verlobtes Paar, wenn auch keiner von ihnen es ausgesprochen hatte.

Nur wenige Stunden konnten sie noch zusammen sein, denn sie mußte wieder nach Them, von wo am nächsten Morgen früh der Wagen westwärts zurückfuhr. Der Vater und Ib begleiteten sie nach Them, es war heller Mondschein, und als sie dort ankamen und Ib noch immer Christines Hand festhielt, konnte er sie nicht loslassen, seine Augen waren so klar, aber der Worte fielen nur wenige, doch jedes einzelne kam vom Herzen. „Bist du es jetzt nicht zu fein gewohnt", sagte er, „und kannst du dich damit begnügen, mit mir als Ehemann in unserer Mutter Haus zu leben, dann werden wir beide einmal Mann und Frau! – Aber wir können ja noch etwas warten!"

„Ja, nun wollen wir mal erst sehen, Ib!" sagte sie; und dann drückte sie seine Hand, und er küßte sie auf den Mund. „Ich verlasse mich auf dich, Ib!" sagte Christine, „und ich glaube, ich habe dich lieb! aber laß mich erst mal drüber schlafen!"

Und so gingen sie auseinander. Und Ib erzählte dem Prahmschiffer, daß er und Christine so gut wie verlobt seien, und der Prahmschiffer fand, es sei so, wie er es sich immer gedacht hatte; und er ging mit Ib nach Hause und schlief dort bei ihm in seinem Bett, und es wurde nicht mehr von der Verlobung gesprochen.

Ein Jahr war vergangen; zwei Briefe waren zwischen Ib und Christine gewechselt worden. „Getreu bis in den Tod!" stand da als Unterschrift. Eines Tages trat der Prahmschiffer bei Ib ein, er hätte einen Gruß für ihn von Christine; was er sonst noch zu berichten hatte, kam ein bißchen langsam heraus, aber es war dies, daß es Christine gut gehe, überaus gut, sie war ja ein schönes Mädchen, geachtet und beliebt.

Der Sohn des Gastwirts war auf Besuch zu Hause gewesen; er war bei irgend etwas Großem in Kopenhagen angestellt, in einem Kontor; ihm gefiel Christine wohl, sie fand ihn ebenfalls nach ihrem Sinn, seine Eltern waren auch nicht abgeneigt, aber nun lag es Christine doch sehr auf der Seele, daß Ib sicher soviel an sie dachte, und da hatte sie die Absicht, das Glück von sich zu weisen, sagte der Prahmschiffer.

Ib sagte zunächst kein Wort, aber er wurde so weiß wie ein Laken, schüttelte ein wenig den Kopf, und dann sagte er: „Christine darf ihr Glück nicht von sich weisen!"

„Schreib ihr ein paar Worte!" sagte der Prahmschiffer.

Und Ib tat das auch, aber er konnte die Worte nicht so recht zusammensetzen, wie er wollte, und er strich aus, und er zerriß – aber am Morgen war ein Brief an die kleine Christine zustande gekommen, und hier ist er!

Den Brief, den Du an Deinen Vater geschrieben hast, den habe ich gelesen und ersehe daraus, daß es Dir in jeder Hinsicht wohlergeht und daß Du es noch besser bekommen kannst! Frag Dein Herz, Christine! und denke gut darüber nach, was Du auf Dich nimmst, wenn Du mich heiratest! Was ich habe, ist nur wenig. Denk nicht an mich und wie es mir geht, sondern denk an Deinen eigenen Vorteil! An mich bist Du durch kein Versprechen gebunden, und hast Du mir in Deinem Herzen eins gegeben, dann entbinde ich Dich davon. Alle Freuden der Welt mögen Dir beschieden werden, Christinchen! Der Herrgott hat sicher einen Trost für mein Herz!

Immer von Herzen Dein Freund Ib.

Und der Brief wurde abgeschickt, und Christine erhielt ihn.

Um Sankt Martin wurde sie von der Kanzel aufgeboten, in der Kirche in der Heide und drüben in Kopenhagen, wo der Bräutigam war, und dort hinüber reiste sie mit ihrer Herrin, da der Bräutigam wegen seiner vielen Geschäfte nicht bis ganz nach Jütland herüberkommen konnte. Christine war laut Verabredung mit ihrem Vater im Dorfe Funder zusammengetroffen, durch das der Weg führte und das für ihn der günstigste Treffpunkt war; dort nahmen die beiden Abschied voneinander. Darüber fielen auch ein paar Worte, aber Ib äußerte sich nicht dazu; er sei so nachdenklich geworden, sagte seine alte Mutter; ja, nachdenklich war er, und deshalb fielen ihm die drei Nüsse ein, die er als Kind von der Zigeunerin erhalten und von denen er Christine zwei geschenkt hatte, es waren Wunschnüsse gewesen, in einer von den ihren lagen eine goldene Kutsche und Pferde dazu, in der anderen die schönsten Kleider; das war eingetroffen! All diese Herrlichkeit erhielt sie nun drüben im königlichen Kopenhagen! Für ihre Person ging alles in Erfüllung! Für Ib war in der Nuß nur die schwarze Erde gewesen. „Das Allerbeste" für ihn, hatte die Zigeunerin gesagt – indes, auch dies ging in Erfüllung! Die schwarze Erde war das Beste für ihn. Nun verstand er ganz genau, was die Frau gemeint hatte: Die schwarze Erde, der Schutz des Grabes, das war für ihn das Allerbeste!

Und Jahre vergingen – nicht viele, aber Ib fand, es waren ange Jahre; die alten Gastwirtsleute starben, einer kurz nach dem anderen; der ganze Wohlstand, viele tausend Reichstaler, fiel an den Sohn. Ja, nun konnte Christine eine goldene Kutsche und feine Kleider in Hülle und Fülle bekommen.

In den zwei langen Jahren, die nun folgten, kam kein Brief von Christine, und als der Vater dann einen bekam, war er gar nicht in Wohlstand und Freude geschrieben. Die arme Christine! weder sie noch ihr Mann hatten es verstanden, mit ihrem Reichtum hauszuhalten, er ging dahin, wie er gekommen war, es war kein Segen darin, denn sie wollten es selber nicht.

Und die Heide stand in Blüte, und die Heide verdorrte; der Schnee hatte viele Winter hindurch über Seishede gefegt, über den Aasen, wo Ib im Windschutz wohnte; die Frühlingssonne schien, und Ib steckte den Pflug ins Erdreich, plötzlich schurrte dieser, wie er glaubte, über einen Flintstein, da stak so etwas wie ein großer, schwarzer Hobelspan aus der Erde, und als Ib ihn anfaßte, merkte er, daß es

Metall war, und wo der Pflug hineingeschnitten hatte, glänzte es ganz hell. Es war ein schwerer, großer goldener Armreif aus der heidnischen Vorzeit; hier war das Hünengrab eingeebnet, sein kostbarer Schmuck gefunden worden. Ib zeigte ihn dem Pfarrer, der erzählte ihm, was für eine herrliche Sache es sei, und von ihm ging Ib damit zum Amtmann, der darüber nach Kopenhagen berichtete und Ib riet, den kostbaren Fund selber zu überbringen.

„Du hast das Beste, was du nur finden konntest, in der Erde gefunden!" sagte der Amtmann.

„Das Beste!" dachte Ib. „Das Allerbeste für mich – und in der Erde! dann hatte das Zigeunerweib also auch mit mir recht, wenn *das* das Beste war!"

Und Ib fuhr mit der Schmacke von Aarhus ins königliche Kopenhagen; es war wie eine Reise über das Weltmeer für ihn, der er nur über den Gudenfluß gesetzt war. Und Ib kam nach Kopenhagen.

Der Wert des gefundenen Goldes wurde ihm ausbezahlt, es war eine große Summe, sechshundert Reichstaler. Dort in dem großen, verwirrenden Kopenhagen ging der Ib aus dem Wald bei Seishede umher.

Es war gerade der Abend, bevor er mit einem Schiffer nach Aarhus zurück wollte, als er sich in den Straßen verirrte, in eine ganz andere Gegend gelangte als die, in die er wollte, und er war über die Knippelsbro nach Christianshavn gekommen anstatt zum Wall bei Vesterport! Er steuerte ganz richtig gen Westen, aber nicht dorthin, wo er hin mußte. Auf der Straße war nicht eine Menschenseele zu sehen. Da kam ein kleines Mädchen aus einem ärmlichen Haus; Ib fragte sie nach dem Weg, den er suchte; sie stutzte, blickte zu ihm auf und brach in heftiges Weinen aus. Nun richtete er die Frage an sie, was ihr fehle; sie sagte etwas, was er nicht verstand, und da sie beide gerade unter einer Laterne standen und deren Licht ihr ins Gesicht schien, wurde ihm ganz seltsam zumute, denn es war die kleine Christine, wie sie leibte und lebte, ganz wie er sich ihrer aus ihrer Kindheit erinnerte.

Und er ging mit dem kleinen Mädchen in das ärmliche

Haus hinein, die schmale, ausgetretene Treppe hinauf, bis zu einer kleinen, schrägen Kammer oben unterm Dach. Hier drinnen war die Luft schwer und stickig, es brannte kein Licht; drüben in der Ecke seufzte jemand und holte mühsam Atem. Ib riß ein Schwefelholz an. Es war die Mutter des Kindes, die in dem armseligen Bette lag.

„Kann ich Euch nicht irgendwie helfen?" sagte Ib. „Die Kleine nahm mich mit, aber ich bin selber fremd hier in der Stadt. Sind hier keine Nachbarn oder sonst jemand, den ich rufen kann?" und er hob ihren Kopf.

Es war Christine aus Seishede.

Jahrelang war daheim in Jütland ihr Name nicht gefallen, er hätte Ibs stille Gedankengänge aufgewühlt, und was das Gerücht und die Wahrheit zu berichten hatten, daß das viele Geld, welches ihr Mann von seinen Eltern geerbt, ihn übermütig und haltlos gemacht hatte, war ja auch nichts Gutes; seine feste Stellung hatte er aufgegeben, war ein halbes Jahr lang in fremde Länder gereist, war zurückgekehrt und hatte Schulden gemacht und war umhergeschweift; der Wagen neigte sich mehr und mehr auf die Seite, und zuletzt kippte er um. Die vielen lustigen Freunde von seiner Tafel sagten über ihn, daß er es nicht anders verdiene, als wie es ihm erginge, er hätte ja wie toll gelebt! – Seine Leiche fand man eines Morgens im Kanal des Schloßgartens.

Christine trug den Tod in sich; ihr jüngstes Kindchen, nur wenige Wochen alt, im Wohlstand getragen, im Elend geboren, lag schon in der Grube, und nun war es mit Christine so weit, daß sie todkrank daniederlag, verlassen, in einer elenden Kammer, so elend, daß sie sie in ihren Jugendjahren in Seishede hätte ertragen können; aber jetzt, da sie Besseres gewohnt war, empfand sie deren Elend erst so richtig. Es war ihr ältestes Kind, auch eine kleine Christine, die mit ihr Not und Hunger litt und die Ib mit heraufgenommen hatte.

„Ich fürchte, ich sterbe und lasse das arme Kind allein zurück!" stieß sie stöhnend hervor, „wo in aller Welt soll sie dann hin!" – Mehr konnte sie nicht sagen.

Und Ib zündete wieder ein Schwefelholz an und fand einen Lichtstumpf, der brannte und beleuchtete die elende Kammer.

Und Ib schaute das kleine Mädchen an und dachte an Christine in ihrer Jugend; um Christines willen konnte er gütig zu diesem Kinde sein, das er nicht kannte. Die Sterbende blickte ihn an, ihre Augen wurden immer größer! Erkannte sie ihn? Er wußte es nicht, nicht ein Wort hörte er sie sagen.

Und es war im Wald am Gudenfluß, nahe Seishede; die Luft war grau, die Heide stand ohne Blüten, der Weststurm fegte das gelbe Laub aus dem Wald in den Fluß und über die Heide, wo das Grassodenhaus stand, in dem fremde Leute wohnten; aber unterhalb des Aasen, gut hinter hohen Bäumen geschützt, stand das kleine Haus, getüncht und gestrichen; in der Stube drinnen brannte im Ofen der Sumpftorf, in der Stube war Sonnenschein, er strahlte aus zwei Kinderaugen, der Lerchentriller des Frühlings tönte von dem roten, lachenden Mund, wenn er sprach, hier war Leben und Frohsinn, hier war die kleine Christine; sie saß auf Ibs Knien; Ib war ihr Vater und

Mutter, die waren fort, wie der Traum dem Kind wie dem Erwachsenen entgleitet. Ib saß in dem sauberen, schmucken Haus, ein wohlhabender Mann; die Mutter des kleinen Mädchens lag auf dem Armenfriedhof im königlichen Kopenhagen.

Ib hatte Geld in der Truhe, sagte man, Gold aus der Erde, und er hatte ja auch die kleine Christine.

TÖLPEL-HANS
Eine alte Geschichte neu erzählt

Draußen auf dem Lande lag ein alter Hof, und auf diesem saß ein alter Gutsherr, der hatte zwei Söhne, die so viel Witz hatten, daß die Hälfte genügt hätte; sie wollten um des Königs Tochter freien, und das durften sie, denn sie hatte kundtun lassen, daß sie den zum Manne nehmen wolle, der nach ihrer Meinung am gewandtesten im Reden wäre.

Die beiden bereiteten sich nun acht Tage lang vor, mehr Zeit hatten sie nicht dazu, aber das genügte auch, denn sie hatten Vorkenntnisse, und die sind nützlich. Der eine konnte das ganze lateinische Lexikon auswendig sowie drei Jahrgänge der Stadtzeitung, und zwar vorwärts wie rückwärts; der zweite hatte sich alle Zunftartikel einverleibt und was jeder Zunftmeister wissen mußte; dann könnte er über den Staat mitreden, meinte er, außerdem verstand er sich auf die Kunst, Hosenträger zu besticken, denn er war fein und hatte geschickte Finger.

„Ich kriege die Königstochter!" sagten sie beide, und dann schenkte der Vater jedem von ihnen ein schönes Pferd; der, welcher das Lexikon und die Zeitungen auswendig konnte, bekam einen kohlschwarzen Rappen, der, welcher klug wie ein Zunftmeister war und stickte, bekam einen milchweißen Schimmel, und dann schmierten sie sich die Mundwinkel mit Lebertran ein, damit sie geschmeidiger würden. Alles Gesinde war unten auf dem Hof, um zuzusehen, wie sie sich aufs Pferd schwangen; in diesem Augenblick kam der dritte Bruder, denn sie waren drei, aber den dritten zog man gar nicht in Betracht als Bruder, denn er hatte keine solche Gelehrsamkeit wie die beiden anderen Brüder, und er ward Tölpel-Hans genannt.

„Wo wollt ihr hin, da ihr im Sonntagsstaat seid?" fragte er.

„Zum Hofe, um uns die Königstochter zu erreden! Hast du nicht gehört, was im ganzen Land ausgetrommelt wird?" und dann erzählten sie es ihm.

„Himmel, nein, da muß ich aber mit!" sagte Tölpel-Hans, und die Brüder lachten ihn aus und ritten davon.

„Vater, gib mir ein Pferd!" rief Tölpel-Hans. „Ich kriege solche Lust zum Heiraten. Nimmt sie mich, dann nimmt sie mich! Und nimmt sie mich nicht, dann nehm ich sie trotzdem!"

„Das ist ja Unsinn!" sagte der Vater, „dir geb ich kein Pferd, du kannst ja nicht reden! Nein, die Brüder, das sind Prachtkerle!"

„Darf ich kein Pferd haben", sagte Tölpel-Hans, „dann nehm ich den Ziegenbock, das ist meiner, und der kann mich gut tragen!" und dann setzte er sich rittlings auf den Ziegenbock, stieß ihm die Hacken in die Seiten und jagte auf der Landstraße dahin. Hui! wie das ging. „Hier komme ich!" sagte Tölpel-Hans, und dann sang er, daß es weithin gellte.

Aber die Brüder ritten ganz still vorauf; sie sprachen kein Wort, sie mußten sich all die guten Einfälle überlegen, die sie anbringen wollten, denn es sollte nun mal ganz fein ausgeklügelt sein.

„Hallihallo!" rief Tölpel-Hans, „hier komme ich! Seht, was ich auf der Landstraße gefunden habe!" und dann zeigte er ihnen eine tote Krähe, die er gefunden hatte.

„Tölpel!" sagten sie, „was willst du mit der!"

„Die will ich der Königstochter verehren!"

„Ja, tu das nur!" sagten sie, lachten und ritten weiter.

„Hallihallo! hier komme ich! Seht, was ich gefunden habe, das findet man nicht alle Tage auf der Landstraße!"

Und die Brüder drehten sich abermals um und wollten sehen, was es wäre. „Tölpel!" sagten sie, „das ist ja ein alter Holzschuh, von dem das Oberteil abgegangen ist! Soll die Königstochter den auch haben?"

„Das soll sie!" sagte Tölpel-Hans; und die Brüder lachten, und sie ritten, und sie kamen weit voran.

„Hallihallo! hier bin ich!" rief Tölpel-Hans; „nein, nun wird es schlimmer und schlimmer! Hallihallo! es ist unbeschreiblich!"

„Was hast du jetzt gefunden?" sagten die Brüder.

„Oh!" sagte Tölpel-Hans, „es ist gar nicht zu sagen! wie wird sie sich freuen, die Königstochter!"

„Uh!" sagten die Brüder, „das ist ja Modder, der gerade aus dem Graben kommt!"

„Ja, das ist es!" sagte Tölpel-Hans, „und er ist von der feinsten Sorte, man kann ihn nicht festhalten!" und dann füllte er die Taschen damit.

Aber die Brüder ritten, was das Zeug hergab, und so kamen sie eine ganze Stunde früher an und hielten am Stadttor, und hier erhielten die Freier Nummern, in der Reihenfolge, wie sie ankamen, und wurden in Reihen aufgestellt, sechs in jeder Abteilung, und so dicht, daß sie nicht die Arme bewegen konnten, und das war allerdings sehr gut, denn sonst hätten sie sich gegenseitig die Rücken aufgeschlitzt, bloß weil der eine vor dem anderen stand.

Alle übrigen Einwohner des Landes standen um das Schloß herum, bis ganz an die Fenster heran, um zuzusehen, wie die Königstochter die Freier empfing, und kaum daß einer von ihnen in die Stube trat, verschlug es ihm die Rede.

„Taugt nichts!" sagte die Königstochter. „Weg!"

Nun kam der Bruder dran, der das Lexikon auswendig konnte, aber das hatte er ganz und gar vergessen, weil er in Reih und Glied stehen mußte, und der Fußboden knarrte, und die Decke war aus Spiegelglas, so daß er sich selber auf dem Kopf stehen sah, und an jedem Fenster standen drei Schreiber und ein Zunftmeister, die jeder für sich alles aufschrieben, was gesagt wurde, damit es gleich in die Zeitung kommen und für zwei Schillinge an der Ecke verkauft werden konnte. Es war schrecklich, und dann hatte man so stark geheizt, daß der Ofen glühend rot war!

„Hier drinnen ist aber eine mächtige Hitze!" sagte der Freier.

„Das ist, weil mein Vater heute junge Hähnchen brät!" sagte die Königstochter.

Bäh! da stand er nun, diese Rede hatte er nicht erwartet; kein Wort wußte er zu sagen, denn er wollte gern etwas Lustiges sagen. Bäh!

„Taugt nichts!" sagte die Königstochter, „weg!" Und dann mußte er fort. Nun kam der zweite Bruder.

„Hier ist eine fürchterliche Hitze!" sagte er.

„Ja, wir braten heute junge Hähnchen!" sagte die Königstochter.

„Wie be – was?" sagte er, und alle Schreiber schrieben: Wie be – was?

„Taugt nichts!" sagte die Königstochter. „Weg!"

Nun kam Tölpel-Hans, er ritt auf dem Ziegenbock mir nichts, dir nichts in die Stube hinein. „Das ist ja eine glühende Hitze!" sagte er.

„Ja, weil ich junge Hähnchen brate!" sagte die Königstochter.

„Das paßt ja gut!" sagte Tölpel-Hans, „dann kann ich mir wohl eine Krähe mitbraten?"

„Das können Sie sehr gut!" sagte die Königstochter, „haben Sie aber was, worin Sie sie braten können, denn ich habe weder Topf noch Pfanne!"

„Aber ich!" sagte Tölpel-Hans. „Hier ist ein Kochgerät mit zinnernem Henkel!" und dann zog er den alten Holzschuh hervor und legte die Krähe mitten hinein.

„Das reicht für eine ganze Mahlzeit!" sagte die Königstochter, „aber wo kriege ich Tunke her?"

„Die hab ich in der Tasche!" sagte Tölpel-Hans. „Ich habe so viel, daß ich ein bißchen vergeuden kann!" und dann schüttete er etwas Modder aus der Tasche aus.

„Das gefällt mir!" sagte die Königstochter, „du kannst doch antworten, und du kannst reden, und dich will ich zum Mann haben! Aber weißt du, daß jedes Wort, was wir sagen und gesagt haben, aufgeschrieben wird und morgen in die Zeitung kommt? An jedem Fenster siehst du drei Schreiber und einen alten Zunftmeister stehen, und der Zunftmeister ist der Schlimmste, denn er kann nichts verstehen!" und das sagte sie nur, um ihm Angst einzujagen. Und die Schreiber wieherten alle und spritzten einen Tintenklecks auf den Fußboden.

„Das scheint die Herrschaft zu sein!" sagte Tölpel-Hans, „dann muß ich dem Zunftmeister das Beste geben!" und nun stülpte er seine Taschen um und schmiß ihm den Modder ins Gesicht.

„Das hast du fein gemacht!" sagte die Königstochter, „das hätte ich nicht gekonnt! Aber ich werde es schon noch lernen!"

Und so wurde Tölpel-Hans König, bekam eine Frau und eine Krone und saß auf einem Thron, und das haben wir aus der Zeitung des Zunftmeisters – und auf die ist kein Verlaß!

DER EHRE DORNENPFAD

Es gibt ein altes Märchen: „Der Ehre Dornenpfad, von einem Schützen namens Bryde, der zwar zu großen Ehren und Würden kam, aber nur nach langem Ungemach und nach vielen Fährnissen des Lebens." Manch einer unter uns hat es als Kind sicherlich gehört, vielleicht als älterer Mensch gelesen und an seinen eigenen, unbemerkten Dornenpfad denken müssen und an das „viele Ungemach". Märchen und Wirklichkeit liegen so nahe beieinander, aber das Märchen hat seine harmonische Auflösung hienieden. Die Wirklichkeit stellt es meistens über das Erdenleben hinweg in Zeit und Ewigkeit hinein.

Die Weltgeschichte ist eine Laterna magica, die uns in Lichtbildern auf dem schwarzen Grund der Gegenwart zeigt, wie die Wohltäter der Menschheit, die Märtyrer der Klugheit, den Dornenpfad der Ehre wandeln.

Aus allen Zeiten, aus allen Ländern treten diese Glanzbilder hervor, jedes nur für einen Augenblick, dennoch steht es für ein ganzes Leben, eine Lebenszeit mit ihrem Kampf und Sieg; laßt uns hier und da einzelne in der Märtyrerschar betrachten, die nicht abgeschlossen wird, ehe die Erde nicht den Atem aushaucht!

Wir sehen ein überfülltes Amphitheater, Aristophanes' *Wolken* schicken Ströme von Spott und Munterkeit in das Gewimmel hinaus; von der Bühne herab wird der an Geist und Leib hervorragendste Mann Athens lächerlich gemacht, der für das Volk ein Schild gegen die dreißig Tyrannen gewesen war: Sokrates, er, der im Getümmel der Schlacht Alkibiades und Xenophon errettete, er, dessen Geist sich über die Götter des Altertums hinwegschwang, er ist hier selbst zugegen; er hat sich von der Zuschauerbank erhoben und sich vorn hingestellt, damit die lachenden Athener sehen können, ob er und sein eigenes Zerrbild auf der Bühne sich auch wirklich ähnlich sind; dort steht er hochaufgerichtet vor ihnen, hoch erhoben über sie alle.

Du, saftiger, grüner, giftiger Schierling, und nicht der Ölbaum, sei das Zeichen Athens!

Sieben Städte stritten darum, Homers Geburtsort zu sein, das heißt, nachdem er gestorben war – schaut ihn an zu seinen Lebzeiten! Da geht er durch diese Städte, seine Verse vortragend, um leben zu können; der Gedanke an den morgigen Tag läßt sein Haar ergrauen! Er, der mächtigste Seher, ist blind und einsam, der scharfe Dorn reißt den Mantel des Dichterkönigs in Fetzen.

Seine Gesänge leben noch heute, und durch diese allein leben Götter und Helden des Altertums.

Bild auf Bild tritt hervor, vom Morgenland und vom Abendland, so fern voneinander in Ort und Zeit und dennoch das gleiche Stück von der Ehre Dornenpfad, wo die Distel erst Blüten treibt, wenn das Grab geschmückt werden soll.

Unter den Palmen kommen Kamele an, reich mit Indigo und anderen kostbaren Schätzen beladen; sie werden ihm vom Herrscher des Landes gesandt, ihm, dessen Lieder eine Freude fürs Volk, eine Ehre für das Land sind; er, den Mißgunst und Lüge außer Landes vertrieben, er ist gefunden – die Karawane nähert sich dem kleinen Ort, wo er eine Freistatt fand; eine ärmliche Leiche wird zum Tor hinausgetragen, sie hält die Karawane auf. Der Tote ist gerade der, den sie suchen: Firdusi – zu Ende ist der Ehre Dornenpfad!

Der Afrikaner mit den groben Zügen, den dicken Lippen, dem schwarzen Wollhaar sitzt auf der Marmortreppe des Palastes in der portugiesischen Hauptstadt und bettelt – es ist der getreue Sklave des Camoens, ohne ihn und die Kupfermünzen, die ihm zugeworfen werden, müßte sein Herr, der Sänger der *Lusiade*, verhungern.

Heute steht ein kostbares Monument auf dem Grabe des Camoens.

Wieder ein Bild!

Hinter eisernen Gittern erscheint ein Mann, totenblaß, mit einem langen, verfilzten Bart. „Ich habe eine Erfindung gemacht, die größte seit Jahrhunderten!" ruft er, „und man hält mich seit mehr als zwanzig Jahren hier eingesperrt!" – „Wer ist er?" – „Ein Wahnsinniger!" sagt der Irrenwärter; „worauf ein Mensch doch alles verfallen kann! Er glaubt, man könnte sich durch Dampf vorwärts bewegen." Salomon de Caus, der Entdecker der Dampfkraft, dessen unklare Worte der Ahnung von einem Richelieu nicht verstanden wurden und der im Tollhaus eingesperrt stirbt.

Hier steht Columbus, den einstmals die Straßenjungen verfolgten und verspotteten, weil er eine neue Welt entdecken wollte – er hat sie entdeckt! Die Glocken des Jubels ertönen bei seiner siegreichen Heimkehr, aber die Glocken des Neides ertönen bald lauter; der Weltentdecker, er, der das amerikanische Goldland aus dem Meere hob und es seinem König schenkte, wird durch eiserne Ketten belohnt, die er mit in den Sarg haben will, sie zeugen von der Welt und von dem Urteil der Zeitgenossen.

Bild drängt sich an Bild, reich ist der Ehre Dornenpfad.

In finsterer Nacht sitzt hier der, welcher die Höhe der Mondberge ausmaß, der, welcher in den Weltenraum vorstieß bis zu Planeten und Sternen, er, der Gewaltige, der den Geist in der Natur hörte und sah, der spürte, daß die Erde sich unter ihm drehte: Galilei. Blind und taub sitzt er in den Jahren des Alters, auf die Dornen des Leidens gespießt in der Qual der Verleugnung, kaum kräftig genug, um seinen Fuß heben zu können, mit dem er einstmals im Seelenschmerz, als die Worte der Wahrheit ausgelöscht wurden, auf die Erde aufstampfte und ausrief: „Und sie bewegt sich doch!"

Hier steht eine Frau mit kindlichem Gemüt, Begeisterung und Glauben – das Banner trägt sie vor dem kämpfenden Heere her, und sie bringt ihrem Vaterland Sieg und Ret-

tung. Der Jubel erklingt – und der Scheiterhaufen wird angezündet: Jeanne d'Arc, die Hexe, wird verbrannt. Ja, ein späteres Jahrhundert bespeit die weiße Lilie: Voltaire, der Satyr des Verstandes, besingt „La pucelle".

Auf dem Thing zu Viborg verbrennt der dänische Adel die Gesetze des Königs – sie leuchten in der Lohe, beleuchten Zeit und Gesetzgeber, werfen einen Strahlenschein in den finsteren Gefängnisturm, wo er sitzt, grauhaarig, gebeugt, mit dem Finger Furchen in den steinernen Tisch einritzend, er, einstmals der Herrscher über drei Königreiche, der volkstümliche Gebieter, Freund des Bürgers und Bauern: Christian II. Jener mit dem harten Sinn in einer harten Zeit. Feinde schrieben seine Geschichte. Siebenundzwanzig Jahre im Gefängnis, daran wollen wir denken, wenn wir uns seiner Blutschuld erinnern.

Von Dänemark segelt ein Schiff ab, ein Mann steht am

hohen Mast, er sieht zum letztenmal die Insel Hveen: Tycho Brahe, der den Namen Dänemarks zu den Sternen erhob und dafür mit Kränkungen und Verunglimpfungen belohnt wurde – er zieht in fremde Lande. „Der Himmel ist überall, was brauche ich mehr!" das sind seine Worte; da segelt er von dannen, unser berühmtester Mann, geehrt und frei im fremden Lande.

„Ach frei! und wenn auch nur um dieses Leibes unerträglicher Schmerzen willen!" seufzt es durch die Zeiten bis zu uns. Welch ein Bild! – Griffenfeldt, ein dänischer Prometheus, an die Felseninsel von Munkholm geschmiedet.

Wir sind in Amerika an einem der großen Flüsse, eine Menschenmenge hat sich versammelt, ein Schiff soll gegen Wind und Wetter segeln können, soll eine Macht darstellen wider die Elemente: Robert Fulton heißt der, welcher glaubt, es zu können. Das Schiff beginnt seine Fahrt; plötzlich steht es still – der Haufe lacht, pfeift und zischt, sein eigener Vater zischt mit den anderen: „Hochmut! Tollheit! Ein Lohn nach Verdienst! Hinter Schloß und Riegel gehört der verrückte Kerl!" – Da bricht ein kleiner Nagel ab, der für einen Augenblick die Maschine zum Stocken brachte, die Räder drehen sich, die Schaufeln stoßen den Widerstand des Wassers weg, das Schiff fährt! Des Dampfes Weberspule verwandelt zwischen den Ländern der Erde Stunden in Minuten.

Menschheit! begreifst du die Seligkeit im Augenblick eines solchen Bewußtseins, dieses Verständnis des Geistes für seine Mission, in dem Augenblick, da alle Stiche vom Dornenpfad der Ehre – auch die selbstverschuldeten – sich in Heilkraft, Gesundheit, Stärke und Klarheit auflösen, die Disharmonie wird zur Harmonie, die Menschen sehen die Offenbarung von Gottes Gnade, dem einzelnen erwiesen und ihnen allen durch ihn dargebracht!

Der Ehre Dornenpfad erscheint dann wie ein Strahlenkranz um die Erde; glückselig, zum Wanderer hier auserkoren zu sein und ohne eigenes Verdienst den Baumeistern der Brücke zwischen dem Menschengeschlecht und Gott zugesellt zu werden.

Auf gewaltigen Fittichen schwebt der Geist der Geschichte durch die Zeiten und zeigt – zum Ansporn und Trost, zu nachdenklich stimmender Milde – in leuchtenden Bildern auf nachtschwarzem Grund der Ehre Dornenpfad, der nicht wie im Märchen in Glanz und Freude hier auf Erden endet, sondern darüber hinaus in Zeit und Ewigkeit weist.

Das Judenmädchen

In der Armenschule war unter den anderen kleinen Kindern ein kleines Judenmädchen, gar aufgeweckt und gut, die tüchtigste von allen; aber an einer der Unterrichtsstunden konnte sie nicht teilnehmen, das war die Religionsstunde; sie ging ja in eine christliche Schule.

Das Geographiebuch durfte sie vor sich liegen haben und darin lesen oder ihre Rechenaufgabe lösen, aber das war schnell getan, und die Schularbeiten waren fertig; es lag zwar ein aufgeschlagenes Buch vor ihr, aber sie las nicht darin, sie saß da und hörte zu, und bald merkte der Lehrer, daß sie bei der Sache war wie fast keines von den anderen.

„Lies in deinem Buch!" sagte er freundlich und ernst, aber sie sah ihn mit ihren schwarzen, strahlenden Augen an, und als er sie auch herannahm, konnte sie richtiger antworten als alle anderen. Sie hatte gehört, verstanden und behalten.

Ihr Vater war ein armer, braver Mann; er hatte sich bei der Einschulung des Kindes ausbedungen, daß sie nicht im christlichen Glauben unterrichtet würde; sie in dieser Unterrichtsstunde wegzuschicken, hätte vielleicht Ärgernis erregen, Gedanken und Gefühle bei den anderen Kleinen in der Schule hervorrufen können, und so blieb sie, aber es konnte so nicht länger gehen.

Der Lehrer ging zum Vater, sagte ihm, daß er entweder seine Tochter aus der Schule nehmen oder sie Christin werden lassen müsse. „Ich kann es nicht ertragen, diese brennenden Augen, diese Innigkeit, ja, diesen Seelendurst nach dem Worte des Evangeliums mit anzusehen!" sagte der Lehrer.

Und der Vater brach in Tränen aus: „Ich weiß selber nur wenig über unsere eigene Religion, aber ihre Mutter war eine Tochter Israels, fest und stark in ihrem Glauben, ihr gab ich auf ihrem Sterbebett das Versprechen, daß unser Kind niemals christlich getauft werden würde; ich muß mein Versprechen halten, es ist für mich wie ein Bündnis mit Gott."

Und das kleine Judenmädchen wurde aus der Schule der Christen herausgenommen.

Jahre waren vergangen.

Drüben in einem von Jütlands kleinsten Marktflecken diente in einem einfachen bürgerlichen Haus ein armes Mädchen mosaischen Glaubens, es war Sara; ihr Haar war schwarz wie Ebenholz, ihre Augen ganz dunkel und dennoch voller Glanz und Licht, wie sie den Töchtern des Orients eigentümlich sind; der Ausdruck war bei dem erwachsenen Mädchen noch derselbe wie bei dem Kind, als es auf der Schulbank saß und mit nachdenklichem Blick zuhörte.

Jeden Sonntag ertönten aus der Kirche die Orgel und der Gesang der Gemeinde, es tönte über die Straße ins Haus hinein, wo das Judenmädchen bei seiner Arbeit stand, fleißig und treu in seinem Amt. „Gedenke des Sabbats und halte ihn heilig!" war ihr Gesetz, aber ihr Sabbat war bei den Christen Werktag, und sie konnte ihn nur in ihrem Herzen heilighalten, und ihrer Meinung nach genügte das nicht. Aber was sind Tag und Stunde vor Gott! Dieser Gedanke war in ihrer Seele erwacht, und am Sonntag der Christen war die Stunde der Andacht ungestörter; erreichten dann Orgelklang und Choralgesang sie in der Küche hinter der Aufwaschwanne, dann wurde selbst dieser Ort heilig und still. Das Alte Testament, ihres Volkes Schatz und Besitz, las sie dann, und nur das, denn was ihr Vater ihr und dem Lehrer gesagt hatte, als sie aus der Schule genommen wurde, lag tief in ihrem Gemüt, das Versprechen, das ihrer sterbenden Mutter gegeben worden war, daß Sara keine Christin werden dürfe, nicht den Glauben der Väter verlassen dürfe. Das Neue Testament war für sie ein verschlossenes Buch und sollte es bleiben, und doch wußte sie so viel davon, es leuchtete in ihren Kindheitserinnerungen. Eines Abends, als sie in einer Ecke der Stube saß, hörte sie ihren Brotherrn laut lesen, und sie durfte wohl zuhören, es waren nicht die Evangelien, nein, es wurde aus einem alten Geschichtenbuch vorgelesen, dem konnte sie ruhig lauschen; es handelte von einem ungarischen Ritter, der von einem türkischen Pascha gefangengenommen wurde; dieser ließ ihn zusammen mit den Ochsen vor den Pflug spannen, mit Peitschenschlägen antreiben und unbeschreiblich schmähen und schmachten.

Die Frau des Ritters verkaufte all ihren Schmuck, verpfändete Burg und Ländereien, seine Freunde brachten große Summen auf, denn das Lösegeld, das verlangt wurde, war ganz unglaublich hoch, aber es wurde erlegt, und er wurde aus Sklaverei und Schmach befreit; krank und leidend gelangte er in seine Heimat. Aber bald wurde allenthalben gegen den Feind des Christentums aufgerufen; der Kranke hörte davon und hatte nun weder Rast noch Ruhe, er ließ sich auf sein Streitroß hinaufheben, das Blut kehrte in seine Wangen zurück, die Kräfte schienen wiederzukommen, und er zog zum Siege aus. Eben jener Pascha, der ihn hatte vor den Pflug spannen, schmähen und leiden lassen, wurde nun sein Gefangener, und er führte ihn heim ins Burgverlies, aber schon in der ersten Stunde dort kam der Ritter und fragte seinen Gefangenen: „Was meinst du wohl, was dich erwartet?"

„Ich weiß es!" entgegnete der Türke, „Vergeltung!"

„Ja, die Vergeltung des Christen!" sagte der Ritter, „das Christentum befiehlt uns, unseren Feinden zu vergeben, unseren Nächsten zu lieben. Gott ist die Liebe! Ziehe in Frieden in deine Heimat und zu deinen Angehörigen, werde mild und gütig gegen die, welche leiden!"

Da brach der Gefangene in Tränen aus: „Wie hätte ich mir vorstellen können, daß solches möglich wäre! Pein und Qual schienen mir gewiß, und ich nahm ein Gift, das mich in wenigen Stunden töten wird. Ich muß sterben, es gibt keine Rettung, aber ehe ich sterbe, verkündige mir die Lehre, die eine solche Liebe und Gnade enthält, sie ist groß und göttlich! Laß mich in ihr sterben, sterben als Christ!" Und seine Bitte wurde ihm gewährt.

So lautete die Legende, die Geschichte, die vorgelesen wurde; sie alle hörten sie an und folgten ihr, aber am glühendsten war sie, die in der Ecke saß, die Dienstmagd Sara, das Judenmädchen, davon erfüllt und berührt; große, schwere Tränen standen in den leuchtenden, kohlschwarzen Augen; da saß jene mit dem Kindergemüt, wie sie einstmals auf der Schulbank gesessen und die Größe des Evangeliums vernommen hatte. Die Tränen rannen ihr über die Wangen.

„Laß mein Kind keine Christin werden!" waren die letzten Worte der Mutter auf dem Sterbebett gewesen, es tönte durch ihre Seele und ihr Herz mit den Worten des Gebots: „Du sollst Vater und Mutter ehren!"

„Ich bin ja nicht Christin geworden! Man nennt mich das Judenmädchen; das sagten die Jungen des Nachbarn letzten Sonntag im Spott, als ich vor der offenen Kirchentür stand und dort hineinschaute, wo die Kerzen auf dem Altar brannten und die Gemeinde sang. Von der Schulzeit her und bis auf diesen Tag war und ist eine Macht im Christentum, die ganz wie ein Sonnenstrahl, und wenn ich selbst meine Augen vor ihm verschlösse, dennoch bis ins Herz hineinscheint; aber, Mutter, ich werde dich in deinem Grabe nicht betrüben! Ich werde das Versprechen halten, welches unser Vater dir gab! Ich werde nicht die christliche Bibel lesen, ich habe ja den Gott meiner Väter, an den ich mein Haupt lehnen kann."

Und Jahre vergingen.

Der Brotherr starb, die Brotherrin war in bedrängten Verhältnissen, man mußte auf die Dienstmagd verzichten, aber Sara ging nicht fort, sie war die Hilfe in der Not, sie hielt das Ganze zusammen; sie arbeitete bis tief in die Nacht, schaffte Brot ins Haus durch ihrer Hände Arbeit; es gab keine nahen Verwandten, die sich der Familie annahmen, die Frau wurde täglich schwächer und mußte monatelang das Bett hüten. Sara wachte, pflegte, arbeitete, freundlich und fromm, ein Segen für das arme Haus.

„Dort drüben liegt die Bibel!" sagte die Kranke, „lies mir an diesem langen Abend ein wenig vor, es verlangt mich so innig danach, Gottes Wort zu hören."

Und Sara neigte den Kopf; die Hände falteten sich um die Bibel, die sie aufschlug und aus der sie der Kranken vorlas; oftmals brachen Tränen hervor, aber die Augen wurden klarer, und in ihrer Seele wurde es heller: „Mutter, dein Kind wird nicht die Taufe der Christen empfangen, in ihrer Gemeinschaft nicht genannt werden, das hast du gefordert, an dem werde ich festhalten, darüber sind wir uns auf dieser Erde einig, aber droben über ihr – ist die Einigkeit in Gott größer: ,Er begleitet uns über den Tod hinaus!' – ,Er besucht die Erde, und wenn er sie durstig gemacht hat, macht er sie sehr reich!' – Ich verstehe es! ich selber weiß nicht, wie es kam! Es kam durch ihn, in ihm: Christus!"

Und sie zitterte beim Nennen des heiligen Namens, eine Taufe von lohendem Feuer durchströmte sie stärker, als der Leib ertragen konnte, und er beugte sich nieder, kraftloser als der der Kranken, bei der sie wachte.

„Arme Sara!" sagte man, „sie hat sich durch die Arbeit und das Wachen überanstrengt."

Man trug sie in die Krankenstube der Armen, hier starb sie, von hier aus wurde sie begraben, aber nicht auf dem Friedhof der Christen, das war nicht der Platz für das Judenmädchen, nein, außerhalb des Friedhofs, dicht an der Mauer, erhielt sie ihr Grab.

Und Gottes Sonne, die auf die Gräber der Christen schien,

sie schien auch auf das Grab des Judenmädchens vor der Mauer, und der Choralgesang, der auf dem Friedhof der Christen ertönte, klang auch über ihr Grab hin; auch zu diesem hinaus gelangte die Verkündigung: „Auferstehung in Christo!" in ihm, dem Herrn, der zu den Jüngern sagte: „Johannes hat euch mit Wasser getauft, aber ich werde euch mit dem Heiligen Geiste taufen!"

Der Flaschenhals

In der engen, winkeligen Straße zwischen mehreren ärmlichen Häusern stand ein Haus so schmal und so hoch, aus Fachwerk errichtet, das sich an allen Ecken und Enden verzogen hatte; arme Leute wohnten hier, und am ärmsten sah es in der Dachkammer aus, wo außerhalb des kleinen Fensters ein alter, verbogener Vogelkäfig hing, der nicht einmal einen richtigen Wassernapf hatte, sondern nur einen umgekehrten Flaschenhals, mit einem Korken unten und mit Wasser gefüllt. Ein altes Fräulein stand am offenen Fenster, sie hatte gerade den Käfig mit Vogelmiere geschmückt; drinnen hüpfte ein kleiner Hänfling von einer Sprosse zur anderen und sang, daß es nur so schallte.

„Ja, du hast leicht singen!" sagte der Flaschenhals, ja, er sagte es nicht so, wie wir es sagen können, denn ein Flaschenhals kann nicht reden, aber er dachte es so bei sich, wie wenn wir Menschen Selbstgespräche führen. „Ja, du hast leicht singen! Du, der du alle deine heilen Gliedmaßen hast. Du solltest in meiner Lage sein, dein Unterteil verloren zu haben und nur Hals und Mund zu besitzen und noch dazu mit einem Korken drin, so wie ich, dann würdest du nicht singen. Aber es ist doch gut, daß wenigstens einer fröhlich ist! Ich habe keine Veranlassung zu singen, und ich kann es auch nicht! Das konnte ich damals, als ich eine ganze Flasche war und wenn man mich mit einem Korken rieb; ich wurde die richtige Lerche genannt, die große Lerche*! Und als ich dann mit Kürschnermeisters auf dem Ausflug war und

---

* „Lerche" heißt im Dänischen die Branntweinflasche (Anmerkung d. Übers.).

die Tochter sich verlobte – ja, daran erinnere ich mich, als wäre es gestern gewesen! Ich habe viel erlebt, wenn ich es recht bedenke! Ich bin in Feuer und Wasser gewesen, unten in der schwarzen Erde und höher oben als die meisten, und nun schwebe ich außerhalb des Vogelbauers in Luft und Sonnenschein! Es könnte sich wohl der Mühe lohnen, meine Geschichte zu hören, aber ich spreche nicht laut darüber, ich kann nämlich nicht!"

Und dann erzählte er für sich, oder vergegenwärtigte sich selber seine Geschichte, die wirklich seltsam war, und der kleine Vogel sang voller Lust sein Lied, und unten auf der Straße fuhr man und ging man, jeder dachte an das Seine oder dachte gar nicht, aber das tat der Flaschenhals.

Er erinnerte sich an den lodernden Schmelzofen in der Fabrik, wo er ins Leben geblasen wurde; er erinnerte sich noch, daß er ganz heiß gewesen war, in den brodelnden Ofen, den Ort seiner Entstehung, hineingesehen und eine solche Lust verspürt hatte, sogleich wieder mitten hineinzuspringen, daß er aber nach und nach, je mehr er abkühlte, sich dort, wo er war, recht wohlfühlte; er stand in einer Reihe mit einem ganzen Regiment von Brüdern und Schwestern, alle aus demselben Ofen, aber manche waren zu Sektflaschen geblasen worden, andere zu Bierflaschen, und das macht einen Unterschied! Späterhin draußen in der Welt kann allerdings eine Bierflasche die köstlichsten Lacrimae Christi enthalten und eine Sektflasche mit Pech gefüllt sein, aber wozu man geboren ist, das sieht man doch an der Figur, Adel bleibt Adel, selbst mit Pech im Leibe.

Alle Flaschen wurden schnell eingepackt und unsere Flasche auch; damals dachte sie nicht daran, daß sie mal als Flaschenhals enden, sich zu einem Vogeltrinknapf hinaufdienen würde, was immerhin ein rechtschaffenes Dasein ist, da ist man doch etwas! Sie sah das Tageslicht erst wieder, als sie mit den anderen Kameraden zusammen im Keller des Weinhändlers ausgepackt und zum erstenmal gespült wurde; es war ein komisches Gefühl. Sie lag jetzt ohne Korken und leer da, fühlte sich so sonderbar verlegen, sie vermißte etwas, wußte aber selber nicht, was sie vermißte.

Jetzt wurde sie mit einem guten, herrlichen Wein gefüllt, sie erhielt einen Korken und wurde zugelackt, außen wurde draufgeklebt: „Erste Sorte", es war gerade, als hätte sie die beste Examenszensur bekommen, aber der Wein war auch gut, und die Flasche war gut; ist man jung, dann ist man Lyriker! Es sang und klang in ihr von dem, was sie gar nicht kannte: von den grünen, sonnenbeschienenen Bergen, wo der Wein wächst, wo die munteren Mädchen und lustigen Burschen singen und sich herzen; o ja, es ist schön zu leben! Von diesem allen sang und klang es drinnen in der Flasche, genauso wie in den jungen Poeten, die oftmals auch nichts davon wissen.

Eines Morgens wurde sie gekauft. Der Lehrjunge des Kürschners sollte eine Flasche Wein von der besten Sorte bringen, und sie wurde in den Vorratskorb gepackt neben Schinken, Käse und Wurst; da lag die schönste Butter, das feinste Brot; des Kürschners Tochter packte selber ein; sie war so jung, so schön; die braunen Augen lachten, um den Mund lag ein Lächeln, das ebensoviel erzählte wie die Augen; sie hatte feine, weiche Hände, die waren so weiß, doch waren Hals und Brust noch weißer, man sah sofort, daß sie eines der hübschesten Mädchen der Stadt war und doch noch nicht verlobt.

Und der Vorratskorb stand auf ihrem Schoß, als die Familie in den Wald fuhr; der Flaschenhals guckte zwischen den Zipfeln der weißen Tischdecke hervor; an dem Korken war roter Lack, und der sah dem jungen Mädchen mitten ins Gesicht; der blickte auch den jungen Steuermann an, der neben ihr saß; er war ein Kindheitsgespiele, der Sohn des Porträtmalers; sein Steuermannsexamen hatte er kürzlich so tüchtig und mit Ehren gemacht und sollte morgen mit dem Schiff aufbrechen, weit fort in fremde Länder; davon war viel beim Einpacken geredet worden, und während davon geredet wurde, war in den Augen und um den Mund der hübschen Kürschnermeisterstochter nicht gerade viel Freude zu bemerken.

Die beiden jungen Leute gingen in den grünen Wald, sie sprachen miteinander – wovon sprachen sie? Ja, das hörte die Flasche nicht, sie stand im Vorratskorb. Es dauerte erstaunlich lange, bis der hervorgeholt wurde, aber als es so weit war, waren auch erfreuliche Dinge geschehen, alle Augen lachten, auch die Tochter des Kürschners lachte, aber sie redete weniger, und ihre Wangen glühten wie zwei rote Rosen.

Vater nahm die volle Flasche und den Korkenzieher zur Hand. Ja, es ist seltsam, so das erstemal aufgezogen zu

werden! Der Flaschenhals hat seither nie diesen feierlichen Augenblick vergessen können, es hat ordentlich „Schwipp" in ihm gesagt, als der Kork herauskam, und dann gluckerte es, als der Wein in die Gläser floß.

„Ein Prosit den Verlobten!" sagte Vater, und jedes Glas wurde bis auf die Neige geleert, und der junge Steuermann küßte seine schöne Braut.

„Glück und Segen!" sagten die beiden Alten. Und der junge Mann füllte noch einmal die Gläser. „Heimkehr und Hochzeit heute in einem Jahre!" rief er, und als die Gläser geleert waren, nahm er die Flasche, hob sie hoch empor: „Du hast den schönsten Tag meines Lebens mitgemacht, du sollst keinem anderen mehr dienen!"

Und er warf sie hoch in die Luft. Da dachte am wenigsten des Kürschners Tochter daran, daß sie sie noch einmal würde fliegen sehen, aber das sollte so kommen; jetzt fiel die Flasche in das dichte Röhricht am kleinen Waldsee; der

Flaschenhals erinnerte sich noch ganz deutlich, wie sie dalag und nachdachte. „Ich habe ihnen Wein gegeben, und sie geben mir Sumpfwasser, aber es war gut gemeint!" Sie konnte die Verlobten und den fröhlichen Alten nicht mehr sehen, aber sie hörte sie noch lange jubilieren und singen. Dann kamen zwei kleine Bauernjungen, schauten ins Röhricht, sahen die Flasche und nahmen sie mit, die war jetzt versorgt.

Daheim in der Waldhütte, wo die Jungen wohnten, hatte ihr ältester Bruder, der Seemann war, sich gestern von ihnen verabschiedet, da er auf eine größere Fahrt ging; die Mutter stand jetzt da und packte dies und jenes ein, das Vater heute abend mit in die Stadt nehmen sollte, wo er den Sohn vor der Abreise noch einmal sehen und ihm seinen und Mutters Gruß überbringen sollte. Eine kleine Flasche mit Kräuterbranntwein war ins Paket gelegt worden, jetzt kamen die Jungen mit einer größeren, kräftigeren Flasche an, die sie gefunden hatten; in die ging mehr hinein als in die kleine, und es war gerade so ein guter Schnaps für einen verdorbenen Magen; da war Hypericum drin. Es war nicht der rote Wein wie vorher, den die Flasche bekam, sie bekam die bitteren Tropfen, aber die sind auch gut – für den Magen. Die neue Flasche sollte mit und nicht die kleine; und so kam die Flasche abermals auf die Reise, sie kam an Bord zu Peter Jensen, und der war auf demselben Schiff, auf dem der junge Steuermann fuhr, aber er bekam die Flasche nicht zu sehen und hätte sie auch nicht wiedererkannt oder etwa gedacht: Es ist dieselbe, aus der wir auf die Verlobung und Heimkehr getrunken haben.

Da war wahrlich kein Wein mehr drin, aber etwas ebenso Gutes; sie wurde auch immer, wenn Peter Jensen sie hervorholte, von den Kameraden „der Apotheker" genannt; der schenkte die gute Medizin ein, die gut war für den Magen; und sie nützte so lange, wie ein Tropfen in der Flasche war. Es war eine vergnügliche Zeit, und die Flasche sang, wenn man sie mit dem Korken rieb, sie erhielt darum den Namen der großen Lerche, „Peter Jensens Lerche".

Es verging eine lange Zeit, sie stand leer in einer Ecke,

als es geschah – ja, ob es auf der Ausreise war oder auf der Heimreise, wußte die Flasche nicht so genau, sie war nicht an Land gewesen –, da kam ein Sturm auf; große Seen rollten schwarz und schwer herbei, sie hoben und schleuderten das Schiff hin und her; der Mast brach, ein Brecher hieb eine Planke durch, die Pumpen nützten nichts mehr; es war stockdunkle Nacht; das Schiff sank, aber in letzter Minute schrieb der junge Steuermann auf ein Stück Papier: „In Jesu Namen! wir gehen unter!" er schrieb den Namen seiner Braut, den seinen und den des Schiffes, steckte den Zettel in eine leere Flasche, die da herumstand, drückte den Korken fest hinein und warf die Flasche in das tosende Meer; er wußte nicht, daß es die Flasche war, aus der ihm und seiner Braut der Trunk der Freude und Hoffnung eingeschenkt worden war. Jetzt schaukelte sie auf den Wogen mit Gruß und Todeskunde.

Das Schiff sank, die Mannschaft versank, die Flasche flog wie ein Vogel, sie hatte ja ein Herz in ihrem Innern, einen Liebesbrief. Und die Sonne ging auf, und die Sonne ging unter, für die Flasche sah es so aus wie der rote, glühende Ofen aus ihrer Anfangszeit, sie hatte das Verlangen, wieder dort hineinzufliegen. Sie erlebte Meeresstille und neue Stürme, sie stieß nicht gegen Felsen, wurde von keinem Hai verschlungen; länger als ein Jahr trieb sie dahin, bald gen Norden, bald gen Süden, je nachdem wohin die Strömungen sie trugen. Im übrigen war sie ihr eigener Herr, aber davon kann man auch genug bekommen.

Das beschriebene Blatt, das letzte Lebewohl vom Bräutigam an die Braut würde nur Leid bringen, kam es einmal in die richtigen Hände, aber wo waren diese Hände, die so weiß geschimmert hatten, als sie das Tischtuch in dem frischen Gras ausbreiteten, in dem grünen Wald, am Tage der Verlobung? Wo war die Tochter des Kürschners hin? Ja, wo war das Land, und welches Land lag wohl am nächsten? Das wußte die Flasche nicht; sie trieb dahin und dorthin und hatte schließlich auch das Dahintreiben über, es war nicht ihre Bestimmung, aber sie trieb dennoch weiter, bis sie endlich Land erreichte, ein fremdes Land. Sie verstand

kein Wort von dem, was da gesprochen wurde, es war nicht die Sprache, die sie bisher hatte sprechen hören, und es geht einem vieles verloren, wenn man die Sprache nicht versteht.

Die Flasche wurde gefunden und betrachtet; der Zettel drinnen wurde bemerkt, herausgenommen, gewendet und gedreht, aber man verstand nicht, was da aufgeschrieben stand; sie verstanden zwar, daß die Flasche über Bord geworfen worden war und daß auf dem Papier etwas davon stand; aber was stand da? das war die große Frage – und der Zettel wurde wieder in die Flasche gesteckt und diese in einen großen Schrank gestellt, in einer großen Stube in einem großen Haus.

Jedesmal, wenn Gäste kamen, wurde der Zettel herausgeholt, gewendet und gedreht, so daß das Geschriebene, es war nur mit Bleistift geschrieben, immer unleserlicher wurde; zuletzt konnte niemand mehr erkennen, daß es Buchstaben waren. Und die Flasche stand noch ein Jahr in dem Schrank, kam dann auf den Boden und war schließlich unter Staub und Spinnweben versteckt; da dachte sie an bessere Tage, als sie in dem lichtgrünen Wald roten Wein einschenkte und als sie auf den Wogen schaukelte und ein Geheimnis zu tragen hatte, einen Brief, einen Abschiedsseufzer.

Und nun stand sie zwanzig Jahre lang auf dem Boden; sie hätte da noch länger stehen können, wenn nicht das Haus umgebaut worden wäre. Das Dach wurde abgerissen, die

Flasche entdeckt und über sie geredet, aber sie verstand die Sprache nicht; die lernt man nicht, wenn man auf dem Boden steht, und wenn es zwanzig Jahre sind. „Wäre ich unten in der Stube geblieben", meinte sie allerdings, „dann hätte ich sie sicher gelernt!"

Sie wurde nun gewaschen und gespült, sie hatte es wahrhaftig nötig; sie fühlte sich ganz hell und durchsichtig, sie war auf ihre alten Tage wieder jung geworden, aber der Zettel, den sie in sich getragen hatte, der war dabei draufgegangen.

Jetzt wurde die Flasche mit Samen gefüllt, sie kannte dergleichen nicht; sie wurde zugekorkt und gut eingepackt, sie sah kein bißchen Licht, geschweige denn Sonne und Mond, und irgend etwas sollte man doch sehen, wenn man auf Reisen geht, meinte die Flasche, aber sie sah nichts, immerhin tat sie das Wichtigste – sie reiste und kam dort an, wo sie hin sollte, sie wurde ausgepackt.

„Was die da draußen im Ausland sich für Mühe damit gemacht haben!" wurde gesagt, „und nun hat sie wohl trotzdem einen Sprung bekommen!" aber sie hatte keinen Sprung. Die Flasche verstand jedes Wörtchen, das gesprochen wurde; es war die Sprache, die sie am Schmelzofen und beim Weinhändler und im Wald und auf dem Schiff gehört hatte, die einzige, richtige gute alte Sprache, eine, die man verstehen konnte; die Flasche war in ihr Land zurückgekehrt, sie erhielt einen Willkommensgruß! Sie war ihnen vor lauter Freude beinahe aus den Händen gerutscht, sie merkte kaum, daß der Korken herausgenommen und sie selber ausgeschüttet und in den Keller gestellt wurde, um dort aufbewahrt und vergessen zu werden; die Heimat ist am besten, selbst im Keller! Es fiel ihr niemals ein, darüber nachzudenken, wie lange sie dort lag, sie lag gut, und zwar Jahre hindurch, dann kamen eines Tages Leute herunter, nahmen die Flaschen mit, und diese auch.

Draußen im Garten war groß geschmückt worden; brennende Lampen hingen in Girlanden, Papierlaternen strahlten wie große Tulpen in einem Transparent; es war auch ein herrlicher Abend, das Wetter still und klar, die Sterne schimmerten so leuchtend, und der neue Mond war angezündet, eigentlich sah man den ganzen runden Mond wie eine blaugraue Kugel mit goldenem halben Rand, das sah gut aus, für gute Augen.

Auf den Nebenwegen war auch etwas illuminiert, jedenfalls so viel, daß man sehen konnte, wenn man dort entlangging; hier waren in den Hecken Flaschen aufgestellt, jede mit einem Licht darin; dort stand auch die Flasche, die wir kennen, die, die einmal als Flaschenhals enden sollte, als Vogeltrinknapf; sie fand in diesem Augenblick alles hier so unvergleichlich schön, sie war wieder im Grünen, war wieder bei Freude und Festlichkeit zugegen, vernahm Gesang und Musik, das Surren und Summen der vielen Menschen, namentlich von dem Ende des Gartens, wo die Lampen brannten und die Papierlaternen ihre Farben zeigten. Sie selber stand zwar an einem abgelegenen Weg, aber gerade das war dem Nachdenken günstig, die Flasche stand und trug ihr Licht, stand hier zum Nutzen und zur Freude, und das ist das Richtige; in einer solchen Stunde vergißt man zwanzig Jahre auf dem Hausboden – und es tut gut, zu vergessen.

Dicht an ihr vorbei ging ein einzelnes Paar Arm in Arm, wie das Brautpaar draußen im Wald: der Steuermann und die Tochter des Kürschners; es war der Flasche so, als erlebte sie das gleiche noch einmal. Im Garten gingen Gäste umher, und es waren Leute da, die die Gäste und die Ausschmückung anschauen durften, und unter diesen war ein altes Fräulein, ohne Anverwandte, wenn auch nicht ohne Freunde, die dachte gerade an dasselbe wie die Flasche, sie dachte an den grünen Wald und an ein junges Brautpaar, das sie sehr viel anging, sie war ein Teil davon, sie war die eine Hälfte, es war ihre glücklichste Stunde gewesen, und die vergißt man nie, und wenn man ein noch so altes Fräulein wird. Aber sie erkannte die Flasche nicht, und die erkannte sie nicht, so geht man in dieser Welt aneinander vorbei – bis man sich wieder begegnet, und das taten die beiden, sie waren ja zusammen in dieselbe Stadt gekommen.

Die Flasche kam vom Garten zum Weinhändler, wurde

wieder mit Wein gefüllt und an den Luftschiffer verkauft, der am nächsten Sonntag mit dem Ballon aufsteigen wollte. Hier drängten sich die Menschen, um zuzuschauen, es gab Regimentsmusik und viel Trubel, die Flasche sah es von ihrem Korb aus, in dem sie neben einem lebenden Kaninchen lag, das ganz verzagt war, da es wußte, es sollte mit aufsteigen, um mit dem Fallschirm abzuspringen; die Flasche wußte nichts vom Oben oder Unten; sie sah, daß der Ballon so groß, so groß anschwoll und daß er sich, als er nicht größer werden konnte, immer mehr in die Luft erhob und ganz unruhig wurde; die Taue, die ihn hielten, schnitt man durch, und er schwebte mit dem Luftschiffer, dem Korb, der Flasche und dem Kaninchen empor; die Musik erscholl, und alle Menschen riefen hurra!

„Es ist komisch, so in die Lüfte zu steigen!" dachte die Flasche, „es ist eine neue Art von Segeln; da oben kann man wenigstens nicht auf Grund geraten!"

Und viele tausend Menschen blickten dem Ballon nach, und das alte Fräulein blickte ihm auch nach; sie stand an ihrem offenen Giebelfenster, wo das Bauer mit dem kleinen Hänfling hing, der damals kein Wasserglas hatte, sondern sich mit einer Tasse begnügen mußte. Im Fenster selber stand eine Myrthe, die etwas beiseite gerückt worden war, damit sie nicht hinausgestoßen würde, wenn das alte Fräulein sich vorbeugte, um zu sehen; und sie sah im Ballon deutlich den Luftschiffer, der das Kaninchen mit dem Fallschirm hinabließ und danach auf das Wohl aller Menschen trank und dann die Flasche hoch in die Luft warf; das alte Fräulein kam nicht auf den Gedanken, daß sie gerade diese Flasche am Tag der Freude im grünen Wald für sich selber und ihren Freund hatte hoch in die Luft fliegen sehen, damals in ihrer Jugend.

Die Flasche hatte keine Zeit zum Nachdenken, es kam ihr so unerwartet, mit einemmal auf dem Höhepunkt ihres Lebens zu sein. Türme und Dächer lagen tief da unten, die Menschen sahen winzig klein aus.

Nun fiel sie, und zwar mit einer Geschwindigkeit, die mit der des Kaninchens nicht zu vergleichen war; die Flasche

schlug Purzelbäume in der Luft, sie fühlte sich so jung, so
ausgelassen, sie war halbtrunken vom Wein, aber nicht
lange. Welch eine Reise! Die Sonne schien auf die Flasche,
alle Menschen folgten ihr mit den Augen, der Ballon war
schon weit weg, und bald war auch die Flasche weg, die fiel
auf ein Dach herunter, und da ging sie entzwei, aber die
Scherben hatten eine solche Geschwindigkeit mitbekommen, daß sie nicht liegenbleiben konnten, sie hüpften und
sie kullerten, bis sie auf den Hof herniederfielen und hier in
noch kleineren Stücken liegenblieben, nur der Flaschenhals
hielt, und er war wie mit einem Diamanten abgeschnitten.

„Der wäre gut als Vogeltrinknapf zu gebrauchen!" sagte
der Krämer im Keller, aber er hatte selber weder Vogel
noch Käfig, und es ging zu weit, sich diese anzuschaffen,
weil er jetzt den Flaschenhals hatte, der als Napf zu brauchen war; das alte Fräulein in der Dachkammer konnte Verwendung dafür haben, und so kam der Flaschenhals dort
hinauf, bekam einen Korken, und was früher oben war, das
kam jetzt nach unten, wie es häufig bei Veränderungen
vorkommt, er wurde mit frischem Wasser gefüllt und vor
dem Käfig des kleinen Vogels aufgehängt, welcher sang,
daß es schallte.

„Ja, du hast leicht singen!" so sagte der Flaschenhals;
und er war ja doch etwas Besonderes, er war im Ballon gewesen – mehr wußte man nicht von seiner Geschichte. Jetzt
hing er als Vogelnapf hier, konnte die Leute unten auf der
Straße rattern und schnattern hören, die Rede des alten
Fräuleins drinnen in der Kammer vernehmen: es war gerade
Besuch da, eine gleichaltrige Freundin, sie unterhielten sich
– nicht über den Flaschenhals, sondern über den Myrthenbaum am Fenster.

„Du darfst auf keinen Fall zwei Reichstaler für den
Hochzeitsstrauß deiner Tochter hinauswerfen!" sagte das
alte Fräulein, „du kannst bei mir einen feinen haben, voller
Blüten! Siehst du, wie schön der Baum steht? Ja, es ist sogar
ein Ableger von dem Myrthenbaum, den du mir einen Tag
nach meiner Verlobung geschenkt hattest, der, von dem
ich mir selber ein Jahr später meinen Hochzeitsstrauß neh-

men sollte, aber der Tag kam nie! Die Augen schlossen sich, die mir in diesem Leben zur Freude und zum Segen hatten leuchten sollen. Auf dem Meeresgrunde schläft er süß, der liebe Engel! – Der Baum ist alt geworden, aber ich bin noch älter geworden, und als der Baum allmählich einging, nahm ich den letzten frischen Zweig, steckte ihn in die Erde, und der Zweig ist nun ein so großer Baum geworden und wird zuletzt nun doch Brautschmuck, wird deiner Tochter Hochzeitsstrauß!"

In den Augen des alten Fräuleins standen Tränen; sie sprach von ihrem Jugendfreund, von der Verlobung im Walde; sie dachte daran, wie sie auf ihrer beider Wohl getrunken hatten, dachte an den ersten Kuß – aber das sagte sie nicht, sie war ja ein altes Fräulein, sie dachte an so vieles, aber daran dachte sie gar nicht, daß dicht vor ihrem Fenster noch eine Erinnerung aus jener Zeit war: der Hals jener Flasche, die „schwipp" sagte, als der Korken zum Prosit knallte. Aber der Flaschenhals erkannte sie auch nicht, denn er hörte gar nicht zu, was sie erzählte – weil er einzig und allein an sich selber dachte.

Der Stein der Weisen

Du kennst doch die Geschichte von Holger Danske; die wollen wir dir nicht erzählen, sondern fragen, ob du dich noch daran erinnerst, daß „Holger Danske das große Indienland nach Osten zu bis zum Ende der Welt gewann, bis zu dem Baum, welcher der Baum der Sonne heißt", wie Christen Pedersen sagt; kennst du Christen Pedersen? es tut nichts zur Sache, wenn du ihn nicht kennst. Holger Danske verlieh dort dem Priester Jon Macht und Würden über Indienland. Kennst du den Priester Jon? Ja, das tut auch nichts zur Sache, wenn du den nicht kennst, denn er kommt in dieser Geschichte gar nicht vor; du sollst hier etwas vom Baum der Sonne hören „im Indienland nach Osten zu am Ende der Welt", wie die es damals zu wissen glaubten, die Geographie noch nicht so gelernt haben wie wir; aber das tut nun auch gar nichts zur Sache.

Der Baum der Sonne war ein prächtiger Baum, wie wir nie einen gesehen haben und wie du auch nie einen sehen wirst; die Krone lud mehrere Meilen in der Runde aus, sie war eigentlich ein ganzer Wald, jeder ihrer kleinsten Zweige war wieder ein ganzer Baum; hier gab es Palmen, Buchen, Pinien, Platanen; ja, alle Arten von Bäumen, die es ringsum in der Welt gibt, sprossen hier als kleine Zweige an den großen Ästen hervor, und diese selber mit ihren Krümmungen und Knorren bildeten gleichsam Täler und Höhen, sie waren mit einem sammetweichen Grün bekleidet, das von Blüten überquoll; jeder Ast war wie eine ausgedehnte, blühende Wiese oder der entzückendste Garten; die Sonne schien hier mit wunderbaren Strahlen herab, es war ja der Baum der Sonne, und die Vögel kamen hier von allen Ecken und Enden der Welt zusammen, die Vögel aus den Urwäldern des fernen Amerika, aus den Rosengärten von Damaskus, aus der Waldwüste des inneren Afrika, wo Elefant und Löwe sich einbilden, daß sie allein regieren; die Polarvögel kamen, und der Storch und die Schwalbe kamen natürlich auch; aber die Vögel waren nicht die einzigen Lebewesen, die hierherkamen, der Hirsch, das Eichkätzchen, die Antilope und Hunderte von anderen Tieren, voller Leichtigkeit und Schönheit, waren hier beheimatet; die Baumkrone war ja ein großer, duftender Garten, und in ihrem Innern, wo die allergrößten Äste sich gleich grünen Höhenzügen ausstreckten, lag ein Schloß aus Kristall mit Ausblick auf alle Länder der Erde; jeder Turm ragte wie eine Lilie auf, man konnte durch den Stengel nach oben gehen, denn drinnen war eine Treppe, du kannst es also verstehen, man konnte auf die Blätter hinaustreten, das waren Balkons, und ganz oben in der Blüte selber war der schönste, strahlendste kreisrunde Saal, der kein anderes Dach über sich hatte als den blauen Himmel mit Sonne oder Sternen; ebenso herrlich, auf andere Art, war es unten in den weiten Sälen des Schlosses, hier spiegelte sich die ganze Welt ringsum an den Wänden wider; man konnte alles sehen, was geschah, so daß man gar nicht die Zeitung zu lesen brauchte, und die hatten sie hier auch gar nicht. Alles war in lebenden Bildern zu sehen, könnte man doch nur hinfahren und es sich anschauen oder hätte man wenigstens Lust dazu; denn was zuviel ist, ist zuviel, selbst für den weisesten Mann, und hier wohnte der weiseste Mann. Sein Name ist so schwer auszusprechen, du kannst ihn nicht aussprechen, und darum tut es auch nichts zur Sache. Er wußte alles, was ein Mensch wissen kann und auf Erden jemals wissen wird; jede Erfindung, die gemacht worden war oder gemacht werden würde, aber auch nicht mehr, denn alles hat eine Grenze. Der weise König Salomo war nur halb so klug, und der war immerhin sehr klug; er herrschte über die Naturkräfte, über mächtige Geister, ja, selbst der Tod mußte ihm allmorgendlich Kunde geben und eine Liste derer bringen, die an diesem Tage sterben sollten, aber König Salomo mußte selber auch sterben, und dieser Gedanke war es, der den Forscher, den mächtigen Herrn auf dem Schloß im Baum der Sonne, oft seltsam stark erfüllte. Auch er, wie hoch er an Weisheit auch über den Menschen stand, mußte dereinst sterben, das wußte er, seine Kinder mußten sterben; wie das Laub im Walde würden sie hinsinken und zu Staub werden. Das Menschengeschlecht sah er das Leben aushauchen wie die Blätter am Baum, und neue kamen an deren Statt, aber die Blätter, die fielen, wuchsen nie wieder, sie gingen in Staub über, in andere Pflanzenteile. Was geschah mit den Menschen, wenn der Todesengel kam? Was war das: sterben? Der Leib löste sich auf, und die Seele – ja, was war die? Was wurde aus ihr? Wo ging sie hin? „Zum ewigen Leben", sagte der Trost in der Religion; aber wie war der Übergang? Wo lebte man und wie? „Im Himmel droben!" sagten die Frommen, „dort gehen wir hinauf!" – „Dort hinauf!" wiederholte der Weise und blickte zur Sonne und zu den Sternen empor. „Dort hinauf!" und er sah von der runden Kugel der Erde aus, daß Oben und Unten ein und dasselbe war, je nachdem, wo man auf der schwebenden Kugel stand; und stieg er so hoch empor, wie die höchsten Berge der Erde ihre Gipfel erhoben, da wurde die Luft, die wir unten klar und durchsichtig nennen, „der reine Himmel", ein kohlschwarzes Dunkel, straff wie ein Tuch, und die Sonne sah glühend aus ohne Strahlen, unsere Erde lag in einen orangefarbenen Nebel gehüllt. Begrenzt war alles für das leibliche Auge, auch der Seele verschlossen, wie gering war unser Wissen, selbst der Weiseste wußte nur wenig von dem, was für uns am wichtigsten ist.

In der geheimen Kammer des Schlosses lag der größte Schatz der Erde: „Das Buch der Wahrheit". Seite für Seite las er es. Es war ein Buch, in dem jeder Mensch zu lesen vermag, aber nur stückweise, die Schrift zittert vor manchem Auge, so daß es nicht imstande ist, die Worte zu entziffern; auf einzelnen Seiten wird die Schrift oft so blaß, sie verschwindet fast, so daß man nur eine leere Seite sieht; je weiser man ist, desto mehr kann man lesen, und der Weiseste liest das allermeiste; er konnte außerdem das Sternenlicht einfangen, das Sonnenlicht, das Licht verborgener Kräfte und das Licht des Geistes, durch diesen verstärkten Glanz auf den Seiten trat für ihn die Schrift noch mehr hervor, aber bei dem Abschnitt im Buche, dessen Überschrift „Das Leben nach dem Tode" heißt, war kein Tüpfelchen zu sehen. Das machte ihn traurig – sollte er nicht imstande sein, hienieden ein Licht zu finden, das ihm sichtbar machte, was darüber im Buch der Wahrheit stand?

Wie der weise König Salomo verstand er die Sprache der Tiere, er hörte ihren Gesang und ihre Rede, aber dadurch wurde er nicht klüger; er erkannte die Kräfte in Pflanzen und Metallen, Kräfte, um Krankheiten zu bannen, den Tod zu bannen, aber nicht, ihn zunichte zu machen. In allem Geschaffenen, das ihm erreichbar war, suchte er das Licht zu finden, das die Gewißheit von einem ewigen Leben bestrahlen konnte, aber er fand es nicht, das Buch der Wahrheit lag vor ihm wie unbeschriebene Seiten. Das Christentum zeigte ihm in der Bibel die Worte der Verheißung von einem ewigen Leben, aber er wollte es in seinem Buche lesen, und in diesem sah er nichts.

Fünf Kinder hatte er, vier Söhne, gebildet, wie der weiseste Vater seine Kinder bilden kann, und eine Tochter, schön, sanft und klug, aber blind, doch schien ihr dies kein Gebrechen zu sein; Vater und Brüder sahen für sie, und die Innerlichkeit war ihr Auge.

Nie waren die Söhne weiter von den Sälen des Schlosses entfernt gewesen, als die Äste des Baumes sich streckten, die Schwester noch weniger, sie waren glückliche Kinder im Hause der Kindheit, im Lande der Kindheit, in dem wunderbaren, duftenden Baum der Sonne. Wie alle Kinder liebten sie es sehr, wenn man ihnen etwas erzählte; und der Vater erzählte ihnen viel, was andere Kinder nicht verstanden hätten, aber diese waren nun auch ebenso klug wie bei uns die meisten alten Menschen; er erklärte ihnen, was sie in lebenden Bildern an den Wänden des Schlosses sahen, das Tun der Menschen und den Lauf der Ereignisse in allen Ländern der Erde, und oftmals wünschten sich die Söhne, draußen mit dabeizusein und teilzunehmen an all den großen Taten, und der Vater erzählte ihnen dann, daß es schwer und bitter in der Welt zugehe, sie sei nicht ganz so, wie sie sie von ihrer wunderschönen Kinderwelt aus sähen. Er erzählte ihnen von dem Schönen, Wahren und Guten, sagte, diese drei Dinge hielten die Welt zusammen und würden unter dem Druck, den sie zu dulden hätten, zu einem Edelsteine, heller als das Wasser des Diamanten; sein Glanz habe Wert vor Gott, er überstrahle alles und sei eigentlich das, was man „den Stein der Weisen" nenne. Er sagte ihnen, daß man, ebenso wie man durch die Schöpfung zur Gewißheit über Gott gelange, durch die Menschen selber Gewißheit darüber erhalte, daß es einen solchen Edelstein gebe; mehr konnte er über ihn nicht sagen, mehr wußte er nicht. Diese Erzählung würden andere Kinder schwerlich verstehen, aber diese verstanden sie, und später folgen die anderen schon noch nach.

Sie fragten den Vater nach dem Schönen, Wahren und Guten aus, und er erklärte es ihnen, erzählte ihnen so viel, sagte auch, als Gott den Menschen aus Erde erschaffen habe, habe er seinem Geschöpf fünf Küsse gegeben, einen Feuerkuß, einen Herzenskuß, innige Herrgottsküsse, und diese seien es, die wir jetzt die fünf Sinne nennen; durch sie werde das Schöne, Wahre und Gute erkannt, vernommen und verstanden, durch sie werde es geschätzt, beschirmt und gefördert; fünf Sinnesgaben seien verliehen worden, im Äußeren und im Inneren, Wurzel und Wipfel, Leib und Seele.

Darüber dachten nunmehr die Kinder viel nach, Tag und Nacht ging es ihnen im Kopfe herum; da träumte der älteste der Brüder einen wunderschönen Traum, und sonderbar, der zweite Bruder träumte ihn auch, und der dritte träumte ihn und der vierte, jeder für sich träumte ganz das gleiche; er träumte, daß er in die Welt hinauszöge und den Stein der Weisen fände; wie eine leuchtende Flamme auf seiner Stirn erstrahlte der Stein, als der Bruder im Morgenlicht auf seinem pfeilschnellen Roß über die sammetgrünen Wiesen im Garten der Heimat zurückritt in das väterliche Schloß, und der Edelstein warf ein so himmlisches Licht, einen so hellen Glanz auf die Seiten des Buches, daß sichtbar wurde, was dort über das Leben jenseits des Grabes geschrieben stand. Die Schwester träumte nicht davon, in die weite Welt hinauszukommen, es kam ihr nicht in den Sinn, ihre Welt war das Haus ihres Vaters.

„Ich reite in die weite Welt hinaus!" sagte der Älteste; „ergründen muß ich doch ihr Treiben und mich unter den Menschen umtun; nur das Gute und das Wahre will ich, durch diese beiden behüte ich das Schöne. Viel wird anders werden, wenn ich mit dabei bin!" Ja, er dachte kühn und groß, wie wir alle es daheim in der Ofenecke tun, bevor wir in die Welt hinauskommen und Regen und Wind und den Dornenstrauch kennenlernen.

Die fünf Sinne, nach innen und nach außen, waren bei ihm wie bei den anderen Brüdern außerordentlich entwickelt, aber jeder von ihnen hatte einen Sinn, der an Kraft und Entwicklung alle anderen übertraf; beim Ältesten war es das Gesicht, das vor allem sollte ihm zugute kommen. Er besäße Augen für alle Zeiten, sagte er, Augen für alle Völker, Augen, die in die Erde hineinschauen könnten, wo die Schätze lägen, und bis in die Brust der Menschen hinein, als wäre nur eine Glasscheibe davor – das heißt, er sah mehr, als wir der Wange ansehen können, die errötet und erblaßt, dem Auge, welches weint oder lacht. Hirsch und Antilope folgten ihm westwärts bis zur Grenze, und dort kamen die wilden Schwäne und flogen gen Nordwesten, denen folgte er, und nun war er weit in der Welt draußen, weit weg vom

Lande des Vaters, das sich „nach Osten zu bis ans Ende der Welt" erstreckte.

Na, wie der die Augen aufsperrte! Dort gab es viel zu sehen, und es ist immer etwas anderes, den Ort und die Sache selbst zu sehen als auf Bildern, und wenn diese noch so gut sind, und sie waren außerordentlich gut, die daheim auf seines Vaters Schloß. Es fehlte nicht viel, und ihm wären im ersten Augenblick die Augen aus dem Kopf gefallen, vor Staunen über all den Plunder, all den Fastnachtsfirlefanz, der als das Schöne hervorgehoben war, aber sie fielen ihm nicht heraus, er hatte eine andere Verwendung für sie.

Gründlich und ehrlich wollte er beim Erkennen des Schönen, Wahren und Guten vorgehen, aber wie war es damit bestellt? Er sah, wie meistens das Häßliche den Strauß erhielt, wo das Schöne ihn haben sollte, das Gute wurde oft nicht bemerkt, und die Mittelmäßigkeit wurde beklatscht und nicht ausgepfiffen. Die Leute blickten auf den Namen und nicht auf das Verdienst, blickten auf den Rock und nicht auf den Mann, auf den Beruf und nicht auf die Berufung. Anders konnte es eben nicht sein.

„Ja, ich muß nun wohl ordentlich eingreifen!" dachte er, und er griff ein; als er aber das Wahre suchte, kam der Teufel, welcher der Vater der Lüge ist und die Lüge selber; nur zu gern hätte er dem Seher gleich beide Augen ausgeschlagen, aber das war zu grob; der Teufel geht feiner vor, er ließ ihn das Wahre suchen und es sich anschauen, und das Gute dazu, aber während er es anschaute, blies ihm der Teufel einen Splitter ins Auge, in beide Augen, einen Splitter nach dem anderen, das bekam dem Augenlicht nicht gut, selbst dem besten Augenlicht nicht; der Teufel blähte nun den Splitter auf, bis er ein Balken war, und nun war es mit den Augen vorbei; da stand nun der Seher als blinder Mann mitten in der weiten Welt, und auf die war kein Verlaß; er gab seine gute Meinung über sie und über sich selber auf, und wenn man sowohl die Welt wie sich selber aufgibt, ja, dann ist es aus mit einem.

„Aus!" sangen die wilden Schwäne, die über das Meer dahinflogen, gen Osten; „aus!" sangen die Schwalben, die gen Osten zum Baum der Sonne flogen, und das waren für die daheim keine guten Nachrichten.

„Es scheint dem ‚Seher‘ schlecht ergangen zu sein!" sagte der zweite Bruder, „aber dem ‚Hörer‘ mag es ja besser ergehen!" Es war das Gehör, welches bei ihm besonders geschärft war, er konnte das Gras wachsen hören, so weit hatte er es gebracht.

Er nahm herzlich Abschied, ritt mit guten Fähigkeiten und guten Vorsätzen von dannen. Die Schwalben begleiteten ihn, und er begleitete die Schwäne, und dann war er weit von der Heimat entfernt draußen in der weiten Welt.

Man kann nun auch zuviel von einer guten Sache haben, das mußte er erfahren, sein Gehör war zu fein, er hörte ja das Gras wachsen, aber dann hörte er auch jedes Menschenherz in Freude und in Schmerz schlagen, es war für ihn so, als wäre die ganze Welt eine einzige große Uhrmacherwerkstatt, wo alle Uhren „tik, tik!" machten, alle Turmuhren „bim! bam!" schlugen, nein, es war nicht zu ertragen! Aber er hielt die Ohren steif, solange er konnte; zuletzt wurde es zuviel für einen einzelnen Menschen mit all diesem Getöse und Geschrei; da kamen Straßenjungen an von sechzig Jahren, das Alter macht's ja nicht; die brüllten laut, es war eher zum Lachen, aber dann kam der Klatsch, der tuschelte durch alle Häuser, Gassen und Straßen, ganz unverblümt; die Lüge war geräuschvoll und spielte Herrschaft, die Narrenschelle klingelte und sagte, sie sei eine Kirchenglocke, das wurde dem Hörer zu toll, er steckte die Finger in beide Ohren – aber er hörte immer noch den falschen Gesang und bösen Klang, Klatsch und Tratsch; zäh vertretene Behauptungen, keinen sauren Hering wert, flatterten an der Zunge, so daß es in der guten Gesellschaft „knack, knack!" sagte. Da waren Töne und Geräusche, Gepolter und Geknalle, äußerlich und innerlich, behüte! Es war nicht auszuhalten, es war zu toll! Er steckte den Finger tiefer in beide Ohren, immer tiefer, und da platzte das Trommelfell, nun hörte er nichts mehr, auch nicht das Schöne, Wahre und Gute, da doch das Gehör die Brücke zu seinem Denken sein sollte, und er wurde still und mißtrauisch, glaubte niemandem, glaubte sich zuletzt selber nicht, und das ist ein großes Unglück; er würde den mächtigen Edelstein nicht finden und heimbringen, und er gab es auf und sich selber ebenfalls, und das war nun das Allerschlimmste. Die Vögel, die gen Osten flogen, führten die Kunde davon mit sich, bis sie des Vaters Schloß im Baum der Sonne erreichte; ein Brief kam nicht, es ging ja auch keine Post.

„Jetzt will ich es versuchen!" sagte der dritte, „ich habe eine feine Nase!" und das war nicht gerade fein ausgedrückt, aber so redete er, und man mußte ihn nehmen, wie er war, er war das heitere Gemüt, und er war Poet, ein richtiger Poet, er konnte von dem singen, was er nicht sagen konnte. Er machte sich über vieles Gedanken, lange vor den anderen. „Ich rieche Lunte!" sagte er, und es war auch der Geruchssinn, der bei ihm in hohem Maße entwickelt war und dem er im Reich des Schönen einen großen Platz einräumte; „Der eine liebt den Apfelduft und der andere Stallduft!" sagte er, „jede Duftregion im Reiche des Schönen hat ihr Publikum. Manche fühlen sich in Kneipenluft bei dem schwelenden Docht des Talglichts heimisch, wo der Gestank von Schnaps sich mit dem von schlechtem Tabak mischt; andere sitzen lieber im stickigen Jasminduft oder reiben sich mit dem starken Nelkenöl ein, das kann man riechen. Manche suchen die frische Meeresbrise, den scharfen Wind oder steigen auf den hohen Berggipfel und blicken über das geschäftige Treiben in der Tiefe!" ja, das sagte er; es war, als wäre er früher schon draußen in der Welt gewesen, hätte unter Menschen gelebt und kennte sie, aber er hatte diese Klugheit in sich, es war der Poet in ihm, das, was der Herrgott ihm als Gabe in die Wiege gelegt hatte.

Nun nahm er Abschied von dem väterlichen Haus im Baum der Sonne, er schritt durch die Herrlichkeit der Heimat, aber draußen setzte er sich auf den Vogel Strauß, der schneller läuft als ein Roß, und als er später die wilden Schwäne sah, schwang er sich auf den Rücken des stärksten; er liebte die Veränderung sehr, und nun flog er über das Meer in fremde Länder mit großen Wäldern, tiefen Seen, riesigen Bergen und stolzen Städten, und wohin er kam, war es, als ginge ein Sonnenstrahl über die Gegend; jede Blume, jeder Strauch duftete stärker im Gefühl dessen, daß ihnen ein Freund nahe war, ein Beschützer, der sie schätzte und verstand, ja, der verkümmerte Rosenstrauch hob seine Zweige, entfaltete seine Blätter und trug die entzückendste Rose, ein jeder konnte sie sehen, sogar die schwarze, feuchte Waldschnecke bemerkte ihre Schönheit.

„Ich will der Blume mein Zeichen aufdrücken!" sagte die Schnecke, „nun habe ich sie angespien, mehr kann ich nicht tun!"

„So ergeht es sicher dem Schönen in der Welt!" sagte der Poet, und er sang ein Lied davon, sang es auf seine Art, aber niemand hörte zu; darum gab er dem Trommler zwei Schillinge und eine Pfauenfeder, und dann richtete der das Lied für Trommel ein und trommelte es in der Stadt aus, in allen Straßen und Gassen; da hörten die Leute es und sagten, sie verstünden es, es sei so tief! Und nun konnte der Poet mehr Lieder singen, und er sang von dem Schönen, dem Wahren und dem Guten, und sie hörten davon in der Kneipe, wo das Talglicht blakte, sie hörten es auf der frischen Kleewiese, im Wald und auf offener See; es schien, als sollte dieser Bruder mehr vom Glück begünstigt sein als die beiden anderen; aber das konnte der Teufel nicht leiden, und da kam er sofort mit Königspulver und Weihrauch und allem Räucherwerk der Ehre, das es geben mochte und das der Teufel zu destillieren versteht; das allerstärkste Räucherwerk, das all die übrigen erstickte und selbst einem Engel ganz schwindlig machen konnte, wie leicht erst einem armen Poeten; der Teufel weiß schon, wie er solche Leute nehmen muß! Er nahm den Poeten mit Weihrauch, so daß der ganz benommen war, seine Sendung, sein väterliches Haus vergaß – alles, sich selber dazu; er ging in Rauch und Räucherwerk auf.

Alle Vögelchen, als sie es hörten, trauerten und sangen drei Tage lang nicht. Die schwarze Waldschnecke wurde noch schwärzer, nicht vor Trauer, sondern vor Neid. „Ich war es", sagte sie, „die man hätte beweihräuchern müssen, denn ich war es, die ihm die Idee zu seinem berühmtesten Lied eingegeben hat, das für Trommel, über den Lauf der Welt! Ich war es, die auf die Rose gespien hat, dafür kann ich Zeugen beibringen."

Aber daheim im Lande Indien ertönte keine Kunde davon; alle Vögelchen trauerten ja und schwiegen drei Tage lang, und als die Trauerzeit um war, ja, da war die Trauer so heftig gewesen, daß sie vergessen hatten, um wen sie getrauert hatten. So kann es gehen!

„Nun muß ich wohl mal in die Welt hinaus und verlorengehen wie die anderen!" sagte der vierte Bruder. Der hatte ein ebenso heiteres Gemüt wie der vorhergehende, aber er war kein Poet, und da hatte er gerade allen Grund, heiter zu sein; die beiden hatten Frohsinn ins Schloß gebracht; nun ging der letzte Frohsinn drauf. Das Gesicht und das Gehör sind von den Menschen immer als die beiden wichtigsten Sinne angesehen worden, die man sich vor allem stark und scharf wünscht, die drei anderen Sinne werden als weniger wesentlich betrachtet, aber der Ansicht war dieser Sohn keineswegs, er hatte besonders den Geschmack in der ganzen Bedeutung entwickelt, die man ihm beilegt, und der hat eine große Macht und führt ein gewaltiges Regiment. Er regiert das, was durch den Mund und was durch den Geist geht, deshalb kostete der Sohn von dem, was in Topf und Pfanne war, in Flasche und Faß; das sei der grobe Teil seines Amtes, sagte er; jeder Mensch sei für ihn eine Pfanne, in der es brutzele, jedes Land eine ungeheure Küche, geistig genommen, das sei das Feine, und nun wolle er ausziehen, um das Feine kennenzulernen.

„Vielleicht ist das Glück mir eher hold als meinen Brüdern!" sagte er. „Ich breche auf! Aber wie soll ich mich fortbewegen! Sind die Luftballons entdeckt?" fragte er seinen Vater, der ja über alle Entdeckungen Bescheid wußte, die gemacht waren oder gemacht werden würden. Aber die Luftballons waren noch nicht entdeckt, auch die Dampfschiffe und Eisenbahnen nicht. „Nun, dann nehme ich einen Luftballon!" sagte er, „mein Vater weiß, wie die gemacht und gelenkt werden müssen, das lerne ich! Niemand kennt die Erfindung, und dann denken sie, es sei eine Lufterscheinung; wenn ich den Ballon ausgebraucht habe, verbrenne ich ihn, darum mußt du mir ein paar Stück von der künftigen Erfindung mitgeben, die man chemische Schwefelhölzer nennt."

All dies erhielt er, und dann flog er davon, und die Vögel begleiteten ihn weiter, als sie die übrigen Brüder begleitet hatten, sie wollten doch mal sehen, wie es mit diesem Fluge ausginge, und immer kamen noch mehr hinzu, denn sie waren neugierig, sie meinten ja, es wäre ein neuer Vogel, der da flog; o ja, er bekam wahrlich Begleitung! Die Luft wurde schwarz von Vögeln, sie kamen wie eine große Wolke, wie der Heuschreckenschwarm über das Land Ägypten, und nun war er draußen in der weiten Welt.

„Ich habe einen guten Freund und Helfershelfer an dem Ostwind gehabt", sagte er.

„Am Ostwind und Westwind, meinst du!" sagten die Winde, „wir haben uns abgewechselt, sonst wärest du nicht nach Nordwesten gekommen!"

Aber er hörte nicht, was die Winde sagten, und das tut ja auch nichts zur Sache. Die Vögel flogen nun auch nicht weiter mit; als ihrer am meisten waren, wurden ein paar von ihnen der Reise müde. Sie sagten, es sei zuviel von der Sache hergemacht worden. Er würde eingebildet werden. „Es lohnt sich nicht, deswegen mitzufliegen, es ist nichts! es ist abgeschmackt!" und so blieben sie zurück, sie blieben alle zurück; das Ganze war ja nichts.

Und der Ballon senkte sich auf eine der größten Städte hinab; hier ging der Luftschiffer an der höchsten Stelle nieder, das war die Kirchturmspitze. Der Ballon stieg wieder in die Lüfte empor, das sollte er nicht; wo er blieb, wußte keiner so recht, aber es tut nichts zur Sache, er war nicht erfunden.

Da saß der Luftschiffer nun auf der obersten Spitze des Kirchturms, die Vögel flogen nicht zu ihm heran, sie hatten genug von ihm, und er von ihnen. Alle Schornsteine der Stadt rauchten und dufteten.

„Das sind Altäre, für dich errichtet!" sagte der Wind; er wollte ihm nämlich etwas Angenehmes sagen. Ganz kühn saß er da und blickte auf die Leute in den Straßen hinab; da ging einer, der war stolz auf seinen Geldbeutel, einer war stolz auf seinen Schlüssel, ungeachtet dessen, daß er nichts aufzuschließen hatte; einer war stolz auf seinen Frack, in dem die Motten waren, und einer stolz auf seinen Körper, in dem der Wurm saß.

„Eitelkeit! Ja, ich muß wohl bald einmal hinunter, um in dem Kochtopf umzurühren und zu kosten!" sagte er; „aber hier möchte ich doch noch ein bißchen sitzen bleiben, der Wind kitzelt mir so schön den Rücken, das ist eine große Annehmlichkeit. Ich bleibe hier sitzen, solange dieser Wind weht. Ich möchte ein bißchen Ruhe haben; es tut gut, morgens lange im Bett zu liegen, wenn man viel zu tun hat, sagt der Faule; aber Faulheit ist die Wurzel allen Übels, und Übles gibt es in unserer Familie nicht, das sage ich, und das sagt jeder Sohn auf der Straße! Ich bleibe sitzen, solange dieser Wind weht, das schmeckt mir!"

Und er blieb sitzen, aber er saß auf dem Wetterhahn der Turmspitze, der sich mit ihm drehte und drehte, so daß er meinte, es sei ständig derselbe Wind; er blieb sitzen, und da mochte er lange sitzen bleiben und schmecken.

Aber im Lande Indien, im Schloß auf dem Baum der Sonne war es leer und still geworden, nachdem die Brüder, einer nach dem anderen, fortgezogen waren.

„Es ist ihnen nicht gut ergangen!" sagte der Vater; „nie werden sie den leuchtenden Edelstein heimbringen; den gibt es nicht für mich, sie sind fort, gestorben!" und er neigte sich über das Buch der Wahrheit, starrte auf die

Seite, wo er über das Leben nach dem Tode lesen sollte, aber da war für ihn nichts zu sehen und zu erfahren.

Die blinde Tochter war sein Trost und seine Freude; sie schloß sich ganz innig und liebevoll an ihn an; um seiner Freude und seines Glücks willen wünschte sie, daß das kostbare Kleinod gefunden und heimgebracht werde. In Leid und Sehnsucht gedachte sie der Brüder, wo waren sie? Wo lebten sie? sie wünschte so innig, sie könnte von ihnen träumen, aber es war seltsam, nicht einmal im Traume konnte sie mit ihnen vereint werden. Endlich, eines Nachts, träumte sie, daß der Brüder Stimmen sie erreichten, sie riefen, sie schrien draußen aus der weiten Welt, und sie mußte dort hinaus, weit, weit fort, und dennoch vermeinte sie, dort noch immer in ihres Vaters Haus zu sein, die Brüder traf sie nicht, aber sie fühlte, daß es in ihrer Hand wie Feuer brannte, es schmerzte jedoch nicht, sie hielt den leuchtenden

Edelstein und brachte ihn ihrem Vater. Als sie erwachte, glaubte sie zuerst, sie halte ihn noch in der Hand; sie hielt aber die Hand um ihren Spinnrocken gekrampft. In den langen Nächten hatte sie unablässig gesponnen, auf der Spindel war ein Faden, feiner als das Gespinst der Spinne;

Menschenaugen konnten den einzelnen Faden nicht entdecken; sie hatte ihn mit ihren Tränen benetzt, und er war stark wie eine Ankertrosse. Sie erhob sich, ihr Entschluß war gefaßt, der Traum mußte verwirklicht werden. Es war Nacht, ihr Vater schlief, sie küßte seine Hand, nahm dann ihre Spindel und knüpfte das Ende des Fadens an ihres Vaters Haus fest, sonst würde sie, die Blinde, ja nie wieder heimfinden können; an dem Faden konnte sie sich halten, auf den verließ sie sich und nicht auf sich selbst und andere. Sie pflückte vier Blätter vom Baum der Sonne, die wollte sie Wind und Wetter geben, daß sie sie ihren Brüdern brächten, als Brief und Gruß, falls sie ihnen nicht dort draußen in der weiten Welt begegnen sollte. Wie würde es ihm wohl dort ergehen, dem armen, blinden Kind! Aber sie hatte ja den unsichtbaren Faden, an dem sie sich halten konnte; vor all den anderen war eine Gabe ihr eigen: die Innerlichkeit, und kraft dieser schien sie Augen ganz bis in die Fingerspitzen und Ohren bis ins Herz hinein zu haben.

Und nun ging sie in die wirre, polternde, seltsame Welt hinaus, und wo sie auch hinkam, wurde der Himmel sonnenhell, sie konnte den warmen Strahl spüren, der Regenbogen spannte sich von der schwarzen Wolke über die blaue Luft hinweg; sie hörte den Gesang der Vögel, sie spürte den Duft der Orangen- und Apfelgärten so stark, daß sie meinte, ihn schmecken zu können. Weiche Töne und herrlicher Gesang drangen an ihr Ohr, aber auch Heulen und Schreien; seltsam widerstreitend lauteten Gedanken und Urteile. Bis in die Winkel des Herzens hinein ertönten der Herzensklang und der Geistesklang der Menschen; es brauste im Chor:

„Unser irdisch Leben ist Regen und Wind,
Eine Nacht, in der wir weinen."

Aber es erklang auch das Lied:

„Unsere Tage lauter Rosen sind,
Darin Sonne und Freude scheinen."

Und bitter klang es:

> „Ein jeder denkt an sich allein,
> Die Wahrheit ist uns gegeben."

Da ertönte zur Antwort:

> „Es strömt die Liebe aus und ein
> Durch unser irdisches Leben."

Sie konnte die Worte ja hören:

> „Wie winzig ist das Ganze hier,
> Und alles hat zwei Seiten."

Aber sie vernahm auch dies:

> „Viel Gutes, Großes schauen wir
> Und lassen uns davon leiten."

Und es sang ringsum im brausenden Chor:

> „Gelächter, Hohn und kalter Spott,
> Das war's, was wir bekamen!"

Da klang es drinnen im Herzen des blinden Mädchens auf:

> „Bleib du dir treu, halt fest an Gott,
> Sein Wille geschehe, Amen!"

Und wo sie im Kreise von Männern und Frauen, bei alt und jung, hervortrat, leuchtete in der Seele die Erkenntnis des Wahren, Guten und Schönen auf; überall, wohin sie kam, in der Werkstatt des Künstlers, in dem reichen, festlichen Salon und in der Fabrik mit den kreisenden Rädern, überall war es, als käme der Sonnenstrahl, als erklänge die Saite, als dufteten die Blumen und als fiele der erfrischende Tautropfen auf das verschmachtende Blatt.

Aber das konnte sich der Teufel nicht gefallen lassen; er hat eben den Verstand von mehr als zehntausend Menschen, und da kam er auf den Gedanken, sich selber zu helfen. Er ging in den Sumpf hinaus, holte Blasen von dem fauligen Wasser, ließ ein siebenfaches Echo von den Worten der Lüge über sie hindröhnen, denn das klang stärker; er stößelte bezahlte Ehrengesänge und verlogene Leichenpredigten, so viele er finden konnte, zu Pulver, kochte sie in Tränen, die die Mißgunst vergossen hatte, streute Schminke darüber, von der welken Wange einer alten Jungfer abgekratzt, und schuf hieraus ein Mädchen, an Gestalt und Bewegung ganz dem blinden, gütigen Mädchen gleich; den „sanften Engel der Innerlichkeit" nannten die Menschen sie, und nun war des Teufels Spiel im Gange. Die Welt wußte nicht, welche von beiden die Rechte war, und wie sollte die Welt das wissen!

„Bleib du dir treu, halt fest an Gott,
    Sein Wille geschehe, Amen!"

sang das blinde Mädchen in voller Zuversicht. Die vier grünen Blätter vom Baum der Sonne gab sie Wind und Wetter, daß sie sie als Brief und Gruß zu ihren Brüdern brächten,

und sie war gewiß, daß alles sich erfüllte, ja, auch das würde in Erfüllung gehen, daß das Kleinod gefunden wurde, welches alle irdische Herrlichkeit überstrahlte; von der Stirn der Menschheit würde es bis zu des Vaters Hause strahlen.

„Bis zu meines Vaters Haus!" wiederholte sie, „ja, auf

Erden ist des Kleinods Stätte, und ich bringe mehr als die Gewißheit dessen; seine Glut verspüre ich, es schwillt in meiner geschlossenen Hand mehr und mehr an. Jedes kleine Körnchen Wahrheit, und sei es noch so fein, das der scharfe Wind mit sich führte und trug, habe ich aufgefangen und aufbewahrt; ich ließ es vom Duft alles Schönen durchdringen, in der Welt gibt es so viel davon, selbst für den Blinden; ich nahm den Klang vom Herzschlag des gütigen Menschen und legte ihn hinein; Staubkörner sind das ganze nur, was ich bringe, aber dennoch der Staub des gesuchten Edelsteins in reicher Fülle, meine ganze Hand habe ich voll davon!" und sie streckte sie – dem Vater hin. Sie war in der Heimat; mit Gedankenschnelle war sie dorthin gelangt, da sie den unsichtbaren Faden zu des Vaters Haus nicht losgelassen hatte.

Die bösen Mächte brausten mit dem Getöse des Orkans über den Baum der Sonne, drangen mit einem Windstoß durch die offene Tür in die geheime Kammer ein.

„Es verweht!" rief der Vater und griff um die Hand, die sie geöffnet hatte.

„Nein!" rief sie in sicherer Gewißheit, „es kann nicht verwehen! Ich verspüre den Strahl, wie er mich bis in die Seele wärmt."

Und der Vater sah eine leuchtende Flamme, wo der funkelnde Staub aus ihrer Hand über die weißen Seiten des Buches hinwirbelte, die von der Gewißheit eines ewigen Lebens berichten sollten; in blendendem Glanze stand dort etwas geschrieben, ein einziges, sichtbares Wort nur, das. eine Wort: „Glaube".

Und wieder waren die vier Brüder bei ihnen; Sehnsucht nach der Heimat hatte sie ergriffen und sie geführt, als das grüne Blatt auf ihre Brust fiel; sie waren gekommen, die Zugvögel folgten und Hirsch, Antilope und alle Tiere des Waldes; sie wollten auch an der Freude teilnehmen, und weshalb sollten die Tiere das nicht tun, wenn sie konnten?

Und wie wir es oftmals beobachtet haben, wenn der Sonnenstrahl durch ein Loch in der Tür in die stauberfüllte Stube fällt, daß sich dann eine blinkende Staubsäule dreht, ebenso, wenn auch nicht so plump und armselig – selbst der Regenbogen ist schwer und nicht stark genug in den Farben gegen den Anblick, der hier zutage trat –, ebenso erhob sich von der Seite des Buches, von dem leuchtenden Worte Glaube jedes Körnchen Wahrheit mit dem Glanz des Schönen, mit dem Klang des Guten, stärker strahlend als die Feuersäule in jener Nacht, als Moses und das Volk Israel zum Lande Kanaan zogen; vom Wort Glaube führte die Brücke der Hoffnung zur Alliebe ins Unendliche hinein.

Suppe von einem Wurstspeiler*

I

"Suppe von einem Wurstspeiler"

„Das Mittagessen gestern war ausgezeichnet!" sagte eine alte Mäusedame zu einer, die bei dem Festschmaus nicht dabeigewesen war. „Ich saß auf dem Platz Nummer einundzwanzig neben dem alten Mäusekönig; das ist gar nicht einmal so schlecht! Soll ich Ihnen nun die Gerichte schildern, sie waren sehr gut zusammengestellt! Verschimmeltes Brot, Speckschwarte, Talglichter und Wurst – und dann das gleiche wieder von vorn; das war genauso, als hätten wir zwei Mahlzeiten bekommen. Es herrschte eine angenehme Stimmung und gemütliches Gebabbel, wie im Familienkreis; es wurde nicht das kleinste Bißchen übriggelassen, außer den Wurstspeilern; über die unterhielten wir uns dann. Und da kam die Rede darauf, daß man von einem Wurstspeiler Suppe kochen könne; gehört hatte ja jeder davon, aber keiner hatte diese Suppe gekostet, ganz zu schweigen davon, daß man sich darauf verstanden hätte, sie zu machen. Es

---

* Uralte dänische Redensart: Viel Geschrei und wenig Wolle, viel Lärm um nichts usw. (Anmerkung d. Übers.).

wurde sehr hübsch auf das Wohl des Erfinders getrunken, er verdiente es, Armenvorsteher zu sein! War das nicht witzig? Und der alte Mäusekönig erhob sich und versprach, daß diejenige unter den jungen Mäusen, die die erwähnte Suppe am wohlschmeckendsten zubereiten könne, seine Königin werden solle. Sie sollten genau ein Jahr Zeit haben."

„Das ist gar nicht mal so dumm!" sagte die andere Maus; „aber wie macht man diese Suppe?"

„Ja, wie macht man die! Danach fragten sie auch, alle Mäusedamen, die jungen und die alten. Alle wollten gern Königin sein, aber ungern wollten sie die Mühe auf sich nehmen und in die weite Welt hinausgehen, um es zu lernen, und das wäre sicher notwendig! Aber es ist ja auch nicht jedem gegeben, die Angehörigen und die alten Irrgänge zu verlassen; draußen läuft einem nicht jeden Tag eine Käserinde über den Weg, und man riecht auch nicht immer Speckschwarte, nein, man muß am Ende sogar Hunger leiden, ja, vielleicht wird man auch bei lebendigem Leibe von einer Katze aufgefressen!"

Diese Gedanken waren es wohl auch, die die meisten abschreckten, auf Erkundungsfahrt zu ziehen; zur Abreise meldeten sich nur vier Mäuse, jung und behende, aber arm; sie wollten jede in eine andere der vier

Himmelsrichtungen gehen, nun kam es darauf an, welche vom Glück begleitet war; jede nahm einen Wurstspeiler mit, damit sie nicht vergaßen, weshalb sie ausgezogen waren; der sollte ihr Wanderstab sein.

Anfang Mai zogen sie von dannen, und Anfang Mai, im Jahr darauf, kamen sie zurück, aber nur drei von ihnen, die vierte meldete sich nicht, ließ nichts von sich hören, und nun war der Tag der Entscheidung da.

„Immer muß doch der schönsten Freude etwas Trauriges anhängen!" sagte der Mäusekönig, gab aber den Befehl, alle Mäuse im Umkreis von vielen Meilen einzuladen; sie sollten sich in der Küche versammeln; die drei Reisemäuse standen in einer Reihe und für sich; für die vierte, die fehlte,

war ein mit schwarzem Flor umwundener Wurstspeiler aufgestellt worden. Keiner durfte seine Meinung sagen, bevor die drei nicht gesprochen und der Mäusekönig nicht gesagt hatte, was weiterhin gesagt werden sollte. Nun werden wir hören!

2

Was die erste kleine Maus auf der Reise gesehen und gelernt hatte

„Als ich in die weite Welt hinauszog", sagte das Mäuschen, „glaubte ich wie so viele meines Alters, daß ich die Weisheit der ganzen Welt verschlungen hätte, aber das hat man nicht, es gehören Jahre dazu, bis das der Fall ist. Ich ging sogleich zur See; ich fuhr mit einem Schiff, das nordwärts wollte; ich hatte gehört, daß auf dem Meer der Koch wissen muß, wie er sich selber hilft, aber es ist ein Leichtes, sich selber zu helfen, wenn man reichlich Speckseiten, Gepökeltes und stockiges Mehl hat; man lebt köstlich! aber man lernt nicht, wie man Suppe von einem Wurstspeiler zustande bringt. Wir fuhren viele Tage und Nächte, das Schiff schlingerte, und es war ziemlich naß. Als wir dann hinkamen, wo wir hin wollten, verließ ich das Fahrzeug; es war hoch oben im Norden.

Es ist sonderbar, von seinen eigenen Irrgängen daheim fortzuziehen, mit einem Schiff zu fahren, das auch so eine Art Irrgang ist, und plötzlich über hundert Meilen weg zu sein und in einem fremden Land zu stehen. Da gab es tiefe Wälder mit Tannen und Birken, sie dufteten sehr stark! Ich liebe das nicht! Die wilden Pflanzen rochen so würzig, ich nieste, ich dachte an Wurst. Da waren große Waldseen, das Wasser sah von nahem ganz hell aus, aber aus der Entfernung schwarz wie Tinte; hier schwammen weiße Schwäne, ich hielt sie für Schaum, so still lagen sie da, aber ich sah sie fliegen, und ich sah sie laufen, da erkannte ich sie wieder; sie gehören zum Geschlecht der Gänse, das sieht man leicht am Gang, niemand kann seine Familienzugehörigkeit verleugnen! Ich hielt mich zu meinesgleichen, ich schloß mich den Wald- und Feldmäusen an, die übrigens ungeheuer wenig wissen, namentlich was die Bewirtung anbetrifft, und

die war es ja, deretwegen ich ins Ausland ging. Daß es denkbar wäre, Suppe von einem Wurstspeiler zu kochen, war für sie eine so außergewöhnliche Vorstellung, daß das sofort durch den ganzen Wald ging, daß aber diese Aufgabe gelöst werden könne, hielten sie für unmöglich; ich selber dachte am wenigsten daran, daß ich hier, und obendrein noch in derselben Nacht, in die Zubereitung eingeweiht würde. Es war Mittsommer, daher dufte der Wald so kräftig, sagten sie, daher seien die Pflanzen so würzig, die Seen so hell und dennoch so dunkel mit den weißen Schwänen drauf. Am Waldrande, zwischen drei, vier Häusern, war eine Stange aufgestellt, hoch wie ein Großmast, und an der Spitze hingen Kränze und Bänder, das war der Maibaum; Mädchen und Burschen tanzten drumherum und sangen dazu um die Wette mit der Fiedel des Spielmanns. Es ging bei Sonnenuntergang und im Mondenschein lustig zu, aber ich ging nicht mit, was sollte eine kleine Maus auf einem Waldball! Ich saß im weichen Moos und hielt meinen Wurstspeiler fest. Der Mond schien vor allem auf eine Stelle, wo ein Baum stand mit einem Moos, so fein, ja, ich darf sagen, so fein wie das Fell des Mäusekönigs, aber es hatte eine Farbe, so grün, daß es eine Wohltat für die Augen war. Da kamen mit einemmal die entzückendsten kleinen Personen anmarschiert, so groß, daß sie mir nur bis ans Knie reichten, sie sahen aus wie Menschen, aber sie waren besser proportioniert, sie nannten sich Elfen und trugen feine Kleider aus Blütenblättern mit Fliegen- und Mückenflügelbesatz, gar nicht so übel. Es war zuerst so, als suchten sie etwas, ich wußte nicht was, aber dann kamen ein paar zu mir hin, der vornehmste unter ihnen zeigte auf meinen Wurstspeiler und sagte: ‚So einen brauchen wir gerade! Der ist richtig zugeschnitten, der ist ausgezeichnet!' und er begeisterte sich immer mehr, während er sich meinen Wanderstab ansah.

‚Leihen gern, aber nicht behalten!'

‚Nicht behalten!' sagten sie alle, griffen um den Wurstspeiler, den ich losließ, und sie tänzelten damit zu dem feinen Moosplatz hin, richteten den Wurstspeiler dort auf, mitten im Grünen. Sie wollten auch einen Maibaum haben, und der, den sie jetzt hatten, der war ja auch das Richtige für sie, wie dafür geschnitten. Nun wurde er geschmückt; ja, jetzt sah er aber nach etwas aus!

Kleine Spinnen spannen goldene Fäden um ihn, hängten wehende Schleier und Fahnen auf, so fein gewebt, im Mondenschein so schneeweiß gebleicht, daß meine Augen geblendet waren; sie nahmen Farben von den Flügeln der Schmetterlinge und ließen sie auf die weißen Tücher rieseln, und da schimmerten Blumen und Diamanten, ich erkannte meinen Wurstspeiler nicht mehr wieder; dieser Maibaum hatte auf der Welt nicht seinesgleichen. Und nun erst kam die richtige große Elfengesellschaft, die hatten gar keine Kleider an, feiner ging es nimmer, und ich wurde eingeladen, mir die Pracht anzusehen, aber aus der Entfernung, denn ich war ihnen zu groß.

Nun begann ein Spiel! Es war, als erklängen Tausende von gläsernen Glocken, ganz voll und laut; ich dachte, es wären die Schwäne, die da sangen, ja, mir war, als könnte ich auch Gauch und Drossel hören, es war zuletzt so, als sänge der ganze Wald mit, da waren Kinderstimmen, Glockenklang und Vogelsang, die entzückendsten Melodien, und all diese Herrlichkeit tönte aus dem Maibaum der Elfen heraus, der war das reinste Glockenspiel, und das war mein Wurstspeiler. Nie hätte ich doch gedacht, daß aus dem so viel herauskommen könnte, aber es kommt sicher darauf an, wem er in die Hände fällt. Ich war wirklich ganz gerührt; ich weinte, wie eine kleine Maus nur weinen kann, vor lauter Freude.

Die Nacht war viel zu kurz! Aber sie ist um diese Zeit dort oben nicht länger. Bei Tagesanbruch kam ein Luftzug, der Wasserspiegel auf dem Waldsee kräuselte sich, all die feinen, schwebenden Schleier und Fahnen flogen in die Höhe; die schaukelnden Lauben aus Spinnenweben, Hängebrücken und Balustraden, wie sie nun gleich heißen, die von Blatt zu Blatt gezogen waren, flogen davon wie nichts; sechs Elfen kamen und brachten mir meinen Wurstspeiler zurück und fragten zugleich, ob ich einen Wunsch hätte, den sie mir erfüllen könnten; da bat ich sie, mir zu sagen, wie man Suppe von einem Wurstspeiler kocht.

‚Wie wir es angestellt haben!' sagte der vornehmste Elf und lachte, ‚ja, das hast du ja eben gesehen! Du hast wohl deinen Wurstspeiler kaum wiedererkannt!'

‚Ach, so meinen Sie es!' sagte ich und erzählte rund heraus, weshalb ich auf Reisen sei und was man zu Hause davon erwartete. ‚Welchen Nutzen‘, fragte ich, ‚haben der Mäusekönig und unser ganzes gewaltiges Reich davon, daß ich diese Wunderherrlichkeit gesehen habe! Ich kann sie nicht aus dem Wurstspeiler schütteln und sagen: Seht, hier ist der Speiler, jetzt kommt die Suppe! Es wäre ja doch nur so etwas wie ein Gericht, wenn man bereits satt wäre!‘

Da tauchte der Elf seinen kleinen Finger in ein blaues Veilchen und sagte zu mir: ‚Paß auf! ich bestreiche deinen Wanderstab, und wenn du dann zum Schloß des Mäusekönigs heimkehrst, dann berühre mit dem Stab die warme Brust deines Königs, dann sprießen um den ganzen Stab herum Veilchen auf, und noch dazu im kältesten Winter. Sieh, hier bekommst du immerhin etwas mit nach Hause und noch ein bißchen als Zugabe!‘"

Aber ehe noch das Mäuschen sagte, was dies bißchen war, hielt es seinen Stab an die Brust des Königs, und wirklich, der schönste Blumenstrauß sproß hervor, der duftete so stark, daß der Mäusekönig befahl, die Mäuse, die der Esse am nächsten stünden, sollten sofort ihre Schwänze ins Feuer stecken, damit man ein bißchen sengerigen Geruch bekäme, denn dieser Veilchenduft sei nicht auszuhalten, der gehöre nicht zu den Dingen, die man schätze.

„Aber was war die Zugabe, von der du sprachst?" fragte der Mäusekönig.

„Ja", sagte die kleine Maus, „das ist das, was man wohl den Clou nennt!" und dann drehte sie den Wurstspeiler um, und da waren die Blumen weg, sie hatte nur den kahlen Speiler, und den hob sie hoch, als wäre er ein Taktstock.

„‚Veilchen sind fürs Auge, für den Geruch und das Gefühl‘, sagte der Elf zu mir, ‚aber da gibt's noch außerdem etwas fürs Ohr und für die Zunge!‘" Und nun schlug sie den Takt; da kam Musik, nicht wie sie im Walde beim Fest der Elfen ertönte, nein, wie man sie in der Küche zu hören bekommt! Na, das war ein Getöse! Es kam ganz plötzlich, wie wenn der Wind durch alle Ofenrohre braust, Kessel und Töpfe kochten über, die Feuerzange dröhnte gegen den Messingkessel, und dann mit einemmal wurde es still; man vernahm das leise Singen des Teekessels, ganz wundersam, man wußte gar nicht, ob er aufhörte oder anfing; und der kleine Topf kochte, und der große Topf kochte, der eine kümmerte sich nicht um den anderen, es war, als dächte der Topf an gar nichts. Und die kleine Maus schwang ihren Taktstock immer wilder – die Töpfe schäumten, brodelten, kochten über, der Wind brauste, die Esse pfiff – hu ha! es wurde so furchtbar, daß die kleine Maus sogar den Stock fallen ließ.

„Das ist eine gewaltige Suppe!" sagte der alte Mäusekönig, „kommt jetzt nicht das Gericht?"

„Das war alles!" sagte das Mäuschen und knickste.

„Alles! ja, dann wollen wir mal hören, was die nächste zu erzählen hat!" sagte der Mäusekönig.

3
Was die zweite kleine Maus zu erzählen wußte

„Ich bin in der Schloßbibliothek geboren!" sagte die zweite Maus, „ich und mehrere von meinen Angehörigen dort haben nie das Glück gehabt, ins Eßzimmer zu kommen, geschweige denn in die Speisekammer; erst als ich auf Reisen war und nun heute hier sah ich eine Küche. Wir leiden wirklich ein wenig Hunger in der Bibliothek, aber wir haben uns viele Kenntnisse erworben. Dort hinauf zu uns gelangte das Gerücht von dem königlichen Preis, der dafür ausgesetzt worden sei, Suppe von einem Wurstspeiler zu machen, und nun kam meine alte Großmutter an und zog ein Manuskript hervor, sie konnte es nicht lesen, aber sie hatte es vorlesen hören, darin stand: ‚Ist man ein Dichter, dann kann man Suppe von einem Wurstspeiler kochen.' Sie fragte mich, ob ich Dichter sei. Ich wies das zurück, und sie sagte, dann müsse ich zusehen, daß ich es würde; aber was wird dazu verlangt, fragte ich, denn das herauszubekommen, war für mich ebenso schwer, wie die Suppe zu kochen; aber Großmutter hatte bei Vorlesungen zugehört; sie sagte, drei Hauptsachen seien notwendig: ‚Verstand, Phantasie und Gefühl! kannst du die in dich hineinbringen, dann bist du

Dichter, und dann wirst du das mit dem Wurstspeiler schon noch schaffen.'

Und dann ging ich gen Westen in die weite Welt hinaus, um Dichter zu werden.

Verstand, das wußte ich, ist bei jeder Sache das Wichtigste, die beiden anderen Dinge genießen nicht diese Achtung! So ging ich also zuerst aus, den Verstand zu suchen; ja, wo wohnt der? Geh zur Ameise und werde weise! hat ein großer König im Judenland gesagt, das wußte ich aus der Bibliothek, und ich machte nicht eher halt, als bis ich an den ersten großen Ameisenhaufen kam, hier legte ich mich auf die Lauer, um weise zu werden.

Sie sind ein sehr achtunggebietendes Volk, die Ameisen, die sind lauter Verstand, alles bei ihnen ist wie eine richtig angelegte Rechenaufgabe, alles geht auf. Arbeiten und Eier legen, sagen sie, heißt in der Zeit leben und für die Nachwelt sorgen, und das tun sie. Sie setzen sich zusammen aus den sauberen Ameisen und aus den schmierigen; der Rang besteht in einer Nummer, die Ameisenkönigin ist Nummer eins, und ihre Meinung ist die einzig richtige, sie hat alle Weisheit verschlungen, und das zu erfahren, war für mich wichtig. Sie sagte sehr viel, es war so klug, daß ich fand, es wäre dumm. Sie sagte, ihr Haufen wäre das Höchste in dieser Welt, aber dicht neben dem Haufen stand ein Baum, der war höher, viel höher, das konnte nicht widerlegt werden, und daher sprach man nicht darüber; eines Abends hatte sich eine Ameise dorthin verirrt, war den Stamm hinaufgekrabbelt, nicht einmal bis zur Krone, aber dennoch höher hinauf, als je eine Ameise gekommen war, und als sie kehrtmachte und nach Hause kam, erzählte sie im Haufen von etwas viel Höherem da draußen, aber das empfanden alle Ameisen als beleidigend für die ganze Gemeinschaft, und so wurde die Ameise zum Maulkorb und zu dauernder Einsamkeit verurteilt; aber kurze Zeit darauf kam eine andere Ameise zu dem Baum und machte die gleiche Reise und dieselbe Entdeckung, und sie sprach darüber, wie man sagte, mit Bedacht und andeutungsweise, und da sie obendrein auch noch eine geachtete Ameise war, eine von den sauberen, so glaubte man ihr, und als sie starb, setzte man ihr eine Eierschale als Gedenkstein, denn die Wissenschaften achteten sie. Ich sah", sagte die kleine Maus, „daß die Ameisen ständig mit ihren Eiern auf dem Rücken herumliefen; eine ließ ihres fallen, sie strengte sich sehr an, es wieder aufzunehmen, aber es wollte nicht gelingen, da kamen zwei andere und halfen nach Kräften, so daß sie nahe daran waren, ihre eigenen Eier zu verlieren, aber dann ließen sie es auf der Stelle wieder sein, denn jeder ist sich selbst der Nächste; und die Ameisenkönigin sagte dazu, hier seien Herz und Verstand bewiesen worden. ‚Diese beiden Eigenschaften stellen uns Ameisen unter den Vernunftwesen obenan. Der Verstand soll und muß überwiegen, und ich habe den größten!' Und dann richtete sie sich auf den hintersten Beinen auf, sie war so leicht zu erkennen – ich konnte mich nicht irren; und ich verschlang sie. Geh zur Ameise und werde weise! Nun hatte ich die Königin!

Ich ging nun näher an den erwähnten hohen Baum heran, es war eine Eiche, sie hatte einen hohen Stamm, eine gewaltige Krone und war sehr alt; ich wußte, hier wohnte ein lebendes Wesen, eine Frau, Dryade ist sie geheißen, sie wird mit dem Baum geboren und stirbt mit ihm; ich hatte auf der Bibliothek davon gehört; nun sah ich so einen Baum, sah so ein Eichenmädchen; sie stieß einen fürchterlichen Schrei aus, als sie mich so aus der Nähe sah; sie war, wie alle Frauenzimmer, sehr bange vor Mäusen, aber sie hatte nun auch mehr Anlaß dazu als die anderen, denn ich konnte den Baum durchnagen, und davon war ja ihr Leben abhängig. Ich sprach freundlich und innig auf sie ein, machte ihr Mut, und sie nahm mich auf ihre feine Hand, und als sie erfuhr, weshalb ich in die weite Welt hinausgezogen war, versprach sie, daß ich vielleicht schon am selben Abend einen der beiden Schätze erhalten würde, nach denen ich noch suchte. Sie erzählte mir, daß Phantasus ihr sehr guter Freund sei, daß er so schön sei wie der Liebesgott und daß er manches Mal hier unter den laubigen Zweigen des Baumes, der dann noch stärker über ihnen beiden rausche, der Ruhe pflege; er nenne sie seine Dryade, sagte sie, den Baum seinen Baum, die knorrige, mächtige, wunderschöne Eiche sei ganz nach seinem Sinn, die Wurzeln breiteten sich tief und fest unten im Erdreich aus, der Stamm und die Krone erhöben sich hoch in die freie Luft und kennten den stöbernden Schnee, die scharfen Winde und den warmen Sonnenschein, wie man sie kennen muß. Ja, so sprach sie: ,Die Vögel singen dort oben und erzählen von den fremden Ländern! Und auf dem einzigen verdorrten Ast hat der Storch sein Nest gebaut, es ist ein hübscher Schmuck, und man erfährt ein wenig vom Land der Pyramiden. All dies mag Phantasus gern, es ist ihm nicht einmal genug, ich muß ihm selber vom Leben im Wald erzählen, aus der Zeit, als ich klein und der Baum zart war, so daß eine Nessel ihn verbergen konnte, bis heute, da er so groß und gewaltig geworden ist. Setz du dich nun da unter den Waldmeister und paß gut auf, ich werde, wenn Phantasus kommt, schon eine Gelegenheit finden, ihn in die Flügel zu kneifen und ihm eine kleine Feder auszuzupfen, nimm sie, kein Dichter hat je eine bessere erhalten – dann hast du genug!'

Und Phantasus kam, die Feder wurde ausgerissen, und ich ergriff sie", sagte die kleine Maus, „ich hielt sie ins Wasser, bis sie weich wurde! Sie war zunächst noch schwer zu verdauen, aber ich habe sie doch aufgenagt! Es ist gar nicht leicht, sich zum Dichter hinaufzunagen, da gibt es so vieles, was man herunterschlucken muß. Nun hatte ich immerhin die beiden, Verstand und Phantasie, und kraft ihrer wußte ich nun, das dritte Ding war auf der Bibliothek zu finden, da ein großer Mann gesagt und geschrieben hatte, daß es Romane gebe, die allein dafür da seien, die Menschen von den überflüssigen Tränen zu befreien, also etwas Ähnliches sind wie ein Schwamm, der die Gefühle in sich aufsaugt. Mir fielen ein paar von diesen Büchern ein, sie hatten mir immer ganz appetitlich ausgesehen, sie waren so zerlesen, so fleckig, sie mußten einen unendlichen Tränenstrom in sich aufgenommen haben.

Ich ging heim in die Bibliothek, fraß sofort ungefähr einen ganzen Roman, das heißt, das Weiche, das Eigentliche, die Rinde dagegen, den Einband, ließ ich liegen. Als ich nun den Roman verdaut hatte und noch einen dazu, spürte ich schon, wie es sich in mir rührte, ich fraß ein bißchen von dem dritten, und da war ich Dichter, das sagte ich zu mir selber, und das sagte ich auch den anderen; ich hatte Kopfweh, Schmerzen in den Eingeweiden, ich entsinne mich nicht mehr all der Schmerzen, die ich hatte; ich dachte nun

darüber nach, welche Geschichten mit einem Wurstholz in Verbindung zu bringen wären, und nun kamen mir so viele Hölzer in den Sinn, die Ameisenkönigin hat einen ungewöhnlichen Verstand gehabt; ich erinnerte mich an den Mann, der ein weißes Stäbchen in den Mund nahm, dann waren er wie auch das Stäbchen unsichtbar; ich dachte an Holzköpfe, hölzerne Kerle, Holzäpfel und an den Nagel zu unserm Sarg. Alle meine Gedanken gingen in Holz auf! Und darüber muß man dichten können, wenn man ein Dichter ist, und das bin ich, das habe ich mir mühsam erarbeitet! Ich werde Ihnen auf diese Weise an jedem Tag der Woche mit einem Holz, einer Geschichte aufwarten können, – ja, das ist meine Suppe!"

„Nun wollen wir die dritte hören!" sagte der Mäusekönig.

„Piep! piep!" sagte es an der Küchentür, und eine kleine Maus, die vierte von ihnen, jene, die sie für tot gehalten hatten, flitzte herein; sie rannte den Wurstspeiler mit dem schwarzen Flor um, sie war Tag und Nacht gerannt, sie war auf der Eisenbahn, mit Güterzügen gefahren, je nachdem, wie sie Gelegenheit hatte, und dennoch wäre sie beinahe zu spät gekommen; sie drängelte sich vor, sah strubbelig aus, hatte ihren Wurstspeiler verloren, aber nicht die Sprache, sie redete sofort, so als hätte man nur auf sie gewartet, wollte nur sie hören, als ginge alles andere auf der Welt die Welt nichts an; sie sprach sofort, sprach sich aus; sie kam so unerwartet, daß niemand Zeit hatte, sich über sie und ihre Rede zu ereifern, während sie sprach. Nun werden wir hören!

4
Was die vierte Maus, die vor der dritten sprach, zu erzählen hatte

„Ich ging gleich in die größte Stadt", sagte sie, „den Namen habe ich nicht behalten, ich behalte Namen nicht gut. Ich kam von der Eisenbahn mit beschlagnahmten Gütern aufs Rathaus, und dort lief ich zum Gefangenenwärter; er sprach von seinen Gefangenen, namentlich von einem, der unbedachte Dinge gesagt hatte, und das hatte viel böses Blut gemacht. ‚Es ist alles weiter nichts als Suppe von einem Wurstspeiler!' sagte er, ‚aber die Suppe kann ihm an den Kragen gehen!' Dadurch bekam ich Interesse für den Gefangenen", sagte die kleine Maus, „und ich nahm die Gelegenheit wahr und schlüpfte zu ihm hinein; hinter geschlossenen Türen gibt es immer ein Mauseloch! Er sah blaß aus, hatte einen großen Bart und große glänzende Augen. Die Lampe blakte, und die Wände waren daran gewöhnt, sie wurden nicht schwärzer davon. Der Gefangene ritzte Bilder und auch Verse hinein, mit Weiß auf Schwarz, ich habe sie nicht gelesen. Ich glaube, er langweilte sich; ich war ein willkommener Gast. Er lockte mich mit Brotkrumen zu sich heran, mit Pfeifen und mit sanften Worten; er freute sich so über mich; ich bekam Zutrauen zu ihm, und so freundeten wir uns an. Er teilte Brot und Wasser mit mir, schenkte mir Käse und Wurst; ich lebte großartig, aber vor allem war es doch die gute Gesellschaft, muß ich schon sagen, die mich festhielt. Er ließ mich über seine Hand und seinen Arm laufen, bis ganz nach oben im Ärmel; er ließ mich in seinen Bart kriechen, nannte mich seine kleine Freundin; ich gewann ihn richtig lieb; dergleichen ist bestimmt gegenseitig! Ich vergaß, was ich in der weiten Welt draußen wollte, vergaß meinen Wurstspeiler in einer Ritze des Fußbodens, da liegt er noch. Ich wollte bleiben, wo ich war; wenn ich weggegangen wäre, dann hätte ja der arme Gefangene gar niemanden gehabt, und das ist zu wenig in dieser Welt! Ich blieb, er blieb nicht! er sprach ein letztesmal so traurig mit mir, schenkte mir doppelt soviel Brot und Käserinde, warf mir eine Kußhand zu; er ging und kam nie wieder. Ich kenne seine Geschichte nicht. ‚Suppe von einem Wurstspeiler!' sagte der Gefängniswärter, und zu ihm ging ich, aber ihm hätte ich nicht trauen dürfen; zwar nahm er mich auf die Hand, aber er steckte mich in einen Käfig, in die Tretmühle; das ist zuviel! Man läuft und läuft, kommt nicht weiter und wird nur ausgelacht!

Das Enkelkind des Gefangenenwärters war ein reizendes kleines Ding, mit goldgelbem, lockigem Haar, fröhlichen Augen und einem lachenden Mund. ‚Armes Mäuschen!' sagte sie, guckte in meinen abscheulichen Käfig, zog den eisernen Haken heraus – und ich sprang auf das Fenstersims und auf die Dachrinne hinaus. Frei, frei! allein nur daran dachte ich und nicht an das Ziel der Reise!

Es war dunkel, es war zu nächtlicher Stunde, ich fand in einem alten Turm ein Obdach; hier wohnten ein Wächter und eine Eule; ich traute keinem von beiden, am wenigsten der Eule; sie gleicht einer Katze und hat den großen Fehler, daß sie Mäuse frißt; aber man kann sich irren, und das tat ich; sie war eine achtbare, überaus gebildete alte Eule, sie wußte mehr als der Wächter und ebensoviel wie ich; die Eulenjungen beschweren sich über jede Kleinigkeit. ‚Kocht keine Suppe von einem Wurstspeiler!' sagte sie, es war das Allerbitterste, was sie hier sagen konnte, sie war ihrer eigenen Familie so innig zugetan. Ich bekam ein solches Zutrauen zu ihr, daß ich von der Ritze aus, wo ich saß, ‚Piep' sagte; dies Zutrauen gefiel ihr, und sie versicherte mir, daß ich unter ihren Schutz gestellt sei; kein Tier sollte mir etwas antun dürfen, das wollte sie im Winter selbst besorgen, wenn das Futter knapp würde.

Sie war in jeder Beziehung klug; sie bewies mir, daß der Wächter ohne Horn, das lose an ihm hing, nicht heulen könne; ,er bildet sich so fürchterlich viel darauf ein, meint, er sei Eule im Turm! Großartig soll es sein und ist doch so wenig! Suppe von einem Wurstspeiler!' Ich bat sie, sie

möchte mir das Rezept geben, und nun erklärte sie es mir: ,Suppe von einem Wurstspeiler ist nur eine menschliche Redensart und auf verschiedene Art und Weise zu verstehen, und jeder meint, seine wäre die richtige; aber das Ganze ist eigentlich nichts!'

,Nichts!' sagte ich. Das war ein Schlag für mich! Die Wahrheit ist nicht immer angenehm, aber die Wahrheit ist das Höchste! das sagte auch die alte Eule. Ich dachte darüber nach und sah ein: wenn ich das Höchste brächte, dann brächte ich viel mehr als Suppe von einem Wurstspeiler.

Und da eilte ich von dannen, um noch zur rechten Zeit nach
Hause zu kommen und das Höchste und Beste zu bringen:
die Wahrheit. Die Mäuse sind ein aufgeklärtes Volk, und
der Mäusekönig steht über ihnen allen. Er ist in der Lage,
mich zur Königin zu machen, um der Wahrheit willen."

„Deine Wahrheit ist eine Lüge!" sagte die Maus, die noch
nicht hatte sprechen dürfen. „Ich kann die Suppe kochen,
und das werde ich tun!"

5
Wie sie gekocht wurde

„Ich bin nicht gereist", sagte die vierte Maus, „ich blieb
im Lande, das ist das einzig Wahre! Man braucht nicht zu
reisen, man kann alles ebensogut hier haben. Ich blieb! ich
habe das Meine nicht von übernatürlichen Wesen gelernt,
es mir nicht angefressen, habe nicht mit Eulen gesprochen.
Ich habe das Meine aus eigenem Denken. Möchten Sie nun
bitte den Kessel aufsetzen, mit Wasser gefüllt, bis an den
Rand! Machen Sie Feuer darunter! Lassen Sie es brennen,
bringen Sie das Wasser zum Kochen, es muß tüchtig sieden!
Werfen Sie nun den Speiler hinein! Würde der Mäusekönig
darauf die Freundlichkeit haben, den Schwanz in das tüchtig siedende Wasser zu stecken und umzurühren! Je länger
Er rührt, desto kräftiger wird die Suppe; es kostet nichts!
es bedarf keiner Zutaten – es muß nur umgerührt werden!"

„Kann das nicht ein anderer machen?" fragte der Mäusekönig.

„Nein", sagte die Maus, „diese Kraft ist nur im Schwanz
des Mäusekönigs!"

Und das Wasser siedete tüchtig, und der Mäusekönig
stellte sich dicht daneben, es war fast gefährlich, und er
streckte den Schwanz aus, wie es die Mäuse in der Milch-
kammer tun, wenn sie die Sahne von einer Schüssel ab-
schöpfen und darauf den Schwanz ablecken, aber er bekam
seinen nur in den heißen Dampf, da sprang er sogleich herunter.

„Natürlich, du bist meine Königin!" sagte er. „Mit der Suppe wollen wir bis zu unserer goldenen Hochzeit warten, dann haben die Armen in meinem Reich etwas, worauf sie sich freuen können, und obendrein noch eine Vorfreude!"

Und dann feierten sie Hochzeit; aber einige von den Mäusen sagten, als sie nach Hause kamen: „Man kann das doch nicht Suppe von einem Wurstspeiler nennen, es war eher Suppe von einem Mäuseschwanz!" – Dies und jenes von dem, was erzählt worden war, fanden sie ganz gut wiedergegeben, aber im großen und ganzen hätte es anders sein können! „Ich hätte es nun so und so erzählt!"

Das war die Kritik, und die ist immer so klug – hinterher.

Und diese Geschichte wanderte um die ganze Welt, die Ansichten darüber waren geteilt, aber die Geschichte selber blieb ganz; und das ist das richtigste, im Großen wie im Kleinen, an der Suppe von einem Wurstspeiler; man darf nur keinen Dank dafür erwarten!

DES HAGESTOLZEN NACHTMÜTZE

In Kopenhagen gibt es eine Straße, die den sonderbaren Namen „Hyskenstræde" trägt, und weshalb heißt sie so, und was hat es zu bedeuten? Es soll deutsch sein, aber da tut man dem Deutschen unrecht: „Häuschen" müßte man sagen, und das bedeutet: kleine Häuser; jene Häuschen damals waren nichts viel anderes als Holzbuden, und zwar viele Jahre lang, fast so, wie wir sie auf den Jahrmärkten aufgestellt sehen; ja, ein wenig größer vielleicht und mit Fenstern, aber die Scheiben waren aus Horn oder Schweinsblase, denn zu jener Zeit war es zu teuer, Glasscheiben in allen Häusern zu haben, aber es liegt auch so weit in der Vergangenheit zurück, daß der Urgroßvater vom Urgroßvater, wenn er davon erzählte, es auch „in alter Zeit" nannte; es ist mehrere hundert Jahre her.

Die reichen Kaufleute in Bremen und Lübeck trieben Handel in Kopenhagen; sie selber kamen nicht herauf, sie schickten ihre Gehilfen, und die wohnten in den Holzbuden in der „Straße der Häuschen" und trieben Handel mit Bier und Gewürzen. Es war wirklich herrlich, das deutsche Bier, und es gab so viele Sorten, Bremer, Prysinger, Emser Bier – ja, Braunschweiger Mumme, und dann all die Gewürze, wie Safran, Anis, Ingwer und namentlich Pfeffer; ja, das war nun hier das wichtigste, und daher erhielten die deutschen Kaufherrnvertreter in Dänemark den Namen Pfeffergesellen, und es war so, daß sie sich zu Hause verpflichten mußten, hier oben nicht zu heiraten; viele von ihnen wurden sehr alt; sie mußten für sich allein sorgen, allein wirtschaften, selber ihr Feuer löschen, falls sie welches hatten; manche wurden so richtig einsame alte Männer, mit eigenen Gedanken und eigenen Gewohnheiten; nach ihnen heißt heutzutage jedes unverheiratete Mannsbild, das ein einigermaßen gesetztes Alter erreicht hat, ein „Pfeffergeselle"; all dies muß man wissen, um die Geschichte verstehen zu können.

Viele treiben ihren Scherz mit dem Pfeffergesellen, dem Hagestolzen, sie sagen, er solle eine Nachtmütze aufsetzen, sie über die Augen ziehen und zu Bett gehen.

>"Säge, säge Holz!
> O weh, du Hagestolz –
> Die Mütze ist dein Schatz zur Nacht,
> Und keiner dir dein Licht anmacht!"

Ja, so singt man von ihnen! Man verspottet den Junggesellen und seine Nachtmütze – eben weil man so wenig von ihm und ihr weiß – ach, die Nachtmütze sollte man sich nie wünschen! Und weshalb nicht? Ja, höre nur!

Die Häuschenstraße dort drüben hatte in allerfrühester Zeit kein Pflaster, die Menschen traten von einem Loch ins andere, wie in einem ausgefahrenen Hohlweg, und eng war es hier: die Buden standen dicht nebeneinander und sich so nahe gegenüber, daß zur Sommerszeit oftmals ein Seil von einer Bude zur anderen gespannt war, und dann roch es dazwischen so würzig nach Pfeffer, Safran und Ingwer. Hinter dem Ladentisch standen nicht viele junge Burschen, nein, es waren meistens alte Kerle, und die waren nun keineswegs, wie wir es uns vorstellen, mit einer Perücke oder Nachtmütze versehen, mit Samthosen, Weste und Rock, bis ganz obenhin zugeknöpft, nein, so ging der Urgroßvater vom Urgroßvater angezogen, und so ist er gemalt worden, die Hagestolze konnten es sich nicht leisten, sich malen zu lassen, und dabei würde es sich lohnen, jetzt

ein Bild von einem von ihnen zu besitzen, so wie er dort hinter dem Ladentisch stand oder an Feiertagen zur Kirche trottete. Der Hut hatte eine breite Krempe und einen hohen Kopf, und oft steckte einer der jüngsten Gehilfen eine Feder an den seinen; das wollene Hemd war unter einem heruntergeklappten Leinenkragen verborgen, die enganliegende Joppe war fest zugeknöpft, der Umhang lag lose darüber, und die Hosen gingen bis in die Schuhe mit den breiten Spitzen hinein, denn Socken trugen sie nicht. Im Gürtel steckten das Speisemesser und der Löffel, ja, da steckte noch ein großes Messer, mit dem sie sich verteidigten, und dafür hatte man in jenen Zeiten oft Verwendung. Genauso ging an Festtagen der alte Anton gekleidet, einer der ältesten Hagestolze der Häuschen, er hatte nur nicht den Hut mit dem hohen Kopf, sondern eine Kapuze und unter dieser eine gestrickte Mütze, eine richtige Nachtmütze, an die hatte er sich so ganz und gar gewöhnt, die hatte er immer auf dem Kopf, und er besaß sogar zwei davon; er war richtig etwas zum Malen, er war ganz spindeldürr, ganz runzelig um Mund und Augen, hatte lange, knochige Finger und graue, buschige Augenbrauen; über dem linken Auge hing ein ganzes Haarbüschel, schön war es sicher nicht, aber er war dadurch leicht zu erkennen; man wußte von ihm, daß er aus Bremen war, und trotzdem kam er eigentlich nicht von dort, dort wohnte sein Herr; er selber war aus Thüringen, aus der Stadt Eisenach, dicht unterhalb der Wartburg; davon sprach der alte Anton nicht viel, aber um so mehr dachte er daran.

Die alten Gehilfen in der Straße kamen nicht oft zusammen, jeder blieb in seinem Laden, der abends zeitig zugemacht wurde, und dann sah es dort düster aus, nur ein schwacher Lichtschein fiel durch die kleine hörnerne Scheibe auf dem Dach, unter dem, meistens auf seinem Bett, der alte Mann mit seinem deutschen Gesangbuch saß und sein Abendlied sang, oder er war bis in die tiefe Nacht auf und beschäftigte sich mit diesem oder jenem; ersprießlich war es bestimmt nicht; als Fremder in einem fremden Land, das ist ein bitteres Los! Man geht niemanden etwas an, außer daß man ihnen im Wege ist.

Oft, wenn draußen richtig finstere Nacht war mit Regen und Wind, konnte es hier recht unheimlich und verlassen sein; Laternen sah man nicht, außer einer einzigen sehr kleinen, die am einen Ende der Straße vor dem Bildnis der Heiligen Jungfrau hing, das auf die Mauer gemalt war. Man hörte das Wasser ganz nahebei vor der Schloßinsel, auf die das andere Ende der Straße zulief, ordentlich gegen das Gebälk schwappen und platschen. Solche Abende waren lang und einsam, wenn man sich nicht etwas vornahm: auspacken und einpacken, Tüten machen und Waagschalen polieren ist nicht jeden Tag nötig, aber dann nimmt man etwas anderes zur Hand, und das tat der alte Anton, er besserte selbst seine Sachen aus, flickte seine

Schuhe; wenn er dann endlich ins Bett ging, ja, dann behielt er, seiner Gewohnheit getreu, die Nachtmütze auf, zog sie noch ein wenig tiefer herunter, schob sie dann aber bald wieder hoch, um nachzusehen, ob das Licht auch gut gelöscht war, er fühlte nach, kniff den Docht zusammen, und dann legte er sich wieder hin, auf die andere Seite, und zog die Nachtmütze wieder herunter; aber oft kam ihm dann sogleich der Gedanke, ob wohl in dem kleinen Kohlenbecken unten jede Kohle ganz ausgebrannt war, ausgemacht, wie es sich gehört, ein kleiner Funke könnte doch vielleicht zurückgeblieben sein, der könnte Feuer anzünden und Unheil stiften; und dann stieg er aus dem Bett, kletterte die Leiter hinunter, Treppe konnte man sie nicht nennen, und wenn er dann zu dem Kohlenbecken kam, war kein Fünkchen zu sehen, und er konnte wieder umkehren; aber oft kam er nur halb bis nach oben, er war nicht sicher, ob die eiserne Sperrstange vor der Tür saß und die Haspen vor den Läden; ja, so mußte er auf den dünnen Beinen wieder hinunter; er fror, die Zähne schlugen ihm aufeinander, als er ins Bett kroch, denn die Kälte kommt erst so richtig, wenn sie weiß, sie wird vertrieben. Er zog das Deckbett noch weiter hoch, die Nachtmütze noch mehr über die Augen herunter und kehrte nunmehr die Gedanken vom Handel und der Mühsal des Tages ab, aber das schaffte kein Behagen, denn nun kamen die alten Erinnerungen und hängten ihre Gardinen auf, und die haben mitunter Stecknadeln, an denen man sich sticht; au! sagt man; und stechen sie in das blutige Fleisch und pieken, dann können einem davon Tränen in die Augen treten, und das war auch

oft bei dem alten Anton der Fall, es kamen heiße Tränen, die hellsten Perlen; sie fielen auf das Deckbett oder auf den Fußboden, und dann hörte es sich an, als risse eine Schmerzenssaite, so herzensweh; die Tränen verdunsteten sicher, sie lohten zu einer Flamme auf; aber sie beleuchteten ihm dann ein Lebensbild, welches nie aus seinem Herzen schwand; wischte er sich dann die Augen mit der Nachtmütze trocken, ja, dann verschwammen Träne und Bild, aber deren Quelle war und blieb, sie lag in seinem Herzen. Die Bilder kamen nicht, wie sie in der Wirklichkeit aufeinandergefolgt waren, zumeist kamen die schmerzlichsten, auch die wehmütigfrohen leuchteten auf, aber gerade diese warfen heute die kräftigsten Schatten.

„Wunderbar ist der dänische Buchenwald!" sagte man, aber wunderbarer ragte für Anton der Buchenwald in der Gegend um die Wartburg auf; riesiger und ehrwürdiger erschienen ihm die alten Eichen oben um die stolze Ritterburg, wo die Schlingpflanzen über die steinernen Blöcke des Felsens herabhingen; süßer dufteten die Blüten der Apfelbäume dort als im dänischen Land; ganz lebhaft fühlte und spürte er es noch: eine Träne rann, tönte und leuchtete: er sah deutlich in ihr zwei kleine Kinder spielen, einen Knaben und ein Mädchen; der Junge hatte rote Wangen, gelbes, lockiges Haar, ehrliche blaue Augen, es war der Sohn des reichen Krämers, der kleine Anton, er selbst; das kleine Mädchen hatte braune Augen und schwarzes Haar, keck und klug sah sie aus, es war die Tochter des Bürgermeisters, Molly. Die beiden spielten mit einem Apfel, sie schüttelten ihn und horchten, wie die Kerne drinnen klapperten; sie schnitten den Apfel in der Mitte durch und bekamen jeder ein Stück; sie teilten die Kerne unter sich und aßen sie auf bis auf einen, der sollte in die Erde gesteckt werden, meinte das kleine Mädchen.

„Du sollst mal sehen, was da herauskommt, da kommt etwas, was du dir gar nicht vorstellen kannst, da kommt ein ganzer Apfelbaum heraus, aber noch nicht gleich!"

Und sie steckten den Kern in einen Blumentopf; beide waren dabei sehr eifrig; der Junge bohrte mit dem Finger ein Loch in die Erde, das kleine Mädchen legte den Kern hinein, und beide deckten Erde drüber.

„Nun darfst du ihn nicht etwa morgen hervorholen und nachsehen, ob er Wurzeln bekommen hat", sagte sie, „das darf man nicht! Das habe ich mit meinen Blumen so gemacht, nur zweimal, ich wollte nachsehen, ob sie anwuchsen, damals wußte ich es nicht besser, und die Blumen starben!"

Der Blumentopf blieb bei Anton stehen, und jeden Morgen, den ganzen Winter über, sah er nach ihm, aber da war nur die schwarze Erde zu erblicken; jetzt kam das Frühjahr, die Sonne schien ganz warm, da keimten in dem Blumentopf zwei grüne Blättchen hervor.

„Das sind Molly und ich!" sagte Anton, „das ist süß, das ist entzückend!"

Bald kam ein drittes Blatt; wen sollte das vorstellen? Ja, es kam eines und noch eines! Tag für Tag und Woche für Woche wurde sie größer und größer, aus der Pflanze wurde ein ganzer Baum. Und alles dies spiegelte sich in einer einzigen Träne wider, die zerdrückt wurde und verging; aber sie konnte aus dem Quell zurückkommen – aus des alten Anton Herzen.

In der Nähe von Eisenach streckt sich eine Reihe von steinigen Bergen hin, einer wölbt sich vor und hat weder Baum noch Strauch oder Gras; er heißt der Venusberg; dort drinnen lebt Frau Venus, ein Götzenweib aus heidnischer Zeit, Frau Holle wurde sie genannt, das wußte und weiß noch heute jedes Kind in Eisenach; sie hatte den edlen Ritter Tannhäuser zu sich hereingelockt, den Minnesänger vom Sängerkreis auf der Wartburg.

Die kleine Molly und Anton standen oft am Berg, und einmal sagte sie: „Traust du dich, anzuklopfen und zu sagen: ‚Frau Holle! Frau Holle! mach auf, hier ist Tannhäuser!'" aber das getraute Anton sich nicht; Molly getraute es sich; jedoch sagte sie nur die Worte: „Frau Holle! Frau Holle!" laut und deutlich; das übrige sprach sie so in den Wind hinein, so undeutlich, daß Anton überzeugt war, sie

habe nichts Richtiges gesagt; so keck sah sie aus, so keck
wie manchmal, wenn sie mit anderen kleinen Mädchen im
Garten mit ihm zusammentraf und wenn sie ihn dann alle
küssen wollten, gerade weil er nicht geküßt werden mochte
und um sich schlug; sie allein wagte es.

„Ich darf ihn küssen!" sagte sie stolz und faßte ihn um
den Hals; das war ihre Eitelkeit, und Anton fand sich drein,
dachte gar nicht darüber nach. Wie war sie entzückend, wie
war sie keck! Frau Holle im Berge sollte auch so schön sein,
aber diese Schönheit, hatte man erzählt, sei die verführe-
rische Schönheit des Bösen; die höchste Schönheit dagegen
war so, wie man sie bei der heiligen Elisabeth fand, der
Schutzheiligen des Landes, der frommen, thüringischen
Fürstin, deren gute Taten durch Sage und Legende hier
mancher Ort verherrlichte; in der Kapelle hing ihr Bildnis,
von silbernen Lampen umgeben – ihr jedoch glich Molly
gar nicht.

Der Apfelbaum, den die beiden Kinder gesät hatten,
wuchs von Jahr zu Jahr; er wurde so groß, daß er ins Freie
ausgepflanzt werden mußte, in den Garten, wo der Tau fiel,
wo die Sonne warm schien, und er bekam Kräfte, um damit
durch den Winter zu kommen, und nach dem harten Druck
des Winters war es geradezu, als ob er aus Freude im Frühling Blüten ansetzte; im Herbst hatten sie zwei Äpfel, einen
für Molly, einen für Anton; weniger durfte es aber auch
nicht sein.

Der Baum hatte sich beeilt, Molly wuchs wie der Baum,
sie war frisch wie eine Apfelblüte; aber lange sollte Anton
die Blüte nicht anschauen dürfen. Alles wechselt, alles wandelt sich! Mollys Vater verließ die alte Heimat, und Molly
ging mit, weit fort – ja, in heutiger Zeit ist es durch den
Dampf eine Reise von nur wenigen Stunden, aber damals
brauchte man mehr als eine Nacht und einen Tag dazu, um
von Eisenach so weit nach Osten zu gelangen, ganz an den
äußersten Rand von Thüringen, in die Stadt, die noch heute
Weimar heißt.

Und Molly weinte, und Anton weinte – all die Tränen, ja,
sie flossen jetzt in einer einzigen Träne zusammen, und die

hatte das rote, schöne Licht der Freude. Molly hatte zu ihm gesagt, sie habe ihn lieber als alle Herrlichkeiten in Weimar.

Es verging ein Jahr, es vergingen zwei, drei, und in der ganzen Zeit kamen zwei Briefe, den einen brachte der Fuhrmann, den zweiten hatte ein Reisender mit; es war eine lange, beschwerliche Straße, die sich an Städten und Dörfern vorbeiwand.

Wie oft hatten Anton und Molly zusammen die Geschichte von Tristan und Isolde gehört, und wie oft hatte er dabei an sich und Molly gedacht, obwohl der Name Tristan bedeuten sollte, daß „er ihnen in Leid geboren ward", und das paßte nicht auf Anton, ihm würde es auch nie wie Tristan in den Sinn kommen, daß „sie mich vergessen hat"! Aber Isolde vergaß ja auch nicht ihren Herzensfreund, und als sie beide gestorben waren und jeder auf seiner Seite der Kirche begraben war, da wuchsen die Linden von den Gräbern über das Kirchendach hinweg und stießen blühend aneinander; Anton fand es so schön und dennoch so traurig – aber mit ihm und Molly konnte es nicht traurig werden, und dann pfiff er ein Lied von dem Minnesänger Walther von der Vogelweide:

„Unter der Linden an der Heide –"

Und vor allem hieß es so schön darin:

„Vor dem Walde in einem Tal,
　　Tandaradei!
Schöne sang die Nachtigall!"

Dies Lied kam ihm immer in den Sinn, er sang und pfiff es in der hellen Mondnacht, als er zu Pferd in dem tiefen Hohlweg von dannen ritt, um nach Weimar zu reisen und Molly zu besuchen; er wollte unerwartet kommen, und er kam unerwartet.

Ein Willkommen wurde ihm zuteil, Wein im Becher bis zum Rand, muntere Gesellschaft, vornehme Gesellschaft, eine gemütliche Stube und ein gutes Bett, und dennoch war es gar nicht so, wie er es sich vorgestellt und erträumt hatte; er verstand sich selber nicht, verstand die anderen nicht;

aber wir können es verstehen! Man kann im Hause sein, in der Familie und trotzdem nicht Wurzeln schlagen, man unterhält sich, wie man sich in einer Postkutsche unterhält, kennt einander, wie man sich in einer Postkutsche kennt, stört sich gegenseitig, wünscht, man wäre fort oder unser guter Nachbar wäre fort. Ja, so etwa empfand es Anton.

„Ich bin ein ehrliches Mädchen", sagte Molly zu ihm, „ich möchte es dir sagen! Viel hat sich verändert, seit wir als Kinder zusammen waren, es ist anders um uns herum und in unserm Innern, Gewohnheit und Wille haben keine Gewalt über unser Herz! Anton! ich will dich mir nicht zum Feinde machen, jetzt, da ich bald weit fort von hier sein werde – glaube mir, ich bin dir wohlgesonnen, aber geliebt, wie ich jetzt weiß, daß man einen anderen Menschen lieben kann, habe ich dich nie! – Damit mußt du dich abfinden! – Leb wohl, Anton!"

Und Anton sagte auch Lebewohl; es kam nicht eine Träne in seine Augen, aber er spürte es, er war nicht mehr Mollys Freund. Die glühende ebenso wie die eisigkalte Eisenstange sengt uns die Haut an der Lippe, und wir haben die gleiche Empfindung, wenn wir sie küssen; und er küßte ebenso stark in Liebe wie in Haß.

Keine vierundzwanzig Stunden brauchte Anton, um nach Eisenach zurückzukehren, aber das Pferd, das er ritt, das ritt er auch zuschanden.

„Was hat das zu sagen!" meinte er, „ich bin zerstört, und ich will alles zerstören, was mich an sie erinnern kann: Frau Holle, Frau Venus, du heidnisches Weib! – Den Apfelbaum will ich knicken und zerbrechen, ihn mit der Wurzel ausreißen; nie soll er mehr blühen und Frucht tragen!"

Aber der Baum wurde nicht vernichtet, er selber war vernichtet und lag mit Fieber im Bett. Was konnte ihn wieder aufrichten? Es wurde ihm eine Medizin eingegeben, die es konnte, die bitterste, die es gibt, die, welche den kranken Leib und die sich sträubende Seele aufrüttelte; Antons Vater war nicht mehr der reiche Kaufmann. Die schweren Tage, die Tage der Heimsuchung standen vor der Tür; das Unglück stürzte herein; gleich großen Seen brach es in das einstmals reiche Haus. Der Vater wurde ein armer Mann, Leid und Unglück lähmten ihn; da hatte Anton an anderes zu denken als an Liebeskummer und daß er auf Molly böse sein müsse; er mußte nun Vater und Mutter im Hause sein, er mußte ordnen, helfen, tüchtig zupacken, selbst in die weite Welt hinausziehen und sein Brot verdienen.

Nach Bremen kam er, erlebte Not und schwere Tage, und die machen den Sinn hart oder weich, oftmals viel zu weich. Wie ganz anders waren doch die Welt und die Menschen dort, als er es sich in der Kinderzeit vorgestellt hatte! Was bedeuteten ihm nun die Lieder der Minnesänger: Klingklang! Leeres Getön! Ja, so dachte er bisweilen, aber zu anderen Zeiten erklangen die Lieder tief in seiner Seele, und ihm wurde fromm zumute.

„Gottes Wille ist der beste!" sagte er dann, „wie war es gut, daß der Herrgott es so einrichtete und Molly nicht ihr Herz an mich hängte, wozu hätte es führen sollen, nun, da das Glück sich also gewandelt hat! Sie hat mich verlassen, ehe sie wußte oder daran dachte, welcher Umschwung seit den Tagen des Wohlstands bei mir eingetreten ist. Das war des Herrn Gnade gegen mich. Alles hat sich aufs beste gefügt! Alles geschieht weise! Sie konnte nichts dafür; und ich bin ihr so bitter feind gewesen!"

Und die Jahre vergingen; Antons Vater war gestorben, Fremde wohnten im väterlichen Haus; Anton sollte es jedoch wiedersehen, sein reicher Brotherr schickte ihn auf geschäftliche Reisen, und da kam er durch seine Geburtsstadt Eisenach. Die alte Wartburg stand unverändert droben auf dem Felsen, mit „Mönch und Nonne" im Gesteinsblock; die riesigen Eichen schufen denselben Rahmen zu dem Ganzen, wie in der Kindheit. Der Venusberg schimmerte kahlgrau im Tal hervor. Gern hätte Anton gesagt: „Frau Holle, Frau Holle! öffne den Berg! Dann bliebe ich doch dort in der Heimaterde!"

Es war ein sündiger Gedanke, und Anton schlug das Kreuz; da sang ein Vögelchen aus dem Gesträuch, und das alte Minnelied fiel ihm ein:

„Vor dem Walde in einem Tal,
Tandaradei,
Schöne sang die Nachtigall!"

Er erinnerte sich an so vieles hier in der Stadt seiner Kindheit, die er unter Tränen wiedersah. Das Vaterhaus stand da wie immer, aber der Garten war verändert worden, ein Feldweg führte über die eine Ecke des alten Gartengrundstücks, und der Apfelbaum, den er dann doch nicht vernichtet hatte, stand noch da, aber außerhalb des Gartens, jenseits des Weges, doch beschien die Sonne ihn wie früher, und der Tau fiel auf ihn wie früher, er trug reiche Frucht, so daß sich die Zweige zur Erde bogen.

„Er gedeiht!" sagte er, „der kann es!"

Einer seiner großen Äste war jedoch geknickt, mutwillige Hände hatten es getan, der Baum stand ja an offener Straße.

„Man bricht seine Blüten, ohne ihm Dank zu sagen, man stiehlt von der Frucht und knickt die Äste; hier kann man sagen – falls man von einem Baum so sprechen kann wie von einem Menschen –: das ist ihm nicht an seiner Wiege gesungen worden, daß er so dastehen würde. Seine Geschichte fing so wunderhübsch an, und was ist dabei herausgekommen? Verlassen und vergessen, ein Gartenbaum am Graben, an Feld und Straße! Da steht er ohne Schutz, zerrauft und geknickt! Er geht zwar nicht davon ein, aber mit den Jahren werden der Blüten weniger, Früchte gibt es gar keine, und zuletzt – ja, dann ist die Geschichte aus!"

So dachte Anton dort unter dem Baum, das dachte er so manche Nacht in der kleinen, einsamen Kammer im Holzhaus in der Fremde, in der Häuschenstraße in Kopenhagen, wo sein reicher Herr, der Kaufherr in Bremen, ihn hingeschickt hatte, unter der Bedingung, daß er nicht heirate.

„Heiraten! ho, ho!" lachte er so tief und sonderbar.

Der Winter war frühzeitig gekommen, es war scharfer Frost; draußen ging ein Schneesturm, daß jeder, der konnte, in seinen vier Wänden blieb; daher bemerkten auch Antons Nachbarn von gegenüber nicht, daß sein Laden zwei ganze Tage nicht aufgemacht worden war, daß er selber sich gar nicht zeigte. Wer ging in dem Wetter hinaus, wenn er es lassen konnte?

Es waren trübe, dunkle Tage, und im Laden, dessen Scheiben ja nicht aus Glas waren, herrschte nur Dämmerlicht und pechrabenschwarze Nacht. Der alte Anton hatte zwei Tage lang sein Bett gar nicht verlassen, er hatte nicht die Kraft dazu; das harte Wetter draußen hatte er lange in seinen Gliedern gespürt. Verlassen lag der alte Hagestolz da und konnte sich selber nicht helfen, kaum zum Wasserkrug, den er ans Bett gestellt hatte, konnte er die Hand ausstrecken, und der letzte Tropfen war auch getrunken. Es war kein Fieber, keine Krankheit, es war das Alter, das ihn lähmte. Um ihn war es fast wie ewige Nacht, dort oben, wo er lag. Eine kleine Spinne, die er nicht sehen konnte, spann zufrieden und emsig ihr Gewebe über ihn hinweg, so als sollte dort doch immerhin ein wenig neuer, frischer Trauerflor wehen, falls der Alte seine Augen schlösse.

Die Zeit war so lang und einschläfernd leer; Tränen hatte er nicht, Schmerz auch nicht; Molly war gar nicht in seinen Gedanken; er hatte ein Gefühl, als wäre die Welt mit ihrem Getümmel gar nicht mehr die seine, als läge er außerhalb, keiner gedachte seiner. Einen Augenblick meinte er Hunger zu verspüren, auch Durst – ja, er verspürte ihn! Aber niemand kam, ihn zu erquicken, niemand würde kommen. Er dachte an jene, die verschmachteten, ihm fiel ein, wie die heilige Elisabeth, als sie hier auf Erden lebte – sie, die Heilige seiner engeren Heimat und Kindheit, die edle Herzogin von Thüringen, die hochvornehme Frau –, selbst in den ärmsten Winkel hinunterstieg und dem Kranken Hoffnung und Labe reichte. Ihre frommen Taten leuchteten in seinem Sinn, er dachte daran, wie sie kam und Worte des Trostes zu jenen sprach, welche litten, die Wunden der Leidenden wusch und den Hungernden Nahrung brachte, obwohl ihr strenger Gatte ihr deswegen zürnte. Er erinnerte sich an die Sage von ihr, wie sie mit dem vollbepackten Korb ankam, in welchem Wein und Essen waren, und wie ihr Gemahl, der ihre Schritte bewachte, vortrat und im Zorne fragte, was sie dort trage, und sie vor Angst ant-

wortete: Es sind Rosen, die ich im Garten gepflückt habe. Er zerrte das Tuch herunter, und dem frommen Weibe war ein Wunder widerfahren, der Wein und das Brot, alles im Korbe war in Rosen verwandelt.

So lebte die Heilige in des alten Anton Gedanken, so stand sie leibhaftig vor seinem matten Auge, vor seinem Bett in der dürftigen Holzbude im dänischen Land. Er entblößte sein Haupt, sah ihr in die sanften Augen, und alles ringsum ward zu Glanz und Rosen, ja, diese breiteten sich aus mit ihrem Duft, einen eigentümlich schönen Apfelduft verspürte er, ein blühender Apfelbaum war es, das sah er jetzt, der wölbte sich über ihm, es war der Baum, den er mit Molly als kleinen Kern in die Erde gesteckt hatte.

Und der Baum ließ seine duftenden Blütenblätter auf seine heiße Stirn herabrieseln und kühlte sie; sie fielen auf seine verschmachtenden Lippen, und es war wie stärkender Wein und Brot, sie fielen auf seine Brust, und er fühlte sich so leicht, im Schlummer geborgen.

„Nun schlafe ich!" flüsterte er leise: „der Schlaf tut wohl! Morgen bin ich genesen und wieder richtig wohlauf! Wunderbar! wunderbar! Den Apfelbaum, in Liebe gepflanzt, sehe ich in Herrlichkeit!"

Und er schlief.

Am nächsten Tag, es war der dritte Tag, daß der Laden geschlossen war, der Schnee stob nicht mehr, besuchte der Nachbar von gegenüber den alten Anton, der gar nicht zum Vorschein kam. Er lag ausgestreckt tot da, seine alte Nachtmütze zwischen den Händen pressend. Die bekam er nicht im Sarge auf, er hatte ja noch eine, rein und weiß.

Wo waren nun die Tränen, die er vergossen hatte? Wo waren die Perlen? In der Nachtmütze blieben sie – die echten gehen in der Wäsche nicht heraus – mit der Mütze wurden sie verwahrt und vergessen – die alten Gedanken, die alten Träume, ja, sie blieben noch in des Hagestolzen Nachtmütze. Wünsche sie dir nicht! Deine Stirn würde sie viel zu sehr erhitzen, deinen Puls heftiger pochen lassen, Träume bringen, als wären sie Wirklichkeit; das erfuhr der erste, der sie aufsetzte, und das war immerhin ein halbes Jahrhundert später, und zwar der Bürgermeister selber, der mit Frau und elf Kindern wohlgeborgen innerhalb seiner vier Wände saß; er träumte sogleich von unglücklicher Liebe, Bankrott und karger Kost.

„Hu! wie diese Nachtmütze wärmt!" sagte er und riß sie herunter, und da rollte eine Perle heraus und noch eine Perle, die tönten und schimmerten. „Das ist die Gicht!" sagte der Bürgermeister, „es flimmert mir vor den Augen!"

Es waren Tränen, vor einem halben Jahrhundert geweint, von dem alten Anton aus Eisenach geweint.

Wer auch späterhin diese Nachtmütze aufsetzte, hatte tatsächlich Erscheinungen und Träume, seine eigene Geschichte wurde zu Antons Geschichte, sie wurde ein ganzes Märchen, sie wurde zu vielen, die können die anderen erzählen, jetzt haben wir das erste erzählt, und mit dieser sagen wir als letztes Wort: Wünsche dir niemals des Hagestolzen Nachtmütze. .

„Etwas"

„Ich will etwas werden!" sagte der älteste von fünf Brüdern, „ich will hier auf der Welt von Nutzen sein; mag die Stellung noch so gering sein, wenn das, was ich ausrichte, nur gut ist, dann ist es etwas. Ich will Ziegelsteine machen, die kann man nicht entbehren! Dann habe ich doch immerhin etwas gemacht!"

„Aber viel zu wenig!" sagte der zweite Bruder, „das, was du machst, ist so gut wie nichts; das ist Handlangerarbeit, die kann von der Maschine ausgeführt werden. Nein, dann lieber Maurer werden, das ist doch immerhin etwas, das will ich werden. Das ist ein Stand! Durch den kommt man in die Zünfte, wird Bürger, hat seine eigene Fahne und sein eigenes Wirtshaus; ja, geht es gut, so kann ich Gesellen halten, werde Meister genannt, und meine Frau wird Meisterin; das ist etwas!"

„Das ist gar nichts!" sagte der dritte, „das liegt außerhalb der oberen Klassen, und es gibt viele Klassen in einer Stadt, weit über der des Meisters! Du kannst ein braver Mann sein, aber du bist als Meister doch immer nur ‚gewöhnlich', wie man es nennt! Nein, da weiß ich etwas Besseres! Ich will Baumeister werden, ins Künstlerische übergehen, ins Denkerische, mich zu den Höherstehenden im Reich des Geistes erheben; zwar muß ich von unten anfangen, ja, ich kann es ebensogut rundheraus sagen: ich muß als Zimmerlehrling anfangen, mit der Schirmmütze herumlaufen, obwohl ich es gewöhnt bin, einen seidenen Hut zu tragen, muß den gewöhnlichen Gesellen Bier und Schnaps holen, und sie sagen du zu mir, es ist empörend! Aber ich werde mir einbilden, das Ganze wäre eine Maskerade, Narrenfreiheit! Morgen – das heißt, wenn ich Geselle bin – gehe ich meinen eigenen Weg, die anderen kümmern mich nicht! Ich gehe auf die Akademie, lerne zeichnen, werde Architekt genannt – das ist etwas! das ist viel! Ich kann Hochedler und Wohlgeborener werden, ja, ein bißchen mehr noch vorn wie hinten, ich baue und baue, genauso wie die anderen vor mir! Das ist immer etwas, worauf man sich verlassen kann! das Ganze ist etwas!"

„Aber aus dem Etwas mache ich mir nichts!" sagte der vierte, „ich will nicht im Kielwasser schwimmen, nicht ein Abklatsch werden, ich will ein Genie werden, tüchtiger als ihr alle miteinander! Ich schaffe einen neuen Stil, gebe die Idee für ein Bauwerk, dem Klima und Material des Landes, der jeweiligen Nationalität, der Entwicklung unseres Zeitalters angepaßt, und dann noch ein Stockwerk obendrauf für mein eigenes Genie!"

„Wenn aber nun das Klima und das Material nichts taugen", sagte der fünfte, „das wird schlimm werden, denn es wirkt darauf ein! Die Nationalität kann auch leicht so übertrieben werden, daß sie lächerlich wird, die Entwicklung des Zeitalters kann mit dir durchgehen, so wie die Jugend oftmals durchgeht. Ich sehe schon, von euch wird keiner eigentlich etwas, wie sehr ihr es auch selber glaubt! Aber macht, was ihr wollt, ich will es euch nicht nachtun, ich stelle mich abseits, ich mäkele dann über das, was ihr vorhabt! An jeder Sache ist immer irgend etwas falsch, das werde ich herauspflücken und kritisieren, das ist etwas!"

Und das tat er, und die Leute sagten von dem fünften:

„An dem ist bestimmt etwas dran! Er hat einen guten Kopf! Doch er tut *nichts!*" – Aber auf Grund dessen war er *etwas*.

Seht, das ist nur eine kleine Geschichte, und dennoch ist sie nie zu Ende, solange die Welt steht.

Aber wurde denn nichts weiter aus den fünf Brüdern? Das war ja gar nichts! Hört weiter zu, es ist das reinste Märchen!

Der älteste Bruder, der Ziegelsteine machte, erlebte es, daß aus jedem Stein, wenn er fertig war, ein kleiner Schilling rollte, nur aus Kupfer, aber viele kleine Kupferschillinge, übereinandergelegt, werden zu einem blanken Taler, und wo man damit anklopft, beim Bäcker, Schlachter, Schneider, ja bei ihnen allen, da fliegt die Tür auf, und man bekommt, was man braucht; seht, das warfen die Ziegelsteine ab; manche gingen zwar kaputt oder brachen in der Mitte durch, aber für die war auch Verwendung.

Oben auf dem Deich wollte Mutter Margrethe, die arme Frau, sich so gern ein Häuschen mauern; sie bekam alle Steinbrocken und dann noch ein paar heile Steine, denn ein gutes Herz hatte der älteste Bruder, wenn er es im Beruf auch nicht weiterbrachte, als Ziegelsteine zu machen. Die arme Frau baute sich selbst ihr Haus; eng war es, das eine Fenster saß schief, die Tür war viel zu niedrig, und das Reetdach hätte besser gedeckt sein können, aber Schutz und Schirm bot es, und man konnte weit übers Meer sehen, dessen Gewalt durch den Deich gebrochen wurde; die salzigen Tropfen spritzten über das Haus hinweg, das noch stand, als der, welcher die Ziegelsteine verfertigt hatte, gestorben und verdorben war.

Der zweite Bruder, ja, der konnte allerdings ganz anders mauern, er hatte es ja auch von Grund auf gelernt. Als das Gesellenstück abgeliefert war, schnürte er seinen Ranzen und sang das Lied der Handwerker:

> Ich wandre fürbaß mit frohem Mut,
> In der Fremde ich heimatlich baue.
> Mein Handwerk, das ist mein Geld und mein Gut,
> Meiner jungen Kraft ich vertraue.

> Einst kehr ich zurück ins Vaterland,
> Dem hab ich mein Wort gegeben.
> Hurra! der fleißige Handwerkerstand
> Kommt immer leicht durch im Leben!

Und das tat er. Als er zurückkehrte und Meister wurde, errichtete er drinnen in der Stadt Haus bei Haus, eine ganze Straße; als sie stand, sich gut ausnahm und der Stadt Ansehen verschaffte, bauten die Häuser ein Häuschen für ihn, das sein Eigentum sein sollte; aber wie konnten die Häuser bauen? Ja, frag sie, und sie geben keine Antwort, aber die Leute antworten und sagen: „Ja, gewiß hat die Straße ihm sein Haus gebaut!" Klein war es und mit einem Lehmfußboden, aber da er mit seiner Braut darüber hintanzte, wurde der Fußboden blank und poliert, und aus jedem Stein in der Wand sproß eine Blüte hervor, die war so gut wie ein kostbarer Bezug. Es war ein reizendes Haus und ein glückseliges Ehepaar. Die Zunftfahne wehte draußen, und Gesellen und Lehrjunge riefen hurra! o ja, das war etwas! Und dann starb er, das war auch etwas!

Nun kam der Architekt, der dritte Bruder, der zuerst Zimmermannslehrling gewesen war, eine Schirmmütze getragen und Besorgungen gemacht hatte, aber von der Akademie zum Baumeister emporgeklettert war, „Hochedler und Wohlgeborener"! Ja, hatten die Häuser in der Straße für den Bruder, der Maurermeister gewesen war, ein Haus gebaut, so erhielt nunmehr die Straße ihren Namen nach diesem, und das schönste Haus in der Straße wurde das seine, das war etwas, und er war etwas – und zwar mit einem langen Titel vorn wie hinten; seine Kinder wurden vornehme Kinder genannt, und als er starb, war seine Witwe eine Witwe von Stand – das ist etwas! Und sein Name stand nach wie vor an der Straßenecke und war in aller Munde, als Straßenname – ja, das war etwas!

Nun kam das Genie, der vierte Bruder, der etwas Neues erfinden wollte, etwas ganz Besonderes und ein Stockwerk obendrauf, aber das stürzte ihm zusammen, und er fiel herunter und brach sich das Genick – aber er bekam ein schönes Begräbnis mit Zunftfahne und Musik, Blumen in der Zeitung und auf der Straße über das Pflaster hin, und drei Grabreden wurden auf ihn gehalten, eine immer länger als die andere, und sie hätten ihn gefreut, denn er liebte es sehr, wenn von ihm die Rede war; es kam ein Gedenkstein aufs Grab, nur ein Stockwerk hoch, aber das ist immerhin etwas!

Nun war er tot wie die drei anderen Brüder, aber der letzte, der, welcher mäkelte, überlebte sie alle, und das war ja auch durchaus richtig, so hatte er nämlich das letzte Wort, und es war für ihn von großer Wichtigkeit, das letzte Wort zu haben. Er hatte ja den guten Kopf! sagten die Leute. Nun schlug auch ihm die Stunde, er starb und kam ans Himmelstor. Hier kommt man immer zu zweit an! Hier stand er mit einer anderen Seele, die auch gern hinein wollte, und das war gerade die alte Mutter Margrethe vom Deichhaus.

„Das ist sicher wegen des Kontrasts, daß ich und diese kümmerliche Seele gleichzeitig hier ankommen müssen!" sagte der Mäkler. „Na, wer ist Sie? Mutterchen! Will Sie auch hier hinein?" fragte er.

Und die alte Frau knickste, so gut sie konnte, sie meinte, es sei Sankt Petrus selber, der hier sprach. „Ich bin eine Arme, ohne irgendwelche Angehörigen, die alte Margrethe vom Deichhaus!"

„Na, was hat Sie dort unten getan und ausgerichtet?"

„Ich hab wahrhaftig nicht das kleinste Etwas ausgerichtet in dieser Welt! Gar nichts, was mir hier Einlaß verschaffen könnte! Es ist ein Werk der wahren Gnade, wenn ich durch diese Tür hinein darf!"

„Wie hat Sie diese Welt verlassen?" fragte er, um von etwas zu reden, da es ihn langweilte, dazustehen und zu warten.

„Ja, wie ich sie verließ, das weiß ich nicht! Krank und elend war ich ja in den letzten Jahren, und dann hab ich es wohl nicht vertragen können, aus dem Bett zu klettern und in Frost und Kälte da hinauszugehen. Es ist ja ein harter Winter, aber nun habe ich es doch überwunden. Es war ein paar Tage windstill, aber bitterlich kalt, wie Euer Hochehrwürden sicher wissen; das Eis erstreckte sich vom Strande so weit nach draußen, wie man sehen konnte; alle Leute aus der Stadt wanderten aufs Eis hinaus; da fand etwas statt, was sie Schlittschuhlaufen nennen, und Tanz, glaube ich, draußen spielte laut Musik, und man konnte dort auch etwas verzehren; ich konnte es ganz bis zu mir hin hören, wo

ich in meiner ärmlichen Stube lag. Da war es so gegen Abend, der Mond war aufgegangen, aber er war noch nicht zu Kräften gekommen, ich konnte von meinem Bett aus durchs Fenster bis weit über den Strand hinschauen, und dort, genau am Rande zwischen Himmel und Meer, kam eine seltsame weiße Wolke herauf; ich lag da und beobachtete sie, sah den schwarzen Punkt in der Mitte, der immer größer wurde; und da wußte ich, was das zu bedeuten hatte; ich bin alt und erfahren, selbst wenn man dieses Anzeichen auch nicht häufig sieht. Ich kannte es, und mich kam ein Grausen an! Ich habe zweimal in meinem Leben dies kommen sehen und wußte, es würde einen furchtbaren Sturm mit Springflut geben, der würde die armen Menschen dort draußen überraschen, die jetzt tranken und hopsten und jubilierten; jung und alt, die ganze Stadt war ja dort draußen, wer sollte sie warnen, wenn dort niemand sah und erkannte, was ich nun erkannte. Ich bekam eine solche Angst, ich wurde wieder ganz lebendig, wie seit langem nicht! Ich fuhr aus dem Bett und ans Fenster, weiter kam ich nicht; das Fenster kriegte ich immerhin auf, ich konnte die Menschen dort draußen auf dem Eis laufen und springen sehen, die schmucken Fahnen sehen, hören, wie die Jungen hurra riefen und Mädchen und Burschen sangen, es ging lustig zu, aber immer höher stieg die weiße Wolke mit dem schwarzen Loch darin; ich rief, so laut ich konnte,

aber keiner hörte mich, ich war zu weit weg. Bald würde das Unwetter losbrechen, das Eis bersten, und alle dort draußen würden ohne Erbarmen ins Wasser fallen. Hören konnten sie mich nicht, zu ihnen hinauszukommen, das schaffte ich nicht; könnte ich sie doch nur an Land holen! Da gab mir der Herrgott den Gedanken ein, ich sollte mein Bett anzünden, lieber das Haus abbrennen lassen, als daß die vielen dort draußen so jämmerlich umkämen. Es gelang mir, das Licht anzuzünden, ich sah die rote Flamme – ja, ich kam noch aus der Tür, aber da blieb ich liegen, ich konnte nicht mehr; die Flamme züngelte nach mir und aus dem Fenster heraus zum Dach empor; sie sahen sie von draußen, und sie rannten alle, sosehr sie konnten, um mir armem Wesen zu helfen, mir, von der sie glaubten, ich müsse drinnen verbrennen; es gab nicht einen, der nicht loslief; ich hörte, wie sie kamen, aber ich hörte auch, wie es mit einemmal in der Luft brauste, ich hörte es krachen wie von dumpfen Kanonenschüssen, die Springflut hob das Eis, das jetzt barst; aber zum Deich gelangten sie, wo die Funken über mich hinwegflogen; ich bekam sie alle in Sicherheit; aber ich habe die Kälte und den Schrecken nicht vertragen können, und so bin ich denn hier heraufgekommen zur Himmelstür; man sagte, so einer armen Person wie mir würde auch aufgetan! Und nun habe ich ja dort unten auf dem Deich kein Haus mehr, aber das verschafft mir hier noch keinen Zugang."

Da tat sich das Himmelstor auf, und der Engel führte die alte Frau hinein; sie verlor einen Strohhalm draußen, einen von den Halmen, die in ihrem Bett gelegen hatten, das sie anzündete, um die vielen zu erretten, und der war in reines Gold verwandelt worden, aber in ein Gold, das sproß und sich in den schönsten Schnörkeln rankte.

„Siehe, das hat die arme Frau gebracht!" sagte der Engel. „Was bringst du denn? Ja, ich weiß wohl, du hast nichts ausgerichtet, nicht einmal einen Ziegelstein gemacht; könntest du nun bloß zurückgehen und wenigstens so einen anbringen; der würde bestimmt nichts taugen, wenn du ihn gemacht hättest, wäre er aber doch mit dem besten Willen

gemacht, das wäre immerhin etwas; aber du kannst nicht zurückgehen, und ich kann nichts für dich tun!"

Da tat die arme Seele, die Frau vom Deichhaus, Fürbitte für ihn: „Sein Bruder hat all die Steine und Steinbrocken gemacht und mir geschenkt, aus denen ich mein armseliges Haus zusammengemauert habe, das war mächtig viel für mich arme Person! Könnten nun nicht all die Brocken und Stücke zusammen als ein Ziegelstein für ihn gelten? Es ist eine barmherzige Tat gewesen! Nun hat er sie nötig, und hier ist doch die Barmherzigkeit zu Hause!"

„Dein Bruder, der, den du den geringsten nanntest", sagte der Engel, „der, dessen Schaffen in all seiner Ehrlichkeit dir am unwürdigsten erschien, schenkt dir sein Scherflein vom Himmelreich. Du sollst nicht fortgewiesen werden, es soll dir verstattet sein, hier draußen vor der Tür zu stehen und zu versuchen, über dein Leben dort unten nachzudenken und ihm womöglich aufzuhelfen, aber herein kommst du nicht, ehe du nicht an guten Taten – etwas ausgerichtet hast!"

„Das hätte ich besser sagen können!" dachte der Mäkler, aber er sagte es nicht laut, und das war immerhin schon etwas.

DES ALTEN EICHBAUMS LETZTER TRAUM
Ein Weihnachtsmärchen

Im Walde stand hoch auf dem Steilufer am offenen Meer so ein richtiger alter Eichbaum, er war gerade dreihundertfünfundsechzig Jahre alt, aber diese lange Zeit war für den Baum nicht mehr als für uns Menschen ebenso viele Tage; wir wachen am Tag, schlafen nachts und haben dann unsere Träume; mit dem Baum ist es etwas anders, der Baum wacht während der drei Jahreszeiten, erst zur Winterszeit hält er seinen Schlaf, der Winter ist seine Schlafenszeit, der ist seine Nacht nach dem langen Tag, welcher Frühling, Sommer und Herbst genannt wird.

Manch warmen Sommertag hat die Eintagsfliege seinen Wipfel umtanzt, gelebt, geschwebt und sich glücklich gefühlt, und ruhte dann das kleine Geschöpf für einen Augenblick in stiller Glückseligkeit auf einem der großen, jungen Eichenblätter aus, dann sagte der Baum immer: „Armes Kleines! dein ganzes Leben ist nur ein einziger Tag! Wie kurz nur! Es ist so traurig!"

„Traurig!" erwiderte dann immer die Eintagsfliege, „was meinst du damit? Alles ist doch so unvergleichlich hell, so warm und wunderbar, und ich bin so froh!"

„Aber nur für einen Tag, und dann ist alles vorbei!"

„Vorbei!" sagte die Eintagsfliege. „Was ist vorbei? Bist du auch vorbei?"

„Nein, ich lebe vielleicht Tausende von deinen Tagen, und mein Tag ist so lang wie ganze Jahreszeiten! Es ist eine so lange Zeit, daß du es gar nicht ausrechnen kannst!"

„Nein, denn ich verstehe dich nicht! Du hast Tausende von meinen Tagen, aber ich habe Tausende von Augenblicken, in denen ich froh und glücklich sein kann! Hört alle Herrlichkeit dieser Welt auf, wenn du stirbst?"

„Nein", sagte der Baum, „die besteht sicher länger, unendlich viel länger, als ich es mir vorstellen kann!"

„Aber dann haben wir ja gleich viel, nur daß wir jeder anders rechnen!"

Und die Eintagsfliege tänzelte und schwebte durch die Luft, freute sich über ihre feinen, kunstvollen Flügel, ihren Flor und Samt, freute sich an der warmen Luft, die so würzig war vom Duft des Kleeackers und der wilden Rosen, des Holunders und des Geißblatts im Knick, ganz zu schweigen vom Waldmeister, dem Himmelschlüsselchen und der wilden Krauseminze; es war ein Duft so stark, daß es der Eintagsfliege war, als hätte sie einen kleinen Rausch davon. Der Tag war lang und herrlich, voller Wonne und süßer Empfindungen, und wenn die Sonne dann sank, fühlte die kleine Fliege sich so angenehm müde von all der Fröhlichkeit. Die Flügel wollten sie nicht länger tragen, und ganz sacht schwebte sie auf den weichen, schwanken Grashalm nieder, nickte mit dem Kopf, soviel er nicken konnte, und schlief dann ganz frohgemut ein, das war der Tod.

„Arme kleine Eintagsfliege!" sagte der Eichbaum, „das war doch ein zu kurzes Leben!"

Und jedweden Sommertag wiederholten sich der gleiche Tanz, die gleiche Rede und Antwort und das gleiche Entschlafen; all dies wiederholte sich für ganze Geschlechter von Eintagsfliegen, und alle waren sie gleicherweise glücklich, gleich froh. Der Eichbaum stand wach an seinem Frühlingsmorgen, Sommermittag und Herbstabend, nun war bald Schlafenszeit, seine Nacht, der Winter sollte kommen. Schon sangen die Stürme: „Gute Nacht, gute Nacht! Hier fiel ein Blatt, dort fiel ein Blatt! Wir pflücken, wir pflücken! Sieh zu, daß du schlafen kannst! Wir singen dich in Schlaf, wir schütteln dich in Schlaf, aber, nicht wahr, es tut den alten Zweigen wohl! Sie ächzen davon vor lauter Wonne! Schlafe süß, schlafe süß! Es ist deine dreihundertfünfundsechzigste Nacht, eigentlich bist du erst ein neugeborenes Kind! Schlafe süß! Die Wolke läßt Schnee niederrieseln, ein ganzes Laken wird daraus, ein wärmendes Deckbett um deine Füße! Schlaf gut und träume süß!"

Und der Eichbaum war all seines Laubes entkleidet, um für den ganzen langen Winter zur Ruhe zu gehen und manchen Traum zu träumen, immer etwas Erlebtes, ebenso wie die Träume der Menschen.

Er war auch einstmals klein gewesen, ja, eine Eichel war seine Wiege gewesen; nach menschlicher Zeitrechnung lebte er jetzt im vierten Jahrhundert; er war der größte und höchste Baum im Walde, mit seinem Wipfel ragte er hoch über alle anderen Bäume hinaus und wurde weithin auf See gesehen, er war ein Seezeichen; er dachte gar nicht darüber nach, wie viele Augen ihn suchten. Hoch droben in seiner grünen Krone nisteten die Holztauben, und hier rief der Kuckuck, und im Herbst, wenn die Blätter aussahen wie gehämmerte Kupferplatten, kamen die Zugvögel und rasteten hier, ehe sie über die See weiterflogen; aber jetzt war es Winter, der Baum stand ohne Blätter, man konnte richtig sehen, wie knorrig und krumm die Äste sich ausstreckten; Krähen und Dohlen kamen und setzten sich abwechselnd darauf und sprachen von den strengen Zeiten, die bevorstünden, und wie schwer es sei, im Winter Futter zu finden.

Es war gerade in der heiligen Weihnachtszeit, da hatte der Baum seinen schönsten Traum; den wollen wir hören.

Der Baum hatte das deutliche Gefühl, daß es eine festliche Zeit war, er meinte ringsum alle Kirchenglocken läuten zu hören, und dazu war es wie an einem schönen Sommertag, mild und warm; er breitete ganz frisch und grün seine rie-

sige Krone aus, die Sonnenstrahlen schimmerten zwischen
Blättern und Zweigen, die Luft war vom Duft der Pflanzen
und Sträucher erfüllt; buntfarbene Falter spielten „Fangen", und die Eintagsfliegen tanzten, als wäre alles nur dazu
da, daß sie tanzen und sich ergötzen konnten. Alles, was
der Baum Jahre hindurch erlebt und um sich her gesehen
hatte, zog vorüber wie ein richtiger Festzug. Er sah aus
alten Zeiten Ritter und Frauen hoch zu Roß, mit der Feder
am Hut und dem Falken auf der Hand, durch den Wald
heranreiten; das Jagdhorn erscholl, und die Hunde schlugen an; er sah feindliche Soldaten, mit blinkenden Waffen
und bunten Röcken, mit Spießen und Hellebarden, ihre
Zelte aufschlagen und wieder abreißen; das Wachtfeuer
loderte, und unter den ausladenden Ästen des Baumes
wurde gesungen und geschlafen; er sah Liebende in stillem
Glück sich hier im Mondschein treffen und von ihren Namen den ersten Buchstaben in die graugrüne Rinde ritzen.
Zither und Äolsharfe waren einstmals, ja, es lagen Jahre dazwischen, in den Ästen der Eiche von reisenden, munteren
Gesellen aufgehängt worden, nun hingen sie wieder da,
nun tönten sie wieder so hold. Die Holztauben gurrten, als
wollten sie erzählen, was der Baum dabei empfunden hatte,
und der Kuckuck rief, wie viele Sommertage der Baum
noch leben würde.

Da war ihm, als durchrieselte ihn ein neuer Lebensstrom
bis in die kleinsten Wurzeln hinab und in die am höchsten
ragenden Zweige hinauf, ganz bis in die Blätter hinein; der
Baum spürte, wie er sich dadurch dehnte, ja, er spürte mit
den Wurzeln, daß auch unten im Erdreich Leben und
Wärme war; er spürte, wie er an Kraft zunahm, immer
höher emporwuchs; der Stamm trieb in die Höhe, es gab
keinen Stillstand, er wuchs mehr und immer mehr, die
Krone wurde schwellender, breitete sich aus, hob sich –
und in dem Maße, wie der Baum wuchs, nahm auch sein
Wohlbefinden zu, seine beglückende Sehnsucht, immer
höher hinaufzugelangen, bis hinauf zu der leuchtenden,
warmen Sonne.

Schon war er weit über die Wolken hinausgewachsen, die

gleich dunklen Zugvogelschwärmen oder Scharen von großen weißen Schwänen unter ihm dahinzogen.

Und jedes Blatt des Baumes konnte sehen, als hätte es Augen zum Sehen; die Sterne wurden am Tage sichtbar und glänzten; jeder einzelne blitzte wie ein Augenpaar, so freundlich, so hell; sie erinnerten an wohlbekannte, liebevolle Augen, Kinderaugen, die Augen von Liebenden, wenn sie sich unterm Baum trafen.

Es war ein holder Augenblick, so wonnevoll! Und dennoch, in all der Wonne empfand er ein Sehnen und ein Verlangen danach, daß all die anderen Bäume des Waldes dort unten, alle Sträucher, Pflanzen und Blumen sich mit ihm erheben und diesen Glanz und diese Freude fühlen und empfinden könnten. Der riesige Eichbaum, im Traum all seiner Herrlichkeit, war nicht ganz glücklich, wenn er nicht alle mit dabei hatte, groß und klein, und dies Gefühl durchbebte Äste und Blätter so innig, so stark, als wären sie eines Menschen Brust.

Die Krone des Baumes bewegte sich, als suchte und vermißte sie etwas, er blickte zurück, und da spürte er den Duft von Waldmeister und bald einen noch stärkeren Duft von Geißblatt und Veilchen, er meinte zu hören, wie der Kuckuck ihm Antwort gab.

Ja, zwischen den Wolken guckten die grünen Wipfel des Waldes hervor, er sah unter sich die anderen Bäume wachsen und sich gleich ihm erheben; Sträucher und Pflanzen schossen hoch empor; einzelne rissen sich mit der Wurzel los und flogen hurtiger. Die Birke war am schnellsten; gleich einem weißen Blitzstrahl knisterte ihr schlanker Stamm in die Höhe, die Zweige wogten wie grüne Schleier und Fahnen; die ganze waldige Natur, sogar die braungefiederten Schilfrohre, wuchsen mit, und die Vögel folgten singend, und auf dem Halm, der gleich einem langen, grünseidenen Band lose flatterte und flog, saß die Grille und spielte mit dem Flügel auf ihrem Schienbein; die Maikäfer brummelten, und die Bienen summten, jeder Vogel sang, wie ihm der Schnabel gewachsen war, alles war Gesang und Frohsinn bis in den Himmel hinein.

„Aber die kleine blaue Blume am Wasser, die muß ebenfalls mit!" sagte der Eichbaum; „und die rote Glockenblume! und das kleine Gänseblümchen!" – Ja, die Eiche wollte sie allesamt mit dabei haben.

„Wir sind da! wir sind da!" sang und klang es.

„Aber der schöne Waldmeister vom vorigen Sommer – und im Jahre davor war hier eine Flut von Maiglöckchen! – und der Holzapfelbaum, wie stand er wunderbar – und all die Waldespracht der vergangenen Jahre, der vielen Jahre! Hätte sie doch jetzt gelebt und wäre jetzt entstanden, dann hätte sie doch auch mit dabeisein können!"

„Wir sind dabei! wir sind dabei!" sang und klang es noch weiter oben, es war, als wären sie voraufgeflogen.

„Nein, es ist ganz unglaublich schön!" jubelte die alte Eiche. „Ich habe sie alle bei mir, klein und groß! Nicht einer ist vergessen worden! Wie ist doch all diese Glückseligkeit möglich und vorstellbar!"

„In Gottes Himmel ist sie möglich und vorstellbar!" tönte es.

Und der Baum, der immer wuchs, spürte, wie seine Wurzeln sich von der Erde lösten.

„Das ist nun das Allerbeste!" sagte der Baum, „jetzt halten mich keinerlei Bande mehr! Ich kann zum Allerhöchsten in Licht und Glanz hinauffliegen! Und alle Lieben habe ich dabei, klein und groß! Alle sind dabei!"

„Alle!"

Das war des Eichbaums Traum, und während er träumte, toste in der heiligen Weihnacht ein heftiger Sturm über Land und Meer; die See wälzte schwere Wogen auf den Strand, der Baum ächzte, knarrte und wurde mit der Wurzel ausgerissen, als er gerade träumte, daß seine Wurzeln sich lösten. Er stürzte. Seine dreihundertfünfundsechzig Jahre waren nun wie für die Eintagsfliege ein Tag.

Am Weihnachtsmorgen, als die Sonne hervorkam, hatte der Sturm sich gelegt; alle Kirchenglocken läuteten festlich, und aus jedem Schornstein, selbst dem kleinsten auf dem Dach des Kätners, stieg der Rauch bläulich auf wie vom Altar beim Fest der Druiden der Opferrauch des Dankes.

Das Meer wurde immer stiller und stiller, und auf einem
großen Schiff da draußen, das in der Nacht das schwere Unwetter
wohl überstanden hatte, wurden nun alle Flaggen gehißt,
weihnachtlich und hübsch.

„Der Baum ist fort! Der alte Eichbaum, unser Seezeichen
an Land!" sagten die Seeleute. „Er ist in dieser Sturmnacht
gestürzt! Wer soll den nun ersetzen; das kann keiner!"

Eine solche Grabrede, kurz, aber gut gemeint, erhielt der
Baum, der lang ausgestreckt auf der Schneedecke am
Strande lag; und über ihn hinweg tönte Choralgesang vom
Schiffe, das Lied von der Freude in der Weihenacht und der
Erlösung der Menschenseelen in Christo und vom ewigen
Leben:

> „Singe laut, o Gottes Kind!
> Halleluja, da wir sind
> In Wonne ohnegleichen!
> Halleluja, halleluja!"

So ertönte der alte Choral, und jeder einzelne dort draußen
auf dem Schiff fühlte sich auf seine Weise durch ihn und das
Gebet erhoben, ganz so wie der alte Baum erhoben wurde
durch seinen letzten, seinen schönsten Traum in der Weihenacht.

DAS ABC-BUCH

Da war ein Mann, der hatte einige neue Verse für das Abc-Buch geschrieben; so immer zwei Zeilen für jeden Buchstaben, genauso wie in dem alten Abc; er fand, man sollte einmal etwas Neues haben, die alten Verse wären so abgenutzt, und er mochte seine eigenen nun immer so gern. Das neue Abc lag bis jetzt nur geschrieben vor, und es war neben das alte gedruckte in den großen Bücherschrank gestellt worden, in dem so viele gelehrte und kurzweilige Bücher standen, aber das alte Abc wollte offenbar nicht des neuen Nachbar sein und war darum vom Brett gesprungen und hatte gleichzeitig dem neuen einen Schubs gegeben, so daß es auch auf dem Fußboden lag, und seine losen Blätter lagen noch dazu ringsumher verstreut. Das alte Abc kehrte die erste Seite nach oben, und die ist seine wichtigste; da stehen alle Buchstaben, die großen und die kleinen. Diese

Seite hat nun alles, wovon all die anderen Bücher leben, das Alphabet, die Buchstaben, die doch die Welt regieren; eine furchtbare Macht haben sie! Es kommt einzig und allein darauf an, wie zu stehen ihnen befohlen wird; sie können Leben schenken, töten, erfreuen und betrüben. Einzeln aufgestellt bedeuten sie nichts, aber in Reih und Glied – ja, als der Herrgott sie seinen Gedanken unterwarf, ahnten wir mehr, als wir zu tragen imstande waren, wir beugten uns tief hinab, aber die Buchstaben vermochten es zu tragen.

Da lagen sie nun und schauten nach oben! Und der Hahn in dem großen A prangte mit roten, blauen und grünen Federn; er brüstete sich, denn er wußte, was die Buchstaben bedeuteten und daß er das einzig Lebendige in ihnen war.

Als das alte Abc-Buch heruntefiel, klatschte er mit den Flügeln, flog hinaus und setzte sich auf eine Kante des Bücherschranks, putzte sich mit dem Schnabel das Gefieder und krähte, daß es nur so schmetterte. Jedes Buch im Schrank, das sonst Tag und Nacht wie in einem Halbschlaf stand, wenn es nicht gebraucht wurde, hörte den Trompetenstoß – und dann sprach der Hahn laut und vernehmlich von dem Unrecht, das dem ehrwürdigen alten Abc-Buch angetan worden war.

„Alles soll nun immer neu sein, anders sein!" sagte er, „alles soll so fortschrittlich sein, die Kinder sind so gescheit, daß sie nun lesen können, bevor sie die Buchstaben kennen. ‚Die sollen ein bißchen was Neues haben!' sagte der, welcher die neuen Abc-Verse gemacht hat, die dort auf dem Fußboden verstreut liegen. Ich kenne sie! Mehr als zehnmal habe ich gehört, wie er sie laut vor sich hingelesen hat, es war so eine Freude für ihn! Nein, darf ich um meine eigenen bitten, die guten alten mit Xanthus, und die Bilder, die dazugehören; für die will ich kämpfen, für die will ich krähen; jedes Buch im Schrank kennt sie wohl! Nun lese ich die neuen geschriebenen vor; lese sie in aller Gemächlichkeit! Seien wir uns dann darüber einig, daß sie nichts taugen!

A. Amme
Die Amme geht in Sonntagstracht,
Ein fremdes Kind ihr freundlich lacht.

B. Bauer
Ein Bauer litt oft viele Pein,
Jetzt will er gern der Erste sein.

Diesen Vers finde ich nun ganz besonders platt!" sagte der Hahn, „aber ich lese weiter!

C. Columbus
Columbus fuhr gen Westen bloß,
Und – schwupp – war die Erde doppelt so groß.

D. Dänemark
Von Dänemark heißt es weit und breit,
Daß Gott es schützet allezeit.

Das werden nun viele sehr schön finden!" sagte der Hahn, „aber das tue ich nicht! ich finde hier gar nichts schön! – Weiter!

E. Elefant
Der Elefant mit schwerem Schritt
Reißt Sträucher und auch Bäume mit.

F. Finsternis
Die Finsternis der Mond durchdringt,
Der oftmals uns vom Schlaf abbringt.

G. Gras
Das Gras, ob grün, ob Heu es ist,
Das Pferd, der Ochs zu gerne frißt.

H. Hurra
Wie oft kann ein Hurra auf Erden
Ein unbedachtes Wörtchen werden.

Wie soll nun ein Kind das verstehen?" sagte der Hahn, „auf dem Titelblatt steht allerdings: ‚Abc-Buch für groß und klein', aber die Großen haben etwas anderes zu tun, als Abc-Verse zu lesen, und die Kleinen können es nicht verstehen! Alles hat doch eine Grenze! Weiter!

J. Jugend
Jugend ist die schönste Zeit,
Das Leben scheint wie Ewigkeit.

Das soll wohl philosophisch sein!" sagte der Hahn.

„K. Kuh, Kalb
Vom Stier die Frau, das ist die Kuh,
Das Kalb kommt auch einmal dazu.

Wie soll man nun Kindern diese Verwandtschaft erklären?

L. Löwe, Lorgnette
Der wilde Löwe hat keine Lorgnette,
Die hat der zahme im numrierten Parkette.

M. Morgensonne
Die goldene Morgensonn aufgeht,
Der Hahn denkt, sie tut es, weil er kräht.

Nun wird man grob!" sagte der Hahn; „aber ich bin immerhin in guter Gesellschaft, mit der Sonne zusammen! Weiter!

N. Neger
Der Neger ist ein schwarzer Mann,
Den niemals weiß man waschen kann.

O. Olivenblatt
Olivenblatt das beste war,
Die Taube bracht's dem Frieden dar.

P. Pol
Die Pole im Süden oder Norden
Sind uns noch nicht bekannt geworden.

Q. Quaken
Quaken, das ist der Frösche Gesang,
Sie tun's den ganzen Abend lang.

R. Runder Turm
Den ‚Runden Turm' kennt alle Welt,
Weil er so denkt, er wohl gefällt.

S. Schwein
Das Schwein ist ein gar nützlich Tier.
Ißt du zuviel, dann schadet's dir.

Gestatten Sie jetzt, daß ich krähe!" sagte der Hahn, „es zehrt an den Kräften, wenn man so viel liest! Man muß Luft holen!" – und dann krähte er, daß es schmetterte wie eine Messingtrompete, und es war ein großer Genuß, das mit anzuhören – für den Hahn. „Weiter!

T. Teekanne, Teekessel
Die Teekanne summt für uns so traut,
Der Teekessel kann es genauso laut.

U. Uhr
Wenn auch die Uhr sehr pünktlich ist,
Sie doch die Ewigkeit nicht mißt.

Das soll nun sehr tief sein!" sagte der Hahn, „aber ich kann dem nicht bis ganz auf den Grund kommen!

V. Vieh
Besitzt du Vieh, hast du Ansehn.
Doch bist du eins, ist's weniger schön.

W. Waschbär
Der Waschbär wäscht erst seinen Kram.
Alsdann schmeckt's ihm ganz wonnesam.

X. Xanthippe
Hier ist ihm nichts Neues eingefallen!

Im Meer des Ehstands gibt's eine Klippe,
Sokrates nannte sie Xanthippe.

Er mußte unbedingt Xanthippe nehmen. Xanthus ist aber besser!

Y. Yggdrasil
Unterm Yggdrasil-Baum war der Götter Hort.
Der Baum ist tot, und die Götter sind fort.

Jetzt sind wir bald am Ende!" sagte der Hahn, „das ist immerhin ein Trost. Weiter vorwärts!

Z. Zephir
Auf dänisch der Zephir von Westen weht
Und eisig durch Mark und Bein dir geht.

Hier hört's auf! Aber es ist noch nicht überstanden! Jetzt soll es gedruckt werden! Und dann soll es gelesen werden! Das soll einem zugemutet werden an Stelle der würdigen alten Buchstabenverse in meinem Buch! Was sagen die Versammelten, gelehrte und ungelehrte, einzelne und gesammelte Werke? Was meint der Bücherschrank? Ich habe gesprochen – nun können die anderen handeln!"

Und die Bücher standen da, und der Schrank stand da, aber der Hahn flog wieder in sein großes A zurück und blickte stolz um sich. „Ich habe gut gesprochen, ich habe gut gekräht! Das macht das neue Abc-Buch mir nicht nach! Das stirbt sicher! Es ist tot! Es hat keinen Hahn!"

Inhalt des ersten Bandes

Das Feuerzeug 5
Der kleine Claus und der große Claus 14
Die Prinzessin auf der Erbse 29
Die Blumen der kleinen Ida 31
Däumelinchen 40
Der unartige Junge 54
Der Wandergefährte 57
Die kleine Meerjungfrau 81
Des Kaisers neue Kleider 108
Die Galoschen des Glücks 114
Die Gänseblume 149
Der standhafte Zinnsoldat 154
Die wilden Schwäne 160
Der Paradiesgarten 180
Der fliegende Koffer 197
Die Störche 204
Das Metallschwein 211
Der Freundschaftsbund 225
Eine Rose vom Grabe Homers 236
Ole Luköie 238
Der Rosenelf 254
Der Schweineknecht 260
Der Buchweizen 267
Der Engel 270
Die Nachtigall 274
Die Liebesleute 286
Das häßliche Entenküken 290
Der Tannenbaum 302
Die Schneekönigin 313
Das Holunderweibchen 351
Die Stopfnadel 361
Die Glocke 366
Großmutter 373
Elfenhügel 376
Die roten Schuhe 385
Springinsfeld 393
Die Hirtin und der Schornsteinfeger 396
Holger Danske 403
Das kleine Mädchen mit den Schwefelhölzern 409
Ein Bild vom Kastellwall 413
Aus einem Fenster in Vartou 415
Die alte Straßenlaterne 418
Die Nachbarsfamilien 426

Der kleine Tuk	439
Der Schatten	445
Das alte Haus	460
Der Wassertropfen	471
Die glückliche Familie	474
Die Geschichte einer Mutter	479
Der Kragen	486
Der Flachs	490
Vogel Phönix	496
Eine Geschichte	499
Das stumme Buch	505
Da ist ein Unterschied	508
Der alte Grabstein	513
Die herrlichste Rose der Welt	517
Die Geschichte des Jahres	521
Am allerletzten Tage	533
Es ist wahrhaftig wahr	538
Das Schwanennest	542
Ein heiteres Gemüt	545
Herzeleid	551
Alles, wo es hingehört	554
Der Wichtel beim Fettkrämer	565
In Jahrtausenden	570
Unterm Weidenbaum	574
Fünf aus einer Erbsenschote	593
Ein Blatt vom Himmel	598
„Sie taugte nichts"	602
Die letzte Perle	611
Zwei Jungfern	615
Am äußersten Meer	618
Das Sparschwein	621
Ib und die kleine Christine	625
Tölpel-Hans	640
Der Ehre Dornenpfad	645
Das Judenmädchen	651
Der Flaschenhals	657
Der Stein der Weisen	669
Suppe von einem Wurstspeiler	689
Des Hagestolzen Nachtmütze	707
„Etwas"	724
Des alten Eichbaums letzter Traum	734
Das Abc-Buch	741

BIGZ, Beograd